COMPLIANCE NO DIREITO AMBIENTAL

LICENCIAMENTO, ESG E REGULAÇÃO

BRUNO TEIXEIRA PEIXOTO

Pedro Niebuhr
Prefácio

Maria Leonor Paes Cavalcanti Ferreira Codonho
Apresentação

COMPLIANCE NO DIREITO AMBIENTAL
LICENCIAMENTO, ESG E REGULAÇÃO

Belo Horizonte

2023

© 2023 Editora Fórum Ltda.

É proibida a reprodução total ou parcial desta obra, por qualquer meio eletrônico, inclusive por processos xerográficos, sem autorização expressa do Editor.

Conselho Editorial

Adilson Abreu Dallari
Alécia Paolucci Nogueira Bicalho
Alexandre Coutinho Pagliarini
André Ramos Tavares
Carlos Ayres Britto
Carlos Mário da Silva Velloso
Cármen Lúcia Antunes Rocha
Cesar Augusto Guimarães Pereira
Clovis Beznos
Cristiana Fortini
Dinorá Adelaide Musetti Grotti
Diogo de Figueiredo Moreira Neto (in memoriam)
Egon Bockmann Moreira
Emerson Gabardo
Fabrício Motta
Fernando Rossi
Flávio Henrique Unes Pereira

Floriano de Azevedo Marques Neto
Gustavo Justino de Oliveira
Inês Virgínia Prado Soares
Jorge Ulisses Jacoby Fernandes
Juarez Freitas
Luciano Ferraz
Lúcio Delfino
Marcia Carla Pereira Ribeiro
Márcio Cammarosano
Marcos Ehrhardt Jr.
Maria Sylvia Zanella Di Pietro
Ney José de Freitas
Oswaldo Othon de Pontes Saraiva Filho
Paulo Modesto
Romeu Felipe Bacellar Filho
Sérgio Guerra
Walber de Moura Agra

Luís Cláudio Rodrigues Ferreira
Presidente e Editor

Coordenação editorial: Leonardo Eustáquio Siqueira Araújo
Aline Sobreira de Oliveira
Criação da capa: Claudio Dubina Neto
Arte: Walter Santos

Rua Paulo Ribeiro Bastos, 211 – Jardim Atlântico – CEP 31710-430
Belo Horizonte – Minas Gerais – Tel.: (31) 99412.0131
www.editoraforum.com.br – editorial@editoraforum.com.br

Técnica. Empenho. Zelo. Esses foram alguns dos cuidados aplicados na edição desta obra. No entanto, podem ocorrer erros de impressão, digitação ou mesmo restar alguma dúvida conceitual. Caso se constate algo assim, solicitamos a gentileza de nos comunicar através do *e-mail* editorial@editoraforum.com.br para que possamos esclarecer, no que couber. A sua contribuição é muito importante para mantermos a excelência editorial. A Editora Fórum agradece a sua contribuição.

Dados Internacionais de Catalogação na Publicação (CIP) de acordo com AACR2

P379c	Peixoto, Bruno Teixeira
	Compliance no direito ambiental: licenciamento, ESG e regulação / Bruno Teixeira Peixoto. Belo Horizonte: Fórum, 2023
	418p. ; 17cm x 24cm.
	ISBN 978-65-5518-537-9
	1. Direito ambiental. 2. *Compliance*. 3. Licenciamento ambiental. 4. ESG. 5. Autorregulação regulada. I. Título.
	CDD: 341.347
	CDU: 349.6

Ficha catalográfica elaborada por Lissandra Ruas Lima – CRB/6 – 2851

Informação bibliográfica deste livro, conforme a NBR 6023:2018 da Associação Brasileira de Normas Técnicas (ABNT):

PEIXOTO, Bruno Teixeira. *Compliance no direito ambiental*: licenciamento, ESG e regulação. Belo Horizonte: Fórum, 2023. 418 p. ISBN 978-65-5518-537-9.

À Camila, farol e porto seguro de minha jornada.

AGRADECIMENTOS

A concepção e a realização deste trabalho somente foram possíveis em razão do apoio e do incentivo de um conjunto valioso de pessoas que tornaram a jornada repleta de oportunidades e de grandes aprendizados, cujas lições levarei para a vida toda.

Eu agradeço à Camila Pereira Dubina, pela excepcional paciência e sensibilidade, além do grandioso e fraterno amor durante todo o caminho percorrido até aqui, o meu eterno obrigado a você, meu amor e orgulho maior.

Devo também gratidão especialmente a meu avô Ítalo Bayard La-Rocca Teixeira, pelo exemplo de integridade e fraternidade, assim como a todos os meus familiares, pelo apoio e carinho que foram fundamentais em todos os momentos e etapas concluídas.

Meus agradecimentos a todos os amigos e amigas colegas advogados, em especial a Rodrigo de Assis Horn, Luana Debatin Tomasi e Ítalo Augusto Mosimann, com os quais tive a honra de ingressar no mundo da prática jurídica, absorvendo o que há de melhor sobre o exercício da advocacia.

Agradeço igualmente a todos os amigos e amigas colegas de UFSC e aos professores e professoras dos grupos de pesquisa do GPDA/UFSC e do GEDIP/UFSC.

Sou também grato ao amigo e ilustre advogado, Dr. José Augusto Medeiros, por todos os conselhos, debates e críticas, sempre produtivas, e com a objetividade necessária.

Agradeço a todos da Controladoria-Geral do Estado de Santa Catarina (CGE/SC), em especial à incansável equipe da Diretoria de Integridade e *Compliance*.

Meu agradecimento ao Prof. Dr. Pedro de Menezes Niebuhr, meu orientador, por todo o apoio e oportunidade, bem como pela excepcional confiança e especial incentivo, que foram essenciais para o desenvolvimento de toda a pesquisa.

Agradeço à minha coorientadora, Profa. Dra. Maria Leonor Paes Cavalcanti Ferreira Codonho, pela grande referência de incentivo e orientação, desde a graduação, primeiros esboços, até os últimos detalhes deste trabalho, quem (ainda bem!) me apresentou o universo instigante do Direito Ambiental.

Aos ilustres professores de minha banca de qualificação e de defesa, a minha gratidão pelas honrosas participações e valorosas contribuições acerca deste trabalho.

A todos e todas, colegas, professores e professoras, amigos e amigas que, de alguma ou outra forma, contribuíram com meu percurso e compartilharam de minhas inquietações e perspectivas, o meu muito obrigado!

LISTA DE ABREVIATURAS E SIGLAS

ABNT – Associação Brasileira de Normas Técnicas
ADI – Ação Direta de Inconstitucionalidade
ADC – Ação Declaratória de Constitucionalidade
ADPF – Arguição de Descumprimento de Preceito Fundamental
ACL – Auditoria de Conformidade Legal
AIA – Avaliação de Impacto Ambiental
AIR – Análise de Impacto Regulatório
ANM – Agência Nacional de Mineração
APP – Área de Preservação Permanente
AuA – Autorização Ambiental
AuC – Autorização de Corte de Vegetação
BACEN – Banco Central do Brasil
BNDES – Banco Nacional de Desenvolvimento Econômico e Social
BIS – Bank of International Settlements
CF/88 – Constituição Federal da República Federativa do Brasil de 1988
CGU – Controladoria-Geral da União
CIJ – Corte Internacional de Justiça
CMN – Conselho Monetário Nacional
CNJ – Conselho Nacional de Justiça
CONAMA – Conselho Nacional do Meio Ambiente
CONSEMA – Conselho Estadual de Meio Ambiente de Santa Catarina
CVM – Comissão de Valores Mobiliários
DOJ – United States Department of Justice
EA – Estudo Ambiental
EAS – Estudo Ambiental Simplificado
EC – European Commission
EIA – Estudo de Impacto Ambiental
EMAS – Eco-Management and Audit Scheme
ESG – Environmental Social and Governance
EPA – United States Environmental Protection Agency
EU – European Union
FCPA – Foreign Corrupt Practices Act

FEBRABAN – Federação Brasileira de Bancos
GEE – Gases de Efeito Estufa
GRI – Global Reporting Initiative
IBAMA – Instituto Brasileiro do Meio Ambiente e dos Recursos Naturais Renováveis
IBGC – Instituto Brasileiro de Governança Corporativa
ICMBio – Instituto Chico Mendes de Conservação da Biodiversidade
ICO2 – Índice de Carbono Eficiente
IEA – International Energy Agency
IPCC – Intergovernamental Panel on Climate Change
IMA/SC – Instituto do Meio Ambiente de Santa Catarina
INECE – International Network for Environmental Compliance and Enforcement
INEA – Instituto Estadual do Ambiente do Rio de Janeiro
ISE – Índice de Sustentabilidade Empresarial
ISO – International Organization for Standardization
IUCN – International Union for Conservation of Nature
LAI – Licença Ambiental de Instalação
LAP – Licença Ambiental Prévia
LAO – Licença Ambiental de Operação
LAC – Licença Ambiental por Adesão e Compromisso
LGPD – Lei Geral de Proteção de Dados
LOC – Licença Ambiental de Operação Corretiva
MMA – Ministério do Meio Ambiente
MPF – Ministério Público Federal
OCDE – Organização para Cooperação e Desenvolvimento Econômico
ODS – Objetivos de Desenvolvimento Sustentável
OEA – Organização dos Estados Americanos
ONU – Organização das Nações Unidas
ONG – Organização Não Governamental
PBA – Projeto Básico Ambiental
PCA – Plano de Controle, Monitoramento e Gestão Ambiental
PDCA – Plan, Do, Check, Act
PNMA – Política Nacional do Meio Ambiente
PNUMA – Programa das Nações Unidas para o Meio Ambiente
PRSA – Política de Responsabilidade Socioambiental
PRSAC – Política de Responsabilidade Social, Ambiental e Climática
RIMA – Relatório de Impactos ao Meio Ambiente
RAP – Relatório Ambiental Prévio

RAS	–	Relatório Ambiental Simplificado
SASB	–	Sustainability Accounting Standards Board
SEC	–	United States Securities and Exchange Commission
SGA	–	Sistema de Gestão Ambiental
SISNAMA	–	Sistema Nacional do Meio Ambiente
SINIMA	–	Sistema Nacional de Informação sobre Meio Ambiente
STJ	–	Superior Tribunal de Justiça
STF	–	Supremo Tribunal Federal
UNODC	–	United Nations Office on Drugs and Crime
TI	–	Transparency International
TIBR	–	Transparência Internacional Brasil
TICs	–	Tecnologias da Informação e Comunicação
TAC	–	Termo de Ajustamento de Conduta
TCU	–	Tribunal de Contas da União
TCE/SC	–	Tribunal de Contas do Estado de Santa Catarina
TR	–	Termo de Referência
UCs	–	Unidades de Conservação da Natureza
UKBA	–	United Kingdom Bribery Act
WEF	–	World Economic Forum
WBG	–	World Bank Group

LISTA DE FIGURAS

Figura 1 – Fluxo da Instauração do Processo de Licenciamento Ambiental Federal.................165
Figura 2 – Fluxo do Licenciamento Prévio Federal..167
Figura 3 – Fluxo da Fase de Licenciamento de Instalação. 170
Figura 4 – Fluxo da Fase de Licenciamento de Operação..172

SUMÁRIO

PREFÁCIO
Pedro Niebuhr 19

APRESENTAÇÃO
Maria Leonor Paes Cavalcanti Ferreira Codonho 23

INTRODUÇÃO 25

CAPÍTULO 1
DIREITO, REGULAÇÃO E MEIO AMBIENTE 31

1.1 Complexidade das questões ambientais e os lugares do Direito e do Estado para a proteção do meio ambiente e o desenvolvimento sustentável 32
1.1.1 As complexas questões ambientais, ecológicas e climáticas 33
1.1.2 Evolução político-jurídica internacional 41
1.1.3 Evolução constitucional 46
1.2 O direito e o dever fundamental de proteção ao meio ambiente na Constituição Federal de 1988 54
1.2.1 Dever do Estado de proteção ambiental 60
1.2.2 Dever da coletividade de proteção ambiental 63
1.2.3 A compatibilização da proteção ambiental com a ordem econômica: interpretação conjunta dos arts. 225 e 170 da Constituição Federal 66
1.3 Atuação do Estado para a proteção ambiental e o desenvolvimento sustentável 70
1.3.1 Regulação administrativa ambiental no Brasil 76
1.3.2 Abordagem de comando e controle e suas deficiências 89
1.3.3 As limitações do poder de polícia ambiental 96
1.4 Desafios para implementação da regulação ambiental 101
1.4.1 Corrupção e fraude 104
1.4.2 Transparência, acesso à informação e participação 112
1.4.3 Incentivo e fomento 114
1.5 Síntese do capítulo 115

CAPÍTULO 2
PROCESSO ADMINISTRATIVO DE LICENCIAMENTO AMBIENTAL 117

2.1 A proeminência da tutela administrativa frente à complexidade das questões ambientais 118
2.1.1 Regulação ambiental e processo administrativo 124
2.1.2 O processo administrativo ambiental e a limitação da tutela jurisdicional ...129
2.1.3 A manifestação do dever fundamental de proteção do meio ambiente nos processos administrativos ambientais 133

2.1.4	A importância dos processos administrativos ambientais de controle prévio e sucessivo	136
2.2	O protagonismo do licenciamento ambiental	139
2.2.1	Dimensões social, econômica e política do licenciamento ambiental	140
2.2.2	Licenciamento ambiental como concretizador dos Princípios da Prevenção, da Precaução e do Poluidor-Pagador	145
2.2.3	Licenciamento ambiental na compatibilização entre o direito ao meio ambiente ecologicamente equilibrado e o desenvolvimento das atividades econômicas	151
2.3	O licenciamento ambiental como instrumento da Política Nacional do Meio Ambiente	155
2.3.1	Conceito, ritos e espécies de licenciamentos ambientais	156
2.3.2	Conceitos e os tipos de licenças ambientais	177
2.3.3	A Avaliação de Impacto Ambiental e os Estudos Ambientais	182
2.3.4	Os Planos de Controle, Monitoramento e de Gestão Ambiental	187
2.4	Desafios para o licenciamento ambiental e sua função regulatória	191
2.4.1	Limitações estruturais e legais do licenciamento ambiental brasileiro	192
2.4.2	O lugar da corrupção no âmbito dos licenciamentos ambientais	197
2.4.3	Função regulatória do licenciamento para o combate à corrupção e à fraude e o fomento à transparência e à participação na regulação ambiental	206
2.5	Síntese do capítulo	208

CAPÍTULO 3
UMA ALTERNATIVA: OS PROGRAMAS DE *COMPLIANCE* NA PERSPECTIVA AMBIENTAL..211

3.1	Conceitos em torno do *compliance* e de sua instrumentalização	212
3.1.1	*Compliance*, governança e *accountability*	220
3.1.2	*Compliance*, *enforcement* e *deterrence*	223
3.1.3	*Compliance* e auditoria	227
3.2	*Compliance* e o seu contexto internacional	229
3.2.1	A influência da FCPA e do UKBA e as disposições da ONU, OCDE, Banco Mundial e Transparência Internacional	234
3.2.2	Aplicação do *compliance* nos ramos jurídicos e o surgimento do Direito da Conformidade	241
3.2.3	*Compliance* e autorregulação regulada no Direito Público	244
3.3	Evolução do *compliance* no Brasil	247
3.3.1	*Compliance* na Lei Federal nº 12.846/2013	252
3.3.2	Decreto Federal nº 11.129/2022 e os elementos dos Programas de Integridade	257
3.3.3	Regulamentação para Empresas Estatais e Administração Pública Federal	264
3.3.4	*Compliance* na Nova Lei de Licitações Públicas	267
3.3.5	Programas de integridade do MMA, IBAMA e ICMBio	273
3.4	Evolução do *compliance* na perspectiva da regulação ambiental	275
3.4.1	O papel do *compliance* para a efetividade do Direito Ambiental	278
3.4.2	*Compliance* ambiental para a ONU e a OCDE	286
3.4.3	*Compliance* ambiental para a União Europeia e a Internacional Network for Environmental Compliance and Enforcement – INECE	290
3.5	Perspectivas para autorregulação regulada ambiental	293
3.5.1	Custos e benefícios da estratégia regulatória de autorregulação regulada	294

3.5.2 A permanência da regulação estatal e o efeito de uma regulação responsiva 297
3.5.3 O movimento da agenda ESG e os reflexos para a regulação ambiental 299
3.6 Síntese do capítulo...302

CAPÍTULO 4
EXIGIBILIDADE DOS PROGRAMAS DE *COMPLIANCE* NO LICENCIAMENTO AMBIENTAL BRASILEIRO 307
4.1 A exigência dos programas de *compliance* no licenciamento ambiental de atividades potencialmente poluidoras ou causadoras de significativa degradação ao meio ambiente 308
4.1.1 Nos estudos ambientais do licenciamento..318
4.1.1.1 Como elemento do Estudo Prévio de Impacto Ambiental (EIA) e do Relatório de Impacto ao Meio Ambiente (RIMA) 319
4.1.1.2 Como elemento do Plano de Gestão Ambiental (PGA), do Plano de Controle e Monitoramento Ambiental (PCA) e do Projeto Básico Ambiental (PBA).................322
4.1.2 Nas condicionantes das licenças ambientais requeridas 324
4.1.2.1 Na licença ambiental prévia..326
4.1.2.2 Na licença ambiental de instalação 328
4.1.2.3 Na licença ambiental de operação..331
4.1.2.4 Na licença ambiental por adesão e compromisso..333
4.1.2.5 Na licença ambiental corretiva 334
4.1.2.6 Na renovação de prazo das licenças ambientais..335
4.1.2.7 Na revisibilidade das licenças ambientais 338
4.2 Exigência de *compliance* em licenciamento: exercício da competência discricionária do órgão ambiental ou necessidade de previsão em lei?..341
4.2.1 Discricionariedade técnica e administrativa do órgão ambiental licenciador............341
4.2.2 Proporcionalidade das condicionantes no licenciamento ambiental........................344
4.3 Necessária prevenção contra *compliances* "de gaveta" e "*greenwashing*" 346
4.3.1 Elementos mínimos de um programa de *compliance* no licenciamento...................347
4.3.2 Aplicação das normas ABNT NBR ISO 14001 (Sistemas de Gestão Ambiental), ISO 37301 (Sistemas de Gestão de *Compliance*) e ISO 37001 (Sistemas de Gestão Antissuborno) e ABNT PR 2030 ESG..351
4.3.3 Elementos de avaliação pela Controladoria-Geral da União – CGU 356
4.4 Regulamentos vigentes..358
4.4.1 *Compliance*, Planos de Controle Ambiental e Auditorias Ambientais – Resoluções do CONAMA 359
4.4.2 *Compliance* no Direito Ambiental pela Nova Lei Geral de Licitações 363
4.4.3 *Compliance* no Direito Ambiental pela regulação financeira do BACEN 365
4.5 Perspectivas do *compliance* no Projeto de Lei geral do licenciamento ambiental 367
4.6 Programas de conformidade ambiental do Projeto de Lei nº 5.442/2019 371
4.7 *Compliance* no caso Brumadinho 375
4.8 *Compliance* no caso Dieselgate 381
4.9 Síntese do capítulo...385

CONSIDERAÇÕES FINAIS 389

REFERÊNCIAS..395

PREFÁCIO

Tenho escrito e dito que as questões ambientais demandam estratégias sofisticadas e inovadoras de tratamento. A lógica que permeia o Direito Ambiental é evitar a desconformidade. Em muitos casos, a desconformidade é um dano ambiental. Evitar a desconformidade e o dano ambiental parece ser o objetivo, pelo menos mediato, de toda regra de natureza ambiental.

Parece-me equivocado insistir, para promover esse resultado, em técnicas convencionais de comando e controle. Elas são necessárias, porém não suficientes para evitar desconformidades.

Uma estratégia convencional de comando e controle consiste na estipulação de uma conduta (que se deseja desestimular) como infração (administrativa ou penal, por exemplo), com previsão de uma consequência negativa (sanção) em face de sua ocorrência. Com a repressão de alguém que porventura haja incorrido em um comportamento ilícito, espera-se que as pessoas (o próprio agente ou terceiros) sejam desestimulados a adotar comportamento no futuro. O comando e controle aposta, fundamentalmente, no efeito dissuasor ou pedagógico da sanção enquanto estratégia de orientação da conformidade de comportamento.

Esses mecanismos baseados no sancionamento de condutas desconformes pressupõem que o agente destinatário da regra de comportamento faça uma operação racional de avaliação dos custos/benefícios da ação/norma e se sinta desestimulado a adotar comportamentos desconformes diante da possibilidade de uma consequência negativa imposta pelo Estado.

Ocorre que esse pressuposto nem sempre é verdadeiro. Nem sempre o comportamento desconforme é derivado de um cálculo racional de custo/benefício por parte do agente. Há ainda a possibilidade, inversa, de em uma avaliação de custo/benefício o agente se sentir estimulado a adotar comportamento desconforme; ponderando o risco da sanção e precificando-a, pode se sentir encorajado a optar justamente por adotar aquela ação que se pretendia em última análise evitar.

Sancionar é demorado, custoso e, usualmente, pouco eficiente. Se o estado de coisas chegou ao ponto de ser necessário sancionar alguém pelo descumprimento de alguma regra de proteção ambiental, o ambiente provavelmente já perdeu.

É preciso mais, é preciso ir além. Se a tônica do direito ambiental repousa na prevenção do dano e na manutenção da integridade do ambiente, as técnicas de comando e controle devem ser articuladas com outras estratégias capazes de agir onde a previsão de sanção não surtiria efeito. Os programas de compliance se inserem nesse contexto, tentam mudar engrenagens institucionais e corporativas para evitar que o ilícito ocorra.

Compliance, como Bruno Teixeira Peixoto conceitua, é o nível de conformidade de dada instituição com políticas, normas e regulamentos. Programas de *compliance* seriam mecanismos que visam internalizar, na organização, uma gestão preventiva contra riscos, desconformidades, condutas ou atos lesivos à própria organização ou patrimônio/interesse de terceiros. O autor explica que os programas de *compliance* também fornecem mecanismos para monitorar e controlar continuamente as rotinas e procedimentos organizacionais. A tônica é atuar antes, evitar que o ilícito aconteça.

Exigir de instituições e organizações empresariais a adoção de programas e estratégias de conformidade à regulação jurídica, em sentido amplo, é uma realidade já bastante consolidada em países estrangeiros, e ganhou recente prestígio, no Brasil, como instrumento previsto na Lei Anticorrupção, em atenção a contratações e uso de recursos públicos.

A pesquisa que o leitor tem em mãos aplica a lógica do *compliance* com foco na regulação ambiental. Ela reconhece que a mera previsão de sanção de um comportamento desconforme não é suficiente para evitá-lo. Assim como se cogita em matéria anticorrupção, é importante que as instituições e organizações estipulem rotinas sólidas, consistentes, tendentes a prevenir, detectar e corrigir ilícitos ambientais. A intenção, com isso, é que a proteção ambiental assuma o status de um valor fundamental orientando uma efetiva mudança de cultura na instituição e organização, além de que os procedimentos estipulados funcionem como verdadeiro desestímulo ao ilícito.

A pesquisa que o leitor tem em mãos entrega justamente o que promete. É inovadora, propõe a sofisticação do modelo de regulação ambiental atualmente vigente. Bruno Teixeira Peixoto defende, com incomum profundidade e rigor técnico, que os programas de *compliance* passem a ser exigidos em licenciamentos ambientais de determinadas atividades, notadamente aquelas capazes de provocar um significativo impacto ambiental.

O estudo foge do óbvio. Desde os capítulos introdutórios já se vê a densidade da pesquisa realizada. A amplíssima referência bibliográfica explica, com nível impressionante de profundidade, o estado atual da regulação administrativa ambiental no país e suas deficiências. Bruno Teixeira Peixoto faz uma verdadeira imersão em um dos principais instrumentos de gestão ambiental existentes, o licenciamento ambiental, e denuncia suas limitações. Na sequência, apresenta, ao leitor, os programas de *compliance* como alternativa àqueles problemas, oferecendo aquilo que poderia ser, tranquilamente, um livro próprio somente sobre esse assunto. Ao final, o autor faz a derradeira amarração entre os pontos investigados e detalha as circunstâncias, momentos e requisitos para se articular os programas de *compliance* aos licenciamentos ambientais como estratégia para incrementar o nível de conformidade da instituição e organização à regulação ambiental vigente.

Sem exagero algum, o leitor tem em mãos a melhor pesquisa acadêmico-científica sobre o assunto disponível na atualidade.

O livro é o produto editorial da pesquisa realizada pelo autor no âmbito do Programa de Mestrado em Direito da Universidade Federal de Santa Catarina (CAPES 6), que tive o privilégio de orientar, ao lado da Profa. Dra. Maria Leonor Cavalcanti Ferreira Codonho. A dissertação de mestrado, aprovada em 2022 com conceito máximo, foi posta à prova perante uma banca rigorosíssima composta pelo Professor Dr. Talden Farias (UFPE/UFPB), Prof. Dr. Rodrigo Pironti (Universidade Positivo) e Prof. Dr. Marcelo Buzaglo Dantas (UNIVALI), referências nacionais em suas respectivas áreas de pesquisa/atuação.

Bruno Teixeira Peixoto passou pela banca com a tranquilidade de quem já se reconhecia, também, como um dos maiores experts no assunto. Isso se deve não só à pesquisa acadêmica propriamente dita, mas também à larga experiência profissional do autor. O autor, antes de mestre em Direito, já era especialista em Direito Ambiental, *Compliance* e Governança ESG, com atuação destacada na advocacia na banca Mosimann-Horn, reconhecida firma de direito de Santa Catarina. Entre 2021 e 2022, como servidor público efetivo, Bruno Teixeira Peixoto ocupou o cargo de Gerente de Integridade e *Compliance* da Controladoria Geral do Estado de Santa Catarina. Suas credenciais lhe colocam como o principal nome em *compliance* ambiental do país, sem sombra de dúvidas.

Sou suspeito para falar, mas em minha percepção o livro passa certamente a ser referência obrigatória no Direito Ambiental brasileiro. Resta-me apenas desejar, ao leitor, uma boa leitura.

Florianópolis, dezembro de 2022.

Pedro Niebuhr
Professor de Direito da
Universidade Federal de Santa Catarina

APRESENTAÇÃO

É com imensa alegria e grande honra que venho apresentar a obra *"Compliance no Direito Ambiental: Licenciamento, ESG e Regulação"*, de autoria do jurista Bruno Teixeira Peixoto.

Essa grande alegria que sinto deve-se ao fato de conhecer o pesquisador Bruno desde a sua graduação. É que tive a felicidade de orientar o Bruno em alguns momentos os quais demonstraram a imensa capacidade que o autor desta obra tem de investigar com profundidade os temas que envolvem o Direito Ambiental. Assim, ainda em sua graduação em Direito na Faculdade CESUSC, Bruno foi premiado com o VI Prêmio José Bonifácio de Andrada e Silva no ano de 2017 com a pesquisa intitulada "A Taxa de Preservação Ambiental de Bombinhas/SC: análise sob o vértice do Direito Ambiental e da Extrafiscalidade Tributária", na categoria Estudante de Graduação.

Para além de seu grande interesse e sensibilidade para trabalhar com o tema do Direito Ambiental, Bruno Teixeira Peixoto demonstrou grande aptidão para advocacia quando atuou como estagiário do Escritório Modelo da Faculdade CESUSC, prestando grande auxílio nas demandas do Núcleo de Direito Publico, tendo sido, logo após a sua colação de grau, selecionado para trabalhar como advogado no Escritório de Advocacia Mosimann Horn, referência na cidade de Florianópolis.

Com sua aptidão para pesquisa, continuou seus estudos, realizando Curso de Especialização em Direito Ambiental na Faculdade CESUSC e recebendo então, na categoria Estudante de Pós-Graduação, o VIII Prêmio José Bonifácio de Andrada e Silva, no ano de 2019, com o tema "Compliance, Licenciamento e a Tragédia de Brumadinho".

Seguindo sua brilhante trajetória acadêmica, Bruno, no ano de 2020, foi então selecionado como Mestrando na Universidade Federal de Santa Catarina. Durante seu curso, desenvolveu-se ainda mais como pesquisador, palestrando, publicando e promovendo a difusão do seu grande conhecimento na área do Direito Ambiental.

Toda essa trajetória é coroada com essa obra que hoje se apresenta a vocês intitulada *"Compliance no Direito Ambiental: Licenciamento Ambiental, ESG e Regulação"*, na qual Bruno faz uma investigação sobre a Complexidade das Questões Ambientais e apresenta um caminho para superar essa complexidade.

No livro, a pesquisa faz uma necessária reflexão sobre os lugares do Direito e do Estado para a proteção do meio ambiente e o desenvolvimento sustentável, examinando o direito e o dever fundamental de proteção ao meio ambiente na Constituição Federal de 1988, para, em seguida, examinar a regulação administrativa ambiental no Brasil e as limitações do poder de policia ambiental. Ademais, examina os desafios para implementação da regulação ambiental, destacando pontos fundamentais que precisam ser discutidos, como a corrupção e a fraude, a transparência, o acesso à informação e à participação, bem como os incentivos e o fomento. Em seguida, examina o processo administrativo ambiental, destacando a sua proeminência frente às demandas ambientais, especialmente os processos administrativos de controle prévio e sucessivo, a exemplo do licenciamento ambiental. Este instrumento é bem investigado pelo autor que, em seguida, examina com profundidade o *Compliance* na perspectiva da Regulação Ambiental, fazendo uma análise da legislação brasileira sobre o tema e das principais normas internacionais correlacionadas.

O autor conclui a obra demonstrando a possibilidade de inserção da exigência de programas de integridade e *compliance* nos licenciamentos através da integração aos elementos dos Estudos Ambientais (EA), especialmente nas medidas de monitoramento e controle requeridas pelo Estudo Prévio de Impacto Ambiental (EIA), Relatório de Impactos sobre o Meio Ambiente (RIMA), e ainda nos Planos de Gestão, Controle e Monitoramento Ambiental (PCA), todos mecanismos que, por suas previsões normativas e funções, apresentam compatibilidades com o *compliance*. Ademais, também assinala a possibilidade de alocá-los como elemento do rol de condicionantes ambientais fixadas para a expedição das licenças ambientais prévia (LAP), de instalação (LAI) e de operação (LAO), com o fim maior de agregar meios de controle acerca da gestão e da conformidade (*compliance*) legal ambiental das atividades licenciadas.

Nesse sentido, pode-se concluir que o autor, para além de aprofundar os mais variados institutos jurídicos pertinentes a sua pesquisa, aponta soluções importantes que poderão ser implementadas diante da crise ambiental que hoje vivenciamos. O cenário que hoje vivenciamos requer do pesquisador jurídico justamente esse viés prospectivo e não apenas crítico. É assim que acreditamos ser possível um futuro mais sustentável para todas as formas de vida, como bem delineou a Constituição Federal de 1988.

Para além da brilhante pesquisa, devo ainda mencionar que todo esse conhecimento que vem sendo gradativamente acumulado e também compartilhado pelo nosso jurista Bruno Teixeira Peixoto teve a chance de ser colocado em prática, já que nosso autor ocupou entre 2021 e 2022 o cargo de Gerente de Integridade e *Compliance*, na Controladoria-Geral do Estado de Santa Catarina (CGE-SC).

Florianópolis, dezembro de 2022.

Maria Leonor Paes Cavalcanti Ferreira Codonho
Pós-Doutora pela Universidade Federal de
Santa Catarina (UFSC/CAPES), com estágio de
doutoramento na Universidade de Coimbra.
Pesquisadora integrante do Projeto JustSide, da
Universidade de Coimbra, financiado pelo Programa
Ibero-Americano de Ciência e Tecnologia para o
Desenvolvimento (CYTED). Advogada.

INTRODUÇÃO

O futuro da humanidade e do planeta nunca foi tão debatido, especialmente após a eclosão da pandemia e dos novos embates geopolíticos mundiais. São desafios paradigmáticos para a sociedade, exigindo acelerados avanços da Ciência, da Economia, da Política e, principalmente, do Direito e das funções do Estado.

Soma-se a esse contexto o desafio por um desenvolvimento sustentável da sociedade em harmonia com a natureza, envolvendo o enfrentamento das mudanças climáticas, das perdas de biodiversidade, de ecossistemas e recursos naturais essenciais, além dos danos e desastres socioambientais, fatores cujos efeitos adversos vêm atingindo a sociedade, a economia, as instituições e a estabilidade do planeta.

Todo e qualquer desenvolvimento que se queira minimamente sustentável traz consigo o significativo desafio de regular as questões ambientais, os estruturais e plurais problemas gerados, as suas características e os seus reflexos, tarefa não só incumbida ao Estado como também a ser exigida e desenvolvida por toda a coletividade.

Complexas e dinâmicas por natureza, causas e efeitos, as questões ambientais exigem do Direito uma premente antecipação de riscos, de impactos e de danos, o que demanda uma tutela ambiental com prevenção e precaução, evitando ao máximo infrações, atos ilícitos e, por consequência, degradações e danos ao meio ambiente.

Em tempos de agenda ESG (*Environmental, Social and Governance*), a proteção ambiental pressupõe, portanto, uma regulação, em todas as suas vertentes normativa, fiscalizatória, de controle, de indução ou fomento, eminentemente preventiva e precaucional. Exigem-se meios avançados, senão suficientemente antecipatórios e de monitoramento e controle de aspectos ambientais, sociais e de governança.

Apesar da evolução político-jurídica do Direito Ambiental e das funções do Estado para o meio ambiente, notório é o avanço da insuficiência dos instrumentos de tutela ambiental e de atuação regulatória estatal que garantam condições mínimas para o atingimento dos objetivos constitucionais de um desenvolvimento sustentável.

No Brasil, embora alçada a preceito fundamental pela Constituição Federal de 1988, a garantia da proteção e da preservação de um meio ambiente ecologicamente equilibrado, cada vez mais, impinge encargos estruturais ao Estado em sua função regulatória, muito pela intrincada relação entre sociedade e a exploração da natureza.

São desafios que se agravam, na medida em que a Administração Pública, por meio de sua função de execução e regulação, fundada nos mecanismos regulatórios do tradicional comando e controle, não vem logrando sucesso em cumprir com os deveres constitucionais de proteger e preservar o meio ambiente, tampouco de implementar uma tutela ambiental indutora de um desenvolvimento nacional sustentável.

Sintomáticos são os casos de rompimento de barragens de mineração em Mariana e Brumadinho, além da situação dos biomas Amazônico, do Cerrado e do Pantanal no Brasil. Sem falar ainda dos inúmeros casos de irregularidades no âmbito dos atos e processos administrativos envolvendo o controle e a aprovação, em geral de atividades econômicas, com significativos impactos socioambientais no país.

Público e notório é, portanto, o desafio por que passa o Direito Ambiental e, mais amplamente, a atuação do Estado na função de proteger o meio ambiente e garantir um desenvolvimento sustentável. Em especial a Administração Pública ambiental, diuturnamente desafiada pela dinâmica de regular e controlar os reflexos das atividades econômicas significativamente impactantes e dos riscos e danos causados à natureza.

É um cenário que confirma, cada vez mais, a importância e a necessidade de se fomentar a proeminência de uma tutela do meio ambiente de modo multidisciplinar, com viés preventivo e precaucional, além da vertente participativa e cooperativa, induzidora da contemporânea agenda ESG (*Environmental, Social and Governance*).

Mantida uma atuação regulatória estatal expressada, em sua maioria, por uma tutela administrativa limitada de comando e controle, deficitária, constantemente judicializada e sob crescente déficit de implementação das políticas e normas ambientais, agravadas serão as inseguranças e incertezas políticas e sociais.

Cuida-se de insegurança causada, principalmente, mas não só, pela falta de efetividade, eficiência, participação e transparência nos atos e processos administrativos ambientais, agravada por dilemas como corrupção e fraude na gestão ambiental.

São questões ligadas à frágil disposição de planejamento e de recursos, materiais ou humanos, dos órgãos ambientais estatais, somadas às conhecidas limitações de instrumentos protagonistas como o licenciamento ambiental, principal veículo regulatório no Brasil de gestão e proteção do meio ambiente, assim como de indução a um desenvolvimento nacional sustentável.

Assim, induvidosa é a necessidade de novos horizontes para uma governança e atuação regulatória ambiental avançadas, para a implementação de políticas e normas ambientais através de instrumentos que privilegiem a prevenção, a precaução, a transparência, o controle e o monitoramento contínuos das atividades econômicas, além da cooperação e da concertação nas decisões públicas ambientais.

Essa é uma necessidade existente, sobretudo, no bojo do protagonista processo administrativo de licenciamento ambiental, dada sua importância para o Direito Ambiental no país, para as Ordens Econômica e Social, instrumento crucial ao desenvolvimento nacional sustentável expressamente almejado pelo texto constitucional brasileiro, favorável às presentes e futuras gerações (art. 225 c/c art. 170, CF/88).

Considerando tal cenário, percebe-se após a pandemia da Covid-19 um notório e potencial movimento mundial, manifestado pela recente agenda ESG, de reorientação da economia, da política e normas jurídicas em direção aos objetivos e padrões regulatórios de governança e gestão para uma possível transição sustentável do paradigma vigente de desenvolvimento transgressor dos limites naturais.

Neste contexto de reestruturação, valioso tornou-se o instituto do *compliance*, reconhecido, em termos amplos, como o nível de conformidade, em uma instituição ou empresa pública ou privada, com políticas, normas e regulamentos, internos ou externos. Esse instituto é instrumentalizado pelos chamados programas de *compliance*, de conformidade e de integridade, que vêm sendo discutidos sob a forma de estratégias regulatórias estatais voltadas a conferir efeitos públicos à chamada autorregulação de empresas e organizações, agora, estendidos para a perspectiva ambiental.

Cada vez mais exigidos tanto pela regulação econômico-financeira de inúmeros países quanto no âmbito do Direito Público, a exemplo das compras e contratações públicas e nas relações comerciais internacionais, os programas de *compliance*, em noção ampliada, são mecanismos com o intuito maior de internalizar, nas pessoas jurídicas reguladas, uma gestão preventiva contra riscos, desconformidades internas, violações à própria organização ou ao interesse público.

Além disso, os programas de integridade e *compliance* buscam o monitoramento e o controle contínuos das conformidades técnica e legal, sendo instrumentos que vêm amplamente sendo analisados para a gestão e avaliação do desempenho do exercício de atividades com significativos impactos ao meio ambiente.

Essas diretrizes contemporâneas, somadas à complexidade adjacente às questões ambientais atuais e à crescente limitação da atuação estatal, confirmam que é no viés preventivo e precaucional, inerente a toda tutela administrativa ambiental, que os programas de *compliance* na perspectiva ambiental se justificam.

Dessa maneira, referidos programas implicam uma abordagem jurídica e regulatória dotada de reflexos positivos, potenciais e concretos, não só para a gestão e a proteção ambiental, como também para reafirmar as garantias e os deveres dos agentes privados regulados e da coletividade. Tendo em vista representarem um instrumento fundamental dentro de um processo administrativo ambiental, seja de controle prévio, seja de controle sucessivo, que se relacione ao licenciamento ou à autorização do exercício de atividades econômicas que impactam significativamente o meio ambiente.

Nesse cenário de incertezas estruturais, revisitações pertinentes afloram acerca do desempenho da função regulatória estatal em matéria ambiental, sobretudo em seus instrumentos de implementação e controle das normas de proteção do meio ambiente, como a exemplo da possibilidade de se exigir e fomentar programas de integridade e *compliance* no bojo do processo administrativo de licenciamento ambiental.

Trata-se de uma medida que emerge como forma de estratégia regulatória dotada de singular pertinência jurídica e administrativa na atualidade, principalmente ao se considerar o movimento recente da agenda ESG nos setores público e privado, assim como de regulamentação de tais instrumentos de gerenciamento de riscos e de antecipação de condutas lesivas a bens jurídicos na ordem político-jurídica brasileira.

Sinal desse avanço é evidenciado com a publicação da Lei Federal nº 12.846/2013 (Lei Anticorrupção), regulamentada pelo Decreto Federal nº 8.420/2015, atualizado recentemente pelo Decreto Federal nº 11.129/2022, que, pelos arts. 56 e 57, define no Brasil o conceito legal de programas de integridade, instrumentalizando o instituto do *compliance* para o Direito Público brasileiro.

O mesmo decreto, além de apresentar os elementos indispensáveis ao programa, passou a prevê-lo na responsabilização de pessoas jurídicas por infrações e atos lesivos contra a Administração Pública nacional e estrangeira. A consolidação do instituto do *compliance* veio com a recente Nova Lei Geral de Licitações (Lei Federal nº 14.133/2021), aplicado em uma série de funções de interesse público.

Em nível de regulação financeira, a exigência de governança e *compliance* ambiental já se faz presente com as Resoluções do Banco Central do Brasil (BACEN). O BACEN vem exigindo que instituições financeiras autorizadas a operar no Brasil desenvolvam uma Política de Responsabilidade Socioambiental (PRSA) nas suas atividades e na concessão de seus produtos e serviços, corroborando o potencial do *compliance* sob a perspectiva ambiental no país.

Fundamentada nessas razões, esta obra se assenta na indispensável manifestação do dever fundamental de proteção ambiental imputado ao Estado (função regulatória ambiental) e à coletividade, notadamente às pessoas jurídicas, públicas ou privadas (autorregulação ambiental), e na potencialidade existente na implementação da exigência dos programas de *compliance* com escopo na área ambiental para o exercício de atividades econômicas com significativos impactos e degradações ao meio ambiente.

A exigência dos programas de *compliance* ainda serviria como um dos fatores de incremento dos processos administrativos de licenciamento ambiental. Isso porque possuem elementos e funções caras à complexa dinâmica de cumprimento à regulação em matéria de meio ambiente. Trata-se de um contexto que exige atualização constante de estratégias regulatórias capazes de induzir um desenvolvimento nacional sustentável e de garantir, segundo a Carta de 1988, o gozo a um meio ambiente ecologicamente equilibrado para as presentes e futuras gerações.

Com esse sentido, os programas de integridade e *compliance* no licenciamento ambiental ainda se justificariam face à paradigmática tragédia ocorrida em 2019 com o rompimento de barragem de rejeitos de Brumadinho/MG, na qual, segundo Comissão Parlamentar de Inquérito (CPI) do Senado Federal, medidas de controle e *compliance* teriam pertinência na prevenção contra o dano socioambiental causado, uma vez que a falta de um sistema de governança e *compliance* influenciou para o rompimento.

É ainda oportuno o momento desta investigação face o Projeto de Lei Federal nº 5.442/2019, de regulamentação dos Programas de Conformidade Ambiental, e do Projeto de Lei Federal nº 2.159/2021, da Lei Geral do Licenciamento Ambiental, ambos a serem votados pelo Congresso Nacional brasileiro.

Contextualizada e justificada a temática, este trabalho envolve o problema central de verificar e examinar, dados os seus fundamentos, elementos e funções primordiais, de que maneira e se é possível introduzir e implementar a exigência dos programas de *compliance* no âmbito do processo administrativo de licenciamento ambiental brasileiro, relativo, notadamente, às atividades econômicas efetiva ou potencialmente poluidoras ou causadoras de significativos impactos e degradações.

Como hipótese principal, caminha-se em direção à possibilidade de se exigir e fomentar a implementação do programa de *compliance* no licenciamento ambiental relacionado às atividades econômicas utilizadoras de recursos ambientais, efetiva ou potencialmente poluidoras, ou capazes de causar significativa degradação ambiental.

Além de representar instrumento para o fomento da agenda ESG, assim como da prevenção, da detecção e da punição à fraude e à corrupção, os programas de integridade e *compliance* incrementam a gestão de riscos e a antecipação a condutas, atividades e atos lesivos ao meio ambiente, como uma forma de estratégia regulatória de autorregulação regulada ambiental no Brasil, observando, ainda, os princípios da prevenção, da precaução e do poluidor-pagador, além de manifestar o dever fundamental de proteção ambiental, imputado não apenas ao Estado, como também – e sobretudo – aos agentes privados e à coletividade (art. 225, *caput*, CF/88).

Como objetivo geral deste trabalho está a verificação, dados os seus fundamentos, elementos e funções primordiais, sobre como e se é possível introduzir e implementar a exigência dos programas de *compliance* no âmbito do processo administrativo de licenciamento no Direito Ambiental brasileiro, relativo, notadamente, às atividades econômicas, obras ou empreendimentos, efetiva ou potencialmente, poluidores e causadores de significativos impactos e degradações ao meio ambiente.

Para a presente análise, a obra está dividida em quatro capítulos. O primeiro capítulo traça uma breve perspectiva acerca da atual complexidade em torno das questões ambientais e dos lugares do Direito – especialmente do Direito Ambiental – e da função regulatória ambiental do Estado nesse contexto desafiador. Verificam-se os aspectos destacados da evolução constitucional do tema, bem como a disposição constitucional do Direito e também dever fundamental, esse imputado não apenas ao Estado, como também – e sobretudo – aos agentes privados e à coletividade, da proteção do meio ambiente ecologicamente equilibrado, abordando-o conjuntamente com a defesa ambiental na ordem econômica constitucional, diretrizes de desenvolvimento nacional sustentável na Constituição Federal de 1988.

Com isso, delimita-se, ainda, o quadro normativo e institucional da atuação regulatória estatal em matéria de meio ambiente, sob o enfoque da regulação administrativa e a sua possível limitação face aos desafios atuais como corrupção, fraude, transparência, acesso à informação, incentivo e participação. Desafios que implicariam a necessidade de se pensar sobre novas estratégias e instrumentos regulatórios capazes de enfrentar esses dilemas e dar efetividade às políticas e normas ambientais.

O segundo capítulo aborda a proeminência da tutela administrativa em matéria de proteção do meio ambiente em contraste à tutela jurisdicional, função estatal expressada pelos processos administrativos ambientais, isso em razão da complexidade e da dinâmica exigidas pelas questões ambientais atuais referidas no primeiro capítulo.

Assim, no segundo capítulo, serão delineados os conceitos fundamentais do processo administrativo de licenciamento ambiental, das licenças ambientais e da avaliação de impacto ambiental, ressaltando a potencial função regulatória do licenciamento ambiental face aos principais desafios e limitações existentes para sua aplicação. Fatores esses que reforçam a necessidade de novas abordagens, instrumentos e estratégias regulatórias de monitoramento e controle das atividades econômicas submetidas ao licenciamento causadoras de significativos impactos ambientais.

Na sequência, o terceiro capítulo busca delimitar os conceitos em torno do instituto do *compliance* e de sua instrumentalização, destacando-se a evolução do tema em nível nacional e internacional, a sua aplicação nos ramos do Direito e seu desdobramento no Direito Público, delineando-se as previsões legais de *compliance* no Brasil, como pela Lei Federal nº 12.846/2013 e Decreto Federal nº 11.129/2022, passando pela Lei das Estatais nº 13.303/2016 e pela Nova Lei de Licitações nº 14.133/2021.

Ainda no terceiro capítulo, são traçadas as perspectivas do *compliance* para a regulação ambiental e a efetividade do Direito Ambiental. Ressaltam-se as disposições da ONU, OCDE, União Europeia e INECE, destacando a estratégia regulatória de autorregulação regulada, averiguando-se, ainda, sua função face o crescente movimento de gestão e governança denominado de *Environmental, Social and Governance* (ESG).

O quarto e último capítulo é dedicado à análise do programa de integridade e *compliance* como uma exigência implementável no processo administrativo de licenciamento ambiental brasileiro de atividades econômicas efetiva ou potencialmente poluidoras ou causadoras de significativos impactos e degradações ao meio ambiente.

Por um lado, busca-se observar o programa aplicado no âmbito dos estudos ambientais prévios nos licenciamentos ambientais; de outro, como elemento de condicionantes das licenças ambientais, observando, em ambos os contextos, a proporcionalidade com o porte e os riscos da atividade a ser licenciada.

Analisa-se, ainda no último capítulo, se a exigência integraria o legítimo exercício da discricionariedade administrativa do órgão licenciador ou se exigiria previsão em norma legal regulamentadora, destacando-se os elementos obrigatórios e a forma de avaliação dos programas a serem exigidos, trazendo regulamentos vigentes e as iniciativas legislativas do PL nº 5442/2019 e PL nº 2159/2021.

Ao final, verifica-se o papel do *compliance* nos licenciamentos ambientais no desastre da barragem de Brumadinho em Minas Gerais e no episódio internacional chamado *"Dieselgate"*, a fim de extrair diretrizes para o contexto do *compliance* com escopo ambiental em ambos os casos concretos.

CAPÍTULO 1

DIREITO, REGULAÇÃO E MEIO AMBIENTE

Para os fins desta obra, é fundamental compreender, neste primeiro capítulo, sobre os contornos gerais da atual complexidade das questões ambientais,[1,2] assim como verificar os aspectos destacados da evolução político-jurídica do tema, que confirmam o dever do Estado e da coletividade e agentes privados pela proteção ambiental.

Constatadas essas premissas, passa-se ao destaque das diretrizes que o Direito Ambiental e a atuação do Estado em sua função pública regulatória dispõem a respeito da proteção do meio ambiente em face dos riscos e impactos das atividades humanas causados à natureza e que condicionam todo e qualquer desenvolvimento sustentável.

Com isso em vista, serão verificados os pilares da Constituição Federal de 1988 que dão base à função regulatória ambiental do Estado e que formam o Direito Ambiental contemporâneo e sua instrumentalização, atribuições cruciais a um desenvolvimento social, econômico e ambiental que se sustente em um planeta finito.

Levantadas e destacadas as previsões e interpretações ligadas ao direito e também dever fundamental de proteção ao meio ambiente no texto constitucional brasileiro, será ressaltada sua relação e compatibilização com a Ordem Econômica e seu princípio de defesa ambiental, balizas que devem nortear toda a atuação regulatória.

Na sequência, serão levantadas pontuais reflexões críticas acerca do vigente modelo tradicional de regulação orientado pelo comando e controle sobre condutas e demais atividades econômicas com significativos impactos ao meio ambiente.

Da mesma forma, será analisada a limitação do poder de polícia administrativa ambiental, destacando alguns dos desafios à efetiva implementação da regulação

---

[1] Adota-se, ao longo deste trabalho, o termo "questões ambientais", pois, como assinala o autor Daniel Braga Lourenço, o termo "ambiente" abrangeria o mundo natural, incorporando não só a preocupação com o mundo natural propriamente dito, mas também com o mundo alterado pelo agir humano (LOURENÇO, Daniel Braga. *Qual o valor da Natureza?* Uma introdução à ética ambiental. 1. ed. São Paulo: Editora Elefante, 2019. p. 30).

[2] Para este trabalho, "questões ambientais" representam os principais problemas ligados ao meio ambiente e sua relação com as atividades humanas (poluição, danos e desastres socioambientais, mudanças climáticas, perda de biodiversidade e ecossistemas essenciais, entre outros), questões essas que são, em essência, subversivas, posto que obrigadas a permearem e a questionarem todo o procedimento moderno de produção e de relação homem-natureza, estando envolvidas com o cerne da conflituosidade da sociedade moderna (DERANI, Cristiane. Direito ambiental econômico. 3. ed. São Paulo: Saraiva, 2008. p. 82).

ambiental, como nos casos de atos de corrupção e de fraude, da transparência, do acesso à informação, da participação e do incentivo e fomento à proteção ambiental.

Concluindo o capítulo e constatados novos desafios para a efetividade da regulação de meio ambiente e do próprio Direito Ambiental, almeja-se reforçar a discussão em favor de novos instrumentos e estratégias regulatórias. Isso em busca de meios voltados à prevenção, antecipação, controle e punição por infrações, atos ilícitos e danos socioambientais e, mais amplamente, ao monitoramento contínuo de riscos, impactos e condutas lesivas ambientais.

1.1 Complexidade das questões ambientais e os lugares do Direito e do Estado para a proteção do meio ambiente e o desenvolvimento sustentável

Não há como prescindir do Direito se o que se busca é a realização de um desenvolvimento efetivamente sustentável e capaz de integrar as dimensões social, econômica e ambiental, dada a sua importância como instrumento social de organização e de estabilidade das relações entre a sociedade e o meio ambiente.

Entre as mais importantes funções práticas do Direito, leciona Bobbio, está a de emprestar uma força particular às reivindicações dos movimentos que demandam para si e para os outros a satisfação de novos carecimentos materiais e morais; que deve ser sempre vista criticamente, pois poderá se tornar enganadora se obscurecer ou ocultar a diferença entre o Direito reivindicado e o Direito reconhecido e protegido, uma vez que uma coisa é proclamar esses Direitos, outra é desfrutá-los efetivamente.[3]

Trata-se da razão de ser do Direito manter uma estabilização possível e que observe eventuais limites de variações previsíveis de comportamentos, objetivo máximo da civilização moderna,[4] porque, ressalta Derani, assentado na contínua necessidade de normas de proteção do meio ambiente, que são, evidentemente, sociais e humanas, para moderar, racionalizar e buscar a justa medida na relação homem e natureza.[5]

Importante também é a atuação do Estado nos tempos atuais, porquanto representa a principal instituição de toda uma sociedade minimamente organizada, um meio destinado à realização dos fins democráticos da comunidade nacional.[6] Sobretudo quanto às suas funções em matéria de meio ambiente e desenvolvimento sustentável. Não se pode olvidar que todo e qualquer Estado Constitucional e Democrático de Direito, hoje, assevera Canotilho, só é Estado de Direito se for um Estado protetor do ambiente, garantidor do direito ao ambiente e cumpridor dos deveres de juridicidade impostos à atuação dos poderes públicos.[7]

---

[3] BOBBIO, Norberto. *A era dos direitos*. Tradução de Carlos Nelson Coutinho. 7. reimp. Rio de Janeiro: Elsevier, 2004. p. 10.
[4] DERANI, Cristiane. *Direito ambiental econômico*. 3. ed. São Paulo: Saraiva, 2008. p. 26.
[5] DERANI, Cristiane. *Direito ambiental econômico*. 3. ed. São Paulo: Saraiva, 2008. p. 73.
[6] MALUF, Sahid. *Teoria geral do Estado*. Atualizador Miguel Alfredo Malufe Neto. 34. ed. São Paulo: Saraiva, 2018. p. 29-30.
[7] CANOTILHO, José Joaquim Gomes. Direito constitucional ambiental português: tentativa de compreensão 30 anos das gerações ambientais no Direito constitucional português. *In*: CANOTILHO, José Joaquim Gomes; LEITE, José Rubens Morato (Orgs.). *Direito constitucional ambiental brasileiro*. 6. ed. São Paulo: Saraiva, 2015. p. 5-6.

Cuida-se de um paradigma desafiado diante da erosão e do recuo da segurança esperada do sistema democrático global, que vêm minando com as expectativas na atuação dos Estados em pautas econômicas, políticas e jurídicas da atualidade, revigorando o fato de que a democracia é um empreendimento compartilhado, seu destino depende de toda a sociedade.[8]

Mudanças sociais, assim como a mudança climática e as questões ambientais, são causadas por múltiplas reações em cadeia ocorrendo simultaneamente, ambas causam e são causadas por ciclos de retroalimentação, ações individuais e coletivas precisam, como nunca, da arquitetura de apoio mútuo entre sociedade e Estado.[9]

Em razão disso, o contexto dos acontecimentos neste limiar de terceira década do século XXI desenha, cada vez mais, uma complexidade desafiadora para o desempenho das instituições, do Direito e das funções de Estados constitucionais.

São desafios especiais àquelas funções dedicadas ao cumprimento das políticas e normas de gestão e proteção do meio ambiente e de desenvolvimento sustentável, remetendo a novos horizontes políticos, sociais, econômicos e jurídicos, cuja compreensão, quiçá mínimos controle e regulação, demandam indiscutivelmente reflexões estruturais por novas abordagens.

1.1.1 As complexas questões ambientais, ecológicas e climáticas

A sociedade e o planeta estão em evidente e incessante mudança, sinal da dimensão dos desafios impingidos às instituições, aos Estados e, mais amplamente, ao Direito para lidarem com as questões que envolvem um desejado equilíbrio entre a proteção do meio ambiente e o desenvolvimento das atividades humanas.

Cuida-se de um dilema que se soma aos efeitos sinérgicos causados pela paradigmática pandemia da Covid-19. São embates que exigem do Direito, especialmente do Direito Ambiental, e da atuação regulatória do Estado, meios capazes de gerar respostas efetivas aos problemas surgidos, principalmente face ao novo contexto geopolítico entre grandes nações mundiais.

A dimensão dos impactos da sociedade sobre o meio ambiente passa a representar, inclusive, uma forma acelerada da chamada época do Antropoceno, alertada por Paul J. Crutzen e Eugene F. Stoermer, para os quais os impactos da humanidade sobre o planeta continuarão a ser uma grande força geológica por muitos milênios, talvez milhões de anos. Por isso, desenvolver uma estratégia mundialmente aceita que leve à sustentabilidade dos ecossistemas contra o estresse induzido pelo homem será uma das grandes e trabalhosas tarefas da humanidade.[10]

Não se pode negligenciar, como nunca antes, o fato de que a humanidade enfrenta problemas radicalmente distintos de qualquer outro na história, exigindo, como

---

[8] LEVITSKY, Steven; ZIBLATT, Daniel. *Como as democracias morrem*. Tradução de Renato Aguiar. Rio de Janeiro: Zahar, 2018. p. 217.
[9] FOER, Jonathan Safran. *Nós somos o clima*: salvar o planeta começa no café da manhã. Tradução de Maíra Mendes Galvão. 1. ed. Rio de Janeiro: Rocco, 2020. p. 60.
[10] CRUTZEN, Paul Jour; STOERMER, Eugene F. The Anthropocene. *Global Change Newsletter*, n. 41, May, Stockholm, Sweden, 2000, p. 16-17. Tradução livre. Disponível em: https://inters.org/files/crutzenstoermer2000.pdf. Acesso em: 12 out. 2021.

aponta Noam Chomsky, respostas sobre como a sociedade humana organizada poderá sobreviver em alguma forma reconhecível, sem postergar essa resposta.[11]

Pela primeira vez na história, não se pode mais confiar e assegurar, não mais como outrora, na salvaguarda do alcance limitado dos atos humanos, não é mais válido sentenciar que, seja o que se faça, a história continuará da mesma maneira.[12]

O cenário é de contínuo confronto das certezas que, em outras épocas e contextos, pavimentaram as Ciências, a Economia, a Política e, em especial, o Direito, não restando mais do que o reino da incerteza e das possibilidades, poucas, inclusive, de caminhos para o futuro mais seguro da sociedade e do planeta, pois se chega ao fim das certezas, dando lugar ao império das probabilidades, como delineou Ilya Prigogine.[13]

Quando se investiga sobre os contornos mínimos da complexidade em torno das questões ambientais atuais, indispensável é a lição de Edgar Morin, para o qual complexidade representa uma abordagem transdisciplinar da realidade, originada do termo do latim *"complexus"*, de tecido em conjunto, de acontecimentos, ações, interações, retroações, determinações, acasos, que constituem o nosso mundo fenomenal, a complexidade se apresenta com os traços inquietantes do emaranhado, do inextricável, da desordem, da ambiguidade e da incerteza.[14]

Desse modo, constata-se a cada dia, como destaca Derani, que a mera intervenção do Direito como desejado corretor de falhas eventuais não é mais suficiente. O Direito, sobretudo o Ambiental, assumiu papel mais ativo, inclusive com função de redistribuidor de riquezas, diminuidor de problemas e diferenças sociais, tarefas incontestáveis do Direito atualmente.[15]

Como leciona Canotilho, houve uma primeira geração de problemas ambientais vinculados à defesa de componentes ambientais naturais (ar, água, luz, solo e subsolo, flora e fauna), superada e influenciada, segundo o jurista, por uma precedente segunda geração de problemas ambientais mais complexos, tais como efeito estufa, destruição da camada de ozônio, mudanças climáticas, destruição da biodiversidade, cujas imbricações e efeitos combinados se prolongam e atingem inclusive gerações humanas futuras.[16] É uma evolução tamanha na complexidade que exige do Direito e do Estado soluções adequadas para um nível de proteção ambiental mínimo e duradouro.

Nesse sentido, pensar acerca do lugar em que se encontram o Direito e as funções do Estado, especificamente do Direito Ambiental, remete invariavelmente ao modo como são geridos os riscos e as incertezas sobre as consequências adversas do modelo de desenvolvimento das atividades humanas vigente. É um modelo que permanece, para a maioria das evidências científicas mundiais, no centro da causalidade dos principais

---

[11] CHOMSKY, Noam; POLLIN, Robert. *Crise climática e o Green New Deal global*: a economia política para salvar o planeta. Tradução de Bruno Cobalchini Mattos. 1. ed. Rio de Janeiro: Roça Nova, 2020. p. 15.
[12] ZIZEK, Slavoj. *Em defesa das causas perdidas*. Tradução de Maria Beatriz de Medina. 1. ed. São Paulo: Boitempo, 2011. p. 341.
[13] PRIGOGINE, Ilya. *O fim das certezas*: tempo, caos e as leis da natureza. São Paulo: Edunesp, 1999.
[14] MORIN, Edgar. *Introdução ao pensamento complexo*. Tradução de Eliane Lisboa. Porto Alegre: Sulina, 2005. p. 13.
[15] DERANI, Cristiane. *Direito ambiental econômico*. 3. ed. São Paulo: Saraiva, 2008. p. 93.
[16] CANOTILHO, José Joaquim Gomes. Direito constitucional ambiental português: tentativa de compreensão 30 anos das gerações ambientais no Direito constitucional português. *In:* CANOTILHO, José Joaquim Gomes; LEITE, José Rubens Morato (Orgs.). *Direito constitucional ambiental brasileiro*. 6. ed. São Paulo: Saraiva, 2015. p. 2-3.

problemas ambientais, como a exemplo das mudanças climáticas e do aquecimento global e, agora, também envolvido nas análises da eclosão da pandemia.

Com efeito, mais recente exemplo dessa complexidade das questões ambientais e do efeito adverso sobre o equilíbrio planetário é evidenciado pelo trabalho do *Intergovernmental Panel on Climate Change* (IPCC) intitulado de *"Climate Change 2021: The Physical Science Basis"*, que confirmou o papel da influência humana no aquecimento do planeta como inequívoco e inquestionável. O IPCC sentenciou que as mudanças recentes no clima não têm precedentes ao longo de séculos e até milhares de anos e que todas as regiões do planeta já são afetadas por eventos extremos como ondas de calor, chuvas fortes, secas e ciclones tropicais provocados pelo aquecimento global, gerando consequências desastrosas para a sociedade, a economia, a saúde, o desenvolvimento e diretamente ao próprio meio ambiente.[17]

Na mesma perspectiva, a Organização Mundial da Saúde (OMS), também em recente relatório de 2021, concluiu que se o mundo conseguisse reduzir a poluição do ar em nível global e regional aos padrões recomendados, mais de 5,5 milhões de mortes humanas poderiam ser evitadas por ano,[18] ressaltando o fator humano adjacente aos sucessos e insucessos do controle e regulação das questões ambientais.

Em soma, tem-se o relatório *"World Energy Outlook"*, publicado em 2021 pela *International Energy Agency* (IEA), no qual é reforçada a necessidade do cumprimento às políticas e normais ambientais e de desenvolvimento sustentável ligadas à transição efetiva a um modelo de produção e consumo sem matérias-primas fósseis, sob pena de agravamento dos extremos climáticos e perdas humanas, econômicas e ambientais, especialmente em face do agigantamento da população e do seu consumo energético mundial até 2050, o qual é diretamente influenciado pelo acréscimo populacional de até 2 bilhões de pessoas.[19]

No cenário brasileiro, essa complexidade envolta das questões ambientais atuais é notória no avanço do desmatamento sobre a Amazônia brasileira (grande parte ilegal), que já conduz previsões para ponto de não retorno ou *"amazon tipping point"*, como alertam Thomas E. Lovejoy e Carlos Nobre. As sinergias negativas entre o desmatamento, as mudanças climáticas e o uso generalizado do fogo indicam um ponto de inflexão para o sistema amazônico se transformar em ecossistemas não florestais no leste, sul e centro da Amazônia se o nível de desmatamento atingir a marca entre 20-25%,[20] trazendo impactos de ordem ambiental, social, econômica e humana.

Não bastassem esses consideráveis desafios, a pandemia do novo Coronavírus solapou as certezas quanto ao controle do modelo de desenvolvimento socioeconômico vigente e sua forma de regulação, novamente exigindo rupturas na organização social,

---

[17] INTERGOVERNMENTAL PANEL ON CLIMATE CHANGE – IPCC. *Climate Change 2021*: The Physical Science Basis. Cambridge: Cambridge University Press, 2021. Disponível em: https://www.ipcc.ch/report/sixth-assessment-report-working-group-i/. Acesso em: 21 ago. 2021.

[18] ORGANIZAÇÃO MUNDIAL DA SAÚDE – OMS. *COP26 special report on climate change and health*: the health argument for climate action: Geneva: World Health Organization; Genebra, Suíça, 2021. Disponível em: https://www.who.int/publications/i/item/cop26-special-report. Acesso em: 12 out. 2021.

[19] INTERNATIONAL ENERGY AGENCY – IEA. *The World Energy Outlook (WEO)*. Paris, France, 2021. Disponível em: https://www.iea.org/reports/world-energy-outlook-2021. Acesso em: 14 out. 2021.

[20] LOVEJOY, Thomas E.; NOBRE, Carlos. *Amazon Tipping Point*. Science Advances. 4, Washington, D.C., 2018. Disponível em: https://www.researchgate.net/deref/http%3A%2F%2Fadvances.sciencemag.org%2F. Acesso em: 14 out. 2021.

econômica e política mundial, gerando novos rumos ao Direito, notadamente ao Direito Público e Ambiental, como também na atuação do Estado.

O próprio sistema econômico-financeiro mundial sente o peso da incerteza de tal complexidade, a exemplo de estudos recentes publicados pelo *Bank for International Settlements* (BIS) denominado de *"The Green Swan: Central banking and financial stability in the age of climate change"*. Nele, o BIS cogita uma nova e profunda crise econômico-financeira gerada justamente por um chamado "cisne verde", como ocorreu com a crise econômica em 2008, eclodida em razão de um suposto "cisne negro", ou seja, um risco econômico alegadamente não gerido à época pela tradicional regulação do mercado financeiro, causador, para muitos economistas, da crise estrutural em 2008.[21]

Segundo o BIS, a mudança climática, por sua conjuntura de causas e efeitos, impõe novos desafios aos bancos centrais, reguladores e supervisores que sozinhos não podem mitigar os efeitos das mudanças climáticas. Esse complexo problema de ação coletiva requer ações coordenadas entre muitos atores, incluindo governos, setor privado, sociedade civil e comunidade internacional, a análise de risco relacionado ao clima no monitoramento da estabilidade financeira é particularmente desafiador por causa da incerteza radical associada a um fenômeno físico, social e econômico que está em constante mudança e envolve dinâmicas complexas e reações em cadeia.[22]

Nessa linha tortuosa e transversal da história – a qual se mostra cada vez menos linear e previsível –, as complexidades adjacentes às questões ambientais e o desafio do pós-pandemia reforçam as perspectivas do sociólogo alemão Ulrich Beck que, ao trazer a mudança climática como exemplo de eventos globais significativos e paradigmáticos, assinala que vivemos num mundo que não está apenas mudando, mas está se metamorfoseando.[23] A transformação atualmente vivenciada é radical, as velhas certezas da sociedade moderna estão desaparecendo e algo inteiramente novo emerge.[24]

Para Beck, há choques antropológicos propulsores dessa metamorfose há décadas, aos que se juntam as questões ambientais, ecológicas e climáticas, como os ataques de 11 de setembro, a crise econômica de 2008, o desastre nuclear de Fukushima, até as ameaças atuais à liberdade pela vigilância totalitária na era da comunicação digital. O que era excluído de antemão está acontecendo, numa era de efeitos colaterais.[25]

A sociedade, as instituições, as funções do Estado e mais especificamente o Direito emergem em um cenário inédito após os efeitos complexos da pandemia, contexto já demarcado pelas mudanças climáticas e as questões ambientais históricas. Trata-se de uma metamorfose do mundo, segundo Beck, diretamente ligada aos próprios fracassos e sucessos da humanidade, que implicam uma nova forma de ver a ordem mundial, dando uma consciência do mundo.

---

[21] BANK FOR INTERNATIONAL SETTLEMENTS – BIS. *The Green Swan*: Central banking and financial stability in the age of climate change. 2020. Disponível em: https://www.bis.org/publ/othp31.pdf. Acesso em: 15 out. 2021.

[22] BANK FOR INTERNATIONAL SETTLEMENTS – BIS. *The Green Swan*: Central banking and financial stability in the age of climate change. 2020. Disponível em: https://www.bis.org/publ/othp31.pdf. Acesso em: 15 out. 2021. Tradução livre.

[23] BECK, Ulrich. *A metamorfose do mundo*: novos conceitos para uma nova realidade. Tradução de Maria Luiza X. de A. Borges. Revisão técnica de Maria Claudia Coelho. 1. ed. Rio de Janeiro: Zahar, 2018. p. 15.

[24] BECK, Ulrich. *A metamorfose do mundo*: novos conceitos para uma nova realidade. Tradução de Maria Luiza X. de A. Borges. Revisão técnica de Maria Claudia Coelho. 1. ed. Rio de Janeiro: Zahar, 2018. p. 15.

[25] BECK, Ulrich. *A metamorfose do mundo*: novos conceitos para uma nova realidade. Tradução de Maria Luiza X. de A. Borges. Revisão técnica de Maria Claudia Coelho. 1. ed. Rio de Janeiro: Zahar, 2018. p. 12.

Essa metamorfose do mundo traz a possibilidade de um catastrofismo emancipatório, que desobscurece os fatos e delimita os cenários e as ações a serem executadas.[26] A palavra-chave dessa ressignificação, portanto, consiste nos efeitos colaterais incontroláveis e produzidos de maneira não intencional e que as instituições, o Estado e o Direito vigente não os compreende e tampouco os regula satisfatoriamente.

As mudanças climáticas – talvez a principal questão ambiental atual –, por sua intrínseca complexidade de causas e efeitos, adverte Beck, acarreta novas formas de poder, desigualdade e insegurança, bem como novas formas de cooperação, certezas e solidariedade através das fronteiras. Há três fatos ilustradores disso: a) o nível do mar em elevação; b) a criação de novas normas, leis, mercados, tecnologias, compreensões da nação e de função do Estado; c) formas urbanas e cooperações internacionais; e d) a compreensão de que nenhum Estado-nação pode fazer frente sozinho aos desafios postos.[27]

Trata-se de uma metamorfose que muda significados e conceitos básicos institucionais, sociológicos, políticos e jurídicos, alteração que denota uma lacuna entre as expectativas e os problemas percebidos, por um lado, e as instituições existentes, por outro, sendo que as questões ambientais subvertem a visão clássica de mundo da fé moderna no progresso que ainda guia a ação política, fundada na crença no poder redentor da tecnociência, do progresso ilimitado, da inesgotabilidade dos recursos naturais, no crescimento econômico infinito e na supremacia político-jurídica do Estado-nação.[28]

Para Bruno Latour, não faria mais sentido falar em "crise ecológica", em "problemas de meio ambiente", em questão de "biosfera" a ser recuperada, salvo, protegida, o desafio é muito mais vital, mais existencial, e também muito mais compreensível, pois muito mais direto.[29] A questão primordial será, cada vez mais, como reconstruir uma base sólida de desenvolvimento considerando, ao mesmo tempo, o fim da globalização, a amplitude das migrações e os limites impostos à soberania dos Estados, agora confrontados com desafios como o das mudanças climáticas.[30]

Nenhuma sociedade humana na história, por mais sábia, perspicaz, prudente, cautelosa que se possa imaginar, precisou lidar com as reações do sistema terrestre face às ações de oito a nove bilhões de humanos.[31] Esta é a inevitável dimensão da complexidade adjacente às questões ambientais a serem enfrentadas nos próximos anos pela sociedade, o Estado e, como instância decisória e regulatória, o Direito.

Permanecem válidas as reflexões de Jared Diamond para o qual a história demonstrou que os períodos de crise afirmam a debilidade das instituições humanas e do próprio Estado-Nação, sendo as grandes reviravoltas geradoras dessas crises justamente

---

[26] BECK, Ulrich. *A metamorfose do mundo*: novos conceitos para uma nova realidade. Tradução de Maria Luiza X. de A. Borges. Revisão técnica de Maria Claudia Coelho. 1. ed. Rio de Janeiro: Zahar, 2018. p. 32.

[27] BECK, Ulrich. *A metamorfose do mundo*: novos conceitos para uma nova realidade. Tradução de Maria Luiza X. de A. Borges. Revisão técnica de Maria Claudia Coelho. 1. ed. Rio de Janeiro: Zahar, 2018. p. 56-57.

[28] BECK, Ulrich. *A metamorfose do mundo*: novos conceitos para uma nova realidade. Tradução de Maria Luiza X. de A. Borges. Revisão técnica de Maria Claudia Coelho. 1. ed. Rio de Janeiro: Zahar, 2018. p. 87.

[29] LATOUR, Bruno. *Onde aterrar?* Como se orientar politicamente no Antropoceno. Tradução de Marcela Vieira. Posfácio e revisão técnica de Alyne Costa. 1. ed. Rio de Janeiro: Bazar do Tempo, 2020. p. 17.

[30] LATOUR, Bruno. *Onde aterrar?* Como se orientar politicamente no Antropoceno. Tradução de Marcela Vieira. Posfácio e revisão técnica de Alyne Costa. 1. ed. Rio de Janeiro: Bazar do Tempo, 2020. p. 20.

[31] LATOUR, Bruno. *Onde aterrar?* Como se orientar politicamente no Antropoceno. Tradução de Marcela Vieira. Posfácio e revisão técnica de Alyne Costa. 1. ed. Rio de Janeiro: Bazar do Tempo, 2020. p. 56.

os motivos para a realização de mudanças profundas e estruturais.[32] Trata-se de uma visão de curto prazo que a maioria dos governos ainda aplica, dispensando atenção apenas aos problemas que estejam a ponto de explodir, a responsabilidade e a dimensão dadas por uma civilização entre seu desenvolvimento e o meio ambiente ao longo da história foram cruciais para o seu sucesso ou então para o seu colapso.[33]

Como adverte Garcia, procurar prever os riscos e a dimensão desses em relação às decisões estatais, bem como avaliar o respectivo grau de incerteza correspondente ao que se desconhece de efeitos, cada vez mais se impõe como nova tarefa do Estado, prévia ao exercício das atividades que desenvolve.[34]

A dinâmica das situações sobre as quais o Estado tem de intervir por força das questões ambientais, ecológicas e climáticas, a dimensão de acaso instalada na ação e a falta de confiança nas relações de causalidade introduziram incerteza na ação estatal, a simplicidade do Estado tradicional, em especial, o seu modelo de política regulatória e de direito, mostra-se incapaz de fazer frente à realidade.[35]

Como destaca Milaré, a questão ambiental, que dia após dia consolida espaço nas preocupações da sociedade e na agenda dos segmentos mais esclarecidos, coloca-nos sempre perguntas inquietantes, porém instigantes: Qual é o destino próximo do ecossistema planetário e da espécie humana? A única resposta cabível, e ainda assim provisória, aponta o autor, é que a espécie humana e a Terra encontram-se num determinado estágio de evolução impossível de ser precisado, em que as nossas ações chocam-se contra nossos deveres e direitos, comprometendo nosso próprio destino.[36]

É diante dos riscos globais adjacentes às questões ambientais, ecológicas e climáticas atuais que emergem novos horizontes normativos, os quais contestam as instituições existentes, especialmente os Estados-Nação, pois, por um lado, as funções do Estado precisam se alinhar às novas expectativas normativas emergentes; por outro, são incapazes de fazer face à natureza e efeitos globais dos riscos ambiental e climático.[37]

Não apenas por essas incertas questões, a diminuição de poder do Estado-Nação vem acompanhada do avanço do crime organizado, das redes internacionais de corrupção, do terrorismo global, cuja dimensão e poder fático limitam os Estados.[38]

Exatamente por não se constituir em um método pronto, a complexidade dos desafios atuais causa dificuldades em sua compreensão, de modo que o Direito sobre o qual as funções estatais se fundamentam, defende Germana Belchior, não pode mais ser concebido como algo total e previamente posto, por meio de um método discursivo, meramente descrito pelo intérprete. A epistemologia jurídica precisa refletir acerca

---

[32] DIAMOND, Jared. *Reviravolta*: como indivíduos e nações bem-sucedidas se recuperam das crises. Tradução de Alessandra Bonrruquer. 1. ed. Rio de Janeiro: Record, 2019. p. 419.

[33] DIAMOND, Jared. Colapso: como as sociedades escolhem o fracasso ou o sucesso. Tradução de Alexandre Raposo. 5. ed. Rio de Janeiro: Record, 2007.p. 511.

[34] GARCIA, Maria da Glória F. P. D. *O lugar do direito na protecção do ambiente*. 1. ed. Coimbra: Almedina, 2007. p. 297.

[35] GARCIA, Maria da Glória F. P. D. *O lugar do direito na protecção do ambiente*. 1. ed. Coimbra: Almedina, 2007. p. 297.

[36] MILARÉ, Édis. *Reação jurídica à danosidade ambiental*: contribuição para o delineamento de um microssistema de responsabilidade. 2016. 380f. Tese (Doutorado em Direito) – Pontifícia Universidade Católica de São Paulo, São Paulo, 2016. Disponível em: https://repositorio.pucsp.br/jspui/handle/handle/18874. Acesso em: 12 out. 2021.

[37] BECK, Ulrich. *A metamorfose do mundo*: novos conceitos para uma nova realidade. Tradução de Maria Luiza X. de A. Borges. Revisão técnica de Maria Claudia Coelho. 1. ed. Rio de Janeiro: Zahar, 2018. p. 204.

[38] GARCIA, Maria da Glória F. P. D. *O lugar do direito na protecção do ambiente*. 1. ed. Coimbra: Almedina, 2007. p. 319.

de categorias e institutos que foram pensados e estruturados a partir de um modelo jurídico-ambiental que se demonstra inadequado e insuficiente.[39]

Como adverte Aragão, há um contexto paradoxal no paradigma de desenvolvimento das atividades humanas ainda vigente, causador de obstáculos epistemológicos: apesar de os recursos naturais disponíveis terem uma utilidade praticamente vital para os agentes econômicos, e embora sejam cada vez mais escassos, eles ainda estão sujeitos a uma tal intensidade de exploração pelo homem que, em muitos casos, os faz se aproximarem a passos largos da extinção. Esta situação reflete alguma "miopia" dos agentes econômicos, que, incapazes de ver ao longe, não se apercebem de que, tomando decisões econômicas com base em dados de curto prazo, estão a "cavar a sua própria sepultura" alheios às consequências futuras que, a médio ou longo prazo, decorrerão das suas decisões de hoje.[40]

Nessa linha, a atuação estatal de regulação e controle do uso e da exploração da natureza, portanto, implica obrigatoriamente compreender uma complexa relação sobre o modo operacional dessa regulação diante dos efeitos adversos causados.

Há então outra perspectiva para as relações entre sociedade e o Estado, dada a incerteza e a incapacidade das abordagens tradicionais de ação e controle estatal, passando a serem cruciais as análises prospectivas, as políticas estratégicas, os programas de ação, de avaliações prévias cruzadas e de monitoramento da ação, os procedimentos de análise de todos os impactos ambientais, as ecoauditorias, as autorizações e as licenças ambientais, as atuações informais, todos os modos de atuar que evidenciam uma atenção permanente aos fatos, a necessidade de cautela e prudência do agir, mas também a abertura à criatividade desse agir, limitado pela lei e iluminado por princípios.[41]

Como aponta José Esteve Pardo, as pretensões de regulação e de controle do Direito Público, com ainda mais evidência no campo do Direito Ambiental, encampadas pela atuação nas funções administrativas desempenhadas pelo Estado, são confrontadas pela complexidade social, econômica, ambiental e sobretudo técnica, essa última dominada pelos setores econômicos que mais impactam o meio ambiente, fator crucial para o avanço da limitação da pretensão reguladora do Direito Ambiental e das funções de regulação e controle do Estado, denotando, assim, um espaço de preponderância das autorregulações nos principais setores econômicos e industriais.[42]

Leva-se a crer que, face a essa conjuntura, a atual estrutura político-jurídica positivada e abstrata, desprovida de instrumentos para fomentar e exigir concreta implementação, não parece oferecer condições de responder e indicar saídas seguras.

Cabe recordar que muitas das instituições jurídicas às quais o Direito Ambiental ainda comumente se socorre para resolver problemas atuais, dinâmicos, adverte Pedro Niebuhr, foram concebidas (e paulatinamente aperfeiçoadas) há séculos para realidades

---

[39] BELCHIOR, Germana. *Fundamentos epistemológicos do Direito Ambiental*. 1 ed. Rio de Janeiro: Lumen Juris, 2017. p. 210.
[40] ARAGÃO, Alexandra; BENJAMIN, Antonio Herman; LEITE, José Rubens Morato (Coords.). *O princípio do poluidor pagador*: pedra angular da política comunitária do ambiente. 1. ed. São Paulo: Inst. O Direito por um Planeta Verde, 2014. p. 26.
[41] GARCIA, Maria da Glória F. P. D. *O lugar do direito na protecção do ambiente*. 1. ed. Coimbra: Almedina, 2007. p. 326.
[42] PARDO, José Esteve. *Autorregulación*: Génesis y efectos. 1. ed. Barcelona: Editorial Aranzadi, 2002. p. 29, tradução livre.

absolutamente distintas, assim é que o Direito Ambiental reclama a atualização e a releitura de diversos institutos jurídicos tradicionais para viabilizar respostas hábeis a lidar com questões complexas como são as relações do ser humano com o ambiente.[43]

Dadas as intrincadas causas e efeitos das questões ambientais, incontroverso que o ambiente não é um sistema estático, a aludida complexidade e interdependência dos elementos do ecossistema revelam que as implicações da atividade humana sobre o ambiente podem ser indetermináveis (ou de difícil determinação) e/ou irreversíveis, noutros casos, a ciência e a técnica podem não dispor de mecanismos para reverter os efeitos da ação humana sobre a natureza.[44]

Em novos tempos pós-pandemia e de avanço das questões ambientais, ecológicas e climáticas, o mundo da ação estatal tradicional, legitimada no conforto de normas que preveem comportamentos, predeterminam intervenientes e definem finalidades, o mundo do poder estatal feito autoridade pela norma geral e abstrata que elabora e executa sozinho o concreto, não permite mais olhar o futuro com confiança.[45]

É dizer, a dimensão da complexidade das questões ambientais atuais – e que define o desafio para respondê-las – está representada por uma literal metamorfose defendida por Ulrich Beck. Metamorfose que dissipa certezas, ao mesmo tempo em que põe as instituições existentes sob pressão para agirem por meio de alternativas práticas novas, antes inimagináveis, pressão incontrolável por conceitos e instrumentos usuais.[46]

Com a geração de novos e complexos riscos ligados à tarefa pública de proteção do meio ambiente e controle dos reflexos adversos, a maioria desses riscos deixa de ser abarcada pela regulação e intervenção dos poderes públicos competentes, em grande parte pela inacessibilidade de suas fontes também pela sua incontrolabilidade pelos meios tradicionais titularizados pelo Estado e previstos e consagrados pelo Direito.[47]

Sob uma complexidade de causas e efeitos das questões ambientais, o texto normativo segue sendo apenas um dos instrumentos do jurista, sozinho ele não diz nada, sua própria existência deriva de uma situação social historicamente determinada de formação política e de embate de poder. O mister fundamental do Direito hoje, adverte Derani, é tomar uma posição objetiva face aos problemas ambientais, superando a inércia simples de aviso e descrição dos perigos e riscos da moderna civilização, assumindo o seu potencial implementador, indo ao encontro das verdadeiras causas.[48]

Se o dever em relação ao homem apresenta-se como prioritário, ele deve incluir o dever em relação à natureza e ao futuro, como condição da sua própria continuidade e como um dos elementos da sua própria integridade existencial, alcançando a proteção dos interesses das gerações futuras,[49] como assim consagra o próprio art. 225, *caput*, da Constituição Federal brasileira de 1988, conforme adiante será analisado.

---

[43] NIEBUHR, Pedro. *Processo administrativo ambiental*. 3. ed. rev., ampl. e atual. Belo Horizonte: Fórum, 2021a. p. 10.
[44] NIEBUHR, Pedro. *Processo administrativo ambiental*. 3. ed. rev., ampl. e atual. Belo Horizonte: Fórum, 2021a. p. 26-27.
[45] GARCIA, Maria da Glória F. P. D. *O lugar do direito na protecção do ambiente*. 1. ed. Coimbra: Almedina, 2007. p. 354.
[46] BECK, Ulrich. *A metamorfose do mundo*: novos conceitos para uma nova realidade. Tradução de Maria Luiza X. de A. Borges. Revisão técnica de Maria Claudia Coelho. 1. ed. Rio de Janeiro: Zahar, 2018. p. 47.
[47] PARDO, José Esteve. *Autorregulación*: Génesis y efectos. 1. ed. Barcelona: Editorial Aranzadi, 2002. p. 22, tradução livre.
[48] DERANI, Cristiane. *Direito ambiental econômico*. 3. ed. São Paulo: Saraiva, 2008. p. 150.
[49] JONAS, Hans. *O princípio responsabilidade*: ensaio de uma ética para a civilização tecnológica. Tradução de Marijane Lisboa e Luiz Barros Montez. 2. ed. Rio de Janeiro: Contraponto, 2015. p. 230.

Diante das questões ambientais e de sua complexidade até aqui delineadas, representadas pelas incertezas quanto aos riscos e impactos das mudanças climáticas, perdas de biodiversidade, de ecossistemas e recursos naturais, bem como de danos e desastres socioambientais estruturais que podem causar à sociedade e ao planeta, importante será, cada vez mais, o papel da efetividade do Direito Ambiental, na sua função reguladora encampada pela atuação regulatória esperada do Estado e suas instituições, especialmente se o que se deseja é um desenvolvimento minimamente sustentável em um planeta finito.

1.1.2 Evolução político-jurídica internacional

O despertar mundial para a necessidade do desenvolvimento de políticas e normas para a proteção do meio ambiente e o fomento a um desenvolvimento mais sustentável é comumente indicado no período entre o final da década de 1960 e início de 1970, momento em que a pauta adquiriu força entre a maioria das nações mundiais.

A preocupação e a conscientização ambiental apenas se tornaram notáveis após a Segunda Guerra Mundial, especificamente nos anos de 1960, havendo o registro nessa época das primeiras discussões acerca da relação havida entre homem e natureza, principalmente por meio da publicação da seminal obra da bióloga marinha norte-americana Rachel Carson, intitulada de Primavera Silenciosa.[50] No livro, Carson expressa a questão dos perigos envolvidos na utilização e nos reflexos de pesticidas DDT químicos em plantas, animais e seres humanos, causando o primeiro forte impacto na movimentação ambientalista daquele período.

Em nível internacional, muito se avançou em relação à positivação político-jurídica do reconhecimento da proteção de um direito a um meio ambiente ecologicamente equilibrado, para as presentes e futuras gerações, como marco histórico há a realização da *"United Nations Conference on the Human Environment"* ou Conferência das Nações Unidas sobre o Meio Ambiente Humano, em Estocolmo, na Suíça, em 1972, organizado pela Organização das Nações Unidas (ONU). Trata-se do primeiro documento do Direito Internacional a reconhecer o direito a um meio ambiente de qualidade, que é aquele que permite ao homem viver com dignidade. Na mesma conferência, houve a criação do Programa das Nações Unidas para o Meio Ambiente (PNUMA), e ainda foram firmados os primeiros destaques para um cenário nacional e internacional de desenvolvimento ampliado de políticas e normas em matéria de meio ambiente e desenvolvimento observador dos recursos naturais.

Para Sands *et al*, o crescimento na ordem político-jurídica das questões ambientais internacionais é evidenciado pelo grande corpo de princípios e regras do Direito ambiental internacional que se aplicam bilateralmente, regionalmente e globalmente, e reflete a interdependência internacional em um mundo cada vez mais globalizado. Com o tempo, reconheceu-se que o planeta enfrenta sérios desafios ambientais que só podem ser abordados através da cooperação internacional. Chuva ácida, destruição da camada de ozônio, mudança climática, perda da biodiversidade, produtos tóxicos e perigosos e resíduos, poluição de rios e esgotamento dos recursos de água doce estão

---

[50] CARSON, Rachel. *Primavera Silenciosa*. Tradução de Claudia Sant'Anna Martins. 1. ed. São Paulo: Gaia, 2010.

entre as questões que o Direito Internacional está sendo chamado a dar cabo e, desde meados da década de 1980, o tema do Direito Ambiental internacional consolidou-se como um campo distinto do Direito internacional público, embora esteja intimamente relacionado a outras áreas.[51]

Nesse sentido, em 1987, outro importante passo foi dado com a publicação do relatório *"Our Common Future"*, desenvolvido pela *"World Commission on Environment and Development"* ou Comissão Mundial sobre o Meio Ambiente e o Desenvolvimento, promovido pelas ONU e coordenado pela então primeira-ministra da Noruega à época, *Gro Harlem Brundtland*, com o qual se definiu o conceito de desenvolvimento sustentável como "o desenvolvimento que encontra as necessidades atuais sem comprometer a futuras gerações de atender suas próprias necessidades".[52]

Destacando o desenvolvimento sustentável como um princípio político-jurídico, Klaus Bolssemann considera que o termo permanece sendo objeto de controvérsia em seu significado e força legal vinculante, e, apesar disso, entende que a integração dos aspectos sociais, econômicos e ambientais dependerá, cada vez mais, de uma sustentabilidade ecológica.

Assim, a conceituação mais coerente com as questões atuais, afirma Bolssemann, estaria em um desenvolvimento baseado em uma proteção e manutenção da integridade da natureza e dos recursos naturais, capazes de refletir uma sustentabilidade forte, base das dimensões social, econômica e ambiental.[53]

Em que pese as importantes definições autorais, trata-se evidentemente de um instituto econômico, social e, sobretudo, político-jurídico que até os dias de hoje é difundido pelo Direito internacional público e está presente, de algum modo, nos mais diversos ordenamentos dos Estados nacionais, como mais à frente será demonstrado.

A partir de 1992, progrediu-se consideravelmente sobre o Direito Ambiental e a atuação do Estado para a proteção do meio ambiente por meio da *"United Nations Conference on Environment and Development"* ou Conferência das Nações Unidas sobre o Meio Ambiente e Desenvolvimento, a Eco-92, no Rio de Janeiro.[54]

Em conjunto com a Eco-92 soma-se ainda, em 1997, o Protocolo de Quioto, firmado no Japão por 192 países, buscando reduzir a emissão de gases poluentes de efeito estufa, o qual apenas acabou entrando em vigor em 2005,[55] além posteriormente da Cúpula Mundial sobre Desenvolvimento Sustentável, ocorrida em Johannesburgo, na África do Sul, em 2002, mais à frente reafirmada com a Conferência das Nações Unidas sobre Desenvolvimento Sustentável, conhecida como Rio+20, realizada em 2012, no Rio de

---

[51] SANDS, Philippe; PEEL, Jacqueline; FABRA, Adriana; MACKENZIE, Ruth. *Principles of International Environmental Law*. Third Edition. New York: Cambridge University Press, 2012. p. 70, tradução livre.

[52] ORGANIZAÇÃO DAS NAÇÕES UNIDAS – ONU. *Our Common Future*: Report of the World Commission on Environment and Development. Oxford: Oxford University Press, 1987. Disponível em: https://sustainabledevelopment.un.org/content/documents/5987our-common-future.pdf. Acesso em: 20 set. 2021

[53] BOLSSEMANN, Klaus. *The Principle of Sustainability*: Transforming Law and Governance. Klaus Bosselmann, Farnham, Surrey, United Kingdom: Ashgate Publishing, 2008. p. 40, tradução livre.

[54] ORGANIZAÇÃO DAS NAÇÕES UNIDAS – ONU. *Informe de la Conferencia de las Naciones Unidas sobre el Medio Ambiente y el Desarrollo*. Rio de Janeiro, 1992. Disponível em: https://undocs.org/es/A/CONF.151/26/Rev.1(vol.I). Acesso em: 20 set. 2021.

[55] UNITED NATIONS FRAMEWORK CONVENTION ON CLIMATE CHANGE - UNFCCC. *Kyoto Protocol to the United Nations Framework Convention on Climate Change.*,1998. Disponível em: https://unfccc.int/resource/docs/convkp/kpeng.pdf. Acesso em: 22 set. 2021.

Janeiro, ambas conferências que abordaram a renovação do compromisso político-jurídico com o desenvolvimento sustentável, tarefa de todos os Estados signatários.

Dessa maneira, o desenvolvimento sustentável, adverte Sands *et al*, restou paulatinamente reconhecido pelo Direito Internacional, não apenas como um objetivo das nações, mas como um princípio, necessariamente tomado, no contexto de sua evolução histórica. Visto como uma gama de procedimentos, compromissos e obrigações substantivas, norteados especialmente, mas não exclusivamente, pelo reconhecimento da necessidade de levar em consideração as necessidades das gerações presentes e futuras; da aceitação, por motivos de proteção ambiental, dos limites impostos ao uso e exploração de recursos naturais; do papel dos princípios equitativos na atribuição de direitos e obrigações entre os Estados; da necessidade de integrar todos os aspectos do meio ambiente e do desenvolvimento; e da necessidade de interpretar e aplicar as regras do direito internacional de forma integrada e sistêmica.[56]

Mais recentemente, como relevante marco político-jurídico para o contexto das políticas e normas de meio ambiente e desenvolvimento sustentável, há o Acordo de Paris, firmado em 2015, na 21ª Convenção-Quadro das Nações Unidas sobre a Mudança do Clima, estabelecido por 196 países, pelo qual foram fixadas metas para mitigação do aquecimento global dentro da limitação de até 2ºC, preferencialmente até 1,5ºC. Ainda em 2015, o acordo dividiu lugar com a criação dos 17 Objetivos de Desenvolvimento Sustentável (ODS) da ONU, os quais integram as metas da Agenda 2030 Global para o Desenvolvimento Sustentável, projeto global de ação para acabar com a pobreza, proteger o meio ambiente e o clima, bem como garantir que as pessoas, em todos os lugares, possam desfrutar de paz e de prosperidade.[57]

Como questiona Sachs: desenvolvimento sustentável, ideia, visão, conceito, utopia? O debate semântico não deve prosperar, importa deixar claro que desenvolvimento não se confunde com crescimento econômico, que constitui apenas a sua condição necessária, porém não suficiente, replicando o que bem disse Celso Furtado, de que "só haverá verdadeiro desenvolvimento – que não pode ser confundido com crescimento econômico, no mais das vezes resultado de mera modernização de elites – ali onde existir um projeto social subjacente".[58]

Nada obstante tal consagração de políticas e normas de meio ambiente e de desenvolvimento sustentável, é de se reiterar que somente em 2020 – passadas três décadas desde sua criação em 1993 – que o conhecido Índice de Desenvolvimento Humano (IDH), com o qual a ONU afere o nível de desenvolvimento humano pelo mundo, passou a abarcar um índice próprio voltado às questões de meio ambiente em sua aplicação.[59] Isso ressalta a necessidade da constante reinterpretação do que se concebe como progresso e desenvolvimento civilizacional concretamente sustentável.

---

[56] SANDS, Philippe; PEEL, Jacqueline; FABRA, Adriana; MACKENZIE, Ruth. *Principles of International Environmental Law*. Third Edition. New York: Cambridge University Press, 2012. p. 216, tradução livre.
[57] ORGANIZAÇÃO DAS NAÇÕES UNIDAS – ONU. *The Sustainable Development Goals*. Paris, 2015. Disponível em: https://www.un.org/sustainabledevelopment/. Acesso em: 21 set. 2021.
[58] VEIGA, José Eli da. *Desenvolvimento Sustentável*: o desafio do século XXI. 3. ed. Rio de Janeiro: Garamond, 2008. p. 9.
[59] PROGRAMA DAS NAÇÕES UNIDAS PARA O DESENVOLVIMENTO – PNUD. *A próxima fronteira*. O desenvolvimento humano e o Antropoceno. New York, 2020. Disponível em: http://hdr.undp.org/sites/default/files/hdr2020_pt.pdf. Acesso em: 20 out. 2021.

Um sinal evidente de que a evolução político-jurídica internacional da proteção ambiental e do desenvolvimento sustentável permanece prescindindo de concreta e desejada efetividade por parte dos Estados signatários das principais declarações e tratados está no movimento em ascensão chamado de "Litigância Climática".

Segundo o Programa das Nações Unidas para o Meio Ambiente (PNUMA), o conceito está na proposição – em sua maioria – de ações extra ou judiciais em face dos governos nacionais e também de empresas privadas, buscando a responsabilização pela concretização, em grande parte relativas ao Acordo de Paris de 2015, das obrigações fixadas em políticas e normas internacionais vinculadas às mudanças climáticas, desenvolvimento sustentável e transição energética. Em resumo, indivíduos, comunidades, organizações não governamentais (ONGs), empresas e entidades e governos subnacionais recorrem aos tribunais, cortes constitucionais e de direitos humanos para buscar a execução de leis climáticas existentes; da integração da ação climática no ambiente existente, leis de recursos ambientais e energia; de definições claras de direitos fundamentais e obrigações climáticas; e compensação para danos.[60]

Segundo a plataforma *"Climate Change Litigation Databases"*, da Universidade de Columbia, nos Estados Unidos, apenas no cenário norte-americano, entre ações judiciais e processos administrativos ligados a litígios climáticos, há mais de 1500 casos, conforme a atualização do mês de maio de 2023.[61]

Em nível mundial, até agora o caso de litigância climática mais emblemático refere-se ao julgamento pelo Tribunal Distrital de Haia, em 2019, de ação movida pela ONG *"Urgenda Foundation"* em face do Estado da Holanda, pelo qual restou determinado que o governo holandês acelerasse o cumprimento das políticas públicas de mudança climática acerca do corte nas emissões de gases associados ao efeito estufa,[62] significando relevante marco para a evolução político-jurídica internacional da proteção ambiental e, no caso específico, climática, o que traz, por si só, novos rumos para a atuação do Estado e para a implementação do Direito Ambiental atualmente.

Trata-se de uma tendência político-jurídica do Direito Ambiental Internacional não tão recente, tendo-se em conta casos como *"Gabčíkovo-Nagymaros"*, julgado pela Corte Internacional de Justiça (CIJ) em 1997, referente à violação recíproca de regras internacionais convencionais referentes à utilização do Rio Danúbio pelos países da Eslováquia e Hungria.[63]

Há ainda o precedente do "Caso das *Papeleras*", julgado em 2010, contencioso existente entre Argentina e Uruguai, também levado à CIJ, devido à construção de duas usinas de celulose na fronteira entre os dois países, para que o Uruguai negasse a autorização da construção das fábricas, levantando a necessidade de um Estudo

---

[60] PROGRAMA DAS NAÇÕES UNIDAS PARA O MEIO AMBIENTE – PNUMA. *Global Climate Litigation Report*: 2020 status review. Nairóbi, 2020. Disponível em: https://wedocs.unep.org/bitstream/handle/20.500.11822/34818/GCLR.pdf?sequence=1&isAllowed=y. Acesso em: 15 out. 2021.
[61] SABIN CENTER FOR CLIMATE CHANGE LAW. *Climate change litigation*. 2021. Disponível em: http://climatecasechart.com/climate-change-litigation/about/. Acesso em: 04 maio. 2023.
[62] URGENDA FOUNDATION. *The Urgenda Climate Case against The Dutch Government*. Netherlands, 2019. Disponível em: https://www.urgenda.nl/en/themas/climate-case/. Acesso em: 16 out. 2021.
[63] CORTE INTERNACIONAL DE JUSTIÇA – CIJ. *Gabčíkovo-Nagymaros Project (Hungary/Slovakia)*. 1997. Disponível em: https://www.icj-cij.org/en/case/92. Acesso em: 16 out. 2021.

de Impacto Ambiental (EIA) mais aprofundado,[64] confirmando o espaço da proteção ambiental e sua evolução político-jurídica em nível internacional.

Nessa linha evolutiva do direito à proteção do meio ambiente ecologicamente equilibrado e de um princípio de promoção do desenvolvimento sustentável no cenário internacional, é importante referir que a Corte Interamericana de Direitos Humanos (Corte IDH), pela Opinião Consultiva nº 23 de 2017,[65] de maneira inédita, consignou o direito ao meio ambiente saudável como direito autônomo, e não somente por sua conexão com uma utilidade para o ser humano ou pelos efeitos da degradação ambiental aos direitos das pessoas, afirmando que o Direito Humano a um meio ambiente saudável tem conotações coletivas (constitui interesse universal das presentes e futuras gerações) e individuais (conexão com direitos como saúde, integridade pessoal, vida etc.), bem como constitui direito fundamental à existência da humanidade.[66]

Cuida-se de conteúdo inovador e conceitos paradigmáticos de tutela mais efetiva do meio ambiente, para a jurisprudência do Sistema Interamericano de Direitos Humanos e para o desenvolvimento do Direito Internacional contemporâneo.[67]

Tendência mais recente no cenário internacional, que se relaciona diretamente com o Direito Ambiental e a atuação do Estado na sua função reguladora em favor de um desenvolvimento sustentável, está no movimento de *"Green New Deal"* ou Novo Acordo Verde, por meio do qual, destaca Naomi Klein, os cenários tradicionais desenhados pela ciência, pela política e pelas leis vêm sendo reinterpretados pelas principais nações do mundo para responderem à incontestável questão ambiental e climática, sendo o *"Green New Deal"* uma medida estrutural para esse desafio.[68]

Devido ao vértice político e econômico, não apenas jurídico, a proposta do *"New Deal"* Verde é inspirada no *"New Deal"* original do então presidente estadunidense Franklin Delano Roosevelt que, na década de 1930, respondeu a uma crise paradigmática marcada pela miséria após o colapso da Grande Depressão, gerada pela quebra da bolsa de Nova York em 1929, com sistêmicas revisitações de leis, políticas e investimentos públicos, desde a introdução da Previdência Social e do salário mínimo, a regulamentação dos bancos, a eletrificação da américa rural e a construção de uma onda de moradias populares nas cidades, para plantar mais de dois bilhões árvores.[69]

---

[64] CORTE INTERNACIONAL DE JUSTIÇA – CIJ. *Pulp Mills on the River Uruguay (Argentina v. Uruguay)*. 2010. Disponível em: https://www.icj-cij.org/en/case/135/judgments. Acesso em: 14 out. 2021.

[65] ORGANIZAÇÃO DOS ESTADOS AMERICANOS – OEA. Corte Interamericana de Direitos Humanos. *Opinión Consultiva OC-23/2017*, de 15 de noviembre de 2017. Solicitada por la República de Colombia – Medio Ambiente y Derechos Humanos. Washington D.C., 2017. Disponível em: http://www.corteidh.or.cr/docs/opiniones/seriae_23_esp.pdf. Acesso em: 14 out. 2021.

[66] AMADO GOMES, C.; SILVA, J. S.; CARMO, V. M. Opinião Consultiva 23/2017 da Corte Interamericana de Direitos Humanos e as inovações à tutela do meio ambiente no Direito Internacional. *Veredas do Direito*, Belo Horizonte, v. 17, n. 38, p. 11-39, maio/ago. 2020. Disponível em: lhttp://www.domhelder.edu.br/revista/index.php/veredas/article/view/1841. Acesso em: 14 out. 2021.

[67] AMADO GOMES, C.; SILVA, J. S.; CARMO, V. M. Opinião Consultiva 23/2017 da Corte Interamericana de Direitos Humanos e as inovações à tutela do meio ambiente no Direito Internacional. *Veredas do Direito*, Belo Horizonte, v. 17, n. 38, p. 35, maio/ago. 2020. Disponível em: lhttp://www.domhelder.edu.br/revista/index.php/veredas/article/view/1841. Acesso em: 14 out. 2021.

[68] KLEIN, Naomi. *On Fire*: The Burning Case for a Green New Deal. New York: Simon&Schuster, 2019. p. 29, tradução livre.

[69] KLEIN, Naomi. *On Fire*: The Burning Case for a Green New Deal. New York: Simon&Schuster, 2019. p. 31, tradução livre.

Para Chomsky e Pollin, o *"Green New Deal"* busca um caminho para a estabilização do clima que também poderá levar à expansão de oportunidades de trabalho e de padrões de vida. Isso ocorre em momento mundial similar ao vivido na política de Roosevelt no Século XX, questionando-se até que ponto o Estado precisa intervir para viabilizar um projeto seguro em questões sociais, econômicas e climáticas.[70]

Segundo Rikfin, de modo promissor o *"Green New Deal"* se espalha pelo mundo com regulamentações da União Europeia e dos Estados Unidos, reafirmando a história humana a partir de narrativas compartilhadas e, com isso, confirmando o ser social humano coletivo.[71] Cita-se a União Europeia que manifestou recentemente o seu *"European Green Deal"*, um novo padrão para uma política de Estado voltada ao desenvolvimento sustentável, com efeitos na aplicação do Direito Ambiental, tratando da coordenação político-jurídica e macroeconômica para integrar o desenvolvimento sustentável no centro da formulação de política, regulação e ações na Europa.[72]

Em vista desses marcos político-jurídicos, incontroversa a ampliação do tema no cenário internacional, reforçando, assim, a importância do Direito Ambiental e da atuação dos Estados para a concretização de um desenvolvimento sustentável, construção que influenciou inovações sobre os textos constitucionais pelo mundo.

1.1.3 Evolução constitucional

Com o progresso político-jurídico internacional, o Direito Ambiental e a atuação estatal voltada à proteção do meio ambiente e ao fomento do desenvolvimento sustentável adentraram os textos constitucionais pelo mundo. As previsões, na sua maioria, variam, segundo Amado Gomes, entre a proteção do ambiente como tarefa pública e ordenamentos que referem o direito ao ambiente em leis ordinárias.[73]

Na lição de Ingo Sarlet e Tiago Fensterseifer, como em outras épocas, a Teoria da Constituição e o Direito Constitucional estiveram comprometidos com a afirmação, na ordem evolutiva, dos valores e direitos liberais e sociais, hoje a proteção e promoção do ambiente desponta como novo valor e direito de matriz constitucional.[74]

Para Antonio Herman Benjamin, é seguro dizer que a constitucionalização do ambiente é uma irresistível tendência internacional que coincide com o surgimento e consolidação do Direito Ambiental.[75] Isso implica, dentre os benefícios substantivos, a (re)organização do relacionamento do ser humano com a natureza, a instituição de um

---

[70] CHOMSKY, Noam; POLLIN, Robert. *Crise climática e o Green New Deal global*: a economia política para salvar o planeta. Tradução de Bruno Cobalchini Mattos. 1. ed. Rio de Janeiro: Roça Nova, 2020. p. 186.

[71] RIFKIN, Jeremy. *The Green New Deal*: Why the fossil fuel civilization will collapse by 2028, and the bold economic plan to save life on Earth. New York: St. Martin´s Press, 2019. p. 65, tradução livre.

[72] EUROPEAN COMMISSION – EC. *What is the European Green Deal*. European Commission. 2020. Disponível em: https://eur-lex.europa.eu/legal-content/en/txt/?uri=celex%3a52020dc0021. Acesso em: 21 ago. 2021.

[73] AMADO GOMES, Carla. *Risco e modificação do acto autorizativo concretizador de deveres de protecção do ambiente*. Lisboa: Edição digital, 2012. p. 26. Disponível em: https://www.icjp.pt/sites/default/files/publicacoes/files/Risco&modifica%C3%A7%C3%A3o.pdf. Acesso em: 20 set. 2021. p. 43.

[74] SARLET, Ingo; FENSTERSEIFER, Tiago. *Direito constitucional ecológico*: Constituição, direitos fundamentais e proteção da natureza. 7. ed. rev., atual. e ampl. São Paulo: Thomson Reuters Brasil, 2021. p. 37.

[75] BENJAMIN, Antônio Herman. Constitucionalização do ambiente e ecologização da Constituição brasileira. In: CANOTILHO, José Joaquim Gomes; LEITE, José Rubens Morato (Orgs.). *Direito constitucional ambiental brasileiro*. 6. ed. São Paulo: Saraiva, 2015. p. 61.

dever de não degradar o meio ambiente, de ordem pública, não cabendo a escolha entre respeitá-lo ou desconsiderá-lo, expandindo instrumentos preventivos, reparatórios e sancionatórios, postos à disposição do Estado e da coletividade.[76]

Além das Constituições Portuguesa (1976) e Brasileira (1988), que simbolizam esse novo panorama normativo constitucional, muitas outras também passaram a incorporar ao seu texto a proteção do ambiente, caso, entre outras, da Constituição Grega (1975), da Constituição Espanhola (1978), da Lei Fundamental Alemã (1949), por meio das reformas constitucionais de 1994 e 2002, da Constituição Colombiana (1991), da Constituição Sul-Africana (1996) e da Constituição Suíça (2000), e mais recentemente a Constituição Equatoriana (2008) e a Constituição Boliviana (2009), evidente que a proteção do meio ambiente passou a ser compreendida, em todos os cenários constitucionais, como um valor constitucional, assim como uma tarefa do Estado (Estado-Legislador, Estado-Administrador e Estado-Juiz) e também da sociedade.[77]

No cenário latino-americano, a Constituição do Equador foi além e instituiu, pelo seu art. 3º, um dever primordial do Estado de *"proteger el patrimonio natural y cultural del país"*, e no art. 10, que *"la naturaleza será sujeto de aquellos derechos que le reconozca la Constitución"*,[78] considerando a natureza como um sujeito de direitos garantidos pela referida Constituição. Na Bolívia, a Constituição passou a prever, no art. 311, II, item "3", *"la industrialización de los recursos naturales para superar la dependencia de la exportación de materias primas y lograr una economía de base productiva, en el marco del desarrollo sostenible, en armonía con la naturaleza"*,[79] afirmando a disposição de dever do Estado pelo desenvolvimento sustentável.

Nessa ordem evolutiva, no âmbito dos textos constitucionais, aponta Benjamin, passou-se a definir um direito fundamental à proteção ambiental, em pé de igualdade com outros também previstos no quadro da Constituição, como o direito de propriedade, sendo que o meio ambiente é alçado ao ponto máximo do ordenamento, privilégio que outros valores sociais apenas com décadas, ou mesmo séculos, lograram conquistar.[80]

Além de se consubstanciar em um direito fundamental nos principais textos constitucionais, de matriz individual e coletiva, com considerável tendência à natureza eminentemente objetiva e prestacional,[81] a proteção do meio ambiente passou a representar também um legítimo dever fundamental, imposto ao Estado e especialmente à

---

[76] BENJAMIN, Antônio Herman. Constitucionalização do ambiente e ecologização da Constituição brasileira. *In*: CANOTILHO, José Joaquim Gomes; LEITE, José Rubens Morato (Orgs.). *Direito constitucional ambiental brasileiro*. 6. ed. São Paulo: Saraiva, 2015. p. 69-70.

[77] SARLET, Ingo; FENSTERSEIFER, Tiago. *Direito constitucional ecológico*: Constituição, direitos fundamentais e proteção da natureza. 7. ed. rev., atual. e ampl. São Paulo: Thomson Reuteurs Brasil, 2021. p. 39-40.

[78] EQUADOR. *Constitución de la República del Ecuador*. 2008. Disponível em: https://siteal.iiep.unesco.org/sites/default/files/sit_accion_files/siteal_ecuador_6002.pdf. Acesso em: 20 out. 2021.

[79] BOLÍVIA. *Constitución Política del Estado (CPE)* (7-Febrero-2009). Disponível em: https://www.oas.org/dil/esp/constitucion_bolivia.pdf. Acesso em: 20 out. 2021.

[80] BENJAMIN, Antônio Herman. Constitucionalização do ambiente e ecologização da Constituição brasileira. *In*: CANOTILHO, José Joaquim Gomes; LEITE, José Rubens Morato (Orgs.). *Direito constitucional ambiental brasileiro*. 6. ed. São Paulo: Saraiva, 2015. p. 73.

[81] Para Canotilho, as Constituições preferem considerar o ambiente como tarefa ou fim do Estado e também da comunidade ou coletividade, por meio de normas com duas dimensões fundamentais: a) não garantem posições jurídico-subjetivas, dirigindo-se fundamentalmente ao Estado e outros poderes públicos; b) constituem normas jurídicas objetivamente vinculativas (CANOTILHO, José Joaquim Gomes. *Estudos sobre Direitos Fundamentais*. Coimbra: Coimbra Editora, 2004. p. 181).

coletividade. O cidadão (coletividade – pessoas físicas e jurídicas) é simultaneamente credor e devedor da tutela ambiental, devendo colaborar ativamente com os poderes públicos na preservação de um conjunto de bens essenciais para a sobrevivência e desenvolvimento equilibrado dos membros da comunidade.[82]

Com a evolução político-jurídica internacional, a consequência clara se deu nos textos constitucionais com a consagração do direito ao meio ambiente sadio como direito fundamental do "novo" papel do Estado como "guardião e amigo" dos direitos fundamentais, com projeções normativas sob dupla perspectiva subjetiva e objetiva.[83]

Sarlet e Fensterseifer indicam que a ordem subjetiva refere-se a um direito de titularidade individual, coletiva e comunitária, já a objetiva projeta-se sob um dever fundamental de proteção ambiental conferido aos particulares e ao Estado, abarcando perspectivas procedimentais e organizacionais de proteção ambiental, direcionado à máxima eficácia e efetividade e em harmonia com os demais direitos e deveres.[84]

Como asseveram Leite e Ayala, a partir da evolução político-jurídica constitucional do ambiente, por meio de seu projeto constitucional, definidor dos compromissos que o vinculam a si e à própria sociedade e, por meio deles, a forma como cada bem ou valor jurídico será protegido, o Estado exerce um importante papel de concretizador e mediador. Um Estado fundado também pela proteção do meio ambiente é um avanço no Estado de Direito, protegendo os direitos humanos, de liberdade e de igualdade, compreendendo os direitos liberais e os sociais já positivados e incorporando o meio ambiente como um de seus elementos.[85]

Trata-se de uma evolução político-jurídica ocorrida nas funções do Estado, com mudanças em sua atuação cada vez mais orientada a promover o desenvolvimento não apenas econômico como também social e ambiental, sob uma reengenharia do Estado, como destaca Souto.[86] São mudanças que, por exigirem estruturais finalidades, denotaram, na lição de Bobbio, uma crise, de uma parte ou de outra, sobre um determinado tipo de Estado, porém não em face do fim desse Estado.[87]

De um Estado Liberal, marcado pelo *"laissez-faire"* político e econômico, para um Estado Social consagrador de direitos fundamentais e sociais, com a delimitação de objetivos de bem-estar social, as funções dispostas nos textos constitucionais da segunda metade e final do século XX o caracterizou pelo adensamento da compreensão da pessoa humana e de sua inerente dignidade. O papel do Estado se torna, então, decisivo, enquanto instância responsável pelos valores em que a comunidade se sustenta, e cuja evolução não pode, no entanto, tolher, aponta Maria da Glória Garcia.[88]

---

[82] AMADO GOMES, Carla. *Risco e modificação do acto autorizativo concretizador de deveres de protecção do ambiente.* Lisboa: Edição digital, 2012. p. 26. Disponível em: https://www.icjp.pt/sites/default/files/publicacoes/files/Risco&modifica%C3%A7%C3%A3o.pdf. Acesso em: 20 set. 2021. p. 100.

[83] SARLET, Ingo; FENSTERSEIFER, Tiago. *Direito constitucional ecológico*: Constituição, direitos fundamentais e proteção da natureza. 7. ed. rev., atual. e ampl. São Paulo: Thomson Reuteurs Brasil, 2021. p. 78.

[84] SARLET, Ingo; FENSTERSEIFER, Tiago. *Direito constitucional ecológico*: Constituição, direitos fundamentais e proteção da natureza. 7. ed. rev., atual. e ampl. São Paulo: Thomson Reuteurs Brasil, 2021. p. 78.

[85] LEITE, José Rubens Morato; AYALA, Patryck de Araújo. *Dano ambiental.* 8. ed. rev., atual. e reform. Rio de Janeiro: Forense Editora, 2020. p. 31.

[86] SOUTO, Marcos Juruena Villela. *Direito administrativo regulatório.* 2. ed. Rio de Janeiro: Lumen Juris, 2004. p. 3.

[87] BOBBIO, Norberto. *Estado, Governo, Sociedade*: para uma teoria geral da política. 24. ed. São Paulo: Paz & Terra, 2017. p. 126.

[88] GARCIA, Maria da Glória F. P. D. *O lugar do direito na protecção do ambiente.* 1. ed. Coimbra: Almedina, 2007. p. 300.

As Constituições recentes passaram a prever a presença de um Poder Público que incentive, oriente, estimule, coordene e imprima coerência nos movimentos sociais, não só na definição e acompanhamento das políticas públicas, como também na regulação e autorregulação social, com a reinvenção do sentido da governança (*governance*), pois especialmente nas questões ambientais, comunidade e Estado estão, em razão da realização do direito, condenados a um destino comum.[89]

Ilustrativo desta evolução é o exemplo da Lei Fundamental Alemã, através das reformas constitucionais de 1994 e 2002, a qual prevê em seu artigo 20a sobre a "proteção dos recursos naturais vitais e dos animais", fixando que, "tendo em conta também a sua responsabilidade frente às gerações futuras, o Estado protege os recursos naturais vitais e os animais, dentro do âmbito da ordem constitucional, através da legislação e de acordo com a lei e o direito, por meio dos poderes executivo e judiciário".[90] No âmbito alemão, pois, é evidente a caracterização do ambiente como um bem cujo aproveitamento e preservação são responsabilidade, não só do Estado, mas de todos da coletividade, entre si e para com os vindouros, ressalta Amado Gomes.[91]

Na Lei maior alemã, preconiza-se um direito fundamental, como visto, de perspectiva objetiva em face do Estado, sendo que a tutela do ambiente sob a ótica de direito fundamental se mediatiza, quer através de direitos fundamentais como a vida, a integridade física, a propriedade, quer através dos princípios do Estado Social e da dignidade da pessoa humana. O surgimento, em 1994, do artigo 20a – o "artigo ambiental" –, abre as portas à introdução de formas de tutela objetivas, que permitam alcançar uma maior plenitude do controle jurisdicional das intervenções, públicas e privadas, lesivas dos bens naturais.[92] É justamente sobre tal fundamento objetivo de dever constitucional e tarefa pública que a função do Estado de desempenhar a regulação em matéria ambiental se vincula na atualidade.

Do mesmo modo, cita-se a Constituição Portuguesa de 1976, em que o artigo 9º prevê, entre as tarefas fundamentais do Estado português, "proteger e valorizar o patrimônio cultural do povo português, defender a natureza e o ambiente, preservar os recursos naturais e assegurar um correto ordenamento do território", bem como dispõe no artigo 66º que "todos têm direito a um ambiente de vida humano, sadio e ecologicamente equilibrado e o dever de o defender", inclusive consagrando a cooperação entre Estado e sociedade, de modo que, "para assegurar o direito ao ambiente, no quadro de um desenvolvimento sustentável, incumbe ao Estado, por meio de organismos próprios e com o envolvimento e a participação dos cidadãos", com a designação de deveres como "prevenir e controlar a poluição e os seus efeitos" e "promover o aproveitamento racional dos recursos naturais, salvaguardando a sua

---

[89] GARCIA, Maria da Glória F. P. D. *O lugar do direito na protecção do ambiente*. 1. ed. Coimbra: Almedina, 2007. p. 318.

[90] DEUTSCHER BUNDESTAG. *Lei Fundamental da República Federal da Alemanha*. Versão alemã de 23 de maio de 1949. Última atualização em 29 de setembro de 2020. Tradução de Aachen Assis Mendonça. Revisão jurídica de Bonn Urbano Carvelli. Berlim, 2020. Disponível em: https://www.btg-bestellservice.de/pdf/80208000.pdf. Acesso em: 16 out. 2021.

[91] AMADO GOMES, Carla. *Risco e modificação do acto autorizativo concretizador de deveres de protecção do ambiente*. Lisboa: Edição digital, 2012. p. 26. Disponível em: https://www.icjp.pt/sites/default/files/publicacoes/files/Risco&modifica%C3%A7%C3%A3o.pdf. Acesso em: 20 set. 2021. p. 58.

[92] AMADO GOMES, Carla. *Risco e modificação do acto autorizativo concretizador de deveres de protecção do ambiente*. Lisboa: Edição digital, 2012. p. 26. Disponível em: https://www.icjp.pt/sites/default/files/publicacoes/files/Risco&modifica%C3%A7%C3%A3o.pdf. Acesso em: 20 set. 2021. p. 59.

capacidade de renovação e a estabilidade ecológica, com respeito à solidariedade entre gerações".[93]

O texto constitucional português abrange a proteção do meio ambiente para um desenvolvimento sustentável tanto como um direito fundamental, mas também – e sobretudo – como legítimo dever fundamental imposto ao Estado e também à coletividade, perspectiva que deve ser realçada, vez que fundamenta a exigibilidade de condutas, ativas e omissivas, especificamente concretizadoras daquele objetivo.[94]

Por essa razão, adverte Canotilho, constata-se historicamente uma inquietação sobre eventual arcaísmo dogmático do direito ao ambiente como eminentemente direito subjetivo – que afeta sua operabilidade, exigibilidade e conteúdo jurídico – que se relaciona com o fato de se assistir um deslocamento do problema do campo dos direitos para o terreno dos deveres fundamentais, sendo preciso sublinhar a necessidade de se ultrapassar a euforia do individualismo e direitos fundamentais e de se radicar, concretamente, uma comunidade e sociedade com responsabilidade de cidadãos e entes públicos perante problemas ecológicos e ambientais.[95]

Nesse sentido, insiste Canotilho que a consideração do meio ambiente como tarefa ou fim normativo-constitucionalmente consagrado implica a existência de autênticos deveres jurídicos dirigidos ao Estado e demais poderes públicos, o Estado não dispõe decidir se o meio ambiente (os elementos naturais da vida) devem ou não ser protegidos e defendidos, clara é a imposição dos textos constitucionais: *devem!*[96] Trata-se do fundamento maior que necessariamente deve nortear e fundamentar toda e qualquer atuação do Estado na função regulatória ambiental na atualidade, sem olvidar de tal dever em face da coletividade.

No cenário brasileiro, além de ratificar e integrar o rol de países signatários de todos os referidos marcos político-jurídicos internacionais em matéria de meio ambiente e desenvolvimento sustentável levantados no tópico anterior, o Estado brasileiro elevou o tema da proteção ao meio ambiente ao seu texto constitucional de 1988.

Mesmo antes disso, em 1981, já havia sido promulgada a estrutural e pioneira Lei Federal nº 6.938, tratando da Política Nacional do Meio Ambiente (PNMA), razões que colocam a legislação ambiental brasileira em lugar de destaque no que se refere a um quadro regulatório avançado em matéria de meio ambiente e desenvolvimento sustentável.

No Brasil, a busca pelo equilíbrio entre as atividades econômicas desempenhadas pela sociedade e a exploração racional dos elementos da natureza é estampada na Constituição Federal de 1988, que consagrou na Ordem Social a proteção do meio ambiente ecologicamente equilibrado tanto como um direito fundamental, como também – e sobretudo – na figura de um dever de mesma fundamentalidade.[97]

---

[93] PORTUGAL. Assembleia da República. *Constituição da República Portuguesa* VII Revisão Constitucional [2005], Lisboa, 2005. Disponível em: https://www.parlamento.pt/Legislacao/Documents/constpt2005.pdf. Acesso em: 16 out. 2021.

[94] AMADO GOMES, Carla. *Risco e modificação do acto autorizativo concretizador de deveres de protecção do ambiente.* Lisboa: Edição digital, 2012. p. 26. Disponível em: https://www.icjp.pt/sites/default/files/publicacoes/files/Risco&modifica%C3%A7%C3%A3o.pdf. Acesso em: 20 set. 2021. p. 95.

[95] CANOTILHO, José Joaquim Gomes. *Estudos sobre Direitos Fundamentais.* Coimbra: Coimbra Editora, 2004. p. 178.

[96] CANOTILHO, José Joaquim Gomes. *Estudos sobre Direitos Fundamentais.* Coimbra: Coimbra Editora, 2004. p. 181.

[97] Para Ingo Wolfgang Sarlet, a fundamentalidade representa, em sentido formal, a consagração do direito ou dever fundamental na condição escrita formalmente em um texto constitucional, no sentido material, o

Cuida-se de um dever imputado não só ao Estado, mas aos agentes privados e à coletividade, além de consagrá-lo como bem de uso comum do povo e essencial à saída qualidade de vida das presentes e futuras gerações, fixando ainda a defesa ambiental constitucional como princípio da Ordem Econômica a ser observado no desenvolvimento de todas as atividades econômicas, especialmente as que impactem o meio ambiente, inter-relação ilustrativa do anseio constitucional por um desenvolvimento nacional sustentável no ordenamento político-jurídico brasileiro.

Soma-se a isso o fato de que os compromissos político-jurídicos em nível internacional firmados pelo Estado brasileiro, pelo qual foram estabelecidos direitos e obrigações de Direito Internacional Público, refletem efeitos legais e vinculantes também na matéria de Direito Ambiental, e não apenas acerca de Direitos Humanos.

A jurisdição constitucional brasileira, a partir de decisão proferida pelo Excelso Supremo Tribunal Federal (STF) na Ação Direta de Inconstitucionalidade nº 4.066/DF (caso do Amianto), reconheceu a supralegalidade de tratado internacional em matéria ambiental, merecedor do mesmo tratamento de tratado internacional de Direitos Humanos. Assim, os tratados em matéria ambiental firmados pelo Brasil, portanto, detêm natureza hierárquico-normativa em face de legislação infraconstitucional,[98] isto é, possuem exigibilidade e natureza de lei formal concreta no ordenamento jurídico brasileiro, a ser observada pelo Estado e pela coletividade.

Além disso, a condição de direito-dever fundamental alçada à proteção do meio ambiente, fundado na solidariedade, é reconhecida pelo STF:

A QUESTÃO DO DIREITO AO MEIO AMBIENTE ECOLOGICAMENTE EQUILIBRADO – DIREITO DE TERCEIRA GERAÇÃO – PRINCÍPIO DA SOLIDARIEDADE.

– O direito à integridade do meio ambiente – típico direito de terceira geração – constitui prerrogativa jurídica de titularidade coletiva, refletindo, dentro do processo de afirmação dos direitos humanos, não ao indivíduo identificado em sua singularidade, mas, num sentido verdadeiramente mais abrangente, à própria coletividade social.

Enquanto os direitos de primeira geração (Direitos civis e políticos) – que compreendem as liberdades clássicas, negativas ou formais – realçam o princípio da liberdade os direitos de segunda geração (Direitos econômicos, sociais e culturais) – que se identificam com as liberdades positivas, reais ou concretas – acentuam princípio da igualdade, os direitos de terceira geração, que materializam poderes de titularidade coletiva atribuídos genericamente a todas as formações sociais, consagram o princípio da solidariedade e constituem um momento importante no processo de desenvolvimento, expansão e reconhecimento dos direitos humanos, caracterizados, enquanto valores fundamentais indisponíveis, pela nota de uma essencial inexaurabilidade.[99]

---

reconhecimento da proteção de certos valores e reinvindicações essenciais a todos os seres humanos por seu conteúdo e natureza, contendo decisões fundamentais sobre a estrutura básica do Estado e da sociedade, de modo que a fundamentalidade material permite a interpretação de outros direitos fundamentais não necessariamente constantes do rol formal disposto na Constituição Federal, a exemplo da proteção do meio ambiente ecologicamente equilibrado, como se afere do art. 5º, §2º, da Carta Maior brasileira (SARLET, Ingo Wolfgang. *A eficácia dos direitos fundamentais*: uma teoria geral dos direitos fundamentais na perspectiva constitucional. 11. ed. rev. atual. Porto Alegre: Livraria do Advogado, 2012. p. 59).

[98] SARLET, Ingo; FENSTERSEIFER, Tiago. *Direito constitucional ecológico*: Constituição, direitos fundamentais e proteção da natureza. 7. ed. rev., atual. e ampl. São Paulo: Thomson Reuteurs Brasil, 2021, p. 96.

[99] BRASIL, Supremo Tribunal Federal. *Mandado de Segurança nº 22.164/SP*, Pleno, relator Min. Celso de Mello, julgado em 30/10/1995, Brasília, 1995. Grifos originais. Disponível em: <https://redir.stf.jus.br/paginadorpub/paginador.jsp?docTP=AC&docID=85691> Acesso em: 19 out. 2021.

É a partir dos avanços históricos sobre a proteção política e jurídica do meio ambiente em inúmeros textos constitucionais mundiais, com especial destaque no Brasil, que, para além de um bem-estar individual e social, as construções jurídico--constitucionais, cada vez mais, caminham hoje no sentido de garantir ao indivíduo e à comunidade como um todo o desfrute de um bem-estar ambiental ou ecológico, indispensável, alertam Sarlet e Fensterseifer, ao pleno desenvolvimento da pessoa e ao desenvolvimento humano no seu conjunto, a partir do que se poderia designar de um Estado Democrático, Socioambiental e Ecológico de Direito.[100]

Na lição de Herman Benjamin, incontroversa a consolidação do assento político-jurídico, nacional e internacional, da proteção do meio ambiente, sendo seguro dizer que a constitucionalização do ambiente é uma irresistível tendência internacional, que coincide com o surgimento e consolidação do Direito Ambiental.[101]

Com a gradual evolução das bases político-jurídicas do Estado Liberal para o Estado Social de Direito, atribuiu-se à atuação estatal uma proliferação extraordinária de funções a desempenhar para o bem-estar social, além do uso de meios coercitivos de ação e o surgimento de novas formas de intervenção direta e não coercitiva, que desencadeou, salienta Darnaculleta i Gardella, uma "hiper-regulação" voltada aos anseios de desenvolvimento das sociedades.[102]

Ocorre que, a despeito dessa consagração, em nível nacional e internacional, das políticas e normas de proteção do meio ambiente, inclusive ligada ao princípio do desenvolvimento sustentável, incontroverso que há muito todo este conjunto político-normativo enfrenta dificuldades para sua completa e efetiva implementação e cumprimento, sintoma claro para a inefetividade atual do Direito Ambiental.

Por um lado, trata-se de um sinal claro do avanço da complexidade dos riscos e danos ambientais e ecológicos causados ao equilíbrio ambiental e à sociedade, exigindo novas perspectivas, concepções e instrumentos que compreendam, gerenciem e protejam, senão, ao menos, mitiguem com maior eficácia os efeitos deletérios do vigente, e controverso, paradigma de desenvolvimento humano neste planeta.

Nesse viés, importante é o relatório de 2019 produzido pelo Programa das Nações Unidas para o Meio Ambiente (PNUMA), pelo qual restou alertado que, mesmo com a proliferação de órgãos e de leis ambientais na maioria das nações mundiais, remanesce considerável lacuna entre essas leis e sua implementação.[103]

Torna-se imperativo discutir novas abordagens e instrumentos regulatórios, com destaque para a implementação e os meios de concretização do Direito Ambiental, sob pena do descumprimento a deveres constitucionais fundamentais estatais e da coletividade, perspectiva que será desenvolvida ao decorrer dos próximos capítulos.

---

[100] SARLET, Ingo; FENSTERSEIFER, Tiago. *Direito constitucional ecológico*: Constituição, direitos fundamentais e proteção da natureza. 7. ed. rev., atual. e ampl. São Paulo: Thomson Reuteurs Brasil, 2021. p. 200.

[101] BENJAMIN, Antônio Herman. Constitucionalização do ambiente e ecologização da Constituição brasileira. *In*: CANOTILHO, José Joaquim Gomes; LEITE, José Rubens Morato (Orgs.). *Direito constitucional ambiental brasileiro*. 6. ed. São Paulo: Saraiva, 2015. p. 61.

[102] DARNACULLETA I GARDELLA, Maria Mercé. *Autorregulación y Derecho Público*: La autorregulación regulada. 1. ed. Madrid: Marcial Pons, 2005. p. 513, tradução livre.

[103] PROGRAMA DAS NAÇÕES UNIDAS PARA O MEIO AMBIENTE – PNUMA. *Environmental Rule of Law: First Global Report*. Nairobi, Kenya, 2019. Disponível em: https://www.unep.org/resources/assessment/environmental-rule-law-first-global-report. Acesso em: 10 nov. 2021.

De toda forma, tal inefetividade das políticas e normas ambientais está intimamente ligada à crescente limitação da atuação do Estado, por meio de sua função regulatória, de dar cabo aos deveres fundamentais de proteção e cumprir com as condições mínimas para o atingimento dos objetivos socioambientais e de desenvolvimento sustentável almejados pelos próprios textos constitucionais contemporâneos. A regulação ambiental vigente, ao que tudo indica, parece estar na contramão da complexidade do bem jurídico objeto de sua tutela e razão de ser.

O modelo de sociedade atual, desenvolvido e fomentado nas últimas décadas, parece ainda não ter percebido o buraco profundo em que está mergulhando, bem como a complexidade consequentemente trazida, efeito, em grande parte, das externalidades negativas do processo produtivo econômico e da degradação ambiental causada.[104]

Por isso, a evolução registrada para uma concepção de um Estado de Direito ambientalmente preocupado, na lição de Leite e Ayala, vem almejando uma ampliada função de jurisdicização de instrumentos contemporâneos preventivos e precaucionais, de forma a garantir preservação ambiental diante de danos e riscos abstratos, potenciais e cumulativos.[105]

Norteado por balizas constitucionais, o ramo jurídico incumbido dessa desafiadora tarefa de compreender e regular referidas e complexas relações entre a sociedade humana e a natureza é o Direito Ambiental. O Direito Ambiental, para Paulo Affonso Leme Machado, cuida-se de um direito sistematizador, que faz a articulação da legislação, da doutrina e da jurisprudência concernentes aos elementos que integram o ambiente, competente para interligar os temas das águas, atmosfera, solo, florestas, fauna e biodiversidade com a argamassa da identidade dos instrumentos jurídicos de prevenção e de reparação, de informação, de monitoramento e de participação.[106]

Não só pela sua constitucionalização, como também por reunir multidisciplinaridade e dar grande parte das diretrizes de desenvolvimento, que o Direito Ambiental é em si reformador, modificador, pois atinge a organização da sociedade atual, cuja trajetória conduziu à ameaça da existência humana pela atividade do próprio homem, o que jamais ocorreu na história da humanidade.[107] O Direito Ambiental permeia todo o processo de produção e reprodução da vida social, relacionada a toda relação e comportamento do homem em sociedade, em mediação com a natureza.[108]

Assim, o objetivo geral do Direito Ambiental – e, por consequência, da própria função regulatória ambiental que fundamenta, incumbida ao Estado, dividida com a coletividade – permanece sendo o de concretizar as condições mínimas para um desenvolvimento sustentável, capazes de respeitar os limites planetários e ao mesmo tempo proporcionar melhoria social e econômica na qualidade de vida humana, por meio da proteção da qualidade do meio ambiente.

---

[104] LEITE, José Rubens Morato; AYALA, Patryck de Araújo. *Dano ambiental*. 8. ed. rev., atual. e reform. Rio de Janeiro: Forense Editora, 2020. p. 7.
[105] LEITE, José Rubens Morato; AYALA, Patryck de Araújo. *Dano ambiental*. 8. ed. rev., atual. e reform. Rio de Janeiro: Forense Editora, 2020. p. 7.
[106] MACHADO, Paulo Affonso Leme. *Direito ambiental brasileiro*. 25. ed., rev., ampl. e atual. São Paulo: Malheiros, 2017. p. 52-53.
[107] DERANI, Cristiane. *Direito ambiental econômico*. 3. ed. São Paulo: Saraiva, 2008. p. 75.
[108] DERANI, Cristiane. *Direito ambiental econômico*. 3. ed. São Paulo: Saraiva, 2008. p. 81.

Na advertência de Montibeller, as proposições políticas, econômicas e jurídicas, historicamente aplicadas e em vigência até hoje, vêm mantendo uma tendência a se apropriar de forma degenerativa dos recursos naturais e do meio ambiente (degradação), restringindo o alcance das equidades sociais e ecológicas intra, intergeracional e internacional, contradições que inevitavelmente conceberam a famigerada concepção de "mito" ao desenvolvimento sustentável.[109]

Ultrapassada a fase dogmática constitucional, como leciona Herman Benjamin, o maior desafio nos tempos atuais é exatamente a boa compreensão e a concreta implementação das políticas e normas ambientais, uma vez que de pouco adianta legislar para não aplicar a lei ou para aplicá-la de forma irregular, esporádica e soluçosa, a implementação, portanto, é um dos grandes desafios das normas ambientais.[110]

Por essas razões que, ao se falar em função estatal reguladora do ambiente, dispensa-se sua justificação legitimadora, diferentemente do modelo demasiadamente liberal de Estado, por certo se está diante de intervenção estatal que deve ser, a um só tempo, preventiva (e de precaução) e positiva, na esteira de uma era de governabilidade afirmativa, pregando e exigindo prestações positivas a cargo do Estado.[111]

Dada a ampliada evolução político-jurídica de textos constitucionais, com o cenário brasileiro não foi diferente, a Constituição Federal da República Federativa do Brasil de 1988 consagra tanto um direito como também um dever fundamental à proteção ambiental, erigindo-se premissa norteadora para o Direito Ambiental e para o desempenho da atuação regulatória incumbida ao Estado no tema.

Para toda e qualquer crítica a ser fundamentadamente desenvolvida à efetividade da atuação regulatória estatal ambiental, indispensável ter em mente os principais contornos de seu assento constitucional pelo Estado e de paralela e obrigatória observação por toda a coletividade (agentes privados, pessoas físicas ou jurídicas), manifestado e baseado no dever jurídico-constitucional que conforma a base do quadro regulatório brasileiro em matéria de meio ambiente.

1.2 O direito e o dever fundamental de proteção ao meio ambiente na Constituição Federal de 1988

No Brasil, a Constituição Federal de 1988 consagrou a proteção do meio ambiente ecologicamente equilibrado no ordenamento jurídico a partir da instituição, no Título VIII, Capítulo VI, dedicado à Ordem Social, do paradigmático art. 225, *caput*, pelo qual todos têm "direito ao meio ambiente ecologicamente equilibrado, bem de uso comum do povo e essencial à sadia qualidade de vida, impondo-se ao Poder Público e à coletividade

---

[109] MONTIBELLER, Gilberto Ristow. *O mito do desenvolvimento sustentável*: meio ambiente e custos sociais no moderno sistema produtor de mercadorias. 4. ed. atual., ver. e ampl. Curitiba: Brazil Publishing, 2021. p. 230.
[110] BENJAMIN, Antônio Herman. Constitucionalização do ambiente e ecologização da Constituição brasileira. *In*: CANOTILHO, José Joaquim Gomes; LEITE, José Rubens Morato (Orgs.). *Direito constitucional ambiental brasileiro*. 6. ed. São Paulo: Saraiva, 2015. p. 126-127.
[111] BENJAMIN, Antônio Herman. Constitucionalização do ambiente e ecologização da Constituição brasileira. *In*: CANOTILHO, José Joaquim Gomes; LEITE, José Rubens Morato (Orgs.). *Direito constitucional ambiental brasileiro*. 6. ed. São Paulo: Saraiva, 2015. p. 67.

o dever de defendê-lo e preservá-lo para as presentes e futuras gerações",[112] premissa de direito-dever geral de proteção, que vincula Estado e sociedade.

Com mesma envergadura, a CF/88 ainda dispôs sobre deveres de proteção ambiental específicos ao Estado no art. 225, em seu §1º e incisos, além de definir, no §3º do mesmo artigo, que "as condutas e atividades consideradas lesivas ao meio ambiente sujeitarão os infratores, pessoas físicas ou jurídicas, a sanções penais e administrativas, independentemente da obrigação de reparar os danos causados".[113]

Com efeito, o meio ambiente passa a dispor de proteção como especial bem jurídico de importância individual e coletiva, cuja natureza jurídica, na doutrina de José Afonso da Silva, assenta-se na interação do conjunto de elementos naturais, artificiais e culturais que propiciem o desenvolvimento equilibrado da vida em todas as formas, integração tal que busca assumir uma concepção unitária do ambiente.[114]

Para Derani, o Direito Ambiental tem como tronco o direito ao meio ambiente ecologicamente equilibrado, passível de fruição por toda coletividade (bem de uso comum do povo) (CF/88, art. 225, *caput*). Com base neste direito fundamental, desdobram-se as demais normas pertencentes ao ramo do Direito Ambiental.[115]

Como lecionam Leite e Ayala, o direito fundamental ao meio ambiente ecologicamente equilibrado insere-se ao lado do direito à vida, à igualdade, à liberdade, caracterizando-se pelo cunho social amplo e não meramente individual, de modo que, para a efetividade desse direito, há necessidade da participação do Estado e da coletividade, em consonância com o preceito constitucional. O Estado, dessa forma, deve fornecer os meios instrumentais necessários à implementação desse direito.[116]

Além disso, é necessária também a abstenção de práticas nocivas ao meio ambiente por parte da coletividade. O art. 225 inclui a expressão "todos têm direito" e impõe, posteriormente, incumbências ao Estado e à coletividade, significando inequivocamente tratar-se de um direito fundamental do homem.[117]

Conforme Alexy, visto como direito fundamental, a proteção ao meio ambiente ecologicamente equilibrado tem: (a) função de defesa; e (b) função de prestação. A segunda função Alexy define: (a.1) função de prestações fáticas (sentido estrito); (a.2) função de prestações normativas (sentido amplo). Este último subgrupo estaria dividido em (a.2.1) função de proteção; (a.2.2.) função de organização e de procedimento.[118]

Pelas suas funções, um direito fundamental ao meio ambiente ecologicamente equilibrado geraria diversos desdobramentos como: (i) direito a que o Estado se abstenha

---

[112] BRASIL. Presidência da República. *Constituição da República Federativa do Brasil de 1988*. Brasília, DF: Presidência da República, 1988. Disponível em: http://www.planalto.gov.br/ccivil_03/constituicao/constituicaocompilado.htm. Acesso em: 19 out. 2021.

[113] BRASIL. Presidência da República. *Constituição da República Federativa do Brasil de 1988*. Brasília, DF: Presidência da República, 1988. Disponível em: http://www.planalto.gov.br/ccivil_03/constituicao/constituicaocompilado.htm. Acesso em: 19 out. 2021.

[114] SILVA, José Afonso da. *Direito ambiental constitucional*. 10. ed. atual. São Paulo: Malheiros, 2013. p. 20.

[115] DERANI, Cristiane. *Direito ambiental econômico*. 3. ed. São Paulo: Saraiva, 2008. p. 76.

[116] LEITE, José Rubens Morato; AYALA, Patryck de Araújo. *Dano ambiental*. 8. ed. rev., atual. e reform. Rio de Janeiro: Forense Editora, 2020. p. 69.

[117] LEITE, José Rubens Morato; AYALA, Patryck de Araújo. *Dano ambiental*. 8. ed. rev., atual. e reform. Rio de Janeiro: Forense Editora, 2020. p. 69.

[118] ALEXY, Robert. *Teoria dos Direitos Fundamentais*. Tradução de Virgílio Afonso da Silva. São Paulo: Malheiros, 2008. p. 214-215.

da promoção de intervenções atentatórias à qualidade do meio ambiente (função de defesa); (ii) direito a que o Estado proteja os cidadãos de intervenções de terceiros lesivas ao ambiente (função de proteção); (iii) direito a que o Estado permita ao titular do direito a participação em procedimentos para o meio ambiente (função de organização e de procedimento); bem como (iv) direito a que o próprio Estado promova providências materiais de melhoria do meio ambiente (função de prestação fática).[119]

Para Canotilho, o direito fundamental à proteção do meio ambiente implicaria as seguintes dimensões: i) *dimensão garantístico-defensiva*, no sentido de direito de defesa contra ingerências ou intervenções do Estado; ii) *dimensão positivo-prestacional*, pois cumpre ao Estado e a todas as entidades públicas assegurar a organização, procedimento e processos de realização do meio ambiente; iii) *dimensão jurídica irradiante para todo o ordenamento*, vinculando as entidades privadas ao respeito do direito ao ambiente; iv) *dimensão jurídico-participativa*, impondo e permitindo aos cidadãos e à sociedade civil o dever de defender os bens e direitos ambientais.[120]

Essa mudança de paradigma na proteção constitucional ao meio ambiente está de alguma forma espalhada sistematicamente ao longo da Carta de 1988, a começar pelo princípio fundamental do art. 1º, III, relativo à dignidade da pessoa humana,[121] e art. 3º, I e III, dos objetivos da solidariedade e da garantia do desenvolvimento nacional;[122] no art. 5º, XXIII, da função social da propriedade;[123] na competência administrativa e executória ambiental no art. 23, III, VI e VII,[124] e competências legislativas ambientais do art. 24;[125]

---

[119] ALEXY, Robert. *Teoria dos Direitos Fundamentais*. Tradução de Virgílio Afonso da Silva. São Paulo: Malheiros, 2008. p. 392-393.

[120] CANOTILHO, José Joaquim Gomes. Direito constitucional ambiental português: tentativa de compreensão 30 anos das gerações ambientais no Direito constitucional português. *In:* CANOTILHO, José Joaquim Gomes; LEITE, José Rubens Morato (Orgs.). *Direito constitucional ambiental brasileiro*. 6. ed. São Paulo: Saraiva, 2015. p. 5-6.

[121] Art. 1º A República Federativa do Brasil, formada pela união indissolúvel dos Estados e Municípios e do Distrito Federal, constitui-se em Estado Democrático de direito e tem como fundamentos: (…) III – a dignidade da pessoa humana; (…) (BRASIL. Presidência da República. *Constituição da República Federativa do Brasil de 1988*. Brasília, DF: Presidência da República, 1988. Disponível em: http://www.planalto.gov.br/ccivil_03/constituicao/constituicaocompilado.htm. Acesso em: 19 out. 2021).

[122] Art. 3º Constituem objetivos fundamentais da República Federativa do Brasil: I – construir uma sociedade livre, justa e solidária; II - garantir o desenvolvimento nacional; (…) (BRASIL. Presidência da República. *Constituição da República Federativa do Brasil de 1988*. Brasília, DF: Presidência da República, 1988. Disponível em: http://www.planalto.gov.br/ccivil_03/constituicao/constituicaocompilado.htm. Acesso em: 19 out. 2021).

[123] Art. 5º Todos são iguais perante a lei, sem distinção de qualquer natureza, garantindo-se aos brasileiros e aos estrangeiros residentes no País a inviolabilidade do direito à vida, à liberdade, à igualdade, à segurança e à propriedade, nos termos seguintes: (…) XXIII – a propriedade atenderá a sua função social; (…) (BRASIL. Presidência da República. *Constituição da República Federativa do Brasil de 1988*. Brasília, DF: Presidência da República, 1988. Disponível em: http://www.planalto.gov.br/ccivil_03/constituicao/constituicaocompilado.htm. Acesso em: 19 out. 2021).

[124] Art. 23. É competência comum da União, dos Estados, do Distrito Federal e dos Municípios: (…) III – proteger os documentos, as obras e outros bens de valor histórico, artístico e cultural, os monumentos, as paisagens naturais notáveis e os sítios arqueológicos; (…) VI – proteger o meio ambiente e combater a poluição em qualquer de suas formas; VII – preservar as florestas, a fauna e a flora; (…) XI – registrar, acompanhar e fiscalizar as concessões de Direito s de pesquisa e exploração de recursos hídricos e minerais em seus territórios (…) (BRASIL. Presidência da República. *Constituição da República Federativa do Brasil de 1988*. Brasília, DF: Presidência da República, 1988. Disponível em: http://www.planalto.gov.br/ccivil_03/constituicao/constituicaocompilado.htm. Acesso em: 19 out. 2021).

[125] Art. 24. Compete à União, aos Estados e ao Distrito Federal legislar concorrentemente sobre: (…) VI – florestas, caça, pesca, fauna, conservação da natureza, defesa do solo e dos recursos naturais, proteção do meio ambiente e controle da poluição; [(…)] VIII – responsabilidade por dano ao meio ambiente, ao consumidor, a bens e Direito s de valor artístico, estético, histórico, turístico e paisagístico; (…) (BRASIL. Presidência da República. *Constituição da República Federativa do Brasil de 1988*. Brasília, DF: Presidência da República, 1988. Disponível em: http://www.planalto.gov.br/ccivil_03/constituicao/constituicaocompilado.htm. Acesso em: 19 out. 2021).

na Ordem Econômica no art. 170, *caput,* III e VI,[126] pela função social da propriedade e na defesa do meio ambiente; no art. 174, *caput* e §§1º e 3º, dispondo das funções regulatória, fiscalizatória e de incentivo estatal;[127] bem como no Sistema Financeiro Nacional, no art. 192, *caput,* remetendo a um desenvolvimento equilibrado do país e a servir aos interesses da coletividade,[128] dentre outras disposições que apontam para diretriz político-jurídica constitucionalizada comprometida com um desenvolvimento nacional sustentável.

Como destaca Derani, o direito fundamental a um meio ambiente ecologicamente equilibrado se desdobra no dever do Poder Público, no âmbito de sua competência legislativa e executiva, de atuar para criar condições de sua efetivação, revelando-se verdadeira e legítima norma-objetivo.[129] Isto é, a atuação regulatória ambiental deve, pois, objetivar tal consecução material de desenvolvimento sustentável.

Por isso, o dever de proteção ambiental imputado ao Estado na CF/88 também está consagrado como princípio da Ordem Econômica (art. 170, VI, CF/88), tratando-se, como salienta Eros Roberto Grau, de um princípio constitucional impositivo (Canotilho), que cumpre dupla função, com feição de diretriz (Dworkin) – norma objetivo – dotada de caráter constitucional conformador, justificando a reivindicação pela realização de políticas públicas,[130] em integração com art. 225 e parágrafos – mas também nos arts. 5º, LXXIII; 23, VI e VII; 24, VI e VIII; 129, III, 174, §3º, 200, VIII e 216, V. A Constituição Federal de 1988, portanto, dá vigorosa resposta às correntes que propõem a exploração predatória dos recursos naturais, abroqueladas sobre o argumento, obscurantista, para as quais defender o meio ambiente envolve proposta de "retorno à barbárie".[131]

---

[126] Art. 170. A ordem econômica, fundada na valorização do trabalho humano e na livre iniciativa, tem por fim assegurar a todos existência digna, conforme os ditames da justiça social, observados os seguintes princípios: (...) III – função social da propriedade; (...) VI – defesa do meio ambiente, inclusive mediante tratamento diferenciado conforme o impacto ambiental dos produtos e serviços e de seus processos de elaboração e prestação; (...) (BRASIL. Presidência da República. *Constituição da República Federativa do Brasil de 1988*. Brasília, DF: Presidência da República, 1988. Disponível em: http://www.planalto.gov.br/ccivil_03/constituicao/constituicaocompilado.htm. Acesso em: 19 out. 2021).

[127] Art. 174. Como agente normativo e regulador da atividade econômica, o Estado exercerá, na forma da lei, as funções de fiscalização, incentivo e planejamento, sendo este determinante para o setor público e indicativo para o setor privado. §1º A lei estabelecerá as diretrizes e bases do planejamento do desenvolvimento nacional equilibrado, o qual incorporará e compatibilizará os planos nacionais e regionais de desenvolvimento. (...) §3º O Estado favorecerá a organização da atividade garimpeira em cooperativas, levando em conta a proteção do meio ambiente e a promoção econômico-social dos garimpeiros. (BRASIL. Presidência da República. *Constituição da República Federativa do Brasil de 1988*. Brasília, DF: Presidência da República, 1988. Disponível em: http://www.planalto.gov.br/ccivil_03/constituicao/constituicaocompilado.htm. Acesso em: 19 out. 2021).

[128] Art. 192. O sistema financeiro nacional, estruturado de forma a promover o desenvolvimento equilibrado do País e a servir aos interesses da coletividade, em todas as partes que o compõem, abrangendo as cooperativas de crédito, será regulado por leis complementares que disporão, inclusive, sobre a participação do capital estrangeiro nas instituições que o integram (BRASIL. Presidência da República. *Constituição da República Federativa do Brasil de 1988*. Brasília, DF: Presidência da República, 1988. Disponível em: http://www.planalto.gov.br/ccivil_03/constituicao/constituicaocompilado.htm. Acesso em: 19 out. 2021).

[129] As norma-objetivo detêm conteúdo para imprimir à Administração Pública uma atuação voltada à redistribuição de riscos e oportunidades na sociedade, procurando focalizar um desenvolvimento econômico sustentável. Surgem com o novo papel que assume o direito neste século, o de transformador da ordem social, são normas que fixam objetivos e evidenciam o caráter instrumental do direito, como meio para implementar diretrizes, assumem um caráter finalístico (DERANI, Cristiane. *Direito ambiental econômico*. 3. ed. São Paulo: Saraiva, 2008. p. 204 e 229).

[130] GRAU, Eros. *A ordem econômica na Constituição de 1988*: interpretação e crítica. 19. ed., rev. e atual. São Paulo: Malheiros, 2018. p. 261.

[131] GRAU, Eros. *A ordem econômica na Constituição de 1988*: interpretação e crítica. 19. ed., rev. e atual. São Paulo: Malheiros, 2018. p. 261.

Notório que uma das missões das normas constitucionais é estabelecer o substrato normativo que circunda e orienta o funcionamento do Estado, de vez que a inserção da proteção ambiental na Constituição legitima e facilita – e, por isso, obriga – a intervenção estatal, legislativa ou não, em favor da manutenção e recuperação dos processos ecológicos essenciais, partindo-se da premissa de que, da intervenção excepcional, típica do modelo liberal de Estado, passa-se a privilegiar uma intervenção sistemática, sem apelos a desastres naturais (liberalismo), nem tampouco catástrofes econômicas (*welfarismo*) para justificar o protagonismo ecológico do Estado.[132]

Considerando as insuficiências dos direitos de liberdade mesmo dos direitos sociais, o reconhecimento de um direito fundamental ao meio ambiente constitui aspecto central da agenda político-jurídica contemporânea, legítimo direito de terceira dimensão ou geração, encontra seu suporte normativo-axiológico no princípio da solidariedade, inclusive reforçando a dimensão dos deveres e a natureza de direito-dever inerente ao regime jurídico constitucional de proteção ecológica.[133]

Além de definido como "bem de uso comum do povo, essencial à sadia qualidade de vida" pelo art. 225, *caput*, da CF/88, em sede infraconstitucional, antes mesmo da Constituição, a Lei Federal nº 6.938, de 31 de agosto de 1981, relativa à Política Nacional do Meio Ambiente (PNMA), pelo seu art. 3º, I, definiu o bem jurídico meio ambiente como "o conjunto de condições, leis, influências e interações de ordem física, química e biológica, que permite, abriga e rege a vida em todas as suas formas".

O legislador brasileiro optou por uma conceituação que realça a interação e a interdependência entre o homem e a natureza. É nesse aspecto que se denota a proteção jurídica do meio ambiente como um bem unitário, alertam Leite e Ayala.[134]

Assim, a proteção do meio ambiente, como direito e também dever fundamental constitucional no Brasil, deve abarcar sua natureza de macro bem, pois além de bem incorpóreo e imaterial se configura como bem de uso comum do povo. Isso significa que o proprietário, seja ele público ou particular, não poderá dispor sem condições da qualidade do meio ambiente equilibrado devido à previsão constitucional, considerando-o macrobem de todos. Na atividade privada, a qualidade do meio ambiente deve ser considerada, pois o constituinte diz que a atividade econômica deverá observar, entre outros, o princípio da proteção ambiental (art. 170, VI, CF/88).[135]

Na concepção de microbem, isto é, dos elementos que o compõem (florestas, rios, propriedade de valor paisagístico etc.), o meio ambiente pode ter o regime de sua propriedade variado, ou seja, público e privado, no que concerne à titularidade dominial, porém, sempre sendo observados os deveres de proteção e de utilização.[136]

---

[132] BENJAMIN, Antônio Herman. Constitucionalização do ambiente e ecologização da Constituição brasileira. *In*: CANOTILHO, José Joaquim Gomes; LEITE, José Rubens Morato (Orgs.). *Direito constitucional ambiental brasileiro*. 6. ed. São Paulo: Saraiva, 2015. p. 74.

[133] SARLET, Ingo; FENSTERSEIFER, Tiago. *Direito constitucional ecológico*: Constituição, direitos fundamentais e proteção da natureza. 7. ed. rev., atual. e ampl. São Paulo: Thomson Reuteurs Brasil, 2021. p. 69-70.

[134] LEITE, José Rubens Morato; AYALA, Patryck de Araújo. *Dano ambiental*. 8. ed. rev., atual. e reform. Rio de Janeiro: Forense Editora, 2020. p. 62.

[135] LEITE, José Rubens Morato; AYALA, Patryck de Araújo. *Dano ambiental*. 8. ed. rev., atual. e reform. Rio de Janeiro: Forense Editora, 2020. p. 66.

[136] LEITE, José Rubens Morato; AYALA, Patryck de Araújo. *Dano ambiental*. 8. ed. rev., atual. e reform. Rio de Janeiro: Forense Editora, 2020. p. 67.

Dentro deste quadro, para Freitas, dados os importantes aspectos do bem jurídico do meio ambiente, ao Poder Público caberá um papel principal – não absoluto – na tutela do meio ambiente sadio, devendo de sua ação adequada e responsável resultar, inclusive, efeito pedagógico e de consciência ecológica do povo.[137]

Com a disposição da proteção do meio ambiente como direito fundamental e princípio para a ordem econômica no Brasil, a Constituição Federal de 1988 confirma seu papel transformador como Constituição Social Dirigente, na lição de Canotilho, pois vincula programas através de um plano global normativo da sociedade e do Estado.[138]

Conforme refere Konrad Hesse, direitos fundamentais não podem existir sem deveres,[139] porquanto a ideia de deveres fundamentais não reflete apenas deveres, mas, de certa forma, apontam Sarlet e Fensterseifer, também caracteriza o direito à igual repartição dos encargos comunitários na sociedade atual, o texto da CF/88 constitui um Estado caracterizado como uma ordem de liberdade limitada pela responsabilidade. Em suma, um sistema que confere primazia, mas não exclusividade aos direitos fundamentais, mesmo o Estado Social não atua como espécie de segurador universal.[140]

Na lição de Sarlet, no ordenamento jurídico em que as condições mínimas para uma existência digna não forem asseguradas, não haverá espaço para a dignidade da pessoa humana, e esta não passará de mero objeto de arbítrio e injustiças.[141]

Não é à toa que a máxima de que direitos não podem existir sem deveres segue atual e mais do que nunca exige ser levada a sério, ainda mais quando na atual CF/88 houve menção expressa, juntamente com os direitos, a deveres fundamentais, como dá conta a redação do art. 5º, *caput*, ao se referir aos direitos e deveres individuais e coletivos, a categoria dos deveres fundamentais não se limita a deveres em relação a direitos individuais (no sentido de direitos de liberdade) mas alcança também deveres de natureza política, bem como deveres sociais, econômicos, culturais e ambientais.[142]

Induvidoso, portanto, que, para a efetividade da proteção necessária ao gozo deste direito fundamental à defesa de um meio ambiente ecologicamente equilibrado, a todos garantido e no interesse das presentes e futuras gerações, não há como prescindir da função do Estado na regulação sobre riscos – concretos ou potenciais –, impactos, condutas e atividades lesivas à qualidade e à integridade da natureza, o que consagra legítimo dever do Estado – e também da coletividade – de promover e observar um sistema de tutela, jurídica e administrativa, para a concreta prevenção, controle e responsabilização por violações ao bem jurídico do ambiente.

---

[137] FREITAS, Vladimir Passos de. *Direito administrativo e meio ambiente*. 5. ed., rev. e atual. Curitiba: Juruá Editora, 2014. p. 20.
[138] CANOTILHO, José Joaquim Gomes. *Constituição dirigente e vinculação do legislador*. 2. ed. Coimbra: Coimbra Editora, 2001. p. 12.
[139] HESSE, Konrad. *A força normativa da Constituição*. Tradução de Gilmar Ferreira Mendes. 3. ed. Porto Alegre: Sergio Fabris Editor, 2004. p. 21.
[140] SARLET, Ingo; FENSTERSEIFER, Tiago. *Direito constitucional ecológico*: Constituição, direitos fundamentais e proteção da natureza. 7. ed. rev., atual. e ampl. São Paulo: Thomson Reuteurs Brasil, 2021. p. 341-342.
[141] SARLET, Ingo Wolfgang. *A eficácia dos direitos fundamentais*: uma teoria geral dos direitos fundamentais na perspectiva constitucional. 11. ed. rev. atual. Porto Alegre: Livraria do Advogado, 2012. p. 80.
[142] SARLET, Ingo Wolfgang. *A eficácia dos direitos fundamentais*: uma teoria geral dos direitos fundamentais na perspectiva constitucional. 11. ed. rev. atual. Porto Alegre: Livraria do Advogado, 2012. p. 207.

1.2.1 Dever do Estado de proteção ambiental

Ao consagrar os deveres de proteção estatais e o direito fundamental ao ambiente equilibrado, o *caput* do art. 225 da CF/88 enuncia, para além do direito em si, o dever fundamental (ou deveres fundamentais) da sociedade, ou seja, dos particulares "de defendê-lo e preservá-lo para as presentes e futuras gerações". Não por outra razão, a doutrina identifica a natureza de direito-dever fundamental inerente ao regime constitucional de proteção ambiental, verdadeiro dever jurídico (e não apenas moral) de proteção ambiental atribuído aos cidadãos e não apenas ao Estado.[143]

Nesse cenário constitucional pós-1988 no Brasil, o Estado de Direito assume missão e dever jurídico vinculante para todos os entes estatais (Estado-Legislador, Estado-Administrador e Estado-Juiz) de atendimento ao comando normativo emanado do art. 225 da CF/88, considerando, inclusive, o específico rol exemplificativo de deveres de proteção elencado no seu §1º, sob pena de, não o fazendo, tanto sob a ótica da sua ação quanto da sua omissão, incorrer em práticas inconstitucionais ou antijurídicas autorizadoras da sua responsabilização por danos causados.[144]

Por essa razão, a CF/88, em seu art. 23, delineou a competência administrativa ou executória, em sintonia com os deveres de proteção ambiental, de todos os entes federativos (Municípios, Estados, Distrito Federal e União) na seara ambiental, incumbindo a todos a tarefa – e responsabilidade comum – de "proteger o meio ambiente e combater a poluição em qualquer de suas formas" (inciso VI), e "preservar as florestas, a fauna e a flora" (inciso VII), o não atendimento ou não atuação (quando lhe é imposto juridicamente a agir) ou a atuação insuficiente (de modo a não proteger o direito fundamental adequada e suficientemente), no tocante a medidas legislativas e administrativas de combate às causas de degradação do ambiente, poderá ensejar, em alguns casos, até mesmo intervenção e controle judicial.[145]

Na lição de Machado, o referido art. 23 da CF/88 não exclui qualquer ente federativo do exercício da competência, sendo uma competência "comum" aglutinadora e inclusiva, somando os intervenientes e não diminuindo ou tornando demasiadamente privativa a participação, uma vez que a competência comum não é excludente, é de zelar pela guarda da Constituição, das leis e das instituições democráticas.[146] Para esse fim, promulgou-se a Lei Complementar nº 140, de 08 de dezembro de 2011, voltada à harmonização das políticas e ações administrativas para evitar sobreposições e garantir a atuação administrativa eficiente entre os entes.[147]

Nesse caminhar, os deveres de proteção ambiental incumbidos ao Estado no Brasil se dividiriam em geral e específicos, como leciona Milaré, sendo o dever geral previsto no *caput* do art. 225, um dever de proteger o meio ambiente e não degradar,

---

[143] SARLET, Ingo; FENSTERSEIFER, Tiago. *Direito constitucional ecológico*: Constituição, direitos fundamentais e proteção da natureza. 7. ed. rev., atual. e ampl. São Paulo: Thomson Reuteurs Brasil, 2021. p. 93.

[144] SARLET, Ingo; FENSTERSEIFER, Tiago. *Direito constitucional ecológico*: Constituição, direitos fundamentais e proteção da natureza. 7. ed. rev., atual. e ampl. São Paulo: Thomson Reuteurs Brasil, 2021. p. 82.

[145] SARLET, Ingo; FENSTERSEIFER, Tiago. *Direito constitucional ecológico*: Constituição, direitos fundamentais e proteção da natureza. 7. ed. rev., atual. e ampl. São Paulo: Thomson Reuteurs Brasil, 2021. p. 82.

[146] MACHADO, Paulo Affonso Leme. *Direito ambiental brasileiro*. 25. ed., rev., ampl. e atual. São Paulo: Malheiros, 2017. p. 189.

[147] MACHADO, Paulo Affonso Leme. *Direito ambiental brasileiro*. 25. ed., rev., ampl. e atual. São Paulo: Malheiros, 2017. p. 189.

e os deveres específicos – não exaustivos – os dispostos nos incisos I a VII, do §1º do mesmo art. 225 da CF/88, que se voltariam a "assegurar a efetividade" do direito a um meio ambiente ecologicamente equilibrado,[148] deveres esses que manifestam – e fundamentam – a atividade regulatória ambiental estatal.

A CF/88 é clara quando obriga o Estado a "preservar e restaurar ecossistemas" (inciso I), a "preservar a diversidade e a integridade do patrimônio genético do País" (inciso II), a "definir, em todas as unidades da Federação, espaços territoriais e seus componentes a serem especialmente protegidos" (inciso III), a "exigir, na forma da lei, para instalação de obra ou atividade potencialmente causadora de significativa degradação do meio ambiente, estudo prévio de impacto ambiental" (inciso IV), a "controlar a produção, a comercialização e o emprego de técnicas, métodos e substâncias que comportem risco para a vida, a qualidade de vida e o meio ambiente" (inciso V), a "promover a educação ambiental" (inciso VI), a "proteger a fauna e a flora" (inciso VII),[149] todas incumbências específicas titularizadas pelo Estado e que devem ser observadas pelos Poderes Públicos, bem como serem exigidas e compartilhadas com toda a coletividade e agentes privados.

O texto constitucional brasileiro, a um só tempo, estatui deveres substantivos e instrumentais, genéricos e específicos, expressos e implícitos, todos igualmente relevantes e herdeiros das qualidades da atemporalidade de sua exigibilidade e da transindividualidade de seus beneficiários, destaca Herman Benjamin.[150]

Nesse rol exemplificativo, sem prejuízo dos demais, incontroversa a importância do dever estatal de exigir "na forma da lei, para instalação de obra ou atividade potencialmente causadora de significativa degradação do meio ambiente, estudo prévio de impacto ambiental, a que se dará publicidade" (art. 225, §1º, IV), cuja relevância para a regulação ambiental será objeto do segundo capítulo deste trabalho.

Dessa maneira, verifica-se que a atuação do Estado na sua função regulatória em matéria de proteção do meio ambiente está assentada eminentemente em um direito-dever fundamental disposto pela CF/88, o qual é desdobrado em dever geral de proteção (art. 225, *caput*, CF/88) e deveres específicos (art. 225, §1º, I a VI, CF/88), cuja competência executiva e administrativa é comum entre todos os Entes federativos.

Diante de tal quadro constitucional, a regulação estatal do ambiente dispensa justificação legitimadora, em face da exploração da natureza, a ausência do Estado, por ser a exceção, é que demanda justificativa, sob pena de violação do dever inafastável de agir e tutelar, trata-se de uma ordem pública ambiental constitucionalizada.[151]

Em matéria ambiental, a CF/88 prescreve assim deveres fundamentais substantivos e instrumentais, genéricos e específicos, todos relevantes e vinculantes, cuja carga

---

[148] MILARÉ, Édis. *Direito do ambiente*. 12. ed., rev., atual. e ampl. São Paulo: Thomson Reuters Brasil, 2020. p. 189.

[149] BRASIL. Presidência da República. *Constituição da República Federativa do Brasil de 1988*. Brasília, DF: Presidência da República, 1988. Disponível em: http://www.planalto.gov.br/ccivil_03/constituicao/constituicaocompilado.htm. Acesso em: 19 out. 2021.

[150] BENJAMIN, Antônio Herman. Constitucionalização do ambiente e ecologização da Constituição brasileira. *In*: CANOTILHO, José Joaquim Gomes; LEITE, José Rubens Morato (Orgs.). *Direito constitucional ambiental brasileiro*. 6. ed. São Paulo: Saraiva, 2015. p. 112.

[151] BENJAMIN, Antônio Herman. Constitucionalização do ambiente e ecologização da Constituição brasileira. *In*: CANOTILHO, José Joaquim Gomes; LEITE, José Rubens Morato (Orgs.). *Direito constitucional ambiental brasileiro*. 6. ed. São Paulo: Saraiva, 2015. p. 74.

normativa impõe tanto obrigações de não fazer (de não degradar o meio ambiente, norma implícita na Constituição), quanto de fazer (de defesa e preservação), dirigida a um só tempo ao Estado e à coletividade.[152]

Constata-se, com esse viés, que a tarefa de proteção do ambiente é hoje um dado adquirido no contexto das missões de interesse público cometidas ao Estado e demais entidades públicas,[153] isso porque o "direito ao ambiente" não corresponderia a qualquer pretensão exigível do Estado, em virtude da sua imprecisão essencial: não seria possível, em termos universais (ainda que reportadas a uma mesma realidade socioeconômica, no plano meramente interno), determinar o nível, quantitativo e qualitativo, das componentes ambientais (naturais, sublinhe-se) de que cada indivíduo necessita para viver. A exigibilidade do "direito ao ambiente" seria permanente e intrinsecamente condicionada,[154] por essa razão que se aponta, como bem coletivo, que a tutela do ambiente cabe, em primeira linha, ao Poder Público. A proteção da integridade dos bens ambientais naturais é uma missão de natureza pública.[155]

Na lição de José Casalta Nabais, os deveres fundamentais podem ser classificados quanto aos seus titulares e conteúdo. Sobre os titulares, Nabais ressalta os deveres da comunidade, deveres cívico-políticos, como votar e prestar serviços militares. Há também os deveres comunitários sociais, econômicos e ambientais, como dever de trabalhar, defender o meio ambiente, não pertencente ao Estado. Ainda sobre titulares, Nabais cita o dever do próprio Estado, de matriz comunitária e dirigidos à realização de específicos direitos fundamentais dos próprios destinatários dos deveres ou de terceiros, assumidos como valores pela comunidade nacional.[156]

Nesse sentido, destaca Ayala, face aos deveres de proteção ambiental incumbidos ao Estado, permite-se a eventual exigibilidade de prestações de conformação adequada da ordem jurídica, perante o Poder Público e os particulares, no plano do exercício dos deveres de proteção e dos deveres fundamentais, que, pelo menos no contexto da ordem constitucional brasileira, impõem obrigações ambientais autônomas ao Estado e aos particulares, que devem, em regime de colaboração, defender e preservar o meio ambiente (art. 225, *caput*, CF/88).[157]

Em outras palavras, admite-se que nem só através de medidas negativas se obtenha a proteção necessária, possível que essa dependa de prestações positivas, seja

---

[152] BENJAMIN, Antonio Herman. O meio ambiente na Constituição Federal de 1988. *In*: PRADO, Inês Virgínia; SHIMADA, Sandra Akemi; SILVA, Solange Teles da (Orgs.) *Desafios do Direito ambiental no Século XXI*: Estudos em homenagem a Paulo Affonso Leme Machado. 1. ed. São Paulo: Malheiros, 2005. p. 387.

[153] AMADO GOMES, Carla. *Risco e modificação do acto autorizativo concretizador de deveres de protecção do ambiente*. Lisboa: Edição digital, 2012. p. 74. Disponível em: https://www.icjp.pt/sites/default/files/publicacoes/files/Risco&modifica%C3%A7%C3%A3o.pdf. Acesso em: 20 set. 2021.

[154] AMADO GOMES, Carla. *Risco e modificação do acto autorizativo concretizador de deveres de protecção do ambiente*. Lisboa: Edição digital, 2012. p. 85. Disponível em: https://www.icjp.pt/sites/default/files/publicacoes/files/Risco&modifica%C3%A7%C3%A3o.pdf. Acesso em: 20 set. 2021.

[155] AMADO GOMES, Carla. *Risco e modificação do acto autorizativo concretizador de deveres de protecção do ambiente*. Lisboa: Edição digital, 2012. p. 87. Disponível em: https://www.icjp.pt/sites/default/files/publicacoes/files/Risco&modifica%C3%A7%C3%A3o.pdf. Acesso em: 20 set. 2021.

[156] NABAIS, José Casalta. *O dever fundamental de pagar impostos*. 3. ed. Coimbra: Almedina, 2009. p. 105.

[157] AYALA, Patryck de Araújo. *Deveres de proteção e o Direito fundamental a ser protegido em face dos riscos de alimentos transgênicos*. 2009. 460f. Tese (Doutorado em Direito) – Universidade Federal de Santa Catarina (UFSC), Florianópolis, 2009. p. 248. Disponível em: http://repositorio.ufsc.br/xmlui/handle/123456789/92998. Acesso em: 18 out. 2021.

mediante iniciativa regulatória perante omissões normativas, seja mediante ações executivas, removendo e fazendo cessar as situações de risco ao meio ambiente.[158]

Na seara de políticas e normas ambientais, é oportuno ressaltar que quem "governa" – em um Estado Democrático (e sempre constitucional) de Direito – é a Constituição, impondo-se aos poderes fidelidade às opções do Constituinte, pelo menos no que diz com seus elementos essenciais, que sempre serão limites (entre excesso e insuficiência!) – proporcionalidade – da liberdade de conformação do legislador e da discricionariedade (sempre vinculada) do administrador e dos órgãos jurisdicionais.[159]

Não obstante sua constitucionalização, como já dito até aqui, as normas de Direito Ambiental, o conteúdo real destas normas, ou seja, sua interpretação e aplicação, afirma Derani, possuem um aspecto eminentemente democrático, sua realização implica num envolvimento das funções estatais com a participação efetiva de setores da sociedade e da coletividade, residindo nesta atuação comutativa a verdadeira força da estratégia de sustentabilidade a ser desenvolvida, sem esta ação comunicativa, as políticas e normas ambientais naufragam antes de vencerem a arrebentação.[160] A construção de um mundo sustentável é tarefa que não cabe apenas ao Estado e só dele exigível.[161]

Diante da necessária responsabilidade compartilhada, fundada na dignidade humana e na solidariedade intergeracional, que o dever fundamental de defender, proteger e preservar o meio ambiente também é tarefa de todos, coletividade e agentes privados (pessoas físicas ou jurídicas), pensar o contrário é obstar a efetividade da tutela ambiental e ignorar o texto constitucional, cujas ordens fundamentam a regulação ambiental.

1.2.2 Dever da coletividade de proteção ambiental

Como visto no tópico anterior, o tratamento jurídico-constitucional dispensado à proteção do ambiente pela Constituição Federal de 1988, além de consagrar direitos e deveres de proteção em matéria ambiental, igualmente afirmou a responsabilidade dos particulares na consecução de tal mister, pois estão vinculados a este dever.[162]

É na cidadania compreendida como direito mas também como dever que a experiência de proteção ambiental radica, uma cidadania, multidimensional e transversal, sem fronteiras porque tampouco têm fronteiras os problemas ambientais.[163]

Conforme Machado, à "coletividade" cabe também o dever de defender e preservar o meio ambiente, confirmando chamamento da CF/88 à ação de grupos sociais em prol do ambiente, mesmo que o termo da sociedade civil (expressão acolhida na CF/88

---

[158] AYALA, Patryck de Araújo. *Deveres de proteção e o Direito fundamental a ser protegido em face dos riscos de alimentos transgênicos.* 2009. 460f. Tese (Doutorado em Direito) – Universidade Federal de Santa Catarina (UFSC), Florianópolis, 2009. p. 249. Disponível em: http://repositorio.ufsc.br/xmlui/handle/123456789/92998. Acesso em: 18 out. 2021.

[159] SARLET, Ingo Wolfgang. *A eficácia dos direitos fundamentais*: uma teoria geral dos direitos fundamentais na perspectiva constitucional. 11. ed. rev. atual. Porto Alegre: Livraria do Advogado, 2012. p. 312.

[160] DERANI, Cristiane. *Direito ambiental econômico.* 3. ed. São Paulo: Saraiva, 2008. p. 90.

[161] BENJAMIN, Antônio Herman. Constitucionalização do ambiente e ecologização da Constituição brasileira. In: CANOTILHO, José Joaquim Gomes; LEITE, José Rubens Morato (Orgs.). *Direito constitucional ambiental brasileiro.* 6. ed. São Paulo: Saraiva, 2015. p. 113.

[162] SARLET, Ingo; FENSTERSEIFER, Tiago. *Direito constitucional ecológico*: Constituição, direitos fundamentais e proteção da natureza. 7. ed. rev., atual. e ampl. São Paulo: Thomson Reuters Brasil, 2021. p. 333-334.

[163] GARCIA, Maria da Glória F. P. D. *O lugar do direito na protecção do ambiente.* 1. ed. Coimbra: Almedina, 2007. p. 356.

no art. 58, II)[164] não integre formalmente o Poder Público, compreendendo Organizações Não Governamentais (ONGs), associações e fundações.[165]

Todavia, adverte Machado, ao se valorizar somente o conceito "coletividade", olvida-se do papel das pessoas *per si*, visto que o texto da CF/88 poderia ter abarcado expressamente o dever dos indivíduos, o que não impele a toda a sociedade descumprir com esse dever, pois não é papel isolado do Estado cuidar sozinho do meio ambiente.[166]

Por essas perspectivas, Pedro Niebuhr assevera que o dever fundamental de proteção ambiental funda-se em preceito distinto dos direitos fundamentais liberais: solidariedade e cooperação no lugar de individualidade e patrimonialismo, é um dever de cunho social.[167] Tal encargo pressupõe a responsabilidade dos indivíduos (pessoas físicas ou jurídicas) com a comunidade em geral e as futuras gerações. Como salienta Eros Grau, o traço que distingue a função ambiental pública das demais funções estatais é a não exclusividade do seu exercício pelo Estado.[168]

Acerca do conteúdo jurídico desses deveres fundamentais de proteção ambiental, referidos encargos vinculam juridicamente particulares no sentido de lhes exigir tanto a adoção de medidas prestacionais necessárias ao resguardo do equilíbrio ecológico, como ocorre com medidas conservativas do patrimônio ambiental ou à reparação de um dano causado, quanto de medidas negativas, no caso de impedir o particular de realizar determinada atividade que, mesmo em potencial – ante o princípio da precaução –, possa implicar dano ambiental, como desmatar área de mata ciliar.[169]

Como exemplos claros da manifestação deste dever fundamental de proteção ambiental em face de particulares (pessoas físicas ou jurídicas), Sarlet e Fensterseifer enumeram: dever de prevenção e de precaução do dano ambiental, dever de informação ambiental, dever de defender o ambiente (denunciar a autoridades práticas poluidoras irregulares), dever de participação política em questões ambientais, dever de consumo sustentável e uso racional dos recursos naturais, deveres como limitação ao exercício da propriedade (e da posse), todos baseados e norteados pelo princípio da solidariedade intergeracional pela responsabilidade das gerações humanas presentes como critério de justiça entre gerações humanas distintas.[170]

A jurisprudência do Supremo Tribunal Federal confirma essa perspectiva, uma vez que o meio ambiente assume uma função dúplice no microssistema jurídico, na medida em que se consubstancia simultaneamente "em direito e em dever dos cidadãos,

---

[164] "Art. 58 (...) II, "realizar audiências públicas com entidades da sociedade civil; (...)" (BRASIL. Presidência da República. *Constituição da República Federativa do Brasil de 1988*. Brasília, DF: Presidência da República, 1988. Disponível em: http://www.planalto.gov.br/ccivil_03/constituicao/constituicaocompilado.htm. Acesso em: 19 out. 2021).

[165] MACHADO, Paulo Affonso Leme. *Direito ambiental brasileiro*. 25. ed., rev., ampl. e atual. São Paulo: Malheiros, 2017. p. 159-160.

[166] MACHADO, Paulo Affonso Leme. *Direito ambiental brasileiro*. 25. ed., rev., ampl. e atual. São Paulo: Malheiros, 2017. p. 159-160.

[167] NIEBUHR, Pedro. *Processo administrativo ambiental*. 3. ed. rev., ampl. e atual. Belo Horizonte: Fórum, 2021a. p. 100.

[168] GRAU, Eros Roberto. Proteção do meio ambiente (Caso do Parque do Povo). *Revista dos Tribunais*, n. 702, p. 255, abr. 1984.

[169] SARLET, Ingo; FENSTERSEIFER, Tiago. *Direito constitucional ecológico*: Constituição, direitos fundamentais e proteção da natureza. 7. ed. rev., atual. e ampl. São Paulo: Thomson Reuteurs Brasil, 2021. p. 356.

[170] SARLET, Ingo; FENSTERSEIFER, Tiago. *Direito constitucional ecológico*: Constituição, direitos fundamentais e proteção da natureza. 7. ed. rev., atual. e ampl. São Paulo: Thomson Reuteurs Brasil, 2021. p. 363.

os quais paralelamente se posicionam, também de forma simultânea, como credores e como devedores da obrigação de proteção respectiva".[171]

É indiscutível, assim, que o exercício de direitos em face dos recursos naturais e da qualidade do ambiente deve ser limitado por restrições ecológicas, sendo necessária a configuração de um dever fundamental para prevenir danos ambientais.[172] É uma função preventiva que fundamenta e norteia toda a regulação administrativa ambiental, inclusive, definindo seu objetivo: prevenir e antecipar a ocorrência de atos e condutas lesivas à qualidade e à integridade do bem jurídico – transgeracional – do meio ambiente ecologicamente equilibrado, dentro de um desenvolvimento nacional sustentável.

Conforme Sarlet e Fensterseifer, além de conter obrigação de cunho negativo, com a abstenção de degradar a qualidade ambiental, o dever fundamental de proteção ambiental exige também comportamentos positivos dos atores privados (pessoas físicas e jurídicas), impondo a adoção de condutas específicas no sentido de prevenir, precaver e reparar qualquer forma de degradação do meio ambiente que esteja relacionada ao exercício do direito de propriedade ou de posse,[173] encargos estes executados e exigidos através da atuação regulatória ambiental.

Com efeito, é sobre essa perspectiva que essa pesquisa justamente se vincula, de que há deveres fundamentais de proteção justificadores da exigência de medidas avançadas de monitoramento e controle ambiental, inclusive em face de agentes privados quanto a seus impactos ao ambiente. Um exemplo é a exigência de instrumentos regulatórios avançados, como os programas de *compliance* de matiz ambiental e pautado por padrões da agenda ESG, a fim de que as atividades econômicas significativamente impactantes ou capazes, sob qualquer forma, de causar degradações ao meio ambiente sejam alinhadas e conformadas aos objetivos constitucionais de proteção e preservação ambiental e de desenvolvimento nacional sustentável (art. 225 c/c art. 170, CF/88).

Conforme Darnaculleta i Gardella, com a complexidade das questões ambientais e sociais, a regulação dos riscos não pode ser mais uma função que permanece inteiramente nas mãos do Estado, e sua expressão concreta não é e nem pode ser uma responsabilidade exclusiva deste, é, ao mesmo tempo, responsabilidade da sociedade.[174]

É, portanto, por meio dessa dimensão objetiva e compartilhada de dever fundamental de proteção do meio ambiente da coletividade, a exemplo das limitações que a proteção do ambiente implica ao direito de propriedade e, por consequência, ao próprio exercício de atividades econômicas e da livre iniciativa, que a atuação regulatória em matéria ambiental deve se fundamentar e ser executada, entre Estado e coletividade, se o que se almeja é o desenvolvimento nacional sustentável.

---

[171] BRASIL. Supremo Tribunal Federal. *ADI nº 4.903/DF*, Tribunal Pleno, Rel. Ministro Luiz Fux, julgado em 28.02.2018, Brasília, 2018.
[172] SARLET, Ingo; FENSTERSEIFER, Tiago. *Direito constitucional ecológico*: Constituição, direitos fundamentais e proteção da natureza. 7. ed. rev., atual. e ampl. São Paulo: Thomson Reuteurs Brasil, 2021. p. 346.
[173] SARLET, Ingo; FENSTERSEIFER, Tiago. *Direito constitucional ecológico*: Constituição, direitos fundamentais e proteção da natureza. 7. ed. rev., atual. e ampl. São Paulo: Thomson Reuteurs Brasil, 2021. p. 375.
[174] DARNACULLETA I GARDELLA, Maria Mercé. *Autorregulación y Derecho Público*: La autorregulación regulada. 1. ed. Madrid: Marcial Pons, 2005. p. 80, tradução livre.

1.2.3 A compatibilização da proteção ambiental com a ordem econômica: interpretação conjunta dos arts. 225 e 170 da Constituição Federal

Como todo o desenvolvimento está intrinsecamente ligado às condições de qualidade e de disponibilidade dos recursos da natureza, não se pode ignorar a máxima de que não há atividade econômica sem influência no meio ambiente e, da mesma maneira, de que a manutenção do meio ambiente é essencial à continuidade de qualquer atividade econômica.[175] É uma relação que deve ser regulada de modo a assegurar a existência digna a todos, fundamento da República (art. 1º, III, CF/88).

A realização do capítulo do meio ambiente da CF/88, da Ordem Social, está relacionada com a efetivação da ordem jurídica, caso contrário, alerta Derani, restarão apenas discursos floridos de ideais metafísicos desprovidos de base e de plausibilidade de realização, pairando éter das ideias compostas para não serem aplicadas.[176]

Transcendendo-se a discussão entre menos ou mais intervenção estatal no domínio econômico – discussão que não ilustra a questão ambiental e sua complexidade –, tem-se evidente, como adverte Grau, que a atuação no campo econômico em sentido amplo o Estado sempre desenvolveu, apenas, no entanto, em tempos mais recentes o faz sob e a partir de renovadas motivações e mediante a dinamização de instrumentos mais efetivos, o que confere substância a essas políticas.[177]

Agravado o cenário dos problemas ambientais e evidenciada a inviabilidade do capitalismo liberal, o Estado, cuja penetração na esfera econômica já se manifestara no monopólio estatal de emissão de moeda, na consagração do poder de polícia e, após, nas codificações e ampliação do escopo dos serviços públicos, passou a assumir papel de agente regulador. A Constituição do Brasil, de 1988, define um modelo econômico de bem-estar, desenhado desde o disposto nos arts. 1º e 3º, até o quanto enunciado no art. 170, modelo que não pode ser ignorado pelo Poder Executivo, cujas definições constitucionais o vinculam com caráter conformador e impositivo.[178]

Conforme Derani, o tratamento adequado do inter-relacionamento dos artigos 170 e 225 da Constituição Federal de 1988 revela-se numa prática interpretativa que avalie a complexidade do ordenamento jurídico, buscando-se a concretização de políticas públicas capazes de revelar o texto constitucional em sua globalidade, em vez de reproduzir discursos que exaltam uma oposição, que não é material, mas ideológica.[179]

Se aceita, referida ideologia conduz à impossibilidade de relacionamento do desenvolvimento produtivo com a utilização sustentada da natureza.[180] Esse, portanto, é um desafio a ser compreendido enquanto razão da atuação do Estado na proteção ambiental e no fomento a um desenvolvimento nacional sustentável.

---

[175] DERANI, Cristiane. *Direito ambiental econômico*. 3. ed. São Paulo: Saraiva, 2008. p. 255.
[176] DERANI, Cristiane. *Direito ambiental econômico*. 3. ed. São Paulo: Saraiva, 2008. p. 56.
[177] GRAU, Eros. *A ordem econômica na Constituição de 1988*: interpretação e crítica. 19. ed., rev. e atual. São Paulo: Malheiros, 2018. p. 15.
[178] GRAU, Eros. *A ordem econômica na Constituição de 1988*: interpretação e crítica. 19. ed., rev. e atual. São Paulo: Malheiros, 2018. p. 35-36.
[179] DERANI, Cristiane. *Direito ambiental econômico*. 3. ed. São Paulo: Saraiva, 2008. p. 119.
[180] DERANI, Cristiane. *Direito ambiental econômico*. 3. ed. São Paulo: Saraiva, 2008. p. 119.

Em busca da proteção do meio ambiente como dever dentro do exercício de toda e qualquer atividade econômica com impactos significativos, o art. 170, *caput* e VI, da CF/88, dispõe que "a ordem econômica, fundada na valorização do trabalho humano e na livre iniciativa, tem por fim assegurar a todos existência digna, conforme os ditames da justiça social", observando-se o princípio da "defesa do meio ambiente, inclusive mediante tratamento diferenciado conforme o impacto ambiental dos produtos e serviços e de seus processos de elaboração e prestação".[181]

Trata-se de enunciado, como aponta Grau, inquestionavelmente normativo que deve ser lido: as relações econômicas – ou a atividade econômica – *deverão ser (estar)* fundadas na valorização do trabalho humano e na livre iniciativa, tendo por fim (fim delas, relações econômicas ou atividade econômica) assegurar a todos existência digna, conforme os ditames da justiça social, observando os princípios jurídicos de conformação da atividade econômica,[182] dentre essesa defesa do meio ambiente.

Equivale dizer que o Estado, em sua função regulatória em matéria ambiental, expressada e norteada pelo dever do art. 225, *caput*, da CF/88, e percebida nas atuações administrativas de fiscalização, controle e sanção contra violações à qualidade e integridade do bem jurídico do meio ambiente, deverá, como expõe a própria CF/88, condicionar as atividades econômicas à observação da defesa ambiental, princípio da ordem econômica a ser concretizado, inclusive – e sobretudo – pela coletividade.

Assim, não só o Estado é instado a regular, como também os detentores do exercício das atividades econômicas desempenhadas, que não podem – sob pena de violarem direito-dever fundamental – desvincularem-se do "tratamento diferenciado conforme o impacto ambiental dos produtos e serviços e de seus processos de elaboração e prestação", texto literal do dispositivo em comento (art. 170, VI, CF/88).

Todo o exercício de atividade econômica, garantido pelo direito de propriedade e livre iniciativa, não poderá olvidar das disposições ligadas à proteção do meio ambiente, uma vez que o Direito brasileiro não faculta essa alternativa, ambos os princípios (livre iniciativa e meio ambiente ecologicamente equilibrado) são igualmente necessários para finalidade essencial do texto constitucional: existência digna.[183]

Para Sarlet e Fensterseifer, a ideia do Estado (Democrático e Social) e Ecológico de Direito, longe de indicar um Estado "Mínimo", abarca um Estado Regulador da atividade econômica, a pedra estruturante do sistema capitalista, ou seja, a propriedade privada e os interesses do seu titular devem se ajustar aos interesses da sociedade e do Estado, na esteira das funções social, ambiental e ecológica que lhe são inerentes.[184]

A positivação do princípio da defesa do meio ambiente na ordem econômica constitucional ilumina o desenvolver das atividades econômicas, impondo sua sustentabilidade, ou seja, não há atividade econômica sem influência no meio ambiente, a manutenção das bases naturais da vida é crucial para a atividade econômica.[185]

---

[181] BRASIL. Presidência da República. *Constituição da República Federativa do Brasil de 1988*. Brasília, DF: Presidência da República, 1988. Disponível em: http://www.planalto.gov.br/ccivil_03/constituicao/constituicaocompilado.htm. Acesso em: 19 out. 2021.

[182] GRAU, Eros. *A ordem econômica na Constituição de 1988*: interpretação e crítica. 19. ed., rev. e atual. São Paulo: Malheiros, 2018. p. 49.

[183] DERANI, Cristiane. *Direito ambiental econômico*. 3. ed. São Paulo: Saraiva, 2008. p. 233-234.

[184] SARLET, Ingo; FENSTERSEIFER, Tiago. *Direito constitucional ecológico*: Constituição, direitos fundamentais e proteção da natureza. 7. ed. rev., atual. e ampl. São Paulo: Thomson Reuteurs Brasil, 2021. p. 217-218.

[185] DERANI, Cristiane. *Direito ambiental econômico*. 3. ed. São Paulo: Saraiva, 2008. p. 255.

Daí a conceituação de desenvolvimento sustentável se relacionar com a expansão da atividade econômica vinculada e à sustentabilidade tanto econômica quanto ecológica,[186] confirmando a importância da função regulatória ambiental do Estado, notadamente a expressada pela tutela administrativa da Administração Pública, especialmente para conjugar políticas sociais, econômicas, ambientais, compatibilizando-as. Como no caso da Avaliação de Impacto Ambiental (AIA), prevista no art. 9º, III, da Lei Federal nº 6.938/1981 e replicada no texto constitucional pelo art. 225, §1º, IV, pela exigência – dever do Estado – do Estudo Prévio de Impacto Ambiental (EIA).[187] A AIA, estabelecida dentro do licenciamento ambiental, constitui um dever fundamental (e também dever estatal) que limita o direito de propriedade dos atores econômicos privados, conformando o seu comportamento ao princípio constitucional do (e dever fundamental de) desenvolvimento sustentável.[188]

Não por acaso a CF/88 contém caráter integrador da ordem econômica com a ordem ambiental, unidas pelo elo comum da finalidade de melhoria da qualidade de vida,[189] uma visão setorizada não deverá prosperar, se se quiser fazer efetivos os princípios da Constituição Federal, prescritos sobretudo nos seus artigos 170 e 225. Não só a CF/88 não pode ser interpretada aos pedaços, como políticas econômicas e ambientais não são livros diferentes de uma biblioteca,[190] eis a compatibilização necessária exigida entre desenvolvimento econômico e ambiental.

Como adverte Pereira, a livre iniciativa – valor também previsto pelo art. 170 da CF/88 – não poderá ser exercida sem limites, pois existem outros interesses que merecem similar consideração, como a defesa do meio ambiente (art. 170, VI, CF/88), da mesma forma o princípio da função social da empresa (art. 170, III, da CF/88), porquanto a atuação de toda e qualquer organização empresarial atualmente não pode desconsiderar os aspectos ecológicos associados ao ciclo de vida dos produtos produzidos ou dos serviços prestados,[191] dever de função social da propriedade.

Conforme a lição de Fábio Konder Comparato, a função social da propriedade representaria poder-dever positivo, exercido no interesse da coletividade, que não se confunde com as restrições ao uso dos bens, trata-se antes do poder de dar à propriedade destino determinado, que corresponda e seja compatível com o interesse coletivo.[192]

Para Gilberto Bercovici, o pressuposto para a tutela do direito de propriedade é o cumprimento da função social (arts. 5.º, XXIII, e 170, III, da CF/1988), que tem conteúdo predeterminado, pois está voltada à dignidade humana e à busca da igualdade material, sobretudo a propriedade rural, conforme art. 186, da CF/88.[193]

---

[186] DERANI, Cristiane. *Direito ambiental econômico*. 3. ed. São Paulo: Saraiva, 2008. p. 128.
[187] DERANI, Cristiane. *Direito ambiental econômico*. 3. ed. São Paulo: Saraiva, 2008. p. 153.
[188] SARLET, Ingo; FENSTERSEIFER, Tiago. *Direito constitucional ecológico*: Constituição, direitos fundamentais e proteção da natureza. 7. ed. rev., atual. e ampl. São Paulo: Thomson Reuteurs Brasil, 2021. p. 218-219.
[189] DERANI, Cristiane. *Direito ambiental econômico*. 3. ed. São Paulo: Saraiva, 2008. p. 78.
[190] DERANI, Cristiane. *Direito ambiental econômico*. 3. ed. São Paulo: Saraiva, 2008. p. 87.
[191] PEREIRA, Flávio de Leão Bastos; RODRIGUES, Rodrigo Bordalo. *Compliance em Direitos humanos, diversidade e ambiental*. Coleção de Compliance, v. VI. 1. ed. São Paulo: Thomson Reuters Brasil, 2021. p. 355-358.
[192] COMPARATO, Fábio Konder. Função social da propriedade dos bens de produção. *Revista de Direito Mercantil, Industrial, Econômico e Financeiro* 63/77, São Paulo: Revista dos Tribunais, p. 76, jul/set. 1986.
[193] "Art. 186. A função social é cumprida quando a propriedade rural atende, simultaneamente, segundo critérios e graus de exigência estabelecidos em lei, aos seguintes requisitos: I - aproveitamento racional e adequado; II - utilização adequada dos recursos naturais disponíveis e preservação do meio ambiente; III - observância das

A função é o poder de dar à propriedade determinado destino, de vinculá-la a um objetivo, o qualificativo social indica que esse objetivo corresponde ao interesse coletivo, não ao interesse do proprietário.[194] A proteção ambiental, pois, integra a função social da propriedade, exigindo sua conformação com as exigências da regulação ambiental estatal.

Conforme Antunes, o Direito Ambiental não pode, sequer, ser imaginado sem uma consideração profunda de seus aspectos econômicos, pois dentre os seus fins últimos se encontra a regulação da apropriação econômica dos bens naturais.[195]

A proteção do meio ambiente é um dos princípios basilares da ordem econômica constitucional (art. 170, VI, CF/88), sendo que, no mesmo nível do princípio da proteção ao meio ambiente, a CF/88 reconhece outros princípios, tais como (i) soberania nacional; (ii) propriedade privada, (iii) função social da propriedade, (iv) livre-concorrência, (v) defesa do consumidor, (vi) redução das desigualdades regionais e sociais, (vii) busca do pleno emprego e (viii) tratamento favorecido para as empresas de pequeno porte constituídas sob as leis brasileiras e que tenham sua sede e administração no país.[196]

Por isso, alerta Antunes, a inclusão do "respeito ao meio ambiente" como um dos princípios da atividade econômica e financeira é medida de enorme importância, pois ao nível mais elevado de nosso ordenamento jurídico está assentado que a licitude constitucional de qualquer atividade fundada na livre iniciativa está, necessariamente, vinculada à observância do respeito ao meio ambiente ou, em outras palavras, à observância das normas de proteção ambiental vigentes.[197] O controle da conformidade (*compliance*) ambiental de toda atividade econômica, portanto, é uma das principais funções da atuação regulatória ambiental exercida pelo Estado.

Ainda que se pretenda, o exposto até aqui confirma ser impossível abordar o art. 225 separadamente, como um todo ou em suas diversas prescrições, sem ter os olhos voltados aos princípiosdo art. 170 da CF/88,[198] pois, como leciona Grau, inexiste proteção constitucional à ordem econômica que sacrifique o meio ambiente.[199]

Deve a atuação regulatória ambiental do Estado estar alinhada com tal premissa, sob pena de desvirtuamento e de violação explícita aos direitos (e deveres) fundamentais, tanto de proteção ambiental quanto em prejuízo ao desenvolvimento econômico, haja vista a. máxima da proporcionalidade entre a proteção insuficiente e a proibição de excesso.[200]

---

disposições que regulam as relações de trabalho; IV - exploração que favoreça o bem-estar dos proprietários e dos trabalhadores" (BRASIL. Presidência da República. *Constituição da República Federativa do Brasil de 1988*. Brasília, DF: Presidência da República, 1988. Disponível em: http://www.planalto.gov.br/ccivil_03/constituicao/constituicaocompilado.htm. Acesso em: 19 out. 2021).

[194] BERCOVICI, Gilberto. A constituição de 1988 e a função social da propriedade. *Revista de Direito Privado*, São Paulo, v. 2, n. 7, p. 71-72, jul./set. 2001.

[195] ANTUNES, Paulo de Bessa. *Direito ambiental*. 20. ed. São Paulo: Atlas, 2019. p. 20.

[196] ANTUNES, Paulo de Bessa. *Direito ambiental*. 20. ed. São Paulo: Atlas, 2019. p. 20.

[197] ANTUNES, Paulo de Bessa. *Direito ambiental*. 20. ed. São Paulo: Atlas, 2019. p. 21.

[198] DERANI, Cristiane. *Direito ambiental econômico*. 3. ed. São Paulo: Saraiva, 2008. p. 248.

[199] GRAU, Eros Roberto. Proteção do meio ambiente (Caso do Parque do Povo). *Revista dos Tribunais*, n. 702, abr. 1984. p. 251.

[200] Para Pedro Niebuhr, ao mesmo tempo em que, de um lado, a proporcionalidade oferece meios para identificar se no caso concreto a máxima proteção ambiental foi realizada, essa máxima proteção ambiental também funciona como critério para identificar a ocorrência de proteção deficiente, e a proibição de excesso impediria a criação de mecanismos infindáveis para a anuência de determinadas atividades econômicas quanto para o sancionamento,

A atuação regulatória estatal deverá estar voltada, portanto, à compatibilização das atividades econômica com a defesa do meio ambiente, sendo que, conforme Comparato, um Estado despreocupado com o bem-estar geral da população não teria legitimidade para exigir dos proprietários o cumprimento de sua função social, é o Estado quem exerce um papel decisivo e insubstituível na aplicação normativa.[201]

Em suma, destacados (a) a complexidade das questões ambientais da atualidade e a evolução político-jurídica internacional e constitucional do tema; (b) a previsão do direito e também dever fundamental de proteção ao meio ambiente ecologicamente equilibrado em face do Estado e da coletividade; e (c) a sua compatibilização com os princípios da ordem econômica na CF/88, cumpre traçar pontualmente o quadro normativo e institucional da atuação regulatória em matéria ambiental, possibilitando-se refletir, adiante, sobre os desafios que exigem novos instrumentos e abordagens no Brasil, em busca de maior implementação das políticas e normas de Direito Ambiental.

1.3 Atuação do Estado para a proteção ambiental e o desenvolvimento sustentável

Com a evolução político-jurídica internacional e em textos constitucionais de um direito (e dever) fundamental de proteção do meio ambiente e da promoção de um desenvolvimento sustentável, a atuação regulatória ambiental – expressada com proeminência pela regulação administrativa incumbida ao Estado, especialmente atribuídas ao Poder Executivo e encampadas pelas funções típicas da Administração Pública, foi paulatinamente influenciada, no mesmo passo dos direitos políticos, sociais, culturais e econômicos nas últimas décadas em diversos países do mundo.

Não apenas a proteção e a preservação de meio ambiente, atualmente é fundamental a atuação do Estado, como visto, para a materialização dos princípios da própria ordem econômica e de todos os que visam ao equilíbrio nas relações sociais e integração de seus partícipes, haja vista que o Estado se coloca – e é exigido – a fim de melhor organizar a produção e para neutralizar tensões inerentes ao processo produtivo, entre o que seja público e privado, entre democracia e capitalismo.[202]

Dessa maneira, o direito-dever fundamental de proteção do meio ambiente e o objetivo de um desenvolvimento nacional sustentável, ambas diretrizes previstas pela leitura sistemática da Constituição Federal de 1988, não só fundamentam e norteiam como também exigem, cada vez mais, avançada e efetiva atuação regulatória ambiental, especialmente através da regulação administrativa titularizada pela Administração Pública, para que seja capaz de lidar com a complexidade das questões ambientais na atualidade e de cumprir com os objetivos constitucionais almejados.

Com a atuação regulatória do Estado em prol da proteção do meio ambiente, de base constitucional e reconhecida pela evolução político-jurídica internacional, cresce

---

com vistas a um juízo de otimização (NIEBUHR, Pedro. *Processo administrativo ambiental*. 3. ed. rev., ampl. e atual. Belo Horizonte: Fórum, 2021a. p. 143-144).

[201] COMPARATO, Fábio Konder. Estado, Empresa e Função Social. *Revista dos Tribunais*, Fascículo 1, Matéria Civil, Ano 85, v. 732, p. 43, out. 1996.

[202] DERANI, Cristiane. *Direito ambiental econômico*. 3. ed. São Paulo: Saraiva, 2008. p. 31.

a necessidade da confiança social no modelo institucional regulatório ligado à gestão e à proteção da natureza e à indução de um desenvolvimento sustentável.

Essa confiança institucional acompanha a complexidade das questões ambientais, sendo fundamental, segundo Garcia, para detectar descumprimento de condutas devidas e sancioná-lo a tempo e modo oportunos, sob um julgamento imparcial, sob garantias de isenção, avaliar permanentemente as atividades e condutas exercidas com transparência e corrigir, aperfeiçoar, suprimir lacunas, trocar informações e saberes, realidades indispensáveis à criação do ambiente de confiança que a concretização do desenvolvimento com futuro exige no mundo de incertezas atual.[203]

Segundo Herman Benjamin, se nos anos 1970 e 1980 e seguintes os esforços do Direito Ambiental concentraram-se na criação de uma malha adequada de normas e padrões (*o direito de fundo*), nos dias atuais o grande desafio é a implementação (de modo mais preventivo possível) dessa estrutura substantiva normatizada.[204] O Estado, na gestão da proteção do meio ambiente, deve fazer uso de duas técnicas correlatas e interdependentes: a) regulação ou normatização de condutas (= *regulation*) e b) implementação legal (= *enforcement*), que visa assegurar o respeito, a obediência ou o cumprimento legal (= *compliance*).[205]

Na sua concepção jurídica e compreendida como toda a atividade pelo Estado de controle e de conformação em favor do interesse público, a regulação, para Moreira Neto, é um dos mais expressivos frutos das tendências contemporâneas de Direito Público para o aperfeiçoamento da decisão estatal com vistas a que seja eficiente no desempenho e legitimada em seu resultado, com o escopo de atingir um resultado prático, satisfazendo o interesse público com menor sacrifício de interesses.[206]

Ao se tratar de regulação e, por consequência, do próprio contexto adjacente ao ato de regular, se lida a partir da ideia de equilíbrio, remeteria à função de manter o balanço vital entre os seres vivos e o meio ambiente, delineando sua importância para a manutenção das bases de um sistema social, como assim é o Direito.[207]

Segundo Placha, ainda que o Estado reconheça a sua ineficiência para determinadas atividades, permanece incumbido do dever fundamental de disciplinar os setores necessários em sociedade, cabendo, da mesma forma, garantir a realização do bem-comum, com uma concepção de Estado preocupada em redefinir seu papel de conduzir adequadamente o desenvolvimento socioeconômico. Recentemente, ocorreria uma mudança significativa na forma pela qual são exercidas as funções estatais, cabendo ao Estado a atribuição de conciliar os interesses conflitantes e manter o equilíbrio das

---

[203] GARCIA, Maria da Glória F. P. D. *O lugar do direito na protecção do ambiente*. 1. ed. Coimbra: Almedina, 2007. p. 366.
[204] BENJAMIN, Antonio Herman. O Estado teatral e a implementação do Direito ambiental. *In*: BENJAMIN, Antonio Herman (Coord.). *Direito, Água e Vida*. vol. I. São Paulo: Imprensa Oficial de São Paulo, 2003. Disponível em: http://bdjur.sjt.org.br. Acesso em: 20 out. 2021.
[205] BENJAMIN, Antonio Herman. O Estado teatral e a implementação do Direito ambiental. *In*: BENJAMIN, Antonio Herman (Coord.). *Direito, Água e Vida*. vol. I. São Paulo: Imprensa Oficial de São Paulo, 2003. p. 10. Disponível em: http://bdjur.sjt.org.br. Acesso em: 20 out. 2021.
[206] MOREIRA NETO, Diogo de Figueiredo Moreira. *Direito regulatório*: A alternativa participativa e flexível para a administração pública de relações setoriais complexas no Estado Democrático. 1. ed. Rio de Janeiro: Renovar, 2003. p. 95.
[207] MOREIRA NETO, Diogo de Figueiredo Moreira. *Direito regulatório*: A alternativa participativa e flexível para a administração pública de relações setoriais complexas no Estado Democrático. 1. ed. Rio de Janeiro: Renovar, 2003. p. 96.

relações socioeconômicas,[208] das quais, como visto, não se pode olvidar das vinculadas à qualidade e à integridade do meio ambiente.

Trata-se da leitura expressa do art. 174 da CF/88, pela qual, salienta Bockmann Moreira, o Estado disciplina a economia e relações sociais *na condição de, sob a circunstância de* agente normativo e regulador, ao Estado não cumpre apenas a positivação de preceitos gerais, mas a sua implementação fática e o seu controle fiscalizatório, ou seja: uma das funções do Estado brasileiro é normatizar e regular a atividade econômica – privada e pública.[209]

Assim, a atividade regulatória, como função a ser desempenhada pelo Estado assentada no texto constitucional brasileiro, deteria a finalidade de equilibrar as relações econômicas e sociais, inclusive em nível infraconstitucional, tudo para cumprir com os desígnios da Constituição Federal de 1988, buscando promover, entre outros objetivos estruturais, desenvolvimento econômico, redução das desigualdades sociais[210] e, na linha do que expressamente define o texto constitucional,garantir o gozo a um meio ambiente ecologicamente equilibrado para as presentes e futuras gerações.

Cuida-se de uma expressão do Estado visando promover avanços socioeconômicos, com a utilização de instrumentos específicos para esta finalidade, e por ser uma manifestação de poder estatal, a regulação teria, como um de seus objetivos, promover e integrar valores constitucionais fundamentais,[211] justamente o caso, como já destacado em tópico anterior, da compatibilização entre a atividade econômica e a proteção do ambiente (art. 170 c/c art. 225, CF/88).

Nada obstante, como alertam Portanova e Medeiros, o contexto da regulação no Brasil historicamente remete a um cenário de regulação estatal com o exclusivo objetivo de crescimento econômico, a promover os instrumentos de desenvolvimento do Estado para capturas de mercado em benefício do interesse de poucos, o que significa, muitas vezes, o afastamento dos interesses públicos, como por exemplo, os afetos ao meio ambiente.[212] Conforme Robert Baldwin *et al*, regular também – e cada vez mais – se justificará por razões que tenham por base os Direitos Humanos ou a solidariedade social, ao invés de (somente) considerações econômicas e de mercado.[213]

Aponta-se que, para além da mera correção de comportamentos de agentes econômicos ou então da supressão de alegadas falhas de mercado, a atividade

---

[208] PLACHA, Gabriel. *A Atividade Regulatória do Estado*. Curitiba, 2007. 254f. Dissertação (Mestrado em Direito Econômico e Social) – Centro de Ciências Jurídicas e Sociais, Pontifícia Universidade Católica do Paraná (PUC-PR), Curitiba, 2007. p. 42.

[209] MOREIRA, Egon Bockmann. *O direito administrativo contemporâneo e suas relações com a economia*. 1. ed. Curitiba: Editora EVG, 2016. p. 221-222.

[210] PLACHA, Gabriel. *A Atividade Regulatória do Estado*. Curitiba, 2007. 254f. Dissertação (Mestrado em Direito Econômico e Social) – Centro de Ciências Jurídicas e Sociais, Pontifícia Universidade Católica do Paraná (PUC-PR), Curitiba, 2007. p. 50-51.

[211] PLACHA, Gabriel. *A Atividade Regulatória do Estado*. Curitiba, 2007. 254f. Dissertação (Mestrado em Direito Econômico e Social) – Centro de Ciências Jurídicas e Sociais, Pontifícia Universidade Católica do Paraná (PUC-PR), Curitiba, 2007. p. 52.

[212] PORTANOVA, Rogério Silva; MEDEIROS, José Augusto. As Agências Reguladoras. Entre o velho, o novo e o que se anuncia: do paradigma econômico ao paradigma ecosófico. *Revista de Direito Econômico e Socioambiental*, Curitiba, v. 6, n. 2, p. 156-183, jul./dez. 2015. Disponível em: https://periodicos.pucpr.br/direito economico/article/view/9780/14012. Acesso em: 20 set. 2021.

[213] BALDWIN, Robert; CAVE, Martin; LODGE, Martin. *Understanding Regulation*: Theory, Strategy, and Practice. Second Edition, Revised, New York: Oxford University Press, 2013. p. 15, tradução livre.

regulatória do Estado seria assim uma atuação estatal normativa, fiscalizatória, indutora e sancionatória, desempenhada especialmente pelo Poder Executivo, incidente sobre as Ordens Econômica e Social, voltada para concretizar direitos e deveres fundamentais e demais valores e objetivos de interesse público abarcados pela Constituição, observando os ditames e limites constitucionais e legais para sua legitimidade e validade.[214]

Por essa razão, adverte Nusdeo, que a compreensão de que os problemas ambientais se caracterizam eminentemente falhas de mercado não mais abarcaria a magnitude da preferência das sociedades pela preservação ambiental e nem a evolução jurídica dessa proteção, a regulação deverá almejar objetivos estruturais.[215]

A preservação ambiental, no estágio de desenvolvimento econômico atingido pelas sociedades industriais e de consumo atuais, deixaria de ser vista apenas como uma solução para falhas de mercado e passaria a caracterizar-se como um dos objetivos de natureza social buscados pelo Estado no âmbito das atividades econômicas.[216]

Em sua concepção geral, a regulação representaria, na lição de Medauar, instituto jurídico mais amplo que o termo regulamentação, com o qual é muitas vezes confundida, de modo que a regulação implicaria a abrangência de todo o complexo da edição de normas, a fiscalização do seu cumprimento, a atribuição de habilitações (autorizações, licenças, permissões, concessões), a imposição de sanções, a mediação de conflitos (audiência pública, consulta pública, celebração de compromissos de ajustamento de condutas), entre outros.[217]

No entendimento de Di Pietro, a atividade regulatória representaria, na linha de uma função administrativa de titularidade do Estado, o conjunto de regras de conduta e controle da atividade econômica pública e privada e dos serviços sociais não exclusivos do Estado, com o objetivo principal de proteger o interesse público.[218]

São dimensões que denotam sua importância diante não só de falhas econômicas, como sobretudo para a prevenção contra estruturais capturas regulatórias, manifestadas por abusos de poder econômico, corrupção ou fraude, ou então contra desproporcionalidades e vícios estruturais e institucionais que fragilizam a efetividade e a implementação do quadro regulatório exigido expressamente pela CF/88.

Para Lopes, sob uma perspectiva de Estado Democrático de Direito com função regulatória, a linha mestra seria "domesticar" o sistema econômico capitalista – e seus reflexos deletérios – com a sua reestruturação social e ecológica por uma via que concomitantemente freie e "adestre" o sistema político-burocrático com parâmetros de efetividade e eficácia, com formas moderadoras de regulação e com controles indiretos.[219]

---

[214] PLACHA, Gabriel. *A Atividade Regulatória do Estado*. Curitiba, 2007. 254f. Dissertação (Mestrado em Direito Econômico e Social) – Centro de Ciências Jurídicas e Sociais, Pontifícia Universidade Católica do Paraná (PUC-PR), Curitiba, 2007. p. 90.

[215] NUSDEO, Ana Maria de Oliveira. Regulação econômica e proteção do meio ambiente. *In*: SHAPIRO, Mário Gomes (Coord.). *Direito econômico regulatório*. Série GV Law. 1. ed. São Paulo: Saraiva, 2010. p. 359.

[216] NUSDEO, Ana Maria de Oliveira. Regulação econômica e proteção do meio ambiente. *In*: SHAPIRO, Mário Gomes (Coord.). *Direito econômico regulatório*. Série GV Law. 1. ed. São Paulo: Saraiva, 2010. p. 359.

[217] MEDAUAR, Odete. Regulação e Auto Regulação. *Revista de Direito administrativo*, [S. l.], v. 228, p. 123-128, 2002. Disponível em: https://bibliotecadigital.fgv.br/ojs/index.php/rda/article/view/46658. Acesso em: 10 out. 2021.

[218] DI PIETRO, Maria Sylvia Zanella. Omissões na Atividade Regulatória do Estado e Responsabilidade Civil das Agências Reguladoras. *In*: FREITAS, Juarez (Org.). *Responsabilidade Civil do Estado*. 1. ed. São Paulo: Malheiros, 2006. p. 252.

[219] LOPES, Othon de Azevedo. *Fundamentos da regulação*. 1. ed. Rio de Janeiro: Processo, 2018. p. 102.

Conforme destaca Lopes, a atuação regulatória estatal tem sua emergência nos Estados Unidos, com aumento do papel do Estado em setores-chave para o desenvolvimento socioeconômico, com a criação das agências reguladoras (*commissions*), principalmente com o "*New Deal*" e, após esse período, com a expansão da atividade regulatória nas décadas de 1960 e 1970, com regulação abrangente em temas como trabalho, consumo, riscos sociais e de meio ambiente.[220]

No Brasil, a atuação regulatória obteve atenção na década de 1990, isso em razão, aponta Lopes, do deslocamento de parte dos programas do Estado brasileiro, de bem-estar social, para um modelo denominado de Estado Regulador.[221] Houve uma série de teorias sobre a regulação com premissas distintas – que transcendem o enfoque desta pesquisa –, com destaque para teorias do interesse público da regulação, visando aos critérios coletivos para a atuação do Estado nas relações econômicas e corrigindo externalidades negativas – efeitos indesejados – das atividades econômicas.[222]

De outra perspectiva, haveria teorias de interesse privado da regulação, que se sustentariam em discutir sobre os reflexos causados e resultantes dos interesses de indivíduos ou grupos em capturar a regulação a seu favor.[223] E, ainda, as teorias institucionais da regulação, como a da regulação responsiva, voltada para evitar a captura regulatória e a corrupção, pela abordagem cooperativa entre os atores.[224]

De mais a mais, no cenário brasileiro de regulação, nascem as agências reguladoras estatais na década de 1990, imbricadas de um caráter mais de definidoras das relações determinantes entre as diversas classes de capital do que propriamente de "regulação", que tem a preocupação com o que afeta o interesse público.[225]

Evidenciado o interesse das gerações futuras e o imperativo categórico da geração atual para com elas, tem-se que a intervenção estatal na limitação da exploração ambiental torna-se uma necessidade iminente e em atraso.[226] Não se pode olvidar que regular é criar norma e induzir conduta – papel que, por sinal, cabe ao Direito –,[227] para este trabalho, papel do Direito Ambiental.

É com a evolução sobre as abordagens atribuídas às funções do Estado, segundo Cass Sunstein, que se passaria a permitir reformar e interpretar as medidas regulatórias de uma maneira que fosse fundamentalmente baseada nos compromissos constitucionais e promovessem, num ambiente radicalmente transformado, os objetivos centrais de um

---

[220] LOPES, Othon de Azevedo. *Fundamentos da regulação*. 1. ed. Rio de Janeiro: Processo, 2018. p. 156-157.
[221] LOPES, Othon de Azevedo. *Fundamentos da regulação*. 1. ed. Rio de Janeiro: Processo, 2018. p. 159.
[222] LOPES, Othon de Azevedo. *Fundamentos da regulação*. 1. ed. Rio de Janeiro: Processo, 2018. p. 172-173.
[223] LOPES, Othon de Azevedo. *Fundamentos da regulação*. 1. ed. Rio de Janeiro: Processo, 2018. p. 177-178.
[224] LOPES, Othon de Azevedo. *Fundamentos da regulação*. 1. ed. Rio de Janeiro: Processo, 2018. p. 182-183.
[225] PORTANOVA, Rogério Silva; MEDEIROS, José Augusto. As Agências Reguladoras. Entre o velho, o novo e o que se anuncia: do paradigma econômico ao paradigma ecosófico. *Revista de Direito Econômico e Socioambiental*, Curitiba, v. 6, n. 2, p. 168, jul./dez. 2015. Disponível em: https://periodicos.pucpr.br/direito economico/article/view/9780/14012. Acesso em: 20 set. 2021.
[226] PORTANOVA, Rogério Silva; MEDEIROS, José Augusto. As Agências Reguladoras. Entre o velho, o novo e o que se anuncia: do paradigma econômico ao paradigma ecosófico. *Revista de Direito Econômico e Socioambiental*, Curitiba, v. 6, n. 2, p. 172, jul./dez. 2015. Disponível em: https://periodicos.pucpr.br/direito economico/article/view/9780/14012. Acesso em: 20 set. 2021.
[227] PORTANOVA, Rogério Silva; MEDEIROS, José Augusto. As Agências Reguladoras. Entre o velho, o novo e o que se anuncia: do paradigma econômico ao paradigma ecosófico. *Revista de Direito Econômico e Socioambiental*, Curitiba, v. 6, n. 2, p. 180, jul./dez. 2015. Disponível em: https://periodicos.pucpr.br/direito economico/article/view/9780/14012. Acesso em: 20 set. 2021.

sistema constitucional – liberdade e bem-estar.[228] Porém, no mesmo histórico, foram registradas inclinações sem a importância de pautas de interesse público evidente, como é a proteção do meio ambiente para todo e qualquer desenvolvimento.

Dessa maneira, nos últimos anos, a Administração Pública inclinou-se à retirada gradativa da exploração de atividades econômicas e da prestação direta dos serviços públicos, concentrando-se, com maior ou menor grau de independência, na tarefa peculiar e complexa do chamado Estado Regulador, salienta Freitas.[229]

Com o ingresso do Brasil nesta ideia de modelo regulador, novas necessidades devem ser identificadas e expostas, especialmente para que o Estado neutralize os excessos e utilize seu poder como instrumento de controle da atuação privada.[230] É uma função crucial para o controle e a efetividade da proteção ambiental atualmente, especialmente sob a forma da regulação administrativa, cuja efetividade e desempenho afetam toda a sociedade.

Para Aranha, objetivamente, a regulação traria a noção de força de coerência sistêmica – de resgate da ordem – quando as contradições internas em determinado sistema social revelam uma disfuncionalidade, sendo certo que o termo remete a uma miríade de significados a depender do ramo do conhecimento científico que o utiliza, sendo claro que é mais abrangente que a sua abordagem apenas econômica.[231]

Importa, para os fins deste trabalho, tê-la como uma função de atuação do Estado expressada com proeminência pela regulação administrativa, fundamentada e norteada pelos direitos e deveres fundamentais da Constituição Federal de 1988.

Com efeito, a Constituição Federal de 1988 precede qualquer ato normativo e também estabelece diretrizes de organização e gestão administrativa. Neste aspecto, a atividade regulatória, sob uma função administrativa, deverá observar os princípios do *caput* do art. 37 da CF/88,[232] de legalidade, impessoalidade, moralidade, publicidade e eficiência, além dos demais princípios implícitos que regem a atuação da Administração Pública, bem como dos demais poderes da República, sobretudo quando do desempenho das funções estritamente de cunho administrativo.

Para Saddy, a regulação envolve, desse modo, o desempenho de uma série de funções distintas, que inclui desde as atribuições típicas da função administrativa até a edição de normas técnicas, bem como a composição dos conflitos que possam surgir em decorrência das relações sujeitas à intervenção regulatória. A regulação abarca, a um só tempo, funções administrativas regulatórias normativas, executivas propriamente ditas e judicantes, sendo certo que a função administrativa tem grande importância em relação às demais, haja vista a atribuição gestacional da máquina estatal desempenhada.[233]

---

[228] SUNSTEIN, Cass. *After the rigths revolution*: reconceiving the regulatory state. Cambridge: Harvard University Press, 1990. p. 1, tradução livre.

[229] FREITAS, Juarez. *O controle dos Atos Administrativos e os Princípios Fundamentais*. 5. ed. São Paulo: Malheiros, 2013. p. 32.

[230] GUERRA, Sérgio. *Discricionariedade, regulação e reflexividade*: uma Nova Teoria sobre Escolhas Administrativas. 3. ed., rev. e atual. Belo Horizonte: Fórum, 2015. p. 111.

[231] ARANHA, Márcio Iorio. *Manual de Direito Regulatório*: fundamentos de Direito Regulatório. 5. ed., rev., ampl. Londres: Laccademia Publishing, 2019. p. 51.

[232] PLACHA, Gabriel. *A Atividade Regulatória do Estado*. Curitiba, 2007. 254f. Dissertação (Mestrado em Direito Econômico e Social) – Centro de Ciências Jurídicas e Sociais, Pontifícia Universidade Católica do Paraná (PUC-PR), Curitiba, 2007. p. 118.

[233] SADDY, André. Elementos e características essenciais da concepção de Regulação estatal. *Revista de la Escuela Jacobea de Posgrado*, México,n. 11, p. 1-33, diciembre 2016. Disponível em: https://dialnet.unirioja.es/servlet/articulo?codigo=6946388. Acesso em: 15 out. 2021.

Como adverte Freitas, em um Estado Constitucional, a regulação é indeclinável função tipicamente estatal – como inerência do exercício do poder de polícia administrativa – que, acima de tudo, precisa cultuar a sustentabilidade, a eficácia, a eficiência e a probidade, incorporando a cultura do pleno respeito imperativo ao desenvolvimento sustentável, que reclama o resoluto combate à falta de equidade entre gerações.[234]

Nessa linha, por uma visão mais difundida, depreende-se a regulação ambiental estatal especificamente, dentre outras ações, pela formulação de políticas, leis, normas técnicas e procedimentos de fiscalização e controle que limitam e/ou disciplinam a liberdade dos agentes econômicos para prevenir, evitar e/ou mitigar os riscos e impactos ambientais, além de responsabilizar por infrações e atos ilícitos ambientais perpetrados.

No entanto, como adverte Ribeiro, à definição de regulação ambiental ou atuação regulatória ambiental deve-se acrescentar não apenas leis, regras e funções tradicionais de inspeção e coação, mas também a ideia de um conjunto amplo de meios e instrumentos do Poder Público – e validados por ele –, para o atingimento dos objetivos da sociedade, como mecanismos de cooperação e de incentivos positivos.[235]

Para os objetivos desta análise, examina-se a abordagem da atuação regulatória ambiental do Estado como regulação administrativa, na linha do que defende Freitas, levada a cabo pelo Estado-administração (Administração Pública). Seria a regulação que visa, em sentido amplo, implementar, com autonomia, políticas constitucionalizadas (prioridades cogentes), para além de correção de falhas de mercado, em função também de falhas institucionais e de governo, em caráter promocional e não só repressivo, tutelando a eficácia dos direitos fundamentais das gerações presentes e futuras.[236]

Dessa maneira, importante delinear a forma da regulação ambiental de ordem administrativa desenvolvida e estruturada no cenário brasileiro.

1.3.1 Regulação administrativa ambiental no Brasil

Diferentemente da sua construção institucional, embora a Política Nacional de Meio Ambiente (PNMA) brasileira tenha inspiração na *National Environmental Policy Act* (NEPA),[237] o modelo de regulação ambiental dos Estados Unidos não restou totalmente aplicado no Brasil, o qual possui, aponta Sampaio, características próprias e que refletiriam uma considerável fragmentação, ao mesmo tempo em que carregaria definições importantes e estruturais para a evolução da governança ambiental no país.[238]

Isso porque o modelo institucional de regulação ambiental no Brasil, cujo marco principal é a Lei Federal nº 6.938, de 31 de agosto de 1981, da Política Nacional do Meio

---

[234] FREITAS, Juarez. Regulação de Estado, sustentabilidade e o Direito fundamental à boa administração pública. *Revista de Direito da Procuradoria Geral* (Edição Especial), Rio de Janeiro, 2012. p. 179.

[235] RIBEIRO, Flávio de Miranda. *Reforma da Regulação Ambiental*: características e estudos de caso do estado de São Paulo. Tese (doutorado em Ciências Ambientais). Programa de Pós-Graduação em Ciência Ambiental. Instituto de Eletrotécnica e Energia. Universidade de São Paulo (USP). São Paulo, 2012. p. 27.

[236] FREITAS, Juarez. Teoria da regulação administrativa sustentável. *Revista de Direito administrativo*, [S. l.], v. 270, p. 117-145, 2015. Disponível em: https://bibliotecadigital.fgv.br/ojs/index.php/rda/article/view/58739. Acesso em: 13 nov. 2021.

[237] Promulgado em 1º de janeiro de 1970, o *National Environmental Policy Act* (NEPA) influenciou até hoje mais de 100 nações ao redor do mundo a promulgarem políticas ambientais nacionais (ECCLESTON, Charles H. *NEPA and Environmental Planning*: Tools, techniques and approuches por practitionres. New York: CRC Press, 2008. 2, tradução livre).

[238] SAMPAIO, Rômulo Silveira da Rocha. Regulação Ambiental. *In*: GUERRA, Sérgio (Coord.). *Regulação no Brasil*: uma visão multidisciplinar. 1. ed. Rio de Janeiro: Editora FGV, 2014. p. 305

Ambiente (PNMA), em conjunto com as previsões posteriores pela CF/88, é estruturado por meio de diversos órgãos e autarquias que dividem os poderes de regulação, normatização, controle, fiscalização e adjudicação administrativa, que foram resultado, aponta o autor, do momento histórico em que tal modelo fora concebido.[239]

Na lição de Machado, a importante Lei Federal nº 6.938/1981, ao mesmo tempo que expressamente objetiva a qualidade ambiental, visa assegurar condições ao desenvolvimento socioeconômico, os interesses da segurança nacional e a proteção da dignidade da vida humana (art. 2º, *caput*, Lei Federal nº 6.938/1981), sem afirmar, porém; que todo e qualquer desenvolvimento socioeconômico seja aceitável, devendo ser compatibilizado em harmonia com o meio ambiente.[240]

Como estrutura, a referida Lei Federal nº 6.938/1981 definiu, em seu art. 6º, o Sistema Nacional do Meio Ambiente (SISNAMA), constituído por órgãos e entidades da União, dos Estados, do Distrito Federal, dos Territórios e dos Municípios, bem como por fundações instituídas pelo Poder Público, como os atores públicos responsáveis pela regulação em matéria ambiental, consubstanciada e legitimada nos deveres constitucionais de proteção e melhoria da qualidade ambiental.[241]

Trata-se de um sistema que congrega órgãos e autarquias com poder de regulação no Brasil, a sistematização da regulação ambiental pelo SISNAMA, na PNMA, foi, portanto, um avanço para o contexto histórico em que estava inserida, muito em razão de que, somente a partir da década de 1990 no Brasil haveria a ascensão das discussões sobre Administração Pública gerencial e a criação de agências reguladoras,[242] como as atuais Agência Nacional de Mineração (ANM) e Agência Nacional de Águas (ANA).

Como anota Trennepohl, a Lei nº 6.938/1981 representou um divisor de águas na forma como o Brasil tratava os seus recursos naturais, lei que introduziu uma nova maneira de olhar as riquezas com que a natureza, prodigamente, contemplou o Brasil.[243]

Cuida-se de uma lei que inovou, como defende Wedy, com conceitos para o Direito Ambiental e sua regulação, como definição de meio ambiente (art. 3º, I), de degradação ambiental (art. 3º, II) como a alteração adversa das características do meio ambiente, bem como de poluição (art. 3º, III), resultante de atividades, direta ou indiretamente, degradem e prejudiquem a saúde, a segurança e o bem-estar da população, criem condições adversas às atividades sociais e econômicas, afetem desfavoravelmente a biota, afetem as condições estéticas ou sanitárias do meio ambiente ou lancem matérias ou energia em desacordo com padrões ambientais.[244]

---

[239] SAMPAIO, Rômulo Silveira da Rocha. Regulação Ambiental. *In:* GUERRA, Sérgio (Coord.). *Regulação no Brasil*: uma visão multidisciplinar. 1. ed. Rio de Janeiro: Editora FGV, 2014. p. 305.

[240] MACHADO, Paulo Affonso Leme. Quarenta anos de vigência da Lei da Política Nacional do Meio Ambiente. *In:* MILARÉ, Édis (Coord.). *Quarenta anos da Lei da Política Nacional do Meio Ambiente*: reminiscências, realidade e perspectivas. 1. ed. Belo Horizonte: Editora D´Plácido, 2021. p. 73.

[241] SAMPAIO, Rômulo Silveira da Rocha. Regulação Ambiental. *In:* GUERRA, Sérgio (Coord.). *Regulação no Brasil*: uma visão multidisciplinar. 1. ed. Rio de Janeiro: Editora FGV, 2014. p. 307.

[242] SAMPAIO, Rômulo Silveira da Rocha. Regulação Ambiental. *In:* GUERRA, Sérgio (Coord.). *Regulação no Brasil*: uma visão multidisciplinar. 1. ed. Rio de Janeiro: Editora FGV, 2014. p. 307.

[243] TRENNEPOHL, Curt. Lei nº 6.938/1981. *In:* MILARÉ, Édis. (Coord.). *Quarenta anos da Lei da Política Nacional do Meio Ambiente*: reminiscências, realidade e perspectivas. 1. ed. Belo Horizonte: D´Plácido, 2021. p. 33.

[244] WEDY, Gabriel. Estado socioambiental de direito: a Lei da Política Nacional do Meio Ambiente e os seus parâmetros regulatórios. *In*: MILARÉ, Édis. (Coord.). *Quarenta anos da Lei da Política Nacional do Meio Ambiente*: reminiscências, realidade e perspectivas. 1. ed. Belo Horizonte: D´Plácido, 2021. p. 353-354.

A Lei nº 6.938/1981 ainda conceituou poluidor (art. 4º, IV) como a pessoa física ou jurídica, de Direito público ou privado, responsável, direta ou indiretamente, por atividade causadora de degradação ambiental, assim como fixou os recursos ambientais como a atmosfera, águas interiores, superficiais e subterrâneas, os estuários, o mar territorial, o solo, subsolo, os elementos da biosfera, a fauna e a flora (art. 4º, V).[245]

Após a PNMA, a Constituição de 1988 confirmou a expressão concreta da regulação ambiental estatal a partir do art. 23, VI, pelo qual é competência administrativa e executória comum de todos os Entes da Federação, dentre outras, a "atuação para a proteção do meio ambiente e combate à poluição em qualquer de suas formas", verdadeiro poder-dever fundamental dos entes estatais, por meio de sua atividade administrativa, de transpor a legislação ambiental para o "mundo da vida", assegurando, na lição de Sarlet e Fensterseifer, a sua aplicação e efetividade.[246]

Trata-se de perspectiva estrutural e abrangente do texto constitucional brasileiro, isso porque, pela leitura sistemática da Constituição Federal de 1988, por seus arts. 3º, II;[247] 23, *caput*, III, VI, VII e XI;[248] 225, *caput*, §1º;[249] 170, *caput*, e VI;[250] 174, *caput*[251] e 186, *caput*[252] e seguintes, constata-se ser do Estado a titularidade do desempenho primordial

---

[245] WEDY, Gabriel. Estado socioambiental de direito: a Lei da Política Nacional do Meio Ambiente e os seus parâmetros regulatórios. *In*: MILARÉ, Édis. (Coord.). *Quarenta anos da Lei da Política Nacional do Meio Ambiente*: reminiscências, realidade e perspectivas. 1. ed. Belo Horizonte: D´Plácido, 2021. p. 354.

[246] SARLET, Ingo; FENSTERSEIFER, Tiago. *Direito constitucional ecológico*: Constituição, direitos fundamentais e proteção da natureza. 7. ed. rev., atual. e ampl. São Paulo: Thomson Reuteurs Brasil, 2021. p. 278.

[247] "Art. 3º Constituem objetivos fundamentais da República Federativa do Brasil: (…) II – garantir o desenvolvimento nacional; (…)" (BRASIL. Presidência da República. *Constituição da República Federativa do Brasil de 1988*. Brasília, DF: Presidência da República, 1988. Disponível em: http://www.planalto.gov.br/ccivil_03/constituicao/constituicaocompilado.htm. Acesso em: 19 out. 2021).

[248] "Art. 23. É competência comum da União, dos Estados, do Distrito Federal e dos Municípios: (…) III – proteger os documentos, as obras e outros bens de valor histórico, artístico e cultural, os monumentos, as paisagens naturais notáveis e os sítios arqueológicos; (…) VI – proteger o meio ambiente e combater a poluição em qualquer de suas formas; VII – preservar as florestas, a fauna e a flora; (…) XI – registrar, acompanhar e fiscalizar as concessões de direitos de pesquisa e exploração de recursos hídricos e minerais em seus territórios. (…)" (BRASIL. Presidência da República. *Constituição da República Federativa do Brasil de 1988*. Brasília, DF: Presidência da República, 1988. Disponível em: http://www.planalto.gov.br/ccivil_03/constituicao/constituicaocompilado.htm. Acesso em: 19 out. 2021).

[249] "Art. 225. Todos têm Direito ao meio ambiente ecologicamente equilibrado, bem de uso comum do povo e essencial à sadia qualidade de vida, impondo-se ao Poder Público e à coletividade o dever de defendê-lo e preservá-lo para as presentes e futuras gerações. §1º Para assegurar a efetividade desse direito, incumbe ao Poder Público: (…)" (BRASIL. Presidência da República. *Constituição da República Federativa do Brasil de 1988*. Brasília, DF: Presidência da República, 1988. Disponível em: http://www.planalto.gov.br/ccivil_03/constituicao/constituicaocompilado.htm. Acesso em: 19 out. 2021).

[250] "Art. 170. A ordem econômica, fundada na valorização do trabalho humano e na livre iniciativa, tem por fim assegurar a todos existência digna, conforme os ditames da justiça social, observados os seguintes princípios: (…) VI – defesa do meio ambiente, inclusive mediante tratamento diferenciado conforme o impacto ambiental dos produtos e serviços e de seus processos de elaboração e prestação" (BRASIL. Presidência da República. *Constituição da República Federativa do Brasil de 1988*. Brasília, DF: Presidência da República, 1988. Disponível em: http://www.planalto.gov.br/ccivil_03/constituicao/constituicaocompilado.htm. Acesso em: 19 out. 2021).

[251] "Art. 174. Como agente normativo e regulador da atividade econômica, o Estado exercerá, na forma da lei, as funções de fiscalização, incentivo e planejamento, sendo este determinante para o setor público e indicativo para o setor privado" (BRASIL. Presidência da República. *Constituição da República Federativa do Brasil de 1988*. Brasília, DF: Presidência da República, 1988. Disponível em: http://www.planalto.gov.br/ccivil_03/constituicao/constituicaocompilado.htm. Acesso em: 19 out. 2021).

[252] "Art. 186. A função social é cumprida quando a propriedade rural atende, simultaneamente, segundo critérios e graus de exigência estabelecidos em lei (…)" (BRASIL. Presidência da República. *Constituição da República Federativa do Brasil de 1988*. Brasília, DF: Presidência da República, 1988. Disponível em: http://www.planalto.gov.br/ccivil_03/constituicao/constituicaocompilado.htm. Acesso em: 19 out. 2021).

da regulação administrativa em matéria de controle e proteção do meio ambiente e das atividades econômicas que causem potenciais ou concretos impactos e/ou degradações, manifestada nas funções de fiscalização, controle, incentivo e planejamento, fundamentais para o desenvolvimento nacional sustentável.

Dessa maneira, buscando a promoção de uma gestão descentralizada das políticas ambientais e uma uniformidade por meio da cooperação entre entes federativos,[253] com a Lei Federal nº 6.938/1981 instituiu-se o Sistema Nacional do Meio Ambiente (SISNAMA), dele integrando o Conselho Nacional do Meio Ambiente (CONAMA), com, entre outras funções, a de deliberação e normatização dos padrões de qualidade ambiental, cuja composição restou definida pelo art. 4º do Decreto Federal nº 99.274/1990, executado através de um modelo multipartite, com representantes do governo, sociedade civil, comunidade científica e Ministério Público.[254]

Para as funções executivas, de consentimento, fiscalização e de sanção, o CONAMA foi apoiado pela criação do Instituto Brasileiro do Meio Ambiente e Recursos Naturais Renováveis (IBAMA), instituído pela Lei Federal nº 7.735/1989, outro avanço da época.[255] Os órgãos e autarquias fixados na PNMA são, respectivamente, o Conselho de Governo, o CONAMA, o Ministério do Meio Ambiente (MMA), o IBAMA, os órgãos seccionais e os órgãos locais, com suas funções previstas no art. 6º da Lei Federal nº 6.938/1981.

Assim, o Ministério do Meio Ambiente (MMA) detém a função de planejar, coordenar, supervisionar e controlar, como órgão federal, a PNMA e as diretrizes de governo para meio ambiente, gerencia, mas desprovido de poderes normativos ou de fiscalização ambiental.[256] Já o CONAMA ficou com a função de assessorar, estudar e propor ao Conselho de Governo diretrizes de políticas de meio ambiente, além de deliberar, em sua competência, sobre normas e padrões compatíveis.[257]

Para controlar e fiscalizar o cumprimento das políticas do CONAMA, há o IBAMA, distribuição estrutural replicada nos Estados e Municípios brasileiros. Para Sarlet e Fensterseifer, o exercício da competência administrativa do art. 23 da CF/88 estaria pautado pelo federalismo cooperativo, com objetivo da racionalização do sistema de competências em matéria ambiental,[258] cujo exercício é função dos referidos órgãos.

Considerando-se a fixação de um modelo federativo de competências para execução das políticas e normas ambientais pela CF/88, a qual serve de base para a regulação ambiental brasileira, considerável fragmentação ocorreu no modelo

---

[253] SARLET, Ingo; FENSTERSEIFER, Tiago. *Direito constitucional ecológico*: Constituição, direitos fundamentais e proteção da natureza. 7. ed. rev., atual. e ampl. São Paulo: Thomson Reuteurs Brasil, 2021. p. 292.

[254] SAMPAIO, Rômulo Silveira da Rocha. Regulação Ambiental. *In*: GUERRA, Sérgio (Coord.). *Regulação no Brasil*: uma visão multidisciplinar. 1. ed. Rio de Janeiro: Editora FGV, 2014. p. 315.

[255] SAMPAIO, Rômulo Silveira da Rocha. Regulação Ambiental. *In*: GUERRA, Sérgio (Coord.). *Regulação no Brasil*: uma visão multidisciplinar. 1. ed. Rio de Janeiro: Editora FGV, 2014. p. 316.

[256] BRASIL. Presidência da República. *Lei nº 6.938, de 31 de agosto de 1981*. Dispõe sobre a Política Nacional do Meio Ambiente, seus fins e mecanismos de formulação e aplicação, e dá outras providências. Brasília, 1981. Disponível em: http://www.planalto.gov.br/ccivil_03/leis/l6938.htm. Acesso em: 10 out. 2021.

[257] BRASIL. Presidência da República. *Lei nº 6.938, de 31 de agosto de 1981*. Dispõe sobre a Política Nacional do Meio Ambiente, seus fins e mecanismos de formulação e aplicação, e dá outras providências. Brasília, 1981. Disponível em: http://www.planalto.gov.br/ccivil_03/leis/l6938.htm. Acesso em: 10 out. 2021.

[258] SARLET, Ingo; FENSTERSEIFER, Tiago. *Direito constitucional ecológico*: Constituição, direitos fundamentais e proteção da natureza. 7. ed. rev., atual. e ampl. São Paulo: Thomson Reuteurs Brasil, 2021. p. 278-279.

institucional regulatório na pauta ambiental, proporcional ao aumento do conhecimento científico e da complexidade decorrente de maior nível de informação, para cada novo assunto no Brasil, acrescentou-se novo colegiado ou autarquia.[259]

Referido modelo institucional geral para regulação ambiental brasileira produziu ineficiências e comprometeu, ressalta Sampaio, a efetividade das políticas públicas, além do fato de que o fundamento do modelo regulatório no Brasil seja área pouco explorada pela doutrina do Direito Ambiental, gerando insuficiência do tratamento a respeito da garantia da efetividade do Direito Ambiental brasileiro neste viés.[260]

No Brasil, a espinha dorsal do modelo de regulação ambiental nas três esferas de governo é composta, em termos gerais, por um órgão consultivo e deliberativo com função normativa e por uma autarquia com função restrita ao poder de polícia na área ambiental, ou seja, as funções concentradas em agências reguladoras com natureza de autarquia especial em outras áreas no país para direitos difusos (saúde, por exemplo), na área ambiental estão fragmentadas por diferentes órgãos e autarquias.[261]

O equivalente a uma "agência reguladora ambiental", no Brasil, estaria na combinação das funções do CONAMA e do IBAMA, com a vinculação do Ministério do Meio Ambiente (MMA). O CONAMA, como órgão deliberativo e plural, nem sempre possui integrantes de ordem técnica, tampouco essa indene a conflitos de interesses entre representantes, fator que sublinha a tensão na definição das normas e padrões que irão incidir diretamente sobre direitos e interesses da sociedade.[262]

Somam-se ao CONAMA e ao IBAMA, apenas em nível federal: Instituto Chico Mendes de Biodiversidade (ICMBio),[263] autarquia federal com poder de polícia sobre as Unidades de Conservação federais (UCs); Agência Nacional de Águas (ANA),[264] autarquia sob regime especial, vinculada ao MMA, para implementar a Política Nacional de Recursos Hídricos (PNRH); Serviço Florestal Brasileiro (SFB),[265] órgão com função de gestão das florestas públicas brasileiras; Comissão Técnica Nacional de Biossegurança (CTNBio),[266] órgão deliberativo e normativo para biossegurança em organismos geneticamente modificados (OGMs); no setor da mineração a Agência Nacional de Mineração (ANM),[267] entre outros.

---

[259] SAMPAIO, Rômulo Silveira da Rocha. Regulação Ambiental. *In:* GUERRA, Sérgio (Coord.). *Regulação no Brasil:* uma visão multidisciplinar. 1. ed. Rio de Janeiro: Editora FGV, 2014. p. 318.

[260] SAMPAIO, Rômulo Silveira da Rocha. Regulação Ambiental. *In:* GUERRA, Sérgio (Coord.). *Regulação no Brasil:* uma visão multidisciplinar. 1. ed. Rio de Janeiro: Editora FGV, 2014. p. 318.

[261] SAMPAIO, Rômulo Silveira da Rocha. Regulação Ambiental. *In:* GUERRA, Sérgio (Coord.). *Regulação no Brasil:* uma visão multidisciplinar. 1. ed. Rio de Janeiro: Editora FGV, 2014. p. 319.

[262] SAMPAIO, Rômulo Silveira da Rocha. Regulação Ambiental. *In:* GUERRA, Sérgio (Coord.). *Regulação no Brasil:* uma visão multidisciplinar. 1. ed. Rio de Janeiro: Editora FGV, 2014. p. 320.

[263] BRASIL. Presidência da República. *Lei nº 11.516, de 28 de agosto de 2007.* Dispõe sobre a criação do Instituto Chico Mendes de Conservação da Biodiversidade – Instituto Chico Mendes. Brasília, 2007.

[264] BRASIL. Presidência da República. *Lei nº 9.433, de 08 de janeiro de 1997.* Institui a Política Nacional de Recursos Hídricos, cria o Sistema Nacional de Gerenciamento de Recursos Hídricos. Brasília, 1997.

[265] BRASIL. Presidência da República. *Lei nº 11.284, de 02 de março de 2006.* Dispõe sobre a gestão de florestas públicas para a produção sustentável; institui, na estrutura do Ministério do Meio Ambiente, o Serviço Florestal Brasileiro – SFB; cria o Fundo Nacional de Desenvolvimento Florestal – FNDF. Brasília, 2006.

[266] BRASIL. Presidência da República. *Lei nº 11.105, de 24 de março de 2005.* Regulamenta os incisos II, IV e V do §1º do art. 225 da Constituição Federal, estabelece normas de segurança e mecanismos de fiscalização de atividades que envolvam organismos geneticamente modificados – OGM e seus derivados, cria o Conselho Nacional de Biossegurança – CNBS, reestrutura a Comissão Técnica Nacional de Biossegurança – CTNBio, dispõe sobre a Política Nacional de Biossegurança – PNB. Brasília, 2005.

[267] BRASIL. Presidência da República. *Lei nº 13.575, de 26 de dezembro de 2017.* Cria a Agência Nacional de Mineração (ANM); extingue o Departamento Nacional de Produção Mineral (DNPM). Brasília, 2017.

Quanto às diretrizes regulatórias ambientais que norteiam os órgãos executores a desempenharem a fiscalização e o controle do cumprimento das políticas e normas ambientais, aplicadas por todos os Entes federativos, a Constituição Federal de 1988, pelo art. 225, §1º, IV, dispõe, como dever do Estado, exigir, "na forma da lei, para instalação de obra ou atividade potencialmente causadora de significativa degradação do meio ambiente, estudo prévio de impacto ambiental, a que se dará publicidade" (inciso IV), em conjunto com o dever de "controlar a produção, a comercialização e o emprego de técnicas, métodos e substâncias que comportem risco para a vida, a qualidade de vida e o meio ambiente" (inciso V) e "proteger a fauna e a flora, vedadas, na forma da lei, as práticas que coloquem em risco sua função ecológica, provoquem a extinção de espécies ou submetam os animais a crueldade" (inciso VII).[268]

De modo geral, sobre os instrumentos regulatórios ambientais, Ribeiro elenca como principais, entre regulação direta (pelo comando e controle, prescrevendo, de modo objetivo e sob poder de polícia administrativa, os padrões das condutas e as sanções) e regulação indireta (meios indiretos e econômicos ou "de mercado"): (a) Padrões de qualidade ambiental, de emissões, tecnológicos, de desempenho, entre outros; (b) Autorização e Licenciamento Ambiental; (c) Taxas Ambientais sobre usuários, produtos, administrativas (a exemplo da Taxa de Controle e Fiscalização Ambiental – TCFA);[269] (d) Subsídios, como similares aos tributos, a exemplo de subvenções fiscais, redução de alíquotas, facilitação de financiamentos, entre outros; (e) Comércio de Emissões, conjunto de regras sobre limitação ou compensação de emissões poluentes; (f) Acordos Ambientais, administrativos ou judiciais, firmados entre o poder público e os regulados, em casos de infrações, atos ilícitos e danos ambientais, com medidas reparatórias ou compensatórias; e (g) Informações Ambientais, ligadas à divulgação e à certificação ambiental de impactos ou riscos de atividades, produtos ou serviços para reguladores e sociedade.[270]

Como manifestação do dever de proteção ambiental constitucional, primordialmente incumbido ao Estado por sua estrutura regulatória, a Lei Federal nº 6.938/1981, em seu art. 9º, prevê os seguintes instrumentos:

I – o estabelecimento de padrões de qualidade ambiental;

II – o zoneamento ambiental;

III – a avaliação de impactos ambientais;

IV – o licenciamento e a revisão de atividades efetiva ou potencialmente poluidoras;

V – os incentivos à produção e instalação de equipamentos e a criação ou absorção de tecnologia, voltados para a melhoria da qualidade ambiental;

VI – a criação de espaços territoriais especialmente protegidos pelo Poder Público federal, estadual e municipal, tais como áreas de proteção ambiental, de relevante interesse ecológico e reservas extrativistas;

---

[268] BRASIL. Presidência da República. *Constituição da República Federativa do Brasil de 1988*. Brasília, DF: Presidência da República, 1988. Disponível em: http://www.planalto.gov.br/ccivil_03/constituicao/constituicaocompilado.htm. Acesso em: 19 out. 2021.

[269] A TCFA é prevista na Lei Federal nº 6.938/1981 (PNMA), no art. 17-B, regulamentada pela Instrução Normativa nº 17/2011, do IBAMA.

[270] RIBEIRO, Flávio de Miranda. *Reforma da Regulação Ambiental*: características e estudos de caso do estado de São Paulo. Tese (doutorado em Ciências Ambientais). Programa de Pós-Graduação em Ciência Ambiental. Instituto de Eletrotécnica e Energia. Universidade de São Paulo (USP). São Paulo, 2012. p. 37-38.

VII – o sistema nacional de informações sobre o meio ambiente;

VIII – o Cadastro Técnico Federal de Atividades e Instrumento de Defesa Ambiental;

IX – as penalidades disciplinares ou compensatórias ao não cumprimento das medidas necessárias à preservação ou correção da degradação ambiental.

X – a instituição do Relatório de Qualidade do Meio Ambiente, a ser divulgado anualmente pelo Instituto Brasileiro do Meio Ambiente e Recursos Naturais Renováveis - IBAMA;

XI – a garantia da prestação de informações relativas ao Meio Ambiente, obrigando-se o Poder Público a produzi-las, quando inexistentes;

XII – o Cadastro Técnico Federal de atividades potencialmente poluidoras e/ou utilizadoras dos recursos ambientais

XIII – instrumentos econômicos, como concessão florestal, servidão ambiental, seguro ambiental e outros.[271]

Dentre os instrumentos de regulação ambiental direta, baseados no comando e controle e elencados no rol exemplificativo de mecanismos, a Lei nº 6.938/1981 traz o gênero da Avaliação de Impactos Ambientais (AIA), cujo Estudo Prévio de Impacto Ambiental (EIA), previsto no art. 225, §1º, IV, da CF/88, é uma espécie, instituída pelo art. 5º da Resolução nº 1, de 23 de janeiro de 1986, do CONAMA.[272]

Segundo Derani, o processo de Avaliação de Impacto Ambiental (AIA), cujo Estudo Prévio de Impacto Ambiental (EIA) é espécie, não tem como objetivo impor barreiras, senão representa o foro para ponderações e contribuições. Trata-se de um processo constitutivo, seja pela conformação de uma atividade econômica, seja pela formação de uma política ou seja na produção de um planejamento, com a Avaliação de Impacto Ambiental (AIA), é responsável por estratégias preventivas e antecipadoras da política ambiental,[273] concretizável por meio de outro mecanismo de comando e controle: o processo administrativo de licenciamento ambiental.

Considerado pela doutrina o principal instrumento regulatório ambiental, a PNMA dispõe sobre o licenciamento ambiental, em seu art. 10, de que "a construção, instalação, ampliação e funcionamento de estabelecimentos e atividades utilizadores de recursos ambientais, efetiva ou potencialmente poluidores ou capazes, sob qualquer forma, de causar degradação ambiental dependerão de prévio licenciamento ambiental",[274] sendo no bojo do licenciamento o lugar da aplicação e exigência do EIA, além do Relatório de Impacto de Meio Ambiente (RIMA), dentre outros.

Cuida-se do mais relevante e protagonista veículo de manifestação da atividade regulatória ambiental, sem prejuízo das especificidades dos demais, porquanto, salienta Talden Farias, é meio que tem se destacado como o mais importante mecanismo de defesa e preservação do meio ambiente, já que é por meio dele que a Administração Pública impõe condições e limites para o exercício de cada uma das atividades potencial ou

---

[271] BRASIL. Presidência da República. *Lei nº 6.938, de 31 de agosto de 1981*. Dispõe sobre a Política Nacional do Meio Ambiente, seus fins e mecanismos de formulação e aplicação, e dá outras providências. Brasília, 1981. Disponível em: http://www.planalto.gov.br/ccivil_03/leis/l6938.htm. Acesso em: 10 out. 2021.

[272] BRASIL. Conselho Nacional do Meio Ambiente. *Resolução nº 1, de 23 de janeiro de 1986*. Dispõe sobre critérios básicos e diretrizes gerais para a avaliação de impacto ambiental. Brasília, 1986.

[273] DERANI, Cristiane. *Direito ambiental econômico*. 3. ed. São Paulo: Saraiva, 2008. p. 172.

[274] BRASIL. Presidência da República. *Lei nº 6.938, de 31 de agosto de 1981*. Dispõe sobre a Política Nacional do Meio Ambiente, seus fins e mecanismos de formulação e aplicação, e dá outras providências. Brasília, 1981. Disponível em: http://www.planalto.gov.br/ccivil_03/leis/l6938.htm. Acesso em: 10 out. 2021.

efetivamente poluidoras,[275] função que se insere no contexto da atividade administrativa ambiental,[276] cujos aspectos destacados serão objeto do capítulo seguinte.

Conforme exalta Ribeiro, no Brasil, os instrumentos regulatórios ambientais indiretos, tidos como os econômicos ou "de mercado", permanecem sendo pouco explorados, os quais dão lugar ao ampliado uso pela Administração Pública ambiental dos instrumentos regulatórios ambientais diretos, cujo fundamento de execução está no comando e controle, exercido sob poder de polícia administrativa ambiental.[277]

A atuação direta é a forma consolidada de regular que indifere os distintos desempenhos dos regulados, assentada na maior parte em coibir condutas ou atividades indesejadas, sem reconhecer minimamente a conformidade (*compliance)* e os "bons" desempenhos de regulados em matéria de proteção do meio ambiente.[278]

Aspecto que se soma, a despeito de toda estruturação do modelo regulatório ambiental brasileiro, à incontroversa insegurança institucional e jurídica na área ambiental atualmente, principalmente face a posturas controversas em pautas governamentais que não observam minimamente a articulação da proteção do meio ambiente como condição aodesenvolvimento econômico. Fatores que indicariam a sensação geral de ausência de efetividade do regime jurídico ambiental brasileiro.[279]

Por essa razão que a fase em que se encontra o modelo institucional regulatório em matéria ambiental no Brasil é de profunda reflexão[280] – muito diversa da desregulação desmedida, injustificada e inconstitucional –, momento de reestruturação sobre sua ineficiência e capacidade de proporcionar a efetividade esperada do ordenamento jurídico brasileiro consagrado pela Constituição Federal de 1988.

Aqui, o destaque de precedente do Supremo Tribunal Federal, nas ADPFs nº 747 e nº 749, pelo voto da ministra Rosa Weber, de que "a simples revogação de norma operacional existente conduz a intoleráveis anomia e descontrole regulatório, situação incompatível com a ordem constitucional em matéria de proteção adequada do meio ambiente",[281] de forma que a Constituição de 1988 não admite o chamado "vazio regulatório", como na extinção de norma regulatória sem a devida reestruturação e análise acerca dos efeitos para a eficácia da proteção ambiental.[282]

---

[275] FARIAS, Talden. *Licenciamento Ambiental*: aspectos teóricos e práticos. 7. ed. Belo Horizonte: Fórum, 2019. p. 15.
[276] SARLET, Ingo; FENSTERSEIFER, Tiago. *Direito constitucional ecológico*: Constituição, direitos fundamentais e proteção da natureza. 7. ed. rev., atual. e ampl. São Paulo: Thomson Reuteurs Brasil, 2021. p. 281.
[277] RIBEIRO, Flávio de Miranda. *Reforma da Regulação Ambiental*: características e estudos de caso do estado de São Paulo. Tese (doutorado em Ciências Ambientais). Programa de Pós-Graduação em Ciência Ambiental. Instituto de Eletrotécnica e Energia. Universidade de São Paulo (USP). São Paulo, 2012. p. 43.
[278] RIBEIRO, Flávio de Miranda. *Reforma da Regulação Ambiental*: características e estudos de caso do estado de São Paulo. Tese (doutorado em Ciências Ambientais). Programa de Pós-Graduação em Ciência Ambiental. Instituto de Eletrotécnica e Energia. Universidade de São Paulo (USP). São Paulo, 2012. p. 43.
[279] SAMPAIO, Rômulo Silveira da Rocha. Regulação Ambiental. *In*: GUERRA, Sérgio (Coord.). *Regulação no Brasil*: uma visão multidisciplinar. 1. ed. Rio de Janeiro: Editora FGV, 2014. p. 322.
[280] SAMPAIO, Rômulo Silveira da Rocha. Regulação Ambiental. *In*: GUERRA, Sérgio (Coord.). *Regulação no Brasil*: uma visão multidisciplinar. 1. ed. Rio de Janeiro: Editora FGV, 2014. p. 322.
[281] BRASIL. Supremo Tribunal Federal. *ADPF nº 747/DF*, rel. Min. Rosa Weber, julgado em 14.12.2021, publicado em 10.01.2022, Brasília, DF, 2022. Disponível em: http://portal.stf.jus.br/processos/downloadPeca.asp?id=15349336975&ext=.pdf. Acesso em: 05 fev. 2022.
[282] FRAZÃO, Ana. Desregulação e os riscos do vazio regulatório. *Jota*. 09 fev. 2022. Disponível em: https://www.jota.info/opiniao-e-analise/colunas/constituicao-empresa-e-mercado/desregulacao-e-os-riscos-do-vazio-regulatorio-09022022. Acesso em: 15 fev. 2022.

Conforme Ana Nusdeo, apesar do significativo desenvolvimento com a CF/88 e a partir dela, a política ambiental brasileira, no entanto, ainda carece de efetividade, isto é, da produção de efeitos concretos e de um maior grau de cumprimento das suas normas. Isso resulta, em grande medida, da insuficiência de recursos, de condições de trabalho e da incipiente educação ambiental no país.[283]

Como sublinha Krell, as falhas de implementação das normas jurídicas ambientais, problema tradicional e gravíssimo no Brasil, estão a se manifestar com severidade em todos os níveis estatais, como se num país continental como o Brasil a fiscalização ambiental descentralizada representasse necessariamente resultados melhores, pois apenas no âmbito regional e local seria possível obter imagem precisa do meio ambiente a ser protegido e a maneira adequada de fazê-lo.[284]

A atuação regulatória ambiental, como visto, deve induzir ao compromisso do dever fundamental de proteção ambiental, não havendo "margem" para o Estado "não atuar" como também atuar de forma "insuficiente" (à luz do princípio da proporcionalidade), sob pena de prática inconstitucional.[285]

Sem o dispêndio de muitos esforços, é possível constatar que, com o avançar das questões ambientais estruturais, a exemplo das situações com a Amazônia, o Cerrado e o Pantanal, e as mudanças climáticas, e da crescente crise no modo de utilização e apropriação da natureza, o controle e a estabilização social esperados das disposições do Direito e propriamente da atribuição regulatória estatal em matéria ambiental não demonstram êxito, senão limitações e deficiências, especialmente no Brasil.

Na lição de Marchesan, a estruturação dos órgãos ambientais brasileiros de modo fragmentado, muitas vezes inconsciente e incoerente, não se amolda às necessidades das complexidades ambientais. Iniciada uma conduta lesiva, o seu enfrentamento em nível de fiscalização cuja estrutura organizacional no Brasil, além de deficiente, é fragmentada, costuma ser letárgico, propiciando que o dano avance ou jamais venha a ser desfeito.[286]

Em face disso, a regulação ambiental, concebida pela função estatal, cujo caminho é iniciado na edição de normas e encerrado na implementação legal, deve ser chamada a se reposicionar. Como destacam Freitas e Moreira, é preciso articular, de modo prospectivo, especial atenção aos males ecossistêmicos de poluições e degradações em série, no intuito de bem sopesar, com independência e cientificidade, os impactos (diretos e indiretos) das escolhas públicas e privadas.[287]

Segundo Niebuhr, é efetivamente na atuação do Poder Público que a proteção do ambiente encontra mais relevante expressão, nela que as normas de proteção ambiental

---

[283] NUSDEO, Ana Maria de Oliveira. Regulação econômica e proteção do meio ambiente. *In*: SHAPIRO, Mário Gomes (Coord.). *Direito econômico regulatório*. Série GV Law. 1. ed. São Paulo: Saraiva, 2010. p. 363.

[284] KRELL, Andreas J. *Discricionariedade administrativa e proteção ambiental*: o controle dos conceitos jurídicos indeterminados e a competência dos órgãos ambientais, um estudo comparativo. 1. ed. Porto Alegre: Livraria do Advogado Editora, 2004. p. 109.

[285] SARLET, Ingo; FENSTERSEIFER, Tiago. *Direito constitucional ecológico*: Constituição, direitos fundamentais e proteção da natureza. 7. ed. rev., atual. e ampl. São Paulo: Thomson Reuteurs Brasil, 2021. p. 294.

[286] MARCHESAN, Ana Maria Moreira. A reinvenção da natureza e da realidade: a fragmentação como prática nociva à proteção ambiental. *In*: LEITE, José Rubens Morato; BORATTI, Larissa Verri. *In*: CAVEDON-CAPDEVILLE, Fernanda Salles (Coords.). *Direito ambiental e geografia*. 1 ed. Rio de Janeiro: Lumen Juris, 2020. p. 209.

[287] FREITAS, Juarez; MOREIRA, Rafael Martins Costa. Regulação Ambiental: Controle de Sustentabilidade. *Revista Jurídica (FURB)*, [S.l.], v. 24, n. 53, p. 8457, jul. 2020. Disponível em: https://proxy.furb.br/ojs/index.php/juridica/article/view/8457. Acesso em: 13 nov. 2021.

encontram meio mais eficaz para sua concretização, sendo importante dinamizar o diálogo do Direito Ambiental com as demais disciplinas do Direito que regulam a atuação do Estado, especialmente do Direito Administrativo.[288]

Como a execução de medidas de proteção ambiental (seja na avaliação dos impactos ou do controle sucessivo da atividade) é atribuída, tradicionalmente, à Administração Pública, e pressupondo que as questões relacionadas ao ambiente demandam uma abordagem multi e interdisciplinar, recai sobre a Administração Pública a necessidade de se dotar de pessoal e equipamentos adequados para tais desideratos.[289]

Nada obstante, tanto o Direito Ambiental quanto o Direito Administrativo, mantidos sob uma perspectiva tradicional – ainda prevalecente –, não respondem adequadamente às demandas referentes às questões ambientais atuais, as quais se organizam sob lógica diferenciada, são plurais (não representam relação bipolar), ambivalentes e complexas (no sentido multi e interdisciplinares), seu objeto envolve um bem de titularidade coletiva, de fruição comum.[290]

Como indica Freitas, o desenvolvimento sustentável redesenha sensivelmente as relações regulatórias, o modelo de sustentabilidade impõe o fim do burocratismo insulado e avesso à inovação, progredindo para uma requalificação, por assim dizer, científica (não tecnocrática – eis o desafio) das escolhas públicas.[291]

Cuida-se de vertente com o intuito de que as escolhas públicas não mais se enredem na efemeridade do jogo político, viciado em recompensa imediata, contexto que força abrigar, nessa construção teorética, o papel dos incentivos corretos às medidas capazes de produzir retornos duradouros, em linha, por exemplo, com os Objetivos de Desenvolvimento Sustentável, da Agenda 2030, da ONU. A regulação administrativa do século XXI (marcado pelas mudanças climáticas) terá de se afirmar, de uma vez por todas, como pedra angular da governança sustentável, antes que seja tarde.[292]

Conforme assevera Daniel Fiorino, o modelo regulatório desempenhado pelo Estado para matéria ambiental, desde a década de 1970, época de sua difusão especialmente nos Estados Unidos, e até recentemente, mantém sua projeção para responder a uma primeira geração de problemas ambientais, sob fontes identificáveis, como usinas de energia, instalações petroquímicas, usinas automotivas e siderúrgicas, bem como operações de tratamento de esgoto. A tarefa era submeter essas grandes fontes pontuais de poluição ao controle por meio de tecnologias necessárias, para monitorar a conformidade e tomar medidas legais se eles falharem em cumprir.[293]

Com o tempo, no entanto, destaca Fiorino, problemas novos e emergentes exigiram diferentes respostas dos formuladores e executores de políticas regulatórias.

---

[288] NIEBUHR, Pedro. *Processo administrativo ambiental*. 3. ed. rev., ampl. e atual. Belo Horizonte: Fórum, 2021a. p. 18.
[289] NIEBUHR, Pedro. *Processo administrativo ambiental*. 3. ed. rev., ampl. e atual. Belo Horizonte: Fórum, 2021a. p. 28-29.
[290] NIEBUHR, Pedro. *Processo administrativo ambiental*. 3. ed. rev., ampl. e atual. Belo Horizonte: Fórum, 2021a. p. 51.
[291] FREITAS, Juarez. Teoria da regulação administrativa sustentável. *Revista de Direito administrativo*, [S. l.], v. 270, p. 138, 2015. Disponível em: https://bibliotecadigital.fgv.br/ojs/index.php/rda/article/view/58739. Acesso em: 13 nov. 2021.
[292] FREITAS, Juarez. Teoria da regulação administrativa sustentável. *Revista de Direito administrativo*, [S. l.], v. 270, p. 138, 2015. Disponível em: https://bibliotecadigital.fgv.br/ojs/index.php/rda/article/view/58739. Acesso em: 13 nov. 2021.
[293] FIORINO, Daniel J. *The New Environmental Regulation*. Massachussetts: MIT, 2006. p. 27, tradução livre.

Como lançamentos de fontes pontuais poluidoras diminuíram, degradações espalhadas, difusas e com variadas fontes tornaram-se mais significativas, de modo que, no final da década de 1980, foram adicionados os mais novos problemas de uma segunda geração que permanecem em ascensão, como poluição do ar interior, redução do ozônio estratosférico, aquecimento global, perda de habitat e perdas de biodiversidade, e, apesar de a evolução do sistema regulatório ambiental, a abordagem tradicional de comando e controle demonstra incompatibilidades, ensejando reflexões.[294]

O esperado Estado Regulador na área ambiental não parece refletir os pressupostos do leviatã de Thomas Hobbes, pois confrontado por um contraposto "leviatã ambiental e climático",[295] sobre o qual não há respostas políticas e regulatórias com adequação e minimamente suficiência para mitigar, senão compreender a incerta complexidade das questões ambientais e seus desafios da atualidade.

Emerge momento oportuno, portanto, para novas perspectivas e abordagens regulatórias em matéria de proteção do meio ambiente e de fomento ao desenvolvimento sustentável. Isso se relaciona ao incremento dos atuais e à concepção de novos instrumentos regulatórios que sejam minimamente suficientes para abarcarem a complexidade das questões ambientais e seus atuais desafios, assim como imprimirem mais efetiva implementação das políticas e normas ambientais.

Como aponta Anton, as políticas e normas ambientais, em nível nacional e internacional, expandiram-se consideravelmente nos últimos anos, porém, em sentido oposto, permanece a caminhar a capacidade regulatória dos Estados em monitorarem e implementarem o conjunto amplo de obrigações ambientais fixadas.[296]

A tarefa pública de implementar as políticas e normas ambientais é acompanhada das obrigações de monitoramento, de relatórios, de conformidade (*compliance*) e de desenvolvimento de melhores técnicas de supervisão, e tal fragilidade é ainda mais visível ao se considerar acordos e tratados internacionais ambientais.[297]

Observado e considerado o seu assento constitucional na ordem jurídica brasileira, a tutela ambiental deve ser viabilizada por instrumental próprio e suficiente de implementação, devendo ser salientado – e devidamente compreendido – que a construção de um mundo sustentável é tarefa que não cabe inteiramente ao Estado, tampouco só dele exigível, mas também de qualquer pessoa, em especial dos agentes econômicos.

Apesar disso, o Estado na sua função de regulação ambiental encontra-se como um degradador-omisso, fraquejando na exigibilidade de instrumentos preventivos, cumprindo insatisfatoriamente suas obrigações de fiscalização e aplicação da legislação

---

[294] FIORINO, Daniel J. *The New Environmental Regulation*. Massachussetts: MIT, 2006. p. 28, tradução livre.

[295] Para os autores Joel Wainwright e Geoff Mann, as questões ambientais e climáticas e seus efeitos políticos, geográficos, econômicos e sociais globais representariam imponente "leviatã" inevitável e quase irreversível pelos métodos regulatórios das políticas estatais vigentes, confrontando a pretensão racional de seu controle pelos governos mundiais (WAINWRIGHT, Joel; MANN, Geoff. *Climate Leviathan*: a political theory of our planetary future. London: Verso Book, 2018. p. 15-20, tradução livre).

[296] ANTON, D. K. Treaty congestion in contemporary international environmental law. *ANU College of Law Research*, [s. l.], n. 12-05, 2012. Disponível em: https://papers.ssrn.com/sol3/papers.cfm?abstract_id=1988579. Acesso em: 08 set. 2021.

[297] ANTON, D. K. Treaty congestion in contemporary international environmental law. *ANU College of Law Research*, [s. l.], n. 12-05, 2012. Disponível em: https://papers.ssrn.com/sol3/papers.cfm?abstract_id=1988579. Acesso em: 08 set. 2021.

ambiental, consequência, em grande parte das causas, de estrutural cooptação e estrangulamento por falta de recursos financeiros, técnicos e humanos, além de incompetência técnica, limitações operacionais e debilidade de vontade política.[298]

Ademais, não só a atuação do Estado para a proteção e gestão do meio ambiente é desafiada, as mudanças climáticas, a perda da integridade de ecossistemas e a geração, cada vez mais frequente, de danos e desastres socioambientais e ecológicos contrapõem as três atribuições fundamentais incumbidas ao Direito: primeiro, decidir sobre os riscos permitidos; segundo, geri-los e controlá-los; terceiro, estabelecer critérios de responsabilidade pelos danos que poderiam produzir as decisões adotadas.[299]

O desafio diante do Direito e dos seus instrumentos jurídicos de controle e regulação é possibilitar a estabilização das relações sociais e econômicas dentro dos limites ambientais e ecológicos. Convém destacar que a certeza, a segurança jurídica, não só tem sido um valor intrínseco e estruturante do Direito, mas que constitui uma das suas principais contribuições para o tráfego comercial, para a indústria e para o desenvolvimento econômico em geral.[300]

O mercado, a indústria, os trabalhadores, as empresas, o setor financeiro, os consumidores, protagonistas destacados da história dos últimos três séculos, exigiram evidentemente do Direito maior segurança e certeza para apoiar as relações que entabulam esses sujeitos, seu progresso e seu desenvolvimento.[301]

No entanto, ao se afastar a ciência das certezas, sem ser seu objetivo prioritário de oferecê-las, o Direito e a Ciência Jurídica como um todo já não podem encontrar nela um apoio firme para fundarem suas decisões. Quando agora o galopante desenvolvimento tecnológico, em paralelo às questões ambientais e climáticas, levanta toda uma série de riscos e incertezas,ara as instâncias públicas de decisão já não encontram na ciência a cobertura e a segurança do passado.[302]

Ademais, anota Garcia, como decorrência de um déficit generalizado de execução de políticas e de normas ambientais contendo padrões elevados de conduta, as expectativas que a existência dessas políticas e normas cria não confere suficiente segurança social, sendo o Direito atravessado pelos riscos, impedindo que as fronteiras do legal/ilegal coincidam com as fronteiras da certeza/incerteza.[303]

Por isso, uma regulação considerada sustentável, capaz de atuar com proporcionalidade intergeracional e de resolver os conflitos inerentes ao recrudescimento

---

[298] BENJAMIN, Antônio Herman. Constitucionalização do ambiente e ecologização da Constituição brasileira. In: CANOTILHO, José Joaquim Gomes; LEITE, José Rubens Morato (Orgs.). *Direito constitucional ambiental brasileiro*. 6. ed. São Paulo: Saraiva, 2015. p. 115-116.

[299] PARDO, José Esteve; LEITE, José Rubens Morato (Coord.). *O desconcerto do Leviatã*: política e Direito perante as incertezas da ciência. Tradução de Flávia França Dinnebier e Giorgia Sena Martins. São Paulo: Inst. O Direito por um Planeta Verde, 2015. p. 15.

[300] PARDO, José Esteve; LEITE, José Rubens Morato (Coord.). *O desconcerto do Leviatã*: política e Direito perante as incertezas da ciência. Tradução de Flávia França Dinnebier e Giorgia Sena Martins. São Paulo: Inst. O Direito por um Planeta Verde, 2015. p. 66.

[301] PARDO, José Esteve; LEITE, José Rubens Morato (Coord.). *O desconcerto do Leviatã*: política e Direito perante as incertezas da ciência. Tradução de Flávia França Dinnebier e Giorgia Sena Martins. São Paulo: Inst. O Direito por um Planeta Verde, 2015. p. 67.

[302] PARDO, José Esteve; LEITE, José Rubens Morato (Coord.). *O desconcerto do Leviatã*: política e Direito perante as incertezas da ciência. Tradução de Flávia França Dinnebier e Giorgia Sena Martins. São Paulo: Inst. O Direito por um Planeta Verde, 2015. p. 70.

[303] GARCIA, Maria da Glória F. P. D. *O lugar do direito na protecção do ambiente*. 1. ed. Coimbra: Almedina, 2007. p. 371.

das crises ambientais e da sociedade de risco, apontam Freitas e Moreira, demanda a utilização de ferramentas regulatórias ajustadas às peculiaridades da atividade a ser regulada, acompanhadas de motivação intertemporal e expostas aos competentes mecanismos de controle.[304]

Ao regulador ambiental incumbe: (a) traçar, com o maior rigor científico possível, o liame causal entre determinada fonte poluidora e a população-alvo de proteção; (b) definir a quantidade aceitável de substâncias emitidas e quais as substâncias merecem o controle estrito ou mesmo o banimento; (c) assegurar o cumprimento dos limites das emissões em cenário de escassez de recursos fiscalizatórios, a demandar o emprego não apenas de medidas clássicas, mas de meios tecnológicos de ponta; (d) estabelecer a promoção preventiva da qualidade do ar, por meio de medidas locais e indutoras de novos padrões de produção, consumo e pós-consumo. Em qualquer caso, a escolha da ferramenta regulatória precisa ser norteada por critérios científicos e iluminada pelos princípios constitucionais e pela legislação vigente, sem a captura político-partidária, sob pena de colocar em risco o bem-estar das gerações presentes e futuras e a própria higidez dos sistemas ecológicos.[305]

A regulação administrativa sustentável demanda pensamento estratégico, para além dos modelos táticos, com preservação daquilo que funcionar, mediante empírica avaliação dos impactos globais (não apenas econômicos), devendo combater as falhas de mercado e de governo, de modo concomitante, em vez do voluntarismo capturado e intrusivo que solapa o equilíbrio dinâmico das relações públicas e privadas.[306]

Na legitimação da atuação do Estado em sua função regulatória ambiental, o problema dos danos tende a ser substituído pelo do risco, desconhecendo-se *se* uma ação produz danos, *quando* os produz, *que tipo* de danos produz, *qual a sua dimensão, por quanto tempo* os produz e *as consequências* que vai determinar na vida social. O Direito, assim, através da lei, torna-se o meio de excelência de alteração de comportamentos arriscados e, logo, potencialmente danosos. É neste ponto que se encontra a principal questão: a expansão de políticas e normas ambientais implica na eficácia do Direito Ambiental? Este é o lugar do Direito na tarefa de proteção ambiental?[307] Os tempos mudaram, e a regulação ambiental deve mudar com ele.[308]

Assim, a despeito da previsão constitucional de um Estado regulador, inclusive em matéria ambiental, constatam-se limitações e deficiências nas abordagens regulatórias ainda vigentes, especialmente no comando e controle, bem como no exercício do poder de polícia.

---

[304] FREITAS, Juarez; MOREIRA, Rafael Martins Costa. Regulação Ambiental: Controle de Sustentabilidade. *Revista Jurídica (FURB)*, [S.l.], v. 24, n. 53, p. 8457, jul. 2020. Disponível em: https://proxy.furb.br/ojs/index.php/juridica/article/view/8457. Acesso em: 13 nov. 2021.

[305] FREITAS, Juarez; MOREIRA, Rafael Martins Costa. Regulação Ambiental: Controle de Sustentabilidade. *Revista Jurídica (FURB)*, [S.l.], v. 24, n. 53, p. 135, jul. 2020. Disponível em: https://proxy.furb.br/ojs/index.php/juridica/article/view/8457. Acesso em: 13 nov. 2021.

[306] FREITAS, Juarez; MOREIRA, Rafael Martins Costa. Regulação Ambiental: Controle de Sustentabilidade. *Revista Jurídica (FURB)*, [S.l.], v. 24, n. 53, p. 139, jul. 2020. Disponível em: https://proxy.furb.br/ojs/index.php/juridica/article/view/8457. Acesso em: 13 nov. 2021.

[307] GARCIA, Maria da Glória F. P. D. *O lugar do direito na protecção do ambiente*. 1. ed. Coimbra: Almedina, 2007. p. 350.

[308] FIORINO, Daniel J. *The New Environmental Regulation*. Massachussetts: MIT, 2006. p. 22.

1.3.2 Abordagem de comando e controle e suas deficiências

Para atuar na função de regulação administrativa ambiental, o Estado, pela Administração Pública, faz uso dos instrumentos ou técnicas regulatórias, como as já mencionadas anteriormente: padrões ambientais, zoneamento ambiental, licenciamento e autorizações, fiscalização, controle, apuração e sanções administrativas, entre outros.

Esses instrumentos regulatórios e administrativos representam meios de que o Estado lança mão com a finalidade de influenciar e delimitar o comportamento social para alcance dos objetivos inscritos nas políticas públicas, já as estratégias regulatórias vão além e buscam a integração dos instrumentos regulatórios em um esforço de modelagem entre diferentes ou similares técnicas.[309]

Em linhas gerais, a majoritária abordagem regulatória no Brasil ocorre por normas de comando e controle, incidente quando a estrutura normativa prevista sobre o comportamento regulado faz uso do binômio prescrição-sanção.[310]

O comando e controle é o método que: (a) descreve exaustivamente a forma como o regulado deve realizar a operação ou a manutenção de uma atividade; e (b) caracteriza como custo do serviço ou taxa de retorno, com regulado e regulador em posições antípodas, sendo esperado que o regulado procure brechas regulatórias para que sejam aplicados os comandos, ainda que isso não implique o atingimento dos objetivos esperados.[311]

É diferente da abordagem de regulação por incentivos que alinha desenho regulatório entre regulador e regulado com a responsabilidade da regulação compartilhada, como a exemplo da estruturação de efeitos públicos aos códigos de condutas de regulados e seu alinhamento a interesses públicos,[312] como ocorre, em grande parte, com os programas de integridade e *compliance*.

Em que pese não afirme, Aranha ressalta que o método regulatório de comando e controle possui alguma relação de origem com o positivismo jurídico, pois remete a um método regulatório administrativo ordenador e criminalizador com preferência no Brasil até a década de 2010 e ainda consagrado, buscando lidar com o comportamento de sujeitos regulados na crença de que o Direito se manifestaria por coerção.[313]

Ademais, Aranha ressalta que as abordagens regulatórias de comando e controle tendem a se concentrar eminentemente sobre fatores econômicos, sob argumento de que seriam fatores principais de conformação do comportamento dos agentes regulados, notadamente no âmbito empresarial e corporativo, ou seja, quando os custos da infração fossem maiores que o lucro obtido da conduta ilícita.[314]

---

[309] ARANHA, Márcio Iorio. *Manual de Direito Regulatório*: fundamentos de Direito Regulatório. 5. ed., rev., ampl. Londres: Laccademia Publishing, 2019. p. 78.

[310] BINENBOJM, Gustavo. *Poder de polícia, ordenação, regulação*: transformações político-jurídicas, econômicas e institucionais do Direito administrativo ordenador. Prefácio de Luís Roberto Barroso; Apresentação de Carlos Ari Sundfeld. 1. ed. Belo Horizonte: Fórum, 2016. p. 164.

[311] ARANHA, Márcio Iorio. *Manual de Direito Regulatório*: fundamentos de Direito Regulatório. 5. ed., rev., ampl. Londres: Laccademia Publishing, 2019. p. 96.

[312] ARANHA, Márcio Iorio. *Manual de Direito Regulatório*: fundamentos de Direito Regulatório. 5. ed., rev., ampl. Londres: Laccademia Publishing, 2019. p. 100.

[313] ARANHA, Márcio Iorio. *Manual de Direito Regulatório*: fundamentos de Direito Regulatório. 5. ed., rev., ampl. Londres: Laccademia Publishing, 2019. p. 67.

[314] ARANHA, Márcio Iorio. *Manual de Direito Regulatório*: fundamentos de Direito Regulatório. 5. ed., rev., ampl. Londres: Laccademia Publishing, 2019. p. 68.

No entanto, custos econômicos não explicam a gama de comportamentos dos regulados em setores complexos, sendo cada vez mais aplicada a abordagem regulatória para além do comando e controle, em direção a meios relacionados aos fatores internos da dinâmica dos sujeitos regulados.[315]

Para Fiorino, toda abordagem que se proponha inovar a regulação ambiental deverá necessariamente refletir os princípios de governança social e política, de Direito Reflexivo (policontextual em fontes e riscos), que enfatizam resposta compartilhada e arranjos institucionais que promovam diálogo, de modo que a estratégia de comando e controle, bem como de dissuasão, deve dar lugar a uma baseada mais em incentivos, aprendizados e responsabilidades pela melhoria contínua do ambiente regulatório.[316]

Nessa linha, e não obstante a previsão constitucional de um dever pela proteção ao meio ambiente, crucial ao desenvolvimento nacional sustentável do país, cada vez mais evidente é a limitação da abordagem de comando e controle ligada à falta de implementação das políticas e normas ambientais, situação notabilizada pela crise nos biomas no Brasil, além dos danos socioambientais estruturais, como nas barragens em Brumadinho e Mariana.

Esse contexto indica ser sintoma de uma regulação ambiental deficitária em vários vieses, dentre eles o da sua implementação, como adverte Benjamin, agravado pela irresistível exigência de adaptação contínua dos instrumentos de implementação, ajustando-os às novas realidades e desafios. A implementação está para a regulação como as mãos e os pés estão para o corpo: faltando aqueles, não há movimento, inexiste trabalho, reduzida fica a ação e reação.[317]

Na evolução histórica do denominado Estado Regulador, intervir para proteger o meio ambiente foi sinônimo de legislar para tutelá-lo e aos poucos vem se percebendo que a produção legislativa, como fato solitário, não basta. O Direito Ambiental haveria de ser algo mais que a disposição de normas e padrões de comando e controle inaplicáveis ou inaplicados, vez que, mesmo sendo um estágio pós-legislação (daí o desinteresse da doutrina clássica por ela), a implementação não se separa do fenômeno jurídico.[318]

Como adverte Aragão, o Direito Ambiental – e, por consequência, a regulação ambiental – sofre em razão da "poluição normativa", quando as normas de proteção do ambiente não são de interpretação fácil e, em consequência, os seus destinatários, os poluidores, não sabem exatamente quais são os deveres que sobre si impendem ou quais as consequências do descumprimento. Então, os poluidores apercebem-se de que é compensatório fazer interpretações "flexíveis" das leis ou correr o risco de não cumprir as leis de tutela do ambiente, aguardando um adiamento "*in extremis*" da data

---

[315] ARANHA, Márcio Iorio. *Manual de Direito Regulatório*: fundamentos de Direito Regulatório. 5. ed., rev., ampl. Londres: Laccademia Publishing, 2019. p. 70.
[316] FIORINO, Daniel J. *The New Environmental Regulation*. Massachussetts: MIT, 2006. p. 194, tradução livre.
[317] BENJAMIN, Antonio Herman. O Estado teatral e a implementação do Direito ambiental. In: BENJAMIN, Antonio Herman (Coord.). *Direito, Água e Vida*. vol. I. São Paulo: Imprensa Oficial de São Paulo, 2003. Disponível em: http://bdjur.sjt.org.br. Acesso em: 20 out. 2021. p. 33.
[318] BENJAMIN, Antonio Herman. O Estado teatral e a implementação do Direito ambiental. In: BENJAMIN, Antonio Herman (Coord.). *Direito, Água e Vida*. vol. I. São Paulo: Imprensa Oficial de São Paulo, 2003. p. 4-6. Disponível em: http://bdjur.sjt.org.br. Acesso em: 20 out. 2021.

de início de vigência ou uma prorrogação do "período transitório", ou simplesmente na expectativa de não serem descobertos ou, sendo descobertos, de não serem punidos.[319]

Em conjunto com tal "poluição" normativa, a estratégia tradicional de comando e controle carrega a práxis mecânica jurídica clássica, envolvendo a edição de leis e normas, restringindo comportamentos, submetidos às sanções, buscam, ao fim e ao cabo, afirmar simbolicamente a presença da autoridade reguladora, daí a preocupação de que seu uso seja acompanhado de produção inflexível e imprecisa de regras.[320]

Na lição de Lopes, o que o comando e controle não considera – e por isso resta deficiente em tempos atuais – é que a regulação depende do seu último estágio ligado ao *enforcement* ou constrangimento, mais complexo e abrangente do que a persecução e o sancionamento, abarcando persuasão, negociação, educação, aconselhamento, tudo para conduzir o regulado (pessoa física ou jurídica) à conformidade regulatória ou *compliance* com as políticas e normas públicas.[321]

Como ressalta Binenbojm, a atuação regulatória estatal não deve atuar somente em face das chamadas falhas de mercado, nos defeitos estruturais de determinado mercado específico, cumpre também atacar as falhas institucionais e de escolha, situações em que a racionalidade humana e institucional se depara com limites cognitivos, impedindo o indivíduo/organização de orientar seu comportamento no sentido da obtenção de resultados para si próprio,[322] como nos casos de corrupção e de fraude.

Conforme adverte Grau Neto *et al*, o tradicional sistema de comando e controle brasileiro claramente não alcança graus de efetividade que poderia – ou deveria –, sobretudo em matéria de Direito Ambiental, justamente por isso necessário o enfrentamento sobre como novos mecanismos regulatórios,[323] a exemplo de instrumentos de monitoramento e controle contínuos das atividades econômicas, ilustrados pelos programas de *compliance*, podem beneficiar a efetividade da tutela do meio ambiente sob o prisma de implementação efetiva do Direito Ambiental.

Ressalva-se, como aponta Jodas, que as críticas aos mecanismos de comando e controle devem ser tomadas como incentivos para o seu constante aperfeiçoamento e discussão. De qualquer forma, atualmente a utilização exclusiva de ferramentas de comando e controle é considerada insuficiente para concretizar um sistema de regulação ambiental eficiente na sociedade de crise ecológica.[324]

São fatores para a chamada "teatralidade estatal", aponta Benjamin, marca da separação entre lei e sua implementação, entre a norma escrita e a norma praticada. O

---

[319] ARAGÃO, Alexandra; BENJAMIN, Antonio Herman; LEITE, José Rubens Morato (Coords.). *O princípio do poluidor pagador*: pedra angular da política comunitária do ambiente. 1. ed. São Paulo: Inst. O Direito por um Planeta Verde, 2014. p. 53.

[320] LOPES, Othon de Azevedo. *Fundamentos da regulação*. 1. ed. Rio de Janeiro: Processo, 2018. p. 185.

[321] LOPES, Othon de Azevedo. *Fundamentos da regulação*. 1. ed. Rio de Janeiro: Processo, 2018. p. 197.

[322] BINENBOJM, Gustavo. *Poder de polícia, ordenação, regulação*: transformações político-jurídicas, econômicas e institucionais do Direito administrativo ordenador. Prefácio de Luís Roberto Barroso; Apresentação de Carlos Ari Sundfeld. 1. ed. Belo Horizonte: Fórum, 2016. p. 337.

[323] GRAU NETO, Werner; AZEVEDO, Andreia Bonzo Araújo; MARQUES, Mateus da Costa. Compliance ambiental: conceitos, perspectivas e aplicação no Direito ambiental. *In*: TRENNEPOHL, Terence; TRENNEPOHL, Natascha (Coords.). *Compliance no Direito ambiental*. 1. ed. São Paulo: Thomson Reuters Brasil, 2020. p. 228.

[324] JODAS, Natália. *Entre o Direito e a Economia*: pagamento por serviços ambientais no âmbito do projeto "Conservador de Águas". LEITE, José Rubens Morato; BENJAMIN, Antonio Herman (Coords.). 1. ed. São Paulo: Inst. O Direito por um Planeta Verde, 2016. p. 109.

resultado é uma ordem pública ambiental incompleta, sinal do "*Law in the Books*" e da carência do "*Law in Action*". No Brasil, ao lado dos deveres de regulação estrita (isto é, de formulação de normas jurídicas de fundo, substantivas e processuais, protetoras do meio ambiente) estão os deveres de implementação (vale dizer, de afirmação concreta de instrumentos administrativos e judiciais viabilizadores da realização concreta dos objetivos, direitos e obrigações fixados pelas normas de fundo). Logo, implementar não é poder, é dever.[325]

Com efeito, a implementação aparece como labor que não se exaure na repressão e/ou na reparação, que se orienta pelo desejo de evitar o descumprimento da norma, isto é, procura, por todos os meios, a implementação da regulação ambiental, portanto, está no ato ou processo que, através de um conjunto variado de mecanismos, leva os indivíduos ao cumprimento das exigências estabelecidas pelo ordenamento jurídico.[326]

Evidentes a insuficiência de meios e as limitações pelo Estado para a concretização de direitos e deveres fundamentais, como a proteção do meio ambiente ecologicamente equilibrado, dado representar legítimo dever, no âmbito da competência legislativa e também administrativa, de atuar com efetivação em sociedade.[327]

O consagrado modelo de "*command and control*" hoje motiva mais sérias críticas pelo déficit de legitimidade e de eficácia,[328] não só defasagem tecnológica em instrumentos regulatórios e de gestão ambiental, o Estado, sobre os aparelhos legislativo e executivo, vem sofrendo sub-reptícios processos de corrupção que corroem a máquina, a instrumentalização do Estado ambiental perde confiança social.[329]

Como tem ocorrido nos últimos anos no Brasil, Margulis destaca que as fraquezas institucionais são provavelmente o principal fator para a degradação ambiental, junto de uma definição pouco clara das responsabilidades institucionais e de uma fraca capacidade de implementação que minam uma gestão eficaz do meio ambiente, além da defasagem entre as responsabilidades e o orçamento.[330]

Em paralelo ao enfraquecimento institucional está o fator tecnologia, indiscutível nos dias atuais o poder estratégico do conhecimento tecnológico, que integra a dimensão reguladora do Direito, manifestada por ferramentas para conformar, constituir e estruturar uma política de bem-estar de toda uma sociedade.[331]

Exemplo concreto dessas deficiências e limitações na implementação da regulação ambiental brasileira está no Acórdão nº 729/2020, do Tribunal de Contas da União (TCU), que tratou do monitoramento da arrecadação de multas administrativas emitidas por 15 agências e órgãos de regulação do governo brasileiro, dentre esses o

---

[325] BENJAMIN, Antonio Herman. O Estado teatral e a implementação do Direito ambiental. *In*: BENJAMIN, Antonio Herman (Coord.). *Direito, Água e Vida*. vol. I. São Paulo: Imprensa Oficial de São Paulo, 2003. Disponível em: http://bdjur.sjt.org.br. Acesso em: 20 out. 2021. p. 14.

[326] BENJAMIN, Antonio Herman. O Estado teatral e a implementação do Direito ambiental. *In*: BENJAMIN, Antonio Herman (Coord.). *Direito, Água e Vida*. vol. I. São Paulo: Imprensa Oficial de São Paulo, 2003. Disponível em: http://bdjur.sjt.org.br. Acesso em: 20 out. 2021. p. 30.

[327] DERANI, Cristiane. *Direito ambiental econômico*. 3. ed. São Paulo: Saraiva, 2008. p. 229.

[328] GARCIA, Maria da Glória F. P. D. *O lugar do direito na protecção do ambiente*. 1. ed. Coimbra: Almedina, 2007. p. 400.

[329] GARCIA, Maria da Glória F. P. D. *O lugar do direito na protecção do ambiente*. 1. ed. Coimbra: Almedina, 2007. p. 406.

[330] MARGULIS, Sérgio. *A regulamentação ambiental*: instrumentos e implementação. Environmental regulation: tools and implementation. Brasília: Instituto de Pesquisa Econômica Aplicada (Ipea), 1997. Disponível em: http://repositorio.ipea.gov.br/handle/11058/1932. Acesso em: 05 nov. 2021.

[331] DERANI, Cristiane. *Direito ambiental econômico*. 3. ed. São Paulo: Saraiva, 2008. p. 184.

Instituto Brasileiro do Meio Ambiente e dos Recursos Naturais Renováveis (IBAMA). Nele, foi demonstrado que os entes aplicaram, nos anos de 2015 e 2016, mais de 651 mil multas, totalizando R$ 18,3 bilhões, dos quais, foram arrecadados pouco mais de R$ 435,4 milhões, correspondendo a 2,37%. Dos 15 órgãos analisados, 11 arrecadaram menos do que 10% do valor das multas aplicadas.[332]

São dados objetivos que evidenciam a limitação, não só de controle e de monitoramento preventivo, como de *compliance* e *enforcement* da regulação ambiental, vivenciado em vários setores regulados sob o tradicional comando e controle e seus conhecidos instrumentos e estratégias. Trata-se de uma falácia dizer que o sucesso da atividade regulatória seja medido pelo número de autuações. Um sistema regulatório rígido, apoiado na aplicação mecânica de normas, em vez de sustentado por uma maior racionalização da atuação estatal, gera uma deturpação das prioridades regulatórias, uma vez que mais do que punir, é preciso monitoramento avançado além do estímulo a comportamentos de adequação à regulação.[333]

Não se pode olvidar que a aplicação demasiada de multas administrativas pode ser vista como expediente arrecadatório, esquecendo-se do verdadeiro propósito de tutela do bem ambiental, a finalidade mediata da atividade administrativa – e consequentemente da própria regulação ambiental – é a tutela do meio ambiente, não sendo, em muitos casos, a sanção pecuniária a forma mais apropriada para este desiderato.[334]

Como descreve Peter Sands, o instrumento apropriado para o cumprimento de regras ambientais no futuro não será baseado na aplicação de sanções, e sim em medidas preventivas que sejam capazes de identificar a raiz do problema de descumprimento destas regras.[335] Segundo Roriz, de uma forma mais simples, significa que os infratores recebem as multas, mas não as pagam. Isso retrata que a principal forma de atuação sancionatória dos entes reguladores brasileiros não provocou o resultado desejado de constranger as infrações praticadas, ou ainda, de conformar o comportamento das organizações reguladas. Verifica-se, portanto, um possível esgotamento da eficácia da forma ou estratégia de comando e controle, ensejando que as entidades adotem outras abordagens para incrementar os seus resultados.[336]

Como aponta Margulis, seria pertinente a realização de uma mistura flexível de instrumentos regulatórios. Uma aplicação combinada de instrumentos – a abordagem "*carrot and stick*" – deve ser tentada. Os padrões estritos (*stick*) devem ser acompanhados não só da capacidade institucional para acompanhar o desempenho e a obediência a eles, mas por incentivos para que os próprios regulados exerçam o controle (*carrot*). Qualquer tipo de instrumento deve ser flexível, a fim de poder ajustar-se às condições

---

[332] BRASIL. Tribunal de Contas da União. *Acórdão nº 729/2020*, Plenário, julgado em 01.04.2020, Brasília, DF, 2020.
[333] SCHLOTTFELDT, Shana. Autorregulação e corregulação: duas ferramentas no canivete do regulador. *Revista O Consultor Jurídico*, 11 jun. 2021. Disponível em: https://www.conjur.com.br/2021-jun-11/opiniao-autorregulacao-corregulacao-ferramentas-canivete-regulador#_edn1. Acesso em: 18 set. 2021.
[334] NIEBUHR, Pedro. *Processo administrativo ambiental*. 3. ed. rev., ampl. e atual. Belo Horizonte: Fórum, 2021a. p. 82-83.
[335] SAND, Peter H. Institutional-Building to Assist Compliance with International Environmental Law: Perspectives. *Heidelberg Journal of International Law*, Heidelberg, n. 56/3, p. 775, march 20-22, 1996. tradução livre.
[336] RORIZ, Fernando Marques Cardoso. CGU além do Comando e Controle: Uma comparação com a Regulação Responsiva. *Journal of Law and Regulation*, [S. l.], v. 7, n. 1, p. 9, 2021. Disponível em: https://periodicos.unb.br/index.php/rdsr/article/view/37918. Acesso em: 06 nov. 2021. tradução livre.

locais, inclusive as condições ambientais, a capacidade das indústrias para controlar suas emissões e a extensão dos problemas e seus efeitos sobre os indivíduos e os ecossistemas. Além disso, precisa-se de muita transparência. As empresas e os demais interessados tendem a obedecer mais aos instrumentos quando compreendem como eles foram escolhidos ou participaram do processo de tomada de decisão.[337]

Conforme o manual *"Principles of Environmental Enforcement"* da *Environmental Protection Agency* (EPA), agência ambiental dos Estados Unidos, é pela regulação ambiental que o Estado atua sob critérios e procedimentos para o desenvolvimento de permitir e/ou licenciar atividades na sociedade, o que o faz tradicionalmente por meio da abordagem de comando e controle, com a qual o Estado prescreve requerimentos ambientais que promovam *enforcement* (implementação) e *compliance* (conformidade) ambiental dos regulados com as políticas e normas ambientais,[338] ou seja, a regulação deve transcender o binômio prescrição-sanção, a fim de ressignificar a relação entre regulador e regulados.

Não por acaso que Chacón afirma ser hoje a falta de eficácia o principal problema que a legislação ambiental enfrenta. Existem deficiências claras para a legislação ambiental atingir suas metas e objetivos e, ao mesmo tempo, garantir uma implementação eficaz e em conformidade (*compliance*) sustentada. O fraco institucionalismo ambiental deve ser combatido pelo fortalecimento dos novos mecanismos de fiscalização; com a criação de mecanismos de coordenação.[339]

Trata-se de perspectivas geradas das demandas que o Estado Pós-Social exigiu da Administração Pública e de suas funções (de natureza policial, unilateral executiva), tornando a abordagem tradicional do Direito Administrativo, aplicado ao Direito Ambiental, inapta para lidar com as questões ambientais complexas.[340]

São aspectos que, em conjunto, dificultam a solução dos problemas ambientais atuais (dever fundamental e objetivo maior da atuação regulatória ambiental do Estado), seja porque, aponta Ribeiro, a ação regulatória é insuficiente (gera um novo problema que solução); seja porque inexistem instrumentos adequados à complexidade das questões ambientais, o que exige novas leituras,[341] justamente a tônica desta análise.

Nesse sentido, tratando-se de abordagens que respondam aos desafios atuais por que passa a regulação em matéria de meio ambiente, fundamental são os mecanismos voltados à conformidade regulatória – *regulatory compliance* – ligada ao constrangimento normativo – *enforcement* –, a partir da qual devem ser justificados os meios regulatórios e

---

[337] MARGULIS, Sérgio. *A regulamentação ambiental*: instrumentos e implementação. Environmental regulation: tools and implementation. Brasília: Instituto de Pesquisa Econômica Aplicada (Ipea), 1997. Disponível em: http://repositorio.ipea.gov.br/handle/11058/1932. Acesso em: 05 nov. 2021.

[338] UNITED STATES ENVIRONMENTAL PROTECTION AGENCY – EPA. *Principles of Environmental Enforcement*. Office of Enforcement. 1992. Disponível em: https://nepis.epa.gov/Exe/ZyPDF.cgi/500003C8.PDF?Dockey=500003C8.PDF. Acesso em: 12 out. 2021.

[339] CHACÓN, Mário Peña. The Road Toward the Effectiveness of Environmental Law. *Revista Sequência* (Florianópolis), n. 83, p. 87-95, dez. 2019. Disponível em: https://periodicos.ufsc.br/index.php/sequencia/article/view/2177-7055.2019v41n83p87. Acesso em: 18 set. 2021.

[340] NIEBUHR, Pedro. *Processo administrativo ambiental*. 3. ed. rev., ampl. e atual. Belo Horizonte: Fórum, 2021a. p. 61.

[341] RIBEIRO, Flávio de Miranda. *Reforma da Regulação Ambiental*: características e estudos de caso do estado de São Paulo. Tese (doutorado em Ciências Ambientais). Programa de Pós-Graduação em Ciência Ambiental. Instituto de Eletrotécnica e Energia. Universidade de São Paulo (USP). São Paulo, 2012. p. 43.

seus parâmetros para que os particulares cumpram com as políticas e normas públicas,[342] como a exemplo dos programas de *compliance*.

Trata-se de função inerente ao Direito, enquanto técnica social apoiada no reconhecimento de sua influência sobre o comportamento institucional e, por consequência, no pressuposto de que a disciplina normativa e a atividade administrativa ordenadora, prestacional ou fomentadora conformam a conduta regulada.[343]

Além de que, aponta Niebuhr, mecanismos de comando e controle não são suficientes para forçar os regulados – titulares de pretensão que impacte o ambiente – a conformarem suas condutas, a inteligência que se requer do Poder Público é conceber e aperfeiçoar um modelo que desestimule a irregularidade, qualquer que seja a sua fonte, e fomente uma cultura de conformidade, especialmente em questões ambientais que, através somente de sanção pecuniária como reprimenda, não restam mensuradas, sem prejuízo do risco à mercantilização das infrações e danos ambientais.[344]

É preciso que se busque alternativas, para além do comando e controle apoiado por sanções, regras essas elaboradas e fiscalizadas pelas autoridades públicas, para transpor o foco em incentivos, autocontrole, auditoria e gestão.[345]

Além disso, abordagem puramente repressiva é cara e ineficaz, especialmente porque a repressão e as ameaças não resolvem o problema da não conformidade involuntária (devido à falta de informação ou capacidade de se conformar) e também porque a repressão motiva a conformidade criativa e outras formas de resistência.[346]

Como alerta Oliveira, os instrumentos de comando e controle têm demonstrado sua ineficácia ao longo dos tempos, posto que sua aplicação de forma solitária não tem contribuído para a melhora do controle dos agentes poluidores, não tendo demonstrado resultados positivos acerca do controle da degradação dos recursos naturais.[347]

Traz consigo desvantagens que dificultam a eficácia de sua aplicação, tais como o fato de que todos os agentes poluidores são tratados de forma única e igualitária, deixando de atentar para diferenças sensíveis e essenciais entre os agentes, tais como porte, capacidade de produção e consumo de recursos naturais e quantidade de poluentes emitidos, fato esse que dificulta sobremaneira a aplicação das normas e a fiscalização de seu cumprimento, gerando ainda altos custos de manutenção.[348]

---

[342] ARANHA, Márcio Iorio. *Manual de Direito Regulatório*: fundamentos de Direito Regulatório. 5. ed., rev., ampl. Londres: Laccademia Publishing, 2019. p. 61.

[343] ARANHA, Márcio Iorio. *Manual de Direito Regulatório*: fundamentos de Direito Regulatório. 5. ed., rev., ampl., Londres: Laccademia Publishing, 2019, ARANHA, Márcio Iorio. *Manual de Direito Regulatório*: fundamentos de Direito Regulatório. 5. ed., rev., ampl. Londres: Laccademia Publishing, 2019. 64.

[344] NIEBUHR, Pedro. *Processo administrativo ambiental*. 3. ed. rev., ampl. e atual. Belo Horizonte: Fórum, 2021a. p. 150, 195 e 285.

[345] LODGE, Martin; WEGRICH, Kai. O enraizamento da Regulação de Qualidade: Fazer as perguntas difíceis é a resposta. In: PROENÇA, Jadir Dias; COSTA, Patrícia Vieira da; MONTAGNER, Paula (Orgs.). *Desafios da Regulação no Brasil*. 1. ed. Brasília: ENAP, 2009. p. 24.

[346] LODGE, Martin; WEGRICH, Kai. O enraizamento da Regulação de Qualidade: Fazer as perguntas difíceis é a resposta. In: PROENÇA, Jadir Dias; COSTA, Patrícia Vieira da; MONTAGNER, Paula (Orgs.). *Desafios da Regulação no Brasil*. 1. ed. Brasília: ENAP, 2009. p. 25.

[347] OLIVEIRA, Hugo Santos de. *Políticas ambientais sustentáveis de comando e controle e a eficácia dos instrumentos econômicos*. Frutal: Prospectiva, 2016. p. 14.

[348] OLIVEIRA, Hugo Santos de. *Políticas ambientais sustentáveis de comando e controle e a eficácia dos instrumentos econômicos*. Frutal: Prospectiva, 2016. p. 14.

Embora combinações engenhosas não sejam à prova de falhas, nem eliminem totalmente conflitos nas decisões sobre padrões de fiscalização,[349] especialmente na área ambiental, o cenário de danos no Brasil exige novas perspectivas. É incontroverso, como apontam Lodge e Wegrich, que qualquer sistema de regulação de alta qualidade deve, na verdade, tentar tornar os eventuais conflitos transparentes, em vez de tentar suprimi-los,[350] o que remete à conhecida tese de que respostas simples não resolvem questões complexas e estruturais, como é o caso do contexto exposto até aqui.

Logo, a atuação regulatória ambiental permanece vinculada à abordagem de comando e controle, cujas aplicações não vêm obtendo êxito na implementação (*enforcement*) e conformidade dos regulados (*compliance*) com políticas e normas ambientais, fato ligado também ao poder de polícia estatal em tempos complexos.

1.3.3 As limitações do poder de polícia ambiental

No Brasil, a manifestação principal da regulação estatal em matéria de meio ambiente está diretamente vinculada ao exercício do poder de polícia administrativa do Estado, a partir do qual os órgãos e entidades competentes atuam no tema.

Para Binenbojm, o poder de polícia historicamente detém noção e compreensão de subordinação pré-jurídica do cidadão ao Estado e ao seu poder, em que a superioridade do ente coletivo sobre os indivíduos é apresentada como um dado inato. Na linha de Otto Mayer, o poder de polícia teria surgido como correlato do dever dos súditos, não expresso em lei, mas pressuposto, de respeitar ou não colocar em perigo o valor supremo, jurídico por natureza, perseguido pelo Estado: a ordem pública.[351]

Contudo, em suas definições clássicas, adverte Binenbojm, faz-se supor a existência de um poder discricionário implícito para interferir nos direitos individuais dos particulares e restringi-los, o que, nesses termos, coloca em xeque as garantias mais caras ao Estado de Direito, questionando-se as novas conformações exigidas do poder de polícia para adequá-lo aos padrões de um mundo democrático, submetido ao *"rule of law"*, mas também solapado pela racionalidade técnica e pelo fato da globalização.[352]

A previsão normativa do poder de polícia administrativa estatal está no art. 78, do Código Tributário Nacional (Lei Federal nº 5.712/1966), para o qual:

> Art. 78. Considera-se poder de polícia atividade da administração pública que, limitando ou disciplinando direito, interêsse ou liberdade, regula a prática de ato ou abstenção de fato, em razão de intêresse público concernente à segurança, à higiene, à ordem, aos

---

[349] LODGE, Martin; WEGRICH, Kai. O enraizamento da Regulação de Qualidade: Fazer as perguntas difíceis é a resposta. *In:* PROENÇA, Jadir Dias; COSTA, Patrícia Vieira da; MONTAGNER, Paula (Orgs.). *Desafios da Regulação no Brasil.* 1. ed. Brasília: ENAP, 2009. p. 34.

[350] LODGE, Martin; WEGRICH, Kai. O enraizamento da Regulação de Qualidade: Fazer as perguntas difíceis é a resposta. *In:* PROENÇA, Jadir Dias; COSTA, Patrícia Vieira da; MONTAGNER, Paula (Orgs.). *Desafios da Regulação no Brasil.* 1. ed. Brasília: ENAP, 2009. p. 35.

[351] BINENBOJM, Gustavo. *Poder de polícia, ordenação, regulação*: transformações político-jurídicas, econômicas e institucionais do Direito administrativo ordenador. Prefácio de Luís Roberto Barroso; Apresentação de Carlos Ari Sundfeld. 1. ed. Belo Horizonte: Fórum, 2016. p. 19.

[352] BINENBOJM, Gustavo. *Poder de polícia, ordenação, regulação*: transformações político-jurídicas, econômicas e institucionais do Direito administrativo ordenador. Prefácio de Luís Roberto Barroso; Apresentação de Carlos Ari Sundfeld. 1. ed. Belo Horizonte: Fórum, 2016. p. 23.

costumes, à disciplina da produção e do mercado, ao exercício de atividades econômicas dependentes de concessão ou autorização do Poder Público, à tranqüilidade pública ou ao respeito à propriedade e aos direitos individuais ou coletivos.[353]

Para Medauar, o poder de polícia visa propiciar a convivência social mais harmoniosa possível, para evitar ou atenuar conflitos no exercício dos direitos e atividades dos indivíduos entre si e ante o interesse geral, desde os aspectos clássicos da segurança de pessoas e bens, saúde e tranquilidade públicas, até a preservação do meio ambiente natural e cultural e o combate ao abuso do poder econômico.[354]

Acerca do tema, o Instituto Brasileiro do Meio Ambiente e dos Recursos Naturais Renováveis (IBAMA), em conjunto com o Ministério do Meio Ambiente (MMA) e o Instituto Chico Mendes de Conservação da Biodiversidade (ICMBio), publicou a Instrução Normativa Conjunta nº 1/2021, na qual, o art. 6º, XII, definiu:

Art. 6º Para os fins desta Instrução Normativa Conjunta, entende-se por:
(...)
XII – Fiscalização ambiental: exercício do poder de polícia administrativa, pelo qual a Administração Pública, em razão do interesse público, limita ou disciplina liberdade ou interesse e a prática de ato ou abstenção de fato, mediante procedimentos próprios, para garantia do cumprimento da legislação em vigor, através da realização de atos e procedimentos de fiscalização que podem ou não resultar na aplicação de sanção administrativa ambiental, visando a proteção de bens ambientais e a melhoria da qualidade ambiental; (...)[355]

Segundo Antunes, a polícia administrativa do meio ambiente, para assegurar a obediência às normas ambientais, pode ser preventiva ou repressiva. A atuação preventiva ou repressiva faz-se mediante a utilização de medidas de polícia ambiental, sendo o conceito de polícia do meio ambiente, essencialmente, jurídico-administrativo referente à atuação dos órgãos ambientais e à função de fiscalização e controle por eles exercidos, constituída por uma gama de intervenções do Poder Público para disciplinar a ação dos particulares, objetivando prevenir atentados à ordem pública ambiental.[356]

Como aponta Wedy, a utilização dos recursos ambientais é atividade submetida ao poder de polícia do Estado. É o exercício deste poder que servirá de parâmetro para os limites de utilização, legítimos, segundo a ordem jurídica vigente, tratando-se de poderoso instrumento de harmonização de direitos fundamentais, fazendo com que os direitos individuais sejam exercidos com respeito aos direitos de terceiros.[357]

O poder de polícia ambiental deve ser, cada vez mais, compreendido de modo abrangente, desprendido de sua faceta eminentemente repressiva, com vistas à face

---

[353] BRASIL. Presidência da República. *Lei nº 5.712, de 25 de outubro de 1966*. Dispõe sobre o Sistema Tributário Nacional e institui normas gerais de Direito tributário aplicáveis à União, Estados e Municípios. Brasília, 1966. Disponível em: http://www.planalto.gov.br/ccivil_03/leis/l5172compilado.htm. Acesso em: 03 nov. 2021.

[354] MEDAUAR, Odete. *Direito administrativo moderno*. 21. ed. Belo Horizonte: Fórum, 2018. p. 333-334.

[355] BRASIL. Ministério do Meio Ambiente. *Instrução Normativa Conjunta MMA/IBAMA/ICMBio nº 1, de 12 de Abril de 2021*. Brasília, 2021. Disponível em: https://www.in.gov.br/en/web/dou/-/instrucao-normativa-conjunta-mma/ibama/icmbio-n-1-de-12-de-abril-de-2021-314019923. Acesso em: 22 out. 2021.

[356] ANTUNES, Paulo de Bessa. *Direito ambiental*. 20. ed. São Paulo: Atlas, 2019. p. 61.

[357] WEDY, Gabriel. Estado socioambiental de direito: a Lei da Política Nacional do Meio Ambiente e os seus parâmetros regulatórios. *In*: MILARÉ, Édis. (Coord.). *Quarenta anos da Lei da Política Nacional do Meio Ambiente*: reminiscências, realidade e perspectivas. 1. ed. Belo Horizonte: D'Plácido, 2021. p. 366.

preventiva, por medidas consensuais, persuasivas e educativas, nele sendo abarcado padrões, limitações, vedações e sanções (expressados pelo comando e controle), como também – e sobretudo – medidas de incentivo, persuasão e participação.[358]

Na estrutura regulatória administrativa ambiental brasileira, ocupam relevo entre os atos de poder de polícia administrativa o licenciamento, os estudos ambientais, o zoneamento e a criação de espaços territoriais protegidos – arrolados no art. 9º da Lei nº 6.938/1981, além das comuns ações de fiscalização e sanção,[359] baseadas na Lei Federal nº 9.605/1998 (Lei de Crimes e Infrações Administrativas Ambientais) e no Decreto Federal nº 6.514/2008, além de outras previsões normativas especiais.

Sob o ângulo constitucional, é possível perceber que os arts. 170, 173 e 174 da Constituição brasileira concedem ao Estado razoável margem empírica de apreciação para a escolha de instrumentos de regulação à ordenação das diversas atividades econômicas. No contexto da regulação ambiental, a medida administrativa com esse fim e que mais interessa nesse contexto – de compatibilização entre defesa do ambiente e desenvolvimento de atividades econômicas – é o processo administrativo de licenciamento ambiental, pois serve para analisar, de forma preventiva, projetos e atividades de particulares ou do próprio Poder Público, que possam afetar as condições ambientais e levem a degradações,[360] tema a ser abordado no capítulo seguinte.

Na área ambiental, a atuação por meio do poder de polícia administrativa adquire contornos peculiares, pois a proliferação de conceitos jurídicos indeterminados, característica das questões ambientais, amplia o leque de esferas e atores envolvidos, além de se diversificarem sobremaneira as fontes de Direito nesta seara.[361]

Isso se soma ao desvio de finalidade dos atos administrativos da Administração Pública em matéria ambiental, com fenômenos como clientelismo, corrupção e falta de clara separação entre espaço público e o privado, adverte Krell,[362] devendo ser destacado ainda que um controle jurisdicional mais intenso dos atos administrativos ambientais não significa, necessariamente, um aumento de proteção ambiental.[363]

Por esses e outros motivos, afirma Niebuhr, o clássico poder de polícia deve ser compreendido como "atividade de ordenação", terminação mais apropriada para sua desvinculação do contexto de Estado Policial e de autoritarismo, mostrando-se em melhor condição de traduzir a atuação estatal em segmentos não relacionados às formas

---

[358] WEDY, Gabriel. Estado socioambiental de direito: a Lei da Política Nacional do Meio Ambiente e os seus parâmetros regulatórios. *In*: MILARÉ, Édis. (Coord.). *Quarenta anos da Lei da Política Nacional do Meio Ambiente*: reminiscências, realidade e perspectivas. 1. ed. Belo Horizonte: D´Plácido, 2021. p. 369.

[359] WEDY, Gabriel. Estado socioambiental de direito: a Lei da Política Nacional do Meio Ambiente e os seus parâmetros regulatórios. *In*: MILARÉ, Édis. (Coord.). *Quarenta anos da Lei da Política Nacional do Meio Ambiente*: reminiscências, realidade e perspectivas. 1. ed. Belo Horizonte: D´Plácido, 2021. p. 369-370.

[360] KRELL, Andreas J. *Discricionariedade administrativa e proteção ambiental*: o controle dos conceitos jurídicos indeterminados e a competência dos órgãos ambientais, um estudo comparativo. 1. ed. Porto Alegre: Livraria do Advogado Editora, 2004. p. 58.

[361] NIEBUHR, Pedro. *Processo administrativo ambiental*. 3. ed. rev., ampl. e atual. Belo Horizonte: Fórum, 2021a. p. 68.

[362] KRELL, Andreas J. *Discricionariedade administrativa e proteção ambiental*: o controle dos conceitos jurídicos indeterminados e a competência dos órgãos ambientais, um estudo comparativo. 1. ed. Porto Alegre: Livraria do Advogado Editora, 2004. p. 25.

[363] KRELL, Andreas J. *Discricionariedade administrativa e proteção ambiental*: o controle dos conceitos jurídicos indeterminados e a competência dos órgãos ambientais, um estudo comparativo. 1. ed. Porto Alegre: Livraria do Advogado Editora, 2004. p. 57.

típicas de incidência do poder de polícia (tranquilidade, salubridade, segurança), como é o caso da proteção ambiental, da ordenação territorial, da economia, entre outros.[364]

Como advertem Rocha e Carvalho, em matéria ambiental o Estado ainda detém atribuições fundamentais, como o poder de polícia administrativa ambiental e a atuação preventiva na formação de regramentos e sanções administrativas.[365] Contudo, é inquestionável que o ente estatal não se encontra mais absoluto nas decisões. Com o deslocamento dos centros de poder e o surgimento de novas formas institucionais, a racionalidade jurídica afasta-se da postura monológica pelo Estado.[366]

Dentre as causas dessa limitação está a histórica atuação do Estado por meio da noção clássica de poder de polícia fundada na crença da onipotência estatal, isto é, da aptidão de estruturas prescritivas rígidas – próprias das relações de sujeição – para ordenar as atividades privadas consoante o trabalhoso conceito de interesse público.

Assim, definidas as competências e as regras de conduta exigíveis dos administrados – predominantemente por normas de comando e controle –, o poder de polícia daria conta de conformar o comportamento dos agentes econômicos às razões do Estado, mediante uso da força, se necessário.[367]

Todas as atividades capazes de alterar negativamente as condições ambientais estão submetidas ao controle ambiental, que é uma atividade geral de polícia exercida pelo Estado, sendo um poder-dever estatal de exigir que as diferentes atividades humanas sejam exercidas com observância da legislação de proteção ao meio ambiente, independentemente de estarem licenciadas ou não, aponta Antunes.[368]

Como espécie de controle, o licenciamento ambiental é uma modalidade específica para atividades que, devido às suas dimensões, sejam potencialmente capazes de causar degradação ambiental, é instrumento, juntamente com a fiscalização, de principal manifestação do poder de polícia administrativa exercido pelo Estado sobre as atividades utilizadoras de recursos ambientais.[369]

Ocorre que o sistema de licenciamento ambiental é essencialmente preventivo e não pode se esgotar na mera concessão das licenças, como tem ocorrido na prática, o acompanhamento das licenças concedidas e as performances ambientais são objetivos a alcançar. O excesso de atividades submetidas ao regime de licenciamento, bem como as inúmeras dificuldades burocráticas envolvidas nos procedimentos de licenciamento ambiental fazem com que a parte mais importante, isto é, o controle do desempenho, conforme os termos determinados na licença, simplesmente não aconteça.[370] Trata-se da dependência da regulação à eficácia do poder de polícia ambiental do Estado.

---

[364] NIEBUHR, Pedro. *Processo administrativo ambiental*. 3. ed. rev., ampl. e atual. Belo Horizonte: Fórum, 2021a. p. 20.
[365] ROCHA, Leonel Severo; CARVALHO, Délton Winter de. Policontexturalidade e direito ambiental reflexivo. *Revista Sequência*, Florianópolis, n. 53, p. 9-28, dez. 2006. Disponível em: https://periodicos.ufsc.br/index.php/sequencia/article/view/15090/13745. Acesso em: 20 nov. 2021.
[366] ROCHA, Leonel Severo; CARVALHO, Délton Winter de. Policontexturalidade e direito ambiental reflexivo. *Revista Sequência*, Florianópolis, n. 53, p. 9-28, dez. 2006. Disponível em: https://periodicos.ufsc.br/index.php/sequencia/article/view/15090/13745. Acesso em: 20 nov. 2021. p. 22.
[367] BINENBOJM, Gustavo. *Poder de polícia, ordenação, regulação*: transformações político-jurídicas, econômicas e institucionais do Direito administrativo ordenador. Prefácio de Luís Roberto Barroso; Apresentação de Carlos Ari Sundfeld. 1. ed. Belo Horizonte: Fórum, 2016. p. 160.
[368] ANTUNES, Paulo de Bessa. *Direito ambiental*. 20. ed. São Paulo: Atlas, 2019. p. 65.
[369] ANTUNES, Paulo de Bessa. *Direito ambiental*. 20. ed. São Paulo: Atlas, 2019. p. 65.
[370] ANTUNES, Paulo de Bessa. *Direito ambiental*. 20. ed. São Paulo: Atlas, 2019. p. 68.

Como conclui Binenbojm, o poder de polícia resta desafiado, pois incumbido de conformar os atos e condutas a promover o desfrute dos direitos fundamentais e o alcance de outros objetivos de interesse da coletividade, definidos pela via da deliberação democrática, de acordo com os limites estabelecidos na Constituição.[371]

O mesmo desafio é anotado por Freitas, para o qual o poder de polícia administrativa hoje deve mais se pautar de modo dialógico, preferencialmente por sanções positivas e de incentivo, sem a fixação nos velhos métodos de *"command and control"*, cada vez mais exauridos, embora não possam ser totalmente abandonados.[372]

Na lição de Niebuhr, não apenas no Direito Administrativo, como também – e sobretudo – no Direito Ambiental, percebe-se a necessidade de se deslocar o centro de discussão do resultado final da atuação da Administração (do ato licenciatório ou autorizativo, da sanção administrativa) para o *modo* como a decisão é construída, e de como as relações se estabelecem entre a Administração Pública e os particulares.[373]

Ao mesmo tempo, ressalta Krell, a falta de efetividade da legislação ambiental brasileira sofre com a inadequação das estruturas administrativas encarregadas de fiscalizar e executar as leis, sendo comum um desajustamento entre a estrutura e as tarefas atribuídas aos órgãos de controle ambiental,[374] fato que corrobora a dependência da regulação ao êxito de um já limitado poder de polícia ambiental do Estado.

É por isso que o Direito Ambiental, quando lança mão de mecanismos do Direito Administrativo – como no caso do poder de polícia – deve superar a perspectiva tradicional. A Administração Pública, no encargo de proteger o meio ambiente, não pode sozinha desempenhar tal desiderato, dadas as limitações de ordem físico-estrutural (os agentes administrativos não podem estar em todos os lugares de ocorrência do dano ambiental) e técnico-científica (a Administração depende da ciência e da técnica para revelar causas e extensão dos impactos ambientais), ou constitucional (a CF/88 atribui legitimidade material para a coletividade no dever de proteção ambiental).[375]

Para Niebuhr, é a necessidade de prevenção/mitigação de certos impactos que justifica o exercício do poder de polícia ambiental prévio ao desenvolvimento das atividades econômicas impactantes, forma que, quando da expedição de licenças ou autorizações ambientais, certifica a conformidade com normas de usos e ocupação do solo e ambientais, além de fixar medidas mitigadoras de impactos negativos, buscando-se prevenir a ilicitude e o efeito adverso.[376]

Diante de incertezas sobre o desempenho da atuação regulatória, Binenbojm argumenta não dever haver nem supremacia geral em favor do Estado, nem sujeição geral em desfavor dos particulares, mas um plexo dúctil de conformações possíveis entre

---

[371] BINENBOJM, Gustavo. *Poder de polícia, ordenação, regulação*: transformações político-jurídicas, econômicas e institucionais do Direito administrativo ordenador. Prefácio de Luís Roberto Barroso; Apresentação de Carlos Ari Sundfeld. 1. ed. Belo Horizonte: Fórum, 2016. p. 325.

[372] FREITAS, Juarez. *O controle dos Atos Administrativos e os Princípios Fundamentais*. 5. ed. São Paulo: Malheiros, 2013. p. 255.

[373] NIEBUHR, Pedro. *Processo administrativo ambiental*. 3. ed. rev., ampl. e atual. Belo Horizonte: Fórum, 2021a. p. 62.

[374] KRELL, Andreas J. *Discricionariedade administrativa e proteção ambiental*: o controle dos conceitos jurídicos indeterminados e a competência dos órgãos ambientais, um estudo comparativo. 1. ed. Porto Alegre: Livraria do Advogado Editora, 2004. p. 91.

[375] NIEBUHR, Pedro. *Processo administrativo ambiental*. 3. ed. rev., ampl. e atual. Belo Horizonte: Fórum, 2021a. p. 56-57.

[376] NIEBUHR, Pedro. *Processo administrativo ambiental*. 3. ed. rev., ampl. e atual. Belo Horizonte: Fórum, 2021a. p. 227.

posições individuais e coletivas, que fazem do poder de polícia um variado instrumental a serviço da realização coordenada da democracia e dos direitos fundamentais.[377]

Nessa linha, de um lado haveria uma involuntária e colateral "desestatização" do poder de polícia verificada pela crescente atribuição, reconhecimento ou pelo exercício de fato – isto é, independentemente de qualquer título jurídico-formal – de funções ordenadoras por atores não estatais. De outro, haveria uma desterritorialização decorrente do reconhecimento de novas formas de regulação, por entidades transnacionais, que já não extraem sua legitimidade da soberania estatal.[378]

Ambos os fenômenos decorreriam da impossibilidade de o Estado exercer – seja por razões econômicas, seja por razões técnicas e materiais – a ordenação de todos os aspectos da complexa vida econômica e social contemporânea, razões que levam o Direito Administrativo contemporâneo a buscar conciliar formas privadas de autorregulação com as exigências publicísticas de participação, transparência e *accountability*, próprias da regulação estatal, para arranjos institucionais híbridos, como a corregulação e a autorregulação regulada,[379] pontos que serão abordados nos capítulos posteriores.

Observado o dever fundamental de proteção ao meio ambiente imputado ao Estado – e também à coletividade – pela CF/88, e constatadas as limitações da atuação regulatória ambiental – sobretudo pela abordagem centralizada no comando e controle e dependente do poder de polícia administrativa –, surgem desafios cruciais para a implementação da regulação ambiental atualmente, ponto do próximo tópico.

1.4 Desafios para implementação da regulação ambiental

Em recente trabalho publicado, a Organização das Nações Unidas (ONU), por meio do Programa das Nações Unidas para o Meio Ambiente (PNUMA), concluiu o primeiro relatório intitulado de *"Environmental Rule of Law: First Global Report"*, alertando que, apesar da expansiva criação de órgãos públicos, políticas e normas ambientais nas últimas décadas pela maioria das nações mundiais, ainda remanesce lacuna entre as leis ambientais e a sua efetiva implementação.[380]

O relatório produzido pelo PNUMA assevera que desde a Declaração de Estocolmo de 1972, leis ambientais e instituições se expandiram consideravelmente em todo o mundo, sublinhando que todos os países têm pelo menos uma lei ou regulamento ambiental, e que a maioria estabeleceu ainda e, em vários graus, ministérios do meio ambiente, ressaltando que em muitas instâncias essas leis e instituições ajudaram a desacelerar ou reverter grande parte de degradação ambiental.[381]

---

[377] BINENBOJM, Gustavo. *Poder de polícia, ordenação, regulação*: transformações político-jurídicas, econômicas e institucionais do Direito administrativo ordenador. Prefácio de Luís Roberto Barroso; Apresentação de Carlos Ari Sundfeld. 1. ed. Belo Horizonte: Fórum, 2016. p. 333.

[378] BINENBOJM, Gustavo. *Poder de polícia, ordenação, regulação*: transformações político-jurídicas, econômicas e institucionais do Direito administrativo ordenador. Prefácio de Luís Roberto Barroso; Apresentação de Carlos Ari Sundfeld. 1. ed. Belo Horizonte: Fórum, 2016. p. 340.

[379] BINENBOJM, Gustavo. *Poder de polícia, ordenação, regulação*: transformações político-jurídicas, econômicas e institucionais do Direito administrativo ordenador. Prefácio de Luís Roberto Barroso; Apresentação de Carlos Ari Sundfeld. 1. ed. Belo Horizonte: Fórum, 2016. p. 340.

[380] PROGRAMA DAS NAÇÕES UNIDAS PARA O MEIO AMBIENTE – PNUMA. *Environmental Rule of Law*: First Global Report. Nairobi, Kenya, p. 16, 2019. Disponível em: https://www.unep.org/resources/assessment/environmental-rule-law-first-global-report. Acesso em: 10 nov. 2021.

[381] PROGRAMA DAS NAÇÕES UNIDAS PARA O MEIO AMBIENTE – PNUMA. *Environmental Rule of Law*: First Global Report. Nairobi, Kenya, p. 1, 2019. Disponível em: https://www.unep.org/resources/assessment/environmental-rule-law-first-global-report. Acesso em: 10 nov. 2021.

Contudo, tal progresso é acompanhado por uma crescente lacuna de implementação em aberto – tanto em nações desenvolvidas como em desenvolvimento – entre os requisitos de políticas e leis ambientais e sua implementação e aplicação.[382]

Lançando proposições para compreensão e superação desse cenário, o PNUMA destaca que o fomento a um Estado de Direito ambientalmente preocupado e disposto a dar efeito e força às políticas e normas ambientais seria a chave para resolver esta lacuna de implementação e assim avançar inclusive no cumprimento das diretrizes de saúde pública, meio ambiente, direitos humanos, benefícios econômicos e sociais.

Sem o fomento ao cumprimento legal ambiental, não há desenvolvimento sustentável, um Estado de Direito ambientalmente preocupado e definido, com instituições responsáveis e por um público informado e engajado, aponta o PNUMA, seria a receita segura para levar a uma cultura de conformidade (*compliance*) que abranja o meio ambiente e os valores sociais.[383]

Além disso, destaca o PNUMA que, a partir de 2017, cerca de 176 países ao redor do mundo já possuíam leis ambientais sendo implementadas por centenas de agências e ministérios. Muitas outras leis de escopos diversos contribuíram também para o corpo de legislação ambiental, com instrumentos legais presentes em 187 países, com os quais são exigidas avaliações ambientais para projetos que impactam o meio ambiente, e em pelo menos metade dos países do mundo teria sido adotada legislação garantindo acesso à informação em geral ou informações ambientais em particular. Desde a década de 1970, um grupo de 88 países adotou expressamente um direito constitucional a um meio ambiente saudável, com mais 62 países consagrando a proteção ambiental em suas Constituições, resultando em um total de 150 países de todo o mundo com direitos constitucionais sobre o ambiente.[384]

Ainda assim, afirmou o PNUMA, remanescem lacunas em muitas leis, cujas razões para tal problema residem no fato desses comandos permanecerem no papel, sem concretização, porque a implementação e a fiscalização governamental são irregulares, incompletas e ineficazes. Em muitas instâncias, as leis que foram promulgadas carecem de formas que impeçam a ineficácia da implementação (por exemplo, a falta de padrões claros ou ordens necessárias e oportunas). Há ainda o desafio da falta de incentivos para conformidade e *compliance* ambiental e de mais capacidade estrutural de implementação e aplicação das políticas e normas ambientais.[385]

Em paralelo, muitos países em desenvolvimento priorizam demasiadamente o desenvolvimento macroeconômico ao alocarem fundos e definirem prioridades. Isso

---

[382] PROGRAMA DAS NAÇÕES UNIDAS PARA O MEIO AMBIENTE – PNUMA. *Environmental Rule of Law*: First Global Report. Nairobi, Kenya, p. 1, 2019. Disponível em: https://www.unep.org/resources/assessment/environmental-rule-law-first-global-report. Acesso em: 10 nov. 2021.

[383] PROGRAMA DAS NAÇÕES UNIDAS PARA O MEIO AMBIENTE – PNUMA. *Environmental Rule of Law*: First Global Report. Nairobi, Kenya, p. 2, 2019. Disponível em: https://www.unep.org/resources/assessment/environmental-rule-law-first-global-report. Acesso em: 10 nov. 2021.

[384] PROGRAMA DAS NAÇÕES UNIDAS PARA O MEIO AMBIENTE – PNUMA. *Environmental Rule of Law*: First Global Report. Nairobi, Kenya, p. 2, 2019. Disponível em: https://www.unep.org/resources/assessment/environmental-rule-law-first-global-report. Acesso em: 10 nov. 2021.

[385] PROGRAMA DAS NAÇÕES UNIDAS PARA O MEIO AMBIENTE – PNUMA. *Environmental Rule of Law*: First Global Report. Nairobi, Kenya, p. 3, 2019. Disponível em: https://www.unep.org/resources/assessment/environmental-rule-law-first-global-report. Acesso em: 10 nov. 2021.

resulta em órgãos ambientais com poucos recursos e fracos politicamente em comparação com os ministérios e órgãos estatais de desenvolvimento econômico.[386]

Embora a ajuda internacional tenha ajudado muitos países a desenvolverem leis de enquadramento ambiental, nem o orçamento doméstico nem a ajuda internacional estão sendo suficientes para criarem agências ambientais fortes, capacitarem adequadamente os seus funcionários e juízes nacionais em matéria de leis ambientais ou criarem educação duradoura sobre e aplicação das leis. Como resultado, muitas políticas e leis ambientais ainda precisam criar raízes na sociedade e, na maioria dos casos, não há para tanto uma concreta cultura de conformidade (*compliance*) ambiental.[387]

O relatório cita que as experiências exitosas pelo mundo indicam como pertinentes a construção de capacidade institucional, da responsabilidade e da integridade das agências ambientais e dos tribunais como fatores que ajudariam a garantir que as leis ambientais sejam implementadas, cumpridas e aplicadas, pois melhorar a governança por meio de instituições mais fortes, resilientes e resistentes à corrupção também contribuiria para a aplicação das leis de meio ambiente.[388]

Com o mesmo viés e com foco no cenário regulatório do Brasil, a Organização para Cooperação e o Desenvolvimento Econômico (OCDE), publicou relatório em 2021, denominado de "Avaliação do progresso do Brasil na implementação das recomendações da Análise de Desempenho Ambiental e promoção de seu alinhamento com o acervo básico da OCDE sobre meio ambiente".

Com o estudo, a OCDE destacou que durante os últimos cinco anos o Brasil enfrentou grandes desafios ambientais, incluindo duas explosões de mineração de barragens, o pior vazamento de óleo da história do país e o pico do desmatamento e dos incêndios florestais, sendo que esses desafios foram somados a persistentes problemas sociais e econômicos, agravados pela crise da Covid-19.[389]

Embora possua extensa legislação ambiental e uma sociedade civil ativa, alertou a OCDE, o Brasil precisa em curto prazo aprimorar e empregar com mais eficácia as políticas que o país já possui e se desenvolver. O desafio é colocar efetivamente em prática as disposições legais, sendo uma questão crucial garantir recursos financeiros e humanos suficientes, melhorando a coordenação entre os níveis de governo e

---

[386] PROGRAMA DAS NAÇÕES UNIDAS PARA O MEIO AMBIENTE – PNUMA. *Environmental Rule of Law*: First Global Report. Nairobi, Kenya, p. 3, 2019. Disponível em: https://www.unep.org/resources/assessment/environmental-rule-law-first-global-report. Acesso em: 10 nov. 2021.

[387] PROGRAMA DAS NAÇÕES UNIDAS PARA O MEIO AMBIENTE – PNUMA. *Environmental Rule of Law*: First Global Report. Nairobi, Kenya, p. 3, 2019. Disponível em: https://www.unep.org/resources/assessment/environmental-rule-law-first-global-report. Acesso em: 10 nov. 2021.

[388] PROGRAMA DAS NAÇÕES UNIDAS PARA O MEIO AMBIENTE – PNUMA. *Environmental Rule of Law*: First Global Report. Nairobi, Kenya, p. 4, 2019. Disponível em: https://www.unep.org/resources/assessment/environmental-rule-law-first-global-report. Acesso em: 10 nov. 2021.

[389] ORGANIZAÇÃO PARA A COOPERAÇÃO E O DESENVOLVIMENTO ECONÔMICO – OCDE. *Evaluating brazil's progress in implementing environmental performance review recommendations and promoting its alignment with OECD core acquis on the environment*. Paris, p. 57, 2021. Disponível em: https://www.oecd.org/environment/country-reviews/Brazils-progress-in-implementing-Environmental-Performance-Review-recommendations-and-alignment-with-OECD-environment-acquis.pdf. Acesso em: 25 out. 2021.

assegurando a implementação efetiva das políticas e normas, incluindo a garantia de conformidade (*compliance*), nos demais níveis federativos e não apenas no federal.[390]

Ainda no relatório da OCDE, recomendou-se a adoção de grandes reformas destinadas a cortar subsídios para atividades prejudiciais ambientalmente, que o alinhamento com a prevenção integrada da poluição e abordagem de controle também deverão ser reforçadas por uma melhor coordenação entre as agências governamentais, além de melhor integração de instrumentos ambientais no planejamento do uso da terra e na garantia de recursos humanos e financeiros para o monitoramento e a fiscalização ambiental, tudo possível por meio de mecanismos projetados para orientar as ações e acompanhar continuamente o progresso da regulação ambiental,[391] justamente a perspectiva a ser defendida por esta análise até aqui.

Evidente, a esta altura e por tudo o que foi mencionado, que tanto as conclusões da ONU quanto as da OCDE corroboram a necessidade de reavaliação e de incremento das abordagens de implementação do quadro regulatório ambiental.

Com efeito, são recomendações ligadas à capacidade de gerar e induzir a conformidade (*compliance*) ambiental, instituto que é dependente da aplicação, da fiscalização, do controle e do incentivo ao cumprimento das políticas e normas de meio ambiente, funções regulatórias – expressadas pela tutela administrativa ambiental – desafiadas por dilemas estruturais, como corrupção, fraude, falta de transparência e acesso à informação, além da falta de meios de incentivos e de participação dos regulados.

1.4.1 Corrupção e fraude

A regulação em matéria de proteção do meio ambiente e de desenvolvimento sustentável há muito vem sofrendo influências dos riscos e das práticas de atos de corrupção e das variadas formas de fraude – especialmente na perspectiva da implementação das políticas e normas ambientais – confirmando a peculiaridade deste tema entre os grandes desafios para o cumprimento do Direito Ambiental e do quadro regulatório de meio ambiente atualmente.

Não por acaso, o texto da Convenção das Nações Unidas contra a Corrupção de 2003, ratificada no Brasil pelo Decreto Federal nº 5.867/2006, no preâmbulo traz:

> Os Estados Partes da presente convenção preocupam-se com a gravidade dos problemas e com as ameaças decorrentes da corrupção, para a estabilidade e a segurança das sociedades, ao enfraquecer as instituições e os valores da democracia, da ética e da justiça e *ao comprometer o desenvolvimento sustentável* e o Estado de Direito, que podem comprometer

---

[390] ORGANIZAÇÃO PARA A COOPERAÇÃO E O DESENVOLVIMENTO ECONÔMICO – OCDE. *Evaluating brazil's progress in implementing environmental performance review recommendations and promoting its alignment with OECD core acquis on the environment*. Paris, p. 58, 2021. Disponível em: https://www.oecd.org/environment/country-reviews/Brazils-progress-in-implementing-Environmental-Performance-Review-recommendations-and-alignment-with-OECD-environment-acquis.pdf. Acesso em: 25 out. 2021.

[391] ORGANIZAÇÃO PARA A COOPERAÇÃO E O DESENVOLVIMENTO ECONÔMICO – OCDE. *Evaluating brazil's progress in implementing environmental performance review recommendations and promoting its alignment with OECD core acquis on the environment*. Paris, p. 59, 2021. Disponível em: https://www.oecd.org/environment/country-reviews/Brazils-progress-in-implementing-Environmental-Performance-Review-recommendations-and-alignment-with-OECD-environment-acquis.pdf. Acesso em: 25 out. 2021.

uma proporção importante dos recursos dos Estados e que ameaçam a estabilidade política e *o desenvolvimento sustentável dos mesmos*.[392]

Trata-se de uma confirmação, portanto, da inter-relação existente entre o combate à corrupção, a proteção do meio ambiente e o desenvolvimento sustentável.

Com esse contexto, Bugge assevera que a corrupção integra os principais desafios atuais para o cumprimento das leis protetivas da natureza, pois pressupõe interesses individualistas e nocivos aos seus valores intrínsecos, sendo que o meio ambiente torna-se, pois, uma vítima silenciosa da corrupção,[393] corroborando a necessidade de sua regulação e controle no contexto da área ambiental.

Há muito são publicados estudos a respeito da relação existente entre o avanço da corrupção e as deficiências na proteção ambiental, temas que estão no radar de grandes organizações pelo mundo, pela Organização Não Governamental (ONG) alemã *Transparency International*, a qual destaca que os grandes casos de corrupção mostram como o conluio entre empresas e políticos subtrai das economias nacionais bilhões de dólares que foram canalizados para beneficiar poucos à custa de muitos, esse tipo de corrupção sistêmica e em larga escala viola os direitos humanos, impede o desenvolvimento sustentável e alimenta a exclusão social.[394]

A respeito da temática, a ONG alemã destaca que a corrupção pode ocorrer em múltiplos níveis de governo e, como em outras áreas, pode assumir muitas formas: uso de subornos, presentes, venda de influências, favoritismos, nepotismo e propinas.[395]

No nível mais alto, a corrupção é uma captura estatal, pela qual as leis e as próprias políticas refletem interesses especiais ou são projetados para facilitar o lucro privado por meio de atividades ilegais e não transparentes, bem como em processos de permissão e certificação. Os funcionários mal remunerados têm um incentivo não só para explorar lacunas em leis e regulamentos, mas também para receber subornos em inspeções e no policiamento de atividades ilegais relacionadas ao meio ambiente.[396]

Fortalecendo sua pioneira atuação, a referida entidade alemã em outro estudo, cujo título é "*Global Corruption Report: Climate Change*"[397] ou "Relatório Global de Corrupção: Mudanças climáticas", em parceria com a ONG *Greenpeace*, examinou a corrupção e o avanço das mudanças climáticas, observando as relações que o fenômeno corruptivo possui com as causas diretas e indiretas para o avanço das mudanças climáticas. Esse

---

[392] UNITED NATIONS OFFICE ON DRUGS AND CRIME – UNODC. *Convenção das Nações Unidas contra a Corrupção*. Nova York. 2003. Disponível em: https://www.unodc.org/documents/lpo-brazil//Topics_corruption/Publicacoes/2007_UNCAC_Port.pdf Acesso em: 28 out. 2021.

[393] BUGGE, Hans Christian. Twelve fundamental challenges in environmental law. *In*: VOIGT, Christina (ed.) *Rule of Law for Nature*. Cambridge: Cambridge University Press, 2013.

[394] DILLON *et al*. *Corruption and The Environment*. A project for Transparency International. Columbia University: School of International & Public Affairs, p. 6, 2006. Disponível em: http://mpaenvironment.ei.columbia.edu/files/2014/06/Transparency-International-final-report.pdf. Acesso em: 02 nov. 2021.

[395] DILLON *et al*. *Corruption and The Environment*. A project for Transparency International. Columbia University: School of International & Public Affairs, p. 11, 2006. Disponível em: http://mpaenvironment.ei.columbia.edu/files/2014/06/Transparency-International-final-report.pdf. Acesso em: 02 nov. 2021.

[396] DILLON *et al*. *Corruption and The Environment*. A project for Transparency International. Columbia University: School of International & Public Affairs, p. 11, 2006. Disponível em: http://mpaenvironment.ei.columbia.edu/files/2014/06/Transparency-International-final-report.pdf. Acesso em: 02 nov. 2021.

[397] TRANSPARENCY INTERNATIONAL – TI. *Global Corruption Report*: Climate Change. 2011. Disponível em: https://www.transparency.org/en/publications/global-corruption-report-climate-change. Acesso em: 25 out. 2021.

referencial corrobora a necessidade de se conceber a corrupção como um novo obstáculo à contenção dos efeitos das questões ambientais e climáticas, devendo ser combatida para que se atinja um mínimo desenvolvimento sustentável.

O mesmo desafio é pauta da União Internacional para Conservação da Natureza (IUCN), segundo sua *"World Declaration on the Environmental Rule of Law"*, publicada em 2016, pela qual um Estado de Direito de proteção ambiental tem como premissa os principais elementos de governança, incluindo medidas de *compliance* efetivo com leis, regulamentos e políticas, incluindo execução penal, civil e administrativa adequada, responsabilidade ambiental por danos e mecanismos para resolução de disputas oportuna, imparcial e independente, assim como fomento de auditoria e relatórios ambientais, juntamente com outras responsabilidades eficazes, transparência, ética, integridade e mecanismos anticorrupção.[398]

Oportuno destacar os 17 Objetivos de Desenvolvimento Sustentável (ODS), da Agenda 2030 Global da ONU, com foco no ODS nº 16, voltado a promover sociedades pacíficas e inclusivas para o desenvolvimento sustentável, proporcionar o acesso à justiça para todos e construir instituições eficazes, responsáveis e inclusivas em todos os níveis,[399] com metas de "reduzir substancialmente a corrupção e o suborno em todas as suas formas" e de "desenvolver instituições eficazes, responsáveis e transparentes em todos os níveis", confirmando a relação intrínseca entre combate à corrupção, proteção do meio ambiente e desenvolvimento sustentável.

Segundo a Transparência Internacional Brasil, a corrupção seria o abuso de poder confiado a alguém para obtenção de ganho privado. Pode ser classificada como grande corrupção ou pequena e aquelas de natureza política ou privada (conhecida como "corrupção comercial") a depender do volume de recursos e do setor em que ocorre.[400]

Na etimologia, o termo corrupção – derivado do latim *"corruptio"* – representa ato de deterioração, depravação, ligado à alteração do estado ou das características originais de algo,[401] o que denota uma relação próxima ao que a degradação das condições sadias do meio ambiente representa para a sociedade e a própria natureza.

Para o Tribunal de Contas da União (TCU), na legislação penal brasileira, em sentido estrito, a corrupção apresenta-se de duas formas: corrupção ativa e corrupção passiva que, suscintamente, significam oferecer ou solicitar alguma vantagem indevida, respectivamente.[402] No cotidiano, contudo, a corrupção é um termo guarda-chuva que abriga diversas outras condutas, a exemplo das searas administrativa e civil, como improbidade administrativa e infrações funcionais, entre outras previsões normativas.

---

[398] INTERNATIONAL UNION FOR CONSERVATION OF NATURE – IUCN. *World Declaration on the Environmental Rule of Law*. Rio de Janeiro. 2016. Disponível em: https://www.iucn.org/sites/dev/files/content/documents/english_world_declaration_on_the_environmental_rule_of_law_final.pdf. Acesso em: 31 out. 2021.

[399] ORGANIZAÇÃO DAS NAÇÕES UNIDAS – ONU. *Objetivo de Desenvolvimento Sustentável 16*. Paris, 2015. Disponível em: https://brasil.un.org/pt-br/sdgs/16. Acesso em: 30 out. 2021.

[400] TRANSPARÊNCIA INTERNACIONAL BRASIL – TIBR. *O que é a Corrupção?* 2021d. Disponível em: https://transparenciainternacional.org.br/quem-somos/perguntas-frequentes/. Acesso em: 30 out. 2021.

[401] DICIONÁRIO ONLINE DE PORTUGUÊS – DICIO. *Significado de Corrupção*. 2021. Disponível em: https://www.dicio.com.br/corrupcao/. Acesso em: 18 dez. 2021.

[402] BRASIL. Tribunal de Contas da União. *Referencial de combate à fraude e corrupção*: aplicável a órgãos e entidades da Administração Pública / Tribunal de Contas da União. – Brasília: TCU, Coordenação-Geral de Controle Externo dos Serviços Essenciais ao Estado e das Regiões Sul e Centro-Oeste (Coestado), Secretaria de Métodos e Suporte ao Controle Externo (Semec), 2. ed. 2018. p. 13.

Em virtude dessa amplitude de efeitos que a corrupção ambiental apresenta, um dos possíveis mecanismos a serem priorizados por uma tutela administrativa ambiental moderna – que projete o dever fundamental do Estado e da coletividade – é fomentar uma participação ampla, mas, acima de tudo, um controle social e jurídico constitucional efetivo, participativo, transparente e que estipule responsabilizações e também antecipações seguras às infrações administrativas e crimes ambientais.

Como alerta Staffen, a escassez de recursos, a burocracia, a especulação econômica e as condições sociais induzem atos de corrupção relacionados com o meio ambiente e seus sistemas, isso em Estados em desenvolvimento ou desenvolvidos.[403]

Quanto à fraude, a *International Auditing and Assurance Standards Board* (IAASB) indica como "ato intencional praticado por um ou mais indivíduos, entre gestores, responsáveis pela governança, empregados ou terceiros, envolvendo o uso de falsidade para obter uma vantagem injusta ou ilegal".[404]

Para o TCU, a fraude pode ocorrer pela lesão intencional ou por omissão, ainda que o agente não se beneficie dela. Pode até ocorrer sem lesão, desde que o agente esteja se beneficiando. Existindo ganho, este pode ser direto – o mais comum – ou indireto, por recebimento de vantagem, mesmo que sem valoração financeira.[405]

A atuação regulatória deve abarcar, nessa imputação e controle, os agentes indiretos públicos e privados que, por conivência de interesses e benefícios ilegalmente acrescidos, omitam ou negligenciam danos e violações altamente nocivas ao meio ambiente e à população, observando, por certo, os direitos e garantias fundamentais que protegem o patrimônio e interesse públicos e os atores e organizações investigadas.

O Direito Ambiental, portanto, é profundamente afetado em razão da necessidade de que o combate à corrupção na área ambiental não se faz apenas pelo Direito, mas também – e em especial – pela atuação administrativa nos processos administrativos ambientais, sobretudo nos licenciamentos, como será tratado no segundo capítulo.

Dessa forma, a corrupção é um desafio que afeta o desenvolvimento sustentável, notadamente a variável ambiental, essencialmente no que diz respeito aos bens ambientais, e nesse sentido, a título de exemplo, a gestão de recursos naturais essenciais – recursos hídricos, o setor madeireiro, a mineração, as barragens e as hidrelétricas, entre outros – além de ser um fator negativo, cuja influência é alavancada diante da fiscalização dos setores econômicos e ambientais relacionados às fontes de energia não renováveis, a proteção ambiental deve considerar a corrupção uma variável significativa para as instituições ambientais e, acima de tudo, para o desenvolvimento sustentável.[406]

---

[403] STAFFEN, Márcio Ricardo. Indicadores transnacionais de corrupção ambiental: a opacidade na transparência internacional. *Revista de Direito Internacional*, Brasília, v. 17, n. 2, p. 353, 2020. Disponível em: https://www.publicacoesacademicas.uniceub.br/rdi/article/view/6644/pdf. Acesso em: 25 nov. 2021.

[404] INTERNATIONAL AUDITING AND ASSURANCE STANDARDS BOARD – IAASB. *International Standard on Auditing 240*, New York, 2009. Disponível em: https://www.ifac.org/system/files/downloads/a012-2010-iaasb-handbook-isa-240.pdf. Acesso em: 30 out. 2021.

[405] BRASIL. Tribunal de Contas da União. *Referencial de combate à fraude e corrupção*: aplicável a órgãos e entidades da Administração Pública / Tribunal de Contas da União. – Brasília: TCU, Coordenação-Geral de Controle Externo dos Serviços Essenciais ao Estado e das Regiões Sul e Centro-Oeste (Coestado), Secretaria de Métodos e Suporte ao Controle Externo (Semec), 2. ed. 2018. p. 16.

[406] PEIXOTO, Bruno Teixeira; SOARES, Natanael Dantas. Corruption, Sustainable Development Goals and Ecological Rule of Law. *In*: LEITE, José Rubens Morato *et al*. *Innovations in the Ecological Rule of Law*. 1. ed. São Paulo: Inst. O Direito por um Planeta Verde, 2018. p. 161, tradução livre.

É o que alerta a Transparência Internacional Brasil no relatório "Novas Medidas Contra a Corrupção e sua relevância para Temas Socioambientais", no qual concluiu que a corrupção é um elemento em muitas ações públicas e privadas que provocam a degradação ambiental, a emissão de gases de efeito estufa e a violação de direitos, dentre outras consequências, podendo afetar desde a elaboração e a implementação de leis, regulações e políticas, até o funcionamento das instituições e da capacidade do Estado de detectar, investigar e responsabilizar quem comete crimes ambientais.[407]

Nesse caminhar, é a partir da compreensão sobre as formas e os impactos da corrupção nas agendas ambiental e climática que se torna possível formular e implementar reformas capazes de enfrentar efetivamente o problema. Trata-se de reformas que incluem o aprimoramento das leis, normas e instituições responsáveis pela promoção da integridade, da transparência e do combate à corrupção.[408]

Entre as medidas propostas pela TI Brasil, estão: (a) aprofundar a política de dados abertos para monitorar e combater irregularidades e crimes ambientais; (b) fomentar canais de denúncia, medidas de proteção, com a importância dos denunciantes de corrupção para o meio ambiente; (c) governança ambiental e regulamentação do *lobby*; (d) combate à lavagem de dinheiro, crimes ambientais e transparência do beneficiário final; e (e) financiamento eleitoral, corrupção e influência indevida em políticas ambientais.[409]

Corroborando o tema, a TI Brasil, em 2021, publicou novo estudo, em parceria com a ONG WWF Brasil, "Grandes Obras na Amazônia: Corrupção e Impactos Socioambientais". Nele destacou que investigações e denúncias revelaram, ao longo das últimas décadas, casos graves de corrupção em fases distintas da construção de grandes obras de infraestrutura na Amazônia.[410] Do planejamento até a implementação das obras, haveria necessidade, entre outras, de aprimorar a prevenção à corrupção na gestão de impactos e no licenciamento, de implementar reformas de integridade no setor público e privado e de fortalecer o controle social e a participação.[411]

Os casos de corrupção nesse cenário vinculam-se à pressão sobre a decisão de se fazer determinada obra – apesar dos seus possíveis riscos e impactos –, interferências no licenciamento ambiental, flexibilização de áreas protegidas, impactos diretos e indiretos

---

[407] TRANSPARÊNCIA INTERNACIONAL BRASIL – TIBR. *Novas Medidas Contra a Corrupção e sua Relevância para Temas Socioambientais*. São Paulo, p. 2, ago. 2021a. Disponível em: https://comunidade.transparenciainternacional.org.br/novas-medidas-e-temas-socioambientais. Acesso em: 31 out. 2021.

[408] TRANSPARÊNCIA INTERNACIONAL BRASIL – TIBR. *Novas Medidas Contra a Corrupção e sua Relevância para Temas Socioambientais*. São Paulo, p. 2, ago. 2021a. Disponível em: https://comunidade.transparenciainternacional.org.br/novas-medidas-e-temas-socioambientais. Acesso em: 31 out. 2021.

[409] TRANSPARÊNCIA INTERNACIONAL BRASIL – TIBR. *Novas Medidas Contra a Corrupção e sua Relevância para Temas Socioambientais*. São Paulo, p. 3, ago. 2021a. Disponível em: https://comunidade.transparenciainternacional.org.br/novas-medidas-e-temas-socioambientais. Acesso em: 31 out. 2021.

[410] No relatório, 6 (seis) grandes casos são listados: Ponto do Rio Negro (Amazonas); Estrada do Pacífico (Peru-Brasil); Gasoduto Urucu-Coari-Manaus (Amazonas); Hidrelétrica de Belo Monte (Pará); Hidrelétrica de Girau (Rondônia); e Hidrelétrica de Santo Antônio (Rondônia). Exemplos, segundo a Transparência Internacional Brasil, nos quais as práticas de corrupção e o desrespeito à legislação socioambiental interferiram no curso desses megaempreendimentos (TRANSPARÊNCIA INTERNACIONAL BRASIL – TIBR. *Novas Medidas Contra a Corrupção e sua Relevância para Temas Socioambientais*. São Paulo, p. 10, ago. 2021a. Disponível em: https://comunidade.transparenciainternacional.org.br/novas-medidas-e-temas-socioambientais. Acesso em: 31 out. 2021).

[411] TRANSPARÊNCIA INTERNACIONAL BRASIL – TIBR. *Novas Medidas Contra a Corrupção e sua Relevância para Temas Socioambientais*. São Paulo, p. 5, ago. 2021a. Disponível em: https://comunidade.transparenciainternacional.org.br/novas-medidas-e-temas-socioambientais. Acesso em: 31 out. 2021.

subdimensionados – inclusive aqueles sofridos por povos indígenas, comunidades tradicionais e outros grupos afetados –, problemas na gestão dos recursos de mitigação e compensação, além da má aplicação dos *royalties* gerados pela atividade.[412]

É um quadro em ascensão no Brasil, notadamente em casos com esquemas fraudulentos ou corruptivos na atuação da Administração Pública ambiental e empresas ou entidades públicas, no sentido de burlar ou capturar a regulação de atividades econômicas impactantes ou então nos processos de infrações administrativas ou criminais previstas na legislação nacional. Trata-se de operações no âmbito do desmatamento ilegal na Amazônia[413] até precedentes dos tribunais nacionais,[414] registrando-se cumulações entre corrupção, infrações e crimes ambientais.

Conforme Leitão, a corrupção tem custos políticos, econômicos e sociais reais, muitas vezes são difíceis de quantificar, uma vez que a corrupção por sua natureza é difícil de medir, de modo que um custo adicional e não menos importante da corrupção seria a degradação ambiental, implicando deficiências nas necessidades básicas de habitação, de água potável, de saneamento e de cuidados de saúde.[415]

Essas ligações sugerem a necessidade de enquadrar os problemas ambientais dentro de uma perspectiva que abranja a pobreza mundial e a desigualdade. Apesar das teorizações e descrições existentes da economia política no que diz respeito às interações entre meio ambiente e sociedade, há evidências generalizadas de suborno e troca ilegal na gestão de recursos naturais hoje em dia, e o combate à corrupção continua ineficaz, com graves consequências para a qualidade ambiental.[416]

Embora a corrupção não seja ambientalmente destrutiva em sentido geral para a qualidade ambiental, a má governança resultaria em má formulação de políticas, de gerenciamento, de monitoramento e de fiscalização, e isso poderá se tornar aparente através de problemas com a sustentabilidade ambiental, especialmente quando as instituições são fracas e suscetíveis a serem corroídas pela corrupção, destaca Leitão.[417]

---

[412] TRANSPARÊNCIA INTERNACIONAL BRASIL – TIBR. *Novas Medidas Contra a Corrupção e sua Relevância para Temas Socioambientais*. São Paulo, p. 16, ago. 2021a. Disponível em: https://comunidade.transparenciainternacional.org.br/novas-medidas-e-temas-socioambientais. Acesso em: 31 out. 2021

[413] BRASIL. Ministério de Justiça e Segurança Pública. *Polícia Federal deflagra operação contra desmatamento ilegal no interior do Pará*. 2020. Disponível em: https://www.gov.br/pf/pt-br/assuntos/noticias/2020/07-noticias-de-julho-de-2020/policia-federal-deflagra-operacao-contra-desmatamento-ilegal-no-interior-do-para. Acesso em: 02 nov. 2021.

[414] PENAL. PROCESSUAL PENAL. FALSIDADE IDEOLÓGICA. FUNCIONÁRIO PÚBLICO PREVALENDO-SE DO CARGO. CORRUPÇÃO PASSIVA. CONSEQUÊNCIA. ATO DE OFÍCIO INFRINGINDO DEVER FUNCIONAL. MATERIALIDADE. AUTORIA. PENA DE MULTA. 1. Apelante condenado nas penas dos arts. 299, parágrafo único, e 371, §1º, ambos do CP, (falsidade ideológica praticada por funcionário público, prevalecendo-se do cargo e corrupção passiva majorada pela consequência da prática de ato de ofício infringindo dever funcional), em concurso material (art. 69 do CP), em razão de, na condição de funcionário da Secretaria Estadual do Meio Ambiente e Desenvolvimento Sustentável de Goiás – SEMARH/GO, em contrapartida a vantagem econômica no importe total de R$14.000,00 (catorze mil reais), inserir coordenadas em licenças ambientais diversas das delimitações poligonais constantes do processo minerário, no intuito de conferir feição de legalidade a atividade de extração mineral (areia e cascalho). (…) (BRASIL. Tribunal Regional Federal (1. Região). *Apelação Criminal nº 0005509-92.2015.4.01.3500*. Relator Des. Mônica Sifuentes, julgamento em 29.09.2020, publicado no e-DJF1 em 15.12.2020, Brasília, DF, 2020).

[415] LEITÃO, Alexandra. Corruption and the Environment. *Journal of Socialomics*, v. 5, n. 3, p. 2, tradução livre, 2016. Disponível em: https://repositorio.ucp.pt/handle/10400.14/22510. Acesso em: 03 nov. 2021.

[416] LEITÃO, Alexandra. Corruption and the Environment. *Journal of Socialomics*, v. 5, n. 3, p. 3, tradução livre, 2016. Disponível em: https://repositorio.ucp.pt/handle/10400.14/22510. Acesso em: 03 nov. 2021.

[417] LEITÃO, Alexandra. Corruption and the Environment. *Journal of Socialomics*, v. 5, n. 3, p. 3, tradução livre, 2016. Disponível em: https://repositorio.ucp.pt/handle/10400.14/22510. Acesso em: 03 nov. 2021.

Para Jodas, a literatura jurídica aponta deficiências na aplicação dos mecanismos de comando e controle, como no elevado custo administrativo das autoridades no monitoramento das obrigações e dos deveres normativos ambientais e o risco de se fomentar um "mercado" de corrupção no quadro regulatório de meio ambiente.[418]

Na mesma linha, Schramm destaca ser consensual que os mecanismos públicos de comando e controle e sancionamento previstos no ordenamento jurídico brasileiro são ineficazes – ou pouco eficazes – no combate à corrupção. A rigor, não se trata da falta de normas, mas da forma como se dá a sua operacionalização.[419]

Quando as leis ambientais são ignoradas, ou agências de proteção ambiental são subfinanciadas para que os funcionários aceitem subornos para sobreviver, os governos se tornam menos responsivos aos cidadãos e mais capazes de ignorarem o dano ao meio ambiente.[420] A maneira mais imediata de diminuir a corrupção nos setores econômicos não renováveis é a regulação através da transparência e da responsabilidade.[421]

Por isso, um custo adicional e importante da corrupção – e ainda pouco explorado pela regulação estatal – é a degradação ambiental, e a boa governança, incluindo um amplo compromisso com o Estado de Direito, é crucial para a sustentabilidade ambiental, sendo uma forma de ao menos mitigar o impacto estrutural que a corrupção vem tendo sobre o meio ambiente.[422]

Não por acaso, o PNUMA, em parceria com a INTERPOL, em estudo recente indica que, ao lado da corrupção e crimes organizados, juntam-se o tráfico de resíduos, de produtos químicos e substâncias que destroem a camada de ozônio, de frutos do mar pescados ilegalmente, de madeira e produtos florestais, como minerais de conflito, incluindo ouro e diamantes, emergindo nova área cuja criminalidade se diversificou e disparou como quarto maior setor de crime do mundo, crescendo 2 a 3 vezes o ritmo da economia global, sendo estimado que, em matéria de recursos naturais, cerca de US$ 91 bilhões a US$ 258 bilhões anuais de dólares estão sendo roubados, privando os países de receitas futuras e oportunidades de desenvolvimento sustentável.[423]

Para o PNUMA e a INTERPOL, as raízes de infrações e crimes ambientais variam muito, o *design*, a identificação e a implementação de respostas apropriadas devem ser cuidadosamente planejados, pois as causas são principalmente os baixos riscos e altos lucros em um ambiente permissivo como resultado de má governança e de corrupção generalizada, com orçamentos mínimos para a polícia ambiental, a acusação e os

---

[418] JODAS, Natália. *Entre o Direito e a Economia*: pagamento por serviços ambientais no âmbito do projeto "Conservador de Águas". LEITE, José Rubens Morato; BENJAMIN, Antonio Herman (Coords.). 1. ed. São Paulo: Inst. O Direito por um Planeta Verde, 2016. p. 108.
[419] SCHRAMM, Fernanda Santos. *Compliance nas contratações públicas*. 1. ed. Belo Horizonte: Fórum, 2019, p. 56.
[420] LEITÃO, Alexandra. Corruption and the Environment. *Journal of Socialomics*, v. 5, n. 3, p. 3, tradução livre, 2016. Disponível em: https://repositorio.ucp.pt/handle/10400.14/22510. Acesso em: 03 nov. 2021.
[421] LEITÃO, Alexandra. Corruption and the Environment. *Journal of Socialomics*, v. 5, n. 3, p. 5, tradução livre, 2016. Disponível em: https://repositorio.ucp.pt/handle/10400.14/22510. Acesso em: 03 nov. 2021.
[422] LEITÃO, Alexandra. Corruption and the Environment. *Journal of Socialomics*, v. 5, n. 3, p. 5, tradução livre, 2016. Disponível em: https://repositorio.ucp.pt/handle/10400.14/22510. Acesso em: 03 nov. 2021.
[423] UNITED NATIONS ENVIRONMENT PROGRAMME – UNEP. *The Rise of Environmental Crime*: a growing threat to natural resources peace, development and security. A UNEP-INTERPOL Rapid Response Assessment. p. 2, tradução livre, 2016. Disponível em: https://wedocs.unep.org/handle/20.500.11822/7662. Acesso em: 03 nov. 2021.

tribunais, o apoio institucional inadequado, a interferência política e a baixa moral dos funcionários, com benefícios mínimos desarticulados.[424]

A atuação regulatória estatal em matéria ambiental passa a necessitar de instrumentos vinculados ao espectro da corrupção, muito vinculada comumente à captura regulatória, a qual exige mecanismos institucionais e de interesse público, não sendo resolvida com a retórica fuga regulatória anti-estadista, com *"laissez-faire"* imaginário, tampouco sob controversa e automática desregulação.[425]

Como destaca a Transparência Internacional, a corrupção é um elemento que, entre outras consequências, provoca a degradação ambiental e a violação de direitos, a exploração ilegal de madeira, o garimpo ilegal, a grilagem de terras públicas, sendo que decisões sobre obras de infraestrutura com intensos impactos socioambientais e o fornecimento inadequado de serviços de saneamento básico e de transporte público estão muitas vezes relacionadas a atos e esquemas de corrupção, como fraudes em licitações e em licenças ambientais, pagamento de propinas, desvio de recursos públicos e financiamento ilegal de campanhas eleitorais.[426]

Diante desses grandes desafios, a nova base de regulação administrativa, no século XXI, tem de ser vista como pedra angular da governança sustentável, alicerçada no direito fundamental à boa administração, distanciada da regulação "capturada", "governativa" ou tendenciosa, tampouco nas crenças falsas de concorrência perfeita, do equilíbrio de mercado e em falácias inocentes ou nem tão inocentes, a sustentabilidade determina o profundo redesenho do arcabouço regulatório, a desregulação estatal revelou-se em confiança excessiva na resiliência infalível dos mercados.[427]

Na realidade, a resiliência dos mercados mostrou-se ilusão que ensejou imensos estragos sistêmicos, urge-se construir modelo regulatório interdisciplinar, compreendido como inerência do "poder de polícia administrativa", porém sabendo lidar com incentivos e fomento.[428] A regulação sustentável é mais de Estado do que "governativa", no sentido de o regulador exercer atividade típica do Estado Constitucional, inconfundível com proteções unilaterais de grupos de interesse.[429]

---

[424] UNITED NATIONS ENVIRONMENT PROGRAMME – UNEP. *The Rise of Environmental Crime*: a growing threat to natural resources peace, development and security. A UNEP-INTERPOL Rapid Response Assessment. p. 10, tradução livre, 2016. Disponível em: https://wedocs.unep.org/handle/20.500.11822/7662. Acesso em: 03 nov. 2021.

[425] NOVAK, William J. A Revisionist History of Regulatory Capture. *Preventing Regulatory Capture*: Special Interest Influence and How to Limit it. Edited by CARPENTE, Daniel; MOSS, David. Cambridge: Cambridge University Press, 2013. p. 12-13, tradução livre.

[426] TRANSPARÊNCIA INTERNACIONAL BRASIL – TIBR. *Novas medidas contra a corrupção e sua relevância para temas socioambientais*. São Paulo, p. 5, 2021b. Disponível em: https://comunidade.transparenciainternacional.org.br/novas-medidas-e-temas-socioambientais. Acesso em: 05 jan. 2022.

[427] FREITAS, Juarez. Direito administrativo e o Estado sustentável. *Revista Direito à Sustentabilidade*, [S. l.], v. 1, n. 1, p. 14, 2014. Disponível em: https://e-revista.unioeste.br/index.php/direitoasustentabilidade/article/view/11042. Acesso em: 13 nov. 2021.

[428] FREITAS, Juarez. Direito administrativo e o Estado sustentável. *Revista Direito à Sustentabilidade*, [S. l.], v. 1, n. 1, p. 14, 2014. Disponível em: https://e-revista.unioeste.br/index.php/direitoasustentabilidade/article/view/11042. Acesso em: 13 nov. 2021.

[429] FREITAS, Juarez. Direito administrativo e o Estado sustentável. *Revista Direito à Sustentabilidade*, [S. l.], v. 1, n. 1, p. 15, 2014. Disponível em: https://e-revista.unioeste.br/index.php/direitoasustentabilidade/article/view/11042. Acesso em: 13 nov. 2021.

Essas perspectivas alçam a corrupção e formas de fraude a desafios estruturais para que se atinja uma implementação (*enforcement*) e conformidade (*compliance*) da regulação em matéria de meio ambiente. Exige-se da função regulatória administrativa do Estado abordagem e mecanismos capazes de prevenir, detectar e punir de modo efetivo esses problemas de corrupção e fraude na área ambiental.

São desafios, portanto, que pelas suas próprias características e reflexos, somados à limitação da atuação regulatória de comando e controle e sua dependência ao poder de polícia administrativa ambiental, agravam sobremaneira a complexidade das questões ambientais na atualidade, fazendo-se necessárias abordagens e instrumentos mais bem estruturados e que façam frente a esse contexto em ascensão.

1.4.2 Transparência, acesso à informação e participação

Uma segunda linha de desafios para a efetividade da atuação regulatória ambiental do Estado está atrelada à transparência, ao acesso à informação e à participação em matéria de meio ambiente e desenvolvimento sustentável.

A participação redunda na transparência dos processos, e legitima as decisões públicas ambientais, sendo que através da participação há uma via de mão dupla, Estado e sociedade, considerando que o meio ambiente não é propriedade do Poder Público.[430]

O acesso à informação ambiental, em tempos de "*fake news*" e negacionismos ideológicos, é estrutural para uma democracia em matéria de proteção da natureza, pressupõe participação e solidariedade e, além de cidadãos informados, proporciona uma coletividade possuidora de indispensável educação ambiental.[431]

Cuida-se de questão sensível no ambiente regulatório brasileiro, evidenciada, em geral, pela limitação ou insuficiência de dados e informações ligadas à atuação da Administração Pública e aos processos de grandes licenciamentos ambientais.

Daí a importância da previsão do inciso VII do art. 9º da Lei nº 6.938/1981 como um dos instrumentos da PNMA, regulamentado pelo Decreto nº 99.274/1990, no seu art. 11, inciso II, do Sistema Nacional de Informações sobre o Meio Ambiente (SINIMA), instrumento responsável pela gestão de informação no âmbito dos órgãos reguladores ambientais em todos os níveis federativos no Brasil.

O direito-dever fundamental de proteção ambiental induz o dever de informação ambiental tanto aos particulares (pessoas físicas e jurídicas) quanto ao Estado, especialmente quando em causa a qualidade e integridade dos recursos ambientais, ou ainda – e sobretudo – face a eventuais danos socioambientais, lastreado expressamente pelo art. 5º, XIV, da Constituição de 1988, ligado aos direitos ambientais procedimentais, assegurando uma participação social (bem informada) no controle de práticas públicas ou privadas que atentem contra o equilíbrio do meio ambiente.[432]

---

[430] LEITE, José Rubens Morato. Sociedade de risco e Estado. *In*: CANOTILHO, José Joaquim Gomes; LEITE, José Rubens Morato (Orgs.). *Direito constitucional ambiental brasileiro*. 6. ed. São Paulo: Saraiva, 2015. p. 154.

[431] LEITE, José Rubens Morato. Sociedade de risco e Estado. *In*: CANOTILHO, José Joaquim Gomes; LEITE, José Rubens Morato (Orgs.). *Direito constitucional ambiental brasileiro*. 6. ed. São Paulo: Saraiva, 2015. p. 154.

[432] SARLET, Ingo; FENSTERSEIFER, Tiago. *Direito constitucional ecológico*: Constituição, direitos fundamentais e proteção da natureza. 7. ed. rev., atual. e ampl. São Paulo: Thomson Reuteurs Brasil, 2021. p. 499-501.

Recente avanço sobre o tema ocorreu com o "Acordo Regional sobre Acesso à Informação, Participação Pública e Acesso à Justiça em Assuntos Ambientais na América Latina e no Caribe", chamado de Acordo Regional de Escazú, firmado, em 2018, por países da América Latina e do Caribe, que ainda aguarda ratificação pelo Estado brasileiro.

Segundo a Transparência Internacional Brasil, os direitos de acesso à informação, de participação e de acesso à justiça em questões ambientais, bem como a proteção adequada de defensores(as) ambientais, são elementos centrais na construção de uma governança ambiental efetiva, democrática e inclusiva.

Esses direitos, quando garantidos, também atuam de forma decisiva no combate ao crime e à corrupção em questões ambientais, pois tornam as instituições públicas e privadas mais íntegras e, portanto, menos propensas a desvios, além de permitir a detecção e a sanção de ilícitos.[433] Conforme Bárcena *et al*, o Acordo de Escazú ressalta a necessidade de *standards* para a participação informada da sociedade em conjunto com mecanismos de acesso à justiça em casos de vulnerabilidade de direitos, diretrizes essenciais, combater à corrupção e fomentar a coesão social.[434]

Em relação à implementação da regulação ambiental, a transparência pública, a participação social, o adequado funcionamento e acesso à justiça e proteção de defensoras(as) ambientais, muitas vezes responsáveis por realizar denúncias de atos ilícitos, são fundamentais para a prevenção e o combate à corrupção em questões ambientais, a cooperação transnacional pelo Acordo de Escazú não só pode contribuir com o avanço da democracia ambiental no país, como também prevenir e combater a corrupção em temas ambientais.[435]

Como uma evidência, em relatório da Associação Brasileira de Jornalismo Investigativo (ABRAJI) e a ONG Transparência Brasil, após análise do site do Ministério do Meio Ambiente (MMA), do Portal da Transparência e do Portal Brasileiro de Dados Abertos, restou demonstrado que 47% das informações desejáveis para acompanhamento da execução de políticas públicas ambientais de competência do MMA apresentam algum grau de incompletude e/ou estão indisponíveis, sendo que, dos 24 itens relativos às competências, apenas 6 foram avaliados como satisfatório, o restante foi indisponível (12,5%) ou incompleto (62,5%).[436]

Dessa maneira, dentre os principais desafios à implementação das políticas e normas ambientais, incontroverso que estão a transparência, o acesso à informação e a participação social em relação aos atos, processos e decisões públicas envolvendo

---

[433] TRANSPARÊNCIA INTERNACIONAL BRASIL – TIBR. *Acordo de Escazú*: uma oportunidade de avanços na democracia ambiental e no combate à corrupção no Brasil. p. 2, 2020. Disponível em: https://transparenciainternacional.org.br/acordo-de-escazu/. Acesso em: 10 nov. 2021.

[434] BÁRCENA, Alicia *et al*. Estado de derecho, multilateralismo y prosperidad de las naciones. *In*: BÁRCENA, Alicia; TORRES, Valeria; ÁVILA, Lina Muñoz (Coords.). *El Acuerdo de Escazú sobre democracia ambiental y su relación con la Agenda 2030 para el Desarrollo Sostenible*. Comisión Económica para América Latina y el Caribe (CEPAL), Editorial Universidad del Rosario, Bogotá, 2021. p. 18, tradução livre.

[435] TRANSPARÊNCIA INTERNACIONAL BRASIL – TIBR. *Acordo de Escazú*: uma oportunidade de avanços na democracia ambiental e no combate à corrupção no Brasil. p. 3, 2020. Disponível em: https://transparenciainternacional.org.br/acordo-de-escazu/. Acesso em: 10 nov. 2021.

[436] ASSOCIAÇÃO BRASILEIRA DE JORNALISMO INVESTIGATIVO – ABRAJI. *Ministério do Meio Ambiente*: Avaliação da transparência ativa. Dez. 2021. São Paulo, 2021. Disponível em: https://www.achadosepedidos.org.br/uploads/publicacoes/Analise_Transparencia_MMA.pdf. Acesso em: 16 dez. 2021.

os riscos e impactos socioambientais, exigindo da regulação administrativa ambiental melhores mecanismos, além de abordagens estratégicas ligadas a essa pauta.

1.4.3 Incentivo e fomento

Ainda em relação aos desafios que a atuação regulatória ambiental do Estado enfrenta na atualidade – e que corroboram a revisitação dos meios e da abordagem regulatória nessa área – estão os incentivos e o fomento, em específico os que se voltam a induzir boas práticas e condutas aos agentes e organizações reguladas.

Como destaca Pereira, a principal lei ambiental brasileira – a Lei Federal nº 6.938/1981 (PNMA) – abrange instrumentos tradicionais de comando e controle como padrões de qualidade ambiental, o licenciamento ambiental, o zoneamento ambiental, as penalidades disciplinares e compensatórias ao não cumprimento das medidas necessárias à preservação ou correção de degradações ambientais (art. 9º, I, II, IV e IX), como também abarca instrumentos de fomento, como os incentivos à produção e instalação de equipamentos e à criação ou absorção de tecnologia, voltados para a melhoria da qualidade ambiental (art. 9º, V), sendo que, a partir do advento da Lei Federal nº 11.284/2006, instituiu-se, na mesma lei da PNMA, os instrumentos de concessão florestal, servidão ambiental e seguro ambiental (art. 9º, XIII), todos meios de incentivo e fomento regulatório para boas práticas ambientais.[437]

Com efeito, há uma série de mecanismos regulatórios no Brasil que potencializariam novas abordagens, a exemplo da recente promulgação da Lei Federal nº 14.119/2021, relativa à Política Nacional por Serviços Ambientais (PNSA), bem como a tributação ambiental, reafirmando a aplicação de abordagens regulatórias de incentivo e fomento em complemento dos padrões de comando e controle que, sozinhos, pela experiência nacional recente, não têm servido a promover as mudanças almejadas pela legislação ambiental brasileira desde sua concepção.[438]

Com mesma ênfase, tem-se o potencial papel do setor financeiro e de financiamentos, públicos ou privados, o qual detém, por exemplo, nas subvenções, como incentivo financeiro sob determinadas condições e medidas, como redução das emissões, até relatórios organizacionais dos impactos ambientais, sociais e de governança, conhecidos como gestão e governança da agenda ESG.[439]

Além de empréstimos subsidiados condicionados ao desempenho ambiental, é preciso avançar no desenvolvimento de medidas de incentivo e fomento à proteção ambiental e ao desenvolvimento nacional sustentável no quadro regulatório no Brasil.

---

[437] PEREIRA, Luciana Vianna. Política Nacional do Meio Ambiente, regulação responsiva e ESG. *In:* MILARÉ, Édis. *Quarenta anos da Lei da Política Nacional do Meio Ambiente*: reminiscências, realidade e perspectivas. 1. ed. Belo Horizonte: Editora D´Plácido, 2021. p. 353-354.
WEDY, Gabriel. Estado socioambiental de direito: a Lei da Política Nacional do Meio Ambiente e os seus parâmetros regulatórios. *In:* MILARÉ, Édis. (Coord.). *Quarenta anos da Lei da Política Nacional do Meio Ambiente*: reminiscências, realidade e perspectivas. 1. ed. Belo Horizonte: D´Plácido, 2021. p. 1033-1034.

[438] PEREIRA, Luciana Vianna. Política Nacional do Meio Ambiente, regulação responsiva e ESG. *In:* MILARÉ, Édis. *Quarenta anos da Lei da Política Nacional do Meio Ambiente*: reminiscências, realidade e perspectivas. 1. ed. Belo Horizonte: Editora D´Plácido, 2021. p. 1048.

[439] A pauta "ESG", das palavras em inglês "*Environmental, Social and Governance*", será tratada nos capítulos 3 e 4 deste trabalho.

A despeito da importância do comando e controle e da sua centralização no poder de polícia, os instrumentos de incentivo e fomento devem ser expandidos, não apenas atrelados à ordem econômico-financeira, mas também à inovação e à tecnologia, buscando, portanto, um novo olhar sobre a relação com os regulados, na busca pela elevação da conformidade (*compliance*) ambiental e, ao fim e ao cabo, do cumprimento do efetivo e sistêmico do quadro regulatório ambiental.

1.5 Síntese do capítulo

Com fins de síntese do que foi abordado no decorrer deste primeiro capítulo e tendo em vista os objetivos nele almejados, é possível extrair as seguintes diretrizes:

(i) a complexidade em torno dos problemas ligados às questões ambientais na atualidade – representada pelas mudanças climáticas, perdas de biodiversidade, de recursos naturais e ecossistemas essenciais, desastres e danos socioambientais – desafia e influencia as formas de implementação do Direito Ambiental e de desempenho do Estado em proteger o meio ambiente e promover um desenvolvimento sustentável;

(ii) o direito à proteção de um meio ambiente sadio e o dever estatal de concretização desse direito e do desenvolvimento sustentável são reconhecidos pela evolução político-jurídica internacional e pelos textos constitucionais, tratando-se de uma tarefa eminentemente incumbida ao Estado, mas também atrelada a toda coletividade;

(iii) no Brasil, a Constituição Federal de 1988 consolidou no art. 225, *caput*, o direito-dever fundamental de proteção de um meio ambiente ecologicamente equilibrado a todos, Estado e coletividade (pessoas físicas e jurídicas), na solidariedade e no interesse das gerações presentes e futuras, a ser compatibilizado com os princípios da ordem econômica do art. 170, diretrizes para a atuação regulatória ambiental do Estado;

(iv) o dever fundamental de proteção ambiental estrutura e norteia toda a atuação regulatória estatal em matéria de meio ambiente, expressada por deveres gerais e específicos titularizados pelo Estado (regulação ambiental) e de observância por toda a coletividade (autorregulação ambiental), especialmente no exercício das atividades econômicas com significativos impactos e degradações ambientais;

(v) a atuação regulatória ambiental do Estado é exercida com proeminência pela função de regulação administrativa, desempenhada pelo Estado-Administrador (Administração Pública), a partir de um quadro institucional e normativo no Brasil orientado pelas competências administrativas comuns entre todos os entes federativos (art. 23, III, VI, VII) e pelos deveres geral e específicos elencados pelo *caput* e incisos I a VII do §1º, do art. 225, da CF/88, em conjunto com as previsões da Lei Federal nº 6.938/1981 (Política Nacional do Meio Ambiente), cuja atuação é descentralizada em órgãos e autarquias com poder de regulação ambiental – normativa, fiscalizatória e executória –, baseada ainda na abordagem de comando e controle – com protagonismo do licenciamento ambiental – e dependente do poder de polícia administrativa estatal;

(vi) a complexidade de causas e efeitos das questões ambientais, somada às limitações na atuação regulatória estatal em matéria de meio ambiente, aponta deficiências na indução (*enforcement*) da conformidade (*compliance*) com políticas e normas ambientais e, a despeito da evolução do tema na maioria dos países do mundo, remanesce lacuna entre as leis ambientais e a sua concreta implementação, como alertam o relatório do PNUMA, e no cenário brasileiro, o recente estudo da OCDE;

(vii) a implementação da regulação ambiental – cumprimento das políticas e das normas de meio ambiente e de desenvolvimento sustentável – depende da efetividade dos mecanismos regulatórios ambientais executados e da abordagem regulatória utilizada, exigindo-se reflexões favoráveis a novos instrumentos e estratégias, a fim de avançar o nível de conformidade (*compliance*) com políticas e normas ambientais pelos atores regulados, públicos ou privados, sendo crucial transcender o tradicional comando e controle ainda limitado ao êxito do poder de polícia administrativa estatal;

(viii) no caminho para a implementação de políticas e normas ambientais – e consequentemente do próprio Direito Ambiental – a atuação regulatória do Estado terá, cada vez mais, de lidar com problemas como a corrupção, a fraude, a transparência, o acesso à informação, a participação, o incentivo e o fomento, conforme declaram estudos da Transparência Internacional Brasil, da ONU e da IUCN, entre outros, sendo fundamental incrementar meios e estratégias regulatórias voltados a esses desafios que condicionam o desenvolvimento sustentável na atualidade.

Delineados esses contornos iniciais, o capítulo seguinte abordará a proeminência da tutela administrativa do meio ambiente, notadamente por meio do protagonista processo administrativo de licenciamento ambiental, cuja função regulatória desempenhada é crucial para o desenvolvimento de novas abordagens e melhorias de mecanismos e estratégias que se relacionem com os atuais desafios para a implementação das políticas e normas ambientais.

CAPÍTULO 2

PROCESSO ADMINISTRATIVO DE LICENCIAMENTO AMBIENTAL

Definidas as diretrizes do primeiro capítulo sobre o direito-dever fundamental de proteção ao meio ambiente e a atuação regulatória ambiental no Brasil, este segundo capítulo destacará a importância da tutela administrativa estatal para a implementação do quadro regulatório ambiental e de desenvolvimento nacional sustentável.

Com esse objetivo, a proeminência da tutela administrativa será exaltada, especialmente quando comparada, por exemplo, à tutela jurisdicional, dado o seu potencial de antecipação e de prevenção a ilícitos e danos ambientais, função desempenhada pela Administração Pública e cada vez mais necessária diante do avanço da complexidade das questões ambientais, como ilustrado no capítulo inicial.

Assim, serão abordadas as características que fazem da tutela administrativa o modo de atuação estatal com maiores condições preventivas de concretização do direito e também dever fundamental de proteção ao meio ambiente, especialmente pelos processos administrativos ambientais de controle prévio ou sucessivo, que são especiais meios de execução da regulação administrativa.

Realçada a atuação administrativa, o protagonismo do licenciamento ambiental será explorado, tanto pela sua função de compatibilização do exercício das atividades econômicas de significativos impactos com a proteção ambiental, como também de concretização dos princípios ambientais da prevenção, da precaução e do poluidor-pagador, postulados essenciais para o Direito Ambiental vigente.

Na sequência, observando a Política Nacional do Meio Ambiente (PNMA) da Lei nº 6.938, de 1981, os aspectos do processo administrativo de licenciamento ambiental serão trazidos, desde a sua concepção, passando por modalidades e ritos, fases e instrumentos relevantes, até o tratamento acerca da licença ambiental, seu conceito, tipos e previsões legais, para, ao final, ser enfatizada a função regulatória intrínseca ao licenciamento ambiental e à sua aplicação no contexto desta análise.

Encerra-se o capítulo traçando-se os desafios por que passa a efetividade dos licenciamentos ambientais, dentre os quais a corrupção e a fraude integram como dos mais significativos e complexos, cuja regulação por abordagem de comando e controle – que ainda fundamenta os licenciamentos – não vem demonstrando êxito.

2.1 A proeminência da tutela administrativa frente à complexidade das questões ambientais

No Brasil, o denominado Estado-Administrador, representado pelo Poder Executivo no exercício das suas funções constitucionais típicas de administrar e executar políticas públicas, expressadas pelos atos e processos administrativos da Administração, cada vez mais é desafiado a cumprir com os estruturais objetivos almejados pelo texto constitucional de 1988, evolução político-jurídica destacada no capítulo anterior.

Como já demonstrado até aqui, o Estado está vinculado ao dever fundamental de proteção ambiental, expressado pelo dever geral de não degradar, esse o seu núcleo obrigacional, além de deveres derivados e secundários, de caráter específico, listados conforme a previsão do §1º do art. 225 da CF/88. [440]

São encargos que ostentam a mesma titularidade obrigacional, podendo estar vinculados ao Poder Público ou ao particular que exerce atividade impactante, ao Estado-Administrador, porém, o texto constitucional brasileiro determina de modo cogente exercer a função da implementação administrativa do ordenamento protetivo ambiental,[441] isto é, executar o conjunto de políticas e normas de meio ambiente.

Nos dias de hoje, os dilemas sociais, para além de confrontarem o Direito Ambiental, trazem reflexos de peso na atividade estatal e nos institutos do Direito Administrativo, pois a Administração Pública adquire funções de integração social para cumprir as exigências de justiça e concretizar os direitos sociais declarados na CF/88.[442]

Surge assim uma interdependência entre a atuação administrativa e as necessidades da população. Tais transformações no modo de atuar do Estado e na estrutura da sociedade acarretam a atenuação da distância entre Estado e sociedade, agora vinculados e condicionados por número crescente de inter-relações. Assim, a Administração se vê obrigada a olhar para fora de si mesma e visar ao entorno social.[443]

Nesse sentido, em razão de a Administração Pública representar um conjunto de atividades do Estado que auxiliam as instituições políticas de cúpula no exercício de funções de governo, que organizam a realização das finalidades públicas postas por tais instituições e que produzem serviços, bens e utilidades para a população,[444] a função administrativa torna-se tarefa crucial a ser desempenhada na atualidade.

Para Di Pietro, voltada aos objetivos de interesse de toda a sociedade, cuida-se de verdadeira função executiva, mediante atos concretos voltados à realização dos fins estatais, de satisfação das necessidades coletivas,[445] assim como é o caso da proteção do meio ambiente e do fomento a um desenvolvimento nacional sustentável.

---

[440] BENJAMIN, Antônio Herman. Constitucionalização do ambiente e ecologização da Constituição brasileira. *In*: CANOTILHO, José Joaquim Gomes; LEITE, José Rubens Morato (Orgs.). *Direito constitucional ambiental brasileiro*. 6. ed. São Paulo: Saraiva, 2015. p. 113.

[441] BENJAMIN, Antônio Herman. Constitucionalização do ambiente e ecologização da Constituição brasileira. *In*: CANOTILHO, José Joaquim Gomes; LEITE, José Rubens Morato (Orgs.). *Direito constitucional ambiental brasileiro*. 6. ed. São Paulo: Saraiva, 2015. p. 113-114.

[442] MEDAUAR, Odete. *Direito administrativo moderno*. 21. ed. Belo Horizonte: Fórum, 2018. p. 25.

[443] MEDAUAR, Odete. *Direito administrativo moderno*. 21. ed. Belo Horizonte: Fórum, 2018. p. 25.

[444] MEDAUAR, Odete. *Direito administrativo moderno*. 21. ed. Belo Horizonte: Fórum, 2018. p. 39.

[445] DI PIETRO, Maria Sylvia Zanella. *Direito administrativo*. 32. ed., rev., atual. e ampl. Rio de Janeiro: Forense, 2019. p. 183.

Para que essas tarefas incumbidas ao Estado sejam realizadas, a Administração, pelos órgãos e entidades públicas, executa atos e processos administrativos, processos esses sempre representativos da forma, do instrumento, do modo de proceder.[446] É nesse sentido amplo que a figura do processo apresenta-se como uma série de atos coordenados para a realização dos fins estatais, processos esses que se separam entre, de um lado, o processo legislativo, pelo qual o Estado elabora a lei, e, de outro, os processos judicial e administrativo, pelos quais aplica a lei.[447]

A Administração Pública passa a ser interpretada como uma Administração *complexa*, obtendo relevo sua face como Administração de direção, com atividades de regulação, de fomento ou de informação, de modo que os traços gerais da Administração Pública do século XXI passam a impor releitura e reconstrução de boa parte do instrumental do Direito Administrativo,[448] a exemplo do processo administrativo, nesta análise, na sua função de regulação administrativa ambiental.

Em um Estado Democrático de Direito, é uma tendência dotar a sociedade de meios de participação nas decisões, para maior aferição do interesse público, em um processo contínuo de análise dos valores e princípios em situações concretas.[449]

Dada a multiplicidade de interesses públicos dotados de legitimidade social, é impossível a Administração Pública exercer o papel de hermeneuta autoritária, numa posição de quem, do alto da supremacia e unilateralidade, determina o que seja ou não interesse geral da coletividade. Ao superar uma forma piramidal, a Administração passa a observar uma ordenação em rede, mais articulada com os entes sociais.[450]

Importante assim é a expressão da tutela administrativa, sendo garantia individual e coletiva em face da atuação do Estado, com o processo administrativo, cada vez mais, alçado a uma dignidade superior, não mais um ingênuo acessório do Direito Administrativo, a existir apenas como meio de defesa contra excessos administrativos.[451]

Haveria uma tendência na tutela administrativa estatal, especialmente no caso dos processos administrativos em matéria ambiental, afirma Haonat, com o fim comum de viabilizar a antecipação e prevenção a infrações e lesões ao meio ambiente, inclusive com foco na recuperação e restauração, e não apenas de aplicação sancionatória e reparatória, com condições de cumprimento, por exemplo, de programas e projetos ambientais de recuperação,[452] perspectiva a ser explorada neste trabalho.

Diferentemente dos vieses de processo disciplinar ou de solução de litígio administrativo entre determinados sujeitos e o Estado, a função administrativa estatal passa a se concentrar também como o escopo do processo administrativo, empregado

---

[446] DI PIETRO, Maria Sylvia Zanella. *Direito administrativo*. 32. ed., rev., atual. e ampl. Rio de Janeiro: Forense, 2019. p. 1406-1407.
[447] DI PIETRO, Maria Sylvia Zanella. *Direito administrativo*. 32. ed., rev., atual. e ampl. Rio de Janeiro: Forense, 2019. p. 1406-1407.
[448] BITTENCOURT NETO, Eurico. Transformações do Estado e a Administração Pública no século XXI. *Revista de Investigações Constitucionais*, Curitiba, v. 4, n. 1, p. 221, jan./abr. 2017.
[449] MARQUES NETO, Floriano de Azevedo. *Regulação estatal e interesses públicos*. 1. ed. São Paulo: Malheiros, 2002. p. 147.
[450] MARQUES NETO, Floriano de Azevedo. *Regulação estatal e interesses públicos*. 1. ed. São Paulo: Malheiros, 2002. p. 157.
[451] MOREIRA, Egon Bockmann. O processo administrativo no rol dos direitos e garantias fundamentais. *Revista Trimestral de Direito Público*, São Paulo, n. 43, p. 132, 2003.
[452] HAONAT, Ângela Issa. *O devido processo legal e o processo administrativo ambiental*: a (in)visibilidade do hipossuficiente ambiental. Tese (Doutorado) – Pontifícia Universidade Católica de São Paulo, São Paulo, 2011. p. 248.

sob a função de abranger a série de atos para uma decisão final da Administração Pública, observadora dos direitos individuais e do interesse público.[453]

Na lição de Hachem, é a atividade administrativa que deve ser posta em marcha de ofício, exatamente por força da perspectiva objetiva dos direitos fundamentais, de modo universalizado e para a satisfação de interesses e pretensões jurídicas de natureza supraindividual,[454] a exemplo da proteção ambiental e do desenvolvimento sustentável.

Nesse contexto, segundo Nohara, processo administrativo seria a atividade estatal realizada por meio do encadeamento de atos que se direcionam a garantir, seja no exercício de função administrativa, por todos os Poderes, ou, no caso da Administração Pública, também em função atípica de julgar (sem substitutividade, definitividade e inércia, quer dizer: por provocação ou de ofício), a proteção dos direitos dos administrados, que se dá pelo respeito às garantias constitucionais como o devido processo legal, o contraditório e a ampla defesa, e sobretudo o cumprimento dos fins a serem atingidos pela Administração Pública,[455] como no caso da proteção ambiental.

Conforme Di Pietro, não se deve confundir processo com procedimento, vez que o primeiro existe sempre como instrumento para o exercício de função administrativa do Estado, tudo o que a Administração faz, operações materiais ou atos jurídicos, fica documentado em um processo, diferente do procedimento, o conjunto de formalidades observadas na prática de atos administrativos; equivale a rito, a forma de proceder; o procedimento se desenvolve, pois, dentro de um processo administrativo.[456]

Com esse fundo, o processo administrativo, para Medauar, instrumentalizaria as exigências pluralistas do contexto sociopolítico do início deste século XXI e a demanda de democracia na atuação administrativa.[457] Registra-se na época atual um movimento para busca de mecanismos que propiciem melhor conhecimento do modo de atuar da Administração e maior proximidade da população aos circuitos decisionais,[458] sobretudo em questões como as ambientais e de desenvolvimento nacional sustentável.

É o que assevera Sundfeld no sentido de que, dentre as atividades-fim do Estado, estaria a de regular a vida em sociedade, com a utilização do poder de coerção, ordenando o comportamento dos indivíduos, a fim de que esses, além de não prejudicarem os interesses da coletividade, ajam para realizá-los, o que representa sua função de Administração ordenadora, a cargo da Administração Pública, aplicando leis reguladoras dos exercícios dos direitos dos particulares, como pela expedição de licenças, imposição de sanções administrativas, reguladas em maioria pelo Direito Administrativo. Daí se dizer que, se há uma *vontade* do Estado, esta seria uma vontade *funcional*.[459,460]

---

[453] DI PIETRO, Maria Sylvia Zanella. *Direito administrativo*. 32. ed., rev., atual. e ampl. Rio de Janeiro: Forense, 2019. p. 1410.

[454] HACHEM, Daniel Wunder. *Tutela administrativa efetiva dos direitos fundamentais sociais*: por uma implementação espontânea, integral e igualitária. Tese (Doutorado) – Universidade Federal do Paraná, Curitiba, 2014. p. 252.

[455] NOHARA, Irene Patrícia. *Direito administrativo*. 9. ed. São Paulo: Atlas, 2019. p. 114.

[456] DI PIETRO, Maria Sylvia Zanella. *Direito administrativo*. 32. ed., rev., atual. e ampl. Rio de Janeiro: Forense, 2019. p. 1410.

[457] MEDAUAR, Odete. *Direito administrativo moderno*. 21. ed. Belo Horizonte: Fórum, 2018. p. 185.

[458] MEDAUAR, Odete. *Direito administrativo moderno*. 21. ed. Belo Horizonte: Fórum, 2018. p. 226.

[459] Os termos funcional e função, na lição de Fábio Konder Comparato, teriam uma ligação ao substantivo *functio*, na língua matriz, é derivado do verbo depoente *fungor* (*functus sum, fungi*), cujo significado primigênio é de cumprir algo, ou desempenhar-se de um dever ou uma tarefa (COMPARATO, Fábio Konder. Estado, Empresa e Função Social. *Revista dos Tribunais*, Fascículo 1, Matéria Civil, Ano 85, v. 732, p. 40, out. 1996).

[460] SUNDFELD, Carlos Ari. *Fundamentos de Direito público*. 4. ed. São Paulo: Malheiros, 2009. p. 82-92.

Desse modo, releva-se que a inversão da relação Administração-Administrado, em favor desse, traz consequências sobre as práticas predominantes, ensejando discussões sobre as insuficiências da atuação administrativa e abrindo novas sendas aos estudiosos do Direito Administrativo e suas relações com demais ramos.[461]

Para os fins desta obra, adere-se à posição de Niebuhr acerca da importância do estudo da tutela administrativa, notadamente sobre os processos administrativos em matéria ambiental, isso porque é efetivamente diante da atuação do Poder Público que a proteção do meio ambiente encontra sua maior e mais relevante expressão.[462]

É pertinente um diálogo entre o Direito Ambiental com as demais disciplinas do Direito que regulam a atuação do Estado nesses domínios, uma vez que a tutela ambiental, para atingir seus maiores fins, faz ampliado uso de instituições e mecanismos de outros ramos jurídicos, notadamente do Direito Administrativo.[463]

É através de uma conexão entre Direito Ambiental e Direito Administrativo que cada vez mais se mostram necessárias a revisitação e a releitura de mecanismos tradicionais e de feição vertical e unilateral, como os próprios processos administrativos tradicionalmente executados, reinterpretação justificada face as complexidades ligadas aos problemas gerados e vinculados às questões ambientais.

A tutela administrativa do meio ambiente, ao fazer uso dos institutos do Direito Administrativo, organiza as competências dos órgãos e agentes públicos, ordena o exercício das atividades econômicas, compatibilizando-as com valores do ordenamento e sanciona administrativamente as violações aos comandos normativos.[464]

Conforme salientam Sena e Souza, é em sede de tutela administrativa ambiental que as operações de fiscalização verificam a ocorrência do dano ambiental e podem, assim, aplicar advertências, embargar eventuais obras ou atividades econômicas poluidoras, realizar necessárias demolições, impor sanções restritivas de direito que obstem a atividade econômica ou as linhas de seu financiamento.[465]

É a fiscalização ambiental administrativa que possibilita descobrir a existência de uma infração ambiental logo no início e impedir que ela se perpetue, se consume ou se agrave, de modo que possuiria então os importantes efeitos pedagógico, profilático e inibitório,[466] fundamentais para a atividade regulatória ambiental.

As atividades de monitoramento e fiscalização precedem, portanto, as outras formas de responsabilização, uma vez que, sem essa constatação antecipada da ocorrência da infração ambiental, muito pouco ou nada se poderá fazer. As ações lesivas ao meio ambiente que não vêm ao conhecimento das autoridades públicas, em termos práticos, não existem. Esses danos ambientais serão consumados, e, muito provavelmente, não

---

[461] MEDAUAR, Odete. *Direito administrativo moderno*. 21. ed. Belo Horizonte: Fórum, 2018. p. 239.
[462] NIEBUHR, Pedro. *Processo administrativo ambiental*. 3. ed. rev., ampl. e atual. Belo Horizonte: Fórum, 2021a. p. 18.
[463] NIEBUHR, Pedro. *Processo administrativo ambiental*. 3. ed. rev., ampl. e atual. Belo Horizonte: Fórum, 2021a. p. 19.
[464] NIEBUHR, Pedro. *Processo administrativo ambiental*. 3. ed. rev., ampl. e atual. Belo Horizonte: Fórum, 2021a. p. 21.
[465] SENA, Giorgia; SOUZA, Luciane Cordeiro de. Responsabilidade Administrativa Ambiental: de patinho feio a cisne. *In*: SEABRA, Giovanni (Org.). *Terra-paisagens, solos, biodiversidade e os desafios para um bom viver*. 1. ed., vol. 1. Ituiutaba: Barlavento, 2015. p. 1117.
[466] SENA, Giorgia; SOUZA, Luciane Cordeiro de. Responsabilidade Administrativa Ambiental: de patinho feio a cisne. *In*: SEABRA, Giovanni (Org.). *Terra-paisagens, solos, biodiversidade e os desafios para um bom viver*. 1. ed., vol. 1. Ituiutaba: Barlavento, 2015. p. 1117-1118.

serão objeto de recuperação,[467] razões essas que consolidam a proeminência da tutela administrativa.

Sobre a tutela administrativa ambiental, é a Administração Pública a incumbida pela CF/88 de exigir a conformação do exercício da liberdade dos particulares e da propriedade privada com valores coletivos – através de competências para ordenação do uso do solo, para proteção do meio ambiente e dos ecossistemas e para orientação da atividade econômica – admitindo-se que a lei prescreva proibições de caráter genérico ou condições para o exercício de dada ação ou reconhecimento e atribuição de um direito, como a exemplo da exigência dos licenciamentos ambientais.[468]

Em outras palavras, a Administração Pública, na tarefa de ordenar as atividades públicas ou privadas, verifica se o exercício dos direitos de propriedade e liberdade – neste caso, das privadas – ocorre em conformidade com as condicionantes legais, com a função social do Direito que lhe é inerente ou se não afeta, de modo desproporcional, direitos e interesses de outros (ou de todos – como no caso da proteção ambiental). A Administração Pública atua, assim, antes de um ato gerar dano ou ilícito ambiental.[469]

Dada a premente necessidade do Direito Ambiental – e, por lógica, da própria regulação ambiental – de uma abordagem preventiva e antecipatória, é que a tutela administrativa detém especificidades se comparada à tutela jurisdicional.

Conforme Sena e Souza, fazer frente às questões ambientais exige, cadcom rigor, atuações estatais materiais concretas e preventivas, e isso se faz, dentre outras formas, por meio de uma efetiva fiscalização administrativa, que está a cargo do Poder Executivo, o qual exerce (ou deveria exercer) protagonismo na salvaguarda ambiental.[470]

A complexidade e interdependência dos elementos do ecossistema revelam que as implicações das atividades humanas sobre o meio ambiente podem ser indetermináveis (ou de difícil determinação) ou ainda irreversíveis, impondo deveres de prevenção e de precaução quando o assunto é a relação sociedade e meio ambiente.[471]

Como anota Hachem, a proteção jurisdicional não será sempre o melhor remédio, principalmente contra eventual patologia de inatividade administrativa, apesar de se manter imprescindível, muitas vezes ela é insuficiente ou tardia. Chega-se ao momento no Brasil de se refletir sobre a necessidade de uma tutela administrativa efetiva,[472] sobretudo na função de proteção ambiental e de desenvolvimento sustentável.

Para Oliveira, o Poder Público não possui apenas o dever de legislar e de executar os comandos normativos que dele emanam, mas também – e sobretudo – possui o papel de estabelecer as diretrizes e as estratégias políticas para que tais comandos se viabilizem na realidade. É escopo precípuo do Estado-Administrador garantir e salvaguardar a aplicação do Direito Ambiental por meio dos instrumentos legais positivados no sistema

---

[467] SENA, Giorgia; SOUZA, Luciane Cordeiro de. Responsabilidade Administrativa Ambiental: de patinho feio a cisne. In: SEABRA, Giovanni (Org.). *Terra-paisagens, solos, biodiversidade e os desafios para um bom viver*. 1. ed., vol. 1. Ituiutaba: Barlavento, 2015. p. 1118.
[468] NIEBUHR, Pedro. *Processo administrativo ambiental*. 3. ed. rev., ampl. e atual. Belo Horizonte: Fórum, 2021a. p. 22.
[469] NIEBUHR, Pedro. *Processo administrativo ambiental*. 3. ed. rev., ampl. e atual. Belo Horizonte: Fórum, 2021a. p. 23.
[470] SENA, Giorgia; SOUZA, Luciane Cordeiro de. Responsabilidade Administrativa Ambiental: de patinho feio a cisne. In: SEABRA, Giovanni (Org.). *Terra-paisagens, solos, biodiversidade e os desafios para um bom viver*. 1. ed., vol. 1. Ituiutaba: Barlavento, 2015. p. 1125.
[471] NIEBUHR, Pedro. *Processo administrativo ambiental*. 3. ed. rev., ampl. e atual. Belo Horizonte: Fórum, 2021a. p. 26-27.
[472] HACHEM, Daniel Wunder. *Tutela administrativa efetiva dos direitos fundamentais sociais*: por uma implementação espontânea, integral e igualitária. Tese (Doutorado) – Universidade Federal do Paraná, Curitiba, 2014. p. 252-256.

jurídico pátrio, pois é o responsável pela definição e delimitação da aplicabilidade dos critérios e rumos do Direito Ambiental, que, por sua vez, manifestam-se nas políticas públicas ambientais adotadas pelo Estado.[473]

Todo o quadro regulatório da CF/88, no seu art. 225, §1º e incisos, e do art. 9º da Lei Federal nº 6.938/1981 (PNMA), é executado, por dever constitucional, pela atuação da Administração Pública, nos órgãos e entidades do SISNAMA, sendo tal exercício um dever fundamental assentado na competência constitucional administrativa prevista pelo art. 23 da Carta de 1988. A proeminência da tutela administrativa ambiental, portanto, decorre da CF/88 e do ordenamento infraconstitucional pátrio afeto ao tema.

Dessa forma, a tutela administrativa mostra-se primordial e preferencial na função de proteção ambiental, tanto porque a atividade administrativa é, essencialmente, antecipatória a uma conduta suscetível de alterar o ambiente quanto pelo fato de a Administração Pública ser (ou, pelo menos, dever ser) estruturada para lidar com as complexidades multidisciplinares (e interdisciplinares) das questões ambientais.[474]

Com efeito, os licenciamentos ambientais e urbanísticos, as avaliações de impacto ambiental e de vizinhança, os controles sucessivos e concomitantes da atividade (pelo monitoramento, embargo, suspensão, interdição e regularização) são todos instrumentos da tutela administrativa ambiental, aponta Niebuhr, que viabilizam a atuação antes do fato danoso ou, diante de sua ocorrência, de correção imediata,[475] recaindo, obviamente, à Administração a necessidade de dispor de meios suficientes para tais desideratos, o que, ainda assim, não afasta sua proeminência.

Nesse contexto é que o processo administrativo ambiental adquire proeminência também pelo fato de que a complexidade das questões ambientais não pode ser abarcada pela vertente tradicional do Direito Administrativo.

Isso porque essa tradicional vertente expressada por atos administrativos unilaterais, definitivos e executórios necessita deslocar-se para uma perspectiva do modo de construção das decisões administrativas, com abertura de participação dos particulares e afetados, além da aplicação de mecanismos pluri e multidisciplinares, observando garantias processuais individuais e coletivas.[476]

Embora o processo administrativo seja essencial para a efetivação do Direito Ambiental, os instrumentos tradicionais do Direito Administrativo precisariam ser revistos e reinterpretados para lidarem com a realidade contemporânea dos desafios envolvendo justamente a proteção do meio ambiente, confrontada por dilemas já referidos, dentre esses a corrupção, a fraude, a falta de transparência e de participação.

A despeito dessa evidenciada proeminência antecipatória e preventiva, a tutela administrativa ambiental do Estado, atualmente e especialmente em nível federal, não está (e nem deve estar) indene de críticas ou de deficiências, senão o contrário.

Isso porque, segundo relatório de 2020 produzido pela Controladoria-Geral da União (CGU), em relação ao desempenho geral do processo administrativo sancionador

---

[473] OLIVEIRA, Hugo Santos de. *Políticas ambientais sustentáveis de comando e controle e a eficácia dos instrumentos econômicos*. Frutal: Prospectiva, 2016. p. 40-41.
[474] NIEBUHR, Pedro. *Processo administrativo ambiental*. 3. ed. rev., ampl. e atual. Belo Horizonte: Fórum, 2021a. p. 11.
[475] NIEBUHR, Pedro. *Processo administrativo ambiental*. 3. ed. rev., ampl. e atual. Belo Horizonte: Fórum, 2021a. p. 26.
[476] NIEBUHR, Pedro. *Processo administrativo ambiental*. 3. ed. rev., ampl. e atual. Belo Horizonte: Fórum, 2021a. p. 50-57.

ambiental, auditorias apontaram a necessidade de reestruturação das normas e procedimentos, com definições claras sobre a divisão de competências e responsabilidades de atores, estabelecimento de arenas decisórias, prazos e fluxograma completo do processo de reparação de danos ambientais.[477]

Não bastassem essas questões, o mesmo relatório da CGU ainda concluiu, no quesito estrutural, pela identificação da ausência de segregação de funções por servidores responsáveis por atividades de autorização, execução, Conformidade de Gestão e/ou Conformidade Contábil, e quanto à governança de Tecnologia da Informação, verificou-se fragilidades no planejamento das ações, desprovido de recursos humanos necessários e a capacidade operacional da área de TI.[478]

Em relatório mais recente, a CGU constatou injustificada descontinuidade por cerca de 8 (oito) meses da prestação dos serviços de desenvolvimento de sistemas *"mobile"* que eram prestados ao IBAMA. Tal situação, aponta o relatório, impactou no funcionamento de atividades finalísticas do Instituto que dependiam desses serviços: a fiscalização ambiental, a etapa de conciliação do processo administrativo sancionador ambiental, a conversão de multas e a gestão em outras frentes do IBAMA.[479]

Logo, a atividade regulatória ambiental em nível administrativo necessita ser observada com vistas ao seu potencial preventivo e antecipatório de controle, oportuno e eficaz, sobre infrações e atos ilícitos contra o meio ambiente, sem se desconsiderar a crítica realidade institucional da tutela administrativa ambiental no Brasil.

E como se trata de uma atuação titularizada pela Administração, a atividade regulatória estatal é diretamente dependente da forma empregada e dos resultados gerados nos processos administrativos, especialmente quanto à regulação administrativa em matéria de meio ambiente, relação que é a pauta do próximo tópico.

2.1.1 Regulação ambiental e processo administrativo

As questões ambientais exigem do Direito uma premente antecipação de riscos e de violações, demandando uma tutela do meio ambiente sob aplicação eficaz dos princípios ambientais da prevenção e da precaução, sempre com o escopo de antecipar a ocorrência de infrações, atos lesivos e, por consequência, dos danos ambientais, pressupondo, portanto, uma regulação eminentemente preventiva e precaucional.

A atividade regulatória em matéria de proteção do meio ambiente, como já salientado, está assentada no dever fundamental imputado primordialmente ao Estado, pela função administrativa desempenhada pela Administração Pública, que é lastreada na competência constitucional executória ou administrativa comum, prevista pelo

---

[477] BRASIL. Controladoria-Geral da União. *Relatório de Avaliação. Instituto Brasileiro do Meio Ambiente e dos Recursos Naturais Renováveis – Ibama. Exercício 2019.* Brasília, 2020. Disponível em: https://eaud.cgu.gov.br/relatorios/download/886817. Acesso em: 17 dez. 2021.

[478] BRASIL. Controladoria-Geral da União. *Relatório de Avaliação. Instituto Brasileiro do Meio Ambiente e dos Recursos Naturais Renováveis – Ibama. Exercício 2019.* Brasília, 2020. Disponível em: https://eaud.cgu.gov.br/relatorios/download/886817. Acesso em: 17 dez. 2021.

[479] BRASIL. Controladoria-Geral da União. *Relatório de Apuração. Instituto Brasileiro do Meio Ambiente e dos Recursos Naturais Renováveis – IBAMA. Exercício 2020.* Brasília, 2021. Disponível em: https://eaud.cgu.gov.br/relatorios/875381?colunaOrdenacao=dataPublicacao&direcaoOrdenacao=DESC&tamanhoPagina=15&offset=0&urlConfiguracao=875381&fixos=#lista. Acesso em: 17 dez. 2021.

art. 23, III, VI e VII, bem como norteada pelo art. 225, *caput* e seguintes, em conjunto com os arts. 170, VI, e 174, *caput*, todos da Constituição Federal de 1988.

Ademais, conforme o capítulo anterior, a regulação ambiental no Brasil segue a linha clássica de organização piramidal em que o Chefe do Poder Executivo ocupa o vértice, tendo, sob sua subordinação, o Ministro do Meio Ambiente (MMA).[480]

Segundo Guerra, não haveria no Brasil entidades reguladoras independentes para a regulação ambiental. Assim, essas entidades são constituídas por órgãos ou são estruturadas como entidades da Administração Pública indireta, como autarquias e fundações,[481] o que, por certo, pressupõe uma atividade regulatória ambiental sob execução de atos e processos administrativos para a atuação na área ambiental.

Trata-se de uma regulação de interesse basilar da coletividade, anota Benjamin, diferente da simples releitura da ordem privada, mas sim da admissão de uma ordem privada que se submete a uma ordem pública com mandamentos e limites constitucionalmente fixados. Dessa forma, o viés público-ambiental torna-se pressuposto norteador de toda a estrutura, legitimidade e funcionamento da exploração dos recursos naturais, seja pela o Estado; seja pelos atores privados.[482]

Na lição de Lopes, o exercício da atividade regulatória, que tem especial lugar na atuação da Administração Pública, legitima-se por meio de processos, que são canais abertos e estruturados juridicamente para abarcar diversos valores e interesses presentes na esfera pública, a fim de que as esferas autônomas da sociedade se apresentem no processo decisório de competência estatal.[483] Daí a relação direta existente entre regulação administrativa e os processos administrativos.

Neste ponto que se destaca a pertinência da teoria processual administrativa da regulação, focada no fomento da neutralidade do processo administrativo e de um efetivo ambiente jurídico-institucional administrativo, apoiando-se na transparência, visibilidade, apoio social, melhoria do conteúdo de regulamentações, antecipação de críticas dos atores setoriais e oportunidades de ajuste das propostas.[484]

Considerar a regulação e o processo administrativo significa valorizar a dimensão processual do fenômeno regulatório em sua justificativa funcional e institucional de autonomia do processo de tomada de decisões regulatórias estatais,[485] interpretação que assume relevo para os desafios da corrupção e da fraude.

Nesse sentido, a aplicação e as abordagens tradicionais empregadas nos processos administrativos pela Administração Pública devem ser revisitadas e incrementadas, sob pena de sua inefetividade na área ambiental.

---

[480] GUERRA, Sérgio. Função de Regulação e Sustentabilidade. *Revista Direito à Sustentabilidade* – UNIOESTE, v. 1, n. 1, p. 57, 2014.

[481] GUERRA, Sérgio. Função de Regulação e Sustentabilidade. *Revista Direito à Sustentabilidade* – UNIOESTE, v. 1, n. 1, p. 57, 2014.

[482] BENJAMIN, Antônio Herman. Constitucionalização do ambiente e ecologização da Constituição brasileira. In: CANOTILHO, José Joaquim Gomes; LEITE, José Rubens Morato (Orgs.). *Direito constitucional ambiental brasileiro*. 6. ed. São Paulo: Saraiva, 2015. p. 123-124.

[483] LOPES, Othon de Azevedo. *Fundamentos da regulação*. 1. ed. Rio de Janeiro: Processo, 2018. p. 202.

[484] ARANHA, Márcio Iorio. *Manual de Direito Regulatório*: fundamentos de Direito Regulatório. 5. ed., rev., ampl. Londres: Laccademia Publishing, 2019. p. 107-108.

[485] ARANHA, Márcio Iorio. *Manual de Direito Regulatório*: fundamentos de Direito Regulatório. 5. ed., rev., ampl. Londres: Laccademia Publishing, 2019. p. 108.

Isso porque, para lidar com problemas novos e complexos, diante de novas realidades sociais, almejando ampla participação, abertura democrática, incremento na legitimidade da decisão pública, inter e multidisciplinariedade, criatividade, celeridade e efetividade das decisões, o Direito Administrativo, adverte Niebuhr, ainda regula e mantém um aparato burocrático que foi criado para responder a problemas típicos da Idade Média, por meio de institutos incompatíveis com a dinâmica atual.[486]

Conforme Darnaculleta i Gardella, o impacto da regulação estatal tradicional está diminuindo – apesar de sua proliferação – e isso se deve a uma perda de controle e de meios apropriados, por parte dos poderes públicos, de compreensão da realidade.[487]

Os problemas que pairam sobre a efetividade da regulação, então, justificam-se como um problema derivado da falta de racionalidade do sistema político e administrativo e, definitivamente, como uma inadequação das técnicas jurídico-administrativas tradicionais para atender às demandas sociais deste novo século.[488]

Considerando-se a regulação administrativa ambiental estatal é que o processo administrativo torna-se essencial para a discussão sobre melhores formas de se alcançar maior efetividade na implementação da regulação – preventiva e antecipatória – esperada do Direito Ambiental – em seu conjunto de políticas e normas ambientais.

Dessa maneira, o instituto do processo administrativo torna-se mecanismo pontual e estratégico para a implementação dos comandos e das decisões proferidas no desempenho da atividade regulatória estatal. Exatamente na linha do que defende Croley, para o qual os processos administrativos reuniriam premissas especiais voltadas à formação e à construção das decisões regulatórias estatais, na medida em que poderão nivelar os interesses envolvidos sob um material e formal procedimento público.[489]

Na consagrada lição de Bandeira de Mello, enquanto o ato administrativo corresponderia a uma visão fotográfica, o processo administrativo implicaria uma visão cinematográfica da atuação administrativa estatal,[490] devendo ser interpretado, como adverte Nohara, por meio de um conceito abrangente de processo administrativo.

Significa dizer que, diferente da abordagem tradicional, o processo administrativo não se restringe à função de dirimir litígios submetidos à Administração em função atípica, mas sim que consubstancia uma forma de atuar da Administração Pública no desempenho de sua função típica (administrativa) e atípica (de julgar em Tribunais Administrativos, que no Brasil não exercitam jurisdição), até porque a Lei Federal nº 9.784/1999 (Lei do Processo Administrativo Federal) determina no §1º do art. 1º que os preceitos do processo administrativo também se aplicam aos órgãos dos Poderes Legislativo e Judiciário da União, quando no desempenho de função administrativa.[491]

Por meio desta concepção ampliada de processo administrativo, tem-se que o desempenho da função administrativa não se resumiria à prática do "ato final", haja

---

[486] NIEBUHR, Pedro. *Processo administrativo ambiental*. 3. ed. rev., ampl. e atual. Belo Horizonte: Fórum, 2021a. p. 74.
[487] DARNACULLETA I GARDELLA, Maria Mercé. *Autorregulación y Derecho Público*: La autorregulación regulada. 1. ed. Madrid: Marcial Pons, 2005. p. 42, tradução livre.
[488] DARNACULLETA I GARDELLA, Maria Mercé. *Autorregulación y Derecho Público*: La autorregulación regulada. 1. ed. Madrid: Marcial Pons, 2005. p. 42, p. 57.
[489] CROLEY, Steven P., Theories of Regulation: Incorporating the Administrative Process. *Columbia Law Review*, New York, v. 98, n. 1, p. 1, tradução livre, jan. 1998.
[490] BANDEIRA DE MELLO, Celso Antônio. *Curso de direito administrativo*. 25. ed. São Paulo: Malheiros, 2008. p. 230.
[491] NOHARA, Irene Patrícia. *Direito administrativo*. 9. ed. São Paulo: Atlas, 2019. p. 110-112.

vista pressupor um encadeamento de atos, ou mesmo fatos, que antecedem sua edição. Significa não só reagir contra as ilegalidades, mas evitar que as agressões ocorram, uma vez que se pode (e se deve) exercer um controle preventivo sobre futuros atos ilegais,[492] notadamente quando se tratar de matéria de proteção do meio ambiente.

Com essa perspectiva de execução da atividade regulatória do Estado, o processo administrativo em matéria ambiental abarcaria, observando-se a lição de Niebuhr, uma relação jurídica de sujeição e de adstrição estabelecedora de ônus e de encargos dirigidos a pessoas físicas e jurídicas (públicas ou privadas) para a consagração de valores essenciais concebidos pela Constituição Federal de 1988.

Por essas razões que a processualização das atividades administrativas do Estado ganha atualmente peculiar importância, ao contemplar diversas vantagens, garantindo: (i) maior transparência institucional e processual; (ii) possibilidade de controlar a atuação administrativa antes da edição do ato final, o que viabiliza, portanto, o exercício do controle preventivo dos atos administrativos, realizado no *"iter"* de formação; (iii) democratização, a partir da ampliação dos canais de participação do povo e de interessados na formação da vontade que deve ser estatal, e não dos agentes individuais, e pública, voltada, portanto, para a satisfação de interesses da coletividade, em sua concepção primária; e (iv) respeito à dignidade dos cidadãos-administrados, que devem ser tratados como sujeitos e não como objetos.[493]

Se a regulação estatal é expressada como função administrativa, não decorrente de prerrogativa, e, sim, de expressa previsão constitucional voltada a conceder espaço decisório reservado à ponderação de interesses, como indica Moreira Neto,[494] um importante instrumento dessa execução é o processo administrativo.

A tutela administrativa do Estado em matéria de regulação ambiental, anota Garcia, apresenta-se em um cenário em que, buscando seguir a dinâmica científica de descobertas técnicas, a "avalanche legislativa" chega com atraso à realidade a que se destina prevenir ou reparar, dado o lento processo legislativo.[495]

Os processos administrativos de competência estatal, como forma de expressão da função administrativa típica do Estado e de sua atividade regulatória administrativa, tornam-se cruciais para a cooperação, o cruzamento de informações e conhecimentos indispensáveis às decisões públicas e ao acompanhamento das atividades econômicas degradantes, em um quadro de fundamental na pós-avaliação e acompanhamento e monitoramento contínuo das consequências das ações humanas no meio ambiente.[496]

Não se pode desconsiderar, afirma Garcia, que uma reação oportuna, informada, diversificada, eficaz, leva tempo a estruturar-se. A compreensão pela máquina administrativa estatal dos problemas humanos e sociais dos infratores nem sempre conduz à aplicação de sanções administrativas exemplares, sendo necessária uma avaliação,

---

[492] NOHARA, Irene Patrícia. *Direito administrativo*. 9. ed. São Paulo: Atlas, 2019. p. 110-112.
[493] NOHARA, Irene Patrícia. *Direito administrativo*. 9. ed. São Paulo: Atlas, 2019. p. 112-113.
[494] MOREIRA NETO, Diogo de Figueiredo Moreira. *Direito regulatório*: A alternativa participativa e flexível para a administração pública de relações setoriais complexas no Estado Democrático. 1. ed. Rio de Janeiro: Renovar, 2003. p. 133.
[495] GARCIA, Maria da Glória F. P. D. *O lugar do direito na protecção do ambiente*. 1. ed. Coimbra: Almedina, 2007. p. 374.
[496] GARCIA, Maria da Glória F. P. D. *O lugar do direito na protecção do ambiente*. 1. ed. Coimbra: Almedina, 2007. p. 390.

na proximidade das situações, para a justiça da lei cujo cumprimento é fiscalizado,[497] dinâmica intrínseca à natureza dos processos administrativos.

A realidade multifacetada dos tempos atuais, em que emerge uma relação variada e complexa de direitos e deveres recíprocos entre Administração e cidadão, demanda alterações substanciais na atividade administrativa estatal, postulando-se abertura de espaço para a participação e intervenção, por exemplo, dos cidadãos e coletividade na gestão das atividades e no exercício das potestades administrativas, o que é, afirma Niebuhr, latente em questões envolvendo o meio ambiente.[498]

Com as políticas públicas, particularmente as ambientais, a Administração Pública deixa de estar disposta em uma ação programada de cumprimento e execução de normas, mas se torna um agente sob função comunitária flexível, identificada pelos fins a realizar, que, a rigor, não podem ser definidos em toda a sua dimensão, porquanto representam processos de evolução no seio da vida social, pela sua complexidade, não podem ser abrangidos por limitadas prognoses.[499]

Vale lembrar que a responsabilidade ambiental se afere pelas informações e conhecimentos disponíveis, de modo transparente e com participação, no momento do controle e da avaliação da conduta ou atividade impactante ao ambiente,[500] o que exige, pois, a coordenação de atos estatais, como é o caso dos processos administrativos.

Na lição de Souto, a atividade regulatória estatal guarda integral compatibilidade com cada uma das funções desempenhadas pela Administração Pública (discricionária, de direção, normativa, sancionatória), variando conforme o tipo de atividade (polícia administrativa, gestão de serviços públicos, ordenamento econômico e social).[501]

Se regulação estatal representa função com a qual a autoridade administrativa intervém nas decisões econômicas privadas, por atos gerais, individuais, ordinatórios e decisórios, com vistas ao atendimento dos interesses relevantes da coletividade,[502] é evidente que referida função dependerá dos processos administrativos.

Para além da função sancionatória, materializada na apuração e na responsabilização de infrações aos comandos de Direito Ambiental, os processos administrativos em matéria de proteção do meio ambiente detêm ainda a importante função preventiva e antecipatória – núcleo maior do Direito Ambiental – de garantir a racionalidade do uso dos recursos naturais e evitar ou corrigir um dano ambiental.

Logo, o processo administrativo representa mecanismo cujas aplicações podem auxiliar significativamente na busca por mais efetividade em termos de conformidade (*compliance*) das atividades econômicas poluidoras e degradantes exercidas pelos agentes regulados (públicos ou privados) com as políticas e normas ambientais.

---

[497] GARCIA, Maria da Glória F. P. D. *O lugar do direito na protecção do ambiente*. 1. ed. Coimbra: Almedina, 2007. p. 406.
[498] NIEBUHR, Pedro. *Processo administrativo ambiental*. 3. ed. rev., ampl. e atual. Belo Horizonte: Fórum, 2021a. p. 85.
[499] GARCIA, Maria da Glória F. P. D. *O lugar do direito na protecção do ambiente*. 1. ed. Coimbra: Almedina, 2007. p. 342.
[500] GARCIA, Maria da Glória F. P. D. *O lugar do direito na protecção do ambiente*. 1. ed. Coimbra: Almedina, 2007. p. 477.
[501] SOUTO, Marcos Juruena Villela. Função Regulatória. *Revista Eletrônica de Direito Administrativo Econômico* (REDAE), Salvador, n. 13, fev./mar./abr. 2008. Disponível em: http://www.direitodoestado.com.br/redae.asp. Acesso em: 10 dez. 2021.
[502] SOUTO, Marcos Juruena Villela. Função Regulatória. *Revista Eletrônica de Direito Administrativo Econômico* (REDAE), nº 13, fev/mar/abr, Salvador, 2008, SOUTO, Marcos Juruena Villela. Função Regulatória. *Revista Eletrônica de Direito Administrativo Econômico* (REDAE), Salvador, n. 13, p. 11, fev./mar./abr. 2008. Disponível em: http://www.direitodoestado.com.br/redae.asp. Acesso em: 10 dez. 2021.

2.1.2 O processo administrativo ambiental e a limitação da tutela jurisdicional

Não bastassem os predicados de prevenção e de antecipação da tutela administrativa ambiental, quando comparada à tutela jurisdicional, sua proeminência tem destaque, principalmente diante da complexidade das questões ambientais, cuja regulação e controle exigem constante aprimoramento e respostas céleres e técnicas.

Na linha de Hachem, o apego a construções teórico-dogmáticas do século XIX em termos de proteção dos direitos fundamentais teria conduzido a uma centralização excessiva da discussão em torno do Poder Judiciário a respeito da efetivação dos Direitos Sociais,[503] o que ocorre também com a proteção ambiental.

Isso se daria mediante uma lógica liberal, individualista e subjetivista. Tal racionalidade se demonstrou despreocupada com a criação de mecanismos para dar operacionalidade à dimensão objetiva de tais direitos, a qual dirige à Administração Pública a obrigação de criar *"sponte propria"* condições reais e efetivas para a sua fruição plena e de modo igualitário por todos os seus titulares.[504]

Como exemplo da baixa preferência político-jurídica à tutela administrativa ambiental e da demasiada utilização da tutela jurisdicional – que é eminentemente pós-fato –, cita-se relatório do Conselho Nacional de Justiça (CNJ) "Justiça em Números 2021", vinculado ao ano-base de 2020 no Judiciário brasileiro.

Conforme o levantamento, 57.168 ações judiciais ambientais chegaram aos tribunais brasileiros em 2020, dentre as quais, cerca de 17,5 mil processos – 30% do total de demandas no país – buscavam reparação para algum dano ambiental e, dessas, cerca de 6.059 ações eram voltadas a indenizações por dano ambiental e, ainda, 4.852 ações buscavam a revogação e/ou anulação de multas ambientais administrativas.[505]

É um cenário que aponta, apenas em seus dados, não apenas uma perspectiva de considerável inefetividade e pouca atenção à atuação administrativa ambiental do Estado em geral, como também uma evidente e crescente judicialização pós-fato danoso ambiental, voltada inclusive – e preferencialmente, pelo que se constata – à reparação pecuniária de infrações ou ilícitos ambientais, em detrimento da reparação de ordem natural ou procedimental, por reestabelecimento do meio ambiente equilibrado ou reestruturação da atividade irregular eventualmente autuada e sancionada.

É de se destacar, conforme os dados do CNJ, que mais de 4 mil demandas judiciais ambientais que chegaram aos tribunais brasileiros no ano de 2020 remetem à discussão sobre a revogação ou a anulação de multas pecuniárias fixadas pelos órgãos ambientais competentes, corroborando um cenário de controversa atuação regulatória.

É evidente a prevalência do viés sancionatório de ordem pecuniária em detrimento de outras formas de reparação ou regularização das condutas e atos lesivos ambientais. Talvez fruto de atuação estatal meramente reativa e assentada de modo geral no viés

---

[503] HACHEM, Daniel Wunder. *Tutela administrativa efetiva dos direitos fundamentais sociais*: por uma implementação espontânea, integral e igualitária. Tese (Doutorado) – Universidade Federal do Paraná, Curitiba, 2014. p. 261.
[504] HACHEM, Daniel Wunder. *Tutela administrativa efetiva dos direitos fundamentais sociais*: por uma implementação espontânea, integral e igualitária. Tese (Doutorado) – Universidade Federal do Paraná, Curitiba, 2014. p. 261.
[505] BRASIL. Conselho Nacional de Justiça. *Justiça em números 2021*. Brasília: CNJ, 2021. Disponível em: https://www.cnj.jus.br/wp-content/uploads/2021/11/relatorio-justica-em-numeros2021-221121.pdf. Acesso em: 23 nov. 2021.

regulatório de cunho econômico-financeiro, expressão maior da abordagem enraizada no comando e controle, como apontado no capítulo anterior.

Com efeito, face aos números revelados pelo CNJ, incontroverso que a elevação do número de ações judiciais ambientais promovidas, notadamente quanto a indenizações por dano ambiental, não vem resultando em maior ou mais efetiva proteção do meio ambiente, tampouco no fomento a um desenvolvimento nacional sustentável. Ao contrário, indica na verdade que o modelo institucional regulatório em matéria ambiental no Brasil não parece alcançar, de modo sistêmico, racional, eficiente e eficaz, seus fins expressamente definidos pela Constituição Federal de 1988.

Distante de uma retórica infundada favorável a uma qualquer desjudicialização, o que se pretende nesta crítica é demonstrar que haveria uma maior aptidão, ao menos quanto aos quesitos temporal e de reunião de elementos técnicos e fáticos, em favor da tutela administrativa ambiental, cuja evidência se sobreleva com a realidade quantitativa e qualitativa da tutela judicial ambiental no Brasil, ilustrada pelo CNJ.

Como afirma Cappeli, a sociedade contemporânea exerce forte pressão sobre o Poder Judiciário, com o aumento das demandas geradas pelos direitos coletivos, além da crescente complexidade imposta que exige especialização e apoio técnico, caso da área ambiental. Tal complexidade se faz refletir em propostas de desregulamentação, desformalização, desjudicialização e desjurisdicionalização das questões atinentes, especialmente, por exemplo, com processos de jurisdição voluntária, visando proporcionar maior celeridade, menores custos e acesso à prestação estatal.[506]

Nesse sentido, Daudt D'Oliveira defende a pertinência da simplificação na área ambiental e administrativa, baseada no amplo conjunto de medidas que tragam celeridade, racionalidade, redução de custos, flexibilidade, consensualidade, eficiência e efetividade na tutela de direitos.[507]

No contexto de proeminência da tutela administrativa, é pertinente a utilização de instrumentos e mecanismos mais flexíveis do que os usados na regulação de comando e controle dependente do poder de polícia, cujo surgimento no domínio do meio ambiente é forma de racionalizar a atividade do Estado de proteção ambiental.[508]

A despeito da tendência à desformalização nos seus vários aspectos, o Poder Judiciário sempre poderá ser acionado para decidir sobre eventuais consensos que maculem direitos personalíssimos, fundamentais ou indisponíveis,[509] como é o caso da proteção do meio ambiente e do fomento ao desenvolvimento sustentável.

Resguardadas as funções da tutela jurisdicional, tem-se a tutela administrativa – e consequentemente o processo administrativo –, ao se considerar as técnicas de limitações de direitos e da ordenação das atividades privadas, em melhores condições que o Direito Processual Civil e Processual Penal de operacionalizar a postura antecipatória – preventiva e precaucional – exigida pelo Direito Ambiental.[510]

---

[506] CAPPELI, Sílvia. Desformalização, Desjudicialização e Autorregulação: tendências no Direito ambiental? *Revista de Direito ambiental*, São Paulo, v. 63, p. 98, jul./set. 2011.

[507] DAUDT D'OLIVEIRA, Rafael Lima. *A simplificação no direito administrativo e ambiental* (de acordo com a lei n. 13.874/2019 – "Lei da Liberdade Econômica"). 1. ed. Rio de Janeiro: Lumen Juris, 2020. p. 185.

[508] DAUDT D'OLIVEIRA, Rafael Lima. *A simplificação no direito administrativo e ambiental* (de acordo com a lei n. 13.874/2019 – "Lei da Liberdade Econômica"). 1. ed. Rio de Janeiro: Lumen Juris, 2020. p. 28 e 186.

[509] CAPPELI, Sílvia. Desformalização, Desjudicialização e Autorregulação: tendências no Direito ambiental? *Revista de Direito ambiental*, São Paulo, v. 63, p. 97, jul./set. 2011.

[510] NIEBUHR, Pedro. *Processo administrativo ambiental*. 3. ed. rev., ampl. e atual. Belo Horizonte: Fórum, 2021a. p. 27.

Nesse cenário, o processo administrativo ambiental, por suas funções e pressupostos, seria mais apto a antecipar um dano, oferecendo mais possibilidades instrutórias e viabilizando um controle mais contundente de mérito das decisões administrativas,[511] diferentemente dos processos judiciais em sua maioria.

Vale dizer, o juiz pode não dispor dos conhecimentos técnicos suficientes para a decisão, de pronto, acerca de uma medida antecipatória ou cautelar sem recorrer aos elementos disponíveis quanto aos impactos da atividade, assevera Niebuhr, – especialmente os obtidos nos processos administrativos de licenciamento ou nos fiscalizatórios. São fatores indispensáveis à formação de seu convencimento para apreciar sobre os limites de tolerabilidade de impactos ou efeitos, ou seja, a tutela cível e jurisdicional, em grande parte dos casos, dependerá do êxito da atuação preventiva da Administração Pública ambiental.[512]

Na consagrada lição de Martín Mateo, o Direito Ambiental origina-se e incide sobre comportamentos individuais e sociais para eminentemente prevenir e, sempre que possível, remediar distúrbios que alteram o equilíbrio ambiental. Embora a legislação ambiental, em última análise, baseie-se em um dispositivo sancionatório, seus objetivos, porém, são fundamentalmente preventivos, devem de modo primordial e prioritário antecipar as lesões e as violações ambientais.[513]

Ao buscar antecipar a ação, a conduta ou a atividade econômica (momento de prevenção), a proteção do meio ambiente desloca o Direito, na medida em que, mais do que na lei, no seu cumprimento e nas consequências da conduta ou ação (responsabilidade por danos), o Direito Ambiental passa a estar localizado no momento que antecede a ação, na sua construção e no seu acompanhamento e de suas consequências, identificando danos e também êxitos,[514] por isso a pertinência da tutela administrativa.

A tutela eventualmente obtida através do Processo Civil pode ser tardia ou ainda ineficaz para a proteção da qualidade ou da integridade do meio ambiente,[515] além de que a necessidade premente do Direito Ambiental, como visto, está assentada na atuação preferencialmente antecipatória no lugar da repressiva (pós-fato). Trata-se de uma característica que remete ao próprio surgimento do Direito Ambiental.[516]

É exatamente em razão dessa maior aptidão para a prevenção e antecipação de ilícito e danos ambientais que a estrutura e os mecanismos à disposição da tutela administrativa ambiental precisam, certamente, de novas abordagens e estratégias que controlem, apurem e responsabilizem ilícitos ambientais e também falhas e capturas estruturais, cujos efeitos resultam na lacuna de implementação do Direito Ambiental.

Essas capturas, sobretudo na fase de implementação das políticas e normas ambientais, são advindas de desafios já citados como corrupção e fraude nos processos administrativos ambientais, ensejando a necessidade de instrumentos avançados de monitoramento e controle contínuo, tanto sobre a atuação dos órgãos ambientais quanto em face do exercício das atividades autorizadas pela Administração Pública.

---

[511] NIEBUHR, Pedro. *Processo administrativo ambiental*. 3. ed. rev., ampl. e atual. Belo Horizonte: Fórum, 2021a. p. 132.
[512] NIEBUHR, Pedro. *Processo administrativo ambiental*. 3. ed. rev., ampl. e atual. Belo Horizonte: Fórum, 2021a. p. 28.
[513] MATEO, Ramón Martín. *Derecho ambiental*. Madrid: Institutos de Estudios de Administración Local, 1977. p. 79-82, tradução livre.
[514] GARCIA, Maria da Glória F. P. D. *O lugar do direito na protecção do ambiente*. 1. ed. Coimbra: Almedina, 2007. p. 484.
[515] NIEBUHR, Pedro. *Processo administrativo ambiental*. 3. ed. rev., ampl. e atual. Belo Horizonte: Fórum, 2021a. p. 21.
[516] NIEBUHR, Pedro. *Processo administrativo ambiental*. 3. ed. rev., ampl. e atual. Belo Horizonte: Fórum, 2021a. p. 23.

Dessa maneira, a tutela administrativa ambiental adquire lugar de destaque, exigindo que o processo administrativo seja concebido de modo não autorreferente, menos voltado à centralização na autoridade competente, e sim com ênfase no *"modus operandi"* de construção das decisões e datos administrativos resultantes do processo.

Em que pese existam semelhanças inegáveis entre processo judicial e processo administrativo, pelo fato de ambos pertencerem a um tronco comum, há, também, profundas diferenças como consequência necessária da diversa natureza dos fins a que um e outro servem e, principalmente, da diferente posição e natureza dos órgãos cuja atividade disciplinam. O processo tem como termo essencial a busca da verdade e a satisfação das pretensões manobradas pelas partes mediante a decisão de um requerimento neutro e independente delas, o Juiz e o Tribunal.[517]

O processo administrativo, para Enterría e Fernández, conquanto constitua uma garantia dos direitos dos administrados, não esgota nisso sua função, que é, também, e muito especialmente, a de garantir a pronta e eficaz satisfação do interesse geral, mediante medidas e decisões necessárias, pelos órgãos da Administração, intérpretes desse interesse e, também, parte do processo e árbitro dele.[518]

Com essa perspectiva, a atuação administrativa adquire proeminência quando o assunto é a tutela ambiental, especialmente por viabilizar, em melhores condições que a atividade jurisdicional, uma ação antecipatória a danos e riscos intoleráveis.[519]

Assim, a atividade administrativa, em regra e no que toca à tutela ambiental, desenvolve-se em um processo administrativo predeterminado, o qual possui, para além de sua natureza formal, uma dimensão material e cujos objetivos vão desde servir como técnica de decisão e organização administrativa até a garantir direitos e interesses.[520]

Ocorre que, em relação à matéria ambiental, a ênfase na teoria do ato administrativo não responde ou compreende toda a dinâmica do relacionamento que se instaura entre os particulares e a Administração, bem como as novas formas de atuação às quais a Administração Pública deve se socorrer para viabilizar a função (dever fundamental constitucional) de proteção do meio ambiente.[521]

Para Medauar, o processo administrativo, ensejando o afloramento de vários interesses, posições jurídicas, argumentos, provas, dados técnicos, obrigaria à consideração dos interesses e direitos em certa situação. Muitas vezes o desempenho incorreto da função provém do insuficiente conhecimento ou consideração dos dados.[522]

No processo administrativo os interessados devem ser ouvidos, apresentarem argumentos e provas, oferecerem informações, contribuírem, portanto, para a determinação do fato ou da situação objeto do processo, com isso ampliam-se os pressupostos objetivos da decisão administrativa.[523]

---

[517] ENTERRÍA, Eduardo García de; FERNÁNDEZ, Tomás-Ramón. *Curso de Direito administrativo*, 2. Revisão técnica de Carlos Ari Sundfeld. Tradução de José Alberto Froes Cal. 1. ed. São Paulo: Revista dos Tribunais, 2014. p. 455.
[518] ENTERRÍA, Eduardo García de; FERNÁNDEZ, Tomás-Ramón. *Curso de Direito administrativo*, 2. Revisão técnica de Carlos Ari Sundfeld. Tradução de José Alberto Froes Cal. 1. ed. São Paulo: Revista dos Tribunais, 2014. p. 455.
[519] NIEBUHR, Pedro. *Processo administrativo ambiental*. 3. ed. rev., ampl. e atual. Belo Horizonte: Fórum, 2021a. p. 49.
[520] NIEBUHR, Pedro. *Processo administrativo ambiental*. 3. ed. rev., ampl. e atual. Belo Horizonte: Fórum, 2021a. p. 49.
[521] NIEBUHR, Pedro. *Processo administrativo ambiental*. 3. ed. rev., ampl. e atual. Belo Horizonte: Fórum, 2021a. p. 65-66.
[522] MEDAUAR, Odete. *Direito administrativo moderno*. 21. ed. Belo Horizonte: Fórum, 2018. p. 161.
[523] MEDAUAR, Odete. *Direito administrativo moderno*. 21. ed. Belo Horizonte: Fórum, 2018. p. 162.

Como anota Guerra, parece ser indisputável que os instrumentos e mecanismos de escolha administrativa do passado apresentam-se, em determinadas situações complexas, incapazes de compreender a contemporaneidade da sociedade de riscos,[524] exatamente como ocorre na regulação administrativa de proteção do meio ambiente.

Atualmente, um dos primeiros aspectos que está compreendido nos princípios que norteiam o formato da escolha administrativa na regulação estatal refere-se ao desafio de implementação das funções regulatórias com ampla transparência e procedimentalização da participação da sociedade, diante de temas que concentram alta tecnicidade e cientificidade, sem amparo exclusivamente na compreensão valorativa dos Administradores públicos,[525] como é o caso da área ambiental.

Não se pode olvidar o pensamento que associa justiça exclusivamente ao Poder Judiciário, tendência pelos dados do CNJ de 2020. De modo diverso, deve-se colocar uma postura que atribua também à Administração uma tarefa de justiça, já que o processo administrativo direciona-se à realização da justiça não só pelo contraditório e ampla defesa, vistos do ângulo do indivíduo e afetados, mas também por propiciar o sopesamento de interesses, pela melhor decisão administrativa possível.[526]

Segundo Guerra, a clareza das diretrizes e fundamentos da função administrativa, se expostas ao conhecimento e à deliberação dos cidadãos, pode funcionar como meio de constrangimento ao abuso do aparelho administrativo para fins que não interessam à coletividade, vez que a inadequação dos instrumentos do agir administrativo tradicional é especialmente notória em determinados setores em que a evolução tecnológica redefine e altera diariamente os mercados,[527] a exemplo da área ambiental.

Em suma, as características adjacentes às funções dos processos administrativos ambientais, especificamente no contexto das complexas e dinâmicas questões ambientais, concedam à tutela administrativa estatal proeminência frente à tutela jurisdicional, assim como a direcionam à razão maior do Direito Ambiental: prevenir e antecipar a proteção contra infrações e danos ambientais.

2.1.3 A manifestação do dever fundamental de proteção do meio ambiente nos processos administrativos ambientais

Pelo exposto até aqui, o processo administrativo mostra-se meio apto em manifestar o dever fundamental de proteção ambiental exigido do Estado e da coletividade, além de representar importante instrumento de execução – preventiva e antecipatória – da atividade regulatória ambiental exercida pela Administração Pública.

Isso porque, na linha de Niebuhr, seria o instituto pelo qual a Administração Pública adquire a maior quantidade possível de dados, subsídios, informações, fatos e argumentos, para que, ponderando-os, proceda com a construção de uma decisão

---

[524] GUERRA, Sérgio. *Discricionariedade, regulação e reflexividade*: uma Nova Teoria sobre Escolhas Administrativas. 3. ed., rev. e atual. Belo Horizonte: Fórum, 2015. p. 615.
[525] GUERRA, Sérgio. *Discricionariedade, regulação e reflexividade*: uma Nova Teoria sobre Escolhas Administrativas. 3. ed., rev. e atual. Belo Horizonte: Fórum, 2015. p. 619.
[526] MEDAUAR, Odete. *Direito administrativo moderno*. 21. ed. Belo Horizonte: Fórum, 2018. p. 162.
[527] GUERRA, Sérgio. *Discricionariedade, regulação e reflexividade*: uma Nova Teoria sobre Escolhas Administrativas. 3. ed., rev. e atual. Belo Horizonte: Fórum, 2015. p. 622.

administrativa, materialmente justa, de modo a compor da melhor forma possível os interesses apresentados, especialmente diante das novas funções estatais, não apenas repressivas e autoritárias, como de coordenação, indução, cooperação e concertação.[528]

Com efeito, os deveres fundamentais, como dito no capítulo inicial, representam situações jurídicas ligadas a sujeições que, em sua maioria, estabelecem ônus e encargos, a pessoas físicas e jurídicas (públicas ou privadas) e à universalidade de direitos em geral, que são destinadas à viabilização da vida em comunidade, à preservação e à consagração de valores comunitários da dignidade da pessoa humana.[529]

Diante desses deveres, o bem jurídico do meio ambiente ecologicamente equilibrado não poderia figurar estritamente como um bem público, devendo, ao contrário, adverte Leite, ser considerado um bem de *interesse público*, cuja administração e gestão e cujo uso devem ser compartilhados com toda a comunidade, sob um perfil de democracia ambiental,[530] o que sobreleva a função esperada da tutela administrativa ambiental, afirmando a importância da cooperação, da participação, do monitoramento e do controle contínuo em sua execução.

Como anota Niebuhr, ao submeterem toda atividade, ação ou empreendimento, potencialmente degradante ou poluidor, ao conhecimento, à prévia anuência ou à fiscalização de órgãos ambientais competentes, as pessoas físicas ou jurídicas estarão manifestando o seu dever fundamental de proteção do meio ambiente, da mesma forma o Estado, na consequente atuação da Administração Pública ambiental, sob o controle administrativo e regulatório prévio, concomitante ou sucessivo, também manifestará o seu dever fundamental pela CF/88, expressado pelos processos administrativos ambientais.[531]

Nessa linha, a atuação administrativa em matéria ambiental confirma seu fundamento constitucional, impulsionada pela influência do paradigma do Estado Constitucional, que significou mudança de perspectiva na seara do processo administrativo, passando-se a uma construção que, embora não abandone as prerrogativas administrativas estatais, agora opõe a elas uma série de limitações que exigem imperiosa proteção da dignidade da pessoa humana.[532]

É um dever fundamental como encargo funcional, atribuído ao Estado (através de seus órgãos ambientais), de tomar ciência, anuir e fiscalizar a atividade dos particulares e também do próprio Poder Público, quando potencialmente degradantes ou poluidores. São submissões executadas justamente através dos processos administrativos ambientais, sendo essa a forma pela qual a função administrativa ambiental de controle (prévio ou sucessivo) exercida pelo Estado ocorre em face das atividades econômicas potencialmente poluidoras ou degradantes.[533]

Com efeito, o processo administrativo ambiental, exalta Niebuhr, tem por objeto final viabilizar uma apropriada tutela administrativa do ambiente, a qual passa,

---

[528] NIEBUHR, Pedro. *Processo administrativo ambiental*. 3. ed. rev., ampl. e atual. Belo Horizonte: Fórum, 2021a. p. 316.
[529] NIEBUHR, Pedro. *Processo administrativo ambiental*. 3. ed. rev., ampl. e atual. Belo Horizonte: Fórum, 2021a. p. 318.
[530] LEITE, José Rubens Morato. Sociedade de risco e Estado. *In*: CANOTILHO, José Joaquim Gomes; LEITE, José Rubens Morato (Orgs.). *Direito constitucional ambiental brasileiro*. 6. ed. São Paulo: Saraiva, 2015. p. 163.
[531] NIEBUHR, Pedro. *Processo administrativo ambiental*. 3. ed. rev., ampl. e atual. Belo Horizonte: Fórum, 2021a. p. 318.
[532] HACHEM, Daniel Wunder. *Tutela administrativa efetiva dos direitos fundamentais sociais*: por uma implementação espontânea, integral e igualitária. Tese (Doutorado) – Universidade Federal do Paraná, Curitiba, 2014. p. 284.
[533] NIEBUHR, Pedro. *Processo administrativo ambiental*. 3. ed. rev., ampl. e atual. Belo Horizonte: Fórum, 2021a. p. 110.

indispensavelmente, pela ponderação de fatos, informações, interesses e direitos colhidos e apresentados.[534] Não se olvida, como alerta Nohara, que os processos administrativos abarcariam dois grandes objetivos: primeiro, a proteção dos direitos dos administrados e, segundo, o melhor cumprimento dos fins da Administração Pública.[535] Para esta análise, o fim constitucional maior da proteção ambiental, de modo preventivo, e não pós-fato.

A depender do processo administrativo tradicionalmente posto, muitas vezes executado por um Poder Público centralizador e ilegítimo, de atuação unilateral, ausente estará o *"due process"* ambiental, como anota Leite, favorecendo somente interesses parciais e não os da coletividade no que tange ao meio ambiente equilibrado, necessitando-se da transparência, acesso à informação, cooperação, consensualidade, com foco na atuação preventiva no lugar da remediação *"a posteriori"*.[536]

Como leciona Canotilho, uma efetiva política pública de proteção ambiental deve ser conformada para, com destaque, evitar agressões ambientais, impondo-se: (a) a adoção de medidas preventivo-antecipatórias em vez de repressivo-mediadoras; e (b) o controle da poluição e lesões na fonte, ou seja, na origem (espacial e temporal).[537]

Dada essa prevalência do viés antecipatório e preventivo inerente ao Direito Ambiental, Niebuhr afirma ser possível no processo administrativo em matéria ambiental, a um só tempo, nele ou em decorrência dele, a imposição de cargas normativas de fazer (a exemplo da apresentação de estudos e informações, da publicidade a pedidos), de não fazer (abster-se de dar continuidade a atividades causadoras de dano ambiental, quando exigido) ou de suportar que façam (submeter-se a avaliações e vistorias),[538] representando, com isso, veículo com potencial capacidade para abarcar melhores abordagens e estratégias regulatórias ambientais.

Como próprio da natureza dos deveres fundamentais, Niebuhr esclarece que os encargos e as manifestações específicas vêm definidos na própria legislação infraconstitucional brasileira, como pela Lei Federal nº 6.938/1981 (PNMA), a qual enuncia princípios como da fiscalização do uso dos recursos naturais e do controle das atividades potencial ou efetivamente poluidoras, segundo seu art. 2º, III e V, sendo que o mesmo diploma legal indica como seu instrumento a Avaliação de Impactos Ambientais (AIA), o licenciamento de atividades poluidoras e a aplicação de penalidades pela inobservância das condicionantes ambientais de dada atividade, sendo todos atividades-escopo de processos administrativos ambientais.[539]

Pela lição de Nabais, se a ideia de deveres fundamentais – como da proteção ambiental – não encerraria apenas deveres, mas também caracterizaria o direito à igual repartição dos encargos comunitários,[540] além de que esses deveres, para Sarlet e Fensterseifer, vinculariam Estado e particulares no sentido de lhes exigir medidas

---

[534] NIEBUHR, Pedro. *Processo administrativo ambiental*. 3. ed. rev., ampl. e atual. Belo Horizonte: Fórum, 2021a. p. 113.
[535] NOHARA, Irene Patrícia. *Direito administrativo*. 9. ed. São Paulo: Atlas, 2019. p. 114.
[536] LEITE, José Rubens Morato. Sociedade de risco e Estado. In: CANOTILHO, José Joaquim Gomes; LEITE, José Rubens Morato (Orgs.). *Direito constitucional ambiental brasileiro*. 6. ed. São Paulo: Saraiva, 2015. p. 164.
[537] CANOTILHO, José Joaquim Gomes. *Direito público do ambiente*. Coimbra: Faculdade de Direito de Coimbra, 1995. p. 40.
[538] NIEBUHR, Pedro. *Processo administrativo ambiental*. 3. ed. rev., ampl. e atual. Belo Horizonte: Fórum, 2021a. p. 111.
[539] NIEBUHR, Pedro. *Processo administrativo ambiental*. 3. ed. rev., ampl. e atual. Belo Horizonte: Fórum, 2021a. p. 112.
[540] NABAIS, José Casalta. *O dever fundamental de pagar impostos*. 3. ed. Coimbra: Almedina, 2009. p. 97.

prestacionais de salvaguarda do meio ambiente no exercício de direitos,[541] é evidente que o processo administrativo ambiental mostra-se meio concreto para afirmar, exigir e cumprir com tais deveres, face a todas suas peculiaridades até aqui mencionadas.

Dessa forma, tal revisão de perspectiva do processo administrativo em matéria ambiental reside, dentre outros exemplos, desde a sua abertura para a cooperação da coletividade (pessoas físicas e jurídicas) até o incremento de meios e mecanismos avançados para a efetiva e concreta partilha de informações entre Administração Pública ambiental e os regulados e afetados pelas atividades econômicas impactantes, com vistas à realização de decisões que otimizem e compreendam os interesses expostos, especialmente no monitoramento e controle preventivo dos potenciais ilícitos e danos ambientais, vez que os particulares (agentes públicos ou privados) também são imputados ao dever fundamental de proteção ambiental definido na CF/88.

No Brasil, em que pese as especificidades e a evidente proeminência da tutela administrativa ambiental, à exceção de esparsas previsões legais sobre processo administrativo sancionatório na Lei de Crimes Ambientais (Lei Federal nº 9.605/1998) e na Lei do Processo Administrativo Federal (Lei Federal nº 9.784/1999), inexiste previsão legal que discipline, com caráter de norma geral, os processos administrativos.

Por essas razões que na presente análise serão aderidas e utilizadas as definições e a classificação desenvolvidas por Niebuhr acerca dos processos administrativos ambientais, perspectivas a serem trabalhadas nos próximos tópicos.

2.1.4 A importância dos processos administrativos ambientais de controle prévio e sucessivo

Aderindo-se às conclusões de Niebuhr, de que o processo administrativo representaria o modo pelo qual a função administrativa do Estado eminentemente se desenvolve, tem-se que esse importante instituto, na função ambiental, seria melhor classificado a partir da natureza da atividade administrativa nele executada, dividindo-se em dois grupos: de controle prévio e os de controle sucessivo.

Nos processos administrativos ambientais de controle prévio, a atividade de proteção ambiental está voltada à identificação da viabilidade e dos limites e à definição das condicionantes para o exercício de alguma atividade econômica potencialmente degradante ao ambiente, expressados na anuência da Administração acerca do desenvolvimento da referida atividade.[542] Por outro lado, os de controle sucessivo estariam vinculados à verificação da regularidade do exercício de atividade com impactos significativos ao meio ambiente que já esteja em desenvolvimento ou relacionada à correção dessa mesma atividade.[543]

---

[541] SARLET, Ingo; FENSTERSEIFER, Tiago. *Direito constitucional ecológico*: Constituição, direitos fundamentais e proteção da natureza. 7. ed. rev., atual. e ampl. São Paulo: Thomson Reuteurs Brasil, 2021. p. 356.

[542] Segundo Niebuhr, exemplos desse grupo são: a) atestados de viabilização ambiental; b) declaração de dispensa de licenciamento; c) comunicação de atividade ao órgão ambiental; e d) licenciamento ambiental propriamente dito (NIEBUHR, Pedro. *Processo administrativo ambiental*. 3. ed. rev., ampl. e atual. Belo Horizonte: Fórum, 2021a. p. 148).

[543] Para Niebuhr, exemplos desse controle são: a) as avaliações de controle ambiental, como as auditorias ambientais; b) processos fiscalizatórios; e c) processos corretivos (NIEBUHR, Pedro. *Processo administrativo ambiental*. 3. ed. rev., ampl. e atual. Belo Horizonte: Fórum, 2021a. p. 148).

Cuida-se de um controle expressado comumente pelo acompanhamento das medidas de redução ou de mitigação dos impactos e do controle ambiental da atividade desenvolvida pelo agente, controle através da fiscalização e de eventual sancionamento em razão de desconformidades ou na correção de infração, tanto por regularização da atividade quanto pela recuperação ambiental da lesão causada ao meio ambiente.[544]

Em relação aos processos de controle prévio, Niebuhr anota que é neles que o titular de uma pretensão de desenvolver atividade econômica potencialmente degradante comunica à Administração Pública a intenção de fazê-lo, deflagrando a sucessão de atos que irão coletar e tratar todas as informações disponíveis relacionadas à ação pretendida, cujo ato estatal culminará manifestação declaratória ou constitutiva. O propósito, em suma, é a averiguação da possibilidade (técnica e jurídica) do desenvolvimento da atividade, mapeando e avaliando seus riscos e impactos socioambientais, além de mecanismos para tratamento/mitigação/compensação desses impactos e apontar os limites legais para seu exercício pelo agente.[545]

Dentro deste contexto, os processos administrativos de controle prévio consolidam muito mais do que um "*check list*" de exigências fixadas em norma legal, antes representam um espaço de construção de soluções que devem buscar, da melhor e mais antecipada forma possível, o propósito de salvaguardar e proteger os recursos naturais e os ecossistemas, numa racional utilização dos recursos ambientais.[546]

Com a mesma importância estão os processos administrativos ambientais de controle sucessivo, como as avaliações sobre o controle ambiental do exercício das atividades impactantes e poluidoras, avaliações essas executadas, inclusive, em sua maioria, dentro do processo de licenciamento ambiental, mostrando-se cada vez mais indispensáveis para o monitoramento e o controle contínuo dos reflexos gerados pelas atividades, obras e empreendimentos licenciados no Brasil.

Trata-se de expressão concreta de um instrumento regulatório alinhado e com potenciais aplicações quando se trata do problema ligado à aferição do nível de conformidade (*compliance*) das atividades econômicas degradantes com as limitações e definições exigidas pelos órgãos licenciadores, assim como em relação às políticas e normas de proteção do meio ambiente que incidam sobre a atividade econômica.

O acompanhamento de ações capazes de provocar alterações no ecossistema mediante a imposição de medidas de controle ambiental possui fundamento constitucional conforme o inciso V, do §1º, do art. 225 da CF/88, incumbindo ao Poder Público "controlar a produção, a comercialização e o emprego de técnicas, métodos e substâncias que comportem riscos à vida, à qualidade de vida e ao meio ambiente", tratando-se de norma que se estende a qualquer ação degradante ou utilizadora de recursos naturais que seja capaz, em tese, de provocar riscos ao meio ambiente.[547]

Por essa razão, tão importante quanto os processos administrativos ambientais de controle prévio são os de controle sucessivo e concomitante, haja vista a complexidade de causas e efeitos, comumente estendidos nas dimensões de tempo, de espaço e de

---

[544] NIEBUHR, Pedro. *Processo administrativo ambiental*. 3. ed. rev., ampl. e atual. Belo Horizonte: Fórum, 2021a. p. 148.
[545] NIEBUHR, Pedro. *Processo administrativo ambiental*. 3. ed. rev., ampl. e atual. Belo Horizonte: Fórum, 2021a. p. 149.
[546] NIEBUHR, Pedro. *Processo administrativo ambiental*. 3. ed. rev., ampl. e atual. Belo Horizonte: Fórum, 2021a. p. 152.
[547] NIEBUHR, Pedro. *Processo administrativo ambiental*. 3. ed. rev., ampl. e atual. Belo Horizonte: Fórum, 2021a. p. 237.

afetados, adjacente a grande parte de quaisquer impactos ou riscos ambientais que o desenvolvimento das atividades econômicas humanas gera sobre o meio ambiente.

São funções cruciais que dependem da estrutura e dos meios pelos quais a Administração Pública exige e avalia o acompanhamento e controle efetuado pelos próprios empreendedores e demais responsáveis pela atividade, obra ou empreendimento licenciado, especialmente diante de desafios atuais, como já referidos anteriormente, a exemplo da corrupção, da fraude e da falta de transparência e de acesso à informação, em prejuízo da implementação da regulação ambiental.

Deve-se destacar que a informação colhida no bojo de processos administrativos ambientais, destaca Niebuhr, e que será objeto de tratamento na construção da solução administrativa almejada, não pertence à Administração Pública, tampouco o bem ambiental tutelado nestes expedientes, pois, como regra, não pode haver qualquer ato secreto ou reservado à Administração que não possa ser objeto de disponibilização às partes ou a qualquer interessado ou afetado.[548] Fato que corrobora a importância do controle sucessivo da tutela administrativa ambiental, cujas informações sobre as atividades são cruciais em um contexto de transparência e controle públicos.

Nos processos administrativos de controle sucessivo que a cooperação poderá adquirir importância, especialmente porque o titular da pretensão do exercício da atividade econômica impactante, enquanto – em tese – conhecedor próximo dos pormenores da atividade, pode e deve auxiliar na concepção e execução dos mecanismos de controle ambiental.[549] É preciso, pois, fomentar essa cooperação.

Trata-se de uma nova espécie de relação entre a Administração, os particulares e sobretudo os afetados pela atividade econômica impactante, possibilitando que estes deflagrem fiscalizações e colaborem na apuração de eventual prática de infrações ambientais,[550] perspectiva crucial quando se está diante de casos de infrações ambientais ligadas, direta ou indiretamente, à prática de corrupção e de algum tipo de fraude.

Considerada a sua relevância e a complexidade de atos, decisões e instrumentos, dentre as classificações expostas, o processo administrativo de licenciamento ambiental, apontam Curt e Terence Trennepohl, representa instrumento de inegável importância dentre os previstos pelo art. 9º da Lei Federal nº 6.938/1981 (PNMA), configura por certo um dos mais eficazes na defesa dos recursos naturais e do equilíbrio ecológico,[551] não obstante suas conhecidas fragilidades que ainda precisam ser corrigidas, notadamente no Brasil, como nos próximos tópicos será trabalhado.

O que importa salientar é que os processos administrativos de licenciamento ambiental, conforme Niebuhr, são significativamente mais complexos que os demais processos de controle prévio, razão de suas implicações significativas em termos, por exemplo, de cooperação (de todos os atores envolvidos) e de consensualidade.[552]

Isso porque uma das importantes atividades realizadas nos processos de licenciamento ambiental é a definição das medidas de prevenção, de mitigação e

---

[548] NIEBUHR, Pedro. *Processo administrativo ambiental*. 3. ed. rev., ampl. e atual. Belo Horizonte: Fórum, 2021a. p. 121.
[549] NIEBUHR, Pedro. *Processo administrativo ambiental*. 3. ed. rev., ampl. e atual. Belo Horizonte: Fórum, 2021a. p. 236.
[550] NIEBUHR, Pedro. *Processo administrativo ambiental*. 3. ed. rev., ampl. e atual. Belo Horizonte: Fórum, 2021a. p. 236.
[551] TRENNEPOHL, Curt; TRENNEPOHL, Terence. *Licenciamento Ambiental*. 8. ed., rev., atual. e ampl., São Paulo: Thomson Reuters Brasil, 2020. p. 46.
[552] NIEBUHR, Pedro. *Processo administrativo ambiental*. 3. ed. rev., ampl. e atual. Belo Horizonte: Fórum, 2021a. p. 170.

de compensação de impactos, além das medidas de acompanhamento e de controle ambiental,[553] providências fundamentais para a conformidade (*compliance*) ambiental.

Como anota Cappelli, não se pode olvidar que a comunhão do licenciamento ambiental com outros instrumentos de prevenção, como o zoneamento e a avaliação de impacto ambiental, depende do exato cumprimento da análise realizada pela Administração Pública para o deferimento da licença prévia, por exemplo, ocasião em que, verificada a compatibilidade da obra ou empreendimento com as leis de uso do solo e demais condicionantes, atesta-se a viabilidade ambiental do projeto.[554]

Em que pese as limitações das abordagens regulatórias e de seus mecanismos administrativos ainda vigentes – e sujeitos à reanálise como pelo que se pretende neste trabalho –, a tutela administrativa do meio ambiente permanece sob considerável proeminência para a tarefa regulatória das complexas questões ambientais.

Isso se deve, como visto, não só ao seu potencial preventivo e antecipatório, como também – e sobretudo – por representar forma concreta de manifestação do dever fundamental imputado ao Estado e à coletividade (agentes públicos ou privados), uma vez que pressupõe a distribuição de ônus e encargos de jaez antecipatório e de controle contínuo das atividades econômicas que mais impactem ou degradem o meio ambiente.

Dados os desafios das questões ambientais, que exigem sistêmica regulação, o processo administrativo de licenciamento ambiental detém, como nenhum outro, a potencial função e o especial contexto de mecanismos quando o assunto é a busca pela melhoria do nível da conformidade (*compliance*) do exercício das atividades econômicas com as políticas e normas de proteção da natureza e de desenvolvimento nacional sustentável, perspectiva estratégica para o Direito Ambiental na atualidade.

2.2 O protagonismo do licenciamento ambiental

Dentro do modelo institucional brasileiro de regulação ambiental, o processo administrativo de licenciamento ambiental representa instrumento cuja função e aplicação afirmam toda sua importância estrutural e estratégica para a consecução dos objetivos almejados pelo texto constitucional de 1988, dentre eles, de proteção ao meio ambiente ecologicamente equilibrado e do desenvolvimento nacional sustentável.

As dimensões social, econômica, política e jurídica que estão envolvidas na concepção e em todo o licenciamento ambiental o colocam em uma posição estratégica nos dias atuais, especialmente pelo papel que exerce, direta ou indiretamente, na economia e também no desenvolvimento socioeconômico regional e nacional.

Para além da importância para o meio ambiente, o licenciamento relaciona-se diretamente com os objetivos de desenvolvimento do País, incidente sobre a regulação da infraestrutura logística e de serviços públicos, das obras públicas, de empreendimentos, públicos ou privados, com relevantes impactos sociais, econômicos e políticos, e da consecução de grande parte das políticas públicas estabelecidas.

---

[553] NIEBUHR, Pedro. *Processo administrativo ambiental*. 3. ed. rev., ampl. e atual. Belo Horizonte: Fórum, 2021a. p. 210.
[554] CAPPELLI, Sílvia. Desformalização, Desjudicialização e Autorregulação: tendências no Direito ambiental? *Revista de Direito ambiental*, São Paulo, v. 63, p. 82, jul./set. 2011.

2.2.1 Dimensões social, econômica e política do licenciamento ambiental

Do mesmo modo que as licitações públicas e os contratos administrativos, cujo contexto de regulação no Brasil vem avançando com novos padrões normativos, conceitos e instrumentos legais de fomento à conformidade (*compliance*), reflexo do protagonismo das compras públicas, o licenciamento ambiental, sobretudo o relativo a grandes obras, empreendimentos ou atividades econômicas, ocupa, cada vez mais, espaço relevante na realidade político-jurídica brasileira.

Cabe referir que as relações político-econômicas internacionais do Estado brasileiro vêm sendo relacionadas de algum modo ao quadro regulatório em matéria de proteção do meio ambiente e de desenvolvimento nacional sustentável.

Isso a exemplo da manifestação da Organização para Cooperação e Desenvolvimento Econômico (OCDE) condicionando o ingresso do Brasil no bloco mundial à redução e ao combate do desmatamento na Amazônia. Assim como pelo contexto da ratificação do Acordo União Europeia e Mercosul, que se arrasta por mais de duas décadas em tratativas entre os países interessados, cujas discussões se concentram nas obrigações e compromissos socioambientais com as quais o Brasil deverá cumprir e desempenhar para que o referido acordo seja de fato ratificado.

Dentro deste protagonismo e da discussão do modelo regulatório ambiental brasileiro, o processo administrativo de licenciamento ambiental adquire contornos ampliados, em especial também – mas não apenas por isso – devido à inexistência no país de uma lei específica que regulamente e defina, como norma geral, o seu regramento e as principais definições de controle e avaliação das principais atividades econômicas que causem impactos potenciais ou significativos ao meio ambiente.[555]

Conforme Antunes, o sistema de licenciamento ambiental brasileiro, prescindindo de uma lei em âmbito nacional para estruturação do instrumento, reúne atualmente uma série de normas legais e infralegais que fundamentam o mecanismo e hipóteses de exigência e de aplicação,[556] o que será abordado nos próximos tópicos.

Confirmando o protagonismo do instrumento, Talden Farias salienta que é justamente através dos processos de licenciamento ambiental que as atividades econômicas (públicas ou privadas) deverão cumprir com a sua função social, especialmente no que diz respeito ao meio ambiente e à qualidade de vida da coletividade,[557] o que por si só denota a importância social do instrumento.

O licenciamento ambiental ainda representaria mecanismo de Direito Econômico, visto que a livre iniciativa e a livre concorrência estão sujeitas a ele, uma vez que as atividades econômicas potencial ou efetivamente poluidoras não poderão funcionar, tampouco continuar funcionando, se não estiverem devidamente licenciadas ou de acordo com o que se estabeleceu formalmente no licenciamento.[558]

---

[555] No Senado Federal, atualmente encontra-se em tramitação o Projeto de Lei Federal nº 2159/2021, que busca estabelecer normas gerais para o licenciamento de atividade ou de empreendimento utilizador de recursos ambientais, efetiva ou potencialmente poluidor ou capaz de causar degradação do meio ambiente. O ponto será tratado no capítulo final deste trabalho.

[556] ANTUNES, Paulo de Bessa. *Direito ambiental*. 20. ed. São Paulo: Atlas, 2019. p. 67.

[557] FARIAS, Talden. *Licenciamento Ambiental*: aspectos teóricos e práticos. 7. ed. Belo Horizonte: Fórum, 2019. p. 188.

[558] FARIAS, Talden. *Licenciamento Ambiental*: aspectos teóricos e práticos. 7. ed. Belo Horizonte: Fórum, 2019. p. 188.

Sublinhando a inter-relação social, econômica e ambiental, Bim destaca ser o licenciamento um mecanismo pelo qual se realiza verdadeira ponderação de valores em jogo, especificamente entre a promoção do desenvolvimento econômico e a proteção do meio ambiente, meio que se propõe harmonizar interesses em conflito, sendo a decisão ambiental resultante dele a que pondera tais interesses.[559]

Segundo Niebuhr, os processos de licenciamento são os mais efetivos meios de controle prévio de proteção do ambiente disponibilizados pelo Direito Administrativo, do qual o Direito Ambiental faz uso, sendo por intermédio deles que a Administração aprofunda o exame das circunstâncias da atividade econômica pretendida pelo titular da pretensão, a fim de antecipar os riscos e os impactos que ela seja capaz de causar no meio ambiente, envolve, portanto, um literal juízo de prognose.[560]

Nada obstante a sua multidimensional importância, o sistema de licenciamento ambiental vigente no Brasil está longe de ser considerado um modelo "perfeito" de instrumento de prevenção de impactos ambientais, como assevera Mosimann.[561]

Isso ocorre porque seu aperfeiçoamento possível, por certo, depende de uma série de fatores sociais, políticos e econômicos, em razão de notórios desafios como o de sua politização por Estados e Municípios, do tempo de tramitação e de análise, do sucateamento dos órgãos estaduais e municipais, da falta de servidores e técnicos qualificados, do déficit orçamentário, da carência de informações e de transparência em sua divulgação e publicidade,[562] entre outros inúmeros aspectos.

A partir disso, cumpre advertir que o licenciamento ambiental não é (e nem deve ser) uma garantia absoluta, um salvo-conduto, de que algo não acontecerá, como também não tem a capacidade de prever, evitar, mitigar ou minorar todos os danos ambientais possíveis. Está longe de ser um absoluto segurador universal contra tudo o que pode dar errado em qualquer empreendimento ou atividade econômica humana.[563]

Nesse caminhar de protagonismo na regulação administrativa, conforme Pracucho, o licenciamento ambiental seria um dos mais importantes instrumentos do Direito Ambiental e, justamente por isso, o mais polêmico. Cuidando de impactos ambientais de atividades econômicas sobre o meio ambiente, traria questões estruturais do que deve ser controlado, em que medida, de que forma e para qual objetivo, questões do centro dos debates travados no meio social e das controvérsias na área jurídica, críticas ora no excesso de rigor e controle; ora na falta dele.[564]

Na linha de Volotão, os objetivos regulatórios do Estado brasileiro, ligados à promoção do desenvolvimento econômico e social e à melhoria da qualidade de vida, seriam indissociáveis das atividades de proteção do meio ambiente e conservação dos

---

[559] BIM, Eduardo Fortunato. *Licenciamento Ambiental*. 4. ed. Belo Horizonte: Fórum, 2019. p. 25/26.
[560] NIEBUHR, Pedro. *Processo administrativo ambiental*. 3. ed. rev., ampl. e atual. Belo Horizonte: Fórum, 2021a. p. 168.
[561] MOSIMANN, Ítalo Augusto. DANTAS, Marcelo Buzaglo; JACOBSEN, Gilson (Orgs.). *Segurança jurídica e os limites da intervenção judicial no licenciamento ambiental*. Coleção Direito, Meio Ambiente e Sustentabilidade. Vol. 2. 1. ed. Florianópolis: Habitus, 2020. p. 136.
[562] MOSIMANN, Ítalo Augusto. DANTAS, Marcelo Buzaglo; JACOBSEN, Gilson (Orgs.). *Segurança jurídica e os limites da intervenção judicial no licenciamento ambiental*. Coleção Direito, Meio Ambiente e Sustentabilidade. Vol. 2. 1. ed. Florianópolis: Habitus, 2020. p. 136.
[563] BIM, Eduardo Fortunato. *Licenciamento Ambiental*. 4. ed. Belo Horizonte: Fórum, 2019. p. 53.
[564] PRACUCHO, Davi Marcucci. *Licenciamento ambiental no direito brasileiro*: Aspectos legais e doutrinários, conflituosidade e ordem constitucional. 1. ed. Rio de Janeiro: Lumen Juris, 2018. p. 3.

recursos naturais, não havendo dúvidas de que o licenciamento ambiental é o principal instrumento de atuação do Estado no Brasil na atividade de proteção ao meio ambiente, compromisso constitucional pelo zelo da proteção dos recursos naturais.[565]

Dado o dever do Estado em regular as atividades econômicas que impactam o meio ambiente, faz-se necessário considerar que tal encargo estatal refere-se a apenas uma das suas funções, aponta Derani, uma vez que tal função regulatória visaria à formação, aprimoramento e manutenção das bases sociais, pois é no Estado que se concentra o poder político e a violência coativa da sociedade.[566]

O texto da CF/88 reconhece a indissolubilidade do Estado e sociedade civil, de modo que todo problema de política econômica, social e especialmente ambiental só poderá ser trabalhado quando reconhecida esta unidade e garantidos os instrumentos de atuação conjunta,[567] com destaque para o licenciamento ambiental.

Em termos práticos, por relatório de 2020 do IBAMA, em nível federal, no mês de dezembro de 2019, havia em tramitação cerca de 2.700 processos de licenciamento ambiental junto à entidade federal, dentre eles, 465 envolvendo estruturas rodoviárias, 72 usinas termelétricas, 83 de usinas hidrelétricas, 119 de petróleo e gás, 28 de mineração e 261 ligados a instalações nucleares ou radioativas, entre outras atividades.[568] São solicitações cujas próprias características, somente pela categorização prévia, pressupõem relevantes impactos ao meio ambiente, justificando-se a atuação estatal por meio do licenciamento, corroborando sua importância para o interesse da proteção da natureza.

Quanto à repercussão econômico-financeira envolvida, segundo o mesmo relatório do IBAMA, em 2019, por meio de licenciamentos sob competência federal, restaram viabilizados, mediante responsabilidade ambiental, pelo menos R$ 160 bilhões de reais em investimentos pelas atividades licenciadas, sendo ainda destinados cerca de R$ 230 milhões de reais para unidades de conservação em todo o país, por meio da compensação ambiental,[569] números que sublinham o protagonismo do licenciamento ambiental como principal instrumento de regulação, tutela ambiental e desenvolvimento sustentável no Brasil.

Não bastassem apenas os valores envolvidos no desenvolvimento e no exercício das atividades econômicas, obras e empreendimentos licenciados, os próprios custos para a emissão das licenças e autorizações ambientais, sob a competência federal, já denotam a dimensão econômico-financeira adstrita aos processos administrativos de licenciamento.

Isso porque, pela Portaria Interministerial MF/MMA nº 812/2015, publicada pelo Ministério da Fazenda em conjunto com o Ministério do Meio Ambiente, ainda

---

[565] VOLOTÃO, Romilson de Almeida. *Direito regulatório, governança e licenciamento ambiental*: Soluções para o aperfeiçoamento do licenciamento ambiental brasileiro. 1. ed. Curitiba: Juruá, 2016. p. 47-48.
[566] DERANI, Cristiane. *Direito ambiental econômico*. 3. ed. São Paulo: Saraiva, 2008. p. 225.
[567] DERANI, Cristiane. *Direito ambiental econômico*. 3. ed. São Paulo: Saraiva, 2008., p. 226.
[568] INSTITUTO BRASILEIRO DO MEIO AMBIENTE E DOS RECURSOS NATURAIS RENOVÁVEIS – IBAMA. *Relatório de atividades 2019*: Licenciamento ambiental federal. Brasília, 2020. Disponível em: http://www.ibama.gov.br/phocadownload/licenciamento/relatorios/2019-ibama-relatorio-licenciamento.pdf. Acesso em: 02 dez. 2021.
[569] INSTITUTO BRASILEIRO DO MEIO AMBIENTE E DOS RECURSOS NATURAIS RENOVÁVEIS – IBAMA. *Relatório de atividades 2019*: Licenciamento ambiental federal. Brasília, 2020. p. 11. Disponível em: http://www.ibama.gov.br/phocadownload/licenciamento/relatorios/2019-ibama-relatorio-licenciamento.pdf. Acesso em: 02 dez. 2021.

em vigor, o valor exigido para somente autorizar a emissão de uma Licença Ambiental de Operação (LAO), em nível federal, para empresas de pequeno porte com impacto ambiental pequeno, é de R$ 7.597,58, e, para empresas pequenas, mas com impacto alto, de R$ 30.390,32, valor esse que, para, uma empresa de grande porte com impacto ambiental alto, é elevado para R$ 60.780,64,[570] valores voltados, como visto, apenas para custear/autorizar o ato de expedição da licença, do qual ainda depende, certamente – e como não poderia deixar de ser –, de um amplo conjunto de exigências e medidas a serem cumpridas comprovadamente pelo agente ou empresa interessada.

Quanto aos números em nível estadual, um exemplo são dados divulgados pelo Instituto do Meio Ambiente de Santa Catarina (IMA/SC), segundo o qual, somente no primeiro semestre de 2021, a entidade catarinense concluiu mais de 5 mil processos de licenciamentos ambientais, do quais 1.938 foram Licenças Ambientais de Operação (LAO) (incluindo renovações); 541 Licenças Ambientais de Instalação (LAI) e 321 Licenças Ambientais Prévias (LAP), com a liberação de aproximados R$ 10 bilhões de reais em obras e empreendimentos licenciados, segundo a entidade.[571]

Expostos esses números e evidências, incontroversa é a grande dimensão de ordem econômica, social, política e jurídica a que se vinculam os licenciamentos ambientais no Brasil, especialmente naqueles que digam respeito à análise, autorização, monitoramento e ao controle de grandes obras, empreendimentos ou atividades econômicas que causem, ou que sejam potencialmente capazes de gerar, significativos impactos ao meio ambiente e também às comunidades humanas, direta ou indiretamente, afetadas, sem contar, ainda, a repercussão do instrumento para os projetos e políticas públicas de desenvolvimento nacional e regional.

Em razão desse protagonismo, o licenciamento ambiental, de mero processo administrativo e rotineiro, acabou transformando-se no centro de quase toda a polêmica em torno do meio ambiente que, por um motivo, ou por outro, acaba se reduzindo a uma discussão sobre o licenciamento ambiental e suas formalidades.[572]

No entanto, a natureza jurídica do licenciamento ambiental tem sido pouco estudada pela doutrina jurídica especializada, isso talvez se justifique devido ao fato de que o licenciamento, além dos aspectos jurídicos, tenha uma conotação técnica muito acentuada e, por conta disso, não possa ter regras jurídicas muito amarradas e peremptórias. Por outro lado, as normas jurídicas que disciplinam o licenciamento ambiental não poderiam ser abertas demais,[573] isso em razão do manifesto interesse público intrínseco à sua função de proteção ambiental de desenvolvimento sustentável.

Por meio do licenciamento, salienta Farias, a intenção é fazer com que, mediante o embasamento de análise técnicas e de avaliações de impacto ambiental, os impactos positivos possam ser aumentados e os negativos, evitados, diminuídos ou compensados,

---

[570] INSTITUTO BRASILEIRO DO MEIO AMBIENTE E DOS RECURSOS NATURAIS RENOVÁVEIS – IBAMA. *Qual o custo de emissão das licenças e autorizações?* Brasília, 2021. Disponível em: http://www.ibama.gov.br/laf/sobre-o-licenciamento-ambiental-federal. Acesso em: 04 dez. 2021.

[571] SANTA CATARINA. Poder Executivo. *IMA emite mais de 5 mil licenciamentos ambientais no primeiro semestre*. Florianópolis, 2021. Disponível em: https://www.sc.gov.br/noticias/temas/meio-ambiente/ima-emite-mais-de-5-mil-licenciamentos-ambientais-no-primeiro-semestre. Acesso em: 05 dez. 2021.

[572] ANTUNES, Paulo de Bessa. *Direito ambiental*. 20. ed. São Paulo: Atlas, 2019. p. 65.

[573] ANTUNES, Paulo de Bessa. *Direito ambiental*. 20. ed. São Paulo: Atlas, 2019. p. 65.

sendo que o impacto ambiental referido diria respeito às questões de ordem biológica, física, química, cultural, econômica, social, estética e sanitária, pois o licenciamento deve levar em conta também as variáveis culturais, econômicas e sociais.[574]

Resta claro que na ordem constitucional econômica pós-1988, o meio ambiente, embora permaneça como um bem de valor econômico, passa a ser, com tal panorama constitucional, muito mais do que isso. A sua preservação e a sua qualidade são tidas como *necessárias* ao desenvolvimento nacional, ao pleno emprego, à justiça social e, sobretudo, à existência digna do ser humano, individual e coletivamente,[575] sendo crucial, portanto, a efetividade do licenciamento ambiental neste contexto.

Diante dessas dimensões, o licenciamento seria um mecanismo voltado a concretizar o desenvolvimento sustentável, o modelo de desenvolvimento econômico que procura conjugar a eficiência econômica, a justiça social e a proteção ecológica,[576] tamanhas as magnitudes social, econômica, política e jurídica adjacentes às funções exercidas pelo instrumento para a sociedade e a proteção do meio ambiente.

Sob um enfoque crítico, Bronz adverte que, no Brasil, o aumento do número de licenças ambientais concedidas também denotaria a importância crescente dos espaços e dos arranjos que se criam em torno das políticas ambientais e dos licenciamentos ambientais. Para Bronz, os instrumentos da política ambiental brasileira que regulam os grandes empreendimentos coadunam-se com diretrizes e políticas internacionais formuladas por agências multilaterais e por instituições financeiras internacionais, que regulamentam o mercado empresarial e os interesses dos Estados.[577]

São diretrizes que incorporariam aos discursos e às práticas empresariais as "soluções" esperadas para os problemas sociais e ambientais visíveis nas áreas selecionadas para abrigarem os projetos de desenvolvimento, projeções tais que manteriam a expansão capitalista em sua capacidade plena, assinala Bronz.[578]

Em razão dessas dimensões complexas que adquiriu, a adoção desse instrumento administrativo de regulação ambiental parece ensejar a incorporação dos debates em nível global sobre os efeitos socioambientais do próprio desenvolvimentismo.[579,580]

No licenciamento, estariam refletidas muitas das tensões entre a busca e a promoção do desenvolvimento econômico, muitas vezes entendido como crescimento econômico, e as condições socioespaciais dos lugares e territórios que abrigarão e/ou

---

[574] FARIAS, Talden. *Licenciamento Ambiental*: aspectos teóricos e práticos. 7. ed. Belo Horizonte: Fórum, 2019. p. 21-22.
[575] PRACUCHO, Davi Marcucci. *Licenciamento ambiental no direito brasileiro*: Aspectos legais e doutrinários, conflituosidade e ordem constitucional. 1. ed. Rio de Janeiro: Lumen Juris, 2018. p. 213.
[576] FARIAS, Talden. *Licenciamento Ambiental*: aspectos teóricos e práticos. 7. ed. Belo Horizonte: Fórum, 2019. p. 22.
[577] BRONZ, Deborah. *Nos bastidores do licenciamento ambiental*: uma etnografia das práticas empresariais em grandes empreendimentos. 1. ed. Rio de Janeiro: Contracapa, 2016. p. 21-22.
[578] BRONZ, Deborah. *Nos bastidores do licenciamento ambiental*: uma etnografia das práticas empresariais em grandes empreendimentos. 1. ed. Rio de Janeiro: Contracapa, 2016, p. 23.
[579] BRONZ, Deborah. *Nos bastidores do licenciamento ambiental*: uma etnografia das práticas empresariais em grandes empreendimentos. 1. ed. Rio de Janeiro: Contracapa, 2016. p. 32.
[580] O conceito de "desenvolvimentismo" pode ser entendido, de modo amplo e bastante resumido, como a busca do desenvolvimento por meio da ação ativa do Estado, ideia contra a qual o modelo neoliberal em países desenvolvidos reduziu seu foco, sendo que a atuação estatal em políticas desenvolvimentistas no final do século XIX enfraqueceu, o que teria gerado, inclusive, versão "exportada" para os países emergentes, daí a importância da discussão sobre subdesenvolvimento, trazida por Celso Furtado. Nesse sentido, ver: FURTADO, Celso. *O mito do desenvolvimento econômico*. 4. ed. São Paulo: Paz e Terra, 2005.

serão impactados pelos empreendimentos, seja para instalar e ampliar a infraestrutura econômica, seja para viabilizar projetos, como empreendimentos minerários.[581]

Cumpre destacar que desenvolvimento econômico e proteção do patrimônio ambiental e sociocultural não são alternativas excludentes, pois, de um lado, o desenvolvimento social e até mesmo o desenvolvimento tecnológico dependem do desenvolvimento produtivo e da disponibilização de infraestrutura econômica, de outro lado, a proteção do patrimônio ambiental e cultural não pode ser vista como um mero empecilho ao crescimento econômico a todo custo.[582]

Há recursos naturais e socioculturais dos quais dependem comunidades, regiões e países, recursos que são a ancoragem entre o passado que construiu o que se é hoje e o futuro que virá, na medida em que desenvolvimento econômico sem a observância da preservação desses recursos não é desenvolvimento econômico e social sustentável; é, tão somente, a realização de atividades com um limitado olhar de curto prazo.[583]

Dessa forma, os dados e as funções ora exaltados indicam o notório protagonismo do licenciamento no Brasil, manifestado pela atuação de todos os entes federativos em suas competências ambientais, sobretudo quando envolvidas atividades com *significativos* impactos ao meio ambiente e à sociedade, além dos elevados valores econômicos despendidos, tanto privados – ligados à própria atividade a ser licenciada – como públicos – relacionados ao controle desse mecanismo complexo.

2.2.2 Licenciamento ambiental como concretizador dos Princípios da Prevenção, da Precaução e do Poluidor-Pagador

Como ramo jurídico, o Direito Ambiental é o conjunto de princípios e regras jurídicas – e também técnicas – voltadas à proteção do meio ambiente e à gestão racional da utilização dos recursos naturais, de modo a equalizar a relação entre o desenvolvimento humano e o equilíbrio da natureza, com o objetivo de estabelecer um desenvolvimento de modo sustentável, no interesse das presentes e futuras gerações, fundamentado pelo art. 225, *caput*, da Constituição Federal de 1988.

Dentro deste quadro de um direito-dever fundamental de proteção ambiental, o processo administrativo de licenciamento ambiental, conforme bem ressalta Farias, estará submetido aos princípios do Direito Ambiental, especialmente os princípios da prevenção, da precaução, do poluidor-pagador, entre outros.[584]

---

[581] COSTA, Marco Aurélio. Licenciamento ambiental: vilão ou mocinho? Como o Território pode contribuir para a superação de falsas dicotomias (à guisa de introdução). *In:* COSTA, Marco Aurélio; KLUG, Letícia Beccalli; PAULSEN, Sandra Silva (Org.). *Licenciamento ambiental e governança territorial*: registros e contribuições do seminário internacional. Rio de Janeiro: Ipea, 2017. p. 11.

[582] COSTA, Marco Aurélio. Licenciamento ambiental: vilão ou mocinho? Como o Território pode contribuir para a superação de falsas dicotomias (à guisa de introdução). *In:* COSTA, Marco Aurélio; KLUG, Letícia Beccalli; PAULSEN, Sandra Silva (Org.). *Licenciamento ambiental e governança territorial*: registros e contribuições do seminário internacional. Rio de Janeiro: Ipea, 2017. p. 13.

[583] COSTA, Marco Aurélio. Licenciamento ambiental: vilão ou mocinho? Como o Território pode contribuir para a superação de falsas dicotomias (à guisa de introdução). *In:* COSTA, Marco Aurélio; KLUG, Letícia Beccalli; PAULSEN, Sandra Silva (Org.). *Licenciamento ambiental e governança territorial*: registros e contribuições do seminário internacional. Rio de Janeiro: Ipea, 2017. p. 13.

[584] FARIAS, Talden. *Licenciamento Ambiental*: aspectos teóricos e práticos. 7. ed. Belo Horizonte: Fórum, 2019. p. 25-26.

Como adverte Sundfeld, para que se conheça o sistema jurídico, é preciso identificar quais os princípios que o ordenam, sem isso, jamais se poderá trabalhar com o Direito, pois os princípios, tanto quanto as regras, são parte do ordenamento jurídico, representam o sentido e o alcance das regras, as quais não podem contrariá-los, sob pena de pôr em risco a globalidade do ordenamento.[585]

Na lição de Ávila, os princípios são normas imediatamente finalísticas, primariamente prospectivas e com pretensão de complementariedade e de parcialidade, para cuja aplicação demanda-se uma avaliação da correlação entre o estado de coisa a ser promovida e os efeitos decorrentes da conduta havida como necessária à sua promoção, diferentemente das regras que são normas imediatamente descritivas, primariamente retrospectivas e com pretensão de decidibilidade e abrangência.[586]

Na operação do Direito Ambiental, por representar um ramo jurídico que é abarcado pelo regime de Direito Público das relações entre Estado e sociedade, deverá haver também a observância dos princípios estruturantes da Administração Pública previstos pelo art. 37, *caput*, da CF/88, quais sejam, da legalidade, impessoalidade, moralidade, publicidade e eficiência, além dos implícitos que regem os atos e processos de competência da Administração Pública no desempenho da atividade regulatória administrativa, como é o caso dos licenciamentos.

Conforme Leite, no Direito Ambiental há princípios estruturantes específicos, dentre esses o da prevenção, da precaução e do poluidor-pagador, que são postulados estruturantes na medida em que representam princípios constitutivos do núcleo essencial do Direito do Ambiente, garantindo sua base e caracterização,[587] diretrizes que são, para Canotilho, "*standards*" juridicamente vinculantes, radicados nas exigências de justiça ou na própria ideia de Direito, diferente das regras que podem ser normas vinculativas com conteúdo meramente funcional.[588]

Como já restou referido, o Direito Ambiental, afirma Derani, por seu caráter reformador, mais do que qualquer Direito, abriga proposições de viés finalista de estímulo a ações e comportamentos, até o momento de sua edição inéditos, alimentando dinâmica preventiva de prognósticos e incentivos, recriando as teias de comportamentos arraigados na sociedade.[589] Daí a importância dos princípios jurídicos como otimizadores da concretização dos objetivos das políticas e normas ambientais.

Segundo Machado, os princípios ligados ao dever jurídico de evitar a consumação de danos vêm sendo salientados em convenções, declarações e sentenças de tribunais internacionais, como na maioria das legislações internacionais, na medida em que prevenir é agir antecipadamente, evitando o dano ambiental, embora atualmente se tenha deixado, em muitos casos, por comodismo, ignorância, hábito de imprevisão, pressa e até pela vontade de lucrar de modo indevido.[590]

---

[585] SUNDFELD, Carlos Ari. *Fundamentos de Direito público*. 4. ed. São Paulo: Malheiros, 2009. p. 143-145.

[586] ÁVILA, Humberto. *Teoria Geral dos Princípios*: da definição à aplicação dos princípios jurídicos. 4. ed. São Paulo: Malheiros, 2004. p. 70.

[587] LEITE, José Rubens Morato. Sociedade de risco e Estado. *In*: CANOTILHO, José Joaquim Gomes; LEITE, José Rubens Morato (Orgs.). *Direito constitucional ambiental brasileiro*. 6. ed. São Paulo: Saraiva, 2015. p. 155-156.

[588] CANOTILHO, José Joaquim Gomes. *Direito constitucional e teoria da constituição*. 7. ed. Coimbra: Almedina, 2003. p. 1034.

[589] DERANI, Cristiane. *Direito ambiental econômico*. 3. ed. São Paulo: Saraiva, 2008. p. 82.

[590] MACHADO, Paulo Affonso Leme. *Direito ambiental brasileiro*. 25. ed., rev., ampl. e atual. São Paulo: Malheiros, 2017. p. 119.

Ainda na lição de Machado, o processo administrativo de licenciamento ambiental seria o momento mais adequado para se exigirem medidas de prevenção ou se indeferir o pedido de licenciamento face à eventual ilegalidade ou por inconveniência ou não oportunidade, tudo motivado ou fundamentado (art. 37, *caput*, CF/88).[591] A prevenção não é estática; e, assim, é preciso atualizar e fazer reavaliações, para poder influenciar a formulação das novas políticas ambientais, das ações dos empreendedores e das atividades da Administração Pública, dos legisladores e do Judiciário.[592]

Desse modo, para Antunes, tem-se o princípio da prevenção como aplicado em face de impactos ambientais já conhecidos e dos quais se possa, com segurança, estabelecer um conjunto de nexos de causalidade que seja suficiente para a identificação dos impactos futuros prováveis, sendo com base nele que o licenciamento ambiental e, até mesmo, os estudos de impacto ambiental podem ser realizados e solicitados pelas autoridades públicas.[593]

Conforme Antunes, tanto o licenciamento quanto os estudos prévios de impacto ambiental são realizados com base em conhecimentos acumulados sobre o meio ambiente, de modo que o licenciamento, na qualidade de principal instrumento apto a prevenir danos ambientais, age de forma a evitar e, especialmente, minimizar e mitigar os danos que uma determinada atividade causaria ao meio ambiente, caso não fosse submetida ao licenciamento ambiental.[594]

Sobre o princípio do poluidor-pagador, Derani indica ser atribuição de encargo ao causador da poluição de arcar com os custos necessários à diminuição, eliminação ou neutralização deste dano, ou seja, impõe-se ao "sujeito econômico" (produtor, consumidor, transportador), que nesta relação pode causar um problema ambiental, suportar os custos da diminuição ou afastamento do dano. O princípio concretiza-se, portanto, através da obrigação do poluidor – agente titular do exercício da atividade degradante ou potencialmente degradante – de diminuir, evitar ou reparar os eventuais danos ambientais gerados.[595]

O verdadeiro custo a ser exigido e que dá fundamento ao princípio do poluidor-pagador está na exigência em face dos agentes envolvidos em favor de uma atuação preventiva,[596] encargo que integra o rol de funções principais designadas por meio do processo administrativo de licenciamento ambiental.

Quanto aos princípios da prevenção e do poluidor-pagador, Aragão destaca a prevalência da sentença de que mais vale prevenir que remediar em matéria de Direito Ambiental, porque, em muitos casos, depois de a poluição ou o dano ambiental ocorrerem, seria impossível a reconstituição natural da situação anterior.[597]

---

[591] MACHADO, Paulo Affonso Leme. *Direito ambiental brasileiro*. 25. ed., rev., ampl. e atual. São Paulo: Malheiros, 2017. p. 121.
[592] MACHADO, Paulo Affonso Leme. *Direito ambiental brasileiro*. 25. ed., rev., ampl. e atual. São Paulo: Malheiros, 2017. p. 122.
[593] ANTUNES, Paulo de Bessa. *Direito ambiental*. 20. ed. São Paulo: Atlas, 2019. p. 29-30.
[594] ANTUNES, Paulo de Bessa. *Direito ambiental*. 20. ed. São Paulo: Atlas, 2019. p. 29.
[595] DERANI, Cristiane. *Direito ambiental econômico*. 3. ed. São Paulo: Saraiva, 2008. p. 159-160.
[596] DERANI, Cristiane. *Direito ambiental econômico*. 3. ed. São Paulo: Saraiva, 2008. p. 179.
[597] ARAGÃO, Alexandra; BENJAMIN, Antonio Herman; LEITE, José Rubens Morato (Coords.). *O princípio do poluidor pagador*: pedra angular da política comunitária do ambiente. 1. ed. São Paulo: Inst. O Direito por um Planeta Verde, 2014. p. 43.

Seriam necessárias medidas adaptadas por entidades públicas como também, e em especial, pelos próprios particulares, com a aplicação de mecanismos de comando e controle de excelência e outros avançados, a fim de evitar a ocorrência de danos ao ambiente, tais como: os estudos de impacto ambiental, as ecoauditorias, a licença ambiental, entre outros.[598]

Pelo princípio do poluidor-pagador, os encargos exigidos deverão ser proporcionais aos custos estimados para os agentes econômicos precaverem ou prevenirem a poluição, somente assim estariam "motivados" a escolherem entre poluir e pagar/arcar com as medidas e ônus exigidos pelo Estado, ou pagar para não poluir investindo em processos produtivos ou matérias-primas menos poluentes, ou ainda em investigações de novas técnicas, mecanismos e produtos alternativos,[599] a exemplo do desenvolvimento de medidas avançadas de controle e monitoramento contínuo sobre o exercício das atividades econômicas que causem impactos significativos.

Para Leite, o princípio do poluidor-pagador tem reflexos na economia, na ética ambiental, na Administração Pública e no Direito Ambiental como um todo, pois tenta imputar, na economia de mercado e no agente poluidor, custos ambientais, e com isso visa combater as degradações em suas origens ou na fonte.[600]

No entanto, adverte Leite, tal princípio resta pouco aplicado, dado o déficit de execução estatal, apesar de aparato normativo ambiental viável, sendo um exemplo típico quando, depois de concedido o licenciamento ambiental, não se prosseguem os atos de monitoramento e de fiscalização ambiental, em um procedimento contínuo e necessário à preservação ambiental, inexistindo razão para que não se utilizem outras formas avançadas de controle ambiental em complemento das estruturas rígidas tradicionais de comando e controle,[601] perspectiva que é justamente a defendida neste trabalho.

A partir do que exige o princípio da prevenção, prioriza-se, como visto, a atuação administrativa de proteção ambiental, sem olvidar da participação da coletividade, *in casu*, do particular e das organizações privadas, que estão, na maioria das ocasiões, no centro da geração de impactos ambientais significativos. Como ressalta Aragão, mais valeria prevenir, porque economicamente seria muito mais dispendioso remediar do que prevenir, o custo das medidas necessárias a evitar a ocorrência de poluição seria, em geral, muito inferior ao custo das medidas de "despoluição" após a ocorrência do dano ambiental.[602]

Tais fatores preventivos corroboram o papel do licenciamento ambiental como estratégico processo administrativo de controle prévio incidente sobre as atividades

---

[598] ARAGÃO, Alexandra; BENJAMIN, Antonio Herman; LEITE, José Rubens Morato (Coords.). *O princípio do poluidor pagador*: pedra angular da política comunitária do ambiente. 1. ed. São Paulo: Inst. O Direito por um Planeta Verde, 2014. p. 44.

[599] ARAGÃO, Alexandra. Direito constitucional do ambiente na União Europeia. *In*: CANOTILHO, José Joaquim Gomes; LEITE, José Rubens Morato (Orgs.). *Direito constitucional ambiental brasileiro*. 6. ed. São Paulo: Saraiva, 2015. p. 49.

[600] LEITE, José Rubens Morato. Sociedade de risco e Estado. *In*: CANOTILHO, José Joaquim Gomes; LEITE, José Rubens Morato (Orgs.). *Direito constitucional ambiental brasileiro*. 6. ed. São Paulo: Saraiva, 2015. p. 182.

[601] LEITE, José Rubens Morato. Sociedade de risco e Estado. *In*: CANOTILHO, José Joaquim Gomes; LEITE, José Rubens Morato (Orgs.). *Direito constitucional ambiental brasileiro*. 6. ed. São Paulo: Saraiva, 2015. p. 185

[602] ARAGÃO, Alexandra. Direito constitucional do ambiente na União Europeia. *In*: CANOTILHO, José Joaquim Gomes; LEITE, José Rubens Morato (Orgs.). *Direito constitucional ambiental brasileiro*. 6. ed. São Paulo: Saraiva, 2015. p. 44.

econômicas com *significativos* ou potenciais impactos e degradações ambientais, manifestando o conteúdo do princípio da prevenção ambiental.

Diferentemente do princípio da prevenção ambiental – cujo escopo é prevenir a ocorrência de danos e impactos ambientais concretos, com causas conhecidas –,[603] o princípio da precaução estaria relacionado ainda ao chamado *"in dubio pro ambiente"*, na medida em que, na dúvida sobre a perigosidade de uma certa atividade econômica para o ambiente, tende-se a decidir em favor do ambiente e contra o potencial poluidor, anota Aragão, isto é, o ônus de comprovar que um acidente ecológico não irá ocorrer seria transferido do Estado para o agente potencial poluidor.[604]

De modo resumido, o princípio da precaução buscaria o afastamento, no tempo e no espaço, do perigo, na tentativa da proteção contra o próprio risco e da análise do potencial danoso oriundo do conjunto de atividades econômicas com potenciais ou concretos impactos ou degradações, visto comumente na formação das políticas públicas ambientais e na exigência da melhor tecnologia disponível.[605]

Nesse sentido, o princípio da precaução, assevera Niebuhr, deteria especial lugar de incidência sobre o exercício, ou a autorização dele, das atividades econômicas cujos riscos ambientais não sejam previamente conhecidos e/ou mapeados, com sua aplicação ocorrendo, como regra, em sede do controle administrativo prévio do exercício da atividade antrópica,[606] efetuado exatamente no licenciamento ambiental.

Aludindo à Súmula nº 618 do Superior Tribunal de Justiça (STJ),[607] Niebuhr ressalta que o princípio de precaução, quando assentado como fundamento para a inversão do ônus probatório ligado aos riscos ambientais de determinada atividade, na verdade teria lugar de aplicação no controle prévio de atividades econômicas cujos riscos e impactos se desconheça ou não se conheça suficientemente, de modo que tal avaliação de riscos, de potencialidade de danos ambientais, deve como regra ser realizada no controle administrativo prévio das atividades, como no âmbito dos licenciamentos ambientais.[608]

Com efeito, em precedente do STF, no julgamento do Recurso Extraordinário nº 627.189/SP, de relatoria do ministro Dias Toffoli, confirmou-se que o princípio da precaução é um critério de gestão de risco a ser aplicado sempre que existirem incertezas científicas sobre a possibilidade de um produto, evento ou serviço desequilibrar o meio ambiente ou atingir a saúde dos cidadãos, o que exige que o estado analise os riscos, avalie os custos das medidas de prevenção e, ao final, execute as ações necessárias,

---

[603] ARAGÃO, Alexandra. Direito constitucional do ambiente na União Europeia. *In*: CANOTILHO, José Joaquim Gomes; LEITE, José Rubens Morato (Orgs.). *Direito constitucional ambiental brasileiro*. 6. ed. São Paulo: Saraiva, 2015. p. 44.

[604] ARAGÃO, Alexandra. Direito constitucional do ambiente na União Europeia. *In*: CANOTILHO, José Joaquim Gomes; LEITE, José Rubens Morato (Orgs.). *Direito constitucional ambiental brasileiro*. 6. ed. São Paulo: Saraiva, 2015. p. 41.

[605] DERANI, Cristiane. *Direito ambiental econômico*. 3. ed. São Paulo: Saraiva, 2008. p. 166.

[606] NIEBUHR, Pedro. Inversão do ônus da prova. *In*: NIEBUHR, Pedro; DANTAS, Marcelo Buzaglo (Orgs.). *Leading cases ambientais analisados pela doutrina*. 1. ed. Florianópolis: Habitus, 2021b. p. 182-183.

[607] BRASIL, Superior Tribunal de Justiça, *Enunciado*. Súmula 618: "A inversão do ônus da prova aplica-se às ações de degradação ambiental". (BRASIL. Superior Tribunal de Justiça. *Enunciado. Súmula nº 618*, Corte Especial, julgado em 24.10.2018, DJe 30.10.2018, Brasília, DF, 2018).

[608] NIEBUHR, Pedro. Inversão do ônus da prova. *In*: NIEBUHR, Pedro; DANTAS, Marcelo Buzaglo (Orgs.). *Leading cases ambientais analisados pela doutrina*. 1. ed. Florianópolis: Habitus, 2021b. p. 180-181.

as quais serão decorrentes de decisões universais, não discriminatórias, motivadas, coerentes e proporcionais.[609]

Quanto à incerteza adjacente ao conteúdo do princípio ambiental da precaução, adverte Pardo, ela afetaria o Direito e sua pretensão regulatória por duas frentes. A primeira deriva do próprio ritmo do desenvolvimento tecnológico que seguirá propondo, com uma sequência mais acelerada, novos cenários de incerteza. A segunda é imposta pela inércia de um sistema jurídico tradicional positivista, que foi construído justamente sobre o paradigma oposto, o da segurança jurídica, o da certeza das referências fornecidas pelas normas, pelas declarações da Administração ou as resoluções dos tribunais; um sistema jurídico que encontra, assim, muitas dificuldades e contradições quando se tem de operar na incerteza.[610]

Nesse sentido, o tipo de decisão que ordinariamente adota-se, com base no princípio da precaução, é uma decisão de conteúdo negativo perante a incerteza científica, como uma retirada de um produto do mercado, a proibição temporal de comercialização, a denegação preventiva de uma autorização, o fechamento temporal de uma instalação,[611] funções que exaltam a sua oportuna aplicação em sede de instrumentos regulatórios, notadamente no âmbito dos licenciamentos ambientais.

Daí exsurge o problema aos Poderes Públicos e, em geral, ao sistema jurídico que os ordena, é que neste ambiente de incerteza precisam inescusavelmente decidir,[612] razões pelas quais o princípio da precaução encontraria espaço de aplicação no contexto decisório do licenciamento dos estudos e análises prévias que o instruem, confirmando a proeminência da tutela administrativa estatal.

Como anota Bim, a função do princípio da precaução no contexto do licenciamento está em gerenciar os danos ou riscos caso eles sejam admissíveis no balanceamento efetuado pelo órgão licenciador, exigindo mitigantes para tanto,[613] de modo que aquilo que o Direito Ambiental quer evitar pela via do instrumento do licenciamento é o dano ambiental, a alteração do meio ambiente não prevista no processo decisório. Se o impacto ambiental não foi previsto no licenciamento, o órgão não poderá realizar a ponderação adequada entre os valores incidentes e nem gerenciar os impactos mediante as mitigantes.[614]

Deve-se ainda ressaltar a incidência do princípio da participação nos licenciamentos, como ocorre com a sua abertura em hipóteses de audiência pública em grandes empreendimentos, obras ou atividades. O *"locus"* de definição das medidas de prevenção

---

[609] BRASIL. Supremo Tribunal Federal. *Recurso Extraordinário nº 627.189/SP*, Rel. Min. Dias Toffoli, j. 08.06.2016, Brasília, 2016. Disponível em: https://redir.stf.jus.br/paginadorpub/paginador.jsp?docTP=TP&docID=12672680. Acesso em: 02 dez. 2021.

[610] PARDO, José Esteve; LEITE, José Rubens Morato (Coord.). *O desconcerto do Leviatã*: política e Direito perante as incertezas da ciência. Tradução de Flávia França Dinnebier e Giorgia Sena Martins. São Paulo: Inst. O Direito por um Planeta Verde, 2015. p. 70.

[611] PARDO, José Esteve; LEITE, José Rubens Morato (Coord.). *O desconcerto do Leviatã*: política e Direito perante as incertezas da ciência. Tradução de Flávia França Dinnebier e Giorgia Sena Martins. São Paulo: Inst. O Direito por um Planeta Verde, 2015. p. 177.

[612] PARDO, José Esteve; LEITE, José Rubens Morato (Coord.). *O desconcerto do Leviatã*: política e Direito perante as incertezas da ciência. Tradução de Flávia França Dinnebier e Giorgia Sena Martins. São Paulo: Inst. O Direito por um Planeta Verde, 2015. p. 39.

[613] BIM, Eduardo Fortunato. *Licenciamento Ambiental*. 4. ed. Belo Horizonte: Fórum, 2019. p. 73.

[614] BIM, Eduardo Fortunato. *Licenciamento Ambiental*. 4. ed. Belo Horizonte: Fórum, 2019. p. 75.

e ações de mitigação, de reparação e de compensação, controle e acompanhamento é o licenciamento, porém sem excessos que inviabilizem ou penalizem gratuitamente o empreendimento.[615]

Ademais, no processo de licenciamento, devem ser franqueadas as devidas informações à coletividade, sobretudo à comunidade afetada, facultando-lhe participação efetiva no procedimento, havendo uma subordinação do licenciamento ao princípio do desenvolvimento sustentável, visando evitar danos futuros, sua perpetuação ou agravamento,[616] manifestando, pois, a proteção do interesse de todas as gerações.

Por essas perspectivas, e considerados os princípios ambientais expressamente incidentes, o licenciamento ambiental tem como objetivo maior, segundo Farias, efetuar o controle das atividades efetiva e potencialmente poluidoras, através de um conjunto de procedimentos a serem determinados pelo órgão ambiental competente, com o fito de defender o equilíbrio do meio ambiente e a qualidade de vida da coletividade,[617] qualidade essa que, evidentemente, depende da compatibilidade entre desenvolvimento econômico e proteção e preservação da qualidade e integridade da natureza.

O licenciamento conduziria à aplicação do conteúdo dos princípios da prevenção, da precaução e do poluidor-pagador, com a atuação do Estado para a materialização destes princípios que visam ao equilíbrio nas relações sociais e de proteção do meio ambiente,[618] equilíbrio que fundamenta a exigência do licenciamento.

O processo administrativo de licenciamento ambiental, portanto, representa um mecanismo regulatório voltado, entre outras funções, à concretização específica dos princípios da prevenção, da precaução e do poluidor-pagador, sem prejuízo de outros princípios, haja vista (i) ser eminentemente preventivo e antecipatório à ocorrência de infrações e ilícitos ambientais e aos impactos das atividades econômicas; (ii) possibilitar a avaliação de riscos e impactos ambientais, em que pese incerteza científica dos danos potenciais da atividade econômica; e (iii) expressar meio pelo qual o agente ou atividade econômica poluidora arca com o ônus de suportar os custos e as medidas necessárias para a mitigação, a compensação, a eliminação ou a reparação dos impactos ou eventuais danos gerados pela atividade licenciada ou a ser licenciada.

2.2.3 Licenciamento ambiental na compatibilização entre o direito ao meio ambiente ecologicamente equilibrado e o desenvolvimento das atividades econômicas

Para além dos princípios ambientais estruturantes incidentes e nele expressados, o licenciamento ambiental deteria a complexa função de compatibilizar o exercício das atividades econômicas que causem impactos à qualidade e à integridade da natureza, com as diretrizes das políticas e normas de proteção ambiental.

---

[615] PRACUCHO, Davi Marcucci. *Licenciamento ambiental no direito brasileiro*: Aspectos legais e doutrinários, conflituosidade e ordem constitucional. 1. ed. Rio de Janeiro: Lumen Juris, 2018. p. 129.

[616] PRACUCHO, Davi Marcucci. *Licenciamento ambiental no direito brasileiro*: Aspectos legais e doutrinários, conflituosidade e ordem constitucional. 1. ed. Rio de Janeiro: Lumen Juris, 2018. p. 129.

[617] FARIAS, Talden. *Licenciamento Ambiental*: aspectos teóricos e práticos. 7. ed. Belo Horizonte: Fórum, 2019. p. 28.

[618] DERANI, Cristiane. *Direito ambiental econômico*. 3. ed. São Paulo: Saraiva, 2008. p. 31.

Tratando-se especificamente da função para a qual o mecanismo foi criado e que deverá nortear toda a sua aplicação, Farias arremata que o sistema de licenciamento ambiental tem como uma principal finalidade assegurar que o meio ambiente seja respeitado quando do planejamento, da instalação ou do funcionamento dos empreendimentos e obras que degradem ou que possam degradar o meio ambiente.[619]

É por meio dele que a Administração tentará fazer com que a atividade econômica se adapte à legislação ambiental e aos procedimentos de gestão ambiental indicados, tendo em vista o caso concreto, controle exercido, em regra, antes da instalação ou do funcionamento da atividade, visto que, para serem efetivos, todo e qualquer mecanismo de proteção ambiental deve se pautar por uma atuação eminentemente preventiva,[620] exaltando a razão maior do Direito Ambiental.

Embora não esteja expressamente previsto na Constituição Federal de 1988, o licenciamento ambiental é meio pelo qual o Estudo Prévio de Impacto Ambiental (EIA) – este sim disposto no art. 225, §1º, IV, da CF/88 – é executado e exigido "para instalação de obra ou atividade econômica potencialmente causadora de significativa degradação do meio ambiente", além de abarcar o conteúdo do art. 170, VI, do textode 1988, que prevê, como princípio da Ordem Econômica, a defesa do meio ambiente, "mediante tratamento diferenciado conforme o impacto ambiental dos produtos e serviços".[621]

Na lição de Derani, a concretização de uma qualidade de vida satisfatória está intrinsecamente relacionada ao modo de como esta sociedade dispõe da apreensão e da transformação de seus recursos, ou seja, de *como desenvolve sua atividade econômica*, sendo que a CF/88, pelo art. 174, declara o Estado agente normativo e regulador, exercendo funções de fiscalização, incentivo e planejamento, o que lhe confere um papel nada desprezível no processo de desenvolvimento econômico.[622]

Considerando-se que o desenvolvimento econômico previsto pela norma constitucional no Brasil deve incluir o uso sustentável dos recursos naturais (corolário do princípio da defesa do meio ambiente, art. 170, VI; bem como dedutível da norma expressa no art. 225, §1º, IV), é impossível dar cabo a uma política unicamente monetarista sem a colisão com os princípios constitucionais, sobretudo os que regem a ordem econômica e os que dispõem sobre a defesa do meio ambiente.[623]

Segundo Bim, a função do licenciamento ambiental estaria expressada pelo balanceamento dos bens em jogo, a qual está ligada ao exercício do poder de polícia do Poder Executivo.[624] A referida função de controlar as atividades econômicas que degradam ou que simplesmente possam degradar o meio ambiente, aponta Farias, estaria expressamente estabelecida pelo inciso V do §1º do art. 225 da CF/88, o qual reza que, para assegurar a efetividade do direito ao meio ambiente, incumbe ao Poder

---

[619] FARIAS, Talden. *Licenciamento Ambiental*: aspectos teóricos e práticos. 7. ed. Belo Horizonte: Fórum, 2019. p. 20.
[620] FARIAS, Talden. *Licenciamento Ambiental*: aspectos teóricos e práticos. 7. ed. Belo Horizonte: Fórum, 2019. p. 20.
[621] BRASIL. Presidência da República. *Constituição da República Federativa do Brasil de 1988*. Brasília, DF: Presidência da República, 1988. Disponível em: http://www.planalto.gov.br/ccivil_03/constituicao/constituicaocompilado.htm. Acesso em: 19 out. 2021.
[622] DERANI, Cristiane. *Direito ambiental econômico*. 3. ed. São Paulo: Saraiva, 2008. p. 236.
[623] DERANI, Cristiane. *Direito ambiental econômico*. 3. ed. São Paulo: Saraiva, 2008. p. 237.
[624] BIM, Eduardo Fortunato. *Licenciamento Ambiental*. 4. ed. Belo Horizonte: Fórum, 2019. p. 32.

Público "controlar a produção, a comercialização e o emprego de técnicas, métodos e substâncias que comportem risco para a vida, a qualidade de vida e o meio ambiente".[625]

Significa dizer, como expõe Mosimann, que, ao se pensar sobre sua função, é inegável a existência de conflito de interesses que, muitas vezes, permeia inevitavelmente a relação havida entre desenvolvimento econômico e preservação do meio ambiente, sendo justamente o licenciamento ambiental um instrumento de conservação e, ao mesmo tempo, de segurança ao agente privado titular da atividade econômica a ser licenciada, visão que nem sempre é predominante na iniciativa privada, a qual vê, em muitas vezes, o licenciamento como sinônimo de entrave burocratizado, politizado e suscetível à corrupção, servindo como alegado atraso ao desenvolvimento do País.[626]

É evidente que tanto o setor produtivo quanto a defesa do meio ambiente são manifestamente importantes ao desenvolvimento do País e que, por isso, precisam estar devidamente harmonizados, como pressupõe o art. 170, VI, da CF/88, de que a Ordem Econômica Constitucional deva observar a defesa do meio ambiente.[627]

Nesse sentido, o licenciamento ambiental é atividade diretamente relacionada ao exercício de direitos constitucionalmente assegurados, tais como o direito de propriedade e o direito de livre iniciativa econômica que deverão ser exercidos com respeito ao meio ambiente. Por isso, o alvará das respectivas licenças ambientais servirá de limitador concreto para o exercício da atividade econômica que somente será lícita se respeitados os limites da licença ambiental concedida, alerta Antunes.[628]

Como aponta Derani, a liberdade de empreender e a liberdade das presentes e futuras gerações de desfrutarem de um ambiente ecologicamente equilibrado estão unidas justamente na forma e modo de produção constitucionalmente apresentados pela CF/88, sendo que a análise de uma liberdade deve ter em vista seu reflexo na outra, procurando uma compatibilização possível do exercício de ambas.[629]

Desse modo, o licenciamento ambiental revela-se um instituto essencialmente concebido e delineado a promover a compatibilização do desenvolvimento econômico e social com a preservação do meio ambiente e do equilíbrio ecológico (princípio do desenvolvimento sustentável), e que, para tanto, deverá ser operado de modo preventivo, por meio de controle prévio e contínuo acompanhamento das atividades com potencial de causar algum impacto sobre o ambiente (princípio da prevenção).[630]

Ao se considerar a função compatibilizadora intrínseca aos fins a que se dirige o licenciamento, nota-se como verdadeira a premissa de que o próprio Direito Ambiental possui uma significativa função conformadora dentro da ordem econômica do Estado.[631]

---

[625] BRASIL. Presidência da República. *Constituição da República Federativa do Brasil de 1988*. Brasília, DF: Presidência da República, 1988. Disponível em: http://www.planalto.gov.br/ccivil_03/constituicao/constituicaocompilado.htm. Acesso em: 19 out. 2021.

[626] MOSIMANN, Ítalo Augusto. DANTAS, Marcelo Buzaglo; JACOBSEN, Gilson (Orgs.). *Segurança jurídica e os limites da intervenção judicial no licenciamento ambiental*. Coleção Direito, Meio Ambiente e Sustentabilidade. Vol. 2. 1. ed. Florianópolis: Habitus, 2020. p. 61-62.

[627] MOSIMANN, Ítalo Augusto. DANTAS, Marcelo Buzaglo; JACOBSEN, Gilson (Orgs.). *Segurança jurídica e os limites da intervenção judicial no licenciamento ambiental*. Coleção Direito, Meio Ambiente e Sustentabilidade. Vol. 2. 1. ed. Florianópolis: Habitus, 2020. p. 66.

[628] ANTUNES, Paulo de Bessa. *Direito ambiental*. 20. ed. São Paulo: Atlas, 2019. p. 67.

[629] DERANI, Cristiane. *Direito ambiental econômico*. 3. ed. São Paulo: Saraiva, 2008. p. 232-233.

[630] PRACUCHO, Davi Marcucci. *Licenciamento ambiental no direito brasileiro*: Aspectos legais e doutrinários, conflituosidade e ordem constitucional. 1. ed. Rio de Janeiro: Lumen Juris, 2018. p. 197.

[631] VOLOTÃO, Romilson de Almeida. *Direito regulatório, governança e licenciamento ambiental*: Soluções para o aperfeiçoamento do licenciamento ambiental brasileiro. 1. ed. Curitiba: Juruá, 2016. p. 48.

Dessa forma é que o licenciamento ambiental, no espectro da atividade regulatória estatal, torna-se um instrumento de regulação da atividade econômica por meio do estabelecimento não só de regras de proteção ambiental, como também de condução e planejamento do setor privado, numa visão mais abrangente de seu escopo de atuação, com vistas, pois, à promoção do desenvolvimento econômico do país.[632]

Observada a sua ampliada função e seus objetivos regulatórios, o licenciamento ambiental por certo não se limita restritamente aos aspectos da conservação e proteção do meio ambiente,[633] cumprindo também servir de instrumento para o desenvolvimento econômico nacional. Como afirma Volotão, o licenciamento passaria a deter a funcionalidade de também conformar o regramento das atividades econômicas privadas no sentido do atingimento dos objetivos ligados ao desenvolvimento do país.[634]

Ao se observar o funcionamento dos licenciamentos, o Direito Ambiental passa a se relacionar diretamente com o Direito Econômico, o qual representa a normatização da política econômica como meio de dirigir, implementar, organizar e coordenar práticas econômicas, tendo em vista uma finalidade ou várias e procurando compatibilizar fins conflituosos no viés macroeconômico.[635]

Com efeito, o Direito Econômico e o Ambiental não só se interceptam, salienta Derani, como comportam, essencialmente, as mesmas preocupações, quais sejam: buscar a melhoria do bem-estar das pessoas e a estabilidade do processo produtivo.[636]

A própria Lei Federal nº 6.938/1981, em seu art. 2º, prevê como seu objetivo "a preservação, melhoria e recuperação da qualidade ambiental propícia à vida, visando assegurar, no País, *condições ao desenvolvimento socioeconômico*, aos interesses da segurança nacional e à proteção da dignidade da vida humana",[637] além do seu art. 4º, I, pelo qual visará "à compatibilização do desenvolvimento econômico social com a preservação da qualidade do meio ambiente e do equilíbrio ecológico",[638] diretrizes que ressaltam a função social, econômica e ecológica do licenciamento ambiental.

A partir desse contexto do licenciamento, é pertinente a lição de Bercovici, no sentido de que a reestruturação do Estado no Brasil envolveria uma reflexão sobre os instrumentos jurídicos, fiscais, financeiros e administrativos necessários ou à disposição do Estado para retomar a superação do subdesenvolvimento, sendo que o Direito Econômico proporcionaria sua utilização como instrumento de influência, manipulação

---

[632] VOLOTÃO, Romilson de Almeida. *Direito regulatório, governança e licenciamento ambiental*: Soluções para o aperfeiçoamento do licenciamento ambiental brasileiro. 1. ed. Curitiba: Juruá, 2016. p. 56.

[633] VOLOTÃO, Romilson de Almeida. *Direito regulatório, governança e licenciamento ambiental*: Soluções para o aperfeiçoamento do licenciamento ambiental brasileiro. 1. ed. Curitiba: Juruá, 2016. p. 56.

[634] VOLOTÃO, Romilson de Almeida. *Direito regulatório, governança e licenciamento ambiental*: Soluções para o aperfeiçoamento do licenciamento ambiental brasileiro. 1. ed. Curitiba: Juruá, 2016. p. 56.

[635] DERANI, Cristiane. *Direito ambiental econômico*. 3. ed. São Paulo: Saraiva, 2008. p. 57.

[636] DERANI, Cristiane. *Direito ambiental econômico*. 3. ed. São Paulo: Saraiva, 2008. p. 76.

[637] BRASIL. Presidência da República. *Lei nº 6.938, de 31 de agosto de 1981*. Dispõe sobre a Política Nacional do Meio Ambiente, seus fins e mecanismos de formulação e aplicação, e dá outras providências. Brasília, 1981. Disponível em: http://www.planalto.gov.br/ccivil_03/leis/l6938.htm. Acesso em: 10 out. 2021.

[638] BRASIL. Presidência da República. *Lei nº 6.938, de 31 de agosto de 1981*. Dispõe sobre a Política Nacional do Meio Ambiente, seus fins e mecanismos de formulação e aplicação, e dá outras providências. Brasília, 1981. Disponível em: http://www.planalto.gov.br/ccivil_03/leis/l6938.htm. Acesso em: 10 out. 2021.

e transformação da economia, vinculado a objetivos sociais ou coletivos,[639] a exemplo da proteção do meio ambiente e do desenvolvimento nacional sustentável.

Por essas perspectivas de compatibilização entre a proteção ambiental e o exercício das atividades econômicas, tem-se a necessidade de cooperação entre Estado e economia, ao mesmo tempo em que se reclama um comportamento social do indivíduo frente à comunidade, afirma Derani,[640] para o contexto desta análise, exigindo-se também – e sobretudo – a conformação das atividades econômicas impactantes com as políticas e normas de proteção ambiental.

Delineados até aqui (a) a proeminência da tutela administrativa estatal em matéria ambiental, sobretudo se contrastada com a tutela jurisdicional; (b) os pressupostos e as funções dos processos administrativos ambientais, de controle prévio e sucessivo, com o licenciamento ambiental o mais complexo; e (c) o protagonismo do licenciamento ligado às suas dimensões social, econômica, política e jurídica, e a sua capacidade de concretizar princípios ambientais da prevenção, precaução e do poluidor-pagador, passa-se então à análise dos aspectos destacados do licenciamento como instrumento da Política Nacional do Meio Ambiente brasileira.

2.3 O licenciamento ambiental como instrumento da Política Nacional do Meio Ambiente

Conforme os tópicos anteriores, no Brasil, com o advento da Constituição Federal de 1988, em especial pelo seu art. 225, *caput*, e disposições seguintes, a proteção e a defesa do meio ambiente ecologicamente equilibrado adquiriram contornos inegáveis de importância para a manutenção da qualidade de vida das presentes e futuras gerações, paradigma que se vincula ao licenciamento ambiental brasileiro.

Não obstante tal evolução constitucional, a origem do licenciamento, como adverte Guetta, ocorreu antes da promulgação da CF/88, visto que, no plano estadual, a estruturação dos órgãos ambientais para o licenciamento já era vista na década de 1970 – caso do estado de São Paulo, por exemplo, que passou a disciplinar a matéria a partir da Lei Estadual nº 997, de 1976 –, de modo que, no plano nacional e federal, a já citada Lei Federal nº 6.938, de 31 de agosto de 1981, acabou por sedimentar o licenciamento como instrumento da Política Nacional do Meio Ambiente (PNMA).[641]

São, portanto, mais de 30 anos de consolidação do licenciamento no país, sendo notória a sua relevância para a preservação dos direitos difusos da sociedade brasileira relativamente ao equilíbrio ecológico que deve marcar a tutela ambiental, para a proteção dos direitos das populações atingidas por impactos de instalação e operação de empreendimentos poluidores e para a pacificação ou atenuação de conflitos.[642]

---

[639] BERCOVICI, Gilberto. O Ainda Indispensável Direito Econômico. *In*: BENEVIDES, Maria Victoria; BERCOVICI, Gilberto; MELO, Claudinei de (orgs.). *Direitos Humanos, Democracia e República*: Homenagem a Fábio Konder Comparato. São Paulo: Quartier Latin, 2009. p. 518.

[640] DERANI, Cristiane. *Direito ambiental econômico*. 3. ed. São Paulo: Saraiva, 2008. p. 261.

[641] GUETTA, Maurício. Propostas de reforma da legislação sobre licenciamento ambiental à luz da Constituição Federal. *In*: COSTA, Marco Aurélio; KLUG, Letícia Beccalli; PAULSEN, Sandra Silva (Orgs.). *Licenciamento ambiental e governança territorial*: registros e contribuições do seminário internacional. 1. ed. Rio de Janeiro: Ipea, 2017. p. 217.

[642] GUETTA, Maurício. Propostas de reforma da legislação sobre licenciamento ambiental à luz da Constituição Federal. *In*: COSTA, Marco Aurélio; KLUG, Letícia Beccalli; PAULSEN, Sandra Silva (Orgs.). *Licenciamento*

Com essa importância, o licenciamento ambiental funcionaria como instrumento de base de toda a estrutura da PNMA, especialmente em relação à sua função eminentemente preventiva, dada a indisponibilidade, a essencialidade e a dificuldade/impossibilidade de reparação de danos do bem jurídico ambiental.[643]

Como sintetiza Farias, em nível federal, sem desconsiderar as previsões estaduais e municipais, o estudo do licenciamento ambiental tido como ordinário é estabelecido, respectivamente, pela Lei Complementar Federal nº 140/2011, pela Lei Federal nº 6.938/1981, pelo Decreto nº 99.274/1990 e pelas Resoluções nº 001/1986 e nº 237/1997, ambas do Conselho Nacional do Meio Ambiente (CONAMA), havendo, ainda, procedimentos para licenciamentos especiais, como pela Resolução nº 023/1994, também do CONAMA, para atividades ligadas a petróleo e gás natural, bem como pela Lei Federal nº 11.105/2005, sobre Organismos Geneticamente Modificados (OGMs).[644]

Segundo Antunes, a estrutura do licenciamento está construída, fundamentalmente, em resoluções administrativas do CONAMA, o que acarretaria uma fragilidade normativa, em detrimento da segurança jurídica para as partes interessadas, sem que disso resultasse maior e mais concreta proteção ao meio ambiente. Deve ser ressaltado que não existe, em lei nacional específica, um sistema de licenciamento ambiental, haja vista que as normas aplicáveis podem variar em cada ente que, no caso concreto, esteja outorgando determinada licença ambiental.[645]

Dada a perspectiva deste trabalho, é indispensável destacar as definições legais e doutrinárias que cercam o instrumento do licenciamento no Brasil, assim como que se vinculam às licenças ambientais e aos demais elementos e mecanismos que estão diretamente ligados ao instituto, cujas funções principais são importantes para a efetividade da regulação ambiental brasileira na atualidade.

2.3.1 Conceito, ritos e espécies de licenciamentos ambientais

Nos estritos termos da Lei Federal nº 6.938, de 31 de agosto de 1981, pelo seu art. 9º, inciso IV, estão dispostos como instrumentos da Política Nacional do Meio Ambiente (PNMA) o licenciamento e a revisão de atividades efetiva ou potencialmente poluidoras, de modo que, no art. 10 do mesmo diploma, com a redação alterada pela superveniente Lei Complementar nº 140/2011, há definido que a construção, instalação, ampliação e funcionamento de estabelecimentos e atividades utilizadores de recursos ambientais, efetiva ou potencialmente poluidores ou capazes, sob qualquer forma, de causar degradação ambiental dependerão de regular e prévio licenciamento ambiental.[646]

---

ambiental e governança territorial: registros e contribuições do seminário internacional. 1. ed. Rio de Janeiro: Ipea, 2017. p. 217.

[643] GUETTA, Maurício. Propostas de reforma da legislação sobre licenciamento ambiental à luz da Constituição Federal. In: COSTA, Marco Aurélio; KLUG, Letícia Beccalli; PAULSEN, Sandra Silva (Orgs.). *Licenciamento ambiental e governança territorial*: registros e contribuições do seminário internacional. 1. ed. Rio de Janeiro: Ipea, 2017. p. 217.

[644] FARIAS, Talden. *Licenciamento Ambiental*: aspectos teóricos e práticos. 7. ed. Belo Horizonte: Fórum, 2019. p. 23.

[645] ANTUNES, Paulo de Bessa. *Direito ambiental*. 20. ed. São Paulo: Atlas, 2019. p. 69.

[646] BRASIL. Presidência da República. *Lei nº 6.938, de 31 de agosto de 1981*. Dispõe sobre a Política Nacional do Meio Ambiente, seus fins e mecanismos de formulação e aplicação, e dá outras providências. Brasília, 1981. Disponível em: http://www.planalto.gov.br/ccivil_03/leis/l6938.htm. Acesso em: 10 out. 2021.

Da leitura expressa do art. 10 da Lei Federal nº 6.938/1981, Pracucho indica cinco pontos que podem ser extraídos:

1. Empreendimentos sujeitos a licenciamento ambiental: em princípio, todos os empreendimentos potencialmente capazes, sob qualquer forma, de causar degradação ambiental; sendo esta definida no artigo 3º, II, da Lei nº 6.938/1981, de maneira ampla, como a alteração adversa das características do meio ambiente;
2. Órgão ambiental licenciador: em regra, o órgão estadual – também chamado, na lei, de órgão *seccional* – do Sistema Nacional do Meio Ambiente;
3. Licenciamento ambiental federal: reservado a empreendimentos considerados de *interesse nacional* – na lei: 'atividades e obras com significativo impacto ambiental, de âmbito nacional ou regional';
4. Publicidade do processo de licenciamento ambiental: assim como os atos e processos administrativos em geral, o processo de licenciamento ambiental, em regra, é público;
5. Fiscalização da licença ambiental: as decisões inclusas na licença ambiental (condições e limites para emissões, efluentes e/ou resíduos, p. ex.) devem ser fiscalizadas pelos órgãos ambientais.[647]

Posteriormente, com o escopo de regulamentar a PNMA, foi publicado o Decreto Federal nº 99.274, de 06 de junho de 1990, em cujo art. 17 consta que a construção, instalação, ampliação e funcionamento de estabelecimento de atividades utilizadoras de recursos ambientais, consideradas efetiva ou potencialmente poluidoras, bem assim os empreendimentos capazes, sob qualquer forma, de causar degradação ambiental, "dependerão de prévio licenciamento do órgão estadual competente integrante do SISNAMA, sem prejuízo de outras licenças legalmente exigíveis".[648]

Mais adiante, em razão da inexistência de uma norma geral sobre o tema e também com fim de regulamentar o instrumento, sobreveio a Resolução nº 237, de 19 de dezembro de 1997, publicada pelo CONAMA, a qual, pelo seu art. 1º, definiu:

> Art. 1º – Para efeito desta Resolução são adotadas as seguintes definições:
> I – Licenciamento Ambiental: procedimento administrativo pelo qual o órgão ambiental competente licencia a localização, instalação, ampliação e a operação de empreendimentos e atividades utilizadoras de recursos ambientais, consideradas efetiva ou potencialmente poluidoras ou daquelas que, sob qualquer forma, possam causar degradação ambiental, considerando as disposições legais e regulamentares e as normas técnicas aplicáveis ao caso.[649]

Face à necessidade de regulamentação das competências ambientais administrativas do art. 23 da CF/88, promulgou-se a Lei Complementar Federal nº 140, de 08 de dezembro de 2011, que, no art. 2º, inciso I, replicou a conceituação legal do licenciamento como

---

[647] PRACUCHO, Davi Marcucci. *Licenciamento ambiental no direito brasileiro*: Aspectos legais e doutrinários, conflituosidade e ordem constitucional. 1. ed. Rio de Janeiro: Lumen Juris, 2018. p. 48.

[648] BRASIL. Presidência da República. *Decreto nº 99.274, de 06 de junho de 1990*. Regulamenta a Lei nº 6.902, de 27 de abril de 1981, e a Lei nº 6.938, de 31 de agosto de 1981, que dispõem, respectivamente, sobre a criação de Estações Ecológicas e Áreas de Proteção Ambiental e sobre a Política Nacional do Meio Ambiente, e dá outras providências. Brasília, DF, 1990. Disponível em: http://www.planalto.gov.br/ccivil_03/decreto/antigos/D99274compilado.htm. Acesso em: 19 dez. 2021.

[649] BRASIL. Conselho Nacional do Meio Ambiente – CONAMA. *Resolução CONAMA nº 237, de 19 de dezembro de 1997*. Brasília, DF, 1997. Disponível em: https://www.icmbio.gov.br/cecav/images/download/CONAMA%20237_191297.pdf. Acesso em: 19 dez. 2021.

"o procedimento administrativo destinado a licenciar atividades ou empreendimentos utilizadores de recursos ambientais, efetiva ou potencialmente poluidores ou capazes, sob qualquer forma, de causar degradação ambiental".[650]

Dados esses conceitos, segundo Antunes, o licenciamento ambiental tem origem sob requerimento do interessado, ou de ofício pelo Poder Público nos casos específicos, e encerra-se com a concessão ou a negativa do alvará respectivo, isto é, uma licença ou autorização ambiental, conforme o caso, de modo que o licenciamento, como regra, será constituído por um conjunto de licenças que se sucedem no tempo, na medida em que tenham sido cumpridas as condicionantes apostas à licença.[651]

Apesar de tais previsões, o licenciamento refere-se a um *processo* administrativo e não de um *procedimento*, porquanto, aponta Farias, seria o processo complexo que tramita perante a instância responsável pela gestão ambiental, seja no âmbito federal, estadual ou municipal, e que tem por objetivo assegurar a qualidade de vida da população por meio de um controle prévio e de um continuado acompanhamento das atividades humanas capazes de gerar impactos sobre o meio ambiente.[652]

O instrumento do licenciamento ambiental representaria perfeitamente um processo administrativo, justamente por ser uma sequência de atos administrativos que tramitam dentro da Administração Pública, sujeitando-se aos princípios do Direito Administrativo, além dos princípios do Direito Ambiental, uma vez que, por serem órgãos administrativos, os responsáveis pela execução da Política Nacional do Meio Ambiente (PNMA) estão sujeitos aos princípios da Administração Pública.[653]

Dessa maneira, afastando-se sua conceituação de procedimento, Farias conclui que o licenciamento trata-se de um processo administrativo, suas características correspondem às dos processos administrativos, a exemplo da obrigatoriedade da publicidade, de contraditório e ampla defesa, de motivação e do dever de decidir.[654]

Embora o inciso I do art. 1º da Resolução nº 237/1997 do CONAMA defina o licenciamento como um procedimento administrativo, bem como o inciso I do art. 2º da Lei Complementar nº 140/2011 também tenha assim o disposto, Farias defende que haveria uma confusão na própria legislação, inclusive entre especialistas.[655]

Isso porque, observando sua natureza jurídica, o licenciamento ambiental se consubstanciaria em um processo administrativo, na medida em que representa uma sequência de atos administrativos que tem o objetivo de outorgar direitos a terceiros e de solucionar conflitos entre o Poder Público e o administrado, devendo obrigatoriamente ser assegurado o contraditório e a ampla defesa aos interessados.[656]

---

[650] BRASIL. Presidência da República. *Lei Complementar nº 140, de 08 de dezembro de 2011*. Fixa normas, nos termos dos incisos III, VI e VII do caput e do parágrafo único do art. 23 da Constituição Federal, para a cooperação entre a União, os Estados, o Distrito Federal e os Municípios nas ações administrativas decorrentes do exercício da competência comum relativas à proteção das paisagens naturais notáveis, à proteção do meio ambiente, ao combate à poluição em qualquer de suas formas e à preservação das florestas, da fauna e da flora; e altera a Lei nº 6.938, de 31 de agosto de 1981. Brasília, DF, 2011. Disponível em: http://www.planalto.gov.br/ccivil_03/leis/lcp/lcp140.htm. Acesso em: 19 dez. 2021.
[651] ANTUNES, Paulo de Bessa. *Direito ambiental*. 20. ed. São Paulo: Atlas, 2019. p. 70.
[652] FARIAS, Talden. *Licenciamento Ambiental*: aspectos teóricos e práticos. 7. ed. Belo Horizonte: Fórum, 2019. p. 26.
[653] FARIAS, Talden. *Licenciamento Ambiental*: aspectos teóricos e práticos. 7. ed. Belo Horizonte: Fórum, 2019. p. 139.
[654] FARIAS, Talden. *Licenciamento Ambiental*: aspectos teóricos e práticos. 7. ed. Belo Horizonte: Fórum, 2019. p. 138.
[655] FARIAS, Talden. *Licenciamento Ambiental*: aspectos teóricos e práticos. 7. ed. Belo Horizonte: Fórum, 2019. p. 130-131.
[656] FARIAS, Talden. *Licenciamento Ambiental*: aspectos teóricos e práticos. 7. ed. Belo Horizonte: Fórum, 2019. p. 133.

Ainda na doutrina de Farias, no que concerne ao interesse público, o licenciamento deverá ser classificado com um processo administrativo, isso gerará maiores garantias de acesso e participação da coletividade, implicará mais segurança aos administrados e à própria Administração. Ainda, porque o papel e as formas de atuação de cada uma das partes já estariam previamente definidos, além de aumentar o controle social, visto que se trata de um interesse difuso da coletividade para acessar as informações e documentos e participar como interessada nos licenciamentos.[657]

Não se pode admitir que o licenciamento permaneça sendo tratado como um procedimento e não como um processo administrativo, uma vez que, nessa definição jurídica, não estará no arbítrio da Administração Pública negar ou conceder uma licença ao seu talante, sem que haja uma motivação com embasamento legal e técnico.[658]

Qualquer decisão, sobretudo a que diga respeito à concessão ou à negativa de licença ambiental, deverá estar necessariamente justificada e motivada para poder ter validade,[659] sujeição cabível e obrigatória em todo e qualquer processo administrativo, como restou indicado nos tópicos anteriores deste capítulo.

Para Bim, o licenciamento ambiental seria um processo administrativo que visa à expedição de uma licença ambiental (ato administrativo) do órgão licenciador, cujo procedimento varia conforme o órgão ou entidade licenciadora.[660] Mesma posição de Niebuhr, para quem o licenciamento é o tipo de processo administrativo ambiental mais efetivo destinado ao controle prévio da proteção ambiental disponibilizado pelo Direito Administrativo, com o qual a Administração aprofunda o exame da atividade econômica, para antecipar os riscos e impactos que ela seja capaz de causar.[661]

Para Curt e Terence Trennepohl, sublinhando-se a característica processual, o licenciamento ambiental estaria definido como o processo de concordância do Poder Público com as obras ou atividades condicionadas à aprovação estatal.[662]

Segundo Antunes, o reconhecimento do licenciamento como processo administrativo e não como mero procedimento implica a admissão do direito de apresentar recursos, formular defesas específicas, apresentar pareceres técnicos e análises que se façam necessárias para a defesa dos direitos e interesses em jogo,[663] ou seja, representa concepção que corrobora o manifesto interesse público nele existente.

Ademais, ressalva Antunes, tal conceituação implica a adoção de prazos mais estáveis e peremptórios tanto para os interessados quanto para a própria Administração. Há uma evidente impropriedade técnica nas definições normativas que insistem em classificar o licenciamento como mero procedimento, impropriedade que, aliás, é desmentida por normas que asseguram um determinado grau de contraditório às partes interessadas.[664] No caso específico dos licenciamentos federais, havendo lacunas nas

---

[657] FARIAS, Talden. *Licenciamento Ambiental*: aspectos teóricos e práticos. 7. ed. Belo Horizonte: Fórum, 2019. p. 136-137.
[658] FARIAS, Talden. *Licenciamento Ambiental*: aspectos teóricos e práticos. 7. ed. Belo Horizonte: Fórum, 2019. p. 145.
[659] FARIAS, Talden. *Licenciamento Ambiental*: aspectos teóricos e práticos. 7. ed. Belo Horizonte: Fórum, 2019. p. 145.
[660] BIM, Eduardo Fortunato. *Licenciamento Ambiental*. 4. ed. Belo Horizonte: Fórum, 2019. p. 41.
[661] NIEBUHR, Pedro. *Processo administrativo ambiental*. 3. ed. rev., ampl. e atual. Belo Horizonte: Fórum, 2021a. p. 168.
[662] TRENNEPOHL, Curt; TRENNEPOHL, Terence. *Licenciamento Ambiental*. 8. ed., rev., atual. e ampl., São Paulo: Thomson Reuters Brasil, 2020. p. 51.
[663] ANTUNES, Paulo de Bessa. *Direito ambiental*. 20. ed. São Paulo: Atlas, 2019. p. 69.
[664] ANTUNES, Paulo de Bessa. *Direito ambiental*. 20. ed. São Paulo: Atlas, 2019. p. 69.

normas específicas, há que se aplicar a Lei Federal nº 9.784/1999 (Lei do Processo Administrativo Federal), conforme disposto no seu art. 69, anota Antunes.[665]

Conforme Bim, o processo administrativo de licenciamento ambiental se distinguiria de outras autorizações ambientais específicas (*stricto sensu*), a despeito de que sejam ambas espécies do gênero autorização ambiental *lato sensu*.[666]

Dessa forma, o licenciamento ambiental é, indubitavelmente, uma expressão do poder de polícia ambiental, embora não monopolize a forma pela qual ele se materializa no Direito Ambiental, sendo apenas uma das espécies do gênero de autorização *lato sensu*, porquanto existem outros instrumentos para promover o controle ambiental, seja de forma preventiva, como são as autorizações *stricto sensu* (como outorga de uso de recursos hídricos, autorização de supressão de vegetação,), seja de forma repressiva, como são as multas e os embargos administrativos.[667]

Para Pracucho, o licenciamento integra as competências constitucionais legislativa (concorrente entre os entes) e administrativa (comum entre todos os entes) ligadas à proteção do meio ambiente (respectivamente, arts. 24, VI, e 23, VI, da CF/88), de modo que à União competiria estabelecer as normas gerais sobre o instituto (*limitando-se a isso*, deve ser destacado), sendo estas suplementadas (acrescidas; aprimoradas ou completadas, suprindo-se lacunas ou imperfeições) pelos Estados, conforme suas peculiaridades (realidades, necessidades, interesses) regionais, e, no que caiba, pelos Municípios, em nível e interesse local.[668]

Pelo art. 23 da CF/88, relativo à competência administrativa comum entre todos os entes federativos, para este caso, em especial em seus incisos III (proteção ao patrimônio histórico, cultural e das paisagens naturais notáveis), VI (proteção do meio ambiente e combate da poluição em qualquer de suas formas) e VII (preservação das florestas, da fauna e da flora), o advento da Lei Complementar Federal nº 140/2011 objetivou definir a repartição das competências para o licenciamento ambiental.

Dessa forma, tendo-se em conta que evidentemente não é todo empreendimento, obra ou atividade econômica que precisará passar pelo licenciamento ambiental,[669] a mencionada Lei Complementar Federal nº 140/2011 fixou hipóteses legais para a atuação dos entes federativos em exigirem o licenciamento ambiental, além das previsões de atuação administrativa fiscalizatória entre os entes.

Segundo Curt e Terence Trennepohl, a LC nº 140/2011 deixou de lado o critério da prevalência de interesse e, com raras exceções previstas no art. 7º, passou a utilizar somente o critério da localização da obra ou atividade econômica a ser licenciada.[670]

Conforme o art. 7º, XIV, da referida lei, entre as ações administrativas de competência da União, está a de "promover o licenciamento ambiental de empreendimentos e atividades" como localizados ou desenvolvidos conjuntamente no Brasil e em país

---

[665] ANTUNES, Paulo de Bessa. *Direito ambiental*. 20. ed. São Paulo: Atlas, 2019. p. 70.
[666] BIM, Eduardo Fortunato. *Licenciamento Ambiental*. 4. ed. Belo Horizonte: Fórum, 2019. p. 47.
[667] BIM, Eduardo Fortunato. *Licenciamento Ambiental*. 4. ed. Belo Horizonte: Fórum, 2019. p. 47.
[668] PRACUCHO, Davi Marcucci. *Licenciamento ambiental no direito brasileiro*: Aspectos legais e doutrinários, conflituosidade e ordem constitucional. 1. ed. Rio de Janeiro: Lumen Juris, 2018. p. 35.
[669] PRACUCHO, Davi Marcucci. *Licenciamento ambiental no direito brasileiro*: Aspectos legais e doutrinários, conflituosidade e ordem constitucional. 1. ed. Rio de Janeiro: Lumen Juris, 2018. p. 55.
[670] TRENNEPOHL, Curt; TRENNEPOHL, Terence. *Licenciamento Ambiental*. 8. ed., rev., atual. e ampl., São Paulo: Thomson Reuters Brasil, 2020. p. 68.

limítrofe; localizados ou desenvolvidos no mar territorial, na plataforma continental ou na zona econômica exclusiva; localizados ou desenvolvidos em terras indígenas; localizados ou desenvolvidos em unidades de conservação instituídas pela União, exceto em Áreas de Proteção Ambiental (APAs); localizados ou desenvolvidos em 2 (dois) ou mais Estados; de caráter militar, excetuando-se do licenciamento ambiental, nos termos de ato do Poder Executivo, aqueles previstos no preparo e emprego das Forças Armadas, conforme disposto na Lei Complementar nº 97, de 09 de junho de 1999; destinados a pesquisar, lavrar, produzir, beneficiar, transportar, armazenar e dispor material radioativo, em qualquer estágio, ou que utilizem energia nuclear em qualquer de suas formas e aplicações, mediante parecer da Comissão Nacional de Energia Nuclear (CNEN); ou que atendam tipologia estabelecida por ato do Poder Executivo, a partir de proposição da Comissão Tripartite Nacional, assegurada a participação de um membro do Conselho Nacional do Meio Ambiente (CONAMA), e considerados os critérios de porte, potencial poluidor e natureza da atividade ou empreendimento.[671]

Quanto aos Estados, a sua competência para o licenciamento ambiental consta do art. 8º, no qual, os incisos XIV e XV, respectivamente, definem ser incumbência dos Estados promover o licenciamento ambiental de atividades ou empreendimentos utilizadores de recursos ambientais, efetiva ou potencialmente poluidores ou capazes, sob qualquer forma, de causar degradação ambiental, ressalvado o disposto nos arts. 7º e 9º (licenciamentos da União e dos Municípios) e promover o licenciamento ambiental de atividades ou empreendimentos localizados ou desenvolvidos em unidades de conservação instituídas pelo Estado, exceto em Áreas de Proteção Ambiental (APAs).[672]

Quanto aos Municípios, o art. 9º, XIV, da LC nº 140/2011, dispõe como sua incumbência legal, observadas as atribuições dos demais entes federativos previstas na Lei Complementar, promover o licenciamento ambiental das atividades ou empreendimentos (a) que causem ou possam causar impacto ambiental de âmbito local, conforme tipologia definida pelos respectivos Conselhos Estaduais de Meio Ambiente, considerados os critérios de porte, potencial poluidor e natureza da atividade; ou (b) localizados em unidades de conservação instituídas pelo Município, exceto em Áreas de Proteção Ambiental (APAs).[673]

---

[671] BRASIL. Presidência da República. *Lei Complementar nº 140, de 08 de dezembro de 2011*. Fixa normas, nos termos dos incisos III, VI e VII do caput e do parágrafo único do art. 23 da Constituição Federal, para a cooperação entre a União, os Estados, o Distrito Federal e os Municípios nas ações administrativas decorrentes do exercício da competência comum relativas à proteção das paisagens naturais notáveis, à proteção do meio ambiente, ao combate à poluição em qualquer de suas formas e à preservação das florestas, da fauna e da flora; e altera a Lei nº 6.938, de 31 de agosto de 1981. Brasília, DF, 2011. Disponível em: http://www.planalto.gov.br/ccivil_03/leis/lcp/lcp140.htm. Acesso em: 19 dez. 2021.

[672] BRASIL. Presidência da República. *Lei Complementar nº 140, de 08 de dezembro de 2011*. Fixa normas, nos termos dos incisos III, VI e VII do caput e do parágrafo único do art. 23 da Constituição Federal, para a cooperação entre a União, os Estados, o Distrito Federal e os Municípios nas ações administrativas decorrentes do exercício da competência comum relativas à proteção das paisagens naturais notáveis, à proteção do meio ambiente, ao combate à poluição em qualquer de suas formas e à preservação das florestas, da fauna e da flora; e altera a Lei nº 6.938, de 31 de agosto de 1981. Brasília, DF, 2011. Disponível em: http://www.planalto.gov.br/ccivil_03/leis/lcp/lcp140.htm. Acesso em: 19 dez. 2021.

[673] BRASIL. Presidência da República. *Lei Complementar nº 140, de 08 de dezembro de 2011*. Fixa normas, nos termos dos incisos III, VI e VII do caput e do parágrafo único do art. 23 da Constituição Federal, para a cooperação entre a União, os Estados, o Distrito Federal e os Municípios nas ações administrativas decorrentes do exercício da competência comum relativas à proteção das paisagens naturais notáveis, à proteção do meio ambiente, ao combate à poluição em qualquer de suas formas e à preservação das florestas, da fauna e da flora; e altera a Lei

Oportuno ressaltar que a competência para definição das atividades econômicas de impacto local sujeitas ao licenciamento ambiental é dos Conselhos Estaduais de Meio Ambiente, nos termos do art. 9º, XIV, alínea "a", da LC nº 140/2011.

Sublinhadas essas competências, é importante referir sobre os significados dos conceitos que definem a exigência dos licenciamentos, quais sejam: empreendimento, atividade, impacto ambiental, degradação ambiental, poluição e recursos ambientais.

Conforme Constantino, o termo atividade representaria qualquer ocupação de uma pessoa física ou jurídica, estabelecimento como toda organização permanente de natureza empresarial, obra como resultado de uma ação, construção, operação ou trabalho e serviço como uma atividade material de natureza produtiva ou lucrativa.[674]

O termo empreendimento, salienta Farias, teria um significado próximo ao de estabelecimento, apesar de ser mais amplo, sendo a atividade o conceito com maior amplitude, a qual englobaria tanto a construção de uma obra de infraestrutura quanto a instalação de uma fábrica ou o funcionamento de uma loja.[675]

O conceito de recursos ambientais está definido no art. 3º, V, da Lei Federal nº 6.938/1981, sendo "a atmosfera, as águas interiores, superficiais e subterrâneas, os estuários, o mar territorial, o solo, o subsolo os elementos da biosfera, a fauna e a flora". A definição da poluição, segundo o inciso III do mesmo artigo, seria a "degradação da qualidade ambiental resultante de atividades que direta ou indiretamente": (a) prejudiquem a saúde, a segurança e o bem-estar da população; (b) criem condições adversas às atividades sociais e econômicas; (c) afetem desfavoravelmente a biota; (d) afetem as condições estéticas ou sanitárias do meio ambiente; (e) lancem matérias ou energia em desacordo com os padrões ambientais estabelecidos.[676]

Por outro lado, a degradação ambiental, pelo art. 3º, II, da Lei nº 6.938/1981, trata-se da "alteração adversa das características do meio ambiente",[677] este que é definido no inciso I do mesmo artigo como "o conjunto de condições, leis, influências e interações de ordem física, química e biológica, que permite, abriga e rege a vida em todas as suas formas".[678] Segundo Sánchez, degradação ambiental conceitua-se como qualquer alteração adversa dos processos, funções ou componentes ambientais, ou como uma alteração adversa da qualidade ambiental, a degradação ambiental, portanto, corresponde a um impacto ambiental negativo.[679]

---

nº 6.938, de 31 de agosto de 1981. Brasília, DF, 2011. Disponível em: http://www.planalto.gov.br/ccivil_03/leis/lcp/lcp140.htm. Acesso em: 19 dez. 2021.

[674] CONSTANTINO, Carlos Ernani. *Delitos ecológicos*: a lei ambiental comentada artigo por artigo; aspectos penas e processuais penais. 3. ed. São Paulo: Lemos & Cruz, 2005. p. 199.

[675] FARIAS, Talden. *Licenciamento Ambiental*: aspectos teóricos e práticos. 7. ed. Belo Horizonte: Fórum, 2019. p. 41.

[676] BRASIL. Presidência da República. *Lei nº 6.938, de 31 de agosto de 1981*. Dispõe sobre a Política Nacional do Meio Ambiente, seus fins e mecanismos de formulação e aplicação, e dá outras providências. Brasília, 1981. Disponível em: http://www.planalto.gov.br/ccivil_03/leis/l6938.htm. Acesso em: 10 out. 2021.

[677] BRASIL. Presidência da República. *Lei nº 6.938, de 31 de agosto de 1981*. Dispõe sobre a Política Nacional do Meio Ambiente, seus fins e mecanismos de formulação e aplicação, e dá outras providências. Brasília, 1981. Disponível em: http://www.planalto.gov.br/ccivil_03/leis/l6938.htm. Acesso em: 10 out. 2021.

[678] BRASIL. Presidência da República. *Lei nº 6.938, de 31 de agosto de 1981*. Dispõe sobre a Política Nacional do Meio Ambiente, seus fins e mecanismos de formulação e aplicação, e dá outras providências. Brasília, 1981. Disponível em: http://www.planalto.gov.br/ccivil_03/leis/l6938.htm. Acesso em: 10 out. 2021.

[679] SÁNCHEZ, Luis Enrique. *Avaliação de Impacto Ambiental*: conceitos e métodos. 3. ed., atual. e aprimorada. São Paulo: Oficina de Textos, 2020. p. 26.

Em relação ao impacto ambiental, que é conceito-chave para a determinação das atividades sujeitas ao licenciamento ambiental,[680] desde o ano de 1986 há a Resolução nº 001, de 23 de janeiro de 1986, publicada pelo CONAMA, cujo art. 1º prevê como impacto ambiental qualquer alteração das propriedades físicas, químicas e biológicas do meio ambiente, causada por qualquer forma de matéria ou energia resultante das atividades humanas que, direta ou indiretamente, afetam a saúde, a segurança e o bem-estar da população; as atividades sociais e econômicas; a biota; as condições estéticas e sanitárias do meio ambiente; e a qualidade dos recursos ambientais.[681]

Segundo Farias, o impacto ambiental seria então qualquer interferência positiva ou negativa causada pelo ser humano sobre a qualidade do meio ambiente, seja o meio ambiental natural, artificial, cultural ou do trabalho, de maneira que as alterações de ordem econômica e social também estariam abrangidas pelo referido conceito.[682]

Conforme Sánchez, impacto ambiental seria claramente o resultado de uma ação humana, que é também a sua causa, de modo que não se deve confundir a causa com a consequência, pois uma rodovia, por exemplo, não representaria um impacto ambiental, e sim a causa de certos impactos ambientais. Um reflorestamento com espécies nativas não seria um impacto ambiental benéfico, mas sim uma ação (humana) que tem o propósito de atingir objetivos ambientais, como o da proteção do solo.[683]

Para além dos impactos ambientais propriamente ditos, haveria os impactos sociais e econômicos sendo que, para Hafner, a maioria dos ditos impactos socioeconômicos são indiretos ou difusos, desencadeando uma série de outros impactos fortemente dependentes das vulnerabilidades locais como capital humano e social.[684]

Os impactos que um grande empreendimento poderá causar dependerão de aspectos relacionados ao porte do empreendimento e sua característica, mas também das condições sociais, políticas e institucionais dos locais onde se pretende instalar determinado empreendimento.[685] Confirma-se, assim, a complexidade da regulação e controle de toda a gama de impactos existentes no processo administrativo de licenciamento ambiental, de sua fase inicial, de desenvolvimento, até a final.

Diante das difíceis distinções práticas entre a definição das atividades utilizadoras de recursos ambientais e as capazes de causar degradação, desde 1997 há a Resolução nº 237/1997 do CONAMA, que definiu a lista com situações determinadas paras as quais recomenda-se a exigência do licenciamento ambiental.[686]

Pelo "Anexo 1" da Resolução nº 237/1997 do CONAMA há uma lista de setores econômicos sobre os quais recomenda-se a exigência, cujo caráter é exemplificativo, até porque a cada dia surgem novas atividades e nova tecnologias, cada uma com impactos ambientais diferentes, impedindo qualquer definição exaustiva.[687]

---

[680] FARIAS, Talden. *Licenciamento Ambiental*: aspectos teóricos e práticos. 7. ed. Belo Horizonte: Fórum, 2019. p. 47.
[681] BRASIL. Conselho Nacional do Meio Ambiente – CONAMA. *Resolução CONAMA nº 1, de 23 de janeiro de 1986*. Diário Oficial da União, 17 de fevereiro de 1986, Brasília, DF, 1986.
[682] FARIAS, Talden. *Licenciamento Ambiental*: aspectos teóricos e práticos. 7. ed. Belo Horizonte: Fórum, 2019. p. 51.
[683] SÁNCHEZ, Luis Enrique. *Avaliação de Impacto Ambiental*: conceitos e métodos. 3. ed., atual. e aprimorada. São Paulo: Oficina de Textos, 2020. p. 32.
[684] HAFNER, Andrea Margrit. *O licenciamento ambiental na prática*. 1. ed. Curitiba: Appris, 2017. p. 15.
[685] HAFNER, Andrea Margrit. *O licenciamento ambiental na prática*. 1. ed. Curitiba: Appris, 2017. p. 16.
[686] HAFNER, Andrea Margrit. *O licenciamento ambiental na prática*. 1. ed. Curitiba: Appris, 2017. p. 43.
[687] Segundo síntese de Farias: "I – Extração e tratamento de minerais; II – Indústria de produtos minerais não

Se o impacto ambiental não for significativo, deverão ser aplicados os estudos ambientais de natureza menos complexa, tais como: relatório ambiental, plano e projeto de controle ambiental, relatório ambiental preliminar, diagnóstico ambiental, plano de manejo, plano de recuperação de área degradada e análise preliminar de risco.[688]

Pelo "Manual de Licenciamento Ambiental Federal de Rodovias e Ferrovias", publicado pelo IBAMA, em regra, o licenciamento ambiental no Brasil possui 3 (três) fases distintas, sendoque, com base na Instrução Normativa nº 84, de 17 de julho de 2008, do IBAMA, e na Resolução nº 237/1997 do CONAMA, haveria a fase do licenciamento prévio, do licenciamento de instalação e do licenciamento de operação.[689]

Como destaca Farias, o aspecto procedimental do licenciamento ambiental é de enorme relevância, tendo em vista que o titular da atividade econômica que desconhecer tais fases e procedimentos provavelmente terá problemas para obter ou renovar as licenças ambientais necessárias. Por fases e procedimentos devem ser compreendidas as etapas, os estudos ambientais, a documentação e os prazos a serem cumpridos.[690]

O processo ordinário é o rito mais completo do licenciamento e aplica-se aos casos de empreendimentos e atividades com maior potencial degradador. A Res. nº 237/1997 prevê a possibilidade de definição de procedimentos simplificados para as atividades e empreendimentos de pequeno potencial de impacto, os quais são regulados, na esfera federal, por resoluções do CONAMA ou portarias do MMA.[691]

Em relação aos procedimentos do licenciamento ordinário ou trifásico, que abarca as três fases já mencionadas (prévia, instalação e operação), sua instauração refere-se à etapa em que o interessado deverá apresentar uma caracterização geral do empreendimento, obra ou atividade e ao órgão competente será imputada a análise de competência para o licenciamento, para, sendo o caso, instaurar o processo e realizar a análise de enquadramento da atividade.[692] A figura abaixo ilustra a fase de instauração do licenciamento federal:

---

metálicos; III – Indústria metalúrgica; IV – Indústria mecânica; V – Indústria de material elétrico, eletrônico e comunicações; VI – Indústria de material de transporte; VII – Indústria de madeira; VIII – Indústria de papel e celulose; IX – Indústria de borracha; X – Indústria de couros e peles; XI – Indústria química; XII – Indústria de produtos de matéria plástica; XIII – Indústria têxtil, de vestuário, calçados e artefatos de tecidos; XIV – Indústria de produtos alimentares e bebidas; XV – Indústria de fumo; XVI – Indústrias diversas; XVII – Obras civis; XVIII – Serviços de utilidade; XIX – Transporte, terminais e depósitos; XX – Turismo; XXI – Atividades diversas; XXII – Atividades agropecuárias; XXIII – Uso de recursos naturais (FARIAS, Talden. *Licenciamento Ambiental*: aspectos teóricos e práticos. 7. ed. Belo Horizonte: Fórum, 2019. p. 43-44).

[688] HAFNER, Andrea Margrit. *O licenciamento ambiental na prática*. 1. ed. Curitiba: Appris, 2017. p. 26-27.

[689] INSTITUTO BRASILEIRO DO MEIO AMBIENTE E DOS RECURSOS NATURAIS RENOVÁVEIS – IBAMA. *Manual de Licenciamento Ambiental Federal*: Aspectos gerais do licenciamento ambiental federal e regras específicas do setor de infraestrutura de transportes (rodovias e ferrovias). 1. ed. Brasília: 2020. Disponível em: https://www.gov.br/infraestrutura/pt-br/assuntos/sustentabilidade/arquivos-sustentabilidade/manual_laf-1308-web.pdf. Acesso em: 15 dez. 2021.

[690] FARIAS, Talden. *Licenciamento Ambiental*: aspectos teóricos e práticos. 7. ed. Belo Horizonte: Fórum, 2019. p. 65.

[691] INSTITUTO BRASILEIRO DO MEIO AMBIENTE E DOS RECURSOS NATURAIS RENOVÁVEIS – IBAMA. *Manual de Licenciamento Ambiental Federal*: Aspectos gerais do licenciamento ambiental federal e regras específicas do setor de infraestrutura de transportes (rodovias e ferrovias). 1. ed. Brasília: 2020. p. 16-17. Disponível em: https://www.gov.br/infraestrutura/pt-br/assuntos/sustentabilidade/arquivos-sustentabilidade/manual_laf-1308-web.pdf. Acesso em: 15 dez. 2021.

[692] INSTITUTO BRASILEIRO DO MEIO AMBIENTE E DOS RECURSOS NATURAIS RENOVÁVEIS – IBAMA. *Manual de Licenciamento Ambiental Federal*: Aspectos gerais do licenciamento ambiental federal e regras específicas do setor de infraestrutura de transportes (rodovias e ferrovias). 1. ed. Brasília: 2020. p. 17. Disponível em: https://www.gov.br/infraestrutura/pt-br/assuntos/sustentabilidade/arquivos-sustentabilidade/manual_laf-1308-web.pdf. Acesso em: 15 dez. 2021.

Figura 1 – Fluxo da Instauração do Processo de Licenciamento Ambiental Federal

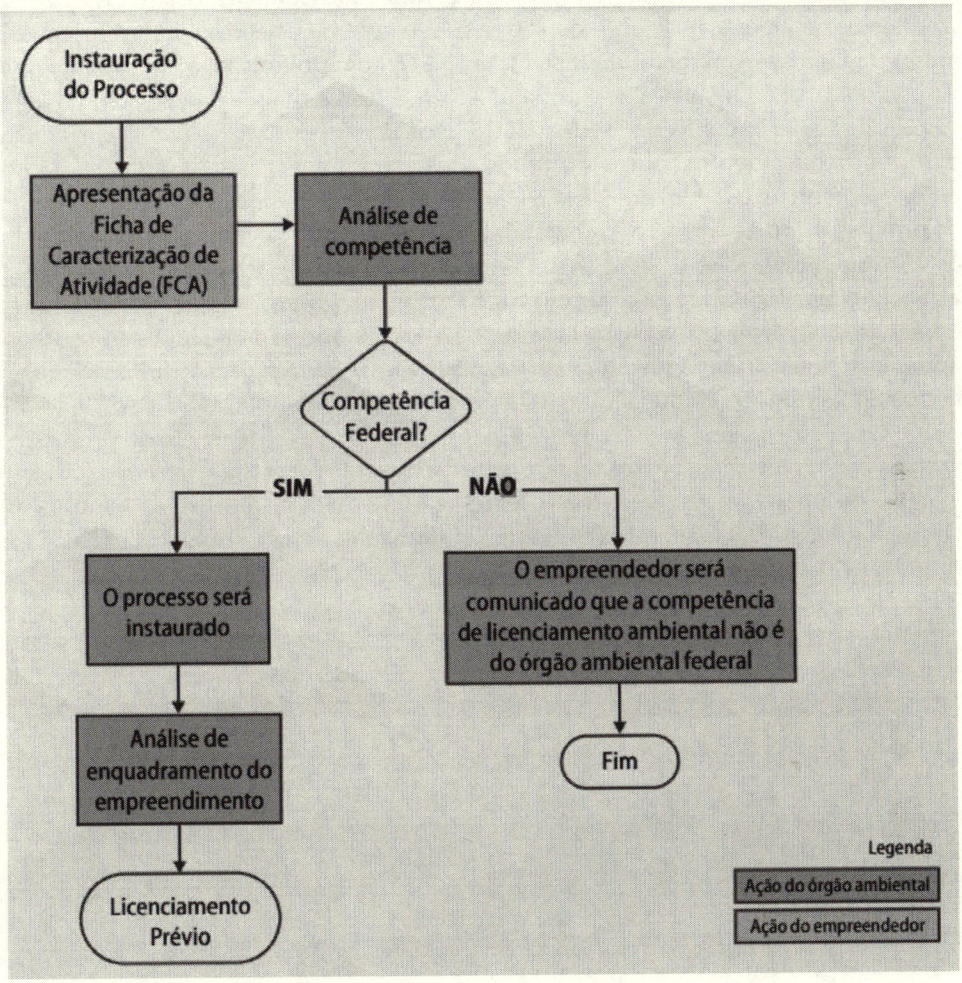

Fonte: IBAMA, Manual de Licenciamento Ambiental Federal. Brasília, 2020.

Com o reconhecimento da competência do órgão ambiental para a análise do pedido, passa-se à análise do enquadramento do empreendimento, obra ou atividade econômica, conforme indica o IBAMA. É neste momento que se definirá o potencial de degradação ambiental do objeto do requerimento, o procedimento/rito de licenciamento ambiental aplicado, bem como o tipo de estudo ambiental necessário.[693] É a etapa da *seletividade* ou *"screening"* que serve para definir quem e o que deve ser licenciado.[694]

---

[693] INSTITUTO BRASILEIRO DO MEIO AMBIENTE E DOS RECURSOS NATURAIS RENOVÁVEIS – IBAMA. *Manual de Licenciamento Ambiental Federal*: Aspectos gerais do licenciamento ambiental federal e regras específicas do setor de infraestrutura de transportes (rodovias e ferrovias). 1. ed. Brasília: 2020. p. 19. Disponível em: https://www.gov.br/infraestrutura/pt-br/assuntos/sustentabilidade/arquivos-sustentabilidade/manual_laf-1308-web.pdf. Acesso em: 15 dez. 2021.

[694] PRACUCHO, Davi Marcucci. *Licenciamento ambiental no direito brasileiro*: Aspectos legais e doutrinários, conflituosidade e ordem constitucional. 1. ed. Rio de Janeiro: Lumen Juris, 2018. p. 54.

Dentre os tipos de procedimento ou rito de licenciamento, estão: a) emissão da Licença Ambiental Prévia (LAP), Licença Ambiental de Instalação (LAI) e Licença Ambiental de Operação (LAO), de forma independente e sequencial; ou b) emissão direta da Licença Ambiental de Instalação (LAI), quando houver a análise integrada da localização e da instalação, seguida da Licença Ambiental de Operação (LAO).[695]

Cabe referir, conforme o manual do IBAMA, que o processo de licenciamento para empreendimentos, obras ou atividades econômicas consideradas efetiva ou potencialmente causadoras de *significativa* degradação do meio ambiente dependerá de prévio Estudo de Impacto Ambiental (EIA) e respectivo Relatório de Impacto sobre o Meio Ambiente (RIMA),[696] exigência segundo o art. 225, *caput*, §1º, IV, da CF/88.

Quanto às atividades, obras ou empreendimentos que não sejam potencialmente causadores de *significativa* degradação ambiental, os órgãos ambientais competentes poderão definir estudos ambientais pertinentes ao respectivo processo de licenciamento, tais como Estudo Ambiental (EA) e Relatório Ambiental Simplificado (RAS).[697]

Concluída a etapa de instauração e de enquadramento do objeto do processo de licenciamento requerido, passa-se à fase de licenciamento prévio, cujo objetivo é avaliar a viabilidade ambiental no que concerne à localização e à concepção do empreendimento, obra ou atividade, estágio que deverá, em síntese, obedecer ao fluxo de atos e etapas conforme ilustrado a seguir:

---

[695] INSTITUTO BRASILEIRO DO MEIO AMBIENTE E DOS RECURSOS NATURAIS RENOVÁVEIS – IBAMA. *Manual de Licenciamento Ambiental Federal*: Aspectos gerais do licenciamento ambiental federal e regras específicas do setor de infraestrutura de transportes (rodovias e ferrovias). 1. ed. Brasília: 2020. p. 19. Disponível em: https://www.gov.br/infraestrutura/pt-br/assuntos/sustentabilidade/arquivos-sustentabilidade/manual_laf-1308-web.pdf. Acesso em: 15 dez. 2021.

[696] INSTITUTO BRASILEIRO DO MEIO AMBIENTE E DOS RECURSOS NATURAIS RENOVÁVEIS – IBAMA. *Manual de Licenciamento Ambiental Federal*: Aspectos gerais do licenciamento ambiental federal e regras específicas do setor de infraestrutura de transportes (rodovias e ferrovias). 1. ed. Brasília: 2020. p. 19. Disponível em: https://www.gov.br/infraestrutura/pt-br/assuntos/sustentabilidade/arquivos-sustentabilidade/manual_laf-1308-web.pdf. Acesso em: 15 dez. 2021.

[697] INSTITUTO BRASILEIRO DO MEIO AMBIENTE E DOS RECURSOS NATURAIS RENOVÁVEIS – IBAMA. *Manual de Licenciamento Ambiental Federal*: Aspectos gerais do licenciamento ambiental federal e regras específicas do setor de infraestrutura de transportes (rodovias e ferrovias). 1. ed. Brasília: 2020. p. 19-20. Disponível em: https://www.gov.br/infraestrutura/pt-br/assuntos/sustentabilidade/arquivos-sustentabilidade/manual_laf-1308-web.pdf. Acesso em: 15 dez. 2021.

Figura 2 – Fluxo do Licenciamento Prévio Federal

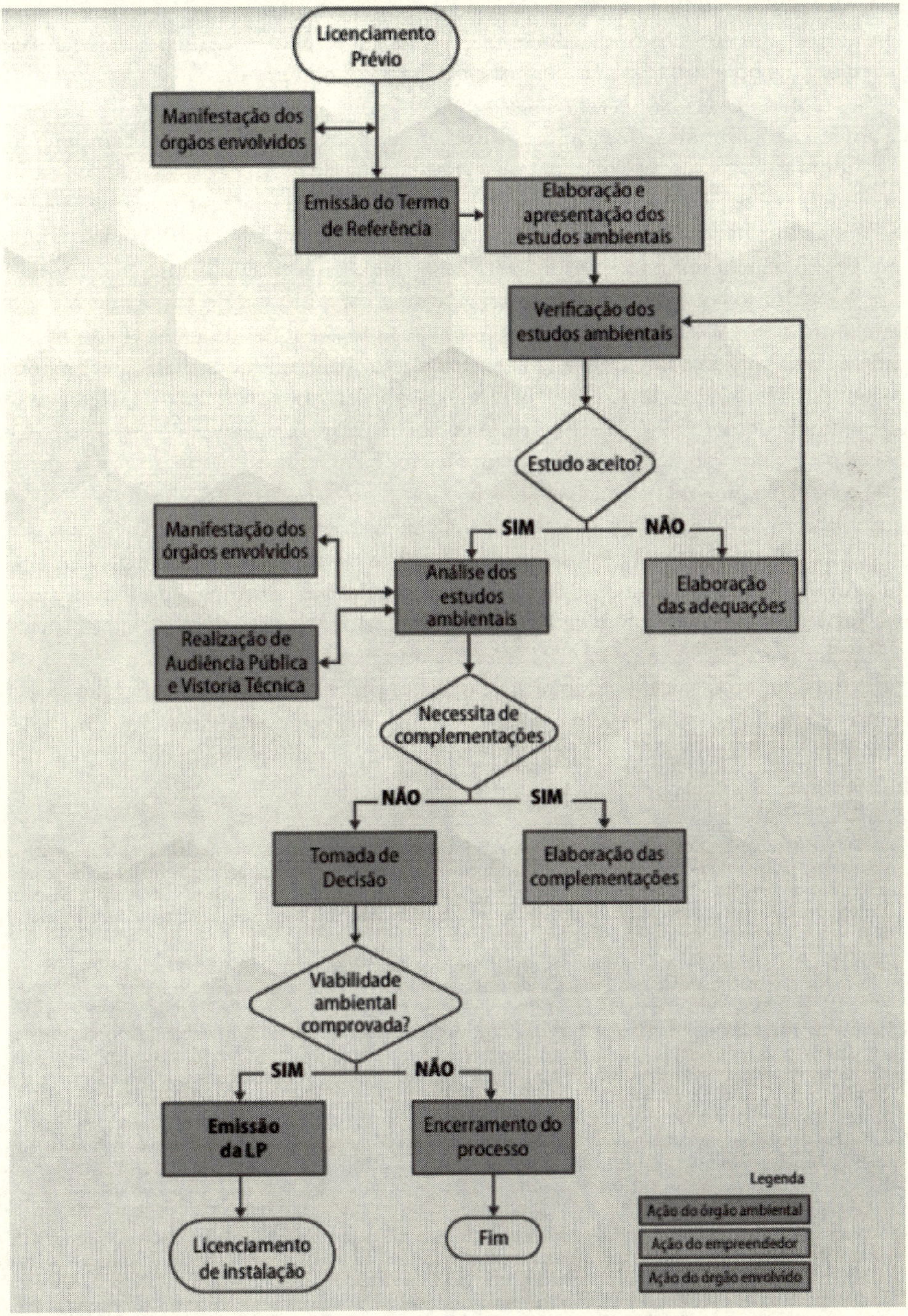

Fonte: IBAMA, Manual de Licenciamento Ambiental Federal. Brasília, 2020.

Definidos, na fase de instauração do processo, o potencial causador de degradação ambiental, os tipos de procedimento de licenciamento ambiental e de estudo ambiental, deverá ser emitido, segundo o manual do IBAMA, o chamado Termo de Referência (TR), contendo o detalhamento do escopo do estudo ambiental com base na normativa vigente, documento que, após apresentado pelo requerente, será objeto de análise por outros órgãos ou entidades públicas eventualmente interessadas.[698]

Trata-se da etapa de *aprofundamento* ou *"scoping"*, voltada à definição da profundidade necessária à análise dos impactos ambientais pelo órgão ambiental competente.[699]

Emitido o Termo de Referência (TR) definitivo, deverão ser elaborados os estudos ambientais em conformidade com os tópicos nele listados, momento em que, caso haja interferência em terras indígenas, os órgãos públicos afetos ao assunto deverão participar e analisar os documentos, o mesmo para bens de patrimônio cultural.[700]

Concluídos os estudos ambientais de responsabilidade do titular da atividade pretendida, o IBAMA indica serem obrigatórias as providências de: (a) envio dos estudos ambientais ao órgão competente; (b) abertura pelo empreendedor do requerimento de Licença Ambiental Prévia (LAP), utilizando-se do Sistema de Gestão do Licenciamento Ambiental Federal (Sisg-LAF); e (c) publicação no Diário Oficial da União (DOU) e em jornais de grande circulação ou em meio eletrônico de comunicação do órgão competente sobre o requerimento da LAP, nos termos da Resolução nº 006/86, do CONAMA, encaminhando-se cópia da publicação ao órgão ambiental.[701]

O órgão ambiental competente, conforme o art. 14, da Resolução 237/1997/CONAMA, possuirá o prazo de 6 (seis) meses, da data do protocolo do requerimento, para analisar e proferir sua decisão, sendo de 12 (doze) meses para os requerimentos em que houver exigência de EIA/RIMA e/ou audiência pública.[702]

Recebidos os estudos ambientais, o órgão procederá com a verificação dos elementos e documentos apresentados pelo interessado, sendo publicados no DOU, a partir daí contará o prazo para que o órgão ambiental profira sua decisão.[703]

---

[698] INSTITUTO BRASILEIRO DO MEIO AMBIENTE E DOS RECURSOS NATURAIS RENOVÁVEIS – IBAMA. *Manual de Licenciamento Ambiental Federal*: Aspectos gerais do licenciamento ambiental federal e regras específicas do setor de infraestrutura de transportes (rodovias e ferrovias). 1. ed. Brasília: 2020. p. 22. Disponível em: https://www.gov.br/infraestrutura/pt-br/assuntos/sustentabilidade/arquivos-sustentabilidade/manual_laf-1308-web.pdf. Acesso em: 15 dez. 2021.

[699] PRACUCHO, Davi Marcucci. *Licenciamento ambiental no direito brasileiro*: Aspectos legais e doutrinários, conflituosidade e ordem constitucional. 1. ed. Rio de Janeiro: Lumen Juris, 2018. p. 70.

[700] INSTITUTO BRASILEIRO DO MEIO AMBIENTE E DOS RECURSOS NATURAIS RENOVÁVEIS – IBAMA. *Manual de Licenciamento Ambiental Federal*: Aspectos gerais do licenciamento ambiental federal e regras específicas do setor de infraestrutura de transportes (rodovias e ferrovias). 1. ed. Brasília: 2020. p. 24. Disponível em: https://www.gov.br/infraestrutura/pt-br/assuntos/sustentabilidade/arquivos-sustentabilidade/manual_laf-1308-web.pdf. Acesso em: 15 dez. 2021.

[701] INSTITUTO BRASILEIRO DO MEIO AMBIENTE E DOS RECURSOS NATURAIS RENOVÁVEIS – IBAMA. *Manual de Licenciamento Ambiental Federal*: Aspectos gerais do licenciamento ambiental federal e regras específicas do setor de infraestrutura de transportes (rodovias e ferrovias). 1. ed. Brasília: 2020. p. 24. Disponível em: https://www.gov.br/infraestrutura/pt-br/assuntos/sustentabilidade/arquivos-sustentabilidade/manual_laf-1308-web.pdf. Acesso em: 15 dez. 2021.

[702] INSTITUTO BRASILEIRO DO MEIO AMBIENTE E DOS RECURSOS NATURAIS RENOVÁVEIS – IBAMA. *Manual de Licenciamento Ambiental Federal*: Aspectos gerais do licenciamento ambiental federal e regras específicas do setor de infraestrutura de transportes (rodovias e ferrovias). 1. ed. Brasília: 2020. p. 25. Disponível em: https://www.gov.br/infraestrutura/pt-br/assuntos/sustentabilidade/arquivos-sustentabilidade/manual_laf-1308-web.pdf. Acesso em: 15 dez. 2021.

[703] INSTITUTO BRASILEIRO DO MEIO AMBIENTE E DOS RECURSOS NATURAIS RENOVÁVEIS – IBAMA. *Manual de Licenciamento Ambiental Federal*: Aspectos gerais do licenciamento ambiental federal e regras específicas do setor de infraestrutura de transportes (rodovias e ferrovias). 1. ed. Brasília: 2020. p. 26. Disponível em: https://www.gov.br/infraestrutura/pt-br/assuntos/sustentabilidade/arquivos-sustentabilidade/manual_laf-1308-web.pdf. Acesso em: 15 dez. 2021.

Ao final da análise, deverá ser emitido um parecer técnico conclusivo quanto à viabilidade ambiental da atividade, obra ou empreendimento postulado, de forma a subsidiar a tomada de decisão da autoridade do órgão competente, pela qual deverá deferir ou indeferir o requerimento da emissão de Licença Ambiental Prévia (LAP).[704]

Com o indeferimento, o processo é encerrado, por outro lado, com o deferimento, o empreendedor titular da pretensão deverá efetuar o pagamento dos valores exigidos para emissão da licença e da análise e também da publicação acerca da concessão da Licença Ambiental Prévia (LAP), nos termos da Resolução nº 006/1986/CONAMA, encaminhando, ainda, comprovante de pagamento e de publicação ao órgão ambiental.[705]

Na sequência da conclusão do prazo de validade concedido à Licença Ambiental Prévia (LAP), passa-se à fase do licenciamento de instalação, que tem o objetivo, segundo o manual do IBAMA, de avaliar os aspectos vinculados à execução do empreendimento, obra ou atividade econômica pretendida, etapa que deve obedecer ao fluxograma a seguir:

---

[704] INSTITUTO BRASILEIRO DO MEIO AMBIENTE E DOS RECURSOS NATURAIS RENOVÁVEIS – IBAMA. *Manual de Licenciamento Ambiental Federal*: Aspectos gerais do licenciamento ambiental federal e regras específicas do setor de infraestrutura de transportes (rodovias e ferrovias). 1. ed. Brasília: 2020. p. 26. Disponível em: https://www.gov.br/infraestrutura/pt-br/assuntos/sustentabilidade/arquivos-sustentabilidade/manual_laf-1308-web.pdf. Acesso em: 15 dez. 2021.

[705] INSTITUTO BRASILEIRO DO MEIO AMBIENTE E DOS RECURSOS NATURAIS RENOVÁVEIS – IBAMA. *Manual de Licenciamento Ambiental Federal*: Aspectos gerais do licenciamento ambiental federal e regras específicas do setor de infraestrutura de transportes (rodovias e ferrovias). 1. ed. Brasília: 2020. p. 27. Disponível em: https://www.gov.br/infraestrutura/pt-br/assuntos/sustentabilidade/arquivos-sustentabilidade/manual_laf-1308-web.pdf. Acesso em: 15 dez. 2021.

Figura 3 – Fluxo da Fase de Licenciamento de Instalação

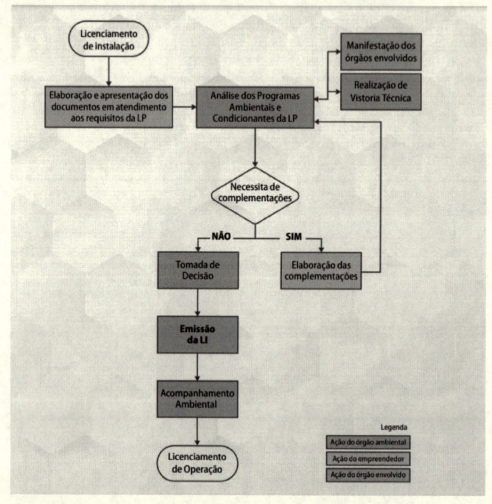

Fonte: IBAMA, Manual de Licenciamento Ambiental Federal. Brasília, 2020.

Com a fase de licenciamento de instalação, o IBAMA indica que o empreendedor deverá elaborar e apresentar ao órgão documentos que comprovem o atendimento das condicionantes[706] estabelecidas na Licença Ambiental Prévia (LAP): (a) planos, programas e projetos ambientais detalhados e cronogramas de implementação; (b) elementos do projeto de engenharia; (c) inventário florestal de vegetações nativas; e (d) demais estudos para a execução da obra.[707]

---

[706] As condicionantes fixadas na Licença Ambiental Prévia (LAP) são requisitos ou condições estabelecidas pelo órgão ambiental competente às quais a atividade econômica licenciada deverá se adequar no intuito de cumprir com as normas ambientais vigentes, condições baseadas nos estudos ambientais anteriormente apresentadas na fase de instauração do licenciamento (FARIAS, Talden. *Licenciamento Ambiental*: aspectos teóricos e práticos. 7. ed. Belo Horizonte: Fórum, 2019. p. 67).

[707] INSTITUTO BRASILEIRO DO MEIO AMBIENTE E DOS RECURSOS NATURAIS RENOVÁVEIS – IBAMA. *Manual de Licenciamento Ambiental Federal*: Aspectos gerais do licenciamento ambiental federal e regras

Concluídos os estudos, o empreendedor deverá apresentar ao órgão ambiental: (a) os documentos de atendimento às medidas da LAP; (b) realizar o requerimento para emissão da Licença Ambiental de Instalação (LAI), fazendo uso do sistema Sisg-LAF; e (c) efetuar a publicação do pedido no Diário Oficial da União (DOU) e em jornais de grande circulação ou em meio eletrônico do órgão competente, indicando sobre a existência do requerimento da LAI e enviando cópia da publicação ao órgão.[708]

Nesta etapa do licenciamento de rito ordinário ou trifásico, o órgão ambiental analisará o Projeto Básico Ambiental (PBA) realizado pelo titular da pretensão, prazo no qual poderão ser realizadas vistorias técnicas, esclarecimentos e complementações junto ao interessado, além de manifestação de órgãos públicos envolvidos.[709]

Concluída a análise dos documentos e planos pelo órgão ambiental competente, cumpre ser emitido um parecer técnico conclusivo, de forma a subsidiar a tomada de decisão pela autoridade pública acerca do deferimento ou indeferimento da Licença Ambiental de Instalação (LAI) requerida. É com base no referido parecer que a autoridade do órgão ambiental competente decidirá pelo acolhimento ou desacolhimento do pedido. Com o deferimento, o empreendedor deverá recolher a taxa de emissão da LAI e publicar seu deferimento no DOU, enviando cópia ao órgão, assim como ocorreu com a Licença Ambiental Prévia (LAP).[710]

Cumpre salientar que a emissão da Licença Ambiental de Instalação (LAI) autorizará especificamente o início das obras de acordo com o projeto de engenharia apresentado pelo empreendedor junto ao órgão ambiental, o qual deverá observar todas as condicionantes exigidas nas licenças já expedidas.[711]

A terceira e última fase do licenciamento de rito/procedimento ordinário ou trifásico refere-se ao licenciamento de operação, o qual, em resumo, tem como objetivo avaliar os aspectos para concreta operação e específica execução do empreendimento, obra ou atividade licenciada. O fluxograma a seguir ilustra as etapas da aludida fase:

---

específicas do setor de infraestrutura de transportes (rodovias e ferrovias). 1. ed. Brasília: 2020. p. 30. Disponível em: https://www.gov.br/infraestrutura/pt-br/assuntos/sustentabilidade/arquivos-sustentabilidade/manual_laf-1308-web.pdf. Acesso em: 15 dez. 2021.

[708] INSTITUTO BRASILEIRO DO MEIO AMBIENTE E DOS RECURSOS NATURAIS RENOVÁVEIS – IBAMA. *Manual de Licenciamento Ambiental Federal*: Aspectos gerais do licenciamento ambiental federal e regras específicas do setor de infraestrutura de transportes (rodovias e ferrovias). 1. ed. Brasília: 2020. p. 30. Disponível em: https://www.gov.br/infraestrutura/pt-br/assuntos/sustentabilidade/arquivos-sustentabilidade/manual_laf-1308-web.pdf. Acesso em: 15 dez. 2021.

[709] INSTITUTO BRASILEIRO DO MEIO AMBIENTE E DOS RECURSOS NATURAIS RENOVÁVEIS – IBAMA. *Manual de Licenciamento Ambiental Federal*: Aspectos gerais do licenciamento ambiental federal e regras específicas do setor de infraestrutura de transportes (rodovias e ferrovias). 1. ed. Brasília: 2020. p. 31. Disponível em: https://www.gov.br/infraestrutura/pt-br/assuntos/sustentabilidade/arquivos-sustentabilidade/manual_laf-1308-web.pdf. Acesso em: 15 dez. 2021.

[710] INSTITUTO BRASILEIRO DO MEIO AMBIENTE E DOS RECURSOS NATURAIS RENOVÁVEIS – IBAMA. *Manual de Licenciamento Ambiental Federal*: Aspectos gerais do licenciamento ambiental federal e regras específicas do setor de infraestrutura de transportes (rodovias e ferrovias). 1. ed. Brasília: 2020. p. 32. Disponível em: https://www.gov.br/infraestrutura/pt-br/assuntos/sustentabilidade/arquivos-sustentabilidade/manual_laf-1308-web.pdf. Acesso em: 15 dez. 2021.

[711] INSTITUTO BRASILEIRO DO MEIO AMBIENTE E DOS RECURSOS NATURAIS RENOVÁVEIS – IBAMA. *Manual de Licenciamento Ambiental Federal*: Aspectos gerais do licenciamento ambiental federal e regras específicas do setor de infraestrutura de transportes (rodovias e ferrovias). 1. ed. Brasília: 2020. p. 32. Disponível em: https://www.gov.br/infraestrutura/pt-br/assuntos/sustentabilidade/arquivos-sustentabilidade/manual_laf-1308-web.pdf. Acesso em: 15 dez. 2021.

Figura 4 – Fluxo da Fase de Licenciamento de Operação

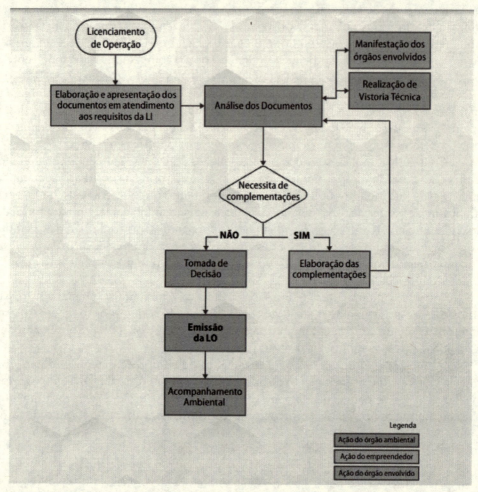

Fonte: IBAMA, Manual de Licenciamento Ambiental Federal. Brasília, 2020.

Na fase de licenciamento de operação, indica o IBAMA ser a etapa em que o empreendedor deverá elaborar e apresentar ao órgão ambiental competente os documentos que comprovem o atendimento das condicionantes fixadas na anterior Licença Ambiental de Instalação (LAI), cumprindo comprovar: (a) o cumprimento das condicionantes quando da concessão da LAI; e (b) os planos, programas e projetos ambientais detalhados e cronogramas de implementação da operação.[712]

---

[712] INSTITUTO BRASILEIRO DO MEIO AMBIENTE E DOS RECURSOS NATURAIS RENOVÁVEIS – IBAMA. *Manual de Licenciamento Ambiental Federal*: Aspectos gerais do licenciamento ambiental federal e regras específicas do setor de infraestrutura de transportes (rodovias e ferrovias). 1. ed. Brasília: 2020. p. 34. Disponível em: https://www.gov.br/infraestrutura/pt-br/assuntos/sustentabilidade/arquivos-sustentabilidade/manual_laf-1308-web.pdf. Acesso em: 15 dez. 2021.

Apresentados os documentos, o empreendedor deverá recolher o valor exigido para a emissão da Licença Ambiental de Operação (LAO) e efetuar sua publicação oficial, nos mesmos termos das licenças anteriormente emitidas. Após o envio ao órgão, a documentação é analisada, devendo ser emitido parecer técnico conclusivo pelo órgão, o qual irá subsidiar a decisão pelo deferimento ou indeferimento do pedido.[713]

Concedida a Licença Ambiental de Operação (LAO), fica o empreendedor titular da atividade ou empreendimento obrigado a executar as medidas de acompanhamento, monitoramento e de controle ambiental, além das demais condicionantes fixadas, sob pena de ter a licença suspensa ou cancelada pelo órgão ambiental licenciador.[714]

Em síntese, uma atividade, obra ou empreendimento que utilize recursos naturais ou cause potencial ou efetiva degradação ambiental deverá se desenvolver pela sucessão dos seguintes atos: (i) reunião prévia entre o titular da pretensão e o representante do órgão ambiental para orientação a respeito da viabilidade do pedido, do enquadramento do porte e potencial poluidor da atividade e da definição dos estudos ambientais que devem ser providenciados para análise preliminar; (ii) requerimento, pelo titular da pretensão, da intenção de desenvolver determinado projeto/atividade; (iii) apresentação das informações técnicas pelo titular da pretensão; (iv) submissão da pretensão aos afetados, mediante disponibilização da íntegra do processo administrativo na *internet* e, cumulativamente, por outras formas de participação popular porventura exigidas na normatização vigente; (v) avaliação dos agentes públicos dotados de competência sobre as questões suscitadas no processo, em suas respectivas esferas de conhecimento; (vi) eventual contradita do titular da pretensão; (vii) reunião final para acordo quanto às alterações cogitadas e medidas mitigadoras; e (viii) decisão sobre o requerimento do titular da pretensão.[715]

Como dito, há rito ordinário e especial para o licenciamento ambiental, como adverte Niebuhr, sendo que o rito ordinário está fixado pelo art. 10 da Resolução nº 237/1997 do CONAMA,[716] enquanto o rito especial seria aquele que se desenvolve por meio de uma sucessão de atos distinta daquela descrita no ordinário e padrão.[717]

---

[713] INSTITUTO BRASILEIRO DO MEIO AMBIENTE E DOS RECURSOS NATURAIS RENOVÁVEIS – IBAMA. *Manual de Licenciamento Ambiental Federal*: Aspectos gerais do licenciamento ambiental federal e regras específicas do setor de infraestrutura de transportes (rodovias e ferrovias). 1. ed. Brasília: 2020. p. 35. Disponível em: https://www.gov.br/infraestrutura/pt-br/assuntos/sustentabilidade/arquivos-sustentabilidade/manual_laf-1308-web.pdf. Acesso em: 15 dez. 2021.

[714] INSTITUTO BRASILEIRO DO MEIO AMBIENTE E DOS RECURSOS NATURAIS RENOVÁVEIS – IBAMA. *Manual de Licenciamento Ambiental Federal*: Aspectos gerais do licenciamento ambiental federal e regras específicas do setor de infraestrutura de transportes (rodovias e ferrovias). 1. ed. Brasília: 2020. p. 35. Disponível em: https://www.gov.br/infraestrutura/pt-br/assuntos/sustentabilidade/arquivos-sustentabilidade/manual_laf-1308-web.pdf. Acesso em: 15 dez. 2021.

[715] NIEBUHR, Pedro. *Processo administrativo ambiental*. 3. ed. rev., ampl. e atual. Belo Horizonte: Fórum, 2021a. p. 179-180.

[716] Art. 10 – O procedimento de licenciamento ambiental obedecerá às seguintes etapas:
I – Definição pelo órgão ambiental competente, com a participação do empreendedor, dos documentos, projetos e estudos ambientais, necessários ao início do processo de licenciamento correspondente à licença a ser requerida; II – Requerimento da licença ambiental pelo empreendedor, acompanhado dos documentos, projetos e estudos ambientais pertinentes, dando-se a devida publicidade; III – Análise pelo órgão ambiental competente, integrante do SISNAMA, dos documentos, projetos e estudos ambientais apresentados e a realização de vistorias técnicas, quando necessárias; IV – Solicitação de esclarecimentos e complementações pelo órgão ambiental competente, integrante do SISNAMA, uma única vez, em decorrência da análise dos documentos, projetos e estudos ambientais apresentados, quando couber, podendo haver a reiteração da mesma solicitação caso os

Conforme o art. 12 da Resolução nº 237/1997/CONAMA, o órgão ambiental competente definirá, se necessário, procedimentos específicos para as licenças ambientais, observadas a natureza, características e peculiaridades da atividade ou empreendimento e, ainda, a compatibilização do processo de licenciamento com as etapas de planejamento, implantação e operação.[718]

Na linha exposta por Niebuhr, haveria três procedimentos (ritos) de licenciamento no Brasil: (i) licenciamento trifásico ou ordinário (já delineado); (ii) licenciamentos simplificados; e (iii) licenciamento por adesão e compromisso. O trifásico, como já restou demonstrado, tem como fundamento o art. 19 do Decreto Federal nº 99.274/1990 e representa um procedimento bastante complexo, costumando ser também bastante moroso, de forma que sua exigência se faz necessária para os casos em que a natureza, características e peculiaridades da atividade econômica/empreendimento demandem controle específico sobre cada uma daquelas respectivas etapas (prévia, de instalação e operação) de desenvolvimento da atividade/empreendimento.[719]

Em relação ao licenciamento simplificado, o parágrafo único do art. 8º da Res. nº 237/1997 do CONAMA[720] autoriza que as licenças sejam expedidas isolada ou sucessivamente, nem sempre sendo justificada a existência de três licenças distintas.[721]

Assim, são considerados processos de licenciamento ambiental de rito simplificado quando, a depender da natureza, características e da fase da atividade econômica/empreendimento, (i) o licenciamento prévio é feito concomitantemente ao licenciamento de instalação; (ii) o licenciamento de instalação é feito concomitantemente ao licenciamento de operação; e (iii) os três licenciamentos – prévio, de instalação e de operação – são feitos em conjunto, em um licenciamento único.[722]

Cabe referir, conforme anota Niebuhr, que o critério de aferição da validade jurídica da simplificação do rito de licenciamento consistirá em perquirir se a eventual aglutinação de fases e etapas é efetivamente determinada pela natureza, características e fases da atividade econômica/empreendimento, sob pena de, em caso diverso, estar-se diante de simplificação indevida, injustificada, potencialmente comprometedora do bem jurídico que se pretende tutelar (especialmente o equilíbrio do ambiente).[723]

---

esclarecimentos e complementações não tenham sido satisfatórios; V – Audiência pública, quando couber, de acordo com a regulamentação pertinente; VI – Solicitação de esclarecimentos e complementações pelo órgão ambiental competente, decorrentes de audiências públicas, quando couber, podendo haver reiteração da solicitação quando os esclarecimentos e complementações não tenham sido satisfatórios; VII – Emissão de parecer técnico conclusivo e, quando couber, parecer jurídico; VIII – Deferimento ou indeferimento do pedido de licença, dando-se a devida publicidade (BRASIL. Conselho Nacional do Meio Ambiente – CONAMA. *Resolução CONAMA nº 237, de 19 de dezembro de 1997*. Brasília, DF, 1997. Disponível em: https://www.icmbio.gov.br/cecav/images/download/CONAMA%20237_191297.pdf. Acesso em: 19 dez. 2021).

[717] NIEBUHR, Pedro. *Processo administrativo ambiental*. 3. ed. rev., ampl. e atual. Belo Horizonte: Fórum, 2021a. p. 182.

[718] BRASIL. Conselho Nacional do Meio Ambiente – CONAMA. *Resolução CONAMA nº 237, de 19 de dezembro de 1997*. Brasília, DF, 1997. Disponível em: https://www.icmbio.gov.br/cecav/images/download/CONAMA%20237_191297.pdf. Acesso em: 19 dez. 2021.

[719] NIEBUHR, Pedro. *Processo administrativo ambiental*. 3. ed. rev., ampl. e atual. Belo Horizonte: Fórum, 2021a. p. 188.

[720] Art. 8º - O Poder Público, no exercício de sua competência de controle, expedirá as seguintes licenças: (…) Parágrafo único - As licenças ambientais poderão ser expedidas isolada ou sucessivamente, de acordo com a natureza, características e fase do empreendimento ou atividade (BRASIL. Conselho Nacional do Meio Ambiente – CONAMA. *Resolução CONAMA nº 237, de 19 de dezembro de 1997*. Brasília, DF, 1997. Disponível em: https://www.icmbio.gov.br/cecav/images/download/CONAMA%20237_191297.pdf. Acesso em: 19 dez. 2021).

[721] NIEBUHR, Pedro. *Processo administrativo ambiental*. 3. ed. rev., ampl. e atual. Belo Horizonte: Fórum, 2021a. p. 189.

[722] NIEBUHR, Pedro. *Processo administrativo ambiental*. 3. ed. rev., ampl. e atual. Belo Horizonte: Fórum, 2021a. p. 189.

[723] NIEBUHR, Pedro. *Processo administrativo ambiental*. 3. ed. rev., ampl. e atual. Belo Horizonte: Fórum, 2021a. p. 191.

Por fim, o terceiro rito ou procedimento existente para o licenciamento no Brasil é o licenciamento por adesão e compromisso, pautado pela ideia de substituir a instrução técnica, que normalmente é feita pelo órgão competente, por uma espécie de instrução privada, de modo que, no lugar das avaliações produzidas pelos particulares serem conferidas e validadas por técnicos dos órgãos ambientais, os profissionais contratados pelo titular da pretensão fazem os levantamentos necessários e atestam, sob responsabilidade profissional, o cumprimento da legislação ambiental.[724]

Nesse sentido, afirma Niebuhr, com o licenciamento por adesão e compromisso, a declaração ou certificação emitida pelo particular substituirá os pareceres técnicos de análise dos estudos ambientais e subsidiará a emissão, usualmente, automatizada e por meio eletrônico, da licença ambiental postulada.[725]

A partir desse rito, o titular da pretensão deve aderir às condições preestabelecidas pelo órgão para a emissão da licença ambiental e assumir expressamente compromissos, perante o próprio órgão ambiental (por exemplo, de veracidade e responsabilidade pelas informações prestadas, de enquadramento e manutenção da atividade como elegível para a licença por adesão e compromisso, da execução de medidas de mitigação e controle ambiental, entre outros). O controle prévio, mediante licenciamento, continuará existindo e sendo exigido pelo Poder Público, não havendo renúncia ao controle prévio de atividade potencialmente degradante ou utilizadora de recursos naturais, salienta Niebuhr.[726]

Nada obstante, permanecerá a possibilidade de desvios em tal instrução simplificada e automatizada no licenciamento. Contudo, a inteligência que se requer do Poder Público (no caso da Administração Pública ambiental) é conceber e aperfeiçoar um modelo que desestimule a irregularidade, qualquer que seja sua fonte, e fomente uma cultura de conformidade (*compliance*), devendo o rito por adesão e compromisso ser aplicado em atividades que o órgão ambiental já possua domínio de atuação.[727]

O processo decisório do licenciamento é aquele no qual o órgão ambiental opta por permitir, com ou sem condicionantes, ou negar certa atividade ou empreendimento com, no mínimo, algum risco ao meio ambiente. Ele o faz após avaliar a extensão do impacto ambiental – positivo ou negativo – e a importância da atividade ou empreendimento, tomada de decisão que é autônoma quanto ao conteúdo dos estudos ambientais, pois se trata de ato de competência do órgão ambiental.[728]

Para além das competências licenciatórias definidas para a exigência do processo de licenciamento ambiental, a Lei Complementar Federal nº 140/2011, pelo seu art. 2º, II e III, respectivamente dispõe das atuações dos órgãos ambientais de forma supletiva (ação do ente da Federação que se substitui ao ente federativo originariamente detentor das atribuições, nas hipóteses definidas nesta Lei Complementar) e a subsidiária (ação do ente da Federação que visa auxiliar no desempenho das atribuições decorrentes das

---

[724] NIEBUHR, Pedro. *Processo administrativo ambiental*. 3. ed. rev., ampl. e atual. Belo Horizonte: Fórum, 2021a. p. 192.
[725] NIEBUHR, Pedro. *Processo administrativo ambiental*. 3. ed. rev., ampl. e atual. Belo Horizonte: Fórum, 2021a. p. 192.
[726] NIEBUHR, Pedro. *Processo administrativo ambiental*. 3. ed. rev., ampl. e atual. Belo Horizonte: Fórum, 2021a. p. 192.
[727] NIEBUHR, Pedro. *Processo administrativo ambiental*. 3. ed. rev., ampl. e atual. Belo Horizonte: Fórum, 2021a. p. 195.
[728] BIM, Eduardo Fortunato. *Licenciamento Ambiental*. 4. ed. Belo Horizonte: Fórum, 2019. p. 25.

competências comuns, quando solicitado pelo ente federativo originariamente detentor das atribuições definidas nesta Lei Complementar).

Isso porque, pelo art. 23 da CF/88, a competência administrativa de proteção e fiscalização ambiental é comum entre todos os entes federativos, de modo que, com o advento da Lei Complementar nº 140/2011, primeiramente buscou-se vincular a atribuição de fiscalizar à competência para fazer o licenciamento, como prevê o art. 17 da referida lei, de que compete ao órgão responsável pelo licenciamento ou autorização, conforme o caso, de um empreendimento ou atividade, lavrar auto de infração ambiental e instaurar processo administrativo para a apuração de infrações à legislação ambiental cometidas pelo empreendimento ou atividade licenciada ou autorizada.[729]

Nada obstante, o §3º do mesmo art. 17 passou a prever que o disposto no seu *caput* não impedirá o exercício pelos entes federativos da atribuição comum de fiscalização da conformidade de empreendimentos e atividades efetiva ou potencialmente poluidores ou utilizadores de recursos naturais com a legislação ambiental em vigor, prevalecendo o auto de infração ambiental lavrado por órgão que detenha a atribuição de licenciamento ou autorização a que se refere o *capu*".[730]

Assim, como assinala Farias, o auto de infração ambiental lavrado por órgão ambiental distinto do licenciador do empreendimento fiscalizado valerá apenas até que o órgão responsável pelo licenciamento tome posição em relação à penalidade, seja ele mesmo lavrando o auto de infração; seja atestando a legalidade da atividade autuada.[731]

Confirmada a regularidade pelo órgão licenciador, o ente federativo meramente fiscalizador não poderá mais adotar medida, uma vez que prevalecerá o entendimento do responsável pelo licenciamento ambiental da atividade ou empreendimento.[732]

Trata-se de uma atuação cooperativa dos órgãos no licenciamento ambiental, com o intuito de construir uma compreensão que garanta a um só tempo a efetividade da defesa ambiental e a segurança jurídica do setor produtivo.[733]

Dessa maneira, alertam Bim e Farias, a competência comum de proteção ambiental do art. 23 da CF/88 não significará que todos devam fazer tudo ao mesmo tempo, ao talante do intérprete. Embora exista um espaço (discricionário) de planejamento do órgão, sua atuação prioritária em fiscalização deve corresponder a sua matéria de licenciamento. Somente poderá haver exigência de que ele fiscalize se o órgão ambiental competente

---

[729] BRASIL. Presidência da República. *Lei Complementar nº 140, de 08 de dezembro de 2011*. Fixa normas, nos termos dos incisos III, VI e VII do caput e do parágrafo único do art. 23 da Constituição Federal, para a cooperação entre a União, os Estados, o Distrito Federal e os Municípios nas ações administrativas decorrentes do exercício da competência comum relativas à proteção das paisagens naturais notáveis, à proteção do meio ambiente, ao combate à poluição em qualquer de suas formas e à preservação das florestas, da fauna e da flora; e altera a Lei nº 6.938, de 31 de agosto de 1981. Brasília, DF, 2011. Disponível em: http://www.planalto.gov.br/ccivil_03/leis/lcp/lcp140.htm. Acesso em: 19 dez. 2021.

[730] BRASIL. Presidência da República. *Lei Complementar nº 140, de 08 de dezembro de 2011*. Fixa normas, nos termos dos incisos III, VI e VII do caput e do parágrafo único do art. 23 da Constituição Federal, para a cooperação entre a União, os Estados, o Distrito Federal e os Municípios nas ações administrativas decorrentes do exercício da competência comum relativas à proteção das paisagens naturais notáveis, à proteção do meio ambiente, ao combate à poluição em qualquer de suas formas e à preservação das florestas, da fauna e da flora; e altera a Lei nº 6.938, de 31 de agosto de 1981. Brasília, DF, 2011. Disponível em: http://www.planalto.gov.br/ccivil_03/leis/lcp/lcp140.htm. Acesso em: 19 dez. 2021.

[731] FARIAS, Talden. *Licenciamento Ambiental*: aspectos teóricos e práticos. 7. ed. Belo Horizonte: Fórum, 2019. p. 127.

[732] FARIAS, Talden. *Licenciamento Ambiental*: aspectos teóricos e práticos. 7. ed. Belo Horizonte: Fórum, 2019. p. 127.

[733] FARIAS, Talden. *Licenciamento Ambiental*: aspectos teóricos e práticos. 7. ed. Belo Horizonte: Fórum, 2019. p. 128.

para licenciar se omitir e ele for o próximo na cadeia da competência supletiva, nos mesmos moldes do licenciamento ambiental, aplicando-se a racionalidade federativa.[734]

Dadas as definições e ritos, o processo administrativo de licenciamento representa, portanto, mecanismo singular para a atividade regulatória no Brasil, dele sendo expedida a licença que condicionará o exercício da atividade econômica.

2.3.2 Conceitos e os tipos de licenças ambientais

Delineados os conceitos de licenciamento, suas funções, fases e ritos, cabe destacar as definições em torno das licenças ambientais, que se consubstanciam em atos administrativos que concluem as etapas do licenciamento ambiental e carregam em suas exigências as medidas de regulação incidentes sobre os riscos e os impactos gerados pela atividade potencial ou concretamente poluidora no Brasil.

Na lição de Farias, a licença ambiental representa o ato administrativo que concede o direito de exercer toda e qualquer atividade econômica utilizadora de recursos ambientais, efetiva ou potencialmente poluidora, e o licenciamento o processo administrativo do qual poderá resultar a referida licença ambiental.[735]

Como apontam Curt e Terence Trennepohl, via de regra as licenças ambientais prévia, de instalação e de operação integram um processo e são precedidas de estudos de impactos ambientais e outorgadas em etapas,[736] existindo outras licenças, como as por adesão e compromisso, como já demonstrado, e a de operação corretiva, que são voltadas à regularização de atividades irregulares ou suspensas.

Nos termos do art. 19 do Decreto Federal nº 99.274/1990 e do art. 8º, I, da Resolução nº 237/1997 do CONAMA, a chamada Licença Ambiental Prévia (LAP) é, resumidamente, a licença ambiental concedida na fase preliminar do planejamento do empreendimento ou atividade, aprovando sua localização e concepção, atestando a viabilidade ambiental e estabelecendo os requisitos básicos e condicionantes a serem atendidos nas fases de sua implementação, porém, a sua concessão não autorizará o início das obras ou atividades, tampouco seu funcionamento.[737]

Quanto ao prazo de vigência da Licença Ambiental Prévia (LAP), conforme o art. 18, I, da Res. nº 237/1997/CONAMA, deverá ser, no mínimo, o estabelecido pelo cronograma de elaboração dos planos, programas e projetos relativos ao empreendimento ou atividade, não podendo ser superior ao período de 5 (cinco) anos.[738]

Conforme Pracucho, a LAP tem ligação direta com o instituto das condicionantes, que são os direcionamentos, condições, restrições ou medidas de controle, que devem,

---

[734] BIM, Eduardo Fortunato; FARIAS, Talden. Competência ambiental legislativa e administrativa. *Revista de informação legislativa*: RIL, v. 52, n. 208, p. 203-245, out./dez. 2015. Disponível em: https://www12.senado.leg.br/ril/edicoes/52/208/ril_v52_n208_p203. Acesso em: 20 dez. 2021.

[735] FARIAS, Talden. *Licenciamento Ambiental*: aspectos teóricos e práticos. 7. ed. Belo Horizonte: Fórum, 2019. p. 158.

[736] TRENNEPOHL, Curt; TRENNEPOHL, Terence. *Licenciamento Ambiental*. 8. ed., rev., atual. e ampl., São Paulo: Thomson Reuters Brasil, 2020. p. 67.

[737] TRENNEPOHL, Curt; TRENNEPOHL, Terence. *Licenciamento Ambiental*. 8. ed., rev., atual. e ampl., São Paulo: Thomson Reuters Brasil, 2020. p. 66-67.

[738] BRASIL. Conselho Nacional do Meio Ambiente – CONAMA. *Resolução CONAMA nº 237, de 19 de dezembro de 1997*. Brasília, DF, 1997. Disponível em: https://www.icmbio.gov.br/cecav/images/download/CONAMA%20237_191297.pdf. Acesso em: 19 dez. 2021.

conforme o caso, constar das licenças, em observação à legislação e padrões técnicos dispostos pelo órgão ambiental competente.[739]

Para Curt e Terence Trennepohl, a LAP atestaria a viabilidade ambiental de um empreendimento, portanto, não poderia ser emitida para determinada fase ou atividade, devendo ser concedida para o empreendimento como um todo, podendo apenas estabelecer condicionantes e impor medidas de mitigação ou compensação. Já as Licenças Ambientais de Instalação (LAI) e de Operação (LAO) poderão ser emitidas por etapas ou específicos pontos do empreendimento.[740]

A Licença Ambiental de Instalação (LAI), segundo Farias, é a licença aprovada após a análise de deferimento do projeto executivo do empreendimento ou obra a ser licenciada, licença tal que deverá conter as especificações de natureza legal e técnica para a efetiva proteção do meio ambiente, sendo somente a partir daí que o órgão ambiental autorizará a implantação da atividade, obra ou empreendimento postulado.[741]

A expedição da Licença Ambiental Prévia (LAP), afirma Niebuhr, autoriza o prosseguimento da etapa seguinte do licenciamento de instalação. Segue-se então à expedição da Licença Ambiental de Instalação (LAI), que seria o equivalente, no plano urbanístico, à própria licença de construção.[742]

Pelo art. 19 do Decreto Federal nº 99.274/1990 e art. 8º, II, da Res. nº 237/1997 do CONAMA, a Licença Ambiental de Instalação (LAI) é a licença que "autoriza a instalação do empreendimento ou atividade de acordo com as especificações constantes dos planos, programas e projetos aprovados, incluindo as medidas de controle ambiental e demais condicionantes, da qual constituem motivo determinante".[743]

O prazo de vigência da LAI, pelo art. 18, II, da Res. nº 237/1997/CONAMA, "deverá ser, no mínimo, o estabelecido pelo cronograma de instalação do empreendimento ou atividade, não podendo ser superior a 6 (seis) anos".[744]Com a concessão da LAI, autoriza-se a intervenção do empreendimento sobre o meio ambiente, exigindo, assim, aponta Niebuhr, um rigor maior no detalhamento das condicionantes e das medidas de controle ambiental.[745]

Nos dizeres do art. 19 do Decreto Federal nº 99.274/1990 e do art. 8º, III, da Res. nº 237/1997 do CONAMA, a Licença Ambiental de Operação (LAO) está definida como a licença que autoriza a instalação do empreendimento ou atividade de acordo com as especificações constantes dos planos, programas e projetos aprovados, incluindo as medidas de controle ambiental e demais condicionantes.

---

[739] PRACUCHO, Davi Marcucci. *Licenciamento ambiental no direito brasileiro*: Aspectos legais e doutrinários, conflituosidade e ordem constitucional. 1. ed. Rio de Janeiro: Lumen Juris, 2018. p. 112.
[740] TRENNEPOHL, Curt; TRENNEPOHL, Terence. *Licenciamento Ambiental*. 8. ed., rev., atual. e ampl., São Paulo: Thomson Reuters Brasil, 2020. p. 93.
[741] FARIAS, Talden. *Licenciamento Ambiental*: aspectos teóricos e práticos. 7. ed. Belo Horizonte: Fórum, 2019.p. 74.
[742] NIEBUHR, Pedro. *Processo administrativo ambiental*. 3. ed. rev., ampl. e atual. Belo Horizonte: Fórum, 2021a. p. 187.
[743] BRASIL. Conselho Nacional do Meio Ambiente – CONAMA. *Resolução CONAMA nº 237, de 19 de dezembro de 1997*. Brasília, DF, 1997. Disponível em: https://www.icmbio.gov.br/cecav/images/download/CONAMA%20237_191297.pdf. Acesso em: 19 dez. 2021.
[744] BRASIL. Conselho Nacional do Meio Ambiente – CONAMA. *Resolução CONAMA nº 237, de 19 de dezembro de 1997*. Brasília, DF, 1997. Disponível em: https://www.icmbio.gov.br/cecav/images/download/CONAMA%20237_191297.pdf. Acesso em: 19 dez. 2021.
[745] NIEBUHR, Pedro. *Processo administrativo ambiental*. 3. ed. rev., ampl. e atual. Belo Horizonte: Fórum, 2021a. p. 188.

Quanto ao seu prazo de vigência, a LAO, segundo art. 18, III, da Res. nº 237/1997/ CONAMA, "deverá considerar os planos de controle ambiental e será de, no mínimo, 4 (quatro) anos e, no máximo, 10 (dez) anos".[746]

Trata-se da última etapa do licenciamento trifásico, com o qual, depois de concluída a implantação da obra ou empreendimento, a LAO, a um só tempo, certificará que a atividade/empreendimento foi executado(a) de acordo com os termos aprovados na LAI (inclusive quanto às condicionantes e planos de controle ambiental), bem como estipulará novas regras para controle sucessivo do desenvolvimento da atividade econômica/empreendimento (quando isso se der com uso de recursos naturais ou de forma potencialmente degradante/poluente de maneira continuada).[747]

Em relação à terceira e última fase do licenciamento de rito trifásico, Farias assinala que, logo depois de instalada ou edificada a atividade econômica ou empreendimento, o órgão ambiental deve vistoriar a obra ou o empreendimento, a fim de constatar se todas as exigências de controle ambiental feitas nas fases anteriores do licenciamento foram devidamente cumpridas e observadas pelo titular.[748]

É somente a partir da realização de tal averiguação que o órgão ambiental deverá conceder a LAO, autorizando o início do funcionamento da atividade, visto que é por meio desse ato administrativo que se fixam o controle e as condições de operação.[749]

Haveria ainda, aponta Farias, para os empreendimentos que já estiverem instalados ou em operação, o licenciamento ambiental corretivo, que consiste na expedição de uma Licença Ambiental de Operação Corretiva (LOC), com a qual seja possível englobar, na medida do possível, os três tipos de licenças existentes, visto que as exigências que deveriam ter sido feitas ao tempo da LAP e da LAI deverão ser supridas, na forma oportuna e possível com o aval do órgão competente. O foco, em resumo, está na adequação do empreendimento a ser licenciado, a não ser aqueles casos em que isso efetivamente não seja possível.[750]

Não por acaso, dentre tais determinações, exsurge potencial espaço para a aplicação da exigência de programas contínuos voltados à conformidade (*compliance*) ambiental, justamente dentro das análises e requisitos constantes do processo administrativo de licenciamento ambiental e, consequentemente, dos termos que se relacionam com as condicionantes para a expedição das licenças ambientais competentes, o que será tratado nos dois últimos capítulos deste trabalho.

Como aponta Farias, a licença ambiental é uma espécie de outorga com prazo de validade concedida pela Administração para realização das atividades que possam gerar impactos ao meio ambiente, desde que sejam obedecidas regras, condições, restrições e medidas de controle ambiental,[751] ato administrativo, pois, que define a conformidade ambiental sem a qual nenhum empreendimento impactante poderá ser realizado.

---

[746] BRASIL. Conselho Nacional do Meio Ambiente – CONAMA. *Resolução CONAMA nº 237, de 19 de dezembro de 1997*. Brasília, DF, 1997. Disponível em: https://www.icmbio.gov.br/cecav/images/download/CONAMA%20 237_191297.pdf. Acesso em: 19 dez. 2021.
[747] NIEBUHR, Pedro. *Processo administrativo ambiental*. 3. ed. rev., ampl. e atual. Belo Horizonte: Fórum, 2021a. p. 188.
[748] FARIAS, Talden. *Licenciamento Ambiental*: aspectos teóricos e práticos. 7. ed. Belo Horizonte: Fórum, 2019. p. 75.
[749] FARIAS, Talden. *Licenciamento Ambiental*: aspectos teóricos e práticos. 7. ed. Belo Horizonte: Fórum, 2019. p. 75.
[750] FARIAS, Talden. *Licenciamento Ambiental*: aspectos teóricos e práticos. 7. ed. Belo Horizonte: Fórum, 2019. p. 77.
[751] FARIAS, Talden. *Licenciamento Ambiental*: aspectos teóricos e práticos. 7. ed. Belo Horizonte: Fórum, 2019. p. 27.

A natureza jurídica da licença ambiental é questão controversa na doutrina, pois Paulo Affonso Leme Machado entende ser um ato administrativo discricionário,[752] já Édis Milaré defende ser uma licença administrativa.[753] Curt e Terence Trennepohl verificam cuidar-se de uma licença administrativa com peculiaridades discricionárias, exarando que o grande volume de decisões favoráveis pela Administração, na tutela ambiental, configuraria não uma licença, mas uma autorização administrativa.[754]

O licenciamento ambiental, apontam Curt e Terence Trennepohl, apresenta caráter preventivo, para evitar ou minimizar os danos ao ambiente,[755] e considerando a precariedade adjacente a sua vigência, certas circunstâncias estarão sujeitas à cassação e à suspensão, de modo que a maior parte das manifestações de concordância do Poder Público, em matéria ambiental, representaria uma autorização, não uma licença, na concepção consagrada do Direito Administrativo.[756]

Nada obstante, na lição de Niebuhr, as licenças ambientais corporificam a rigor o resultado de uma atividade administrativa, participativa e colaborativa, que visaria conciliar o desenvolvimento de uma ação possivelmente impactante ao apropriado uso de recursos naturais e também uma maior adequação do ambiente. Em outras palavras, cuida-se de um instrumento de realização do dever fundamental de proteção ambiental.[757]

Conquanto a divergência, a forma de manifestação do licenciamento se trata de um processo administrativo ambiental com atos administrativos ambientais *"sui generis"* emanados e controlados pelo Estado, que devem obediência à legalidade, impessoalidade, moralidade, publicidade e à eficiência (art. 37, *caput, CF*). Por essa razão, segundo Machado, em seus atos, em todo o Brasil, independentemente de qual seja o órgão licenciador, os princípios mencionados devem ser expressamente cumpridos, notadamente na concessão das licenças.[758]

Na lição de Krell, a Administração Pública, especificamente os órgãos licenciadores, possui margem de liberdade de decisão em cada caso, concedida pela legislação, para tomarem decisões administrativas ligadas ao licenciamento das atividades capazes de causar impactos, envolvendo juízos discricionários (conveniência e oportunidade públicas), ao lado do espaço da norma (legalidade).[759]

---

[752] MACHADO, Paulo Affonso Leme. *Direito ambiental brasileiro*. 25. ed., rev., ampl. e atual. São Paulo: Malheiros, 2017. p. 328.

[753] MILARÉ, Édis. *Direito do ambiente*. 12. ed., rev., atual. e ampl. São Paulo: Thomson Reuters Brasil, 2020. p. 280.

[754] TRENNEPOHL, Curt; TRENNEPOHL, Terence. *Licenciamento Ambiental*. 8. ed., rev., atual. e ampl., São Paulo: Thomson Reuters Brasil, 2020. p. 28.

[755] TRENNEPOHL, Curt; TRENNEPOHL, Terence. *Licenciamento Ambiental*. 8. ed., rev., atual. e ampl., São Paulo: Thomson Reuters Brasil, 2020. p. 64.

[756] TRENNEPOHL, Curt; TRENNEPOHL, Terence. *Licenciamento Ambiental*. 8. ed., rev., atual. e ampl., São Paulo: Thomson Reuters Brasil, 2020. p. 65.

[757] NIEBUHR, Pedro. *Processo administrativo ambiental*. 3. ed. rev., ampl. e atual. Belo Horizonte: Fórum, 2021a. p. 230.

[758] MACHADO, Paulo Affonso Leme. *Direito ambiental brasileiro*. 25. ed., rev., ampl. e atual. São Paulo: Malheiros, 2017. p. 327.

[759] KRELL, Andreas J. *Discricionariedade administrativa e proteção ambiental*: o controle dos conceitos jurídicos indeterminados e a competência dos órgãos ambientais, um estudo comparativo. 1. ed. Porto Alegre: Livraria do Advogado Editora, 2004. p. 59.

Para Krell, as decisões administrativas tomadas em sede de licenciamentos, como na concessão das licenças, envolveriam juízos discricionários técnicos, valorativos e de prognose, cujo procedimento é a função da Administração especializada.[760]

Em vista disso, o processo decisório do licenciamento, alerta Bim, seria um tema não devidamente aprofundado na ciência jurídica nacional e, por essa razão, estaria promovendo discussões que levam a sua má compreensão.[761]

Dessa maneira, e replicando as conclusões de Farias, a licença ambiental, portanto, teria características próprias que a diferenciam tanto da licença administrativa quanto da autorização administrativa, tendo, na verdade, uma natureza jurídica peculiar e intermediária entre esses dois institutos oriundos do Direito Administrativo.[762]

Na concessão das licenças que os órgãos públicos competentes possuirão três caminhos, por via de regra, assinala Farias: (i) denegar a licença ambiental postulada; (ii) conceder a licença ambiental nos moldes da atividade pretendida; e (iii) conceder a licença para a atividade desde que sejam cumpridos direcionamentos. O caminho mais aplicado na prática está na terceira opção: fixação de direcionamentos.[763]

Dada a natureza jurídica do processo administrativo do licenciamento, é incontroversa a sua função de estabelecer condicionamentos, restrições e medidas de controle em relação às atividades potencial ou efetivamente poluidoras, afirma Farias.[764] São medidas mitigadoras, fixadas nas licenças, com o fim de diminuir ou de evitar um determinado impacto ambiental negativo, diferente dos impactos ambientais irreversíveis, contra os quais são impostas medidas compensatórias.[765]

Qualquer condicionante fixada nas licenças ambientais que não tenha relação direta, ou seja, clara e imediata, com os impactos adversos do empreendimento ou atividade seriam ilegais, porque caracterizariam patente desvio de poder, assinala Bim, de modo que as condicionantes das licenças não poderiam suprir eventuais deficiências da ausência estatal e nem substituir soluções específicas do direito positivo.[766]

Por isso, as condicionantes definidas nas licenças ambientais deverão ser proporcionais, fazendo com que a carga que recaia sobre o proponente do projeto não seja descolada dos impactos causados pelo empreendimento ou atividade a licenciar.[767]

É dizer, intrínseca à licença está a função de fixar, de modo proporcional e com elo causal, diretrizes de conformidade ambiental da atividade, obra ou empreendimento a que se almeja sua localização, instalação ou a sua operação pelo interessado, corporificando meio de avaliar o grau de conformidade (*compliance*).

Para Niebuhr, as condicionantes ambientais, como o nome indica, qualificam-se como legítima *condição* ao exercício do direito pretendido, sendo estipuladas pelo órgão licenciador e impostas ao licenciado, como obrigação ou dever, independentemente de

---

[760] KRELL, Andreas J. *Discricionariedade administrativa e proteção ambiental*: o controle dos conceitos jurídicos indeterminados e a competência dos órgãos ambientais, um estudo comparativo. 1. ed. Porto Alegre: Livraria do Advogado Editora, 2004. p. 80.
[761] BIM, Eduardo Fortunato. *Licenciamento Ambiental*. 4. ed. Belo Horizonte: Fórum, 2019. p. 25.
[762] FARIAS, Talden. *Licenciamento Ambiental*: aspectos teóricos e práticos. 7. ed. Belo Horizonte: Fórum, 2019. p. 169.
[763] FARIAS, Talden. *Licenciamento Ambiental*: aspectos teóricos e práticos. 7. ed. Belo Horizonte: Fórum, 2019. p. 89.
[764] FARIAS, Talden. *Licenciamento Ambiental*: aspectos teóricos e práticos. 7. ed. Belo Horizonte: Fórum, 2019. p. 90.
[765] FARIAS, Talden. *Licenciamento Ambiental*: aspectos teóricos e práticos. 7. ed. Belo Horizonte: Fórum, 2019. p. 90
[766] BIM, Eduardo Fortunato. *Licenciamento Ambiental*. 4. ed. Belo Horizonte: Fórum, 2019. p. 252.
[767] BIM, Eduardo Fortunato. *Licenciamento Ambiental*. 4. ed. Belo Horizonte: Fórum, 2019. p. 252.

sua vontade (condicionam o exercício da atividade mesmo que o titular da pretensão discorde delas), são autênticas restrições aos direitos e interesses postulados.[768]

Ocorre que as condicionantes ambientais são limitadas pelo postulado da proibição da proteção deficiente e da proibição do excesso, obedecendo ao princípio da proporcionalidade, de modo que as condicionantes das licenças ambientais deverão por isso guardar relação de causalidade com o objeto que se pretende tutelar e passar, diante disso, pelos testes de adequação, necessidade e proporcionalidade em sentido estrito.[769]

Vista através da função que exerce dentro de um processo administrativo de licenciamento, a licença ambiental deve ser entendida, segundo Niebuhr, como uma técnica a serviço da conciliação entre proteção ambiental e direitos individuais, com a qual se atribuiria margem de discricionariedade ao órgão para definir soluções técnicas, determinar alternativas e adaptações em projetos e estipular, ainda que de forma excepcional, parâmetros de operabilidade para a atividade, obra ou empreendimento.[770]

Em conjunto com as licenças ambientais, há outros instrumentos estratégicos a serem executados nos processos administrativos de licenciamento, e dentre eles devem ser destacados a Avaliação de Impacto Ambiental (AIA) e os Estudos Ambientais (EA).

2.3.3 A Avaliação de Impacto Ambiental e os Estudos Ambientais

Ainda a respeito dos principais conceitos, definições e instrumentos vinculados ao licenciamento no Brasil, é fundamental destacar sobre os pontos essenciais da Avaliação de Impacto Ambiental (AIA), dos Estudos Ambientais (EA), dentre esses, o Estudo Prévio de Impacto Ambiental (EIA) e o Relatório de Impactos sobre o Meio Ambiente (RIMA), que são elementos de extrema pertinência quando se almeja traçar uma análise crítica da regulação por meio dos licenciamentos ambientais atualmente.

Nos países desenvolvidos onde os recursos naturais tinham sido explorados até a quase extinção, a sociedade começou a questionar os impactos e as consequências do processo econômico em vigor. Foi nesse cenário que a primeira formulação de uma Avaliação de Impacto Ambiental (AIA) ocorreu nos Estados Unidos, em 1969, conhecida como *National Environmental Policy Act* (NEPA), e estava voltada às agências do governo federal focadas em políticas e programas. A instituição criada pelo NEPA, o *Council on Environmental Quality* (CEQ), publicou, em 1º de agosto de 1973, suas diretrizes para a elaboração e apresentação do *Environmental Impact Statement* (EIS), que, de algum modo, corresponde ao Estudo de Impacto Ambiental (EIA), no Brasil.[771]

Na linha de Curt e Terence Trennepohl, o Estudo Prévio de Impacto Ambiental (EIA) e o Relatório de Impactos sobre o Meio Ambiente (RIMA), ambos instrumentos que integram o gênero do processo de Avaliação de Impactos Ambientais (AIA), não se destinam a tornar possível o licenciamento, isto é, sua finalidade não seria justificar o empreendimento em face da legislação ou das exigências dos órgãos ambientais.[772]

---

[768] NIEBUHR, Pedro. *Processo administrativo ambiental*. 3. ed. rev., ampl. e atual. Belo Horizonte: Fórum, 2021a. p. 210.
[769] NIEBUHR, Pedro. *Processo administrativo ambiental*. 3. ed. rev., ampl. e atual. Belo Horizonte: Fórum, 2021a. p. 212.
[770] NIEBUHR, Pedro. *Processo administrativo ambiental*. 3. ed. rev., ampl. e atual. Belo Horizonte: Fórum, 2021a. p. 178.
[771] HAFNER, Andrea Margrit. *O licenciamento ambiental na prática*. 1. ed. Curitiba: Appris, 2017. p. 22.
[772] TRENNEPOHL, Curt; TRENNEPOHL, Terence. *Licenciamento Ambiental*. 8. ed., rev., atual. e ampl., São Paulo: Thomson Reuters Brasil, 2020. p. 80.

Isso porque os estudos ambientais devem ser apresentados ao órgão licenciador acompanhados dos projetos e demais documentos exigidos, sendo que o órgão ambiental, por sua vez, analisará os estudos e realizará vistorias que julgar necessárias, solicitando, se for o caso, complementações, para, após essas providências, não sendo caso de audiência pública, emitir o parecer técnico conclusivo, além de, sendo caso de um parecer jurídico, deferindo ou indeferindo a licença ambiental postulada pelo empreendedor.[773]

Para Sánchez, a Avaliação de Impactos Ambientais (AIA) associa-se a um exercício prospectivo, antecipatório e preventivo, buscando o exame das consequências futuras de uma ação presente ou proposta. Cuida-se de um processo vinculado ao licenciamento ambiental e às concessões das respectivas licenças ambientais.[774]

Quanto aos estudos ambientais, em relação ao mais relevante, o Estudo Prévio de Impacto Ambiental (EIA), em certo aspecto, aponta Farias, é o licenciamento ambiental o instrumento que mais dá concretude à sua previsão no inciso IV do §1º do art. 225 da CF/88, já que é instrumento exigido para as decisões da Administração Pública no licenciamento de atividades significativamente poluidoras e impactantes.[775]

Conforme Bim, os estudos ambientais que embasam a tomada de decisão ambiental, além de não se confundirem com a própria decisão, são apenas projeções do que pode acontecer ao meio ambiente em um cenário do que ordinariamente acontece no contexto do determinado empreendimento ou da atividade pretendida.[776] Estudos Ambientais (EA) ou Avaliações de Impacto Ambiental (AIA) são instrumentos para mensurar o impacto, servindo de subsídio à decisão, seja de qual espécie for, pois mensurar o impacto é um meio – não uma finalidade – para os estudos ambientais.[777]

Os estudos ambientais, pelo art. 1º, III, da Res. nº 237/1997 do CONAMA, seriam todos e quaisquer estudos relativos aos aspectos ambientais relacionados à localização, instalação, operação e ampliação de uma atividade ou empreendimento, apresentados como subsídio à análise da licença, tais como: relatório ambiental, plano e projeto de controle ambiental, relatório ambiental preliminar, diagnóstico ambiental, plano de manejo, plano de recuperação de área degradada e análise preliminar de risco. Os estudos ambientais são uma forma de Avaliação de Impacto Ambiental (AIA), do qual os Estudos Prévios de Impacto Ambiental (EIA) são espécie.[778]

Evidenciado pelo órgão ambiental que o empreendimento, a obra ou a atividade de interesse do particular denote impacto *significativo* ao ambiente, exigir-se-á do empreendedor o EIA e o RIMA, respectivamente, o Estudo Prévio de Impacto Ambiental e o Relatório de Impacto sobre o Meio Ambiente. O EIA, como uma espécie de Avaliação de Impactos Ambientais (AIA), busca englobar todos os possíveis estudos ambientais,

---

[773] TRENNEPOHL, Curt; TRENNEPOHL, Terence. *Licenciamento Ambiental*. 8. ed., rev., atual. e ampl., São Paulo: Thomson Reuters Brasil, 2020. p. 81.
[774] SÁNCHEZ, Luis Enrique. *Avaliação de Impacto Ambiental*: conceitos e métodos. 3. ed., atual. e aprimorada. São Paulo: Oficina de Textos, 2020. p. 41-42.
[775] FARIAS, Talden. *Licenciamento Ambiental*: aspectos teóricos e práticos. 7. ed. Belo Horizonte: Fórum, 2019. p. 33.
[776] BIM, Eduardo Fortunato. *Licenciamento Ambiental*. 4. ed. Belo Horizonte: Fórum, 2019. p. 50.
[777] BIM, Eduardo Fortunato. *Licenciamento Ambiental*. 4. ed. Belo Horizonte: Fórum, 2019. p. 181.
[778] PRACUCHO, Davi Marcucci. *Licenciamento ambiental no direito brasileiro*: Aspectos legais e doutrinários, conflituosidade e ordem constitucional. 1. ed. Rio de Janeiro: Lumen Juris, 2018. p. 71.

destinando-se à prevenção e ao controle ambiental de processos e a reparação de danos ambientais, valendo-se de instrumentos que não são excludentes.[779]

Para Sánchez, a Avaliação Prévia de Impacto Ambiental (AIA) tem também o papel de facilitar a gestão ambiental do futuro empreendimento. A aprovação do projeto implica compromissos assumidos pelo empreendedor, que são delineados no estudo de impacto ambiental, podendo ser modificados por negociações com os interessados.[780]

A implementação das medidas mitigadoras e compensatórias, seu cronograma, a participação de outros atores como parceiros e os indicadores de desempenho podem ser estabelecidos durante a AIA, que não termina com a aprovação de uma licença, mas continua durante todo o ciclo de vida do projeto.[781]

Com efeito, o Estudo Prévio de Impacto Ambiental (EIA) é por excelência um procedimento de avaliação, eminentemente preventivo, justamente porque é prévio à atividade. E isso não impede, antes possibilita, que o situe, no mesmo gênero, dentre outros procedimentos avaliatórios de impactos ambientais, ainda que tenham estes finalidades diversas, tais como, procedimentos de acompanhamento, monitoramento, controle ou reparação de danos, tampouco compromete a indigitada relação gênero-espécie com a Avaliação de Impactos Ambientais (AIA), porquanto o desenvolvimento de novas modalidades ou instrumentos (bem assim o aperfeiçoamento dos existentes) é ínsito às aspirações do direito ao meio ambiente, decorrendo, análise última, das incessantes transformações naturais e humanas.[782]

Nos termos do art. 2º da Res. nº 237/1997/CONAMA, um rol extenso de atividades econômicas com *significativos* impactos ambientais dependerá de elaboração de "estudo de impacto ambiental e respectivo relatório de impacto ambiental – RIMA, a serem submetidos à aprovação do órgão estadual competente, e do SEMA em caráter supletivo, o licenciamento de atividades modificadoras do meio ambiente".

A mesma Res. nº 237/1997/CONAMA, pelo art. 5º prevê que o estudo de impacto ambiental, além de atender à legislação, em especial os princípios e objetivos expressos na Política Nacional do Meio Ambiente, obedecerá às seguintes diretrizes gerais: (i) Contemplar todas as alternativas tecnológicas e de localização do projeto, confrontando-as com a hipótese de não execução do projeto; (ii) Identificar e avaliar sistematicamente os impactos ambientais gerados nas fases de implantação e operação da atividade; (iii) Definir os limites da área geográfica a ser direta ou indiretamente afetada pelos impactos, denominada área de influência do projeto, considerando, em todos os casos, a bacia hidrográfica na qual se localiza; (iv) Considerar os planos e programas governamentais, propostos e em implantação na área de influência do projeto, e sua compatibilidade.[783]

---

[779] FIGUEIREDO, Guilherme José Purvin de. *Curso de Direito Ambiental*. 6. ed., rev., atual. e ampl. São Paulo: Revista dos Tribunais, 2013. p. 213.
[780] SÁNCHEZ, Luis Enrique. *Avaliação de Impacto Ambiental*: conceitos e métodos. 3. ed., atual. e aprimorada. São Paulo: Oficina de Textos, 2020. p. 105.
[781] SÁNCHEZ, Luis Enrique. *Avaliação de Impacto Ambiental*: conceitos e métodos. 3. ed., atual. e aprimorada. São Paulo: Oficina de Textos, 2020. p. 105.
[782] PRACUCHO, Davi Marcucci. *Licenciamento ambiental no direito brasileiro*: Aspectos legais e doutrinários, conflituosidade e ordem constitucional. 1. ed. Rio de Janeiro: Lumen Juris, 2018. p. 74-75.
[783] BRASIL. Conselho Nacional do Meio Ambiente – CONAMA. *Resolução CONAMA nº 237, de 19 de dezembro de 1997*. Brasília, DF, 1997. Disponível em: https://www.icmbio.gov.br/cecav/images/download/CONAMA%20237_191297.pdf. Acesso em: 19 dez. 2021.

É dizer, a partir do Estudo de Impacto Ambiental (EIA), como anota Sánchez, executa-se o processo de Avaliação de Impacto Ambiental (AIA). O Estudo de Impacto Ambiental (EIA), quando exigido para as atividades, obras ou empreendimentos com *significativos* impactos ao meio ambiente, deverá ser preparado por equipe multidisciplinar, buscando determinar a extensão, duração e a intensidade dos impactos ambientais que o projeto poderá causar e, se necessário, propor modificações no referido projeto, de forma a reduzir ou, se possível, evitar os impactos negativos.[784]

Dentro de todo o processo de Avaliação de Impacto Ambiental (AIA), afirma Sánchez, há uma série de documentos técnicos importantes para o desenvolvimento do licenciamento ambiental, como: (a) Memorial descritivo do projeto ou ficha de caracterização do projeto: apresentado na etapa de divulgação da proposta pelo empreendedor; (b) Avaliação ambiental inicial ou estudo preliminar: efetuada na etapa de triagem ou *"screening"*, apontando ou não a exigência de EIA/RIMA; (c) Plano de trabalho ou proposta de Termo de Referência (TR): definição do escopo ou *scoping*, fixa o Termo de Referência do projeto ou obra; (d) Termo de Referência (TR): necessário para a elaboração do estudo ambiental incidente para o projeto; (e) Estudo Prévio de Impacto Ambiental (EIA): exigido para a análise técnica; (f) Relatório de Impactos sobre o Meio Ambiente (RIMA): exigido quando da consulta pública, se incidente; (g) EIA/RIMA e estudos complementares: exigido para análise técnica pelo órgão, dará origem ao parecer técnico conclusivo da viabilidade do projeto; (h) EIA/RIMA e parecer técnico: na fase de decisão pela emissão ou não da Licença Ambiental Prévia (LAP); (i) Planos de Gestão: na decisão sobre a emissão da Licença Ambiental de Instalação (LAI); (j) Relatório de implementação dos planos de gestão: na etapa de implantação e construção do projeto, exigidos para emissão ou não da Licença Ambiental de Operação (LAO); (k) Relatórios de monitoramento e desempenho ambiental: na fase de operação, exigidos para a renovação da Licença Ambiental de Operação (LAO); e (l) Plano de fechamento: na fase de desativação do empreendimento, exigido para a emissão licença de desativação.[785]

Os Estudos Ambientais ou Avaliações de Impacto Ambiental (AIA) são instrumentos para mensurar o impacto ambiental, servindo de subsídio ao processo decisório ambiental, seja de qual espécie for, sua função é instruir o processo decisório, subsidiando a análise da licença ou autorização requerida,[786] definirão, pois, todo o complexo de medidas e ações a serem executadas.

Cogitar a inserção da implementação de medidas e programas de conformidade ou *compliance* com viés ambiental, por suas funções e elementos de controle, de monitoramento e de apuração contínuos sobre eventuais não conformidades ou infrações ambientais, demonstra peculiar integração com as disposições do EIA ou da AIA a serem registradas nos eventuais Termos de Referência (TR) em processos administrativos de licenciamento ambiental ligados a empreendimentos, obras ou atividades com *significativos* impactos ao meio ambiente. O ponto será abordado no capítulo final deste trabalho.

---

[784] SÁNCHEZ, Luis Enrique. *Avaliação de Impacto Ambiental*: conceitos e métodos. 3. ed., atual. e aprimorada. São Paulo: Oficina de Textos, 2020. p. 77.
[785] SÁNCHEZ, Luis Enrique. *Avaliação de Impacto Ambiental*: conceitos e métodos. 3. ed., atual. e aprimorada. São Paulo: Oficina de Textos, 2020. p. 80.
[786] BIM, Eduardo Fortunato. *Licenciamento Ambiental*. 4. ed. Belo Horizonte: Fórum, 2019. p. 181-182.

É nos instrumentos que compõem a Avaliação de Impacto Ambiental e os Estudos Ambientais, aponta Derani, que são englobados todos os esforços para melhor informar sobre possíveis impactos ambientais, possibilitando ações apropriadas antes dos danos. No processo de Avaliação de Impactos Ambientais (AIA) é que se consagra o foro para ponderações e contribuições, sua realização não é óbice, mas um processo constitutivo, que subsidiará o controle da atividade.[787]

Para Sánchez, pode-se definir o processo de Avaliação de Impacto Ambiental (AIA) como um conjunto de procedimentos concatenados de maneira lógica, com a finalidade de analisar a viabilidade ambiental de projetos e fundamentar, com isso, uma decisão dos órgãos públicos ambientais competentes.[788]

Para Farias, a Avaliação de Impactos Ambientais (AIA) seria realmente mais abrangente do que o Estudo Prévio de Impacto Ambiental (EIA) e do que o Relatório de Impactos sobre Meio Ambiente (RIMA), tanto é que poderá ser implementada com relação à execução física de obras e intervenções e com relação às políticas públicas e planos, sendo neste caso denominada de Avaliação Ambiental Estratégica (AAE).[789]

Assim, a Avaliação de Impacto Ambiental (AIA) poderá ocorrer dentro ou fora do licenciamento ambiental, ao passo que o Estudo Prévio de Impacto Ambiental (EIA) e o Relatório de Impactos sobre Meio Ambiente (RIMA) só ocorrerão no âmbito do procedimento citado e em relação às atividades potencial ou efetivamente poluidoras de *significativa* degradação ambiental, se não houver impacto *significativo* serão aplicados estudos ambientais menos complexos,[790] obedecendo o §1º, IV, do art. 225, da CF/88.

Quanto aos estudos ambientais menos complexos, o art. 1º, III, da Res. nº 237/1997 do CONAMA os indica como o relatório ambiental, o plano e projeto de controle ambiental, o relatório ambiental preliminar, diagnóstico ambiental, o plano de manejo, o plano de recuperação de área degradada e a análise preliminar de risco.[791]

Dessa maneira, a Avaliação de Impactos Ambientais (AIA) seria um instrumento de defesa do meio ambiente, constituído por um conjunto amplo de procedimentos técnicos e administrativos que visam à realização da análise dos impactos ambientais da instalação ou da operação de uma atividade e suas diversas alternativas, com a finalidade de embasar as decisões quanto ao seu licenciamento ambiental.[792]

Nos termos do art. 9º da Lei Federal nº 6.938/1981 (PNMA), consta que, dentre os instrumentos expressos da política ambiental brasileira, está a "avaliação de impactos ambientais", como mecanismo autônomo, assim como é o licenciamento ambiental.

Em regra, a Avaliação de Impactos Ambientais (AIA) deverá ocorrer antes da concessão da Licença Ambiental Prévia (LAP), uma vez que é por meio desse instrumento que serão identificados os aspectos positivos e negativos da atividade pretendida, devendo ser determinadas as condicionantes na forma de medidas mitigadoras

---

[787] DERANI, Cristiane. *Direito ambiental econômico*. 3. ed. São Paulo: Saraiva, 2008. p. 172.
[788] SÁNCHEZ, Luis Enrique. *Avaliação de Impacto Ambiental*: conceitos e métodos. 3. ed., atual. e aprimorada. São Paulo: Oficina de Textos, 2020. p. 70.
[789] FARIAS, Talden. *Licenciamento Ambiental*: aspectos teóricos e práticos. 7. ed. Belo Horizonte: Fórum, 2019. p. 69.
[790] FARIAS, Talden. *Licenciamento Ambiental*: aspectos teóricos e práticos. 7. ed. Belo Horizonte: Fórum, 2019. p. 70.
[791] BRASIL. Conselho Nacional do Meio Ambiente – CONAMA. *Resolução CONAMA nº 237, de 19 de dezembro de 1997*. Brasília, DF, 1997. Disponível em: https://www.icmbio.gov.br/cecav/images/download/CONAMA%20237_191297.pdf. Acesso em: 19 dez. 2021.
[792] FARIAS, Talden. *Licenciamento Ambiental*: aspectos teóricos e práticos. 7. ed. Belo Horizonte: Fórum, 2019. p. 68.

ou compensatórias, sendo o processo da AIA, na maioria dos casos, um verdadeiro requisito à expedição da Licença Ambiental Prévia (LAP).[793]

Nada obstante, adverte Sánchez, a AIA seria apenas um dos instrumentos de política pública ambiental e, por esse motivo, não seria a solução para todas e quaisquer deficiências de planejamento ou brechas legais que permitam, consintam e facilitem a continuidade de eventuais degradações ambientais, e, muito menos, para a controlar em absoluto as condutas degradadoras exercidas por cidadãos ou empresas.[794]

Justamente diante dessas, e de outras razões, que se defende neste trabalho a necessidade de discussão em favor de novos meios de acompanhamento, monitoramento e controle contínuos das atividades sujeitas ao licenciamento ambiental.

2.3.4 Os Planos de Controle, Monitoramento e de Gestão Ambiental

Em razão da complexa dimensão espaço-temporal das questões ambientais, especialmente dos efeitos sinérgicos e cumulativos que danos ambientais podem causar, dentro ou em razão do licenciamento ambiental e, sobretudo, após a concessão das licenças, faz-se necessário um sistêmico e contínuo acompanhamento, monitoramento e controle dos riscos e dos impactos ambientais, potenciais ou concretos, ligados ao exercício/execução das obras, empreendimentos ou atividades licenciadas.

O fato de o licenciamento ambiental ser contínuo e permanente significa que a emissão da Licença Ambiental Prévia (LAP), da Licença de Ambiental de Instalação (LAI) ou da Licença Ambiental de Operação (LAO) não cessará a constante avaliação dos programas ambientais e sobre o exercício e execução do empreendimento ou da atividade econômica de um modo geral.[795]

Para tal desiderato deverão ser exigidos do titular da atividade ou empreendimento os chamados Planos de Controle, de Monitoramento e de Gestão Ambiental (PCA), que buscam: (i) verificar os impactos reais de um empreendimento; (ii) detectar mudanças não previstas; (iii) alertar para a necessidade de agir, caso os impactos ultrapassem certos limites; e (iv) avaliar a eficácia dos programas da gestão ambiental.[796]

Embora ligado ao licenciamento de atividade minerária, cita-se o art. 5º da Resolução nº 009/1990 do CONAMA, pelo qual a Licença Ambiental de Instalação (LAI) deverá ser requerida ao órgão ambiental competente, ocasião em que o empreendedor deverá apresentar o Plano de Controle Ambiental (PCA), que conterá os projetos executivos de minimização dos impactos ambientais avaliados na fase da Licença Ambiental Prévia (LAP), acompanhado dos demais documentos necessários.[797]

Na lição de Sánchez, caso as medidas de monitoramento detectem algum problema, como o não atendimento a uma condicionante, o empreendedor deve ser

---

[793] FARIAS, Talden. *Licenciamento Ambiental*: aspectos teóricos e práticos. 7. ed. Belo Horizonte: Fórum, 2019. p. 72.
[794] FARIAS, Talden. *Licenciamento Ambiental*: aspectos teóricos e práticos. 7. ed. Belo Horizonte: Fórum, 2019. p. 71.
[795] FARIAS, Talden. *Licenciamento Ambiental*: aspectos teóricos e práticos. 7. ed. Belo Horizonte: Fórum, 2019. p. 45.
[796] SÁNCHEZ, Luis Enrique. *Avaliação de Impacto Ambiental*: conceitos e métodos. 3. ed., atual. e aprimorada. São Paulo: Oficina de Textos, 2020. p. 341.
[797] BRASIL. Conselho Nacional do Meio Ambiente – CONAMA. *Resolução CONAMA nº 009, de 06 de dezembro de 1990*. Brasília, DF. 1990. Disponível em: http://www.ibama.gov.br/sophia/cnia/legislacao/MMA/RE0009-061290.PDF. Acesso em: 18 dez. 2021.

capaz de adotar medidas corretivas dentro de prazos razoáveis. Além disso, programas e planos de monitoramento e controle ambiental poderão também ser desenhados para testar uma medida mitigadora e introduzir melhorias na obra, atividade ou empreendimento, comparando os impactos monitorados com os previstos, por exemplo, no EIA. A partir da análise dos resultados, poderão ser formuladas recomendações para a melhoria contínua dessas previsões em estudos futuros.[798]

Os programas e planos de controle e monitoramento poderão ainda ser integrados por meio de um Sistema de Gestão Ambiental (SGA),[799] tanto para a implantação do empreendimento quanto para sua operação, reiterando-se que os padrões de desempenho para as grandes instituições financeiras são cada vez mais importantes para a obtenção de financiamentos de grandes empreendimentos e obras impactantes.[800]

Para Barbieri, os termos "gestão do meio ambiente" ou simplesmente "gestão ambiental" estariam entendidos como as diretrizes e as atividades administrativas e operacionais, tais como, planejamento, direção, controle, alocação de recursos e outras realizadas com o objetivo de obter efeitos positivos sobre o ambiente, quer reduzindo ou eliminando os danos causados pelas ações humanas, quer evitando que eles surjam.[801]

Da mesma forma, a gestão ambiental pública seria a ação do Poder Público conduzida segundo uma política pública ambiental, a qual representa o conjunto de objetivos, diretrizes e instrumentos de ação que o Poder Público dispõe para produzir efeitos desejáveis sobre o meio ambiente,[802] de modo que toda a gestão ambiental, tanto pública quanto privada, atualmente se consolida como crucial para a manutenção de uma efetiva proteção ambiental e um desenvolvimento sustentável.

Segundo Sánchez, um programa de gestão ambiental com sucesso deverá abarcar as seguintes condições: (a) clareza, precisão e detalhamento do programa: devem ser descritos de forma suficientemente clara, precisa e detalhada para que possam ser auditados, ou seja, verificados por uma terceira parte (de órgãos públicos, de agentes financiadores, de representantes da comunidade afetada, entre outros); (b) atribuição clara de responsabilidades e compromisso das partes: nem todas as medidas serão de responsabilidade do empreendedor, pois quando há envolvimento de terceiros, é importante discernir as responsabilidades; e (c) orçamento realista com custos totais das medidas que devem ser estimados e com cronograma de desembolsos preparado.[803]

A fase de acompanhamento, monitoramento e controle da implementação do projeto ligado à obra, empreendimento ou atividade licenciada busca garantir a proteção

---

[798] SÁNCHEZ, Luis Enrique. *Avaliação de Impacto Ambiental*: conceitos e métodos. 3. ed., atual. e aprimorada. São Paulo: Oficina de Textos, 2020. p. 341.

[799] Os Sistemas de Gestão Ambiental (SGA) são parametrizados pela instituição mundial *International Standardization Organization* (ISO), a qual possui a série de ISO 14001, cujas exigências são aplicadas no Brasil e no mundo para o controle contínuo do desempenho ambiental em empresas e organizações. A norma técnica será abordada no capítulo final deste trabalho.

[800] SÁNCHEZ, Luis Enrique. *Avaliação de Impacto Ambiental*: conceitos e métodos. 3. ed., atual. e aprimorada. São Paulo: Oficina de Textos, 2020. p. 343.

[801] BARBIERI, José Carlos. *Gestão ambiental empresarial*: conceitos, modelos e instrumentos. 2. ed., atual. e ampl. São Paulo: Saraiva, 2007. p. 25.

[802] BARBIERI, José Carlos. *Gestão ambiental empresarial*: conceitos, modelos e instrumentos. 2. ed., atual. e ampl. São Paulo: Saraiva, 2007. p. 70.

[803] SÁNCHEZ, Luis Enrique. *Avaliação de Impacto Ambiental*: conceitos e métodos. 3. ed., atual. e aprimorada. São Paulo: Oficina de Textos, 2020. p. 344.

do meio ambiente e das comunidades afetadas, servindo de confirmação das disposições fixadas nos estudos ambientais, especialmente quando se exigiu EIA/RIMA do empreendedor como exigência de Avaliação de Impacto Ambiental (AIA).[804]

Nesse sentido, o acompanhamento teria como funções: (i) assegurar a implementação dos compromissos assumidos pelo empreendedor (descritos nos estudos ambientais e nas licenças ambientais expedidas, contratos de financiamento e outros documentos correlatos); (ii) adaptar o projeto ou seus programas de gestão no caso de ocorrência de impactos não previstos ou de magnitude maior que o esperado; (iii) demonstrar o cumprimento desses compromissos e de objetivos do empreendimento, obra ou atividade; e (iv) aperfeiçoar o processo de Avaliação de Impacto Ambiental (AIA) ligado ao empreendimento licenciado, melhorando futuras avaliações.[805]

Quando se fala em gestão nos dias de hoje – de constante aprimoramento tecnológico e científico – é necessário ter em mente, tendo como fundo os licenciamentos de grandes atividades econômicas impactantes, que não somente é necessário implementar os compromissos assumidos pelos proponentes dos projetos, como também – e sobretudo – que essa implementação deva ser monitorada, registrada em documentos e auditada para a verificação de sua conformidade (*compliance*).[806]

Na sequência de uma decisão que defira a execução e operação de uma obra ou empreendimento licenciado, a sua implantação deverá ser acompanhada da execução de todas as medidas que se voltem a evitar, reduzir, corrigir ou compensar os impactos negativos e potencializar os positivos, o mesmo deve ser observado nas fases de funcionamento e de desativação e encerramento da atividade licenciada.[807]

São importantes não apenas os estudos prévios e fases prévia e de instalação da obra ou empreendimento licenciado, como também – e especialmente – o desenvolvimento de sistêmico e estruturado acompanhamento, com monitoramento e controle contínuo dos riscos e impactos gerados na operação e exercício da atividade, o que refletirá diretamente no desempenho de sua conformidade (*compliance*) com as políticas e normas jurídicas e técnicas que estão ligadas à atividade ou setor econômico.

Sem o prejuízo da sua aplicação a todas as atividades humanas que causem impactos e degradações ambientais, potenciais ou concretas, significativas ou de baixo risco, a necessidade de acompanhamento ambiental (monitoramento, supervisão, fiscalização, auditoria) se faz prioritária em projetos que: (a) tenham grau *significativo* de incerteza nas previsões do Estudo de Impacto Ambiental (EIA); (b) tenham grau *significativo* de incerteza sobre a eficácia das medidas mitigadoras; (c) possuam complexidade e elevado porte; (d) impliquem sensibilidade da área afetada pelo empreendimento; e (e) indiquem preocupação política e social.[808]

---

[804] SÁNCHEZ, Luis Enrique. *Avaliação de Impacto Ambiental*: conceitos e métodos. 3. ed., atual. e aprimorada. São Paulo: Oficina de Textos, 2020. p. 428.
[805] SÁNCHEZ, Luis Enrique. *Avaliação de Impacto Ambiental*: conceitos e métodos. 3. ed., atual. e aprimorada. São Paulo: Oficina de Textos, 2020. p. 428.
[806] SÁNCHEZ, Luis Enrique. *Avaliação de Impacto Ambiental*: conceitos e métodos. 3. ed., atual. e aprimorada. São Paulo: Oficina de Textos, 2020. p. 429.
[807] SÁNCHEZ, Luis Enrique. *Avaliação de Impacto Ambiental*: conceitos e métodos. 3. ed., atual. e aprimorada. São Paulo: Oficina de Textos, 2020. p. 78.
[808] SÁNCHEZ, Luis Enrique. *Avaliação de Impacto Ambiental*: conceitos e métodos. 3. ed., atual. e aprimorada. São Paulo: Oficina de Textos, 2020. p. 434.

De nada adiantará a aprovação dos estudos ambientais, projetos, planos ou programas apresentados pelo empreendedor e a expedição das licenças pertinentes, caso inexista uma sistêmica aferição e controle permanentes dos riscos, impactos e, em geral, do desempenho técnico e de conformidade com políticas e normas ambientais por parte da obra, empreendimento ou atividade econômica licenciada pelo Poder Público.

O acompanhamento e monitoramento pela Administração tem como escopo verificar, entre outras nuances, se o titular desenvolve o projeto ou a atividade econômica nos termos que foram licenciados/autorizados no s processos administrativos de controle prévio – como por exemplo o licenciamento ambiental.[809]

Segundo Niebuhr, o acompanhamento de alterações no ecossistema mediante a imposição de medidas de controle ambiental possui fundamento constitucional, isso porque o inciso V do §1º do art. 225 da CF/88 diz que incumbe ao Poder Público "controlar a produção, a comercialização e o emprego de técnicas, métodos e substâncias que comportem riscos à vida, à qualidade de vida e ao meio ambiente".[810]

O objetivo do licenciamento ambiental é contribuir para a concretização do direito e dever fundamental ao meio ambiente nos termos do *caput* do art. 225 da CF/88, de maneira que não pode o servidor público responsável pela sua análise e controle sucumbir, por exemplo, a interesses de outras ordens.[811] Essa circunstância está ligada diretamente aos desafios de corrupção, fraude e de falta de transparência, acesso à informação, participação na regulação ambiental brasileira.

Por essas e outras razões já expostas, precisa-se de avanços no monitoramento e controle contínuos do licenciamento no Brasil, não apenas acerca da proteção ambiental em específico, como também em relação à legalidade e à conformidade legal da estrutura, dos atos e dos procedimentos executados no bojo dos licenciamentos.

Com efeito, por estabelecer uma relação continuada entre órgão ambiental e titular da pretensão de exercer atividade impactante ao meio ambiente, o controle administrativo incidente sobre todo o licenciamento ambiental representaria o instrumento fundamental para a efetiva implementação do quadro regulatório de meio ambiente e de desenvolvimento nacional sustentável.

É evidente que todo o ato, comissivo ou omissivo, inclusive ligado à improbidade e demais atos lesivos ao patrimônio público, atinge sensivelmente a estrutura de proteção do meio ambiente, essa que representa, como já exposto nesta análise, um direito-dever fundamental expressamente previsto pela CF/88 e de responsabilidade do Estado e de toda a coletividade.

Como adverte Leite, o controle e atuação preventivos permanecem sendo pouco aplicados pelo Poder Público, apesar de aparato normativo viável. É evidente quando, depois de concedido o licenciamento, não se prosseguem os atos de monitoramento e de fiscalização ambiental, em um procedimento contínuo e necessário à preservação ambiental, inexistindo razão para que não se utilizem outras formas avançadas de controle ambiental em complemento das estruturas rígidas tradicionais de comando e controle,[812] perspectiva defendida neste trabalho.

---

[809] NIEBUHR, Pedro. *Processo administrativo ambiental*. 3. ed. rev., ampl. e atual. Belo Horizonte: Fórum, 2021a. p. 235.
[810] NIEBUHR, Pedro. *Processo administrativo ambiental*. 3. ed. rev., ampl. e atual. Belo Horizonte: Fórum, 2021a. p. 237.
[811] FARIAS, Talden. *Licenciamento Ambiental*: aspectos teóricos e práticos. 7. ed. Belo Horizonte: Fórum, 2019. p. 186.
[812] LEITE, José Rubens Morato. Sociedade de risco e Estado. *In*: CANOTILHO, José Joaquim Gomes; LEITE, José Rubens Morato (Orgs.). *Direito constitucional ambiental brasileiro*. 6. ed. São Paulo: Saraiva, 2015. p. 185.

Como já se demonstrou no capítulo anterior, entre os desafios atuais enfrentados para a implementação da regulação ambiental está a corrupção e a fraude, contexto do qual não se desvincula a prática de atos de improbidade administrativa e demais atos lesivos ao patrimônio e interesse públicos ligados à proteção do meio ambiente, consagrando a importância do acompanhamento, monitoramento e controle contínuo sobre a regularidade do licenciamento.

Apesar de todo esse conjunto de instrumentos, ritos e definições, é notório o momento crítico porque passa a implementação das políticas e normas ambientais, contexto que é impulsionado por uma série de desafios existentes no licenciamento ambiental no Brasil, pauta do próximo tópico.

2.4 Desafios para o licenciamento ambiental e sua função regulatória

Dentre os inúmeros problemas ligados à efetividade do processo administrativo de licenciamento ambiental no Brasil, é possível citar desde a ausência de uma norma geral nacional do instrumento, passando pela desestruturação de órgãos licenciadores, a constante judicialização e politização de atos e procedimentos de grandes obras ou empreendimentos com significativos impactos socioambientais, até se chegar em questões abordadas neste trabalho, como corrupção, fraude, falta de transparência, de acesso à informação de participação e de incentivos na regulação de meio ambiente.

Conforme assevera Bustamante, apesar do seu protagonismo para a proteção ambiental e o desenvolvimento econômico, é incontroverso que o licenciamento não tem desempenhado de forma eficaz o seu propósito dentro da Política Nacional do Meio Ambiente (PNMA), necessitando de alterações de cunho institucional e instrumental.[813]

Frente as suas limitações, como aponta Klug, há consenso entre estudiosos, operadores e legisladores, de que o modelo de licenciamento ambiental brasileiro, importante instrumento de tutela administrativa, há muito necessita ser estrategicamente reformulado, diferentemente de uma visão de que seria um suposto entrave aos investimentos no país, percepção que se mostraria evidentemente limitada.[814]

O debate necessita adentrar as reais questões que impeçam o licenciamento de representar um instrumento efetivo de tutela do ambiente, levando em consideração não só as eventuais falhas do seu processo, como também, e mais importante, o conjunto de questões sociais envolvidas, cujos conflitos acabam por materializar-se no território e ganhar voz dentro dos processos de licenciamento, notadamente naqueles com grandes e significativos impactos e degradações.[815]

Como o enfoque desta análise está na investigação de novas abordagens e

---

[813] BUSTAMANTE, Maria Magalhães de. *Licenciamento como instrumento de regulação ambiental no Brasil*: análise crítica da proposta do novo marco regulatório. Dissertação (mestrado em Direito) – Escola de Direito do Rio de Janeiro da Fundação Getúlio Vargas, Rio de Janeiro, 2017. p. 136-137.

[814] KLUG, Letícia Beccalli. Uma agenda em revisão: o debate sobre as alterações no licenciamento ambiental brasileiro. *In*: COSTA, Marco Aurélio; KLUG, Letícia Beccalli; PAULSEN, Sandra Silva (Orgs.). *Licenciamento ambiental e governança territorial*: registros e contribuições do seminário internacional. Rio de Janeiro: Ipea, 2017. p. 194.

[815] KLUG, Letícia Beccalli. Uma agenda em revisão: o debate sobre as alterações no licenciamento ambiental brasileiro. *In*: COSTA, Marco Aurélio; KLUG, Letícia Beccalli; PAULSEN, Sandra Silva (Orgs.). *Licenciamento ambiental e governança territorial*: registros e contribuições do seminário internacional. Rio de Janeiro: Ipea, 2017. p. 201.

instrumentos no âmbito do processo administrativo de licenciamento, cabe citar algumas das principais críticas e limitações do referido instrumento no Brasil.

Reitera-se que se busca traçar as críticas mais pontuais, sem descurar do objetivo de ressaltar a necessidade de avanços no acompanhamento, monitoramento e no controle contínuo de infrações, ilícitos e danos ambientais, além de atos de corrupção e fraude correlacionados, e em favor de maior transparência, acesso à informação, participação e incentivos no âmbito do licenciamento ambiental brasileiro.

2.4.1 Limitações estruturais e legais do licenciamento ambiental brasileiro

É pública e notória a crítica ao licenciamento no Brasil, tanto por questões institucionais e estruturais, quanto pelas normativas. Segundo Hafner, o processo administrativo de licenciamento ambiental brasileiro costuma ser visto comumente como rigoroso e ao mesmo tempo burocrático, não tendo se mostrado suficiente aos fins a que se destina e para sua aprovação por parte dos setores da sociedade envolvidos.[816]

Uma série de estudos e ações é demandada, cada vez mais, em paralelo aos processos formais de licenciamento, que representariam a chamada "licença social para operar", expressada, por exemplo, nas exigências de análise territorial aprofundadas e nos processos de negociação com as partes afetadas, mesmo que tal ponto não seja institucionalizado por leis. Outra questão também bastante levantada refere-se ao longo tempo decorrido para obtenção de licenças e aos altos custos de análises exigidas.[817]

Nesse sentido, o processo de licenciamento ambiental vem sofrendo críticas e avaliações tanto de instituições específicas quanto da sociedade em geral, o que naturalmente induz alguns ajustes legais/normativos e de ordem prático/processual. O ajuste e a transformação da legislação relacionada ao licenciamento, com base nos mais diversos estudos acerca de suas críticas e gargalos, é prática comum verificada em diversos países, o que permite aperfeiçoar o processo à medida que incorpora à legislação as boas práticas, avanços tecnológicos e novos entendimentos.[818]

A despeito disso, o Brasil não teria alterado substancialmente o escopo do processo de licenciamento desde a criação da Política Nacional do Meio Ambiente (PNMA), em 1981, e das Resoluções CONAMA nº 001/1986 e nº 237/1997. A rigor, ocorreram modificações específicas sobre os ritos e procedimentos, no modo de fazer administrativo, sem, no entanto, haver alterações significativas de cunho técnico.[819]

Para Antunes, ante o crescimento das atividades e, consequentemente, da demanda por licenciamentos, é evidente que a estrutura normativa brasileira, que serve de arcabouço para os procedimentos de licenciamento, necessita de profunda revisão, de forma a assegurar, por exemplo, efetiva participação comunitária, como forma, inclusive, de permitir grau maior de legitimidade.[820]

---

[816] HAFNER, Andrea Margrit. *O licenciamento ambiental no Brasil na prática*. 1. ed. Curitiba: Appris, 2017. p. 19.
[817] HAFNER, Andrea Margrit. *O licenciamento ambiental no Brasil na prática*. 1. ed. Curitiba: Appris, 2017. p. 19.
[818] HAFNER, Andrea Margrit. *O licenciamento ambiental no Brasil na prática*. 1. ed. Curitiba: Appris, 2017. p. 30.
[819] HAFNER, Andrea Margrit. *O licenciamento ambiental no Brasil na prática*. 1. ed. Curitiba: Appris, 2017. p. 169.
[820] ANTUNES, Paulo de Bessa. *Direito ambiental*. 20. ed. São Paulo: Atlas, 2019. p. 68.

A realidade brasileira tem deixado a cargo do licenciamento a quase totalidade da análise ambiental dos empreendimentos, o que sobrecarrega a sua funcionalidade, assevera Hofmann. Observa-se que, em sistemas de gestão ambiental evoluídos, os aspectos ambientais são considerados desde a concepção dos projetos, já levando em consideração as fragilidades da área onde se pretende inseri-los.[821]

No Brasil, há divergências sobre a suficiência das medidas mitigadoras e compensatórias exigidas para neutralizar os impactos dos empreendimentos licenciados. Além de que, em virtude da falta de parâmetros objetivos, haveria dificuldade de análise pelos técnicos competentes, abrindo-se espaço para questionamentos e reivindicações posteriores. O grande número de licenciamentos judicializados, associado a uma atuação intensiva dos órgãos de controle, tem gerado o discurso de que os servidores que atuam no licenciamento seriam rigorosos por temerem um processo criminal.[822]

Para Hofmann, a gestão precisa de aprimoramentos para que haja migração efetiva do modelo burocrático vigente para uma visão gerencial, tendo em vista a necessidade urgente de conferir maior ênfase à efetividade do instrumento do que ao seu trâmite processual. De um modo geral, faz-se necessário fortalecer os instrumentos de gestão territorial que, quando existentes, são pouco considerados na formulação de políticas, planos e programas governamentais ligados aos licenciamentos ambientais.[823]

Segundo Bustamante, a consecução dos objetivos de uma política pública ambiental eficiente dependerá, nesse contexto, de maior capacitação por partes dos entes federativos que aplicam tais instrumentos, bem como da viabilidade de recursos para esta implementação, além da sinergia com políticas públicas advindas dos demais setores públicos e, em última instância, da coerência para dosar a aplicação de medidas de conteúdo repressivo correlacionadas às medidas de conteúdo mais preventivo.[824]

Dentre os obstáculos à efetividade do instrumento do licenciamento, estão: (i) a ausência de planejamento ambiental (advinda da falta de articulação entre a política ambiental e demais políticas setoriais); (ii) a ausência de comandos normativos que reduzam o excesso de discricionariedade do órgão licenciador; e (iii) a questão da participação social e interveniência dos órgãos externos ao SISNAMA no curso do procedimento licenciatório. Em última análise, consequências decorrentes dos obstáculos mencionados são a judicialização demasiada do instrumento e a insegurança jurídica gerada.[825]

No entendimento de Guetta, a inefetividade do licenciamento no Brasil passaria por uma série de fatores: (i) a desestruturação dos órgãos públicos responsáveis pela

---

[821] HOFMANN, Rose Mirian. Gargalos do Licenciamento Ambiental Federal no Brasil. *In:* COSTA, Marco Aurélio; KLUG, Letícia Beccalli; PAULSEN, Sandra Silva (Orgs.). *Licenciamento ambiental e governança territorial*: registros e contribuições do seminário internacional. Rio de Janeiro: Ipea, 2017. p. 33.

[822] HOFMANN, Rose Mirian. Gargalos do Licenciamento Ambiental Federal no Brasil. *In:* COSTA, Marco Aurélio; KLUG, Letícia Beccalli; PAULSEN, Sandra Silva (Orgs.). *Licenciamento ambiental e governança territorial*: registros e contribuições do seminário internacional. Rio de Janeiro: Ipea, 2017. p. 39.

[823] HOFMANN, Rose Mirian. Gargalos do Licenciamento Ambiental Federal no Brasil. *In:* COSTA, Marco Aurélio; KLUG, Letícia Beccalli; PAULSEN, Sandra Silva (Orgs.). *Licenciamento ambiental e governança territorial*: registros e contribuições do seminário internacional. Rio de Janeiro: Ipea, 2017. p. 41.

[824] BUSTAMANTE, Maria Magalhães de. *Licenciamento como instrumento de regulação ambiental no Brasil*: análise crítica da proposta do novo marco regulatório. Dissertação (mestrado em Direito) – Escola de Direito do Rio de Janeiro da Fundação Getúlio Vargas, Rio de Janeiro, 2017. p. 58.

[825] BUSTAMANTE, Maria Magalhães de. *Licenciamento como instrumento de regulação ambiental no Brasil*: análise crítica da proposta do novo marco regulatório. Dissertação (mestrado em Direito) – Escola de Direito do Rio de Janeiro da Fundação Getúlio Vargas, Rio de Janeiro, 2017. p. 60.

emissão de atos administrativos no bojo do procedimento de licenciamento; (ii) falta de efetividade dos direitos constitucionais à informação e à participação; (iii) a baixa qualidade dos estudos de avaliação de impacto ambiental (EIA); e (iv) as não raras intervenções políticas nas decisões que deveriam ser de índole técnica. Por isso, mesmo após anos de sua aplicação, o licenciamento ambiental permanece como alvo de críticas por parte dos mais diversos setores da sociedade e do próprio Poder Público.[826]

Tais críticas não estariam direcionadas à extinção do licenciamento. Visariam, ao contrário, sempre ao seu aperfeiçoamento, ainda que cada segmento social, empresarial e público costume valorizar os aspectos que lhes são de maior interesse e relevância,[827] isso em razão das plurais dimensões socioeconômicas do instrumento.

Nesse sentido, Cappelli e Silva apontam que várias limitações na aplicação do licenciamento seriam externas a ele e não diriam respeito à regulamentação em si, como: (i) baixas capacidades (em quantidade e qualidade) e autonomia das instituições de meio ambiente; (ii) investimentos insuficientes para produção de conhecimento e para criação de referências de planejamento para a operação dos licenciamentos individuais (como zoneamentos ambientais); e (iii) a persistência de políticas e programas setoriais (transporte, energia, etc.) desvinculadas dos temas socioambientais, cada vez mais centrais no processo de licenciamento dos projetos que delas derivam.[828]

Se a legislação vigente fosse suficiente, nem por isso se poderia afirmar que tudo caminha bem. Ao contrário, processos decisórios sobre políticas, projetos e obras, especialmente de infraestrutura, muitas vezes estão sendo conduzidos sem a transparência e a participação social adequadas.[829]

As exigências legais para o licenciamento – notadamente a obrigatoriedade de elaboração de um EIA/RIMA, quando o empreendimento tem potencialidade para causar impactos ambientais *significativos* – não têm acompanhado os anseios e preocupações da sociedade, exigindo uma série de estudos e ações complementares para que os impactos socioeconômicos sejam mitigados.[830]

Para Antunes, haveria necessidade de maior clareza na atuação do Estado no processo de licenciamento que, em grande parte das vezes, mostra-se obscura e enigmática, bem como não existiriam regras que estabeleçam as formas pelas quais a participação se dará e a publicação, tal como tem sido a sua prática, torna-se mais um procedimento burocrático, destituído de qualquer valor prático, haja vista que não dá início a uma participação mais ampla no licenciamento.[831]

---

[826] GUETTA, Maurício. Propostas de reforma da legislação sobre licenciamento ambiental à luz da Constituição Federal. *In*: COSTA, Marco Aurélio; KLUG, Letícia Beccalli; PAULSEN, Sandra Silva (Orgs.). *Licenciamento ambiental e governança territorial*: registros e contribuições do seminário internacional. 1. ed. Rio de Janeiro: Ipea, 2017. p. 217.

[827] GUETTA, Maurício. Propostas de reforma da legislação sobre licenciamento ambiental à luz da Constituição Federal. *In*: COSTA, Marco Aurélio; KLUG, Letícia Beccalli; PAULSEN, Sandra Silva (Orgs.). *Licenciamento ambiental e governança territorial*: registros e contribuições do seminário internacional. 1. ed. Rio de Janeiro: Ipea, 2017. p. 217.

[828] CAPPELLI, Sílvia; SILVA, N. Elementos centrais para a regulamentação federal do licenciamento. *Revista de Direito ambiental*, São Paulo, v. 82, p. 78, abr./jun. 2016.

[829] CAPPELLI, Sílvia; SILVA, N. Elementos centrais para a regulamentação federal do licenciamento. *Revista de Direito ambiental*, São Paulo, v. 82, p. 78, abr./jun. 2016.

[830] HAFNER, Andrea Margrit. *O licenciamento ambiental no Brasil na prática*. 1. ed. Curitiba: Appris, 2017. p. 18.

[831] ANTUNES, Paulo de Bessa. *Direito ambiental*. 20. ed. São Paulo: Atlas, 2019. p. 68.

Dessa forma, insiste Antunes, o Direito Administrativo e, sobretudo, o Processual Administrativo, assumem importância fundamental para o licenciamento ambiental, pois a observância da legalidade é, cada vez mais, indispensável para a validade dos licenciamentos. A proteção ambiental se faz no interior do Estado Democrático e com a utilização dos instrumentos da ordem jurídica democrática que são postos à sua disposição, não podendo haver incompatibilidade entre proteção ambiental e Estado de Direito, pois a primeira se subordina ao segundo.[832]

Conforme Hafner, os processos de licenciamento seguem um rito bem regularizado no que se refere à quantidade de leis, decretos, resoluções e instruções normativas, mas carecem de transparência no que se referem aos demais interesses envolvidos, principalmente aqueles que só atenderão a um grupo específico e não necessariamente à coletividade. Carecem de uma maior articulação entre instituições de governo para a resolução de problemas preexistentes que podem ser agravados pela implantação de um grande empreendimento sem o devido planejamento e estruturação.[833]

Sendo o licenciamento ambiental o único instrumento da Política Nacional de Meio Ambiente (PNMA) que foi implementado com maior e mais evidente efetividade, a expectativa de que ele solucione demandas que não pertencem ao seu escopo tende a ser enorme e poderá levar a frustações e descrédito do processo de licenciamento,[834] situação que se agrava atualmente com exposição a atos de corrupção e de fraude.

Por um lado, muitos atos normativos, por outro, o tempo de elaboração, regulamentação e implementação das leis, sem contar as leis que "não colam" e nunca saem do papel. Há quem estime em cerca de 30 mil o número de instrumentos legais e atos normativos que regulem o licenciamento ambiental no Brasil.[835]

A criação de uma nova lei no Brasil costuma levar anos, sem revogar ou incorporar leis anteriores. A aprovação de uma nova, quase sempre, não garante melhora, uma vez que há medidas conflitantes sendo propostas e permanece a fragmentação de normas.[836] Trata-se de um cenário visto no caso do atual Projeto de Lei nº 2159/2021, em tramitação no Senado Federal, cujas discussões prolongam-se há anos.

Não raro são os instrumentos legais que são incongruentes entre si, apresentando sobreposições e criando zonas de sombra e lacunas, gerando um emaranhado jurídico que dá margem a interpretações contraditórias, que levam ao final à judicialização.[837]

Há divergências na qualidade dos estudos de impacto ambiental (EIA), com estudos custosos e demorados na elaboração e na análise pouco focadas nos impactos e sob pouca disponibilidade de dados. Os estudos de EIA/RIMA levam de 9 a 18 meses, em média, para serem elaborados, podendo ter algumas milhares de páginas e custos de milhões de reais, com pouca incorporação ao conhecimento nacional.[838]

Assim, boa parte do tempo de elaboração dos estudos são gastos nas realizações de diagnósticos, que não raro ocupam mais de 70% dos estudos. Isso porque o Brasil

---

[832] ANTUNES, Paulo de Bessa. *Direito ambiental*. 20. ed. São Paulo: Atlas, 2019. p. 70.
[833] HAFNER, Andrea Margrit. *O licenciamento ambiental no Brasil na prática*. 1. ed. Curitiba: Appris, 2017. p. 19.
[834] HAFNER, Andrea Margrit. *O licenciamento ambiental no Brasil na prática*. 1. ed. Curitiba: Appris, 2017. p. 18.
[835] HAFNER, Andrea Margrit. *O licenciamento ambiental no Brasil na prática*. 1. ed. Curitiba: Appris, 2017. p. 31.
[836] HAFNER, Andrea Margrit. *O licenciamento ambiental no Brasil na prática*. 1. ed. Curitiba: Appris, 2017. p. 31.
[837] HAFNER, Andrea Margrit. *O licenciamento ambiental no Brasil na prática*. 1. ed. Curitiba: Appris, 2017. p. 32.
[838] HAFNER, Andrea Margrit. *O licenciamento ambiental no Brasil na prática*. 1. ed. Curitiba: Appris, 2017. p. 34.

ainda apresenta grandes lacunas de conhecimentos científicos, particularmente no que se refere aos meios biótico e antrópico.[839]

Constata-se, aponta Hafner, excesso de condicionantes e falta de acompanhamento da sua efetividade e retroalimentação com avaliação de eficiência dos programas de mitigação e compensação nos licenciamentos. Apesar de a maior parte dos danos ambientais aos meios físicos e bióticos ocorrerem apenas após a implantação do empreendimento, os órgãos ambientais, em função de seus recursos e do modo de execução do instrumento, têm concentrado seus esforços na avaliação prévia do impacto ambiental (AIA) do empreendimento, realizando raras fiscalizações e visitas nas etapas seguintes, quando poderiam verificar a eficiência das medidas implementadas.[840]

Por esse motivo, o acompanhamento das condicionantes e programas se dá na forma automática de "atendida", "parcialmente atendida" ou "não atendida", desprovida de uma avaliação concreta sobre a mitigação do impacto. Sem essa verificação, programas podem ser propostos para serem atendidos, e mesmo que não mitiguem impactos, continuarão a ser propostos, podendo levar à frustração dos atingidos em relação ao processo de licenciamento.[841]

Destaca-se ainda o uso ineficiente da consulta popular e das audiências públicas. A informação é requisito indispensável à participação das populações envolvidas nos processos de licenciamento. A informação que é disponibilizada, na maioria das vezes, é o Relatório de Impacto Ambiental (RIMA) e o espaço para que a comunidade se manifeste, no Brasil, normalmente são as audiências públicas na fase de análise do projeto para obtenção da Licença Ambiental Prévia.[842] Aponta-se, ainda, a insuficiência de padrões para condicionantes, assim como falta de metodologia institucionalizada para o acompanhamento de sua efetividade como causas das divergências.[843]

Sem o correto diagnóstico dos impactos e sua mitigação, todo o processo de licenciamento restará comprometido, tornando-se apenas uma prática cartorial e burocrática, dispendiosa em recursos e prazos, que nada contribui para a preservação da qualidade socioambiental,[844] fomentando assim riscos de corrupção e fraude.

O processo de licenciamento ambiental não é meramente uma autorização para um projeto, mas sim uma licença que atesta a viabilidade socioambiental de um determinado empreendimento, buscando a compatibilidade de múltiplos interesses de cunho econômico, político, ambiental, social e cultural que poderá interferir e provocar modificações profundas em determinados ambientes urbanos, unindo assim as questões associadas ao licenciamento socioambiental com a ocupação territorial.[845]

Em função dos recursos limitados, há a falta de acompanhamento das demais etapas do licenciamento, ou seja, fiscalização e avaliação da efetividade dos programas propostos. Não havendo a análise da efetiva mitigação dos impactos ou uma avaliação

---

[839] HAFNER, Andrea Margrit. *O licenciamento ambiental no Brasil na prática*. 1. ed. Curitiba: Appris, 2017. p. 34.
[840] HAFNER, Andrea Margrit. *O licenciamento ambiental no Brasil na prática*. 1. ed. Curitiba: Appris, 2017. p. 43.
[841] HAFNER, Andrea Margrit. *O licenciamento ambiental no Brasil na prática*. 1. ed. Curitiba: Appris, 2017. p. 43.
[842] HAFNER, Andrea Margrit. *O licenciamento ambiental no Brasil na prática*. 1. ed. Curitiba: Appris, 2017. p. 44.
[843] HAFNER, Andrea Margrit. *O licenciamento ambiental no Brasil na prática*. 1. ed. Curitiba: Appris, 2017. p. 45.
[844] HAFNER, Andrea Margrit. *O licenciamento ambiental no Brasil na prática*. 1. ed. Curitiba: Appris, 2017. p. 47.
[845] HAFNER, Andrea Margrit. *O licenciamento ambiental no Brasil na prática*. 1. ed. Curitiba: Appris, 2017. p. 168.

de custo/benefício, os conhecimentos de cada processo não alimentam os seguintes.[846] São limitações ligadas, como visto, ao déficit de fiscalização e controle sobre as licenças e suas condicionantes nos licenciamentos de grandes obras e empreendimentos.

Como se não bastassem essas estruturais limitações e históricos desafios, no âmbito dos processos de licenciamento ambiental no Brasil existem dilemas que estão exigindo novas e avançadas perspectivas da atuação regulatória ambiental do Estado, dentre eles os riscos ligados a atos de corrupção e de fraude, que se relacionam a outros problemas, como a falta de transparência, de acesso à informação de participação e de incentivos na regulação ambiental.

2.4.2 O lugar da corrupção no âmbito dos licenciamentos ambientais

Pelo exposto até aqui, resta claro um ambiente regulatório ambiental bastante propício à incidência de problemas como a prática de atos de corrupção e de fraude, relacionados também à falta de transparência, de acesso à informação, de participação e de incentivos no contexto dos licenciamentos ambientais.

Cabe salientar que a corrupção, no plano socioambiental, segundo a Transparência Internacional Brasil, é fator de pressão sobre a decisão de se fazer determinada obra – apesar dos seus riscos e impactos –, viabilizando interferências no licenciamento ambiental, agravando impactos diretos e indiretos (incluindo aqueles sofridos por povos indígenas, comunidades tradicionais e demais grupos afetados) e gerando problemas na gestão dos recursos voltados à mitigação e à compensação.[847]

Para a TI Brasil, a corrupção ambiental seria o abuso de poder confiado a alguém, visando à obtenção de ganho privado, causando degradação ambiental, enfraquecimento da governança ambiental ou injustiça socioambiental.[848]

Evidências dessas perspectivas são constatadas diante de numerosas instaurações de operações efetuadas pelas autoridades policiais pelo país,[849] da atuação de órgãos públicos de controle interno e externo, de ações judiciais e de procedimentos administrativos de controle e de fiscalização, como a exemplo das auditorias operacionais realizadas pelos Tribunais de Contas dos Estados e da União Federal.

Conforme o TCU, realizou-se auditoria operacional veiculada no ano de 2019 e executada com o objetivo de avaliar o licenciamento ambiental federal, identificando riscos e apontando oportunidades de melhoria em nível federal.

Com relação à elaboração de Termos de Referência e à análise de EIAs, indicou o TCU que o IBAMA necessitaria aprimorar os procedimentos de avaliação de impacto ambiental (AIA), por meio da utilização de instrumentos como guias e documentos

---

[846] HAFNER, Andrea Margrit. *O licenciamento ambiental no Brasil na prática*. 1. ed. Curitiba: Appris, 2017. p. 170.

[847] TRANSPARÊNCIA INTERNACIONAL BRASIL – TIBR. *Novas medidas contra a corrupção e sua relevância para temas socioambientais*. São Paulo, 2021b. p. 5-6. Disponível em: https://comunidade.transparenciainternacional.org.br/novas-medidas-e-temas-socioambientais. Acesso em: 05 jan. 2022.

[848] TRANSPARÊNCIA INTERNACIONAL BRASIL – TIBR. *Novas medidas contra a corrupção e sua relevância para temas socioambientais*. São Paulo, 2021b. p. 6. Disponível em: https://comunidade.transparenciainternacional.org.br/novas-medidas-e-temas-socioambientais. Acesso em: 05 jan. 2022.

[849] PF investiga esquema de corrupção em liberação de licenças ambientais. *Agência Brasil*, 2020. Disponível em: https://agenciabrasil.ebc.com.br/geral/noticia/2020-10/pf-investiga-esquema-de-corrupcao-em-liberacao-de-licencas-ambientais. Acesso em: 07 jan. 2022.

técnicos de referência, além de melhorar a articulação e comunicação com órgãos e entidades intervenientes no licenciamento, bem como aprimorar a gestão dos processos de licenciamento, na medida em que a entidade ambiental federal não seria capaz de controlar adequadamente demandas, prazos e responsáveis nos processos.[850]

Ainda para o TCU, através de auditoria operacional publicada em 2018, avaliaram-se os controles de prevenção e detecção à fraude e à corrupção das instituições do Poder Executivo, entre as quais o IBAMA e a Agência Nacional de Mineração (ANM).

Conforme o TCU, para ANM e IBAMA, além de outras entidades, constatou-se que: (a) não foram verificadas as vedações relacionadas a nepotismo e conflito de interesses quando do ingresso de colaboradores e gestores da organização; e (b) não havia obrigatoriedade de os colaboradores e gestores da organização manifestarem situações de nepotismo e/ou que pudessem conduzir a conflito de interesses.[851]

Além disso, especificamente para a ANM e o IBAMA, a auditoria constatou fragilidades no tocante à gestão da ética: (a) não haveria ações específicas de promoção da ética na instituição, seja pela divulgação, ou mesmo por iniciativas de conscientização sobre o código de ética/conduta; (b) não se exigia do corpo funcional termo de compromisso de acatamento e observância das regras estabelecidas no código de ética/conduta por ocasião da posse no cargo ou investidura em função pública; (c) não estavam definidos critérios, diretrizes e limites para relacionamento com todas as partes interessadas (internas e externas à organização), e (d) não havia avaliação da satisfação de todas as partes interessadas com as informações prestadas.[852]

O TCU recomendou especificamente ao IBAMA a implementação de medidas de mapeamento de riscos éticos e de conduta na atuação da entidade ambiental, controles internos e de mitigação de fraude e corrupção por meio do estabelecimento de programa de integridade e *compliance*, entre outras recomendações.[853]

Em nível estadual, o Tribunal de Contas do Estado de Santa Catarina (TCE/SC), também por meio de auditoria operacional concluída em 2018, recomendou ao Instituto do Meio Ambiente do Estado de Santa Catarina (IMA/SC), dada a falta de nível adequado de transparência e gestão, adotar uma política de segurança da informação, para integridade de dados e informações e que contemplasse a legislação ambiental e os princípios constitucionais que regem a Administração Pública. O TCE/SC ainda recomendou que a entidade catarinense implantasse sistema de controle interno com a realização de auditorias internas periódicas, com foco no processo de

---

[850] BRASIL. Tribunal de Contas da União. *Acórdão TC nº 024.048/2018-67*. Auditoria Operacional no Licenciamento Ambiental Federal. Relator Min. Weder de Oliveira. Publicado em 27.05.2019, Brasília, DF, 2019. Disponível em: https://portal.tcu.gov.br/data/files/CA/C6/59/28/7AE4C6105B9484B6F18818A8/024.048-2018-6-%20Licenciamento%20ambiental.pdf. Acesso em: 07 jan. 2022.

[851] BRASIL. Tribunal de Contas da União. *Acórdão TC nº 010.348/2018-2*. Relatório de Auditoria. Relatora Min. Ana Arraes. Grupo I. Classe V. Plenário. Data da Sessão: 14.11.2018. Brasília, DF, 2018. Disponível em: https://portal.tcu.gov.br/data/files/E3/F2/62/3D/DA0476101270AF66E18818A8/AA-010.348.2018-2-prevencao%20fraude%20e%20corrupcao%20na%20APF_acordao.pdf. Acesso em: 07 jan. 2022.

[852] BRASIL. Tribunal de Contas da União. *Acórdão TC nº 010.348/2018-2*. Relatório de Auditoria. Relatora Min. Ana Arraes. Grupo I. Classe V. Plenário. Data da Sessão: 14.11.2018. Brasília, DF, 2018. p. 17-18. Disponível em: https://portal.tcu.gov.br/data/files/E3/F2/62/3D/DA0476101270AF66E18818A8/AA-010.348.2018-2-prevencao%20fraude%20e%20corrupcao%20na%20APF_acordao.pdf. Acesso em: 07 jan. 2022.

[853] BRASIL. Tribunal de Contas da União. *Acórdão TC nº 010.348/2018-2*. Relatório de Auditoria. Relatora Min. Ana Arraes. Grupo I. Classe V. Plenário. Data da Sessão: 14.11.2018. Brasília, DF, 2018. p. 39-40. Disponível em: https://portal.tcu.gov.br/data/files/E3/F2/62/3D/DA0476101270AF66E18818A8/AA-010.348.2018-2-prevencao%20fraude%20e%20corrupcao%20na%20APF_acordao.pdf. Acesso em: 07 jan. 2022.

fiscalização ambiental, na gestão e no uso do sistema, priorizando os aspectos relativos ao cumprimento dos prazos processuais, mecanismos para evitar a prescrição dos processos e ações que visem à reparação dos danos ambientais.[854]

Por essas razões que, assim como nos demais ramos do Direito, na esfera ambiental a influência da corrupção e da fraude não tem sido diferente, haja vista que a falta de participação da sociedade, associada à ausência de transparência do Poder Público na gestão ambiental, tem cooperado para a incidência de atos corruptos por agentes públicos em atos e processos na área ambiental.[855]

Como salienta Oliveira, o anseio pelo crescimento econômico teria influenciado a sociedade a se pautar em geral por um consumo descontrolado, relativizando conceitos morais e éticos em prol da imediata satisfação econômica, procura pelo desenvolvimento econômico que tem gerado danos visíveis e ocultos na atual sociedade,[856] e que, como visto, repercutem na regulação em matéria de meio ambiente.

É um contexto especial no âmbito do licenciamento ambiental, como aponta Oliveira, de modo que o problema estaria intimamente ligado à ausência da efetiva participação social, visto que, apesar da existência de um ordenamento jurídico que garanta a participação da sociedade nos empreendimentos danosos ao meio ambiente, permanece ineficaz o controle a coibir a prática de atos de corrupção e de improbidade, uma vez que a participação da sociedade encontra-se apenas na legislação, não se efetivando na prática cotidiana.[857]

Nesse contexto de avanço da corrupção e da fraude no âmbito de processos de licenciamento ambiental, publicação do Programa Nacional de Prevenção à Corrupção, organizado pelo Tribunal de Contas da União (TCU) e pela Controladoria-Geral da União (CGU), demonstrou que menos de 2% dos órgãos públicos no Brasil possuem um sistema mínimo de proteção contra corrupção,[858] condição que corrobora a necessidade de fomento a mecanismos de monitoramento e controle contínuos ligados à corrupção e à fraude na Administração Pública, especialmente na área ambiental.

Segundo o TCU e a CGU, que mapearam os mecanismos de combate à fraude e à corrupção nos órgãos públicos do Poderes Executivo, Legislativo e Judiciário municipal, estadual e federal, no Brasil, cerca de 82,4% apresentam um grau muito alto ou alto de exposição à corrupção, bem como 15,99% demonstram risco médio, sendo que 1,62% têm baixo risco de exposição à corrupção por contar com um sistema de proteção adequado.[859]

---

[854] SANTA CATARINA. Tribunal de Contas do Estado de Santa Catarina. *Acórdão RLA nº 17/00740641*. Relator Gerson dos Santos Sicca. Data da Sessão: 11.12.2019, Florianópolis, 2019. Disponível em: https://www.tcesc.tc.br/sites/default/files/Relat%C3%B3rio%20Fiscaliza%C3%A7%C3%A3o%20Ambiental_0.pdf#overlay-context=. Acesso em: 07 jan. 2022.

[855] OLIVEIRA, Warley Ribeiro. *A corrupção nos processos administrativos de licenciamento ambiental*. Dissertação (Mestrado) – Escola Superior Dom Helder Câmara, Belo Horizonte, 2018. p. 14.

[856] OLIVEIRA, Warley Ribeiro. *A corrupção nos processos administrativos de licenciamento ambiental*. Dissertação (Mestrado) – Escola Superior Dom Helder Câmara, Belo Horizonte, 2018. p. 14.

[857] OLIVEIRA, Warley Ribeiro. *A corrupção nos processos administrativos de licenciamento ambiental*. Dissertação (Mestrado) – Escola Superior Dom Helder Câmara, Belo Horizonte, 2018. p. 15.

[858] SANT'ANA, Jéssica. *Menos de 2% dos órgãos públicos têm sistema de proteção contra corrupção, dizem TCU e CGU*. PORTAL G1, 08 dez. 2021. Disponível em: https://g1.globo.com/politica/noticia/2021/12/08/menos-de-2percent-dos-orgaos-publicos-tem-sistema-de-protecao-contra-corrupcao-dizem-tcu-e-cgu.ghtml. Acesso em: 09 dez. 2021.

[859] SANT'ANA, Jéssica. *Menos de 2% dos órgãos públicos têm sistema de proteção contra corrupção, dizem TCU e CGU*. PORTAL G1, 08 dez. 2021. Disponível em: https://g1.globo.com/politica/noticia/2021/12/08/menos-de-2percent-dos-orgaos-publicos-tem-sistema-de-protecao-contra-corrupcao-dizem-tcu-e-cgu.ghtml. Acesso em: 09 dez. 2021.

Na jurisprudência dos Tribunais brasileiros, por meio de consulta simples é possível encontrar precedentes relacionados a crimes de corrupção[860] e outros contra a Administração Pública envolvidos no licenciamento ambiental, e também improbidade administrativa ambiental.[861,862]

Nos Tribunais Superiores, há casos com apreciação pelo Superior Tribunal de Justiça (STJ) envolvendo crimes contra a Administração Pública incidentes na área ambiental,[863] bem como quanto a ato de improbidade administrativa ambiental.[864]

Para além da incidência de crimes de corrupção ativa ou passiva e demais crimes e infrações administrativas contra a Administração Pública ambiental, conforme Farias, possível o enquadramento de atos de improbidade administrativa, disciplinados pela Lei Federal nº 8.429/1992, atualizada pela Lei Federal nº 14.230, de 2021.

Para Farias, o intuito não seria enquadrar apenas os atos meramente ilegais, mas também os que afrontarem os princípios da Administração Pública, a exemplo da moralidade administrativa. Apesar de ser voltada para o Poder Público em geral,

---

[860] ADMINISTRATIVO. IMPROBIDADE. LICENÇAS AMBIENTAIS. SOLICITAÇÕES PECUNIÁRIAS INDEVIDAS. CORRUPÇÃO PASSIVA. PROVA DO AUTOS. ARTIGOS 9º, I, E 11, I, LEI nº 8.429/92. A solicitação de vantagens pecuniárias indevidas e sua obtenção, em alguns casos, para a emissão de licenças ambientais ou a aceleração do respectivo procedimento, tal como o demonstra a consistente prova trazida aos autos, que não pode ser desidratada por variações de menor relevo na memória das vítimas pelo decurso do tempo, corresponde a prática de nítidos atos de improbidade, enquadrados em os artigos 9º, I e 11, I, Lei nº 8.429/92. APELAÇÃO DESPROVIDA (RIO GRANDE DO SUL. TJRS. *Apelação Cível nº 70080690977*. Vigésima Primeira Câmara Cível, relator Armínio José Abreu Lima da Rosa, julgado em 27.03.2019, Porto Alegre, RS, 2019).

[861] APELAÇÃO CÍVEL EM AÇÃO CIVIL PÚBLICA POR IMPROBIDADE ADMINISTRATIVA. INTERESSE PROCESSUAL. CONCESSÃO DE LICENÇA AMBIENTAL EM DESACORDO COM AS NORMAS AMBIENTAIS. OFENSA AOS PRINCÍPIOS DA ADMINISTRAÇÃO PÚBLICA. DOLO CARACTERIZADO. MATÉRIA DE ORDEM PÚBLICA. 1. Não há perda superveniente de interesse processual, haja vista que esta ação civil pública não tem por objetivo impedir a consumação de um dano ambiental, mas, sim, a tutela da probidade administrativa. Desta forma, o fato da obra da Estação de Tratamento de Esgoto não ter sido levada à frente não elide as condutas que lhes foram imputadas, tidas por violadoras da probidade administrativa. (...) 3. Incumbe a todo e qualquer servidor público zelar pela legalidade, integridade, honestidade, lealdade, publicidade e eficácia do licenciamento ambiental, instrumento por excelência de prevenção contra a degradação do meio ambiente e de realização do objetivo constitucional do desenvolvimento ecologicamente equilibrado. 4. As normas ambientais encerram obrigações não só para quem usa recursos naturais, mas também para o administrador público que por eles deve velar. O agente do Estado que, com dolo genérico, descumpre, comissiva ou omissivamente, tais deveres de atuação comete improbidade administrativa, nos termos do art. 11 da Lei federal nº 8.429/1992. 5. Comprovada a manifesta violação dos princípios da legalidade, bem assim o dolo genérico, concernente à vontade deliberada de praticar o ilícito, deve o agente público sujeitar-se às sanções previstas no inciso III do art. 12 da Lei federal n, 8.429/1992. (...) 8. APELAÇÃO CÍVEL CONHECIDA E DESPROVIDA (GOIÁS. TJGO. *Apelação Cível nº 0046832-48.2011.8.09.0174*, relatora Elizabeth Maria da Silva, julgado em 03.09.2018, Goiânia, GO, 2018).

[862] APELAÇÃO CRIME. CORRUPÇÃO PASSIVA. ART. 317, DO CP. SERVIDORA MUNICIPAL. AUTORIA E MATERIALIDADE COMPROVADAS. I – A prova é sobeja a caracterizar o crime de corrupção passiva, porquanto a ré, no exercício de sua função pública, solicitou para si, diretamente, vantagem indevida, para emissão de licença ambiental. II – A pena privativa de liberdade foi substituída por duas restritivas de direito de prestação de serviços a comunidade e prestação pecuniária, observando o disposto no art. 44, §2º, do CP. As penas substitutivas são mais benéficas à acusada bem como possuem caráter pedagógico da condenação, respeitando a aptidão da condenada (art. 46, §3º, do CP). RECURSO DESPROVIDO (RIO GRANDE DO SUL. TJRS. *Apelação Crime, nº 70077317451*. Quarta Câmara Criminal, relator Rogerio Gesta Leal, julgado em 14.06.2018, Porto Alegre, RS, 2018).

[863] Neste sentido: BRASIL. Superior Tribunal de Justiça. *Recurso Especial nº 1.730.114/SC*, Rel. Min. Ribeiro Dantas, Quinta Turma, julgado em 01.08.2018, Brasília, DF.

[864] BRASIL. Superior Tribunal de Justiça. *Recurso Especial nº 1.388.405/ES*, Rel. Ministro Humberto Martins, Segunda Turma, julgado em 24.11.2015, Brasília, DF, 2015. No mesmo sentido: BRASIL. Superior Tribunal de Justiça. *Recurso Especial nº 1116964/PI*, Rel. Min. Mauro Campbell Marques, Segunda Turma, julgado em 15.03.2011, DJe 02.05.2011, Brasília, DF, 2011.

não levando em consideração as particularidades das questões ambientais, essa Lei de Improbidade Administrativa também seria aplicável ao Direito Ambiental, mesmo porque parte significativa do controle ambiental, como já salientado por este trabalho, é exercida por meio de processos e de atos administrativos.[865]

Ainda para Farias, qualquer ato ímprobo nos processos de análise e concessão dos atos públicos ambientais de liberação de atividade econômica, além de afetar a Administração Pública em si, muito provavelmente lesará também o meio ambiente, vez que a concessão indevida de tais atos já significaria uma ameaça ao meio ambiente e à qualidade de vida da coletividade. O mesmo poderia se dizer em relação a uma multa ou embargo corretamente aplicados que deixassem de ser mantidos em razão de um ato de improbidade do servidor ou do gestor de órgão ambiental.[866]

A Lei de Improbidade Administrativa também é um importante mecanismo da Administração Pública ambiental, tendo assim uma relevância dentro do Direito Ambiental brasileiro,[867] estrutura que se soma às previsões legais de atos de corrupção e de fraude incidentes sobre a seara da regulação administrativa ambiental.

Com efeito, assinala Farias, todas as situações de improbidade administrativa são aplicáveis ao sistema de licenciamento e de responsabilização administrativa ambiental, embora a do art. 10[868] da Lei Federal nº 8.429/1992 (atual Lei Federal nº 14.230/2021) seja a menos frequente, pois, na maioria das vezes, o ato ímprobo no licenciamento não gera prejuízos diretos ao erário e sim ao meio ambiente. Por outro lado, a do art. 11[869] é provavelmente a mais comum, tendo em vista que poderá ser enquadrado qualquer ato administrativo que afaste tais mecanismos de sua finalidade de promover a defesa do meio ambiente dentro das normas ambientais.[870]

Nada obstante não ser recomendável, no entanto, banalizar a interposição de ações de improbidade administrativa sob pena de comprometer a eficiência e a credibilidade do instituto, cabendo ao Ministério Público e ao órgão da Administração Pública indireta legitimado adotar uma certa cautela em relação a isso. A demonstração do

---

[865] FARIAS, Talden. Improbidade Administrativa e Direito Ambiental. *Revista O Consultor Jurídico*, 21 nov. 2020. Disponível em: https://www.conjur.com.br/2020-nov-21/ambiente-juridico-improbidade-administrativa-direito-ambiental. Acesso em: 29 jan. 2022.

[866] FARIAS, Talden. Improbidade Administrativa e Direito Ambiental. *Revista O Consultor Jurídico*, 21 nov. 2020. Disponível em: https://www.conjur.com.br/2020-nov-21/ambiente-juridico-improbidade-administrativa-direito-ambiental. Acesso em: 29 jan. 2022.

[867] FARIAS, Talden. Improbidade Administrativa e Direito Ambiental. *Revista O Consultor Jurídico*, 21 nov. 2020. Disponível em: https://www.conjur.com.br/2020-nov-21/ambiente-juridico-improbidade-administrativa-direito-ambiental. Acesso em: 29 jan. 2022.

[868] "Art. 10. Constitui ato de improbidade administrativa que causa lesão ao erário qualquer ação ou omissão dolosa, que enseje, efetiva e comprovadamente, perda patrimonial, desvio, apropriação, malbaratamento ou dilapidação dos bens ou haveres das entidades referidas no art. 1º desta Lei (...)" (BRASIL. Presidência da República. *Lei nº 14.230, de 25 de outubro de 2021*. Altera a Lei nº 8.429, de 02 de junho de 1992, que dispõe sobre improbidade administrativa. Brasília, DF, 2021. Disponível em: http://www.planalto.gov.br/ccivil_03/_Ato2019-2022/2021/Lei/L14230.htm. Acesso em: 29 jan. 2022).

[869] "Art. 11. Constitui ato de improbidade administrativa que atenta contra os princípios da administração pública a ação ou omissão dolosa que viole os deveres de honestidade, de imparcialidade e de legalidade (...)" (BRASIL. Presidência da República. *Lei nº 14.230, de 25 de outubro de 2021*. Altera a Lei nº 8.429, de 02 de junho de 1992, que dispõe sobre improbidade administrativa. Brasília, DF, 2021. Disponível em: http://www.planalto.gov.br/ccivil_03/_Ato2019-2022/2021/Lei/L14230.htm. Acesso em: 29 jan. 2022).

[870] FARIAS, Talden. Improbidade Administrativa e Direito Ambiental. *Revista O Consultor Jurídico*, 21 nov. 2020. Disponível em: https://www.conjur.com.br/2020-nov-21/ambiente-juridico-improbidade-administrativa-direito-ambiental. Acesso em: 29 jan. 2022.

dolo se faz cada vez mais necessária, já que não se pode processar e condenar ninguém com base em juízos de mera subjetividade. Também é preciso considerar a falta de estrutura dos órgãos ambientais, que normalmente sofrem com a falta de servidores e de equipamentos, ao mesmo tempo em que enfrentam um aumento na demanda em razão do crescimento da importância da burocracia ambiental.[871]

Nesse contexto, cumpre ter em mente que o processo de licenciamento é dinâmico e necessita de ajustes céleres nos seus ritos para fazer frente aos objetivos e às expectativas da sociedade sobre o instrumento. O que representava a implantação de um empreendimento na década 1980 está longe de ser o mesmo hoje em dia e o arcabouço legal, como visto, não tem acompanhado tal dinamicidade.[872]

O monitoramento pós-licenciamento, com o uso de indicadores e a retroalimentação da efetividade dos programas, em muito poderia contribuir para o aperfeiçoamento do processo de licenciamento,[873] medidas cruciais para o contexto da corrupção e da fraude e também de necessidade de mais transparência e participação.

Infelizmente poucos são os órgãos e secretarias, além do órgão licenciador federal (IBAMA), que fornecem informações por meio da *internet*. O acesso a outros documentos, mesmo públicos, como os Termos de Referência e licenças com suas condicionantes não estão disponíveis nem mesmo no órgão federal brasileiro,[874] fatores que aumentam a possibilidade de corrupção e fraude na regulação ambiental.

Segundo Hafner, à medida que mais informações sobre o processo de licenciamento estivessem disponíveis, como Termo de Referência, as licenças prévias, de instalação e operação com suas condicionantes, e houvesse um efetivo monitoramento dos indicadores socioeconômicos e ambientais, seria possível analisar as reais consequências dos programas propostos e implementados e a efetiva contribuição para o desenvolvimento/alteração local ligados aos licenciamentos.[875]

Essencial também é a implementação de outros instrumentos para as demais demandas não associadas a impactos diretos, mas que afetam a implantação de grandes empreendimentos em ambientes urbanos,[876] como questões sociais e culturais.

Como aponta Klug, a revisão dos instrumentos de comando e controle previstos na PNMA é importante, mas não resolve questões estruturais de governança do território brasileiro. Do ponto de vista do Estado, a ausência de planejamento de longo prazo, de participação social e de transparência na tomada de decisão não é suprida por um processo de licenciamento ambiental eficiente. Além disso, é necessário que a sociedade

---

[871] FARIAS, Talden. Improbidade Administrativa e Direito Ambiental. *Revista O Consultor Jurídico*, 21 nov. 2020. Disponível em: https://www.conjur.com.br/2020-nov-21/ambiente-juridico-improbidade-administrativa-direito-ambiental. Acesso em: 29 jan. 2022.

[872] HAFNER, Andrea Margrit. *O licenciamento ambiental no Brasil na prática*. 1. ed. Curitiba: Appris, 2017. p. 174.

[873] HAFNER, Andrea Margrit. *O licenciamento ambiental no Brasil na prática*. 1. ed. Curitiba: Appris, 2017. p. 175.

[874] HAFNER, Andrea Margrit. *O licenciamento ambiental no Brasil na prática*. 1. ed. Curitiba: Appris, 2017. p. 175.

[875] KLUG, Letícia Beccalli. Uma agenda em revisão: o debate sobre as alterações no licenciamento ambiental brasileiro. *In*: COSTA, Marco Aurélio; KLUG, Letícia Beccalli; PAULSEN, Sandra Silva (Orgs.). *Licenciamento ambiental e governança territorial*: registros e contribuições do seminário internacional. Rio de Janeiro: Ipea, 2017. p. 176-177.

[876] KLUG, Letícia Beccalli. Uma agenda em revisão: o debate sobre as alterações no licenciamento ambiental brasileiro. *In*: COSTA, Marco Aurélio; KLUG, Letícia Beccalli; PAULSEN, Sandra Silva (Orgs.). *Licenciamento ambiental e governança territorial*: registros e contribuições do seminário internacional. Rio de Janeiro: Ipea, 2017. p. 178.

cobre transparência e maior participação em decisões estratégicas para o país, não se limitando às audiências públicas e simples "cumprimentos de tabela".[877]

Olhar para o licenciamento com uma visão superficial tornará o país refém de propostas que resolvem problemas de curto prazo e não de médio ou longo prazo,[878] sem contar o agravamento de novos desafios como os da corrupção, da fraude e da falta de transparência, que não estão, de modo evidente, relacionados aos danos ambientais.

Qualificado pela CF/88 como instrumento essencial para a efetividade do direito - e dever - fundamental previsto no art. 225, entre outros direitos, o licenciamento ambiental deve ser fortalecido, garantindo-se mais efetividade aos direitos à informação e à participação social, melhores condições institucionais, financeiras e de recursos humanos aos órgãos ambientais, independência e autonomia às decisões dos agentes, melhoria da qualidade dos estudos de avaliação de impacto ambiental, entre outras medidas debatidas com os mais diversos setores da sociedade e do poder público.[879]

Na linha de Oliveira, o crescimento da corrupção no Brasil vem sendo causado, além de vários outros fatores, pela ausência de institutos de boa governança, tais como transparência, ética, integridade e *compliance*, fazendo-se necessária uma mudança na forma de tratamento dado ao processo de licenciamento ambiental, sendo fundamental a aplicação desses institutos já utilizados no mundo globalizado, como ferramentas essenciais para o combate à corrupção no contexto dos licenciamentos no país.[880]

Soma-se a isso o fato de que o Direito Ambiental não está isento de atos corruptos, haja vista que, em sua maioria, é representado por uma regulação através do proferimento de atos administrativos de natureza híbrida – ora vinculantes; ora discricionários –, característica que não afasta eventual margem para que o agente público possa cometer tais atos ilícitos, para além das possibilidades de ocorrências de atos ímprobos e corruptos, quando se trate da proteção do meio ambiente, tendo em vista o montante financeiro envolvido, como mineradoras e grandes indústrias.[881]

Conforme adverte Oliveira, há no Brasil uma clara e evidente ausência dos institutos de boa governança no licenciamento ambiental por parte do Poder Público, proporcionando riscos e ocorrências concretas de atos corruptos, como, troca de favores, propinas, "apadrinhamentos" e privilégios indevidos na aprovação, instalação e execução de empreendimentos que possam causar danos ao meio ambiente.[882]

---

[877] KLUG, Letícia Beccalli. Uma agenda em revisão: o debate sobre as alterações no licenciamento ambiental brasileiro. *In*: COSTA, Marco Aurélio; KLUG, Letícia Beccalli; PAULSEN, Sandra Silva (Orgs.). *Licenciamento ambiental e governança territorial*: registros e contribuições do seminário internacional. Rio de Janeiro: Ipea, 2017. p. 202.

[878] KLUG, Letícia Beccalli. Uma agenda em revisão: o debate sobre as alterações no licenciamento ambiental brasileiro. *In*: COSTA, Marco Aurélio; KLUG, Letícia Beccalli; PAULSEN, Sandra Silva (Orgs.). *Licenciamento ambiental e governança territorial*: registros e contribuições do seminário internacional. Rio de Janeiro: Ipea, 2017. p. 203.

[879] GUETTA, Maurício. Propostas de reforma da legislação sobre licenciamento ambiental à luz da Constituição Federal. *In*: COSTA, Marco Aurélio; KLUG, Letícia Beccalli; PAULSEN, Sandra Silva (Orgs.). *Licenciamento ambiental e governança territorial*: registros e contribuições do seminário internacional. 1. ed. Rio de Janeiro: Ipea, 2017. p. 237.

[880] OLIVEIRA, Warley Ribeiro. *A corrupção nos processos administrativos de licenciamento ambiental*. Dissertação (Mestrado) – Escola Superior Dom Helder Câmara, Belo Horizonte, 2018. p. 15.

[881] OLIVEIRA, Warley Ribeiro. *A corrupção nos processos administrativos de licenciamento ambiental*. Dissertação (Mestrado) – Escola Superior Dom Helder Câmara, Belo Horizonte, 2018. p. 55.

[882] OLIVEIRA, Warley Ribeiro. *A corrupção nos processos administrativos de licenciamento ambiental*. Dissertação (Mestrado) – Escola Superior Dom Helder Câmara, Belo Horizonte, 2018. p. 64.

Quando se trata da execução e controle do licenciamento, faz-se necessária uma comunicação transparente e ética entre as instituições governamentais e as empresas, com um objetivo originário de promoção do desenvolvimento do país, servindo como instrumento para o combate à corrupção e ao tráfico de influência.[883]

Com o fito de que haja uma boa gestão ambiental, é primordial a cooperação conjunta entre a sociedade, o setor privado e a Administração, para que se deixe no passado a premissa de que o Poder Público tem monopólio de edição, de gestão e controle ambiental, apenas com aplicação de comando e controle.[884]

Como indicam Niebuhr, Dalmarco e Assis, a quantidade de regulação não agiria, necessariamente, como inibição à adoção de atos de corrupção; pelo contrário, registra-se incremento nas práticas de corrupção diante de setores excessivamente regulados, sendo melhor que ampliar de modo excessivo ou desconexo a regulação, criar/consolidar ambientes regulatórios desestimuladores de atos de corrupção.[885]

É importante dizer ainda, conforme Warde, que se deve evitar o espetáculo da corrupção e de seu combate, evitar um combate que não mede consequências e que não acaba com a corrupção, mas a agrava, um combate que a fortalece – porque não fere de morte as suas causas e abre espaço para que se fortaleça –, enquanto vulnera conquistas preciosas, ainda que atabalhoadamente conquistadas, em meio à negação de tudo.[886]

Todo e qualquer incremento de estratégias e mecanismos de prevenção e combate à corrupção e à fraude, inclusive na área ambiental, precisa observar garantias constitucionais, além de considerar todo o seu contexto social, econômico e político.

Um avanço estrutural dos atos de corrupção e de fraude, somado a um combate incapaz de alvejar as causas da corrupção e de desmantelar a sua ocorrência, poderá prejudicar o Brasil, ao comprometer suas instituições mais importantes.[887]

Assim é, cada vez mais necessária, destaca Oliveira, a implantação e a efetividade da cooperação, transparência e controle no processo administrativo de licenciamento ambiental, na linha de concebê-lo como instrumento eficaz para a proteção ambiental, como também – e especialmente – para a promoção do combate à corrupção e da implantação da boa governança na Administração Pública ambiental.[888]

Não por acaso a Transparência Internacional Brasil, sobre os licenciamentos ambientais de grandes obras e empreendimentos, conclui serem necessárias diversas medidas, como a implementação de reformas de integridade nos setores público e

---

[883] OLIVEIRA, Warley Ribeiro. *A corrupção nos processos administrativos de licenciamento ambiental*. Dissertação (Mestrado) – Escola Superior Dom Helder Câmara, Belo Horizonte, 2018. p. 68.

[884] OLIVEIRA, Warley Ribeiro. *A corrupção nos processos administrativos de licenciamento ambiental*. Dissertação (Mestrado) – Escola Superior Dom Helder Câmara, Belo Horizonte, 2018. p. 85.

[885] NIEBUHR, Pedro; DALMARCO, Arthur Rodrigues; ASSIS, Luiz Eduardo Altenburg de. Regulação e Corrupção: o efeito dissuasor de arquiteturas regulatórias eficientes. *In*: CRISTÓVAM, José Sérgio da Silva; NIEBUHR, Pedro (Orgs.). *Combate preventivo à Corrupção no Brasil*: para além do modelo repressivo-punitivista. 1. ed. Florianópolis: Habitus, 2020. p. 209.

[886] WARDE, Walfrido. *O espetáculo da corrupção*: como um sistema corrupto e o modo de combatê-lo estão destruindo o país. 1. ed. Rio de Janeiro: LeYa, 2018. p. 88.

[887] WARDE, Walfrido. *O espetáculo da corrupção*: como um sistema corrupto e o modo de combatê-lo estão destruindo o país. 1. ed. Rio de Janeiro: LeYa, 2018. p. 86.

[888] OLIVEIRA, Warley Ribeiro. *A corrupção nos processos administrativos de licenciamento ambiental*. Dissertação (Mestrado) – Escola Superior Dom Helder Câmara, Belo Horizonte, 2018. p. 86.

privado, o fortalecimento da participação e do controle social e o aprimoramento da gestão de impactos e do licenciamento ambiental brasileiro.[889]

A TI Brasil assevera que grandes obras de infraestrutura na Amazônia, região da maior floresta tropical do mundo, estiveram associadas, nas últimas décadas, a casos de corrupção sistêmica e graves impactos socioambientais.[890]

Em obras de infraestrutura, há questões gerais, que dizem respeito à atuação do Estado e das empresas, que podem exercer papel fundamental para garantir a transparência e evitar a prática de corrupção. São normas e práticas que operam na dimensão mais cotidiana das atividades dessas organizações, regulando a própria atuação dos agentes públicos e privados e promovendo relações íntegras, transparentes e democráticas. Com sua implementação, é possível evitar que novos casos de corrupção e impacto socioambiental exacerbado venham a ocorrer.[891]

Entre as medidas indicadas pela TI Brasil, estão: (i) criação e divulgação de ampliado canal de denúncias dotado de medidas de proteção e sigilo aos denunciantes; (ii) fomento e desenvolvimento de programas de integridade e *compliance* anticorrupção, com a finalidade de prevenir, detectar e reprimir fraudes, desvios e outras condutas ilegais; (iii) cumprimento à Lei de Acesso à Informação (Lei Federal nº 12.527/2011); (iv) execução de avaliações periódicas sobre relatórios, iniciativas e programas assumidos pela empresas; (v) fomento à adesão de iniciativas de parâmetros como Selo Pró-Ética e Selo Infra+Integridade; e (vi) introdução de políticas de transparência e integridade entre setor público e empresas privadas, bem como com cadeias de suprimento, entre outras.[892]

Ademais, a TI Brasil ainda ressalta sobre a incidência dos riscos e práticas de corrupção sobre a pauta ambiental e também das mudanças climáticas: (a) captura política e financiamento ilegal e legal de campanhas podem ser estratégias usadas por setores/empresas para influenciar o desenho da política climática e/ou ambiental; (b) suborno, nepotismo e clientelismo, que também são práticas usadas para beneficiar grupos de interesse específicos ao invés de áreas de maior necessidade de mitigação e/ou adaptação; (c) fraude e influência indevida, que são táticas comuns para enfraquecer a aplicação de salvaguardas socioambientais em projetos de mitigação; (d) fraudes, suborno, prevaricação e lavagem de ativos, que viabilizam crimes ambientais como exploração ilegal de madeira e garimpo ilegal, dificultando a detecção, investigação, fiscalização e responsabilização daqueles envolvidos em atos ilícitos; e (e) mau uso, inutilização e/ou uso indevido dos recursos públicos e do financiamento climático, que impactam ou atrasam o alcance de metas climáticas ou, até mesmo, impossibilitam tais ambições.[893]

---

[889] TRANSPARÊNCIA INTERNACIONAL BRASIL – TIBR. *Novas medidas contra a corrupção e sua relevância para temas socioambientais*. São Paulo, 2021b. p. 2. Disponível em: https://comunidade.transparenciainternacional.org.br/novas-medidas-e-temas-socioambientais. Acesso em: 05 jan. 2022.

[890] TRANSPARÊNCIA INTERNACIONAL BRASIL – TIBR. *Novas medidas contra a corrupção e sua relevância para temas socioambientais*. São Paulo, 2021b. p. 5. Disponível em: https://comunidade.transparenciainternacional.org.br/novas-medidas-e-temas-socioambientais. Acesso em: 05 jan. 2022.

[891] TRANSPARÊNCIA INTERNACIONAL BRASIL – TIBR. *Novas medidas contra a corrupção e sua relevância para temas socioambientais*. São Paulo, 2021b. p. 22. Disponível em: https://comunidade.transparenciainternacional.org.br/novas-medidas-e-temas-socioambientais. Acesso em: 05 jan. 2022.

[892] TRANSPARÊNCIA INTERNACIONAL BRASIL – TIBR. *Novas medidas contra a corrupção e sua relevância para temas socioambientais*. São Paulo, 2021b. p. 24-25. Disponível em: https://comunidade.transparenciainternacional.org.br/novas-medidas-e-temas-socioambientais. Acesso em: 05 jan. 2022.

[893] TRANSPARÊNCIA INTERNACIONAL BRASIL – TIBR. *COP26*: Por que combater a corrupção importa para a agenda climática? São Paulo, 2022. Disponível em: https://transparenciainternacional.org.br/posts/cop-26-por-que-combater-a-corrupcao-importa-para-a-agenda-climatica/. Acesso em: 05 jan. 2022.

Por todas essas considerações, é possível constatar que, para além das inúmeras questões estruturais e legais que afetam o sistema do licenciamento ambiental atualmente, a corrupção e a fraude, ligadas à falta de transparência, acesso à informação, participação e de incentivos, representam dilemas estruturais que estão diretamente relacionados ao avanço de infrações administrativas, crimes e danos ambientais e socioambientais, desafiando a regulação ambiental, impedindo a implementação do Direito Ambiental e afastando do horizonte um desenvolvimento nacional sustentável.

2.4.3 Função regulatória do licenciamento para o combate à corrupção e à fraude e o fomento à transparência e à participação na regulação ambiental

Dadas as suas dimensões social, econômica, política e jurídica, no processo administrativo de licenciamento ambiental haveria uma função regulatória capaz de induzir e modificar padrões de comportamento dos agentes econômicos e das estruturas das atividades que possuam significativos impactos ou degradações ao meio ambiente.

Trata-se de um aspecto que detém potencial de incrementar mecanismos voltados à conformidade (*compliance*) ambiental e também de desenvolver medidas e exigências de prevenção, apuração e responsabilização por atos de corrupção e fraude em prejuízo de políticas e normas de proteção ambiental e desenvolvimento sustentável.

É através dessa relação continuada entre órgão licenciador e licenciados, por meio dos estudos, projetos, planos, programas e medidas de acompanhamento, monitoramento e controle exigidos, verificados, fiscalizados e executados como condições ao exercício das atividades licenciadas, que se mostra possível vislumbrar efeitos favoráveis à uma função regulatória no licenciamento ambiental.

Com efeito, trata-se de reflexos que, mesmo não diretamente ligados à função principal de proteção do meio ambiente, potencializam o licenciamento como um meio de induzir modificações, correções e melhorias sobre comportamentos dos agentes a ele sujeitos, inclusive com o fito de influenciar os setores econômicos.

Nos licenciamentos, a realidade não destoa do ocorrido no âmbito das licitações públicas, nas quais, segundo Carvalho, são movimentados na economia quantidade expressiva de recursos, razão pela qual essas medidas possuiriam capacidade de influenciar o funcionamento dos mercados de que a Administração Pública participa.[894]

Isso porque considera-se viável que o Estado lance mão do instrumento licitatório, respeitadas as exigências constitucionais, não apenas para satisfazer a sua demanda de condições mais vantajosas, como também para servir como ferramenta para a sua atuação incentivadora de determinados setores econômicos e políticas sociais.[895]

Com efeito, Carvalho assevera que, além da utilização das licitações públicas para as compras e aquisições do Estado, seria possível conceber tal instrumento sob

---

[894] CARVALHO, Victor Aguiar de. A função regulatória da licitação como instrumento de promoção da concorrência e de outras finalidades públicas. *In:* ARAGÃO, Alexandre Santos de; PEREIRA, Anna Carolina Migueis; LISBOA, Letícia Lobato Anicet (Coords.). *Regulação e Infraestrutura*. 1. ed. Belo Horizonte: Fórum, 2018. p. 625.

[895] CARVALHO, Victor Aguiar de. A função regulatória da licitação como instrumento de promoção da concorrência e de outras finalidades públicas. *In:* ARAGÃO, Alexandre Santos de; PEREIRA, Anna Carolina Migueis; LISBOA, Letícia Lobato Anicet (Coords.). *Regulação e Infraestrutura*. 1. ed. Belo Horizonte: Fórum, 2018. p. 626.

outras funções regulatórias, como a promoção da concorrência e a competitividade de mercados de interesse da Administração, por exemplo.[896]

Trata-se de um viés para além da função primária da licitação pública, utilizando-a como veículo regulatório também voltado ao incentivo ou indução a determinadas finalidades ou políticas públicas constitucionalmente relevantes, recordando-se que as licitações visam ao desenvolvimento nacional sustentável.[897]

Esse avanço acerca de exigências de medidas e programas de integridade e *compliance* anticorrupção no contexto das contratações públicas confirmaria a função regulatória das licitações em favor da indução e incentivo à gestão preventiva no tema por parte das empresas interessadas em contratar com a Administração, medida voltada à regulação e ao controle de um desafio que, mesmo não diretamente ligado à função primária das licitações, seria compatível com o escopo do instrumento.

Na linha de Ferraz, importante tem sido a demarcação do espaço da função regulatória da licitação, a fim de que a busca por finalidades outras, como o combate à corrupção no caso da exigência de programas de *compliance*, não desnature o perfil constitucional da licitação pública.[898] As licitações públicas, assim como o licenciamento ambiental, são instrumentos de evidente campo discricionário das autoridades públicas competentes, além de representarem grandes impactos econômicos, sociais e ambientais no país, conotações que exaltam sua função de indução nos agentes econômicos envolvidos.

Com o incremento dessa função regulatória nas licitações públicas, a exigência dos programas de integridade e *compliance* constrói e fortalece relações éticas negociais aceitáveis e, sendo efetiva a implantação desses programas, pilares da prevenção, detecção e da remediação seriam fomentados, além de relações público-privadas mais éticas, eficientes e transparentes,[899] o que corrobora o potencial da medida, com sua implementação adaptada, no âmbito dos licenciamentos ambientais no Brasil.

Em razão dessas perspectivas, e consideradas as funções atribuídas ao processo administrativo de licenciamento ambiental no Brasil, quais sejam, (i) da proteção ao meio ambiente ecologicamente equilibrado, (ii) da regulação e controle sobre as atividades, obras e empreendimentos com impactos, potenciais ou concretos, ou capazes de gerar degradações ambientais significativas, (iii) de compatibilizar o exercício das atividades econômicas com as políticas e normas ambientais e (iv) de promover o desenvolvimento social, econômico e ambiental sustentável, as exigências e requisitos fixados como condições no licenciamento ambiental deteriam a capacidade de influenciar o ambiente regulatório dos setores e agentes econômicos sujeitos ao referido instrumento.

---

[896] CARVALHO, Victor Aguiar de. A função regulatória da licitação como instrumento de promoção da concorrência e de outras finalidades públicas. *In:* ARAGÃO, Alexandre Santos de; PEREIRA, Anna Carolina Migueis; LISBOA, Letícia Lobato Anicet (Coords.). *Regulação e Infraestrutura*. 1. ed. Belo Horizonte: Fórum, 2018. p. 634.

[897] CARVALHO, Victor Aguiar de. A função regulatória da licitação como instrumento de promoção da concorrência e de outras finalidades públicas. *In:* ARAGÃO, Alexandre Santos de; PEREIRA, Anna Carolina Migueis; LISBOA, Letícia Lobato Anicet (Coords.). *Regulação e Infraestrutura*. 1. ed. Belo Horizonte: Fórum, 2018. p. 643.

[898] FERRAZ, Pedro da Cunha. A exigência de programa de compliance em licitações: um estudo sobre as finalidades licitatórias e a competência para legislar sobre licitação. *In:* DAL POZZO, Augusto das Neves; MARTINS, Ricardo Marcondes (Coords.). *Aspectos controvertidos do Compliance na administração pública*. 1. ed. Belo Horizonte: Fórum, 2020. p. 227.

[899] CAMARÃO, Tatiana. A contratação pública como instrumento de fomento à integridade e não à corrupção. *In:* ZENKNER, Marcelo; CASTRO, Rodrigo Pironti de (Coord.) *Compliance no setor público*. 1 ed. Belo Horizonte: Fórum, 2020. p. 376.

Dessa forma, o licenciamento ambiental, por meio de suas etapas e condicionantes nas licenças exigidas, possuiria uma função regulatória em potencial para contribuir com a superação dos principais desafios por que passa a implementação da regulação ambiental e, por sua vez, o próprio licenciamento, como a corrupção, a fraude e a falta de transparência, acesso à informação, participação e de incentivos.

Uma das maneiras de instrumentalizar essa função regulatória estaria expressada na exigência de programas de conformidade ou *compliance*, dentre outras medidas, no âmbito dos licenciamentos ambientais e das condicionantes fixadas nas respectivas licenças ambientais concedidas, providência com o fito maior de promover transparência e incentivar o desenvolvimento de ações, medidas e programas para a prevenção, a apuração e a responsabilização por atos de corrupção e fraude ocorridos no contexto dos licenciamentos ambientais.

Trata-se de uma função regulatória, interpretada a partir dos princípios ambientais e administrativos incidentes sobre o licenciamento ambiental brasileiro, como da prevenção, da precaução, do poluidor-pagador e dos dispostos no art. 37, *caput,* da CF/88, que estaria alinhada, portanto, à proteção do interesse público intrínseco a todos os atos e exigências desse instrumento de proteção do meio ambiente e de fomento ao desenvolvimento nacional sustentável.

2.5 Síntese do capítulo

Como diretrizes conclusivas deste segundo capítulo, que se dirigem aos objetivos nele esperados, constatam-se as seguintes:

(i) a tutela administrativa estatal detém prominência na implementação da regulação ambiental, especialmente se contrastada com a tutela jurisdicional, uma vez que oportunizaria, por meio dos processos administrativos ambientais de controle prévio ou sucessivo, de modo célere e multidisciplinar, maiores prevenção e antecipação a infrações e danos ambientais, função da Administração e em cooperação com a coletividade;

(ii) a regulação administrativa em matéria de meio ambiente depende da efetividade dos processos administrativos ambientais, especiais meios de execução da atividade regulatória ambiental, e que manifestam o direito e também dever fundamental de proteção ao meio ambiente equilibrado imputado ao Estado e à coletividade pela Constituição Federal de 1988;

(iii) o protagonismo do licenciamento ambiental – mais complexo dos processos administrativos ambientais – é cada vez mais evidente por suas dimensões social, econômica, política e jurídica, possibilitando a compatibilização do exercício das atividades econômicas de *significativos* impactos com a proteção ambiental, como também a concretização de princípios como da prevenção, da precaução e do poluidor-pagador, postulados essenciais para o Direito Ambiental vigente;

(iv) como instrumento da Política Nacional do Meio Ambiente (PNMA), previsto na Lei Federal nº 6.938/1981, na Lei Complementar nº 140/2011, no Decreto Federal nº 99.274/1990 e nas Resoluções nº 001/1986 e nº 237/1997 do CONAMA, o processo administrativo de licenciamento ambiental é uma exigência legal em face das atividades econômicas, obras

ou empreendimentos utilizadores de recursos ambientais, efetiva ou potencialmente poluidores ou capazes de causar degradação ambiental;
(v) o licenciamento ambiental de rito ordinário compõe-se de três fases, a prévia, de instalação e de operação, havendo ritos simplificados com licenças conjuntas e por adesão e compromisso, sendo que as licenças ambientais variam entre Licença Ambiental Prévia (LAP), Licença Ambiental de Instalação (LAI), Licença Ambiental de Operação (LAO), Licença Ambiental por Adesão e Compromisso (LAC) e Licenças de Operação Corretivas (LOC), representando ato administrativo de natureza *sui generis*, voltado a compatibilizar direitos individuais ligados às atividades econômicas com a devida proteção do meio ambiente, condicionando o exercício do direito de propriedade à observância da defesa ambiental;
(vi) no âmbito do licenciamento, são executados mecanismos como a Avaliação de Impacto Ambiental (AIA) e os Estudos Ambientais (EA), dentre os quais são destaque o Estudo Prévio de Impacto Ambiental (EIA) e o Relatório de Impactos sobre o Meio Ambiente (RIMA), esses que são exigidos para as atividades, obras ou empreendimentos com *significativos* impactos e degradações, cujo objetivo é a análise pormenorizada dos impactos ambientais, positivos ou negativos, ligadas à atividade a ser licenciada;
(vii) ainda no licenciamento são exigidos os Planos de Controle, Monitoramento e de Gestão Ambiental (PCAs), voltados ao desenvolvimento de ações e medidas de acompanhamento, monitoramento e controle contínuo do desempenho do exercício da atividade, obra ou empreendimento licenciado, etapa de crucial função para a conformidade (*compliance*) com as políticas e normas ambientais vigentes;
(viii) há uma relação jurídica continuada entre o órgão licenciador e o empreendedor licenciado, pautada pela revisão, atualização e melhoria contínua das exigências e condições ao exercício da atividade, que poderá ser revista, suspensa ou cassada diante de questões supervenientes que modifiquem as diretrizes de proteção do meio ambiente ou ainda que se vinculem a ações ou omissões e infrações;
(ix) no Brasil, o licenciamento ambiental enfrenta históricas e estruturais limitações, desde a morosidade e burocracia, até a carência de um marco legal nacional, questões que afetam a sua efetividade e desempenho e que se somam à corrupção, à fraude, à falta de transparência, ao acesso à informação, participação e de incentivos, desafios que exigem novas abordagens e instrumentos para a regulação, controle e monitoramento dos processos de licenciamento ambiental; e
(x) para além da sua finalidade de proteção do meio ambiente por meio do controle e autorização da instalação, reforma e execução das atividades, obras ou empreendimentos poluidores ou causadores de significativos impactos ambientais, o licenciamento ambiental deteria uma função regulatória capaz de promover a indução e a modificação de comportamentos e práticas por agentes e setores econômicos sujeitos ao mecanismo, como no caso do desenvolvimento de ações e medidas voltadas ao combate à corrupção e à fraude, assim como da promoção de transparência, acesso à informação, participação e de incentivos ligados à conformidade ambiental.

Estabelecidas as definições e os desafios em torno do processo de licenciamento ambiental, como passo em direção à discussão sobre novas abordagens e instrumentos regulatórios para maior implementação do quadro de políticas e normas ambientais e de desenvolvimento sustentável, o próximo capítulo reunirá as perspectivas que o instituto do *compliance* e a sua instrumentalização por meio dos programas de *compliance*, de conformidade e de integridade podem trazer para o contexto desta análise.

CAPÍTULO 3

UMA ALTERNATIVA: OS PROGRAMAS DE *COMPLIANCE* NA PERSPECTIVA AMBIENTAL

Superados os tópicos anteriores, este capítulo objetivará estabelecer a relevância do instituto do *compliance* e de sua instrumentalização por meio dos programas de integridade e *compliance* na perspectiva da regulação ambiental.

Com esse fim, examina-se o papel do mecanismo dentro do objetivo deste trabalho e escopo do último capítulo: averiguar a forma de implementação de programas de integridade e *compliance* nos grandes licenciamentos ambientais.

Para tanto, serão tratadas definições importantes para a aplicação do *compliance* nas organizações, como governança, *accountability*, *enforcement*, *deterrence* e auditoria que, se bem compreendidos, delimitarão a função exata dos programas de *compliance*.

Além disso, serão analisadas as previsões a respeito do *compliance*, em sua dimensão internacional e nacional, cuja relevância no Brasil é notória com o viés consolidado na regulação anticorrupção e fraude na Administração Pública.

Nesse sentido, referenciais internacionais serão analisados, desde a *Foreign Corrupt Practices Act* (FCPA) dos Estados Unidos, o *United Kingdom Bribery Act* (UKBA) do Reino Unido, até documentos da OCDE, ONU, Transparência Internacional, entre outros. A evolução no Brasil será abordada pela Lei Federal nº 12.846/2013 e sua regulamentação pelo Decreto nº 11.129/2022, até a Nova Lei Geral de Licitações Públicas (Lei Federal nº 14.133/2021) e previsões no âmbito da Administração Pública Federal.

Na sequência, o capítulo tratará do *compliance* e dos programas de sua instrumentalização na perspectiva do Direito Ambiental, indagando acerca de sua função de autorregulação regulada ambiental, isso em busca das suas vantagens e desvantagens para uma maior implementação (*enforcement*) das políticas e normas de proteção ambiental e de fomento ao desenvolvimento nacional sustentável.

Ao final, será trazido de forma pontual o recente movimento denominado de agenda ESG (*Environmental, Social and Governance*), cujo debate adentra os setores público e privado no Brasil, traçando-se reflexões sobre sua efetiva contribuição para a implementação da regulação ambiental e dos licenciamentos.

3.1 Conceitos em torno do *compliance* e de sua instrumentalização

Discutido em toda sociedade, nunca se falou tanto de *compliance* e de sua articulação em organizações públicas ou privadas, especialmente a partir dos episódios envolvendo atos de corrupção e fraude no Brasil e no mundo, como também em razão do interesse por melhores práticas de governança pública e privada.

Dadas a exacerbação do modelo político-econômico capitalista, a consequente e intensa globalização e a avançada capacidade de influência das grandes corporações na arena das decisões políticas e econômicas, o desafio para a regulação estatal ampliou-se sobremaneira. Isso notabilizou a busca por novas estratégias e mecanismos de controle da atividade das organizações, públicas ou privadas, alcançando na atualidade um evidente espaço na agenda de políticas e normas regulatórias pelo mundo.

Abordado em diversas nuances regulatórias, como para o cumprimento e estrita conformidade com os padrões de qualidade de produtos na área do consumidor e da saúde, como também na área ambiental e da indústria para a observância de padrões de qualidade do meio ambiente e de processos industriais, incidindo ainda na estrutura de governança de empresas e instituições públicas, a temática do *compliance* adquiriu grande notoriedade em sede de controle preventivo e punitivo de infrações e crimes relacionados a pessoas jurídicas, entes coletivos e seus agentes e representantes.

Como destaca Nieto Martín, com a ampla diminuição do Estado na prestação de serviços públicos e o avanço da agenda neoliberal da atuação regulatória estatal nas principais nações do mundo, somados aos grandes episódios de corrupção e fraude em transnacionais, passou-se a questionar com maior veemência sobre como garantir o *enforcement* das normas e regulamentos sobre sujeitos e empresas com atuação global e que, de algum ou outro modo, superam o poder do próprio Estado.[900]

Entre as respostas, Nieto Martín aponta que muitas delas caminham em paralelo ao instituto do *compliance*. A evolução do *compliance* se vincularia diretamente à busca por melhores forma de controle e também de incentivo a condutas empresariais e organizacionais éticas e sob cumprimento legal. Como na imposição de sanções penais ou administrativas a pessoas coletivas, para o induzimento efetivo de seus diretores e agentes a estabelecerem mecanismos de controle interno eficazes.[901]

Especialmente no Direito Penal e no Direito Administrativo sancionador, mecanismos de *compliance* começam a ser considerados na aplicação de sançõese no fomento do controle de práticas comerciais desleais. Como também na exigência de que as empresas que desejam contratar com a Administração possuam programas de *compliance* anticorrupção efetivos, com o uso de chamadas "listas sujas" a excluir das licitações aquelas que foram condenadas por corrupção.[902]

---

[900] NIETO MARTÍN, Adán. Regulatory Capitalism y cumplimiento normativo. In: ZAPATERO, Luis Arroyo; NIETO MARTÍN, Adán; (Coords.). *El Derecho Penal Económico en la era de la Compliance*. Valencia: Editorial Tirant lo Blanch, 2013. p. 13. tradução livre.
[901] NIETO MARTÍN, Adán. Regulatory Capitalism y cumplimiento normativo. In: ZAPATERO, Luis Arroyo; NIETO MARTÍN, Adán; (Coords.). *El Derecho Penal Económico en la era de la Compliance*. Valencia: Editorial Tirant lo Blanch, 2013. p. 14-15.
[902] NIETO MARTÍN, Adán. Regulatory Capitalism y cumplimiento normativo. In: ZAPATERO, Luis Arroyo; NIETO MARTÍN, Adán; (Coords.). *El Derecho Penal Económico en la era de la Compliance*. Valencia: Editorial Tirant lo Blanch, 2013. p. 15.

Quando se trata da temática do *compliance*, é fundamental ter em mente que tal instituto, termo ou conceito, mesmo através de sua vertente técnica ou jurídica, invariavelmente remete a variadas significações, funções e aplicações, não sendo exaustiva sua concepção tanto entre autores e estudiosos da área, tampouco em definições de políticas e normas não só no Brasil, mas também pelo mundo.

Por isso, nesta análise, privilegia-se a distinção entre o conceito de *compliance*, oriundo da língua inglesa *"to comply"* e sinônimo da ação e/ou estado de *estar em conformidade* ou *de acordo com* algum padrão técnico ou normativo, e o significado de sua instrumentalização em uma organização pública ou privada por meio de um conjunto de procedimentos, mecanismos e políticas, articulação essa que seria representada através de um programa de *compliance*, de conformidade ou de integridade.

A instrumentalização do *compliance* ocorreria quando, em uma pessoa jurídica, pública ou privada, ou em ente coletivo despersonalizado, se busque aplicar, desenvolver e fomentar a conformidade por meio de planos, políticas, medidas, mecanismos, ferramentas, códigos, diretrizes, entre outras iniciativas, com o objetivo do atingimento de um desempenho organizacional ético e sob estrito cumprimento legal.

Na maioria dos casos, trata-se do desenvolvimento de programas de *compliance*, de conformidade e de integridade, ligados, de modo geral, à conjunção articulada e estruturada de iniciativas em prol de almejada conformidade com algum objetivo, regulamento (interno ou externo), política, norma jurídica ou técnica, em uma determinada organização, iniciativa a ser pautada pela ética, integridade e probidade dos agentes, internos ou externos, e de toda a estrutura que compõe a organização.

Em relação à definição específica, segundo Coimbra e Manzi, *compliance* origina-se do verbo em inglês *"to comply"*, que significa cumprir, executar, obedecer, observar, satisfazer o que lhe foi imposto. *Compliance* é o dever de cumprir, de estar em conformidade e fazer cumprir leis, diretrizes, regulamentos internos e externos, buscando mitigar o risco atrelado à reputação, o risco legal e regulatório.[903]

Cuida-se de uma estratégia não apenas voltada a obter ganho de valor e competitividade em longo prazo, mas também a contribuir decisivamente para a própria sobrevivência de uma organização,[904] ou seja, refere-se a uma ferramenta estratégica.

Em sentido geral, a função atribuída ao *compliance* envolveria a avaliação se todas as normas, procedimentos, controles e registros que compõem os controles internos de uma pessoa jurídica estão funcionando para prevenir e minimizar os riscos das atividades exercidas pelas organizações.[905] Isto é, *compliance* implicaria a função e as ações ligadas ao nível do desempenho de conformidade com padrões normativos e técnicos, internos ou externos, em uma organização de Direito Público ou Privado.

Na lição de Almeida, a função de *compliance*, entendida como a exigência de conformidade com as normas aplicáveis, políticas internas de cada companhia e com as exigências da ética empresarial, conduziria a uma decisão de gestão, envolvendo nessa

---

[903] COIMBRA, Marcelo de Aguiar; MANZI, Vanessa Alessi. *Manual de Compliance:* Preservando a boa governança e a integridade das organizações. 1. ed. São Paulo: Atlas, 2010. p. 2.
[904] COIMBRA, Marcelo de Aguiar; MANZI, Vanessa Alessi. *Manual de Compliance:* Preservando a boa governança e a integridade das organizações. 1. ed. São Paulo: Atlas, 2010. p. 2.
[905] COIMBRA, Marcelo de Aguiar; MANZI, Vanessa Alessi. *Manual de Compliance:* Preservando a boa governança e a integridade das organizações. 1. ed. São Paulo: Atlas, 2010. p. 2-3.

relação a estrutura de governança da organização.[906] Segundo Blok, foram os norte-americanos que, de forma pioneira, utilizaram-se do termo *"to comply"*, sob o sinônimo de cumprir o que foi imposto, cumprir ou estar em conformidade com regulamentos internos e externos impostos às atividades de instituição.[907]

Quanto à função atribuída ao *compliance*, Parsons Miller indica, de modo geral, ser uma forma estruturada de aplicação de normas internalizadas nas organizações públicas ou privadas para garantir que seus funcionários e outros associados não violem regras, regulamentos ou normas aplicáveis.[908]

Como pontua Bertoccelli, o sentido da expressão *compliance* não poderia ser resumido apenas ao seu significado literal. O *compliance* estaria além do mero cumprimento de regras formais, porquanto seu alcance é mais amplo. Deve ser compreendido de maneira sistêmica, como instrumento de mitigação de riscos, preservação dos valores éticos e de sustentabilidade corporativa, preservando a continuidade do negócio e o interesse dos *stakeholders*,[909] que são as partes interessadas ou afetadas pelas atividades de determinada organização pública ou privada.

Ainda segundo Bertoccelli, e numa perspectiva geral, entende-se que o *compliance* integraria um sistema complexo e organizado de procedimentos de controle de riscos e preservação de valores intangíveis, coerente com a estrutura societária, o compromisso efetivo da sua liderança e a estratégia da empresa, elemento cuja adoção resulta na criação de segurança jurídica e confiança para tomada de decisão.[910]

Destacando a distinção do instituto do *compliance* e da sua instrumentalização e aplicação, Carvalho e Almeida assinalam que o termo *compliance*, por mais que tenha sido analisado no Brasil e alhures, ainda mantém a polissemia inerente às palavras. Isso porque há uma ausência de esmero em sua definição, talvez em decorrência de seu alto teor de abstração. Por isso, no Brasil, sustentam Carvalho e Almeida, adotaria-se apenas a compreensão de *"estar de acordo com"*. É a partir da identificação desse problema na definição do termo que é necessário o seu uso em dois sentidos: *processo e produto*.[911]

Como *"termo-processo"*, o *compliance* refere-se às atividades, modelos, caminhos adotados pela pessoa jurídica. Como *"termo-produto"*, a palavra *compliance* refere-se ao resultado gerado e almejado por tais atividades, isto é, estritamente *estar de acordo com*, apontam Carvalho e Almeida,[912] como produto, portanto, das atividades e dos mecanismos aplicados pela organização pública ou privada.

---

[906] ALMEIDA, Luiz Eduardo de. Governança Corporativa. *In:* CARVALHO, André Castro; ALVIM, Tiago Cripa; BERTOCELLI, Rodrigo de Pinho (Coords.). *Manual de Compliance*. 1. ed. Rio de Janeiro: Forense, 2019. p. 23.

[907] BLOK, Marcella. *Compliance e boa governança corporativa*. 3. ed. atual. Rio de Janeiro: Freitas Bastos, 2020. p. 19.

[908] MILLER, Geoffrey Parsons. The compliance function: an overview. *In:* GORDON, Jeffrey N.; RINGE, Wolf-George. *The Oxford Handbook of Corporate Law and Governance*. Oxford: Oxford University Press, 2018. p. 981. tradução livre.

[909] BERTOCCELLI, Rodrigo de Pinho. Compliance. *In:* CARVALHO, André Castro; ALVIM, Tiago Cripa; BERTOCELLI, Rodrigo de Pinho (Coords.). *Manual de Compliance*. 1. ed. Rio de Janeiro: Forense, 2019. p. 38.

[910] BERTOCCELLI, Rodrigo de Pinho. Compliance. *In:* CARVALHO, André Castro; ALVIM, Tiago Cripa; BERTOCELLI, Rodrigo de Pinho (Coords.). *Manual de Compliance*. 1. ed. Rio de Janeiro: Forense, 2019. p. 39.

[911] CARVALHO, Itamar; ALMEIDA, Bruno. Programas de compliance: foco no programa de integridade. *In:* CARVALHO, André Castro; ALVIM, Tiago Cripa; BERTOCELLI, Rodrigo de Pinho (Coords.). *Manual de Compliance*. 1. ed. Rio de Janeiro: Forense, 2019. p. 48-49.

[912] CARVALHO, Itamar; ALMEIDA, Bruno. Programas de compliance: foco no programa de integridade. *In:* CARVALHO, André Castro; ALVIM, Tiago Cripa; BERTOCELLI, Rodrigo de Pinho (Coords.). *Manual de Compliance*. 1. ed. Rio de Janeiro: Forense, 2019. p. 39.

Considerada sua aplicação e instrumentalização, esse sistema interno de *compliance* também pode ser chamado de programa de integridade ou programa de *compliance*, voltado à finalidade de prevenir, detectar e corrigir atos não condizentes com os princípios e valores da empresa, assim como perante o ordenamento jurídico.[913] Conclui-se, desse modo, que *compliance* representaria um sistema materializado por intermédio de um estruturado programa de *compliance*.[914]

Nos termos de Sieber, em nível mundial empresas como também sistemas normativos têm estabelecido novos conceitos, com o fim de melhorar a direção e controle de organizações e de empresas. Entre os conceitos mais usados estão: "programas de *compliance*", "*risk management*", "*value management*" e "*corporate governance*", assim como "*business ethics*", "*integrity codes*", "*codes of conduct*" e "*corporate social responsibility*". Essas palavras-chave, dentre as quais os programas de *compliance* integram, descrevem as medidas para orientar a gestão organizacional e empresarial com valores éticos e que, sob procedimentos e medidas especiais, estão destinados a impedir a ocorrência de ilícitos e a criminalidade empresarial.[915]

Em termos de atividade regulatória estatal, para Lopes, o termo *compliance* está ligado à conformidade legal regulatória pelos atores regulados, ou seja, indicaria o nível de cumprimento da norma ou do regulamento, de forma voluntária ou por meio de algum meio de constrangimento e indução (*enforcement*), por parte dos sujeitos ou das organizações existentes em determinado ambiente regulatório.[916]

Para Aranha, sob uma visão mais ampliada, a conformidade ou *compliance* perante a regulação seria o resultado da relação entre a administração estatal da atividade empresarial – regulação governamental – e a operacionalização da atividade empresarial pela própria empresa – governança empresarial.[917]

Embora o *compliance* seja termo novo na literatura jurídica, o que ele representa seria mais velho que o tempo, pois tem sido estudado por uma tradição doutrinária mais abrangente e preocupada com a possibilidade de orientação de conduta do indivíduo por normas jurídicas: o *compliance* social ou conformidade normativa social.[918]

Na linha exposta por Schramm,[919] o conceito de *compliance* poderá assim ser aplicado em diversos microssistemas jurídicos, sobretudo àqueles com regulação específica, como *tax compliance*, voltados à conformidade tributária, de *criminal compliance*,

---

[913] CARVALHO, Itamar; ALMEIDA, Bruno. Programas de compliance: foco no programa de integridade. *In*: CARVALHO, André Castro; ALVIM, Tiago Cripa; BERTOCELLI, Rodrigo de Pinho (Coords.). *Manual de Compliance*. 1. ed. Rio de Janeiro: Forense, 2019. p. 39.

[914] CARVALHO, Itamar; ALMEIDA, Bruno. Programas de compliance: foco no programa de integridade. *In*: CARVALHO, André Castro; ALVIM, Tiago Cripa; BERTOCELLI, Rodrigo de Pinho (Coords.). *Manual de Compliance*. 1. ed. Rio de Janeiro: Forense, 2019. p. 39.

[915] SIEBER, Ulrich. Programas de *"compliance"* en el Derecho Penal de la Empresa: Una nueva concepción para controlar la criminalidad económica. *In*: ZAPATERO, Luis Arroyo; MARTÍN, Adán Nieto; (Coords.). *El Derecho Penal Económico en la era de la Compliance*. Valencia: Editorial Tirant lo Blanch, 2013. p. 64.

[916] LOPES, Othon de Azevedo. *Fundamentos da regulação*. 1. ed. Rio de Janeiro: Processo, 2018. p. 199-200.

[917] ARANHA, Márcio Iorio. *Manual de Direito Regulatório*: fundamentos de Direito Regulatório. 5. ed., rev., ampl. Londres: Laccademia Publishing, 2019. p. 60.

[918] ARANHA, Márcio Iorio. *Manual de Direito Regulatório*: fundamentos de Direito Regulatório. 5. ed., rev., ampl. Londres: Laccademia Publishing, 2019. p. 64.

[919] Cabe destacar a posição de Schramm, para a qual, ainda que se cogitem as diferentes aplicações, a base conceitual dos programas de *compliance* se manteria a mesma.

associados à lavagem de dinheiro e aos crimes contra a ordem econômica, de *compliance* ambiental [contexto desta obra], sem falar nos programas direcionados à indústria farmacêutica, bancos e instituições financeiras.[920]

Quanto ao termo integridade – amplamente ligado ao *compliance* –, sua conceituação se distingue da conformidade ou *compliance*, pois, segundo Soares *et al*, é mais abrangente do que "apenas" seguir padrões, e sim, remeteria a uma boa governança, uma ética enraizada, à transparência nos negócios e à lisura organizacional.[921]

Conforme Zenkner, integridade implica a exata correspondência entre os valores morais e a realização desses valores no momento em que, diante das situações-problema do dia a dia, uma escolha é reclamada a fim de que uma ação ou omissão sejam realizadas. A integridade, por esse viés, distinguiria-se da ética, pois, enquanto a ética traz conotações filosóficas e intangíveis, a integridade preocupa-se mais com o comportamento diário das pessoas e com o processo de tomada de decisões.[922]

Uma pessoa física ou jurídica íntegra, para Zenkner, seria aquela que não está dividida, ou seja, é uma pessoa completa, com inteireza de caráter, todas as suas peças funcionam bem e realiza as funções esperadas,[923] o que corrobora, pois, a inter-relação entre *compliance* e integridade em todo e qualquer tipo de organização na atualidade.

Para Soares *et al*, um programa de integridade iria além de um programa de *compliance*, pois agregaria às regras que regem as atividades organizacionais um eficiente controle interno e mapeamento dos riscos operacionais, na linha de que *compliance* seguiria o que está escrito e integridade aquilo que seria certo ou honesto.[924]

De todo modo, conforme Mendes e Carvalho, a compreensão de que a responsabilidade pela criação de um ambiente íntegro e competitivo era apenas do Estado está hoje ultrapassada.[925]

Há um reconhecimento internacional de que empresas e agentes privados em sua atuação são essenciais para mercados e ambientes regulatórios livres de más práticas, como corrupção de autoridades públicas e cartéis. Nesse horizonte que programas de *compliance* tornam-se cada vez mais relevantes, permitindo que os agentes econômicos regulados contribuam para o combate à corrupção e ao abuso de poder econômico.[926]

Observadas essas definições, afirma Bergamini, falar em *compliance* representaria considerar um conjunto de procedimentos internos, relacionados às boas práticas de governança, que possibilitem a prevenção ou minimização de riscos de transgressão às

---

[920] SCHRAMM, Fernanda Santos. *Compliance nas contratações públicas*. 1. ed. Belo Horizonte: Fórum, 2019. p. 166.
[921] SOARES, Fábio Lopes (Coord.); STROBEL, Carolina; GOMES, Marcelo Borowski; PEDRO, Wagner Osti. *Compliance*: fundamentos e reflexões sobre integridade nas empresas. 1. ed. Rio de Janeiro: Lumen Juris, 2021. p. 31-32.
[922] ZENKNER, Marcelo. *Integridade governamental e empresarial*: um espectro da repressão e da prevenção à corrupção no Brasil e em Portugal. 1. ed. Belo Horizonte: Fórum, 2019. p. 46.
[923] ZENKNER, Marcelo. *Integridade governamental e empresarial*: um espectro da repressão e da prevenção à corrupção no Brasil e em Portugal. 1. ed. Belo Horizonte: Fórum, 2019. p. 47.
[924] SOARES, Fábio Lopes (Coord.); STROBEL, Carolina; GOMES, Marcelo Borowski; PEDRO, Wagner Osti. *Compliance*: fundamentos e reflexões sobre integridade nas empresas. 1. ed. Rio de Janeiro: Lumen Juris, 2021. p. 31-32.
[925] MENDES, Francisco Schertel; CARVALHO, Vinícius Marques de. *Compliance*: concorrência e combate à corrupção. 1. ed. São Paulo: Trevisan Editora, 2017. p. 40.
[926] MENDES, Francisco Schertel; CARVALHO, Vinícius Marques de. *Compliance*: concorrência e combate à corrupção. 1. ed. São Paulo: Trevisan Editora, 2017. p. 40.

normas jurídicas ou internas e a valores éticos alinhados aos fins da organização, aos quais se submetem todos os colaboradores da instituição, responsáveis pela mudança da cultura corporativa.[927]

Embora sua implementação não elimine por completo os riscos de más condutas e corrupção em determinada organização, segundo Mendes e Carvalho resta inegável que, quando um programa de *compliance* e integridade for implementado de forma coerente e adequada, esses riscos diminuem substancialmente.[928]

Por essa perspectiva, é notório o avanço do *compliance* também no âmbito do setor público, afirma Mesquita, o que representaria uma potencial contribuição direta na construção de uma nova dinâmica funcional e estratégica. Os programas de *compliance* e de integridade pública são uma inovação social e normativa que se tornou obrigatória para a Administração Pública Federal brasileira com a Portaria nº 1.089, de 30 de abril de 2018, de autoria à época do Ministério da Transparência e da Controladoria-Geral da União.[929]

Afirmando a importância do tema, a Organização para a Cooperação e o Desenvolvimento Econômico (OCDE), como sinal de destaque para as principais nações mundiais, indica ser a integridade pública o alinhamento consistente e a aderência a valores éticos compartilhados pela sociedade – princípios e normas para garantia e priorização dos interesses públicos diante dos interesses privados..[930]

Nessa linha, Carneiro e Júnior afirmam que a experiência estrangeira, somada ao contexto de casos de corrupção e de fraude, repercutiu na consolidação dos programas de integridade e *compliance* no setor público em todas as esferas e órgãos federais, estaduais e municipais no Brasil,[931] como nos próximos tópicos será demonstrado.

No âmbito da Administração Pública, os programas de integridade e *compliance*, anota Cavalieri, estariam voltados para uma mudança cultural e comportamental, por meio de padrões de conduta a serem observados por todos os agentes públicos, prevenindo situações de quebras da integridade e prejuízos ao interesse público.[932]

Dessa forma, busca-se por meio desses programas uma atuação pautada pela ética, probidade e pelo interesse público das funções estatais, almejando o zelo pelo cumprimento legal e por condutas íntegras dos agentes, prevenindo a ocorrência de fraudes, fortalecendo canais de denúncia, assessorando a gestão de riscos, além de

---

[927] BERGAMINI, José Carlos Loitey. *Compliance na Administração Pública Direta*: aprimoramento da ética na gestão pública. 2021. 215f. Dissertação (Mestrado em Direito) – Universidade Federal de Santa Catarina, Florianópolis, 2021. p. 117. Disponível em: https://repositorio.ufsc.br/handle/123456789/226921. Acesso em: 21 jan. 2022.

[928] MENDES, Francisco Schertel; CARVALHO, Vinícius Marques de. *Compliance*: concorrência e combate à corrupção. 1. ed. São Paulo: Trevisan Editora, 2017. p. 41.

[929] MESQUITA, Camila Bindilatti Carli de. Reflexões sobre a arquitetura jurídica dos programas de integridade pública. Afinal, são realmente necessários? *Journal of Law and Regulation*, [S. l.], v. 6, n. 1, p. 1-20, Brasília, 2020. Disponível em: https://periodicos.unb.br/index.php/rdsr/article/view/31231. Acesso em: 10 jan. 2022.

[930] ORGANIZAÇÃO PARA A COOPERAÇÃO E O DESENVOLVIMENTO ECONÔMICO – OCDE. *Recommendation of The Council of Public Integrity*. 2020. p. 2. Disponível em: https://www.oecd.org/gov/ethics/OECD-Recommendation-Public-Integrity.pdf. Acesso em: 05 jan. 2022.

[931] CARNEIRO, Claudio; JÚNIOR, Milton de Castro Santos. *Compliance e boa governança pública e privada*. 1. ed. Curitiba: Juruá, 2018. p. 153.

[932] CAVALIERI, Davi Valdetaro Gomes. Governança e Compliance como vetores de condução de uma nova Administração Pública. In: DAL POZZO, Augusto Neves; MARTINS, Ricardo Marcondes (Coords.). *Aspectos controvertidos do compliance na Administração Pública*. 1. ed. Belo Horizonte: Fórum, 2020. p. 86.

promover ações de integridade para difusão da ética no ambiente organizacional, tudo para uma transformação institucional voltada a uma cultura de integridade pública.[933]

A despeito das diversas conceituações, é importante a advertência de Pironti e Ziliotto, de que é preciso se afastar da retórica e da discussão sobre rótulos e diferenças conceituais, como na distinção entre *compliance* e integridade, entre *compliance* e conformidade, entre outras. São discussões que diminuem a temática, aproximando-a de senso comum, descredenciando-a de sua relevância organizacional.[934]

Com efeito, é indiscutível que conformidade e integridade constituem parte do núcleo de um programa de *compliance*, sendo indissociáveis. Até porque, após uma trajetória que durou décadas, é incontroverso que o conceito de *compliance* superou a mera observância das barreiras legais (conformidade), passando a absorver a ética, por meio de princípios instituídos pelas organizações privadas ou públicas (integridade).[935]

Na linha de Carneiro e Nepomuceno, tanto programa de *compliance* quanto programa de integridade poderiam ser perfeitamente utilizados como sinônimos, sobretudo no que se refere à finalidade para a qual foram criados,[936] qual seja, o cumprimento normativo e o fomento da ética e da probidade. O objetivo final das normas de *compliance* é focar no resultado a ser atingido, ou seja, evitar os riscos decorrentes do cometimento de condutas pessoais ou organizacionais consideradas ilícitas ou incoerentes com princípios, missões, visão ou objetivos de cada empresa ou organização pública.[937]

Não por acaso que, embora o art. 37 da CF/88 traga princípios adstritos à Administração Pública, a integridade passaria a integrar o consolidado rol de princípios mencionado. Exatamente por isso que se deve abordar o programa de integridade e *compliance* à luz da Constituição, bem como interpretá-lo com base no momento constitucional contemporâneo voltado à boa governança pública.[938]

Como afirma Basso, é nesse contexto que se pode falar em um verdadeiro processo de constitucionalização da Administração Pública, impondo-se a revisitação de institutos, para potencializar os valores e os objetivos pretendidos pela sociedade.[939]

---

[933] CAVALIERI, Davi Valdetaro Gomes. Governança e Compliance como vetores de condução de uma nova Administração Pública. In: DAL POZZO, Augusto Neves; MARTINS, Ricardo Marcondes (Coords.). *Aspectos controvertidos do compliance na Administração Pública*. 1. ed. Belo Horizonte: Fórum, 2020. p. 86.

[934] PIRONTI, Rodrigo; ZILIOTTO, Mirela Miró. *Compliance nas contratações públicas*: exigência e critérios normativos. 2. ed., rev., ampl. e atual. Belo Horizonte: Fórum, 2021. p. 260.

[935] BERGAMINI, José Carlos Loitey. *Compliance na Administração Pública Direta*: aprimoramento da ética na gestão pública. 2021. 215f. Dissertação (Mestrado em Direito) – Universidade Federal de Santa Catarina, Florianópolis, 2021. Disponível em: https://repositorio.ufsc.br/handle/123456789/226921. Acesso em: 21 jan. 2022. p. 119.

[936] CARNEIRO, Claudio; NEPOMUCENO, Augusto. A transparência e o sistema de gestão de compliance na Administração Pública. In: DAL POZZO, Augusto Neves; MARTINS, Ricardo Marcondes (Coords.). *Aspectos controvertidos do compliance na Administração Pública*. 1. ed. Belo Horizonte: Fórum, 2020. p. 35.

[937] CARNEIRO, Claudio; NEPOMUCENO, Augusto. A transparência e o sistema de gestão de compliance na Administração Pública. In: DAL POZZO, Augusto Neves; MARTINS, Ricardo Marcondes (Coords.). *Aspectos controvertidos do compliance na Administração Pública*. 1. ed. Belo Horizonte: Fórum, 2020. p. 48.

[938] CARNEIRO, Claudio; NEPOMUCENO, Augusto. A transparência e o sistema de gestão de compliance na Administração Pública. In: DAL POZZO, Augusto Neves; MARTINS, Ricardo Marcondes (Coords.). *Aspectos controvertidos do compliance na Administração Pública*. 1. ed. Belo Horizonte: Fórum, 2020. p. 38.

[939] BASSO, Bruno Bartelle. Os programas de compliance enquanto mecanismos essenciais à efetivação da integridade pública: uma abordagem à luz a nova gestão pública (*new public management*). In: DAL POZZO, Augusto Neves; MARTINS, Ricardo Marcondes (Coords.). *Aspectos controvertidos do compliance na Administração Pública*. 1. ed. Belo Horizonte: Fórum, 2020. p. 57.

É oportuna a conclusão de Zenkner, de que, considerada a importância da pauta, especialmente na prevenção e combate à corrupção e à fraude, tanto no setor público quanto no privado, a questão não deveria ser tratada sob a ótica de meros "programas", mas, sim, como um "sistema".[940]

Para Zenkner, o termo "programa" refere-se a algo que se pretenda executar em determinada ocasião a partir de um planejamento que contemple atividades com início, meio e fim, diferentemente de um "sistema", o qual seria algo perene, definitivo, que se manteria constante em seu aprimoramento e jamais poderia ser encerrado.[941]

Percebe-se que a edição de textos legais para imposição na Administração Pública de práticas de *compliance* e integridade se traduz na busca pela garantia e tutela do estrito atendimento dos ditames constitucionais. Representa a adoção das mais modernas práticas de lisura, transparência e boa-fé por parte dos entes políticos, medida inafastável para um Estado protetor de práticas éticas, morais e sustentáveis.[942]

Dado um cenário não apenas nacional como internacional de campanhas de incentivo à boa governança e ao combate à corrupção, os anseios por mudanças culturais vêm inspirando a criação e o fortalecimento de mecanismos aptos a monitorar, controlar e reprimir atuações imorais e antiéticas, cujos prejuízos alcançam dimensões na economia, no agravamento de desigualdades sociais e no impedimento do adequado desenvolvimento econômico-social e sustentável, especialmente em países em desenvolvimento como o Brasil,[943] quadratura já delineada nos capítulos anteriores.

Como resposta a esse contexto, estão em ascensão os estudos e as estruturações de sistemas de integridade e *compliance*, cuja obrigatoriedade de implementação, assinalam Pironti e Ziliotto, cresce no Brasil, sobretudo em face de entidades públicas e das empresas privadas que se relacionam com o Poder Público.[944]

Soma-se a isso a demanda pela profissionalização e transparência nos negócios, a qual valoriza a necessidade obrigatória por lei ou pré-requisito para o ingresso de empresas em novos mercados, da implantação de um programa de *compliance*.[945]

No entanto, antes de aprofundar o tema, é preciso esclarecer, ainda que resumidamente, a relação existente entre alguns termos e conceitos que estão posicionados comumente no entorno do *compliance*, sobretudo na área do Direito Público, o que delimitará mais nitidamente a sua função.

---

[940] ZENKNER, Marcelo. Sistemas públicos de integridade: evolução e modernização da Administração Pública brasileira. *In*: ZENKNER, Marcelo; CASTRO, Rodrigo Pironti de (Coords.). *Compliance no setor público*. 1. ed. Belo Horizonte: Fórum, 2020. p. 188.

[941] ZENKNER, Marcelo. Sistemas públicos de integridade: evolução e modernização da Administração Pública brasileira. *In*: ZENKNER, Marcelo; CASTRO, Rodrigo Pironti de (Coords.). *Compliance no setor público*. 1. ed. Belo Horizonte: Fórum, 2020. p. 189.

[942] FREITAS, Daniel. *Compliance e políticas anticorrupção*. 1. ed. Curitiba: Contentus, 2020. p. 38.

[943] PIRONTI, Rodrigo; ZILIOTTO, Mirela Miró. *Compliance nas contratações públicas*: exigência e critérios normativos. 2. ed., rev., ampl. e atual. Belo Horizonte: Fórum, 2021. p. 32.

[944] PIRONTI, Rodrigo; ZILIOTTO, Mirela Miró. *Compliance nas contratações públicas*: exigência e critérios normativos. 2. ed., rev., ampl. e atual. Belo Horizonte: Fórum, 2021. p. 32.

[945] SOARES, Fábio Lopes (Coord.); STROBEL, Carolina; GOMES, Marcelo Borowski; PEDRO, Wagner Osti. *Compliance*: fundamentos e reflexões sobre integridade nas empresas. 1. ed. Rio de Janeiro: Lumen Juris, 2021. p. 77.

3.1.1 *Compliance*, governança e *accountability*

Como visto, a abordagem do instituto do *compliance* e de sua instrumentalização pressupõe considerar sua relação direta com outros conceitos que lhe concedem finalidades e funcionalidades em uma organização pública ou privada, entre estes conceitos são destaque: governança e *accountability*.

Segundo Bevir, em um sentido geral, o termo *governance* ou governança compreenderia todos os processos ligados ao ato de governar – seja pelo governo de um Estado, por um mercado ou por uma rede – sobre um sistema social (família, tribo, organização formal ou informal, um território ou através de territórios) ou por intermédio de leis, normas, poder ou linguagem de uma sociedade organizada.[946]

Em termos específicos, governança se relacionaria com os processos de interação e tomada de decisão entre os atores envolvidos em um problema coletivo que leva à criação, reforço ou reprodução de normas e instituições sociais.[947] Na linha de Carneiro e Júnior, governança seria a junção de processos e estruturas implementadas para informar, dirigir, gerenciar e monitorar as atividades em uma organização, no intuito maior de se chegar à meta ou ao objetivo pretendido.[948]

A governança pública, por outro lado, seria a utilização de mecanismos estratégicos de controle de modo a avaliar, direcionar e monitorar a gestão, buscando a concretização eficiente de políticas públicas de interesse de toda a sociedade.[949]

Para Cavalieri, governança pública estaria vinculada ao propósito de criar na Administração Pública um ambiente seguro e transparente para a formulação e implementação de políticas públicas em prol da sociedade,[950] razão pela qual o *compliance* e os seus mecanismos de aplicação adquiriram notoriedade no setor público.

A chamada boa governança pública, nos dias atuais, deve ser tratada como verdadeiro direito fundamental, e não como mera recomendação ao gestor ou administrador público, porquanto o mau governo, seja por escolhas indevidas por seus administradores, seja simplesmente por atos de corrupção ou suborno; acabaria de toda a forma por comprometer direitos assegurados pela Constituição de 1988.[951]

A governança privada ou corporativa, no contexto de organizações e empresas de Direito Privado, conforme o Instituto Brasileiro de Governança Corporativa (IBGC), seria o sistema pelo qual as empresas são dirigidas, monitoradas e incentivadas, envolvendo os relacionamentos entre sócios, conselho de administração, diretoria, órgãos de fiscalização e controle e demais partes interessadas.[952]

---

[946] BEVIR, Mark. *Governance*: a very short introduction. Illustrated Edition. Oxford: OUP Oxford, 2012. p. 3-5. tradução livre.

[947] BEVIR, Mark. *Governance*: a very short introduction. Illustrated Edition. Oxford: OUP Oxford, 2012. p. 4.

[948] CARNEIRO, Claudio; JÚNIOR, Milton de Castro Santos. *Compliance e boa governança*: pública e privada. 1. ed. Curitiba: Juruá, 2018. p. 16.

[949] CARNEIRO, Claudio; JÚNIOR, Milton de Castro Santos. *Compliance e boa governança*: pública e privada. 1. ed. Curitiba: Juruá, 2018. p. 148.

[950] CAVALIERI, Davi Valdetaro Gomes. Governança e Compliance como vetores de condução de uma nova Administração Pública. In: DAL POZZO, Augusto Neves; MARTINS, Ricardo Marcondes (Coords.). *Aspectos controvertidos do compliance na Administração Pública*. 1. ed. Belo Horizonte: Fórum, 2020. p. 83.

[951] CARNEIRO, Claudio; JÚNIOR, Milton de Castro Santos. *Compliance e boa governança*: pública e privada. 1. ed. Curitiba: Juruá, 2018. p. 103.

[952] INSTITUTO BRASILEIRO DE GOVERNANÇA CORPORATIVA – IBGC. *Código das melhores práticas de governança corporativa*. 5. ed. Instituto Brasileiro de Governança Corporativa. São Paulo: IBGC, 2015. p. 20.

Com efeito, independentemente das eventuais divergências conceituais, há pontos comuns acerca do tema: governança relaciona-se com o modo como as companhias são geridas e como as decisões de gestão são tomadas.[953] Como anota Blok, o termo *governance* ou governança tem a ver com o modo de governo ou de sistema de administração, que é composto de normas legais e regulamentares, de organização e de mecanismos contratuais necessários para proteger a organização.[954]

A governança corporativa e os programas de *compliance* estão intimamente relacionados, visto que implementar, criar as condições de desenvolvimento e manter um efetivo programa de *compliance* é uma decisão de gestão e integra o modo pelo qual as companhias são geridas e como as decisões de gestão são tomadas.[955]

O tema da governança refere-se a uma pauta além de um programa de *compliance*, embora diretamente ligados, uma vez que governança seria um conceito mais amplo e que diria respeito à melhor forma de uma organização ser gerida, com eficiência, imparcialidade, transparência e impessoalidade na sua administração.[956]

O *compliance* seria um meio para que as organizações estejam em conformidade com leis, normas internas, valores éticos e boas práticas do segmento econômico envolvido, a fim de atestar sua integridade ante o mercado ou a sociedade, sendo que o programa de *compliance*, assim, seria um instrumento da governança.[957]

A amplitude da governança corporativa aumentou significativamente, também abrangendo sociedades que não estão listadas nas bolsas de valores, empresas estatais, pequenas e médias empresas, terceiro setor, empresas familiares, entre outras. Do ponto de vista social, governança corporativa visaria preservar o interesse de todos, na medida em que a sua ausência ou falhas de gestão causam impactos e prejuízos econômicos, sociais e ambientais,[958] com destaque para agenda ESG que será tratada neste capítulo.

Como aponta Carvalho *et al*, o *compliance* situa-se dentro do universo da governança corporativa, sendo a instalação de controles internos ferramenta para que a companhia realize as suas atividades de maneira consistente e íntegra, sem transgressões aos preceitos éticos exigidos pelo mercado.[959]

Para Queiróz, a circunstância que evidencia um vínculo entre *compliance* e governança corporativa está na consolidação de um procedimento ou um mecanismo voltado ao planejamento estratégico necessariamente adotado por qualquer organização, sendo certo de que o *compliance* seria a prática recomendada dentro de um sistema de governança corporativa, como modelo de gestão e de negócio.[960]

---

[953] ALMEIDA, Luiz Eduardo de. Governança Corporativa. *In*: CARVALHO, André Castro; ALVIM, Tiago Cripa; BERTOCELLI, Rodrigo de Pinho (Coords.). *Manual de Compliance*. 1. ed. Rio de Janeiro: Forense, 2019. p. 18-19.

[954] BLOK, Marcella. *Compliance e boa governança corporativa*. 3. ed. atual. Rio de Janeiro: Freitas Bastos, 2020. p. 318-319.

[955] ALMEIDA, Luiz Eduardo de. Governança Corporativa. *In*: CARVALHO, André Castro; ALVIM, Tiago Cripa; BERTOCELLI, Rodrigo de Pinho (Coords.). *Manual de Compliance*. 1. ed. Rio de Janeiro: Forense, 2019. p. 19.

[956] SOARES, Fábio Lopes (Coord.); STROBEL, Carolina; GOMES, Marcelo Borowski; PEDRO, Wagner Osti. *Compliance*: fundamentos e reflexões sobre integridade nas empresas. 1. ed. Rio de Janeiro: Lumen Juris, 2021. p. 70.

[957] SOARES, Fábio Lopes (Coord.); STROBEL, Carolina; GOMES, Marcelo Borowski; PEDRO, Wagner Osti. *Compliance*: fundamentos e reflexões sobre integridade nas empresas. 1. ed. Rio de Janeiro: Lumen Juris, 2021. p. 70.

[958] ALMEIDA, Luiz Eduardo de. Governança Corporativa. *In*: CARVALHO, André Castro; ALVIM, Tiago Cripa; BERTOCELLI, Rodrigo de Pinho (Coords.). *Manual de Compliance*. 1. ed. Rio de Janeiro: Forense, 2019. p. 20.

[959] CARVALHO, André Castro; PANOCHIA, Patrícia; CAPP, Ricardo T. *Gestão de risco e compliance*. 1. ed. Série Universitária. São Paulo: Editora Senac, 2020. p. 87.

[960] QUEIRÓZ, Rodrigo de. Políticas de governança e de compliance objetivando mitigar os riscos das organizações. *In*: ROCHA, Lilian Rose Lemos *et al* (Coord.). *Caderno de Pós-Graduação em Direito*: Compliance e relações governamentais. Brasília: UniCEUB – ICPD, 2019. p. 71.

Por essas razões, sustenta Schramm, não haveria como se cogitar da existência de práticas de governança corporativa eficientes sem o respectivo programa de *compliance*, responsável por identificar e mitigar os riscos aos quais a empresa se submete, por fortalecer os mecanismos de controle interno – voltados à conformidade legal – e por disseminar valores éticos em uma organização.[961]

Assim, consolidada no setor privado, a governança para as atividades do Estado adquiriu em tempos recentes uma singular aplicação no Brasil, especialmente após a publicação do Decreto Federal nº 9.203, de 22 de novembro de 2017.

Referido Decreto dispôs sobre a Política de Governança da Administração Pública Federal direta, autárquica e fundacional, e, conforme seu art. 2º, I, definiu a governança pública como o "conjunto de mecanismos de liderança, estratégia e controle postos em prática para avaliar, direcionar e monitorar a gestão, com vistas à condução de políticas públicas e à prestação de serviços de interesse da sociedade".[962]

O mesmo Decreto, no seu art. 4º, incisos III, VI e VIII, definiu diretrizes de governança pública no Brasil como "monitorar o desempenho e avaliar a concepção, a implementação e os resultados das políticas e das ações prioritárias para assegurar que as diretrizes estratégicas sejam observadas" (inciso III), além de "implementar controles internos fundamentados na gestão de risco, que privilegiará ações estratégicas de prevenção antes de processos sancionadores" (inciso VI) e "manter processo decisório orientado pelas evidências, pela conformidade legal, pela qualidade regulatória, pela desburocratização e pelo apoio à participação da sociedade" (inciso VIII).[963]

Em relação à conexão entre governança e os programas de conformidade e de integridade, o art. 19 do mesmo Decreto dispôs que os órgãos e as entidades da Administração direta, autárquica e fundacional "instituirão programa de integridade, com o objetivo de promover a adoção de medidas e ações institucionais destinadas à prevenção, à detecção, à punição e à remediação de fraudes e atos de corrupção".[964]

Nesse sentido, o conjunto de procedimentos e medidas dos programas que se voltem à conformidade ou *compliance* e à integridade torna-se ferramenta indispensável à *good governance* ou boa governança. Isso porque um contexto pautado pela governança pública deve ser baseado na observância das normas de boa conduta para a Administração Pública e no respeito às leis para governar dentro de uma política ética e de combate à corrupção, ao suborno e às irregularidades administrativas.[965]

Não se pode olvidar, afirmam Carneiro e Júnior, que uma boa governança pública deve alcançar a transparência, a integridade, a equidade, a responsabilidade dos gestores

---

[961] SCHRAMM, Fernanda Santos. *Compliance nas contratações públicas*. 1. ed. Belo Horizonte: Fórum, 2019. p. 163.
[962] BRASIL. Presidência da República. *Decreto nº 9.203, de 22 de novembro de 2017*. Dispõe sobre a política de governança da administração pública federal direta, autárquica e fundacional. Brasília, DF, 2017. Disponível em: http://www.planalto.gov.br/ccivil_03/_Ato2015-2018/2017/Decreto/D9203.htm. Acesso em: 10 jan. 2022.
[963] BRASIL. Presidência da República. *Decreto nº 9.203, de 22 de novembro de 2017*. Dispõe sobre a política de governança da administração pública federal direta, autárquica e fundacional. Brasília, DF, 2017. Disponível em: http://www.planalto.gov.br/ccivil_03/_Ato2015-2018/2017/Decreto/D9203.htm. Acesso em: 10 jan. 2022.
[964] BRASIL. Presidência da República. *Decreto nº 9.203, de 22 de novembro de 2017*. Dispõe sobre a política de governança da administração pública federal direta, autárquica e fundacional. Brasília, DF, 2017. Disponível em: http://www.planalto.gov.br/ccivil_03/_Ato2015-2018/2017/Decreto/D9203.htm. Acesso em: 10 jan. 2022.
[965] CARNEIRO, Claudio; JÚNIOR, Milton de Castro Santos. *Compliance e boa governança*: pública e privada. 1. ed. Curitiba: Juruá, 2018. p. 156.

e da alta administração e, sobretudo, a prestação de contas,[966] pautas indispensáveis a todo programa de *compliance* e de integridade no setor público.

A prestação de contas com efetiva responsabilidade, chamada na língua inglesa de *"accountability"*, segundo o IBGC, representa a condição de que os agentes de governança devem prestar contas de sua atuação de modo claro, conciso, compreensível e tempestivo, assumindo integralmente as consequências de seus atos e omissões e atuando com diligência e responsabilidade no âmbito dos seus papéis.[967]

Na Administração Pública, a relação entre *compliance* e *accountability* ganha maior relevo, haja vista a submissão do Estado à supremacia do interesse público e aos princípios, dentre outros, da legalidade e da publicidade, de modo que as medidas e mecanismos de transparência, acesso à informação e publicidade exigidas em programas de *compliance* e de integridade deverão fortalecer a prestação de contas com responsabilidade dos agentes e entidades estatais.

Conforme Siston, o foco no *accountability* seria um modo de conter abusos de poder, sobretudo por uso ilegítimo de autoridade ou falta de eficiência em tomar ações justas para o interesse público,[968] transcendendo à mera transparência e ao acesso à informação, gerando responsabilidade pelos resultados na organização.

Por tudo isso, é evidente a relação mútua existente entre o instituto do *compliance*, e de sua aplicação e instrumentalização, com o da governança e o de *accountability*, tanto em organizações públicas quanto nas privadas, se o que se almeja é o cumprimento legal através de condutas éticas, íntegras e probas, com observação das políticas e das normas que incidam sobre as atividades das instituições e organizações.

3.1.2 Compliance, enforcement e deterrence

Entre os termos e conceitos que comumente estão relacionados ao instituto do *compliance* e de sua aplicação, há ainda *enforcement* ou implementação e *deterrence* ou efeito dissuasório, que, por seus significados e funções, possibilitam compreender com mais nitidez o papel desempenhado pelo *compliance*, sobretudo dentro do ambiente da regulação de Direito Público e Ambiental, contexto deste trabalho.

Conforme Lopes, o termo *enforcement* representaria o constrangimento legal, ou, mais especificamente, o constrangimento regulatório, o qual abarcaria tanto a persecução/apuração quanto o sancionamento/aplicação das infrações e desconformidades em relação aos padrões regulatórios e normativos, mas também abrangeria outras técnicas flexíveis,[969] ou seja, *enforcement* ligaria-se diretamente ao modo de implementação e de aplicação das normas de um ambiente regulatório.

Assim, em termos regulatórios, o *enforcement* reuniria os diversos atos que a autoridade pública pratica com vistas a conduzir os regulados ao cumprimento

---

[966] CARNEIRO, Claudio; JÚNIOR, Milton de Castro Santos. *Compliance e boa governança*: pública e privada. 1. ed. Curitiba: Juruá, 2018. p. 156.
[967] INSTITUTO BRASILEIRO DE GOVERNANÇA CORPORATIVA – IBGC. *Código das melhores práticas de governança corporativa*. 5. ed. Instituto Brasileiro de Governança Corporativa. São Paulo: IBGC, 2015. p. 21.
[968] SISTON, Felipe Rodrigues. *Accountability social*: casos do Banco Mundial e BNDES em perspectiva comparada. 2015. 134f. Dissertação (Mestrado em Política Internacional) – Universidade do Estado do Rio de Janeiro, Rio de Janeiro, 2015. p. 35. Disponível em: https://www.bdtd.uerj.br:8443/handle/1/15613. Acesso em: 12 jan. 2022.
[969] LOPES, Othon de Azevedo. *Fundamentos da regulação*. 1. ed. Rio de Janeiro: Processo, 2018. p. 197.

normativo, à conformidade (*compliance*) com normas. Distingue-se, pois, do *compliance*, esse que, para Lopes, caracteriza-se como a conduta, voluntária ou não, do regulado, visando ao cumprimento da norma, visando à conformidade.[970]

Dessa forma, tendo em conta a distinção havida entre *enforcement* e *compliance*, o binômio *enforcement* (constrangimento legal e regulatório, implementação e aplicação) e *compliance* (conformidade, cumprimento, estar de acordo com) permite a construção de curvas de normalidades em que se inscrevam comportamentos ótimos, desejados, esperados, censuráveis e inadmissíveis, como forma de orientar as medidas de condução de comportamentos pelas autoridades reguladoras, tudo em busca do objetivo comum de alcance a uma otimização.[971]

Nesse sentido, conforme Benjamin, tem-se a seguinte relação conceitual: a) regulação ou normatização jurídica (= *regulation*), b) implementação jurídica (= *enforcement*), c) respeito, obediência ou cumprimento legal (= *compliance*) e d) dissuasão ou desestímulo ao descumprimento da norma (*deterrence*).[972]

Para Benjamin, respeito à lei (= *compliance*) significa, sinteticamente, o cumprimento integral das exigências legais, vale dizer, a adequação dos sujeitos-destinatários aos comportamentos e padrões estatuídos. Todavia, e como já foi destacado nos capítulos anteriores, ressalta-se que, em matéria ambiental, como em outros campos, o simples e mecânico cumprimento da lei não vem levando, necessariamente, à realização dos objetivos que, originariamente, estimularam sua promulgação.[973]

Como indaga Benjamin: por que se viola a lei ambiental? Haveria várias justificativas. A mais forte ainda teria índole econômica. Desobedece-se à lei por ser mais barato do que respeitá-la. Tal constatação precisa ser levada em conta pelo legislador e pelo implementador: seus esforços devem ser dirigidos a retirar toda a possibilidade de ganho ou lucro com o comportamento ilícito. Outros fatores também contribuem para o desrespeito às exigências legais, como a probabilidade de detecção da violação e de imposição da sanção, bem como de intervenção judicial.[974]

Essas, dentre outras já delineadas, são razões da necessidade de novas abordagens e mecanismos regulatórios em matéria de proteção ambiental e de desenvolvimento sustentável, como se sustenta neste trabalho, sobretudo com a aplicação do *compliance* e de seus instrumentos na área ambiental e em licenciamentos..

É dentro deste contexto de necessária elevação do nível de cumprimento e de conformidade normativa (*compliance*), especialmente na área das políticas e normas ambientais, que o conceito de *enforcement* cumpre função especial. Isso porque o termo implicaria dois significados: um restrito e outro geral. No restritivo, implementação

---

[970] LOPES, Othon de Azevedo. *Fundamentos da regulação*. 1. ed. Rio de Janeiro: Processo, 2018. p. 200.
[971] LOPES, Othon de Azevedo. *Fundamentos da regulação*. 1. ed. Rio de Janeiro: Processo, 2018. p. 200.
[972] BENJAMIN, Antonio Herman. O Estado teatral e a implementação do Direito ambiental. *In*: BENJAMIN, Antonio Herman (Coord.). *Direito, Água e Vida*. vol. I. São Paulo: Imprensa Oficial de São Paulo, 2003. p. 20. Disponível em: http://bdjur.sjt.org.br. Acesso em: 20 out. 2021.
[973] BENJAMIN, Antonio Herman. O Estado teatral e a implementação do Direito ambiental. *In*: BENJAMIN, Antonio Herman (Coord.). *Direito, Água e Vida*. vol. I. São Paulo: Imprensa Oficial de São Paulo, 2003. p. 20. Disponível em: http://bdjur.sjt.org.br. Acesso em: 20 out. 2021.
[974] BENJAMIN, Antonio Herman. O Estado teatral e a implementação do Direito ambiental. *In*: BENJAMIN, Antonio Herman (Coord.). *Direito, Água e Vida*. vol. I. São Paulo: Imprensa Oficial de São Paulo, 2003. p. 26-27. Disponível em: http://bdjur.sjt.org.br. Acesso em: 20 out. 2021.

(*enforcement*) diria respeito apenas ao que fazer após a violação da norma. Ou seja, como reprimir e, às vezes, reparar o comportamento desconforme.[975]

O extremo dessa visão, aponta Benjamin, seria confundir a tarefa implementadora com providências do poder de polícia, aplicáveis nos casos em que a lei deixou de ser cumprida. É ver a implementação como nada mais do que repressão (eventualmente também indenização), diante de um atentado à ordem jurídico-ambiental. O *enforcement* ou implementação, constrangimento legal e regulatório, ligaria-se, em uma visão restrita, à atividade de aplicação dos instrumentos regulatórios para sancionar e punir as infrações, administrativas ou criminais.[976]

No entanto, é preciso conceber *enforcement* como labor que não se exaure na repressão, na sanção ou na reparação, de modo a se considerar tal fenômeno com o vastíssimo leque dos vários mecanismos que levam ao cumprimento da lei (*compliance*), incluindo aspectos de prevenção, de reparação e de repressão, seja por provocação oficial, seja por atuação privada,[977] exatamente o que se defende na potencialidade dos programas de *compliance* com aplicação na área ambiental.

Dessa maneira, assinala Benjamin, à luz do conceito de *enforcement* e de *compliance*, é possível considerar que a preocupação maior deva ser com o cumprimento da lei e não tão somente com a repressão ou reparação dos comportamentos desconformes.[978] Justamente o paradigma que ainda prevalece nos modelos institucionais de comando e controle – pautados demasiadamente na sanção e na repressão – no âmbito do Direito Público, especialmente no Brasil, contexto destacado nos capítulos anteriores.

Por isso mesmo, conclui Benjamin, haveria uma irresistível exigência de adaptação contínua dos instrumentos de implementação (*enforcement*) das normas e regulamentos, ajustando-os às novas realidades e desafios, e buscando parcerias, não se vendo nisso um sinal de fraqueza do Estado, antes o reconhecimento de que, sozinho, não conseguirá impedir a degradação ambiental que a todos afeta na atualidade,[979] justamente a crítica efetuada no capítulo inicial deste trabalho.

Ainda quanto aos conceitos ligados ao *compliance*, há o termo *deterrence*, que representa o efeito da dissuasão, o convencimento dos regulados para que não descumpram com as normas, quando um infrator potencial se refreia de levar avante a ilicitude, conquanto, por perceber uma ameaça de punição, tema sua imposição.[980]

---

[975] BENJAMIN, Antonio Herman. O Estado teatral e a implementação do Direito ambiental. *In:* BENJAMIN, Antonio Herman (Coord.). *Direito, Água e Vida*. vol. I. São Paulo: Imprensa Oficial de São Paulo, 2003. p. 28. Disponível em: http://bdjur.sjt.org.br. Acesso em: 20 out. 2021.

[976] BENJAMIN, Antonio Herman. O Estado teatral e a implementação do Direito ambiental. *In:* BENJAMIN, Antonio Herman (Coord.). *Direito, Água e Vida*. vol. I. São Paulo: Imprensa Oficial de São Paulo, 2003. p. 28. Disponível em: http://bdjur.sjt.org.br. Acesso em: 20 out. 2021.

[977] BENJAMIN, Antonio Herman. O Estado teatral e a implementação do Direito ambiental. *In:* BENJAMIN, Antonio Herman (Coord.). *Direito, Água e Vida*. vol. I. São Paulo: Imprensa Oficial de São Paulo, 2003. p. 29. Disponível em: http://bdjur.sjt.org.br. Acesso em: 20 out. 2021.

[978] BENJAMIN, Antonio Herman. O Estado teatral e a implementação do Direito ambiental. *In:* BENJAMIN, Antonio Herman (Coord.). *Direito, Água e Vida*. vol. I. São Paulo: Imprensa Oficial de São Paulo, 2003. p. 29. Disponível em: http://bdjur.sjt.org.br. Acesso em: 20 out. 2021.

[979] BENJAMIN, Antonio Herman. O Estado teatral e a implementação do Direito ambiental. *In:* BENJAMIN, Antonio Herman (Coord.). *Direito, Água e Vida*. vol. I. São Paulo: Imprensa Oficial de São Paulo, 2003. p. 30. Disponível em: http://bdjur.sjt.org.br. Acesso em: 20 out. 2021.

[980] BENJAMIN, Antonio Herman. O Estado teatral e a implementação do Direito ambiental. *In:* BENJAMIN, Antonio Herman (Coord.). *Direito, Água e Vida*. vol. I. São Paulo: Imprensa Oficial de São Paulo, 2003. p. 31. Disponível em: http://bdjur.sjt.org.br. Acesso em: 20 out. 2021.

Com efeito, aponta Benjamin, *deterrence* ou dissuasão seria o elemento do desestímulo que fornece à implementação (*enforcement*) seu caráter multiplicador.[981] O efeito dissuasório do modelo regulatório liga-se ao conceito de *deterrence*, contrariamente ao conceito de persuasão, pois a dissuasão buscará o convencimento do agente regulado a não fazer algo, nesse caso, a praticar infrações ou ilicitudes, ou ainda, de estar em desconformidade ou sem *compliance* com políticas, normas ou regulamentos.

Segundo Aranha, pode-se considerar *deterrence* uma forma de *enforcement*, ou seja, um tipo de constrangimento legal ou regulatório dissuasivo,[982] fundado no desestímulo dos regulados. É um papel crucial esperado dos programas de *compliance*, de conformidade e de integridade: o desestímulo à falta de conformidade.

Nessa linha, o *compliance* e os programas e mecanismos de sua instrumentalização são diretamente ligados aos conceitos de *enforcement* e de *deterrence*, cujas funções apontam a forma pela qual a atividade regulatória é implementada e exigida dos regulados, assim como para o reflexo dissuasório e de desestímulo gerado com o fim de se evitar a desconformidade ou a falta de *compliance* com as políticas e normas exigíveis, para o contexto deste trabalho, às ligadas à área ambiental.

Ao se tratar do avanço dos riscos e da ocorrência concreta de atos de corrupção e de fraude, cumulados e associados a infrações e crimes ambientais, falar de *enforcement* e *deterrence*, relacionados às medidas de *compliance* e de integridade, adquire singular importância. Isso porque é a partir de métodos efetivos de conscientização, prevenção e controle anticorrupção e desvios de conduta que esses dilemas regulatórios poderão ser melhor compreendidos pelo Direito Público e especificamente pelo Direito Ambiental.

No caso da corrupção e da fraude, Schramm salienta uma gradativa mudança de foco na regulação: da repressão das infrações e crimes contra a Administração Pública para estratégias preventivas, com destaque às escolhas racionais e aos incentivos. Para Schramm, no caso da corrupção e da fraude, a ênfase nas medidas preventivas concentra a análise na redução dos incentivos implícitos nas transações corruptas entre agentes regulados e não apenas nos mecanismos de controle e sanção posteriores.[983]

É justamente nesta relação entre medidas preventivas, como programas de *compliance* e de integridade, e o incremento de *enforcement* (implementação) e de *deterrence* (dissuasão, desestímulo) que se atinge o comportamento dos agentes e as estruturas dos setores regulados contra falhas regulatórias como corrupção e fraude.

A ideia de manutenção de sistemas repressivos e sancionatórios, em detrimento de estratégias regulatórias preventivas e incentivadoras, somada à ampliação desmedida de funções estatais, comumente é tida como fonte de corrupção e fraude, ou mesmo de descumprimento de leis e regulamentos. É por isso que se mostra importante a implantação de medidas institucionais de *compliance* e integridade na esfera privada, pelas empresas e sujeitos regulados.[984]

---

[981] BENJAMIN, Antonio Herman. O Estado teatral e a implementação do Direito ambiental. *In*: BENJAMIN, Antonio Herman (Coord.). *Direito, Água e Vida*. vol. I. São Paulo: Imprensa Oficial de São Paulo, 2003. p. 31. Disponível em: http://bdjur.sjt.org.br. Acesso em: 20 out. 2021.
[982] ARANHA, Márcio Iorio. *Manual de Direito Regulatório*: fundamentos de Direito Regulatório. 5. ed., rev., ampl. Londres: Laccademia Publishing, 2019. p. 133.
[983] SCHRAMM, Fernanda Santos. *Compliance nas contratações públicas*. 1. ed. Belo Horizonte: Fórum, 2019. p. 33-34.
[984] SCHRAMM, Fernanda Santos. *Compliance nas contratações públicas*. 1. ed. Belo Horizonte: Fórum, 2019. p. 45.

A contribuição dos programas de *compliance* e integridade no setor público ainda auxiliaria a implementação (*enforcement*) de normas e o desestímulo (*deterrence*) ao descumprimento e ao desvio pelos agentes públicos, porquanto tais iniciativas fixam limites de atuação do agente, visto que, entre seus pressupostos, está a definição de fluxos e competências individuais na organização pública e o fomento à denúncia e à colaboração, influenciando na detecção de comportamentos irregulares.[985]

Assim, medidas de incentivo e participação das organizações reguladas, como assinala Aranha, indicam que a relação entre normas, constrangimento normativo (*enforcement*), conformidade à norma (*compliance*) e coerção é um passo para se desmistificar a sanção e o fato do Direito ainda depender de ilícito e de sancionamento, sem que a sanção, por óbvio, seja afastada como importante técnica que representa.[986]

Como apontam Nohara e Pereira, o *law enforcement* do *compliance* não pode deixar de ser elogiado, pois gerou uma verdadeira corrida em favor da alteração das práticas organizacionais rumo à cultura de integridade. Assim, não se pode deixar de exaltar o movimento de introjeção de programas de *compliance* nas organizações, dado que têm o potencial de melhorar o relacionamento entre público e privado, prevenindo de forma mais eficaz a ocorrência de corrupção.[987]

Ao se tratar do tema do *compliance* e de seu desenvolvimento nas organizações públicas ou privadas, a alocação das exigências de construção e de implantação de efetivos programas de *compliance* deve pressupor um papel relevante na sua relação com a melhoria de *enforcement* (implementação, constrangimento regulatório) e de *deterrence* (desestímulo e dissuasão) ligados ao *framework* regulatório.

3.1.3 *Compliance* e auditoria

O tema do *compliance* e de sua aplicação ainda está diretamente relacionado a outro instituto e mecanismo fundamental para a sua efetividade: auditoria.

Na lição de Schramm, não se pode confundir a área de *compliance* com a auditoria interna de uma organização, importante pilar da governança corporativa. Esses institutos se diferenciam na periodicidade com que são realizados e na abordagem: enquanto a auditoria atua quase exclusivamente de forma repressiva, o *compliance*, além da fiscalização e da sanção, tem papel na prevenção de desvios.[988]

O *compliance*, diferente da auditoria, tem suas atividades realizadas de forma preventiva, contínua e permanente, sendo responsável por verificar e assegurar, dia após dia, que as diversas áreas e unidades da organização conduzam as atividades em conformidade com a legislação aplicável ao negócio, observando as normas e procedimentos internos destinados à prevenção e controle de riscos.[989]

---

[985] FORTINI, Cristiana; SCHRAMM, Fernanda Santos. Direito Premial e os incentivos à integridade na Administração Indireta. *In*: ZENKNER, Marcelo; CASTRO, Rodrigo Pironti de (Coords.). *Compliance no setor público*. 1. ed. Belo Horizonte: Fórum, 2020. p. 38.

[986] ARANHA, Márcio Iorio. *Manual de Direito Regulatório*: fundamentos de Direito Regulatório. 5. ed., rev., ampl. Londres: Laccademia Publishing, 2019. p. 59.

[987] NOHARA, Irene Patrícia; PEREIRA, Flávio de Leão Bastos. Introjeção da disciplina legal de combate à corrupção no Brasil: inspiração e regime jurídico. *In*: MESSA, Ana Flávia; ESTEVES, João Luiz Martins (Coord.) *Governança, compliance e corrupção*. São Paulo: Almedina, 2020. p. 441.

[988] SCHRAMM, Fernanda Santos. *Compliance nas contratações públicas*. 1. ed. Belo Horizonte: Fórum, 2019. p. 164.

[989] SCHRAMM, Fernanda Santos. *Compliance nas contratações públicas*. 1. ed. Belo Horizonte: Fórum, 2019. p. 164.

De outro lado, a auditoria estaria restrita à fiscalização, sem envolvimento com a execução dos processos e definição de posturas internas, de forma que também a área de *compliance* deverá ser submetida à avaliação da auditoria interna.[990]

A área de auditoria interna nas organizações, apontam Lamboy, Risegato e Coimbra, pressupõe uma área independente, que avalia os processos das áreas, produzindo relatórios contendo as não conformidades, bem como emitindo relatórios utilizados pelos administradores e órgãos de governança para aprimoramento.[991]

Nesse sentido, são distintas as áreas internas nas organizações responsáveis pelo *compliance* e pela auditoria interna, conforme indica o modelo de Três Linhas de Defesa, do *Institute of Internal Auditors* (IIA), difundido pelo Instituto dos Auditores Internos do Brasil (IIA Brasil). A primeira linha estaria na gestão das atividades da organização, voltada à aplicação das medidas e mecanismos de conformidade. A segunda linha exerceria a função de complementação e reporte, desenvolvendo as medidas a serem aplicadas pela primeira linha, e, por fim, a terceira linha ocuparia a auditoria interna, mantendo a prestação de contas e a avaliação contínua das medidas fixadas.[992]

Como resume Kizima, a primeira linha de defesa (as unidades operacionais) gerenciará os riscos de *compliance* (conformidade) e de integridade. A segunda linha (funções de *compliance* e de integridade) fornecerá ferramentas para o gerenciamento e monitoramento dos riscos. A terceira linha (auditoria interna) realizará os testes independentes e avaliará, em particular, o *compliance* e integridade da organização.[993]

A implantação de um sistema efetivo de *compliance* em uma organização exige estratégica avaliação de riscos de *compliance*, feita a partir de sistemas de controle interno, por uma auditoria baseada em riscos de *compliance* e de integridade.[994]

Conforme o IBGC, a auditoria funciona como uma instância que verifica se processos, políticas e transações estão em conformidade com os controles e regras internas e externas e se estão funcionando efetiva e corretamente. Os trabalhos da auditoria interna visam aperfeiçoar os controles internos e as normas e procedimentos estabelecidos, tendo papel relevante na investigação de irregularidades e na detecção de falhas nos controles internos ou de fraudes. A auditoria interna também pode contribuir para o processo de avaliação das políticas e procedimentos de *compliance*, buscando assegurar o funcionamento efetivo do sistema de *compliance*.[995]

Em suma, conforme será demonstrado nos tópicos posteriores, a auditoria interna ou externa, essa por meio de entidade independente, representa um dos pilares

---

[990] SCHRAMM, Fernanda Santos. *Compliance nas contratações públicas*. 1. ed. Belo Horizonte: Fórum, 2019. p. 164.

[991] LAMBOY, Christian Karl de; RISEGATO, Giulia Pappalardo; COIMBRA, Marcelo de Aguiar. Introdução ao *Corporate Compliance*, Ética e Integridade. In: LAMBOY, Christian Karl de (Coord.). *Manual de Compliance*. 1. ed. São Paulo: Via Ética, 2018. p. 40.

[992] INSTITUTO DOS AUDITORES INTERNOS DO BRASIL – IIA BRASIL. *Modelo das três linhas do IIA 2020*: uma atualização das Três Linhas de Defesa. São Paulo, 2020. Disponível em: https://iiabrasil.org.br/korbilload/upl/editorHTML/uploadDireto/20200758glob-th-editorHTML-00000013-20082020141130.pdf. Acesso em: 19 jan. 2022.

[993] KIZIMA, João Paulo Pagani. *Elaboração, gestão e avaliação de programas de compliance*. 1. ed. Curitiba: Contentus, 2020. p. 44.

[994] CARVALHO, André Castro; PANOCHIA, Patrícia; CAPP, Ricardo T. *Gestão de risco e compliance*. 1. ed. Série Universitária. São Paulo: Editora Senac, 2020. p. 93.

[995] INSTITUTO BRASILEIRO DE GOVERNANÇA CORPORATIVA – IBGC. *Compliance à luz da Governança Corporativa*. São Paulo: IBGC, 2017. Disponível em: https://ibdee.org/biblioteca/compliance-a-luz-da-governanca-corporativa/. Acesso em: 20 jan. 2022.

e elementos que configuram um programa de *compliance* e de integridade, medida que possui, como visto, funções distintas às do *compliance* nas organizações.

3.2 *Compliance* e o seu contexto internacional

Elencados os conceitos de *compliance* e os demais que com ele se relacionam, cumpre traçar os aspectos destacados de sua evolução em nível internacional como também no cenário brasileiro e no contexto do Direito Público, para, mais à frente, migrar para a análise de sua perspectiva na área do Direito Ambiental.

Conforme os tópicos anteriores, é evidente que o objetivo das normas ligadas ao instituto do *compliance* é focar no resultado a ser atingido, evitando riscos decorrentes de condutas pessoais ou organizacionais ilícitas ou incoerentes com os princípios, missões, visão e objetivos de uma organização.[996]

A expressão *compliance* passa a se justificar como solução estratégica disponível para inibição de riscos na organização, utilizando-se o termo para transpassar a ideia de comprometimento ético-organizacional, compreendendo ser, antes de tudo, um estado de agir em conformidade aos padrões preestabelecidos.[997]

A despeito de sua função abarcar diversas abordagens, a evolução internacional do *compliance* e de sua instrumentalização acompanha uma série de políticas e normas voltadas especificamente à prevenção e ao combate à corrupção e à fraude, notadamente na área do consumidor, regulação financeira e de crimes internacionais.

Como disserta Naím, resgatar a confiança, reinventar instituições políticas, encontrar novas vias para que o cidadão possa participar de verdade do processo político, criar novos mecanismos de governança real, limitar as consequências do sistema de pesos e contrapesos e, ao mesmo tempo, evitar a excessiva concentração de poder e aumentar a capacidade dos países de atacar conjuntamente os problemas globais: esses se mostram os objetivos políticos fundamentais da nossa época.[998]

É induvidoso que a corrupção e a sua prevenção e controle nas organizações são pauta que tangencia a maioria dos referidos desafios elencados por Naím, e o *compliance* e sua aplicação são fatores estratégicos nesse contexto, cuja perspectiva para o Direito Público será delineada no decorrer dos próximos tópicos.

A chamada "era do *compliance*", como destacam Carneiro e Junior, ainda que tardiamente, instalou-se no Brasil recentemente, de modo que, quanto à evolução histórica do instituto, sem dúvidas, a Europa e os Estados Unidos iniciaram um debate mais antigo, com uma difusão e estruturas mais consolidadas que no contexto brasileiro, que aos poucos está se desenvolvendo.[999]

Conforme Soares *et al*, as normas e programas de ética e *compliance* (conformidade e cumprimento legal) no contexto histórico têm seu surgimento comumente relacionado

---
[996] CARNEIRO, Claudio; JÚNIOR, Milton de Castro Santos. *Compliance e boa governança*: pública e privada. 1. ed. Curitiba: Juruá, 2018. p. 24.
[997] DE MELO, Hildegardo Pedro Araújo. DE LIMA, Adilson Celestino. Da formalidade prescrita à cultura de integridade: escala de intensidade compliance como resposta às fraudes e riscos regulatórios no Brasil. *Revista Ambiente Contábil* – Universidade Federal do Rio Grande do Norte, v. 11, n. 1, p. 298, 2018. Disponível em: https://periodicos.ufrn.br/ambiente/article/view/15404. Acesso em: 22 jan. 2022.
[998] NAÍM, Moisés. *O fim do poder*. Tradução de Luis Reyes Gil. 1. ed. São Paulo: LeYa, 2013. p. 239.
[999] CARNEIRO, Claudio; JÚNIOR, Milton de Castro Santos. *Compliance e boa governança*: pública e privada. 1. ed. Curitiba: Juruá, 2018. p. 27.

ao âmbito da relação de consumo e à proteção da sociedade em relação à segurança pública, a exemplo da agência reguladora de fármacos e alimentos nos Estados Unidos, *Food and Drug Administration* (FDA). Essa agência, no ano de 1906, aprovou a *"Pure Food and Drugs Act"* ou Lei da Pureza de Alimentos e Medicamentos, com o escopo de fornecer e exigir conformidade com proteções básicas aos consumidores sobre produtos e medicamentos consumidos pela sociedade norte-americana.[1000]

Dessa forma, um marco histórico na temática do *compliance* nos Estados Unidos em 1934 foi a criação da agência federal independente *Securities and Exchange Commission* (SEC), com o fim de exigir regras de *compliance* no registro de prospecção de emissão de títulos e valores mobiliários. Mais à frente, na década de 1960, a SEC inaugurou a contratação dos chamados *compliance officers*, agentes incumbidos de desenvolver procedimentos internos de controles em empresas, auxiliando o monitoramento nas áreas de negócios e sua supervisão.[1001]

Na década de 1970, outro marco é o episódio chamado *"Watergate"* no governo norte-americano, desvendado em 1974, que expôs o mau uso da máquina político-administrativa estatal para servir a propósitos particulares e ilícitos. No mesmo ano, houve a criação do Comitê da Basileia para Supervisão Bancária, buscando fortalecer a fiscalização dos sistemas financeiros mundiais. Instituiu-se, posteriormente, no ano de 1977, a lei estadunidense chamada *Foreign Corrupt Practices Act* (FCPA) ou Lei Anticorrupção norte-americana, destinada a criar sanções cíveis, administrativas e penais no combate à corrupção comercial internacional,[1002] que influenciou e segue repercutindo em sistemas regulatórios ao redor do mundo.

Mais adiante, na década de 1980, em 1984, tem-se a criação nos Estados Unidos da *Sentencing Commission*, organismo autônomo do Poder Judiciário estadunidense e do próprio governo federal, com o fim de dar uniformidade e credibilidade nas sentenças em casos de infrações e crimes por pessoas jurídicas e definir interpretação sobre os incentivos de autorregulação, como programas de *compliance*.

Em 1990, vieram as 40 recomendações sobre lavagem de dinheiro publicadas pela *Financial Action Task Force* (FATF) ou Grupo de Ação Financeira sobre Lavagem de Dinheiro (GAFI).[1003] No ano de 1992, com a publicação da *Federal Sentencing Guidelines* nos Estados Unidos, foram fixados parâmetros e diretrizes para proferimento de sentenças judiciais em casos de corrupção, lavagem de dinheiro e fraude da FCPA e outras normas, inclusive, diretrizes de avaliação para os *"compliance programs"*. [1004]

Em 1996, foi realizado o primeiro tratado internacional específico sobre o tema do combate à corrupção, com a Convenção Interamericana contra a Corrupção, da Organização dos Estados Americanos (OEA), ratificada pelo Brasil pelo Decreto

---

[1000] SOARES, Fábio Lopes (Coord.); STROBEL, Carolina; GOMES, Marcelo Borowski; PEDRO, Wagner Osti. *Compliance*: fundamentos e reflexões sobre integridade nas empresas. 1. ed. Rio de Janeiro: Lumen Juris, 2021. p. 1.

[1001] CARNEIRO, Claudio; JÚNIOR, Milton de Castro Santos. *Compliance e boa governança*: pública e privada. 1. ed. Curitiba: Juruá, 2018. p. 28-29.

[1002] CARNEIRO, Claudio; JÚNIOR, Milton de Castro Santos. *Compliance e boa governança*: pública e privada. 1. ed. Curitiba: Juruá, 2018. p. 28-29.

[1003] CARNEIRO, Claudio; JÚNIOR, Milton de Castro Santos. *Compliance e boa governança*: pública e privada. 1. ed. Curitiba: Juruá, 2018. p. 30.

[1004] UNITED STATES SENTENCING COMMISSION. *Federal Sentencing Guidelines Manual*. Washington, D.C., 1992. Disponível em: https://www.ussc.gov/sites/default/files/pdf/guidelines-manual/1992/manual-pdf/1992_Guidelines_Manual_Full.pdf. Acesso em: 20 jan. 2022.

nº 4.410/2002. Como anota Schramm, já naquele momento foram adiantados termos pela Convenção da OEA que se relacionam com os elementos de um programa de *compliance*, como: (i) normas de conduta; (ii) canais de denúncia; e (iii) sistemas de proteção à identidade de denunciantes, funcionários públicos ou cidadãos.[1005]

No ano de 1997, outro evento importante no tema de *compliance* e combate à corrupção e à fraude no cenário internacional, originado da reunião de países da OCDE em Paris, foi a Convenção sobre o Combate da Corrupção de Funcionários Públicos Estrangeiros em Transações Comerciais Internacionais, que entrou em vigor em nível internacional no ano de 1999, regulamentada no Brasil por meio do Decreto nº 3.678, de 30 de novembro de 2000.

Conforme a OCDE, a Convenção objetivou incentivar a introdução de controles internos sólidos nas empresas, incluindo padrões de conduta e controles aplicáveis até o nível operacional, exigir que as disposições anticorrupção sejam incluídas nas ajudas bilaterais e aquisições, promovendo a implementação adequada das disposições anticorrupção em instituições internacionais de desenvolvimento e trabalhando em estreita colaboração com os parceiros de desenvolvimento para combater a corrupção em todos os esforços de cooperação para o desenvolvimento.[1006]

Na década de 2000, um dos marcos é a Convenção das Nações Unidas contra a Corrupção, pela Assembleia-Geral da Organização das Nações Unidas (ONU) e organizada pelo Escritório das Nações Unidas contra Drogas e Crime (UNODC), ocorrida em 2003, regulamentada no Brasil pelo Decreto nº 5.687/2006.

Segundo a Convenção da ONU, no artigo 5º, itens "1", "2" e "3", respectivamente, cada Estado Parte, de conformidade com os princípios fundamentais de seu ordenamento jurídico, formulará e aplicará ou manterá em vigor políticas coordenadas e eficazes contra a corrupção que promovam a participação da sociedade e reflitam os princípios do Estado de Direito, a devida gestão dos assuntos e bens públicos, a integridade, a transparência e a obrigação de render contas, procurará estabelecer e fomentar práticas eficazes encaminhadas a prevenir a corrupção, além de avaliar periodicamente os instrumentos jurídicos e as medidas administrativas pertinentes a fim de determinar se são adequadas para combater a corrupção.[1007]

Como adverte Schramm, em que pese grande parte dos regramentos internacionais incorporados ao ordenamento brasileiro tenha mencionado diretrizes e sugestões que se confundem, de algum modo, com os elementos dos programas de *compliance* anticorrupção, o tom sempre foi de recomendação, sem refletir imperativo normativo propriamente dito,[1008] realidade que apenas se modificou com legislações mais recentes, como será adiante explicitado no contexto brasileiro.

No ano de 2002, outro marco sobre *compliance* refere-se à promulgação nos Estados Unidos da Lei *Sarbannes-Oxley* (SOX), que definiu o princípio de estabelecer

---

[1005] SCHRAMM, Fernanda Santos. *Compliance nas contratações públicas*. 1. ed. Belo Horizonte: Fórum, 2019. p. 100.
[1006] ORGANIZAÇÃO PARA A COOPERAÇÃO E O DESENVOLVIMENTO ECONÔMICO – OCDE. *OECD Convention on Combating Bribery of Foreign Public Officials in International Business Transactions and Related Instruments*. Paris, 1997. p. 4. tradução livre. Disponível em: https://www.oecd.org/gov/ethics/2406452.pdf. Acesso em: 20 jan. 2022.
[1007] UNITED NATIONS OFFICE ON DRUGS AND CRIME – UNODC. *Convenção das Nações Unidas contra a Corrupção*. Nova York. 2003. p. 9. Disponível em: https://www.unodc.org/documents/lpo-brazil//Topics_corruption/Publicacoes/2007_UNCAC_Port.pdf. Acesso em: 28 out. 2021.
[1008] SCHRAMM, Fernanda Santos. *Compliance nas contratações públicas*. 1. ed. Belo Horizonte: Fórum, 2019. p. 102.

regras rígidas de governança corporativa para as empresas listadas no ambiente de valores mobiliários estadunidense pela SEC, com foco na mitigação de riscos, instituindo processos de divulgação de informações sobre balanço patrimonial, despesas e receitas, almejando a transparência, controle e rastreabilidade.[1009]

As empresas reguladas pela SOX passaram a necessitar de programas de avaliação de riscos e controles internos, que adquiriram assim caráter de obrigatoriedade, em inglês, *"mandatory compliance"*.[1010] Para Carvalho *et al*, entre as principais normas da SOX, encontram-se os valores de *compliance*, *accountability*, *disclosure* e *fairness*. Quanto ao *compliance*, destaca-se a necessidade de os executivos de companhias adotarem as regras de códigos de ética e conduta. Em relação à *accountability*, enfatiza-se a responsabilidade do diretor financeiro sobre um sistema de controles internos. No que se refere ao *disclosure*, há uma valorização da transparência acerca de informações financeiras e patrimoniais da companhia. Por fim, no que envolve o *fairness*, deve-se aplicar a equidade em todas as tomadas de decisão da empresa.[1011]

Posteriormente, no ano de 2006, na Austrália, foi publicada a norma *Australian Standard AS 3806*, com princípios de formulação, implementação e manutenção de programas de *compliance* eficazes em organizações públicas ou privadas.[1012] Inspirada na norma australiana, em 2009, foi publicada a norma técnica ISO 19600, de Sistemas de Gestão de *Compliance*, pela *International Organization for Standardization* (ISO), organização internacional voltada à normatização e padronização de normas técnicas, que se tornou referência mundial para programas de ética e *compliance*.[1013]

Ainda sobre os marcos no tema de *compliance*, no ano de 2010, o Parlamento Britânico aprovou o *United Kingdom Bribery Act* (UKBA), legislação britânica igualmente destinada a combater os atos de corrupção praticados no exterior, legislação que ganhou notoriedade pelo foco conferido às políticas de prevenção – e não apenas sancionamento – e por ser considerada a legislação mais rigorosa e completa no combate à corrupção,[1014] gerando também diretrizes sobre *"compliance programs"*.

Segundo o UKBA, passou-se a considerar ato criminoso não apenas suborno em si, como também a falha em o evitar, a referida lei indicou uma resposta legislativa em razão da relevância que o Reino Unido ocupava e segue ocupando no contexto mundial, introduzindo a criminalização da pessoa jurídica e a corrupção provocada.[1015]

O avanço do tema do combate à corrupção e à fraude também é registrado no espaço latino-americano e ibero-americano, com difusão de boas práticas por países

---

[1009] SOARES, Fábio Lopes (Coord.); STROBEL, Carolina; GOMES, Marcelo Borowski; PEDRO, Wagner Osti. *Compliance*: fundamentos e reflexões sobre integridade nas empresas. 1. ed. Rio de Janeiro: Lumen Juris, 2021. p. 16.

[1010] SOARES, Fábio Lopes (Coord.); STROBEL, Carolina; GOMES, Marcelo Borowski; PEDRO, Wagner Osti. *Compliance*: fundamentos e reflexões sobre integridade nas empresas. 1. ed. Rio de Janeiro: Lumen Juris, 2021. p. 16.

[1011] CARVALHO, André Castro; PANOCHIA, Patrícia; CAPP, Ricardo T. *Gestão de risco e compliance*. 1. ed. Série Universitária. São Paulo: Editora Senac, 2020. p. 79.

[1012] CARVALHO, André Castro; PANOCHIA, Patrícia; CAPP, Ricardo T. *Gestão de risco e compliance*. 1. ed. Série Universitária. São Paulo: Editora Senac, 2020. p. 16-17.

[1013] SOARES, Fábio Lopes (Coord.); STROBEL, Carolina; GOMES, Marcelo Borowski; PEDRO, Wagner Osti. *Compliance*: fundamentos e reflexões sobre integridade nas empresas. 1. ed. Rio de Janeiro: Lumen Juris, 2021. p. 17.

[1014] SCHRAMM, Fernanda Santos. *Compliance nas contratações públicas*. 1. ed. Belo Horizonte: Fórum, 2019. p. 103.

[1015] SOARES, Fábio Lopes (Coord.); STROBEL, Carolina; GOMES, Marcelo Borowski; PEDRO, Wagner Osti. *Compliance*: fundamentos e reflexões sobre integridade nas empresas. 1. ed. Rio de Janeiro: Lumen Juris, 2021. p. 18-19.

como Argentina, Chile, Colômbia, Costa Rica, Equador, México, Panamá, Paraguai, Portugal, entre outros, com a intenção da cooperação internacional sobre o assunto.[1016]

Além do Brasil, com a Lei Anticorrupção brasileira nº 12.846, de 1º de agosto de 2013, e em vigor desde 29 de janeiro de 2014 – que será tratada nos próximos tópicos –, a Argentina promulgou sua Lei Anticorrupção nº 27.401, de 02 de março de 2018, a qual prevê como mitigadores ou atenuantes de responsabilidade a existência de efetivo programa de *compliance*, os quais, para o contexto argentino, são o conjunto de ações e mecanismos internos para promover a integridade, fiscalização e controle dentro da pessoa jurídica para prevenir, detectar e corrigir irregularidades e atos ilícitos.[1017]

Da mesma maneira o Chile, com a sua *"Ley de La Responsabilidad Penal de Las Personas Jurídicas"* (Lei nº 20.393, de 02 de dezembro de 2009),[1018] sendo que o Uruguai desde 1998 possui a Lei nº 17.060, regulamentada pelo Decreto nº 30/003, de 23 de janeiro de 2003, relativos às *"normas referidas al uso indebido del poder público (corrupción)"*,[1019] entre outras nações latino-americanas com iniciativas similares.

Na Europa, cita-se a Espanha, com seu *"Código de Lucha contra el Fraude y la Corrupción"*,[1020] com a reunião de todas as normas espanholas sobre o tema, além de um *"Guía de Programas de Cumplimiento en Relación con la Defensa de la Competencia"*,[1021] que expõe indicadores comumente aceitos para a configuração de programas de *compliance* eficazes e busca promover programas de *compliance* para difundir uma cultura de concorrência e de interesse público na Espanha.

Ainda no contexto internacional sobre o tema, é importante sublinhar a publicação do Departamento de Justiça dos Estados Unidos (U.S. DOJ), denominada de *"Evaluation of Corporate Compliance Programs"*, divulgado em junho de 2020.

A publicação busca auxiliar os Promotores de Justiça estadunidenses a tomarem decisões informadas sobre se, e até que ponto, eventual programa de *compliance* de uma organização estava em vigor e/ou era efetivo no momento de determinada infração,[1022] referência que vem influenciando diversos países pelo mundo no estabelecimento de

---

[1016] BRASIL. Ministério Público Federal. Asociación Iberoamericana de Ministerios Públicos. Red Ibero Americana de Fiscales contra la Corrupción. *Lucha contra la corrupción*: buenas prácticas – Brasília: MPF, 2019. Disponível em: http://www.mpf.mp.br/atuacao-tematica/sci/dados-da-atuacao/publicacoes. Acesso em: 25 jan. 2022.

[1017] ARGENTINA, Ministerio de Justicia y Derechos Humanos. *Programa de Integridad*. Buenos Aires, 2020. Disponível em: https://www.argentina.gob.ar/justicia/derechofacil/leysimple/responsabilidad-penal-de-las-personas-juridicas#titulo-6. Acesso em: 29 jan. 2022.

[1018] CHILE, Biblioteca del Congreso Nacional de Chile – BCN. *Ley 20393*. Establece la responsabilidad penal de las personas jurídicas en los delitos que indica. Santiago, 2020. Disponível em: https://www.bcn.cl/leychile/navegar?idNorma=1008668. Acesso em: 25 jan. 2022.

[1019] URUGUAI. Centro de Información Oficial. *Ley nº 17060*. Ley Cristal. Funcionarios Publicos. Montevideo, 1998. Disponível em: https://www.impo.com.uy/bases/leyes/17060-1998/38?verreferencias=articulo. Acesso em: 28 jan. 2022.

[1020] ESPANHA. Ministerio de la Presidencia, Relaciones con las Cortes y Memoria Democrática. Agencia Estatal Boletín Oficial del Estado. *Código de Lucha contra el Fraude y la Corrupción*. Edición actualizada a 6 de octubre de 2021. Madrid, 2021. Disponível em: https://www.boe.es/biblioteca_juridica/codigos/codigo.php?id=322&modo=2&nota=0. Acesso em: 26 jan. 2022.

[1021] ESPANHA. Comisión Nacional de los Mercados y la Competencia. *Guía de Programas de Cumplimiento en Relación con la Defensa de la Competencia*. Madrid, 2020. Disponível em: https://www.cnmc.es/novedad/cnmc-guia-compliance-competencia-20200610. Acesso em: 25 jan. 2022.

[1022] UNITED STATES DEPARTMENT OF JUSTICE – DOJ. *Evaluation of Corporate Compliance Programs*. Washington, D.C., 2020. p. 2. tradução livre. Disponível em: https://www.justice.gov/criminal-fraud/page/file/937501/download. Acesso em: 20 jan. 2022.

parâmetros avançados de avaliação sobre programas de *compliance* anticorrupção, inclusive no Brasil, como será abordado mais à frente.

Com toda essa evolução, o combate à corrupção consiste numa bandeira levantada não só no ordenamento interno de muitos países, mas também em compromisso firmado em convenções e tratados internacionais,[1023] perspectiva que impulsionou o tema do *compliance* nos sistemas das principais nações mundiais.

Constatada a evolução internacional do tema, embora recente no vocabulário jurídico brasileiro, o conceito de *compliance* encontra-se, como se vê, bastante consolidado nas políticas de combate à corrupção do meio internacional, impulsionando o tema em nível mundial.

3.2.1 A influência da FCPA e do UKBA e as disposições da ONU, OCDE, Banco Mundial e Transparência Internacional

Como visto, o debate a respeito dos programas de *compliance* é geralmente ligado à sua aplicação no campo da prevenção e do combate à corrupção e à fraude, tanto em organizações públicas quanto privadas, sobretudo porque o seu desenvolvimento e implantação passaram a ser considerados no âmbito da responsabilização das pessoas jurídicas envolvidas em infrações e ato ilícitos.

Uma das normas influentes do tema é a *Foreign Corrupt Practices Act* (FPCA) norte-americana, de 1977, a qual busca combater atos de corrupção perpetrados por pessoas ou empresas nacionais ou estrangeiras, essas últimas desde que o ato seja praticado em território norte-americano ou que envolva alguma autoridade ou se relacione com o mercado estadunidense, sendo objeto de fiscalização pelo Departamento de Justiça dos Estados Unidos (US DOJ) quanto às previsões legais de suborno, e suas regras contábeis fiscalizadas pela *Securities anda Exchange Commision* (SEC).

Conforme Venturini e Moreland, o *Department of Justice* (US DOJ) integra o Poder Executivo federal dos Estados Unidos e é responsável pela aplicação da lei e pela administração da justiça. Ao se traçar um paralelo com o sistema brasileiro, o DOJ seria equivalente, guardadas as proporções, à soma das funções da Procuradoria-Geral da República com o Ministério da Justiça e Advocacia-Geral da União.[1024]

A *Securities and Exchange Commission* (SEC), por sua vez, é uma *agency* com atribuições de fazer cumprir as leis federais relativas a valores mobiliários, regular o setor e as bolsas de valores dos Estados Unidos. Sua equivalência mais próxima no Brasil seria a Comissão de Valores Mobiliários (CVM), mas enquanto a atuação da CVM é adstrita à esfera administrativa, a SEC possui competência para investigar atos de corrupção transnacional, além de atuar para o *enforcement* de outras leis importantes, como o *Sarbanes-Oxley Act* de 2002.[1025]

[1023] SCHRAMM, Fernanda Santos. *Compliance nas contratações públicas*. 1. ed. Belo Horizonte: Fórum, 2019. p. 81.

[1024] VENTURINI, Otávio; MORELAND, André Castro Carvalho Allen. Aspectos gerais do *U.S. Foreign Corrupt Practices Act (FCPA)*. In: CARVALHO, André; BERTOCCELLI, Rodrigo de Pinho; ALVIM, Tiago Cripa; VENTURINI, Otávio (Coords.). *Manual de Compliance*. 1. ed. Rio de Janeiro: Forense, 2019. p. 189.

[1025] VENTURINI, Otávio; MORELAND, André Castro Carvalho Allen. Aspectos gerais do *U.S. Foreign Corrupt Practices Act (FCPA)*. In: CARVALHO, André; BERTOCCELLI, Rodrigo de Pinho; ALVIM, Tiago Cripa; VENTURINI, Otávio (Coords.). *Manual de Compliance*. 1. ed. Rio de Janeiro: Forense, 2019. p. 189.

Conforme Carvalho *et al*, a FCPA, por seu rigor e caráter sancionatório extraterritorial, alcançou efetividade e passou a ter os seus efeitos irradiados em grande parte dos países, especialmente pelo fato de ter sido idealizado e forjado pela maior potência econômica mundial. Esse fato despertou a necessidade de que normas anticorrupção fossem adotadas por outros países, inspirados no modelo americano.[1026]

O foco da FCPA recai sobre os atos de corrupção praticados no exterior, embora a corrupção doméstica também seja criminalizada, com base em outros diplomas, sendo destaque da FCPA a possibilidade de responsabilização de pessoas jurídicas por atos de terceiros, quando estes estiverem agindo em nome da empresa (*vicarious liability*) e desde que a pessoa jurídica tenha tido conhecimento do ato praticado.[1027]

Apesar da FPCA não mencionar expressamente os programas de *compliance*, a lei veda a prática do suborno, tipifica como criminoso qualquer pagamento sem a respectiva anotação nos registros contábeis da organização, o que exige, por si só, o aperfeiçoamento dos mecanismos de controles internos, além de que a existência de um programa de *compliance* poderá evitar a persecução penal, na medida em que o ajuizamento da ação seria decisão discricionária, sujeita à análise do caso concreto.[1028]

Como destacam Carneiro e Junior, a FCPA possui, entre outras, as seguintes atribuições: (a) investigar pessoas físicas ou jurídicas; (b) regular condutas relacionadas à comercialização de produtos financeiros; e (c) determinar que as empresas retirem promoções enganosas e que publiquem as decisões emanadas pela aplicação da lei. A referida lei norte-americana prevê a aplicação de sanções cíveis e criminais.[1029]

Para Venturini e Moreland, a FCPA se justifica não apenas por se tratar de um marco normativo estrangeiro sobre o tema – e uma resposta significativa dada pela principal economia do mundo ao problema da corrupção –, mas, sobretudo, por possuir jurisdição capaz de abranger pessoas de qualquer outro país que se utilizem de meios situados nos EUA para efetuar atos de corrupção. A legislação anticorrupção brasileira (Lei Federal nº 12.846/2013) foi, em certa medida, influenciada pelo FCPA.[1030]

Segundo Moreira e Guzela, a FCPA possui dois pilares básicos: *Anti-Bribery* (anticorrupção) e *Accounting* (contabilidade/prestação de contas). Criminaliza não somente a propina, mas todo e qualquer desembolso feito por empresas listadas nas bolsas de valores norte-americanas que não esteja registrado. Além disso, repudia qualquer tipo de pagamento com o objetivo de corromper. A classificação de agente é ampla, abrangendo não somente aqueles diretamente integrantes da Administração, como também agentes políticos que possam exercer influência ou tomar decisões.[1031]

[1026] CARVALHO, André Castro; PANOCHIA, Patrícia; CAPP, Ricardo T. *Gestão de risco e compliance*. 1. ed. Série Universitária. São Paulo: Editora Senac, 2020. p. 83.

[1027] SCHRAMM, Fernanda Santos. *Compliance nas contratações públicas*. 1. ed. Belo Horizonte: Fórum, 2019. p. 88.

[1028] SCHRAMM, Fernanda Santos. *Compliance nas contratações públicas*. 1. ed. Belo Horizonte: Fórum, 2019. p. 88.

[1029] CARNEIRO, Claudio; JÚNIOR, Milton de Castro Santos. *Compliance e boa governança*: pública e privada. 1. ed. Curitiba: Juruá, 2018. p. 38.

[1030] VENTURINI, Otávio; MORELAND, André Castro Carvalho Allen. Aspectos gerais do *U.S. Foreign Corrupt Practices Act (FCPA)*. In: CARVALHO, André; BERTOCCELLI, Rodrigo de Pinho; ALVIM, Tiago Cripa; VENTURINI, Otávio (Coords.). *Manual de Compliance*. 1. ed. Rio de Janeiro: Forense, 2019. p. 187.

[1031] MOREIRA, Egon Bockmann; GUZELA, Mariana Dall'agnol Canto Farella Peçanha. Anticorrupção e suborno no Brasil: melhores práticas anticorrupção. *In*: CARVALHO, André; BERTOCCELLI, Rodrigo de Pinho; ALVIM, Tiago Cripa; VENTURINI, Otávio (Coords.). *Manual de Compliance*. 1. ed. Rio de Janeiro: Forense, 2019. p. 211.

Ademais, assinala Schramm, a FCPA, mesmo que não disponha da figura dos programas de *compliance*, nem afaste a penalidade diante da sua existência na organização, possibilita vantagens e incentivos à implantação do *compliance*, sob a forma de "atenuantes", ainda que o resultado do cálculo seja questionável.[1032]

Em 2020, o DOJ e a SEC norte-americanos publicaram a segunda edição do documento "*A Resource Guide to the U.S. Foreign Corrupt Practices Act*", com informações e diretrizes da FCPA e também da aplicação dos programas de *compliance*.

Segundo o guia, um efetivo programa de *compliance* reforça os controles internos, além de ser essencial para detectar e prevenir violações à FCPA. Um programa de *compliance* pode ajudar a prevenir, detectar, remediar e relatar más condutas, incluindo as violações à FCPA, isso quando bem construído, implementado de forma eficaz, com recursos adequados, e consistentemente aplicado.[1033] É evidente a campanha de incentivo aos programas de *compliance* no âmbito da FCPA estadunidense.

Dessa forma, segundo o guia da FCPA, para se cogitar efetivo, um programa de *compliance* deve indicar, dentre outras características: (i) código de conduta, políticas e procedimentos de conformidade; (ii) supervisão, autonomia e recursos disponíveis; (iii) gestão e avaliação de riscos; (iv) treinamento e aconselhamento contínuos; (v) incentivos e medidas disciplinares; (vi) diligências prévias em pagamentos de terceiros; (vii) reportes confidenciais e investigação interna; (viii) melhoria contínua por análise e testes periódicos; (ix) diligências prévias em fusões e aquisições de corporações; e (x) investigação, análise e remediação de más condutas.[1034]

Como visto, a FCPA, pelas suas diretrizes anticorrupção e fraude, além de influenciar em parâmetros para programas de *compliance*, representa marco no tema no contexto mundial, inclusive servindo de referência para disposições de *compliance* e de integridade no cenário brasileiro, como mais adiante será demonstrado.

Outra iniciativa legislativa em nível mundial com grande influência no tema do *compliance* é o *United Kingdom Bribery Act* (UKBA), a Lei anticorrupção britânica, a qual busca prever sobre delitos relacionados a suborno e fins conexos.[1035]

A partir do UKBA, diferentemente da FCPA norte-americana, a corrupção passa a ser tratada de forma integrada, englobando os atos que envolvem autoridades nacionais e internacionais, assim como a esfera pública e privada, inovando em prever condenação das empresas que falharem na prevenção da corrupção.[1036]

Em síntese, pelo UKBA há quatro infrações: (a) o ato de oferecer vantagem indevida; (b) o ato de aceitar vantagem indevida; (c) o suborno de funcionário público estrangeiro; e (d) a falha na prevenção de corrupção de pessoa jurídica.[1037]

[1032] SCHRAMM, Fernanda Santos. *Compliance nas contratações públicas*. 1. ed. Belo Horizonte: Fórum, 2019. p. 91.

[1033] UNITED STATES DEPARTMENT OF JUSTICE – DOJ. U.S. Securities Exchange Commission. *FCPA: A Resource Guide to the U.S. Foreign Corrupt Practices Act*. Second Edition. Washington, D.C., 2020. Disponível em: https://www.justice.gov/criminal-fraud/file/1292051/download. Acesso em: 29 jan. 2022.

[1034] UNITED STATES DEPARTMENT OF JUSTICE – DOJ. U.S. Securities Exchange Commission. *FCPA: A Resource Guide to the U.S. Foreign Corrupt Practices Act*. Second Edition. Washington, D.C., 2020. p. 56-62. tradução livre. Disponível em: https://www.justice.gov/criminal-fraud/file/1292051/download. Acesso em: 29 jan. 2022.

[1035] UNITED KINGDOM. UK Public General Acts. *United Kingdom Bribery Act 2010*. London, 2010. Disponível em: https://www.legislation.gov.uk/ukpga/2010/23/contents. Acesso em: 28 jan. 2022.

[1036] SCHRAMM, Fernanda Santos. *Compliance nas contratações públicas*. 1. ed. Belo Horizonte: Fórum, 2019. p. 103.

[1037] CARNEIRO, Claudio; JÚNIOR, Milton de Castro Santos. *Compliance e boa governança*: pública e privada. 1. ed. Curitiba: Juruá, 2018. p. 38.

Conforme o *"The Bribery Act 2010: Guidance"*, há elementos estruturantes para os programas de *compliance* aplicados no âmbito da responsabilização das pessoas jurídicas pelas regras do UKBA: (i) seleção e treinamento de gerentes para liderar o trabalho antissuborno onde for apropriado; (ii) liderança em medidas-chave, como códigos de conduta; (iii) Endosso de publicações relacionadas a toda prevenção de suborno; (iv) Liderança na conscientização e incentivo ao diálogo transparente em toda a organização para garantir uma divulgação eficaz de políticas e procedimentos antissuborno aos funcionários, subsidiárias e pessoas associadas; (v) Engajamento com pessoas, associados relevantes e entidades externas, como organizações setoriais e a mídia, para ajudar a articular a organização da política; (vi) Envolvimento específico em alto perfil e tomada de decisão crítica onde for apropriado; (vii) Garantia de avaliação de risco; e (viii) Supervisão geral de violações de procedimentos e o fornecimento de *feedback* para o conselho ou equivalente, sendo o caso, em níveis de conformidade.[1038]

Com o UKBA, a legislação britânica elevou de modo considerável os benefícios – e consequentemente os incentivos – resultantes da implantação de programas de *compliance* e integridade, porquanto tais programas, se efetivamente comprovada a sua influência e execução na empresa responsabilizada, são capazes de excluir culpabilidade e não apenas atenuar as sanções eventualmente fixadas.[1039]

Para Mendes e Carvalho, há diferenças entre a FCPA e o UKBA, uma vez que a primeira se volta a punir atos de suborno perante servidores públicos e o segundo se aplica também a agentes privados. A FCPA exige a comprovação do elemento subjetivo do agente, diferente do UKBA, o qual dispensa a subjetividade nos atos de corrupção praticados contra agentes públicos, entre outras distinções.[1040]

Nesse sentido, tanto o FCPA quanto o UKBA representam marcos político-jurídicos e normativos mundiais que corroboram o avanço do tema da prevenção e combate à corrupção e à fraude e alçam a abordagem e o fomento dos programas de *compliance* nas organizações e nos ordenamentos de diversos países.

Para além dessas normas, importantes são as disposições pela Organização das Nações Unidas (ONU), Organização para Cooperação e Desenvolvimento Econômico (OCDE), bem como do *World Bank Group* (WBG) ou Banco Mundial e também pela *Transparency International*, que desempenham especial influência para o avanço da discussão sobre *compliance* nas nações mundiais.

Com a Convenção das Nações Unidas contra a Corrupção (Convenção de Mérida), de 2003, regulamentada pelo Brasil em 2006, fundamental o trabalho do Escritório das Nações Unidas sobre Drogas e Crime (UNODC), que desenvolve importantes relatórios e referenciais para a prevenção e o combate à corrupção, incluindo ferramentas para a implementação da respectiva Convenção.[1041]

[1038] UNITED KINGDOM. *The Bribery Act 2010*: Guidance about procedures which relevant commercial organisations can put into place to prevent persons associated with them from bribing. London: Ministry of Justice, 2010. p. 26. tradução livre. Disponível em: https://www.justice.gov.uk/downloads/legislation/bribery-act-2010-guidance.pdf. Acesso em: 29 jan. 2022.
[1039] SCHRAMM, Fernanda Santos. *Compliance nas contratações públicas*. 1. ed. Belo Horizonte: Fórum, 2019. p. 105.
[1040] MENDES, Francisco Schertel; CARVALHO, Vinícius Marques de. *Compliance*: concorrência e combate à corrupção. 1. ed. São Paulo: Trevisan Editora, 2017. p. 14-15.
[1041] UNITED NATIONS OFFICE ON DRUGS AND CRIME – UNODC. *Documentos, publicações e ferramentas*. Nova York, 2022. Disponível em: https://www.unodc.org/lpo-brazil/pt/corrupcao/publicacoes.html. Acesso em: 29 jan. 2022.

Tratando-se especificamente de programas de *compliance*, o UNODC publicou em 2013 o *"An Anti-Corruption Ethics and Compliance Programme for Business: A Practical Guide"*, com o qual difundiu medidas que as empresas podem estabelecer para um programa eficaz de conformidade (*compliance*) anticorrupção.

Para o UNODC, os elementos mínimos de um efetivo programa de *compliance* anticorrupção seriam: (i) Apoio e compromisso da alta administração para a prevenção da corrupção; (ii) Desenvolvimento de um programa anticorrupção; (iii) Supervisão do programa anticorrupção; (iv) Política clara, visível e acessível que proíba a corrupção; (v) Políticas detalhadas para áreas de risco específicas; (vi) Aplicação do programa anticorrupção aos parceiros de negócios; (vii) Controles internos e manutenção de registros; (viii) Comunicação e treinamento; (ix) Promoção e incentivo à ética e à conformidade; (x) Busca de orientação – detecção e relato de violações; (xi) Abordagem para violações; e (xii) Revisões e avaliações periódicas do programa anticorrupção.[1042]

Importante a iniciativa do *UN Global Compact* ou Pacto Global das Nações Unidas, lançado pela ONU no ano 2000, com boas iniciativas e práticas de governança ESG para as principais corporações privadas mundiais. Pelo Pacto Global, foram instituídos 10 (dez) princípios universais para que empresas alinhem sua governança com a proteção de Direitos Humanos, combate à corrupção e fomento do desenvolvimento sustentável. Dentre os princípios, nº 10 exalta que "as empresas devem combater a corrupção em todas as suas formas, inclusive extorsão e propina".[1043]

Em 2013, o Pacto Global publicou importante *"Guia de Avaliação de Risco de Corrupção"*, que se consolidou como referencial para gestão de riscos de *compliance* e de integridade no mundo, iniciativa que, segundo o Pacto Global, confirmou que a orientação regulatória sobre um programa de conformidade (*compliance*) anticorrupção eficiente tem sido estável e significativa nos últimos anos.[1044]

Em relação à OCDE, para além da Convenção sobre o Combate à Corrupção de Funcionários Públicos Estrangeiros em Transações Comerciais Internacionais, de 1997, ratificada pelo Brasil em 2000, o fomento ao instituto do *compliance* e dos programas de *compliance* e de integridade vem sendo amplamente difundido.

Dentre as publicações, a Recomendação do Conselho da OCDE sobre Integridade Pública salientou que a corrupção perpetua a desigualdade e a pobreza, impactando o bem-estar e a distribuição da renda e prejudicando oportunidades para participar igualmente na vida social, econômica e política.[1045]

No mesmo sentido, a OCDE concluiu que abordagens tradicionais baseadas na criação de mais regras, conformidade mais rigorosa e cumprimento mais rígido têm eficácia limitada, reforçando que uma resposta estratégica e sustentável à corrupção é a

---

[1042] UNITED NATIONS OFFICE ON DRUGS AND CRIME – UNODC. *An Anti-Corruption Ethics and Compliance Programme for Business*: A Practical Guide. Vienna, 2013. Disponível em: https://www.unodc.org/documents/corruption/Publications/2013/13-84498_Ebook.pdf Acesso em: 30 jan. 2022.
[1043] ORGANIZAÇÃO DAS NAÇÕES UNIDAS – ONU. Pacto Global Rede Brasil. *10 Princípios*. São Paulo, 2022. Disponível em: https://www.pactoglobal.org.br/10-principios. Acesso em: 29 jan. 2022.
[1044] PACTO GLOBAL REDE BRASIL. *Guia de Avaliação de Risco de Corrupção*. Genebra, Suíça, 2013. Disponível em: https://materiais.pactoglobal.org.br/guia-risco-corrupcao. Acesso em: 29 jan. 2022.
[1045] ORGANIZAÇÃO PARA A COOPERAÇÃO E O DESENVOLVIMENTO ECONÔMICO – OCDE. *Integridade Pública*: Recomendação do Conselho da OCDE sobre Integridade Pública. Paris, 2020. Disponível em: https://www.oecd.org/gov/ethics/integrity-recommendation-brazilian-portuguese.pdf. Acesso em: 29 jan. 2022.

integridade pública. Para a OCDE, integridade é um dos principais pilares das estruturas políticas, econômicas e sociais e, portanto, é essencial ao bem-estar econômico e social e à prosperidade dos indivíduos e das sociedades como um todo.[1046]

No rol das recomendações do Conselho da OCDE, está a instituição e desenvolvimento de um Sistema de Integridade Pública, com planos, políticas e programas que fomentem: (i) compromisso dos altos níveis da Administração Pública; (ii) responsabilidades institucionais no setor público; (iii) abordagem estratégica baseada em riscos de integridade; (iv) altos padrões de conduta para agentes públicos; (v) cultura de integridade pública em toda sociedade; (vi) liderança de integridade e ética; (vii) aprimoramento do setor público e seus agentes; (viii) comunicação e informações claras; (ix) procedimentos claros para denúncias; (x) mecanismos de controle e responsabilização; (xi) respostas e punições proporcionais, adequadas e transparentes; (xii) fiscalização pelos órgãos de controle externo; e (xiii) envolvimento das partes interessadas, com prestação de contas e acesso a dados e informações.[1047]

Não apenas para o setor público, a OCDE também difunde o *compliance* para o setor privado, conforme seu *"Anti-Corruption Ethics and Compliance Handbook for Business"*, a partir do qual a OCDE, em parceria com o UNODC e o Banco Mundial, recomenda diretrizes para que as empresas desenvolvam um programa de *compliance* anticorrupção e de fomento à ética empresarial.[1048]

Com a mesma intenção, o *World Bank Group* (WBG) – Banco Mundial –, por meio do *"Integrity Compliance Guidelines"*, almejando orientar a implementação de um programa de conformidade e de integridade satisfatório, cuja implantação seja condição para o ingresso no aludido grupo financeiro mundial, recomendou que todos os programas de *compliance* e de integridade anticorrupção devam conter: (i) código de conduta com previsões de corrupção, fraude, conluio e práticas coercitivas; (ii) responsabilização por infrações e desvios de conduta, em todos os níveis da organização; (iii) avaliação e gestão de riscos, com análise periódica e adequação; (iv) políticas internas abrangendo diligências prévias, relacionamento com agentes públicos, presentes e brindes, contribuição e doações políticas e partidárias, pagamentos, registros internos e apuração e reparação de práticas fraudulentas e de corrupção; (v) políticas internas referentes a parceiros de negócios; (vi) controles internos, abrangendo setor financeiro, obrigações contratuais e alçadas de decisões; (vii) treinamento e comunicação; (viii) incentivos e avaliações disciplinares; (ix) canais de reporte e denúncias, com proteção aos denunciantes de boa-fé; e (x) procedimentos de apuração e responsabilização por más condutas e infrações.[1049]

[1046] ORGANIZAÇÃO PARA A COOPERAÇÃO E O DESENVOLVIMENTO ECONÔMICO – OCDE. *Integridade Pública*: Recomendação do Conselho da OCDE sobre Integridade Pública. Paris, 2020. p. 3. Disponível em: https://www.oecd.org/gov/ethics/integrity-recommendation-brazilian-portuguese.pdf. Acesso em: 29 jan. 2022.

[1047] ORGANIZAÇÃO PARA A COOPERAÇÃO E O DESENVOLVIMENTO ECONÔMICO – OCDE. *Integridade Pública*: Recomendação do Conselho da OCDE sobre Integridade Pública. Paris, 2020. p. 8-13. Disponível em: https://www.oecd.org/gov/ethics/integrity-recommendation-brazilian-portuguese.pdf. Acesso em: 29 jan. 2022.

[1048] ORGANIZAÇÃO PARA A COOPERAÇÃO E O DESENVOLVIMENTO ECONÔMICO – OCDE. *Anti-Corruption Ethics and Compliance Handbook for Business*. Paris, 2013. p. 7. tradução livre. Disponível em: https://www.oecd.org/corruption/Anti-CorruptionEthicsComplianceHandbook.pdf. Acesso em: 29 jan. 2022.

[1049] WORLD BANK GROUP – WBG. *World Bank Group Integrity Compliance Guidelines*. Washington, D.C., 2010. p. 2-4. tradução livre. Disponível em: https://thedocs.worldbank.org/en/doc/06476894a15cd4d6115605e0a8903f4c-0090012011/original/Summary-of-WBG-Integrity-Compliance-Guidelines.pdf. Acesso em: 29 jan. 2022.

Segundo o Banco Mundial, as diretrizes de conformidade e integridade confirmam a importância dos padrões, princípios e componentes comumente reconhecidos por muitas instituições e entidades como boa governança antifraude e corrupção,[1050] consolidando o instituto do *compliance* na área da regulação financeira.

Por fim, uma das referências mundiais sobre o tema da prevenção e do combate à corrupção e à fraude é a ONG *Transparency International*, que há muitas décadas desenvolve trabalhos em nível mundial sobre a temática. Segundo a Orientação Global Antissuborno e Corrupção da TI, um efetivo programa de *compliance* e de integridade, em organização pública ou privada, deve abarcar oitos grandes áreas: (i) compromisso do nível superior da organização; (ii) avaliação e planejamento de riscos; (iii) políticas e procedimentos internos; (iv) diligências em áreas de maiores riscos; (v) diligências sobre terceiros e fornecedores; (vi) comunicação e treinamentos; (vii) revisão e monitoramento; e (viii) políticas de reporte.[1051] Das diretrizes, recomendadas pela *Transparency International*, merecem destaque as seguintes:

> a) Cultura de ética e integridade: os funcionários sabem o que é certo e saberão como agir diante de desafios éticos, a empresa deve incentivar e apoiar os funcionários a fazerem a coisa certa;
>
> b) Alinhamento: a política e o programa antissuborno e corrupção são uma expressão dos valores corporativos;
>
> c) Avaliação do impacto: adotar uma abordagem sistemática para avaliar a cultura corporativa, identificar indicadores, monitorar o desempenho e relatar o progresso;
>
> d) Recrutamento de líderes éticos: avaliar os atributos éticos ao recrutar membros do conselho e da alta administração;
>
> e) Tom do topo: O conselho e a administração levam o compromisso antissuborno e corrupção em toda a empresa por meio de seu apoio, declarações, comportamento e atividades;
>
> f) Tom do meio: Os gerentes em todos os níveis transmitem o compromisso da empresa em prevenir o suborno;
>
> g) Incentivos: projetar remuneração e incentivos para que não recompensem inadvertidamente comportamentos prejudiciais ao compromisso antissuborno e corrupção da empresa;
>
> h) Punição da má conduta: o conselho e a alta administração são firmes nas transgressões e garantem que as sanções sejam aplicadas de forma adequada, consistente e aberta;
>
> i) Recompensas: garantir que o bom comportamento e a sua manifestação sejam visivelmente recompensados e o mau comportamento seja visivelmente penalizado; e
>
> j) *Speak-Up*: incentivar uma cultura de denúncia e fornecimento de conselhos confidenciais e linhas de denúncia para os funcionários.[1052]

Delineado esse ampliado quadro de evolução em nível internacional, impulsionada pelas normas da FCPA, convenções da ONU, OCDE e OEA, norma britânica do

---

[1050] WORLD BANK GROUP – WBG. *World Bank Group Integrity Compliance Guidelines*. Washington, D.C., 2010. p. 4. tradução livre. Disponível em: https://thedocs.worldbank.org/en/doc/06476894a15cd4d6115605e0a-8903f4c-0090012011/original/Summary-of-WBG-Integrity-Compliance-Guidelines.pdf. Acesso em: 29 jan. 2022.

[1051] TRANSPARENCY INTERNATIONAL – TI. *Global Anti-Bribery Guidance*. London, 2022, tradução livre. Disponível em: https://www.antibriberyguidance.org/. Acesso em: 29 jan. 2022.

[1052] TRANSPARENCY INTERNATIONAL – TI. *Global Anti-Bribery Guidance*. London, 2022, tradução livre. Disponível em: https://www.antibriberyguidance.org/. Acesso em: 29 jan. 2022.

UKBA e também do UNODC, Banco Mundial e Transparência Internacional, é evidente a ascensão do tema do *compliance* e de sua instrumentalização no cenário de prevenção e combate à corrupção e a todo tipo de fraude em organizações públicas e privadas ao redor do mundo nas últimas décadas.

3.2.2 Aplicação do *compliance* nos ramos jurídicos e o surgimento do Direito da Conformidade

Constatadas suas funções de fomento no âmbito das atividades de pessoas jurídicas e demais entes coletivos ao cumprimento de normas e de monitoramento e controle continuados acerca dos eventuais descumprimentos dessas normas, os programas de *compliance*, de conformidade e de integridade consubstanciaram-se em um instrumento valioso para a aplicação e consequente efetividade do próprio Direito.

Nesse sentido, como ressaltam Lamboy, Risegato e Coimbra, é oportuno recordar que o Estado de Direito é baseado em normas que dão sentido aos seus valores fundamentais, limitam o poder e constituem garantias aos direitos. O Estado de Direito significa, exatamente, o império do Direito em todos os âmbitos da vida social. O respeito à Lei é uma forma de controlar o poder cada vez maior das empresas e das organizações. O *compliance*, assim, poderá ser visto como uma decorrência e, até mesmo, uma exigência do Estado Democrático de Direito.[1053]

Com a ascensão do *compliance* e de sua instrumentalização em uma pessoa jurídica de Direito Público ou Privado, Warde e Simão sugerem, inclusive, o irrompimento de um Direito da Conformidade, o conjunto de regras, institutos e estruturas de Direito que se articulam sob um sistema, com a finalidade do expurgo da desconformidade, da inobservância de comandos de normas jurídicas, cuja consequência é a causação de danos à Administração Pública ou à própria empresa..[1054]

Ainda na lição de Warde e Simão, o Direito da Conformidade seria a porção da dogmática do Direito que a prática norte-americana convencionou chamar de *compliance*, e que restou transportado para o Brasil, sem muitos cuidados, para submetê-la a uma adaptação (tropicalização) ainda claudicante e bastante irrefletida.[1055]

O Direito da Conformidade, em vista de seus fins programáticos, salientam Warde e Simão, perpassaria outros ramos do Direito, cuja eficácia importa à própria Política do Direito, daí porque a prática jurídica comumente e de modo coloquial refere-se ao *compliance* concorrencial, tributário, trabalhista, ambiental, entre outros.[1056]

Com o advento do Direito da Conformidade, haveria uma organização de quebra do tradicional monopólio estatal das funções de detecção da incidência da norma, ou seja, de detectar a incidência da referida norma em razão do descumprimento de

---

[1053] LAMBOY, Christian Karl de; RISEGATO, Giulia Pappalardo; COIMBRA, Marcelo de Aguiar. Introdução ao *Corporate Compliance*, Ética e Integridade. *In*: LAMBOY, Christian Karl de (Coord.). *Manual de Compliance*. 1. ed. São Paulo: Via Ética, 2018. p. 33-34.

[1054] WARDE, Walfrido; SIMÃO, Valdir Moysés. *Leniência*: elementos do Direito da Conformidade. 1. ed. São Paulo: Contra corrente, 2019. p. 15.

[1055] WARDE, Walfrido; SIMÃO, Valdir Moysés. *Leniência*: elementos do Direito da Conformidade. 1. ed. São Paulo: Contra corrente, 2019. p. 15.

[1056] WARDE, Walfrido; SIMÃO, Valdir Moysés. *Leniência*: elementos do Direito da Conformidade. 1. ed. São Paulo: Contra corrente, 2019. p. 18.

seus comandos, lançando-se mão de normas, de institutos e de estruturas destinados à partilha da função de detecção da desconformidade ou *non-compliance*.[1057]

Com essa perspectiva, os programas de *compliance* e integridade, em uma pessoa jurídica, tanto de Direito Público quanto de Direito Privado, exaltariam justamente uma forma de aplicação e manifestação do Direito da Conformidade.

Conforme Schramm, nos domínios do Direito, a implantação de programas de integridade e *compliance* manifestaria o intuito de observância das limitações impostas pelo ordenamento jurídico, o que perpassa pela consolidação de uma cultura de valores comuns e pelo estabelecimento de mecanismos de prevenção, controle e sancionamento de condutas proibidas. No setor privado, o objetivo seria abrandar os riscos inerentes à atividade empresarial diante da natural impossibilidade de controle absoluto sobre todo o corpo da empresa.[1058]

Dessa forma, independentemente de sua articulação nos ramos privado ou público, o *compliance* deve ser visto como um tema de interesse público e ser transformado em política pública. Assentadas nessa razão que legislações no mundo vêm exigindo que empresas tenham programas de *compliance* anticorrupção e, pelas mesmas razões, são impostos por órgãos estatais ou entidades de autorregulação.[1059]

Não se pode olvidar, diante das suas funções, que o *compliance* não protegeria apenas as organizações em si, mas sim a sociedade como um todo, porquanto o respeito às leis, como sabido, centrais é pilar do Estado Democrático de Direito, além de que a falta de integridade representa fator consistente de perda de confiança nas organizações, afetando ainda a economia nacional e o interesse coletivo.[1060]

A ética, a governança e a sustentabilidade já fazem parte do discurso das organizações na atualidade. Sem um programa de *compliance* que envolva e integre os diferentes temas que incidam sobre as atividades econômicas e serviços públicos, dando-lhes coerência, consistência e efetividade prática, corre-se o risco do discurso se esvaziar, afetando a reputação das organizações em razão de postura que pode ser vista como não íntegra pelos seus *stakeholders* (partes interessadas e afetadas).[1061]

Dessa maneira, sem a intenção de exaurir as variadas formas e ramos do Direito compatíveis com o instituto, cita-se o desenvolvimento de programas de *compliance* para o Direito do Trabalho, com a conjunção de políticas, planos, mecanismos e diretrizes em organizações públicas ou privadas, cujo objetivo se concentra no cumprimento das normas trabalhistas e de proteção aos direitos e garantias trabalhistas.

Da mesma forma, verificam-se programas de *compliance* desenvolvidos para o Direito Tributário, com sua aplicação para a conformidade tributária das empresas e

---

[1057] WARDE, Walfrido; SIMÃO, Valdir Moysés. *Leniência*: elementos do Direito da Conformidade. 1. ed. São Paulo: Contra corrente, 2019. p. 18.
[1058] SCHRAMM, Fernanda Santos. *Compliance nas contratações públicas*. 1. ed. Belo Horizonte: Fórum, 2019. p. 155.
[1059] LAMBOY, Christian Karl de; RISEGATO, Giulia Pappalardo; COIMBRA, Marcelo de Aguiar. Introdução ao *Corporate Compliance*, Ética e Integridade. In: LAMBOY, Christian Karl de (Coord.). *Manual de Compliance*. 1. ed. São Paulo: Via Ética, 2018. p. 34.
[1060] LAMBOY, Christian Karl de; RISEGATO, Giulia Pappalardo; COIMBRA, Marcelo de Aguiar. Introdução ao *Corporate Compliance*, Ética e Integridade. In: LAMBOY, Christian Karl de (Coord.). *Manual de Compliance*. 1. ed. São Paulo: Via Ética, 2018. p. 5.
[1061] LAMBOY, Christian Karl de; RISEGATO, Giulia Pappalardo; COIMBRA, Marcelo de Aguiar. Introdução ao *Corporate Compliance*, Ética e Integridade. In: LAMBOY, Christian Karl de (Coord.). *Manual de Compliance*. 1. ed. São Paulo: Via Ética, 2018. p. 6.

suas obrigações e deveres fiscais e tributários, bem como no âmbito do Direito Societário e Empresarial, estruturados para a conformidade com as normas ligadas à atividade e à estrutura das empresas, sobretudo quanto à responsabilidade de sócios ou administradores e em relação à função social em sociedades anônimas, conforme a Lei Federal nº 6.404/1976 (Lei das Sociedades por Ações).[1062]

Os programas de *compliance* ainda pressupõem aplicação no Direito Penal Econômico – como pela Lei de Defesa da Concorrência (Lei Federal nº 12.529/2011). Como salientam Silveira e Fernandes, sob um contexto de fortalecimento da política de defesa da concorrência que a autoridade antitruste brasileira tem estimulado a adoção de programas de *compliance* antitruste, isto é, programas de adesão voluntária das empresas que visam ao cumprimento da legislação concorrencial. Esses programas visam difundir o comportamento ético no âmbito interno das empresas, minimizando os riscos de configuração de novos ilícitos à ordem econômica e até mesmo trazendo vantagens competitivas para os *players* que o adotam.[1063]

Mais recentemente, outra aplicação dos programas de *compliance* em ascensão está na área da regulação de proteção de dados pessoais, especialmente a partir da Lei Federal nº 13.709, de 14 de agosto de 2018, em vigor desde 1º de agosto de 2021, denominada Lei Geral de Proteção de Dados Pessoais (LGPD), a qual dispõe sobre o tratamento de dados pessoais, inclusive nos meios digitais, por pessoa natural ou por pessoa jurídica de Direito público ou privado, com o objetivo de proteger os direitos fundamentais de liberdade e de privacidade.

Com a LGPD, Artese assinala ser importante conceber que a conformidade (*compliance*) não se atinge pela observância de leis. Se dá, também, por meio da adoção de um conjunto de disciplinas e estratégias voltadas a que se faça cumprir as normas legais e regulamentares a que se sujeita uma organização. Também se atinge a conformidade por meio do estabelecimento e cumprimento, *"motu proprio"*, de políticas e diretrizes de natureza procedimental e ética estabelecidas pela própria organização.[1064]

No chamado Direito Digital, assim como o *compliance*, seja como ciência, seja como prática empresarial, o *accountability* ou responsabilidade demonstrável superou a condição de tendência, representando agora o presente,[1065] exigindo programas e medidas ligadas ao *compliance* e alinhadas com as diretrizes da LGPD.

Conforme Marques, a presença de um programa de *compliance* não significa que não haverá algum tipo de problema, irregularidade ou até atos de corrupção. O programa de *compliance* não elimina todos os riscos, mas a existência dele mitiga a ocorrência de vários problemas. Na eventual ocasião de irregularidade, os mecanismos poderão detectar preventivamente ou concomitantemente o problema, caso não esteja

---

[1062] FERREIRA, Glaucia; BIANCHINI, Lucas. Responsabilidade dos Chief Compliance Officers. *In:* FRANCO, Isabel (Org.). *Guia Prático de Compliance*. 1. ed. Rio de Janeiro: Forense, 2020. p. 141-142.

[1063] SILVEIRA, Paulo Burnier da; FERNANDES, Victor Oliveira. *Compliance* concorrencial. *In:* CARVALHO, André Castro; ALVIM, Tiago Cripa; BERTOCELLI, Rodrigo de Pinho (Coords.). *Manual de Compliance*. 1. ed. Rio de Janeiro: Forense, 2019. p. 266.

[1064] ARTESE, Gustavo. Compliance digital: proteção de dados pessoais. *In:* CARVALHO, André Castro; ALVIM, Tiago Cripa; BERTOCELLI, Rodrigo de Pinho (Coords.). *Manual de Compliance*. 1. ed. Rio de Janeiro: Forense, 2019. p. 284.

[1065] ARTESE, Gustavo. Compliance digital: proteção de dados pessoais. *In:* CARVALHO, André Castro; ALVIM, Tiago Cripa; BERTOCELLI, Rodrigo de Pinho (Coords.). *Manual de Compliance*. 1. ed. Rio de Janeiro: Forense, 2019. p. 290.

clarividente, e, se bem aplicado, poderá corrigi-lo, uma vez que o instituto do *compliance* tem como pilares a prevenção, a detecção de problemas e a correção.[1066]

Apesar das diversas aplicações possíveis do *compliance* e dos programas dedicados à sua instrumentalização e fomento nos diferentes ramos do Direito, para o contexto específico deste trabalho, cabe dar destaque à articulação e à expansão da execução dos programas de *compliance* e de integridade no âmbito do Direito Público, com a ênfase inclinada para o Direito Administrativo e, mais adiante, para o Direito Ambiental e sua articulação e mecanismos regulatórios.

3.2.3 *Compliance* e autorregulação regulada no Direito Público

Conforme tópicos anteriores, tratar do *compliance* e dos seus programas de aplicação em organizações públicas ou privadas remete a variadas funções que poderão ser desenvolvidas em distintos ramos do Direito e, assim, logicamente, em diferentes ambientes regulatórios, desde *compliance* criminal, tributário, empresarial, concorrencial, de relações de consumo, indústria, saúde, ambiente, entre outros.

Ocorre que, para esta análise, o objetivo é o exame dos programas de integridade e *compliance* na esfera do Direito Público e, mais especificamente, do Direito Ambiental, com a sua aplicação em sede de tutela administrativa do meio ambiente, tendo a presente obra o *compliance* sob uma macroperspectiva do Direito Público.

Como sublinha Sieber, os programas de integridade e *compliance*, notadamente os desenvolvidos por empresas e organizações privadas, denotam novas interpretações para a aplicação do Direito e a atuação regulatória estatal. Para Sieber, são formas de autorregulação que tornam possível, num mundo complexo, novas formas de gestão no campo da Economia e do Direito. Contexto em evidência quando se contemplam os recentes "Códigos de Conduta", sob a ótica da teoria de sistemas, como constituições de negócios autônomos e sistemas autorreflexivos ou autopoiéticos (ou seja, autodirigidos), na linha de um Direito Reflexivo de Teubner.[1067]

A evolução da aplicação dos programas de *compliance* mostra-se ferramenta potencial, em conjunto com outras ferramentas de governança, especialmente em uma sociedade global, complexa e de riscos como a atual, influenciando o Direito Público, sobretudo o Direito Penal e também o Direito Administrativo.[1068]

Na doutrina de Darnaculleta i Gardella, ao se pensar sobre a missão do Estado, titular da atividade regulatória sobre setores econômicos complexos e globais, constata-se sua constante deficiência e necessidade de novas estratégias e mecanismos para controle das atividades econômicas e proteção do interesse público da sociedade.[1069]

[1066] MARQUES, Eric de Souza Santos. A Lei Anticorrupção: o compliance como parte fundamental do sistema normativo de combate à corrupção. *In*: ROCHA, Lilian Rose Lemos *et al* (Coord.). *Caderno de Pós-Graduação em Direito*: Compliance e relações governamentais. Brasília: UniCEUB – ICPD, 2019. p. 12.
[1067] SIEBER, Ulrich. Programas de *"compliance"* en el Derecho Penal de la Empresa: Una nueva concepción para controlar la criminalidad económica. *In*: ZAPATERO, Luis Arroyo; MARTÍN, Adán Nieto; (Coords.). *El Derecho Penal Económico en la era de la Compliance*. Valencia: Editorial Tirant lo Blanch, 2013. p. 10. tradução livre.
[1068] SIEBER, Ulrich. Programas de *"compliance"* en el Derecho Penal de la Empresa: Una nueva concepción para controlar la criminalidad económica. *In*: ZAPATERO, Luis Arroyo; MARTÍN, Adán Nieto; (Coords.). *El Derecho Penal Económico en la era de la Compliance*. Valencia: Editorial Tirant lo Blanch, 2013. p. 23.
[1069] DARNACULLETA I GARDELLA, Maria Mercé. *Autorregulación y Derecho Público*: La autorregulación regulada. 1. ed. Madrid: Marcial Pons, 2005. p. 22. tradução livre.

Dada a complexidade social, econômica e política e o avanço das estruturas empresariais, sobreleva-se o desafio do Estado que, como garantidor de bens como segurança, patrimônio público ou meio ambiente – versões atuais de ordem pública –, testa novas formas de regulação que levem em conta a capacidade autorreguladora da sociedade, instrumentalizando-a ao serviço dos interesses gerais.[1070]

Há, sem dúvidas, nos mecanismos de *compliance* um dado que transforma a análise dogmática da atividade sancionatória do Estado, sendo uma mudança de perspectiva oriunda da própria experiência moderna: confronta-se a tradicional ação estatal em matéria sancionatória (e penal) com uma espécie de autorregulação regulada sob formas de colaboração entre empresas, indivíduos e o Estado.[1071]

Com a consideração da autorregulação como estratégia de regulação estatal, ocorre uma reestruturação do Estado, uma nova frente de ataque, caracterizada pelo uso de técnicas inovadoras de regulação, como o caso da autorregulação regulada.[1072]

Para além dessa atribuição de efeitos públicos à autorregulação e de submissão dos indivíduos regulados a princípios constitucionais, as autoridades públicas também regulam o contexto da autorregulação. As autoridades públicas definem os canais, requisitos e procedimentos pelos quais deva ser desenvolvida referida autorregulação para gozar de efeitos públicos, daí a conceituação de autorregulação regulada.[1073]

Na síntese de Darnaculleta i Gardella, a autorregulação regulada é um instrumento de regulação experimentado pelo Estado em uma fase de sua transformação, em que, com caráter geral, os instrumentos imperativos de ação são substituídos ou complementados por meios técnicos de regulação indireta. Através da autorregulação regulada a Administração supervisiona a ação de agentes privados de aprovação e aplicação de normas e controles privados de cumprimento legal.[1074]

Por uma leitura apressada, tal fenômeno poderia conduzir ao pensamento errôneo de mera privatização da regulação. Contudo, salienta Darnaculleta i Gardella, referida interpretação estaria distante da realidade, haja vista que autorregulação não decorre de uma transferência à sociedade do exercício de prerrogativas ou poderes públicos, mas da iniciativa social e, no seu caso, do exercício da ação estatal e suas capacidades de ação derivadas do reconhecimento da autonomia privada.[1075]

Ademais, a autorregulação afeta aspectos da atividade empresarial ou profissional pouco afetados ou inacessados pela regulação e poder de polícia estatal. O que a autorregulação regulada e a regulação pública têm em comum são os fins de interesse público no cumprimento de políticas e normas. O Estado permanece, pois, como titular

---

[1070] DARNACULLETA I GARDELLA, Maria Mercé. *Autorregulación y Derecho Público*: La autorregulación regulada. 1. ed. Madrid: Marcial Pons, 2005. p. 22. tradução livre.

[1071] DAL POZZO, Augusto Neves. Aspectos concernentes ao compliance e a questão da autorregulação regulada. *In*: DAL POZZO, Augusto Neves; MARTINS, Ricardo Marcondes. *Aspectos controvertidos do compliance na Administração Pública*. 1. ed. Belo Horizonte: Fórum, 2020. p. 23.

[1072] DARNACULLETA I GARDELLA, Maria Mercé. *Autorregulación y Derecho Público*: La autorregulación regulada. 1. ed. Madrid: Marcial Pons, 2005. p. 78. tradução livre.

[1073] DARNACULLETA I GARDELLA, Maria Mercé. *Autorregulación y Derecho Público*: La autorregulación regulada. 1. ed. Madrid: Marcial Pons, 2005. p. 79.

[1074] DARNACULLETA I GARDELLA, Maria Mercé. *Autorregulación y Derecho Público*: La autorregulación regulada. 1. ed. Madrid: Marcial Pons, 2005. p. 80.

[1075] DARNACULLETA I GARDELLA, Maria Mercé. *Autorregulación y Derecho Público*: La autorregulación regulada. 1. ed. Madrid: Marcial Pons, 2005. p. 82.

da função pública de legitimar e dar efeitos públicos às formas de autorregulação dos entes privados, como nos programas de *compliance*.[1076] Distingue-se, portanto, da desregulação, uma vez que na verdade eleva a estrutura e a forma da exigência do cumprimento das políticas e normas de Direito Público vigentes.

Para Nieto Martín, embora existam inúmeras tentativas de classificar a autorregulação por especialistas, seu eixo central gira em torno da forma como a autorregulação privada se relaciona com a aplicação do Direito estatal.[1077]

Nieto Martín destaca como exemplo do avanço da aplicação da autorregulação regulada em Direito Público os incentivos não punitivos, como pela utilização das contratações públicas do Estado, dando prioridade para empresas que possuam sistemas de autorregulação preventiva adequada,[1078] caso das exigências dos programas de integridade e *compliance* nas licitações, como adiante será examinado.

Conforme Pardo, face à demanda regulatória, a atuação estatal, vendo-se limitada ou insuficiente em setores complexos, lança mão e concede efeitos públicos ao recurso da autorregulação. Isso impõe ao Direito Público constante renovação e adaptação em seus objetivos e instrumentos regulatórios, com o fim de controlar os poderes e forças dominantes por regulados, como no caso da corrupção empresarial e as consequências das externalidades em nichos técnicos e científicos.[1079]

Considerada uma especial atuação estatal, a exigência de que empresas que atuam em mercados competitivos disponham de programas de integridade e *compliance* parece se encaixar perfeitamente, aponta Dal Pozzo, na perspectiva de autorregulação regulada, ideia que significa passo relevante no avanço teórico do tema.[1080]

O avanço de uma estratégia de autorregulação regulada no Direito Público, aponta Pardo, estaria representada pela atribuição de efeitos públicos aos controles da órbita privada, com mínimas condicionantes pela regulação pública, com definições de habilitação para controles privados, ligados à sua legitimidade e responsabilidade.[1081]

Evidencia-se, assim, a crescente proposta de *compliance* funcionar como mecanismo de autorregulação regulada em que a regulação é exercida, inicialmente e com diretrizes mínimas, pelos próprios regulados, dentro de suas estruturas, mas que deve ser inspirada e legitimada por uma camada regulatória que é do próprio Estado.[1082]

[1076] DARNACULLETA I GARDELLA, Maria Mercé. *Autorregulación y Derecho Público*: La autorregulación regulada. 1. ed. Madrid: Marcial Pons, 2005. p. 82-83.

[1077] NIETO MARTÍN, Adán. La Autorregulación Preventiva de la Empresa como Objeto de la Política Criminal. *Revista EMERJ*, Rio de Janeiro, v. 22, p. 17, maio/ago. 2020. Disponível em: https://www.emerj.tjrj.jus.br/revistaemerj_online/edicoes/revista_v22_n2/revista_v22_n2_9pdf. Acesso em: 18 fev. 2022.

[1078] NIETO MARTÍN, Adán. La Autorregulación Preventiva de la Empresa como Objeto de la Política Criminal. *Revista EMERJ*, Rio de Janeiro, v. 22, p. 18, maio/ago. 2020. Disponível em: https://www.emerj.tjrj.jus.br/revistaemerj_online/edicoes/revista_v22_n2/revista_v22_n2_9pdf. Acesso em: 18 fev. 2022.

[1079] PARDO, José Esteve. *Autorregulación*: Génesis y efectos. 1. ed. Barcelona: Editorial Aranzadi, 2002. p. 22. tradução livre.

[1080] DAL POZZO, Augusto Neves. Aspectos concernentes ao compliance e a questão da autorregulação regulada. In: DAL POZZO, Augusto Neves; MARTINS, Ricardo Marcondes. *Aspectos controvertidos do compliance na Administração Pública*. 1. ed. Belo Horizonte: Fórum, 2020. p. 27-28.

[1081] PARDO, José Esteve. *Autorregulación*: Génesis y efectos. 1. ed. Barcelona: Editorial Aranzadi, 2002. p. 38. tradução livre.

[1082] DAL POZZO, Augusto Neves. Aspectos concernentes ao compliance e a questão da autorregulação regulada. In: DAL POZZO, Augusto Neves; MARTINS, Ricardo Marcondes. *Aspectos controvertidos do compliance na Administração Pública*. 1. ed. Belo Horizonte: Fórum, 2020. p. 27-28.

Pelo exposto, importa dizer que a evolução teórica e normativa envolvida no debate acerca dos programas de integridade e *compliance* invade a estrutura e a implementação do Direito Público, notadamente do Direito Administrativo na sua vertente sancionatória, em seu quadro regulatório e de responsabilização de pessoas jurídicas por atos lesivos ao patrimônio público, princípios e regras de interesse público e coletivo, círculo de regime jurídico no qual também se inclui o Direito Ambiental.

3.3 Evolução do *compliance* no Brasil

Dada sua importância diante de casos de corrupção e fraude, tanto no setor privado quanto no setor público, há algumas décadas no mundo, e mais recentemente nos últimos anos no Brasil, constata-se um movimento crescente de regulamentação dos programas de *compliance*, de conformidade e de integridade, especialmente aqueles com a função de prevenção, apuração, detecção e responsabilização por atos de corrupção e de fraude e também em face de demais atos lesivos ao patrimônio público.

Não há dúvida de que o problema da corrupção no Brasil é obstáculo cultural, como ressaltam Pironti e Ziliotto, configurado nas práticas com obtenção de vantagem indevida, abuso de poder, desvio de recursos e condutas típicas de corrupção disciplinadas como crime, lavagem de dinheiro, pagamentos de propina, direcionamento de licitação, superfaturamento de contratos públicos, nepotismo, entre tantas outras.[1083]

Os anseios por mudanças culturais vêm inspirando a criação e o fortalecimento de mecanismos aptos a monitorar, controlar e a reprimir esse contexto de atuação imoral e antiética, o qual carrega intrínsecos prejuízos econômicos, agrava desigualdades sociais e impede o desenvolvimento econômico, social e sustentável do Brasil.[1084]

Como anota Simão, operações de enfrentamento à corrupção nos últimos anos e a efetiva punição de responsáveis por desvios renovaram a crença da sociedade no fim da impunidade e ampliaram a intolerância com atos de corrupção e fraude,[1085] fatores que reforçaram a função dos instrumentos de *compliance*.

Nada obstante, apesar do quase inexistente quadro político-jurídico acerca do *compliance* no final da década de 1990 e início de 2000, foi apenas recentemente no Brasil que o tema adquiriu a consolidação necessária, como aponta Dal Pozzo. O tema ganhou atenção no Brasil em função da deflagração de operações que desvendaram esquemas de corrupção, que demonstraram a todos a forma como se conduziram, historicamente, as relações estabelecidas entre grandes companhias e entidades da Administração, notadamente no mercado de obras públicas.[1086]

Face às consequências jurídicas, políticas e institucionais dessa quadratura, revelou-se que tanto as companhias quanto a própria Administração não contavam

---

[1083] PIRONTI, Rodrigo; ZILIOTTO, Mirela Miró. *Compliance nas contratações públicas*: exigência e critérios normativos. 2. ed., rev., ampl. e atual. Belo Horizonte: Fórum, 2021. p. 30-31.
[1084] PIRONTI, Rodrigo; ZILIOTTO, Mirela Miró. *Compliance nas contratações públicas*: exigência e critérios normativos. 2. ed., rev., ampl. e atual. Belo Horizonte: Fórum, 2021. p. 32.
[1085] SIMÃO, Valdir Moysés. *Compliance* na Administração Pública Direta: a perspectiva do cidadão. In: ZENKNER, Marcelo; CASTRO, Rodrigo Pironti de (Coords.) *Compliance no setor público*. 1. ed. Belo Horizonte: Fórum, 2020. p. 393.
[1086] DAL POZZO, Augusto Neves. Aspectos concernentes ao compliance e a questão da autorregulação regulada. In: DAL POZZO, Augusto Neves; MARTINS, Ricardo Marcondes. *Aspectos controvertidos do compliance na Administração Pública*. 1. ed. Belo Horizonte: Fórum, 2020. p. 21.

com sistemas de controles internos avançados para impedir desvios éticos-penais comprometedores da ordem jurídica, afirma Dal Pozzo. Assim é que o instituto do *compliance* passou a estar presente nos foros de discussão e aos poucos na legislação brasileira, ganhando projeção normativa que antes não possuía.[1087]

Diante disso, afora outras pressões da própria internacionalização da Economia, com a finalidade de se exigir comprometimento com determinadas matérias que foi editada a Lei Federal nº 12.846, 1º de agosto de 2013, logo cunhada de "Lei Anticorrupção". Sob essa lei, o temário do *compliance* ganhou ainda mais repercussão no Direito brasileiro, para além de entidades corporativas.[1088]

Muitos outros diversos avanços institucionais e normativos foram registrados nos últimos anos no Brasil a respeito do controle de atos de corrupção e fraude, especialmente no contexto das relações entre o Estado e grandes corporações, como no caso da regulação sobre as licitações públicas e contratos administrativos.

Por outro lado, em paralelo ao mesmo avanço, ocorreram adjacentes reflexos deletérios e controversos, que necessariamente impuseram – e seguirão impondo – abordagens mais críticas e melhor planejadas sobre os temas do *compliance*, da prevenção e combate à corrupção, sem descurar da sua função como um meio para a proteção do interesse público na gestão estatal, e não como um fim em si mesmo.

Isso porque, afirma Warde, combater a corrupção seria como combater um câncer, sendo premente matar o câncer sem matar o paciente, sob a dificuldade extraordinária de que ambos – o câncer e o paciente – habitam o mesmo corpo.[1089]

Sob um enfoque ampliado, Warde alerta que a corrupção produziria, para além do que é intuitivo, cinco principais efeitos devastadores:

> 1. Transforma o Estado e as suas funções em coisas no mercado, não apenas por meio da captura de governos – no sentido transitório que os regimes democráticos lhes atribuem –, mas também para se apropriar da burocracia de Estado perene – ou seja, a corrupção tem a tendência de se institucionalizar.
>
> 2. Desnatura as instituições – depois que a corrupção se institucionaliza –, para as submeter aos fins da corrupção. Ao se observar o exercício dos poderes do Estado, sob a ação da corrupção, o que se vê é que o Executivo administra a serviço dos corruptores, o Legislativo vende leis e o Judiciário, sentenças.
>
> 3. Usurpa, ao se apropriar do Estado, a energia vital dos trabalhadores, que se transmuda, sob a organização das empresas, em produtos e serviços nos mercados, para produzir riquezas que fluem, mais e mais, para o Estado, por meio dos impostos, a pretexto de pavimentar a civilização e o bem-estar social, e do Estado para o capital, para salvaguardar a sua capacidade de autogeração.

[1087] DAL POZZO, Augusto Neves. Aspectos concernentes ao compliance e a questão da autorregulação regulada. *In*: DAL POZZO, Augusto Neves; MARTINS, Ricardo Marcondes. *Aspectos controvertidos do compliance na Administração Pública*. 1. ed. Belo Horizonte: Fórum, 2020. p. 21.

[1088] DAL POZZO, Augusto Neves. Aspectos concernentes ao compliance e a questão da autorregulação regulada. *In*: DAL POZZO, Augusto Neves; MARTINS, Ricardo Marcondes. *Aspectos controvertidos do compliance na Administração Pública*. 1. ed. Belo Horizonte: Fórum, 2020. p. 21.

[1089] WARDE, Walfrido. *O espetáculo da corrupção*: como um sistema corrupto e o modo de combatê-lo estão destruindo o país. 1. ed. Rio de Janeiro: LeYa, 2018. p. 21.

4. Falseia a concorrência entre os agentes econômicos, para incrementar o poder de mercado de uns – os que da corrupção se beneficiam – em detrimento de outros, até o seu expurgo dos mercados, para vitimizar os consumidores ao expropriar parte de sua renda, por meio da determinação, do domínio do preço de produtos e de serviços nos mercados.
5. É obstáculo ao desenvolvimento das nações, promove a pobreza e afronta a dignidade das pessoas.[1090]

Neste quadro de corrupção vista como sistêmica, que perpassa os sistemas econômicos a partir de algumas das mais importantes organizações empresariais do país em suas relações com o Estado, o seu combate – quando indiferente às boas práticas e melhores técnicas disponíveis –torna-se capaz de causar, como tem causado, assinala Warde, grave deterioração dos ambientes político-jurídico, econômico e social.[1091]

Um cenário de avanços e retrocessos na prevenção e no combate à corrupção é visto justamente por meio do recente Índice Global de Percepção da Corrupção de 2021, publicado pela *Transparency International*, referência mundial por tomadores de decisão dos setores público e privado.

Segundo o Índice de 2021, o Brasil ocupa a 96ª posição do *ranking* de 180 nações mundiais no que diz respeito à percepção e à evidência da corrupção, sendo que o país possui uma nota de 38 pontos em um universo de 100 pontos, cuja avaliação considerou dados de instituições consolidadas no assunto, envolvendo o exame do quanto a percepção da corrupção avançou ou retrocedeu nos países objeto do Índice.[1092]

Segundo a Transparência Internacional Brasil, pelo relatório de 2021, países percebidos como altamente corruptos têm maior probabilidade de reduzir seu espaço cívico e democrático e atacar direitos,[1093] contexto que se agrava com o Brasil ocupando apenas a 96ª posição, atrás de nações com parcos recursos e fracas instituições.

Em soma disso, na retrospectiva de 2021, a TI Brasil alertou que, ao invés de priorizar a transparência e reforçar mecanismos de integridade para garantir alocação eficiente e justa dos recursos públicos frente à tragédia humanitária da pandemia, o Brasil seguiu o caminho oposto. O país promoveu um desmanche dos marcos legais e institucionais anticorrupção que levou décadas para construir.[1094]

O contexto da prevenção e do combate à corrupção e à fraude no Brasil em 2021, segundo a TI Brasil, foi da captura política e de grave ingerência sobre órgãos de controle e de inteligência estatais, de desmonte das políticas públicas e do sistema de governança ambiental, gerando paralisação de multas, perseguição de agentes, impunidade de crimes ambientais ligados à corrupção e taxas recordes de desmatamento na Amazônia

---

[1090] WARDE, Walfrido. *O espetáculo da corrupção*: como um sistema corrupto e o modo de combatê-lo estão destruindo o país. 1. ed. Rio de Janeiro: LeYa, 2018. p. 23.
[1091] WARDE, Walfrido. *O espetáculo da corrupção*: como um sistema corrupto e o modo de combatê-lo estão destruindo o país. 1. ed. Rio de Janeiro: LeYa, 2018. p. 23.
[1092] TRANSPARENCY INTERNATIONAL – TI. *Corruption Perceptions Index*. 2021. Disponível em: https://www.transparency.org/en/cpi/2021/index/bra. Acesso em: 28 jan. 2022.
[1093] TRANSPARÊNCIA INTERNACIONAL BRASIL – TIBR. *Retrospectiva Brasil 2021*. São Paulo, jan. 2022. Disponível em: https://comunidade.transparenciainternacional.org.br/retrospectiva-brasil-2021. Acesso em: 29 jan. 2022.
[1094] TRANSPARÊNCIA INTERNACIONAL BRASIL – TIBR. *Retrospectiva Brasil 2021*. São Paulo, jan. 2022. p. 5. Disponível em: https://comunidade.transparenciainternacional.org.br/retrospectiva-brasil-2021. Acesso em: 29 jan. 2022.

e de deterioração do espaço cívico, com o desmonte de mecanismos institucionalizados de participação, retrocesso na transparência e acesso à informação pública, disseminação sistemática de *fake news* por agentes e canais públicos, além de graves ataques à imprensa e fortes indícios de monitoramento ilegal de cidadãos.[1095]

Por essas e outras questões, constata-se uma quadratura que neutraliza os pilares jurídico e político do sistema de freios e contrapesos do Estado brasileiro e que não apenas garante impunidade de crimes gravíssimos e documentados, mas também permite a deterioração do regime democrático e um estado de ameaça de ruptura institucional.[1096]

Com efeito, é justamente diante desses complexos e difusos reflexos e efeitos causados que toda e qualquer abordagem e estratégia regulatória de prevenção e de combate a atos de corrupção e de fraude não deve – tampouco pode – prescindir de uma estruturação sistêmica e planejada, assentada no Estado Democrático e Constitucional de Direito e observadora dos direitos e garantias fundamentais constitucionais.

É um contexto crucial que envolve a vulnerabilidade simultânea de premissas como da dignidade da pessoa humana e de objetivos como do desenvolvimento nacional sustentável, como restou destacado nos capítulos anteriores desta análise.

Como ressalva Schramm, se respaldada em apelo midiático e consequente pressão social, a campanha de combate à corrupção pode acabar adotando estratégias que desbordam dos limites legal e constitucionalmente impostos, correndo-se o risco de comprometer o sucesso da própria empreitada. É evidente que a corrupção deve ser fortemente combatida, porém o seu enfrentamento deve ocorrer dentro do regime de estrita legalidade e não por meio da invocação de um pretenso Estado de exceção que justificaria a suspensão das garantias legais e procedimentos democráticos.[1097]

Como alude Rodriguez, uma cautela na pauta é sempre compreensível, uma vez que um dos riscos do discurso do combate à corrupção é a frequente associação entre seus aspectos alegadamente morais e seus traços institucionais, como se fossem faces da mesma moeda. Muitas vezes, contudo, os aspectos pretensamente moralizantes são vazios ou seletivos. A maneira de agir de quem se vale da retórica anticorrupção não é aplicada a si mesmo tanto quanto ao adversário.[1098]

Ainda nesse sentido, o tema da corrupção presta-se facilmente, muitas vezes, a manipulações retóricas. No Brasil não foi diferente. A defesa da pureza da democracia e da limpeza na política já foi pretexto para violência física e moral e até golpes de Estado, questões a serem pontuadas quando o assunto é combate à corrupção.[1099]

[1095] TRANSPARÊNCIA INTERNACIONAL BRASIL – TIBR. *Retrospectiva Brasil 2021*. São Paulo, jan. 2022. p. 6-8. Disponível em: https://comunidade.transparenciainternacional.org.br/retrospectiva-brasil-2021. Acesso em: 29 jan. 2022.

[1096] TRANSPARÊNCIA INTERNACIONAL BRASIL – TIBR. *Retrospectiva Brasil 2021*. São Paulo, jan. 2022. p. 7. Disponível em: https://comunidade.transparenciainternacional.org.br/retrospectiva-brasil-2021. Acesso em: 29 jan. 2022.

[1097] SCHRAMM, Fernanda Santos. *Compliance nas contratações públicas*. 1. ed. Belo Horizonte: Fórum, 2019. p. 318.

[1098] RODRIGUEZ, Caio Farah. Além de enfrentar a corrupção, Lava Jato impõe capitalismo a empresários. *Folha de SP*, 02 jul. 2017. Disponível em: https://www1.folha.uol.com.br/ilustrissima/2017/07/1897570-choque-de-legalidade-e-adequacao-do-capitalismo-sao-herancas-da-lava-jato.shtml. Acesso em: 20 fev. 2022.

[1099] RODRIGUEZ, Caio Farah. Além de enfrentar a corrupção, Lava Jato impõe capitalismo a empresários. *Folha de SP*, 02 jul. 2017. Disponível em: https://www1.folha.uol.com.br/ilustrissima/2017/07/1897570-choque-de-legalidade-e-adequacao-do-capitalismo-sao-herancas-da-lava-jato.shtml. Acesso em: 20 fev. 2022.

Fixadas essas necessárias premissas, no Brasil é a partir da já mencionada Lei Anticorrupção (Lei Federal nº 12.846/2013) que se instituiu amplo incremento ao existente sistema de punições neste tema, anteriormente posto no Código Penal, na Lei de Licitações, na Lei de Improbidade Administrativa, na Lei Antitruste, na regulação da Comissão de Valores Mobiliários e do Banco Central do Brasil. Arrastou-se para o centro de imputação de responsabilidade não só as pessoas jurídicas que praticaram o ato, mas também aquelas que se beneficiaram. A Lei Anticorrupção também recrutou as organizações empresariais à detecção e denúncia do ilícito, acenando – nas hipóteses de adoção de programas e planos de integridade (*compliance*) – com promessas de abrandamento das punições, por meio dos chamados acordos de leniência.[1100]

Nesse sentido, o tema do programa de *compliance* vem avançando no Brasil, o qual, para Warde, nada mais é do que um conjunto de regras e de estruturas organizacionais, de que devem lançar mão as empresas, para detectar atos de corrupção e colaborar com os agentes estatais de controle, caso queiram ser beneficiadas com um abrandamento de punições. É uma técnica – baseada em incentivos – de multiplicação dos olhos e dos ouvidos do Estado. É como se cada empresa e cada um de seus administradores e empregados fosse um fiscal da lei, pronto para denunciar ilícitos.[1101]

Sem abordagem incentivadora, a conduta que o incentivo pretende fomentar será inexistente ou se resumirá a uma formalidade inútil. Daí a ampla difusão dos programas e planos de integridade "de papel" ou do "*compliance* para inglês ver".[1102]

Para Asper y Valdés, a integridade na relação público-privada é via de mão dupla, as exigências feitas aos atores privados no trato com o Estado precisam ser viáveis, realistas e úteis para prevenir a fraude e a corrupção. O investimento em *compliance* deve fazer sentido para o setor privado e fortalecer a confiança nos agentes públicos.[1103]

Trata-se de questão intrinsecamente ligada à efetividade da prevenção e do combate à corrupção e à fraude, pois se deve estruturar e fomentar o desenvolvimento de programas de *compliance* que sejam efetivos, sob pena do desvirtuamento não só do instituto como da própria atuação regulatória estatal anticorrupção.

Ao se tratar de políticas públicas de *compliance* para controle da corrupção no Brasil, fala-se da existência de programas governamentais que pretendam proteger o sistema econômico a partir da prática de ações que fomentem a cultura da ética e integridade e a instituição de controles internos capazes de prevenir a corrupção.[1104]

É uma tendência em ascensão, haja vista que empresas estão, cada vez mais, buscando aprimoramento de seus controles internos com a adoção dos programas de *compliance*. Fenômeno positivo, aponta Simão, observado em todos os segmentos da

---

[1100] WARDE, Walfrido. *O espetáculo da corrupção*: como um sistema corrupto e o modo de combatê-lo estão destruindo o país. 1. ed. Rio de Janeiro: LeYa, 2018. p. 31.

[1101] WARDE, Walfrido. *O espetáculo da corrupção*: como um sistema corrupto e o modo de combatê-lo estão destruindo o país. 1. ed. Rio de Janeiro: LeYa, 2018. p. 31.

[1102] WARDE, Walfrido. *O espetáculo da corrupção*: como um sistema corrupto e o modo de combatê-lo estão destruindo o país. 1. ed. Rio de Janeiro: LeYa, 2018. p. 31.

[1103] ASPER Y VALDÉS, Luciana. A cultura da integridade como alicerce da sustentabilidade socioeconômica no Brasil. *In*: ZENKNER, Marcelo; CASTRO, Rodrigo Pironti de (Coords.). *Compliance no setor público*. Belo Horizonte: Fórum, 2020. p. 156.

[1104] FLORÊNCIO FILHO, Marco Aurélio; ZANON, Patricie Barricelli. A efetividade das políticas públicas de *Criminal Compliance* para a prevenção da corrupção no Brasil. *In*: MESSA, Ana Flávia; ESTEVES, João Luiz Martins (Coord.). *Governança, compliance e corrupção*. São Paulo: Almedina, 2020. p. 451.

economia nacional, alcançando não só as grandes empresas, mas também os pequenos e médios negócios e as entidades do terceiro setor no Brasil.[1105]

No setor público, foram aprovadas a importante adoção de políticas de gestão de riscos[1106] e novas diretrizes para a melhoria da governança, gestão e controle das empresas estatais[1107] e da Administração Pública direta, autarquias e fundações públicas,[1108] perspectiva que será destacada nos próximos tópicos.

A despeito das recentes previsões normativas e regulamentares, foi somente com o advento da Lei Federal nº 12.846/2013, e posteriormente, com a publicação de seu Decreto regulamentador nº 8.420/2015, o qual foi recentemente atualizado pelo Decreto Federal nº 11.129, de 11 de julho de 2022, que a temática do *compliance* e da integridade encontraram lugar na arena das grandes discussões no Brasil.

3.3.1 *Compliance* na Lei Federal nº 12.846/2013

Conforme o tópico anterior, o tema do *compliance* adquiriu notoriedade somente nos últimos anos no cenário brasileiro. Antes das inovações normativas da última década, não havia tamanha intensidade de discussão e sequer regulamentação do instituto como hoje, especialmente no Direito Público e, mais especificamente, no Direito Administrativo.

Na linha de Schramm, o cenário se ampliou com a chamada "Lei Anticorrupção brasileira", instituída pela Lei Federal nº 12.846, de 2013, publicada em meio a inúmeras denúncias, escândalos de corrupção, superfaturamento de obras públicas e um sem-número de manifestações de indignação com o cenário de impunidade no país.[1109]

O escopo da lei é a responsabilização administrativa e civil de pessoas jurídicas por atos lesivos contra a Administração Pública, nacional ou estrangeira, além de definir função especial de atenuante aos programas de integridade e *compliance* que eventualmente as pessoas jurídicas investigadas tenham desenvolvido à época da ocorrência dos atos lesivos e infrações previstas pela lei.[1110]

Com o advento da Lei Federal nº 12.846/2013, as empresas brasileiras passaram a ter necessariamente uma preocupação maior em estabelecer critérios mais eficientes

---

[1105] SIMÃO, Valdir Moysés. *Compliance* na Administração Pública Direta: a perspectiva do cidadão. *In:* ZENKNER, Marcelo; CASTRO, Rodrigo Pironti de (Coords.) *Compliance no setor público*. 1. ed. Belo Horizonte: Fórum, 2020. p. 393.

[1106] BRASIL. Controladoria-Geral da União. *Instrução Normativa Conjunta nº 1, de 10 de maio de 2016*. Dispõe sobre controles internos, gestão de riscos e governança no âmbito do Poder Executivo federal. Brasília, DF, 2016. Disponível em: https://www.in.gov.br/materia/-/asset_publisher/Kujrw0TZC2Mb/content/id/21519355/do1-2016-05-11-instrucao-normativa-conjunta-n-1-de-10-de-maio-de-2016-21519197. Acesso em: 10 jan. 2022.

[1107] BRASIL. Presidência da República. *Lei nº 13.303, de 30 de junho de 2016*. Dispõe o estatuto jurídico da empresa pública, da sociedade de economia mista e de suas subsidiárias, no âmbito da União, dos Estados, do Distrito Federal e dos Municípios. Brasília, DF, 2016. Disponível em: https://legislacao.presidencia.gov.br/atos/?tipo=LEI&numero=13303&ano=2016&ato=264ETT650dZpWT936. Acesso em: 10 jan. 2022.

[1108] SIMÃO, Valdir Moysés. *Compliance* na Administração Pública Direta: a perspectiva do cidadão. *In:* ZENKNER, Marcelo; CASTRO, Rodrigo Pironti de (Coords.) *Compliance no setor público*. 1. ed. Belo Horizonte: Fórum, 2020. p. 393.

[1109] SCHRAMM, Fernanda Santos. *Compliance nas contratações públicas*. 1. ed. Belo Horizonte: Fórum, 2019. p. 125.

[1110] BRASIL. Presidência da República. *Decreto nº 11.129, de 11 de julho de 2022*. Regulamenta a Lei nº 12.846, de 1º de agosto de 2013, que dispõe sobre a responsabilização administrativa e civil de pessoas jurídicas pela prática de atos contra a Administração Pública, nacional ou estrangeira. Brasília, DF, 2022. Disponível em: http://www.planalto.gov.br/ccivil_03/_Ato2019-2022/2022/Decreto/D11129.htm. Acesso em: 20 de jul. 2022.

para prevenir e coibir a prática de atos ilícitos entre seus funcionários e agentes públicos, sobretudo naquele conjunto de atos que se classifica como corrupção, até para se adequarem a uma nova prerrogativa do comércio internacional.[1111]

Para Carvalho e Mendes, a Lei Anticorrupção buscou endereçar um problema no Direito brasileiro que há muito era apontado por organizações internacionais e especialistas no combate à corrupção: a falta de previsão legal que permitisse a efetiva responsabilização das pessoas jurídicas por ilícitos contra a Administração Pública.[1112]

Para a responsabilização pela prática dos atos lesivos fixados na Lei Anticorrupção brasileira, regulamentou-se sua aplicação objetiva, não perquirindo a culpabilidade da empresa, bastando apenas o ato lesivo ter sido praticado com ou sem sua anuência, mas a seu favor. Inclusive os indivíduos que atuarem em seu nome também serão responsabilizados, de forma subjetiva, na medida de sua culpabilidade.[1113]

No que se refere à responsabilização administrativa prevista pela Lei Federal nº 12.846/2013, é preciso que uma pessoa física, com algum vínculo com a pessoa jurídica responsabilizada, tenha praticado um ato infracional no rol do art. 5º da lei. Tal vínculo configuraria a responsabilização administrativa objetiva da pessoa jurídica. Diferente da responsabilização civil por danos à Administração por atos lesivos elencados pela Lei Federal nº 12.846/2013, danos estes que, comprovada a conduta, o nexo causal e o dano, a pessoa jurídica responderá objetivamente pela reparação civil.

Conforme Blok, a Lei Anticorrupção representa uma grande vitória da democracia, uma vez que o Brasil passou a estar compreendido em um rol de países que respeitam um ambiente de negócios probo, honesto e que foca em padrões diferenciados em termos da qualidade e conduta das empresas e organizações públicas e privadas.[1114]

Ademais, a Lei Federal nº 12.846/2013 ainda estabeleceu no país um introito aos princípios empresariais éticos relativos a um programa de integridade e *compliance*, ainda que através de uma recalcitrante ameaça de sanções estatais, tais como multas e exposição pública perniciosa à imagem, às pessoas jurídicas empresariais.[1115]

No art. 5º dessa lei, são atos lesivos à Administração Pública, desde a chamada corrupção administrativa como "prometer, oferecer ou dar, direta ou indiretamente, vantagem indevida a agente público, ou a terceira pessoa a ele relacionada" (art. 5º, I), indo até, no tocante a licitações e contratos, o ato de "frustrar ou fraudar, mediante ajuste, combinação ou qualquer outro expediente, o caráter competitivo de procedimento

---

[1111] MELO, Renan Emanuel Rocha. Da cláusula anticorrupção: breve análise de sua sistemática com a Foreign Corrupt Practices Act (FCPA) em contratos empresarias. *In*: ROCHA, Lilian Rose Lemos; MELO, Larissa; PINTO, Gabriel R. Rozendo (Coord.). *Cadernos de pós-graduação em direito*: Lei anticorrupção. Brasília: UniCEUB-ICPD, 2018. p. 8.

[1112] MENDES, Francisco Schertel; CARVALHO, Vinícius Marques de. *Compliance*: concorrência e combate à corrupção. 1. ed. São Paulo: Trevisan Editora, 2017. p. 50-51.

[1113] MELO, Renan Emanuel Rocha. Da cláusula anticorrupção: breve análise de sua sistemática com a Foreign Corrupt Practices Act (FCPA) em contratos empresarias. *In*: ROCHA, Lilian Rose Lemos; MELO, Larissa; PINTO, Gabriel R. Rozendo (Coord.). *Cadernos de pós-graduação em direito*: Lei anticorrupção. Brasília: UniCEUB-ICPD, 2018. p. 9.

[1114] BLOK, Marcella. *Compliance e boa governança corporativa*. 3. ed. atual. Rio de Janeiro: Freitas Bastos, 2020. p. 37.

[1115] MELO, Renan Emanuel Rocha. Da cláusula anticorrupção: breve análise de sua sistemática com a Foreign Corrupt Practices Act (FCPA) em contratos empresarias. *In*: ROCHA, Lilian Rose Lemos; MELO, Larissa; PINTO, Gabriel R. Rozendo (Coord.). *Cadernos de pós-graduação em direito*: Lei anticorrupção. Brasília: UniCEUB-ICPD, 2018. p. 9.

licitatório público" (art. 5º, IV, alínea "a"),[1116] condutas infracionais estas que, em sua concepção teleológica, atentam contra a integridade pública.[1117]

Em resumo, três grandes grupos de condutas puníveis são previstos: (a) Atos lesivos ligados ao oferecimento de vantagens indevidas; (b) Atos lesivos realizados no âmbito de licitações e contratos administrativos; e (c) Atos lesivos praticados para dificultar ou impedir a atividade de fiscalização do Estado.[1118]

A responsabilização administrativa da Lei Anticorrupção brasileira consiste na imposição de uma sanção ao infrator de um dever jurídico, penalizando-o em virtude da prática de um ilícito administrativo. Para que a sanção administrativa aplicada à pessoa jurídica seja adequada, é imprescindível que a autoridade sopese, com razoabilidade, os critérios do artigo 7º dessa lei,[1119] um deles os programas de integridade e *compliance*.

Dentre as pessoas jurídicas sujeitas à lei, o art. 1º, parágrafo único, prevê que as suas regras se aplicam às sociedades empresárias e às sociedades simples, personificadas ou não, independentemente da forma de organização ou modelo societário adotado, bem como a quaisquer fundações, associações de entidades ou pessoas, ou sociedades estrangeiras, que tenham sede, filial ou representação no território brasileiro, constituídas de fato ou de direito, ainda que temporariamente.[1120]

Considerando-se o contexto deste trabalho, destacar destaca-se especificamente o art. 7º, inciso VIII, pelo qual "serão levados em consideração na aplicação das sanções", dentre outras atenuantes, "a existência de mecanismos e procedimentos internos de integridade, auditoria e incentivo à denúncia de irregularidades e a aplicação efetiva de códigos de ética e de conduta no âmbito da pessoa jurídica" (art. 7º, VIII),[1121] consolidando a função específica atribuída aos programas de integridade e *compliance* anticorrupção e fraude no âmbito do Direito Administrativo sancionador brasileiro.

Dessa maneira, possibilita-se à pessoa jurídica, de regime de direito público ou privado, que for parte requerida em Processo Administrativo de Responsabilização (PAR) baseado na Lei Federal nº 12.846/2013, apresentar, se existente, um programa de integridade e *compliance* anticorrupção como forma de atenuação da multa administrativa prevista como punição, mecanismo sob análise da autoridade pública.

[1116] BRASIL. Presidência da República. *Decreto nº 11.129, de 11 de julho de 2022*. Regulamenta a Lei nº 12.846, de 1º de agosto de 2013, que dispõe sobre a responsabilização administrativa e civil de pessoas jurídicas pela prática de atos contra a Administração Pública, nacional ou estrangeira. Brasília, DF, 2022. Disponível em: http://www.planalto.gov.br/ccivil_03/_Ato2019-2022/2022/Decreto/D11129.htm. Acesso em: 20 de jul. 2022.

[1117] Reiterando que, para a OCDE, integridade pública seria o "alinhamento consistente e a adesão de valores, princípios e normas éticas comuns para sustentar e priorizar o interesse público sobre os interesses privados no setor público" (ORGANIZAÇÃO PARA A COOPERAÇÃO E O DESENVOLVIMENTO ECONÔMICO – OCDE. *Recommendation of The Council of Public Integrity*. 2020. p. 3. Disponível em: https://www.oecd.org/gov/ethics/OECD-Recommendation-Public-Integrity.pdf. Acesso em: 05 jan. 2022).

[1118] MENDES, Francisco Schertel; CARVALHO, Vinícius Marques de. *Compliance*: concorrência e combate à corrupção. 1. ed. São Paulo: Trevisan Editora, 2017. p. 58.

[1119] CAMPOS, Patrícia Toledo de. Comentários à Lei nº 12.846/2013 – Lei anticorrupção. *Revista Digital de Direito Administrativo*, [S. l.], v. 2, n. 1, p. 169, 2014. Disponível em: https://www.revistas.usp.br/rdda/article/view/80943. Acesso em: 03 mar. 2022.

[1120] BRASIL. Presidência da República. *Lei nº 12.846, de 1º de agosto de 2013*. Dispõe sobre a responsabilização administrativa e civil de pessoas jurídicas pela prática de atos contra a Administração Pública, nacional ou estrangeira, e dá outras providências. Brasília, DF, 2013. Disponível em: http://www.planalto.gov.br/ccivil_03/_ato2011-2014/2013/lei/l12846.htm. Acesso em: 18 fev. 2022.

[1121] BRASIL. Presidência da República. *Lei nº 12.846, de 1º de agosto de 2013*. Dispõe sobre a responsabilização administrativa e civil de pessoas jurídicas pela prática de atos contra a Administração Pública, nacional ou estrangeira, e dá outras providências. Brasília, DF, 2013. Disponível em: http://www.planalto.gov.br/ccivil_03/_ato2011-2014/2013/lei/l12846.htm. Acesso em: 18 fev. 2022.

Para Martins, pela Lei Anticorrupção brasileira, a adoção do *compliance* não representaria uma causa de exclusão da sanção, mas sim uma circunstância atenuante, que deve ser obrigatoriamente observada na fixação das sanções, sendo que a presunção gerada pela adoção do *compliance* de que os dirigentes da empresa não compactuariam com o ato de corrupção pelo preposto seria relativa e não absoluta.[1122]

A aplicação de políticas e programas de integridade e *compliance* seriam mecanismos minimizadores da corrupção, mas não são, por óbvio, salienta Martins, mecanismos garantidores de sua inexistência nas pessoas jurídicas, a responsabilidade seria objetiva, o *compliance*, portanto, tem o condão de atenuar a sanção.[1123]

Nessa linha, para Rech, a ausência do *compliance* pode elevar a culpabilidade da empresa, no que diz respeito à culpa *in vigilando*, igual para a imputação objetiva da responsabilidade da pessoa jurídica no que tange à responsabilização administrativa por atos corruptos de seus prepostos, ou de atos que lesem a concorrência.[1124]

Para além dessa responsabilidade administrativa da Lei Federal nº 12.846/2013, há a responsabilidade civil pelos eventuais danos causados à Administração Pública, de modo que, pelo art. 19 dessa lei, "a União, os Estados, o Distrito Federal e os Municípios, por meio das respectivas Advocacias Públicas ou órgãos de representação judicial, ou equivalentes, e o Ministério Público, poderão ajuizar ação com vistas à aplicação de sanções". Essas sanções são:

> I – perdimento dos bens, direitos ou valores que representem vantagem ou proveito direta ou indiretamente obtidos da infração, ressalvado o direito do lesado ou de terceiro de boa-fé;
> II – suspensão ou interdição parcial de suas atividades;
> III – dissolução compulsória da pessoa jurídica;
> IV – proibição de receber incentivos, subsídios, subvenções, doações ou empréstimos de órgãos ou entidades públicas e de instituições financeiras públicas ou controladas pelo poder público, pelo prazo mínimo de 1 (um) e máximo de 5 (cinco) anos.

Cumpre referir, como salienta Schramm, que a empresa a qual adote mecanismos de controles internos de todos os seus colaboradores acerca de atos de corrupção praticados, diante da possibilidade de ser responsabilizada objetivamente por atos de terceiros, tem indiretamente o incentivo dessa adoção de políticas de integridade e *compliance*, haja vista configurar uma causa para atenuante da sanção de multa.[1125]

É dizer, uma vez que a Lei Federal nº 12.846/2013 visa fortalecer o ambiente institucional de prevenção e repressão da corrupção, incentivando a adoção de políticas de integridade e *compliance*, a inexistência do elemento subjetivo doloso na conduta do

---

[1122] MARTINS, Ricardo Marcondes. *Compliance* e a responsabilidade de pessoas jurídicas. In: DAL POZZO, Augusto Neves; MARTINS, Ricardo Marcondes (Coord.). *Aspectos controvertidos do compliance na Administração Pública*. 1. ed. Belo Horizonte: Fórum, 2020. p. 362.
[1123] MARTINS, Ricardo Marcondes. *Compliance* e a responsabilidade de pessoas jurídicas. In: DAL POZZO, Augusto Neves; MARTINS, Ricardo Marcondes (Coord.). *Aspectos controvertidos do compliance na Administração Pública*. 1. ed. Belo Horizonte: Fórum, 2020. p. 362.
[1124] RECH, Talyz William. O compliance como ferramenta de combate à corrupção: uma visão a partir da Lei nº 12.846/13. In: CRISTÓVAM, José Sérgio da Silva; NIEBUHR, Pedro de Menezes (Coord.). *Combate preventivo à corrupção no Brasil*: para além do modelo repressivo-punitivista. 1. ed. Florianópolis: Habitus, 2020. p. 185.
[1125] SCHRAMM, Fernanda Santos. *Compliance nas contratações públicas*. 1. ed. Belo Horizonte: Fórum, 2019. p. 131.

agente que praticou o ato de corrupção não impedirá a responsabilidade objetiva da pessoa jurídica, porque lhe cabia promover a conscientização do funcionário ou agente terceirizado, evitando posturas negligentes, imprudentes e imperitas.[1126]

Neste ponto específico, a Lei Federal nº 12.846/2013 ostenta nítido caráter preventivo, incentivando a adoção de mecanismos de autorregulação no âmbito das pessoas jurídicas, em consonância com as premissas adotadas pelos instrumentos internacionais de combate à corrupção, atribuindo ao instituto do *compliance* e seus instrumentos e políticas relevo especial nas organizações.[1127]

Outra inovação a partir da Lei Anticorrupção são os Acordos de Leniência, dispostos pelo art. 16 da lei. Segundo o dispositivo, a autoridade máxima de cada órgão ou entidade pública "poderá celebrar acordo de leniência com as pessoas jurídicas responsáveis pela prática dos atos previstos nesta Lei que colaborem efetivamente com as investigações e o processo administrativo", sendo que dessa colaboração resulte: "I – a identificação dos demais envolvidos na infração, quando couber; e II – a obtenção célere de informações e documentos que comprovem o ilícito".[1128]

Referidos Acordos de Leniência vêm sendo firmados sob cláusula compromissória de implementação de programa de integridade e *compliance* como responsabilidade da pessoa jurídica vinculada a tal transação, cujos elementos devem ser avaliados e monitorados pelo Poder Público.

É nítido que a Lei Anticorrupção brasileira atua na prevenção. Por tal razão, não se espera que a corrupção seja totalmente banida pelo advento da Lei nº 12.846/2013, mas o fato de estabelecer punições ao corruptor-empresário com o objetivo de prevenir práticas ilícitas e desonestas contra a Administração Pública levará a sociedade a um aprendizado de grande valia que será responsável pela mudança de inúmeros comportamentos no âmbito empresarial brasileiro..[1129]

Nos últimos anos, diversos Estados brasileiros deram início à regulamentação da referida Lei Anticorrupção em seus níveis de governo, como a exemplo dos estados do Rio Grande do Sul e de Santa Catarina, respectivamente com a Lei gaúcha nº 15.228/2018 e o Decreto catarinense nº 1.106/2017, entre outros casos pelo Brasil.

É diante das inovações da Lei Federal nº 12.846/2013 e suas previsões de *compliance*, adverte Blok, que aumentou-se a preocupação com a criação dos programas de integridade e *compliance* "de fachada". Como na mera adoção formal do instrumento. De nada valeria que as empresas adotassem tais programas superficiais, desprendidas dos efeitos atenuantes que os programas de *compliance* proporcionam frente à responsabilização administrativa.[1130]

Com este contexto, constatou-se cada vez mais a necessidade de delimitar e, de certa forma, de padronizar os pilares e/ou o passo a passo para que um programa de

---

[1126] SCHRAMM, Fernanda Santos. *Compliance nas contratações públicas*. 1. ed. Belo Horizonte: Fórum, 2019. p. 133.

[1127] SCHRAMM, Fernanda Santos. *Compliance nas contratações públicas*. 1. ed. Belo Horizonte: Fórum, 2019. p. 134.

[1128] BRASIL. Presidência da República. *Decreto nº 11.129, de 11 de julho de 2022*. Regulamenta a Lei nº 12.846, de 1º de agosto de 2013, que dispõe sobre a responsabilização administrativa e civil de pessoas jurídicas pela prática de atos contra a Administração Pública, nacional ou estrangeira. Brasília, DF, 2022. Disponível em: http://www.planalto.gov.br/ccivil_03/_Ato2019-2022/2022/Decreto/D11129.htm. Acesso em: 20 de jul. 2022.

[1129] CAMPOS, Patrícia Toledo de. Comentários à Lei nº 12.846/2013 – Lei anticorrupção. *Revista Digital de Direito Administrativo*, [S. l.], v. 2, n. 1, p. 184, 2014. Disponível em: https://www.revistas.usp.br/rdda/article/view/80943. Acesso em: 03 mar. 2022.

[1130] BLOK, Marcella. *Compliance e boa governança corporativa*. 3. ed. atual. Rio de Janeiro: Freitas Bastos, 2020. p. 50.

integridade e *compliance* fosse considerado efetivo e eficaz,[1131] papel que coube ao Decreto Federal nº 8.420 de 2015, recentemente atualizado pelo Decreto Federal nº 11.129/2022, o qual regulamenta uma série de previsões, especialmente diretrizes e elementos mínimos dos programas de integridade e *compliance*.

3.3.2 Decreto Federal nº 11.129/2022 e os elementos dos Programas de Integridade

Em 11 de julho de 2022, sobreveio o Decreto Federal nº 11.129, o qual revogou o antigo Decreto Federal nº 8.420/2015, regulamentando a Lei Federal nº 12.846, de 2013, que dispõe sobre a responsabilização administrativa e civil de pessoas jurídicas pela prática de atos contra a Administração Pública e define os elementos dos programas de integridade e *compliance* no âmbito do Direito Público nacional.

Com o estabelecimento normativo dos programas de integridade e *compliance*, evidencia-se um novo modelo de controle estatal que tem por base a dialogicidade, guardando importância a atuação preventiva da Administração Pública, característica participativa assumida pela sociedade que valoriza o diálogo para efetivação de seus direitos, o que gradualmente tem afastado o caráter sancionatório do Estado, abrindo-se espaço, portanto, para uma atuação mais preventiva e negocial.[1132]

Com efeito, a evolução da aplicação dos programas de integridade e *compliance* refere-se a um instrumento de combate preventivo, visto que busca incentivar as organizações públicas ou privadas a adotarem mecanismos de integridade e, em contrapartida, terem o abrandamento da sanção a ser aplicada, daí a sua função essencial para controle e prevenção da corrupção.[1133]

Dessa forma, o Decreto Federal nº 11.129/2022, além de regulamentar o rito do Processo Administrativo de Responsabilização (PAR) e também a forma e critérios de aplicação da sanção de multa pecuniária, a partir de seu art. 56 e parágrafo único definiu o conceito legal no Brasil dos programas de integridade e *compliance*:

> Art. 56. Para fins do disposto neste Decreto, programa de integridade consiste, no âmbito de uma pessoa jurídica, no conjunto de mecanismos e procedimentos internos de integridade, auditoria e incentivo à denúncia de irregularidades e na aplicação efetiva de códigos de ética e de conduta, políticas e diretrizes, com objetivo de:
> I – prevenir, detectar e sanar desvios, fraudes, irregularidades e atos ilícitos praticados contra a administração pública, nacional ou estrangeira; e
> II – fomentar e manter uma cultura de integridade no ambiente organizacional.
> Parágrafo único. O programa de integridade deve ser estruturado, aplicado e atualizado de acordo com as características e os riscos atuais das atividades de cada pessoa jurídica, a qual, por sua vez, deve garantir o constante aprimoramento e a adaptação do referido programa, visando garantir sua efetividade.[1134]

[1131] BLOK, Marcella. *Compliance e boa governança corporativa*. 3. ed. atual. Rio de Janeiro: Freitas Bastos, 2020. p. 50.
[1132] PIRONTI, Rodrigo; ZILIOTTO, Mirela Miró. *Compliance nas contratações públicas*: exigência e critérios normativos. 2. ed., rev., ampl. e atual. Belo Horizonte: Fórum, 2021. p. 50.
[1133] PIRONTI, Rodrigo; ZILIOTTO, Mirela Miró. *Compliance nas contratações públicas*: exigência e critérios normativos. 2. ed., rev., ampl. e atual. Belo Horizonte: Fórum, 2021. p. 54.
[1134] BRASIL. Presidência da República. *Decreto nº 11.129, de 11 de julho de 2022*. Regulamenta a Lei nº 12.846, de 1º de agosto de 2013, que dispõe sobre a responsabilização administrativa e civil de pessoas jurídicas pela prática

Ademais, o mesmo Decreto nº 11.129/2022, no seu art. 57, fixou os elementos mínimos legais a serem observados em um programa de integridade e *compliance*:

> Art. 57. Para fins do disposto no inciso VIII do caput do art. 7º da Lei nº 12.846, de 2013, o programa de integridade será avaliado, quanto a sua existência e aplicação, de acordo com os seguintes parâmetros:
>
> I – comprometimento da alta direção da pessoa jurídica, incluídos os conselhos, evidenciado pelo apoio visível e inequívoco ao programa, bem como pela destinação de recursos adequados;
>
> II – padrões de conduta, código de ética, políticas e procedimentos de integridade, aplicáveis a todos os empregados e administradores, independentemente do cargo ou da função exercida;
>
> III – padrões de conduta, código de ética e políticas de integridade estendidas, quando necessário, a terceiros, tais como fornecedores, prestadores de serviço, agentes intermediários e associados;
>
> IV – treinamentos e ações de comunicação periódicos sobre o programa de integridade;
>
> V – gestão adequada de riscos, incluindo sua análise e reavaliação periódica, para a realização de adaptações necessárias ao programa de integridade e a alocação eficiente de recursos;
>
> VI – registros contábeis que reflitam de forma completa e precisa as transações da pessoa jurídica;
>
> VII – controles internos que assegurem a pronta elaboração e a confiabilidade de relatórios e demonstrações financeiras da pessoa jurídica;
>
> VIII – procedimentos específicos para prevenir fraudes e ilícitos no âmbito de processos licitatórios, na execução de contratos administrativos ou em qualquer interação com o setor público, ainda que intermediada por terceiros, como pagamento de tributos, sujeição a fiscalizações ou obtenção de autorizações, licenças, permissões e certidões;
>
> IX – independência, estrutura e autoridade da instância interna responsável pela aplicação do programa de integridade e pela fiscalização de seu cumprimento;
>
> X – canais de denúncia de irregularidades, abertos e amplamente divulgados a funcionários e terceiros, e mecanismos destinados ao tratamento das denúncias e à proteção de denunciantes de boa-fé;
>
> XI – medidas disciplinares em caso de violação do programa de integridade;
>
> XII – procedimentos que assegurem a pronta interrupção de irregularidades ou infrações detectadas e a tempestiva remediação dos danos gerados;
>
> XIII – diligências apropriadas, baseadas em risco, para:
>
> a) contratação e, conforme o caso, supervisão de terceiros, tais como fornecedores, prestadores de serviço, agentes intermediários, despachantes, consultores, representantes comerciais e associados;
>
> b) contratação e, conforme o caso, supervisão de pessoas expostas politicamente, bem como de seus familiares, estreitos colaboradores e pessoas jurídicas de que participem; e
>
> c) realização e supervisão de patrocínios e doações;
>
> XIV – verificação, durante os processos de fusões, aquisições e reestruturações societárias, do cometimento de irregularidades ou ilícitos ou da existência de vulnerabilidades nas pessoas jurídicas envolvidas; e

---

de atos contra a Administração Pública, nacional ou estrangeira. Brasília, DF, 2022. Disponível em: http://www.planalto.gov.br/ccivil_03/_Ato2019-2022/2022/Decreto/D11129.htm. Acesso em: 20 de jul. 2022.

XV – monitoramento contínuo do programa de integridade visando ao seu aperfeiçoamento na prevenção, na detecção e no combate à ocorrência dos atos lesivos previstos no art. 5º da Lei nº 12.846, de 2013.[1135]

De forma resumida e observando os elementos do art. 57 do referido Decreto, Schramm indica que, de forma geral, a implantação de um programa de integridade e *compliance* anticorrupção deve seguir as seguintes etapas:

(1) análise de riscos e levantamento dos procedimentos internos em funcionamento;
(2) elaboração de um documento que expresse os valores apregoados pela empresa e a postura que espera de seus colaboradores – usualmente chamado de Código de Conduta ou de Ética;
(3) definição de políticas e controles internos destinados a mitigar os riscos apurados na primeira etapa;
(4) constituição de uma instância responsável pelo programa;
(5) criação de um canal de denúncia; e
(6) apresentação do Código de Conduta ou de Ética e dos citados procedimentos aos colaboradores e parceiros da empresa, o que inclui não só a divulgação do conteúdo, mas uma exposição didática e detalhada, por meio de treinamento.[1136]

Dada a complexidade da regulação anticorrupção e fraude, inexiste uma receita pronta ou única fórmula aplicável a todas as empresas ou organizações públicas ou privadas, ressalva Schramm.[1137] Os requisitos elencados no art. 57 do Decreto Federal nº 11.129/2022 não seriam obrigatórios e, sim, indicariam parâmetros que servem para a avaliação da efetividade e estrutura dos programas de integridade e *compliance*.[1138]

Na lição de Carvalho e Mendes, as principais atribuições de um efetivo programa de integridade e *compliance* seriam: (a) comprometimento da alta direção; (b) monitoramento e controle contínuos; (c) políticas e procedimentos; (d) comunicação e treinamento; e (e) avaliação de riscos.[1139] São pilares que, como visto, estão abarcados de algum modo pelos elementos fixados no art. 57 do Decreto Federal nº 11.129/2022.

No mesmo sentido, conforme o manual "Programa de Integridade: Diretrizes para Empresas Privadas", da Controladoria-Geral da União (CGU), os cinco pilares de um programa de integridade e *compliance* seriam: (a) Comprometimento e apoio da alta direção; (b) Instância responsável pelo programa; (c) Análise de perfil e riscos; (d) Estruturação das regras e instrumentos; e (e) Estratégias de monitoramento contínuo.[1140]

[1135] BRASIL. Presidência da República. *Decreto nº 11.129, de 11 de julho de 2022*. Regulamenta a Lei nº 12.846, de 1º de agosto de 2013, que dispõe sobre a responsabilização administrativa e civil de pessoas jurídicas pela prática de atos contra a Administração Pública, nacional ou estrangeira. Brasília, DF, 2022. Disponível em: http://www.planalto.gov.br/ccivil_03/_Ato2019-2022/2022/Decreto/D11129.htm. Acesso em: 20 de jul. 2022.
[1136] SCHRAMM, Fernanda Santos. *Compliance nas contratações públicas*. 1. ed. Belo Horizonte: Fórum, 2019. p. 198-199.
[1137] SCHRAMM, Fernanda Santos. *Compliance nas contratações públicas*. 1. ed. Belo Horizonte: Fórum, 2019. p. 199.
[1138] SCHRAMM, Fernanda Santos. *Compliance nas contratações públicas*. 1. ed. Belo Horizonte: Fórum, 2019. p. 201.
[1139] MENDES, Francisco Schertel; CARVALHO, Vinícius Marques de. *Compliance*: concorrência e combate à corrupção. 1. ed. São Paulo: Trevisan Editora, 2017. p. 62.
[1140] BRASIL. Controladoria-Geral da União. *Programa de Integridade*: Diretrizes para Empresas Privadas. Brasília, DF, 2015. p. 4. Disponível em: https://www.gov.br/cgu/pt-br/centrais-de-conteudo/publicacoes/integridade/arquivos/programa-de-integridade-diretrizes-para-empresas-privadas.pdf. Acesso em: 20 fev. 2022.

Para a CGU, a reunião desses pilares deve refletir a função principal do programa de integridade e *compliance*, voltada para prevenção, detecção e remediação dos atos lesivos da Lei nº 12.846/2013, que tem como foco, além da ocorrência de suborno, também fraudes nos processos de licitações e execução de contratos com o setor público.[1141]

Nesse sentido, o Decreto Federal nº 11.129/2022 positiva no Brasil os principais e mais utilizados parâmetros ligados à estrutura mínima dos programas de integridade e *compliance* anticorrupção e fraude, cujo conteúdo restou replicado nos diversos regulamentos da Administração Pública em nível federal, além de estarem refletidos em leis de uma série de estados brasileiros que tratam da temática do *compliance*.

O primeiro elemento de um programa de integridade e *compliance* a partir do Decreto nº 11.129/2022 é o "comprometimento da alta direção da pessoa jurídica, incluídos os conselhos, evidenciado pelo apoio visível e inequívoco ao programa, bem como pela destinação de recursos adequados" (art. 57, I), o qual, para Schramm, deve refletir o *"tone from the top"*, na expressão da intenção dos líderes da organização em investir na implantação do programa, pois a alta direção deve demonstrar, de forma consistente, explícita e pública, que apoia e se submete ao programa de integridade e *compliance*,[1142] reiterando, como já se disse em tópicos anteriores, que o *compliance* é elemento integrante e estratégico de toda e qualquer boa governança das organizações na atualidade.

O segundo elemento está abarcado pelos incisos II e III, do mesmo art. 57 do Decreto, que, respectivamente, indicam "padrões de conduta, código de ética, políticas e procedimentos de integridade, aplicáveis a todos os empregados e administradores, independentemente de cargo ou função exercidos" e "padrões de conduta, código de ética e políticas de integridade estendidas, quando necessário, a terceiros, tais como, fornecedores, prestadores de serviço, agentes intermediários e associados".

Para Mendes e Carvalho, trata-se de elemento que evidencia a adesão da organização às regras de integridade e *compliance* em sua estrutura, sendo fundamental que todos os funcionários entendam que o eventual código ou livro que lhes foi entregue não deva ser visto como peso de papel, mas, sim, documento a ser consultado e compreendido,[1143] confirmando a importância dos códigos de ética e de conduta.[1144]

Conforme Pironti e Ziliotto, o código de conduta, de ética ou de integridade é documento institucional, baseado na missão, visão, valores e cultura da empresa ou organização, visando comunicar, disciplinar e orientar o comportamento do público interno e externo, com o esperado pela organização titular..[1145]

O terceiro elemento elencado pelo Decreto nº 11.129/2022 está nos "treinamentos e ações de comunicação periódicos sobre o programa de integridade" (art. 57, IV). Cuida-se

---

[1141] BRASIL. Controladoria-Geral da União. *Programa de Integridade*: Diretrizes para Empresas Privadas. Brasília, DF, 2015. p. 6. Disponível em: https://www.gov.br/cgu/pt-br/centrais-de-conteudo/publicacoes/integridade/arquivos/programa-de-integridade-diretrizes-para-empresas-privadas.pdf. Acesso em: 20 fev. 2022.

[1142] SCHRAMM, Fernanda Santos. *Compliance nas contratações públicas*. 1. ed. Belo Horizonte: Fórum, 2019. p. 201.

[1143] MENDES, Francisco Schertel; CARVALHO, Vinícius Marques de. *Compliance*: concorrência e combate à corrupção. 1. ed. São Paulo: Trevisan Editora, 2017. p. 81.

[1144] Em relação aos Códigos de Conduta em organizações públicas ou privadas, conferir: BERGENTHAL, Camila Pinheiro. *Compliance nas Cadeias Globais de Produção de Moda*: Do impacto na utilização de Códigos de Conduta. 1. Ed. Rio de Janeiro: Lumen Juris, 2021.

[1145] PIRONTI, Rodrigo; ZILIOTTO, Mirela Miró. *Compliance nas contratações públicas*: exigência e critérios normativos. 2. ed., rev., ampl. e atual. Belo Horizonte: Fórum, 2021. p. 315.

de elemento essencial em um programa de integridade e *compliance* ligado à necessária compreensão e aplicação dos padrões e procedimento de ética e integridade fixados na organização. Os treinamentos, salienta Schramm, servirão como ferramenta para o reforço dos valores e padrões éticos na instituição.[1146] Reiterando-se que tais padrões devem ser aplicados no caso específico, e quando exigido, dos fornecedores, parceiros e agentes intermediários da organização em suas atividades.

Outro elemento dos programas de integridade e *compliance* pelo referido Decreto é a "gestão adequada de riscos, incluindo sua análise e reavaliação periódica, para a realização de adaptações necessárias ao programa de integridade e a alocação eficiente de recursos" (art. 57, V). A implantação do programa não deve ser vista como um projeto único, pontual, mas, sim, como um movimento contínuo.[1147]

Para Mendes e Carvalho, um passo fundamental – e também complexo – no desenvolvimento do programa de integridade e *compliance* é a realização da avaliação estruturada de riscos aos quais a empresa ou organização esteja submetida, o que sobreleva a sua função preventiva e de controle contínuo de infrações e atos ilícitos.[1148]

A análise de riscos para a implantação do programa de integridade e *compliance*, alertam Pironti e Ziliotto, consiste na identificação de quais relações e processos internos são mais suscetíveis a eventos de riscos que, caso se concretizem, podem impactar significativamente no cumprimento das metas da organização.[1149]

Adiante, o art. 57, pelos incisos VI e VII, do Decreto nº 11.129/2022, prevê os elementos dos "registros contábeis que reflitam de forma completa e precisa as transações da pessoa jurídica" (VI) e dos "controles internos que assegurem a pronta elaboração e confiabilidade de relatórios e demonstrações financeiros da pessoa jurídica" (VII). Para Schramm, são elementos que demonstram que um programa de integridade e *compliance* efetivo permeia a existência de registros contábeis completos e precisos, em consonância com diretrizes legais em cada empresa e organização.[1150]

Como mais um elemento, o art. 57, VIII, do Decreto fixa os "procedimentos específicos para prevenir fraudes e ilícitos no âmbito de processos licitatórios, na execução de contratos administrativos ou em qualquer interação com o setor público",[1151] interação mesmo "intermediada por terceiros, tal como pagamento de tributos, sujeição a fiscalizações, ou obtenção de autorizações, licenças, permissões e certidões".[1152]

[1146] SCHRAMM, Fernanda Santos. *Compliance nas contratações públicas*. 1. ed. Belo Horizonte: Fórum, 2019. p. 215.
[1147] SCHRAMM, Fernanda Santos. *Compliance nas contratações públicas*. 1. ed. Belo Horizonte: Fórum, 2019. p. 219.
[1148] MENDES, Francisco Schertel; CARVALHO, Vinícius Marques de. *Compliance*: concorrência e combate à corrupção. 1. ed. São Paulo: Trevisan Editora, 2017. p. 70.
[1149] PIRONTI, Rodrigo; ZILIOTTO, Mirela Miró. *Compliance nas contratações públicas*: exigência e critérios normativos. 2. ed., rev., ampl. e atual. Belo Horizonte: Fórum, 2021. p. 288.
[1150] SCHRAMM, Fernanda Santos. *Compliance nas contratações públicas*. 1. ed. Belo Horizonte: Fórum, 2019. p. 225.
[1151] BRASIL. Presidência da República. *Decreto nº 11.129, de 11 de julho de 2022*. Regulamenta a Lei nº 12.846, de 1º de agosto de 2013, que dispõe sobre a responsabilização administrativa e civil de pessoas jurídicas pela prática de atos contra a Administração Pública, nacional ou estrangeira. Brasília, DF, 2022. Disponível em: http://www.planalto.gov.br/ccivil_03/_Ato2019-2022/2022/Decreto/D11129.htm. Acesso em: 20 de jul. 2022.
[1152] BRASIL. Presidência da República. *Decreto nº 11.129, de 11 de julho de 2022*. Regulamenta a Lei nº 12.846, de 1º de agosto de 2013, que dispõe sobre a responsabilização administrativa e civil de pessoas jurídicas pela prática de atos contra a Administração Pública, nacional ou estrangeira. Brasília, DF, 2022. Disponível em: http://www.planalto.gov.br/ccivil_03/_Ato2019-2022/2022/Decreto/D11129.htm. Acesso em: 20 de jul. 2022.

Os recursos públicos atraem a incidência dos princípios e regras que não se aplicam às relações privadas, além de maior grau de fiscalização e penalidades mais severas, representando importante fator de risco às organizações.[1153]

Por essa razão, o elemento do programa de integridade e *compliance* ligado aos procedimentos e medidas na interação com o Poder Público (licitações, autorizações e fiscalizações) é requisito fundamental para o objetivo de proteção do interesse público em setores econômicos complexos e de forte incidência de atos de corrupção e fraude.

Para tanto, sugere Schramm, importantes são as políticas de relacionamento com o setor público e contratações públicas, bem como políticas de oferecimento de brindes, presentes ou hospitalidades, pontos delicados em decisões públicas na atualidade.[1154]

Ainda nos elementos constantes do art. 57 do Decreto nº 11.129/2022, há o requisito de "independência, estrutura e autoridade da instância interna responsável pela aplicação do programa de integridade e fiscalização de seu cumprimento" (art. 57, IX). Trata-se de elemento crucial à efetividade do programa de integridade e *compliance*, uma vez ser importante que a instância interna de *compliance* conte com um regulamento próprio, descrevendo composição, garantias e atribuições dos seus membros, com o fito de monitorar, apurar e executar as medidas e treinamentos do programa.[1155]

O Decreto Federal nº 11.129/2022 ainda prevê como elemento dos programas de integridade e *compliance* os "canais de denúncia de irregularidades, abertos e amplamente divulgados a funcionários e terceiros, e mecanismos destinados ao tratamento das denúncias e à proteção de denunciantes de boa-fé" (art. 57, X). São elementos que, para Pironti e Ziliotto, representam instrumentos que apoiam o desenvolvimento dos programas de integridade e possibilitam a detecção e remediação de irregularidades que ocorrem na organização, através de relatos dos colaboradores e demais *stakeholders*.[1156]

Esses canais de comunicação e denúncia devem ser ativos e eficientes, baseados na confidencialidade, no sigilo do conteúdo relatado e na proteção da identidade do denunciante, permitindo denúncias anônimas, apontam Pironti e Ziliotto.[1157]

Outros dois elementos para o Decreto Federal nº 11.129/2022 são as "medidas disciplinares em caso de violação do programa de integridade" (art. 57, XI) e os "procedimentos que assegurem a pronta interrupção de irregularidades ou infrações detectadas e a tempestiva remediação dos danos gerados" (art. 57 XII).[1158]

Em todo e qualquer programa de integridade e *compliance* importante que os seus destinatários na organização tenham conhecimento das medidas disciplinares aplicadas no caso de descumprimento das leis, diretrizes e padrões de conduta estabelecidos pela empresa ou organização.[1159]

[1153] SCHRAMM, Fernanda Santos. *Compliance nas contratações públicas*. 1. ed. Belo Horizonte: Fórum, 2019. p. 228.
[1154] SCHRAMM, Fernanda Santos. *Compliance nas contratações públicas*. 1. ed. Belo Horizonte: Fórum, 2019. p. 241-243.
[1155] SCHRAMM, Fernanda Santos. *Compliance nas contratações públicas*. 1. ed. Belo Horizonte: Fórum, 2019. p. 246.
[1156] PIRONTI, Rodrigo; ZILIOTTO, Mirela Miró. *Compliance nas contratações públicas*: exigência e critérios normativos. 2. ed., rev., ampl. e atual. Belo Horizonte: Fórum, 2021. p. 318.
[1157] PIRONTI, Rodrigo; ZILIOTTO, Mirela Miró. *Compliance nas contratações públicas*: exigência e critérios normativos. 2. ed., rev., ampl. e atual. Belo Horizonte: Fórum, 2021. p. 318.
[1158] BRASIL. Presidência da República. *Decreto nº 11.129, de 11 de julho de 2022*. Regulamenta a Lei nº 12.846, de 1º de agosto de 2013, que dispõe sobre a responsabilização administrativa e civil de pessoas jurídicas pela prática de atos contra a Administração Pública, nacional ou estrangeira. Brasília, DF, 2022. Disponível em: http://www.planalto.gov.br/ccivil_03/_Ato2019-2022/2022/Decreto/D11129.htm. Acesso em: 20 de jul. 2022.
[1159] SCHRAMM, Fernanda Santos. *Compliance nas contratações públicas*. 1. ed. Belo Horizonte: Fórum, 2019. p. 258.

Nas recomendações da CGU, as normas disciplinares devem prever qual é a área ou pessoa responsável por decidir pela aplicação de sanções e descrever procedimentos formais. As punições previstas devem ser proporcionais à violação e ao nível de responsabilidade. Deve existir também possibilidade de adoção de medidas cautelares, como o afastamento preventivo de dirigentes e funcionários que possam atrapalhar ou influenciar o adequado transcurso da apuração da denúncia.[1160]

No mesmo sentido, a detecção de indícios da ocorrência de atos lesivos à Administração Pública, nacional ou estrangeira, deve levar a empresa a iniciar uma investigação interna, que servirá como base para as providências cabíveis. Uma vez que a investigação confirme a ocorrência de ato lesivo envolvendo a empresa, devem ser tomadas providências para assegurar a imediata interrupção das irregularidades, providenciar soluções e reparar efeitos causados.[1161]

Ainda no que se refere aos elementos mínimos dos programas de integridade e *compliance* previstos pelo art. 57 do Decreto Federal nº 11.129/2022 estão as "diligências apropriadas, baseadas em risco" (art. 57, XIII), para contratações, pessoas expostas politicamente e terceiros, além da "verificação, durante os processos de fusões, aquisições e reestruturações societárias, do cometimento de irregularidades ou ilícitos ou da existência de vulnerabilidades nas pessoas jurídicas envolvidas" (art. 57, XIV).[1162]

Trata-se da chamada *"due diligence"*, ligada aos procedimentos prévios de checagem e estudo das condições estruturais, legais e financeiras de terceiros, como fornecedores, terceirizados e associados, averiguando-se o histórico desses atores externos e terceiros, especialmente no contexto de atos de corrupção e de fraude.

Para a CGU, é fundamental que em um programa de integridade e *compliance*, antes de se realizar a contratação de terceiros, averigue se a pessoa física ou jurídica possui histórico de atos lesivos contra a Administração Pública. A empresa contratante deve ainda adotar formas de verificar se terceiro está atuando de forma condizente com o acordado em contrato e se não adota comportamentos contrários às leis.[1163]

Por fim, o último elemento conforme o Decreto Federal nº 11.129/2022 é o "monitoramento contínuo do programa de integridade visando ao seu aperfeiçoamento na prevenção, detecção e combate à ocorrência dos atos lesivos previstos no art. 5º da Lei nº 12.846, de 2013" (art. 57, XV).[1164]

[1160] BRASIL. Controladoria-Geral da União. *Programa de Integridade*: Diretrizes para Empresas Privadas. Brasília, DF, 2015. p. 22. Disponível em: https://www.gov.br/cgu/pt-br/centrais-de-conteudo/publicacoes/integridade/arquivos/programa-de-integridade-diretrizes-para-empresas-privadas.pdf. Acesso em: 20 fev. 2022.

[1161] BRASIL. Controladoria-Geral da União. *Programa de Integridade*: Diretrizes para Empresas Privadas. Brasília, DF, 2015. p. 22-23. Disponível em: https://www.gov.br/cgu/pt-br/centrais-de-conteudo/publicacoes/integridade/arquivos/programa-de-integridade-diretrizes-para-empresas-privadas.pdf. Acesso em: 20 fev. 2022.

[1162] BRASIL. Presidência da República. *Decreto nº 11.129, de 11 de julho de 2022*. Regulamenta a Lei nº 12.846, de 1º de agosto de 2013, que dispõe sobre a responsabilização administrativa e civil de pessoas jurídicas pela prática de atos contra a Administração Pública, nacional ou estrangeira. Brasília, DF, 2022. Disponível em: http://www.planalto.gov.br/ccivil_03/_Ato2019-2022/2022/Decreto/D11129.htm. Acesso em: 20 de jul. 2022.

[1163] BRASIL. Controladoria-Geral da União. *Programa de Integridade*: Diretrizes para Empresas Privadas. Brasília, DF, 2015. p. 18. Disponível em: https://www.gov.br/cgu/pt-br/centrais-de-conteudo/publicacoes/integridade/arquivos/programa-de-integridade-diretrizes-para-empresas-privadas.pdf. Acesso em: 20 fev. 2022.

[1164] BRASIL. Presidência da República. *Decreto nº 11.129, de 11 de julho de 2022*. Regulamenta a Lei nº 12.846, de 1º de agosto de 2013, que dispõe sobre a responsabilização administrativa e civil de pessoas jurídicas pela prática de atos contra a Administração Pública, nacional ou estrangeira. Brasília, DF, 2022. Disponível em: http://www.planalto.gov.br/ccivil_03/_Ato2019-2022/2022/Decreto/D11129.htm. Acesso em: 20 de jul. 2022.

Como um dos principais pilares de um programa de integridade e *compliance*, o monitoramento contínuo pela empresa ou organização é medida crucial para a efetividade da iniciativa, pois, conforme orienta a CGU, possibilita a identificação de pontos falhos que possam ensejar correções e aprimoramentos, permitindo que a empresa responda tempestivamente a quaisquer riscos novos que tenham surgido.[1165]

Logo, com o Decreto Federal nº 11.129/2022, que regulamenta as disposições da Lei Anticorrupção brasileira (Lei Federal nº 12.846/2013), foram definidas em sede normativa as exigências mínimas que devem guiar a configuração de um programa de integridade e *compliance* efetivo anticorrupção e fraude em uma pessoa jurídica.[1166]

Trata-se de normativa que representa, portanto, parâmetro legal a partir do qual as organizações privadas e os Poderes Públicos, em todos os níveis no país, devem lançar mão para desenvolverem o fomento e a gestão da integridade.

3.3.3 Regulamentação para Empresas Estatais e Administração Pública Federal

Constatada a evolução do *compliance* em nível internacional e, mais recentemente, no cenário brasileiro, iniciou-se um movimento de regulamentação do mecanismo no âmbito da Administração Pública nacional, especialmente pela União Federal, face ao potencial de sua aplicação para incremento da gestão e governança.

Como aponta Cunha, embora oriundo do setor privado, notadamente a evitar ou atenuar a responsabilização de pessoas jurídicas e de seus dirigentes, o sistema de *compliance* e integridade, pouco a pouco, conquista espaço na estratégia de melhoria de governança no setor público, no Brasil e no mundo.[1167]

Em conjunto com a Lei Federal nº 12.846/2013, o Decreto nº 8.420/2015 (atualizado para o Decreto nº 11.129/2022) e com a Lei Federal nº 13.303, de 2016, chamada Lei das Estatais, o avanço normativo interno brasileiro partiu da Administração Pública em nível Federal com o advento do Decreto Federal nº 9.203, de 2017, que estabeleceu regras de governança para a Administração Pública federal.[1168]

Primeiramente, destaca-se a Lei Federal nº 13.303, de 2016, que dispõe sobre o estatuto jurídico da empresa pública, da sociedade de economia mista e de suas subsidiárias, no âmbito da União, dos Estados, do Distrito Federal e dos Municípios.

Nela, o art. 6º exige que no estatuto de empresa pública, da sociedade de economia mista e de suas subsidiárias deverá haver "regras de governança corporativa,

---

[1165] BRASIL. Controladoria-Geral da União. *Programa de Integridade*: Diretrizes para Empresas Privadas. Brasília, DF, 2015. p. 23. Disponível em: https://www.gov.br/cgu/pt-br/centrais-de-conteudo/publicacoes/integridade/arquivos/programa-de-integridade-diretrizes-para-empresas-privadas.pdf. Acesso em: 20 fev. 2022.

[1166] NOHARA, Irene Patrícia. O princípio da realidade da LINDB aplicado à exigência de *compliance* nos municípios brasileiros. *In*: ZENKNER, Marcelo; CASTRO, Rodrigo Pironti de (Coord.). *Compliance no setor público*. Belo Horizonte: Fórum, 2020. p. 87.

[1167] CUNHA, Matheus Lourenço Rodrigues da. A utilização da gestão de riscos nos contratos públicos como instrumento de prevenção à corrupção. *In*: ZENKNER, Marcelo; CASTRO, Rodrigo Pironti Aguirre de (Coord.). *Compliance no setor público*. 1. ed. Belo Horizonte: Fórum, 2020. p. 230.

[1168] CUNHA, Matheus Lourenço Rodrigues da. A utilização da gestão de riscos nos contratos públicos como instrumento de prevenção à corrupção. *In*: ZENKNER, Marcelo; CASTRO, Rodrigo Pironti Aguirre de (Coord.). *Compliance no setor público*. 1. ed. Belo Horizonte: Fórum, 2020. p. 233.

de transparência e de estruturas, práticas de gestão de riscos e de controle interno, composição da administração e, havendo acionistas, mecanismos para sua proteção".[1169]

Na mesma Lei Federal nº 13.303/2016, o art. 9º, §4º, prevê expressamente que o estatuto social das empresas estatais deverá possibilitar que "a área de *compliance* se reporte diretamente ao Conselho de Administração em situações em que se suspeite do envolvimento do diretor-presidente em irregularidades",[1170] o que representou, segundo Schramm, uma obrigatoriedade para as empresas estatais em todo país, sendo a primeira vez que o termo *compliance* foi utilizado pelo Poder Legislativo nacional.[1171]

Um dos exemplos é a Petrobras, sociedade de economia mista controlada pela União Federal, que, após escândalos de corrupção e fraude, reestruturou sua governança com sistema de *compliance*, ética e transparência.[1172] Inclusive, a versão mais recente de seu estatuto social[1173] prevê disposições à luz da Lei Federal nº 13.303/2016.

Para além da Lei das Estatais, acerca do avanço do *compliance* na área pública, cabe dar destaque à Controladoria-Geral da União (CGU) que já em 2016, por meio da Portaria nº 1.075, de 2016, instituiu o seu programa de integridade, que, segundo o art. 2º, estaria delimitado pelos eixos de "comprometimento e apoio da alta direção" (inciso I), "definição e fortalecimento das instâncias de integridade" (inciso II), "análise e gestão de riscos" (inciso III) e "estratégias de monitoramento contínuo" (inciso IV).[1174]

Mais adiante, com a publicação do Decreto nº 9.203/2017, pelo seu art. 19, instituiu-se a obrigatoriedade da implantação de um programa de integridade aos órgãos e entidades federais, atribuindo à CGU, no art. 20, a responsabilidade por estabelecer procedimentos necessários à estruturação, execução e monitoramento dos programas a serem construídos e implementados.

Para a difusão da iniciativa em toda a Administração Pública federal, a CGU publicou a Portaria nº 1.089/2018, com o fito de regulamentar o aludido Decreto nº 9.203/2017, assim como de definir diretrizes, etapas e prazos para que os órgãos e entidades públicas federais criassem os próprios programas, com mecanismos para prevenir, detectar, remediar e punir fraudes e atos de corrupção. A mencionada Portaria foi complementada pela Portaria nº 57/2019.[1175]

[1169] BRASIL. Presidência da República. *Lei nº 13.303, de 30 de junho de 2016*. Dispõe o estatuto jurídico da empresa pública, da sociedade de economia mista e de suas subsidiárias, no âmbito da União, dos Estados, do Distrito Federal e dos Municípios. Brasília, DF, 2016. Disponível em: https://legislacao.presidencia.gov.br/atos/?tipo=LEI&numero=13303&ano=2016&ato=264ETT650dZpWT936. Acesso em: 10 jan. 2022.

[1170] BRASIL. Presidência da República. *Lei nº 13.303, de 30 de junho de 2016*. Dispõe o estatuto jurídico da empresa pública, da sociedade de economia mista e de suas subsidiárias, no âmbito da União, dos Estados, do Distrito Federal e dos Municípios. Brasília, DF, 2016. Disponível em: https://legislacao.presidencia.gov.br/atos/?tipo=LEI&numero=13303&ano=2016&ato=264ETT650dZpWT936. Acesso em: 10 jan. 2022.

[1171] SCHRAMM, Fernanda Santos. *Compliance nas contratações públicas*. 1. ed. Belo Horizonte: Fórum, 2019. p. 146.

[1172] A iniciativa da Petrobrás pode ser acessada no endereço: https://petrobras.com.br/pt/quem-somos/perfil/compliance-etica-e-transparencia.

[1173] PETROBRÁS. *Estatuto Social do Petróleo Brasileiro S.A. – Petrobras*. Conforme aprovado na Assembleia Geral Extraordinária de 30 de novembro de 2020. Disponível em: https://api.mziq.com/mzfilemanager/v2/d/25fdf098-34f5-4608-b7fa-17d60b2de47d/31da34d0-1343-0014-c905-40108ec2c11e?origin=2. Acesso em: 25 fev. 2022.

[1174] BRASIL. Presidência da República. *Portaria nº 750, de 20 de abril de 2016*. Institui o Programa de Integridade da Controladoria-Geral da União. Brasília, DF, 2016. Disponível em: https://www.in.gov.br/web/guest/materia/-/asset_publisher/Kujrw0TZC2Mb/content/id/21174312/do1-2016-04-25-portaria-n-750-de-20-de-abril-de-2016-21174239. Acesso em: 25 fev. 2022.

[1175] CUNHA, Matheus Lourenço Rodrigues da. A utilização da gestão de riscos nos contratos públicos como instrumento de prevenção à corrupção. *In*: ZENKNER, Marcelo; CASTRO, Rodrigo Pironti Aguirre de (Coord.). *Compliance no setor público*. 1. ed. Belo Horizonte: Fórum, 2020. p. 233.

Cumpre mencionar que, segundo a Portaria nº 1.089/2018, pelo seu art. 2º, I, configura-se programa de integridade "conjunto estruturado de medidas institucionais voltadas para a prevenção, detecção, punição e remediação de fraudes e atos de corrupção, em apoio à boa governança".[1176] Pelo art. 3º da mesma Portaria, fixou-se que "os órgãos e as entidades deverão instituir Programa de Integridade que demonstre o comprometimento da alta administração e que seja compatível com sua natureza, porte, complexidade, estrutura e área de atuação".[1177]

No mesmo sentido, a CGU, a partir da Portaria nº 1.118, de 14 de maio de 2021, publicou a versão atualizada de seu plano de integridade, cuja estrutura conta com a mensagem e apoio da alta administração do órgão federal, com instâncias internas de integridade, gestão de riscos de integridade, monitoramento contínuo e ações de capacitação e promoção da integridade.[1178] A CGU é o órgão de controle interno do Governo Federal responsável por realizar atividades relacionadas à defesa do patrimônio público e ao incremento da transparência da gestão, por meio de ações de auditoria pública, correição, prevenção e combate à corrupção e ouvidoria.

Como resume Vianna, as funções da CGU são as de detecção e prevenção (controle interno e auditoria pública), canal de denúncia (ouvidoria-geral), remediação e medidas disciplinares (instauração de processos administrativos e aplicações de penalidades), além do dever de prestação de contas (transparência da gestão pública) e a defesa do patrimônio público, atividades do controle interno governamental.[1179]

Assim, o órgão estatal responsável pelo desenvolvimento e fomento dos programas de integridade e *compliance* na Administração Pública federal direta, autárquica e fundacional é a Controladoria-Geral da União (CGU).

Diante desse avanço no setor público nacional, a especificidade do chamado *compliance* público, na lição de Simão, decorre do seu escopo e do bem a ser tutelado. Diferente dos programas do setor privado, os programas de integridade e *compliance* governamentais têm como objetivo a tutela da própria Administração Pública, protegendo-a contra atos lesivos praticados por administrados ou servidores públicos, para além dos atos lesivos praticados por atores privados e empresas.[1180]

[1176] BRASIL. Ministério da Transparência e Controladoria-Geral da União. *Portaria nº 1.089, de 25 de abril de 2018*. Estabelece orientações para que os órgãos e as entidades da Administração Pública federal direta, autárquica e fundacional adotem procedimentos para a estruturação, a execução e o monitoramento de seus programas de integridade e dá outras providências. Brasília, DF, 2018. Disponível em: https://www.in.gov.br/web/guest/materia/-/asset_publisher/Kujrw0TZC2Mb/content/id/11984199/do1-2018-04-26-portaria-n-1-089-de-25-de-abril-de-2018-11984195. Acesso em: 25 fev. 2022.

[1177] BRASIL. Ministério da Transparência e Controladoria-Geral da União. *Portaria nº 1.089, de 25 de abril de 2018*. Estabelece orientações para que os órgãos e as entidades da Administração Pública federal direta, autárquica e fundacional adotem procedimentos para a estruturação, a execução e o monitoramento de seus programas de integridade e dá outras providências. Brasília, DF, 2018. Disponível em: https://www.in.gov.br/web/guest/materia/-/asset_publisher/Kujrw0TZC2Mb/content/id/11984199/do1-2018-04-26-portaria-n-1-089-de-25-de-abril-de-2018-11984195. Acesso em: 25 fev. 2022.

[1178] BRASIL. Controladoria-Geral da União. *Plano de Integridade CGU*. 2. ed. Brasília, DF, 2021. Disponível em: https://repositorio.cgu.gov.br/bitstream/1/65900/5/Plano_de_Integridade_CGU.pdf. Acesso em: 26 fev. 2022.

[1179] VIANNA, Marcelo Pontes. Integridade governamental e o necessário fortalecimento do controle interno. *In*: ZENKNER, Marcelo; CASTRO, Rodrigo Pironti Aguirre de (Coord.). *Compliance no setor público*. 1. ed. Belo Horizonte: Fórum, 2020. p. 177.

[1180] SIMÃO, Valdir Moysés. *Compliance* na Administração Pública Direta: a perspectiva do cidadão. *In*: ZENKNER, Marcelo; CASTRO, Rodrigo Pironti de (Coords.) *Compliance no setor público*. 1. ed. Belo Horizonte: Fórum, 2020. p. 393.

Para Basso, a Administração Pública no contemporâneo Estado Social tornou-se efetivamente o centro das atividades estatais, invocando-se, no lugar de um viés agressivo, um outro constitutivo e prestador, passando o Poder Público a ser visto como instrumento de valores sociais,[1181] quadratura na qual os programas de integridade e *compliance* são cruciais para a proteção do interesse público.

Por essa razão que se pode falar em um verdadeiro processo de constitucionalização da Administração Pública, impondo-se a ela a tarefa de revisitar seus institutos, potencializando os valores e os objetivos pretendidos pela sociedade, de modo que os programa de integridade e *compliance* no setor público se tornam condição essencial para uma atuação pública eficiente e íntegra.[1182]

Assim, as funções do *compliance* para o fomento e a proteção do interesse público na regulação estatal estão em ascensão. Como visto, sua aplicação e instrumentalização invadem a estrutura tanto da Administração Pública direta quanto indireta, confirmando assim a sua relevância para o incremento da prevenção e do combate efetivo da corrupção e da fraude, dilemas que vulnerabilizam a concretização de objetivos de interesse público como do desenvolvimento nacional sustentável.

A despeito dessa importante regulamentação, a alocação dos programas de integridade e *compliance* tem adquirido também destaque no âmbito das contratações públicas, pauta do próximo item.

3.3.4 *Compliance* na Nova Lei de Licitações Públicas

Como é possível inferir a partir do exposto até aqui, o cenário de regulação e controle da corrupção e da fraude na área do Direito Público confirma a necessidade de melhores estratégias regulatórias, reforçadas através de políticas e de mecanismos que privilegiem a prevenção e o controle contínuo de atos, procedimentos e decisões em favor do interesse público e garantam um desenvolvimento nacional sustentável.

Diante dessa perspectiva, apontam Pironti e Ziliotto que, cada vez mais, as instituições públicas estão passando a exigir a implementação de mecanismos de combate à corrupção em empresas que se relacionam com o Poder Público, sendo este o compromisso de um Estado Republicano e Democrático de Direito.[1183]

Com efeito, o campo das relações travadas nas licitações públicas e contratos administrativos é deveras complexo, já que na fase de planejamento da licitação, exemplificam Pironti e Ziliotto, a corrupção pode ocorrer mediante ausência de transparência, quebra de sigilo de informações para determinados licitantes, desvio do padrão usual da contratação, entre outros dilemas e gargalos.[1184]

[1181] BASSO, Bruno Bartelle. Os programas de compliance enquanto mecanismos essenciais à efetivação da integridade pública: uma abordagem à luz a nova gestão pública (*new public management*). In: DAL POZZO, Augusto Neves; MARTINS, Ricardo Marcondes (Coords.). *Aspectos controvertidos do compliance na Administração Pública*. 1. ed. Belo Horizonte: Fórum, 2020. p. 55.

[1182] BASSO, Bruno Bartelle. Os programas de compliance enquanto mecanismos essenciais à efetivação da integridade pública: uma abordagem à luz a nova gestão pública (*new public management*). In: DAL POZZO, Augusto Neves; MARTINS, Ricardo Marcondes (Coords.). *Aspectos controvertidos do compliance na Administração Pública*. 1. ed. Belo Horizonte: Fórum, 2020. p. 57-68.

[1183] PIRONTI, Rodrigo; ZILIOTTO, Mirela Miró. *Compliance nas contratações públicas*: exigência e critérios normativos. 2. ed., rev., ampl. e atual. Belo Horizonte: Fórum, 2021. p. 35.

[1184] PIRONTI, Rodrigo; ZILIOTTO, Mirela Miró. *Compliance nas contratações públicas*: exigência e critérios normativos. 2. ed., rev., ampl. e atual. Belo Horizonte: Fórum, 2021. p. 36.

Na fase de escolha do fornecedor, fatores como decisões tomadas por um único agente, ausência de expertise pelos responsáveis pelo processo, similitude de propostas, atrasos injustificáveis na seleção e desistência de propostas. No período final, na fase de execução e fiscalização do contrato firmado, a exigência de custos além do contratado sem justificativas, a ausência ou pouca fiscalização da execução contratual e a falta de registro de avaliações também podem ser considerados sinais de corrupção.[1185]

Por essas razões que os ditames da integridade pública são fundamentais para a garantia da sustentabilidade da economia, da própria evolução da sociedade, inclusive do meio ambiente – contexto desta pesquisa –, sendo extremamente necessário que o mercado e o Estado possuam o compromisso com mecanismos aptos a combater a corrupção, a qual – como visto pelos capítulos anteriores – afeta a qualidade do meio ambiente e de um desenvolvimento social e econômico para o país.[1186]

A partir disso, tem-se que, a despeito do contínuo incremento das normas sancionatórias, a legislação vigente até antão é incapaz de reprimir as práticas de corrupção nas contratações públicas,[1187] sendo essa a razão principal, dentre outras, para a exigência de programas de integridade e *compliance* nas licitações.

Dito isso, a necessária ampliação de uma cultura de integridade pública nas organizações, sejam elas públicas ou privadas, muitas vezes poderá se materializar mediante a implementação dos sistemas e programas de *compliance*.[1188]

Trata-se de uma perspectiva abarcada pela Nova Lei Geral de Licitações Públicas (Lei Federal nº 14.133/2021), que alterou, atualizou e acresceu dispositivos na antiga Lei Federal nº 8.666/1993, dentre referidas novidades está a previsão expressa da exigência de implementação dos programas de integridade e *compliance* a todas as organizações, públicas ou privadas, que contratem com o Poder Público.

Antes da Nova Lei de Licitações, inúmeros estados brasileiros já haviam regulamentado essa exigência, como Rio de Janeiro (Lei estadual nº 7.753/2017), Distrito Federal (Lei distrital nº 6.112/2018), Rio Grande do Sul (Lei estadual nº 15.228/2018), Amazonas (Lei estadual nº 4.730/2018), Goiás (Lei estadual nº 20.489/2019), Pernambuco (Lei estadual nº 16.772/2019), Mato Grosso (Lei estadual nº 11.123/2020), Maranhão (Lei estadual nº 11.463/2021) e Sergipe (Lei estadual nº 8.866/2021).

É de fato um movimento sem volta, uma vez que, como assinala Schramm, caso funcionem em condições ideais e sejam seguidos à risca pela alta administração e por todos os colaboradores da empresa ou da organização pública – internos e externos –, há ampla possibilidade de que os programas de integridade e *compliance* contribuam para mitigar os riscos de corrupção no âmbito das contratações públicas.[1189]

Confirmando a constitucionalidade de se exigir a implementação de programas de integridade e *compliance* nas contratações públicas, Pironti e Ziliotto afirmam que em momento algum as previsões legais – tanto dos entes federativos quanto da Nova

---

[1185] PIRONTI, Rodrigo; ZILIOTTO, Mirela Miró. *Compliance nas contratações públicas*: exigência e critérios normativos. 2. ed., rev., ampl. e atual. Belo Horizonte: Fórum, 2021. p. 37.
[1186] PIRONTI, Rodrigo; ZILIOTTO, Mirela Miró. *Compliance nas contratações públicas*: exigência e critérios normativos. 2. ed., rev., ampl. e atual. Belo Horizonte: Fórum, 2021. p. 47.
[1187] SCHRAMM, Fernanda Santos. *Compliance nas contratações públicas*. 1. ed. Belo Horizonte: Fórum, 2019. p. 63.
[1188] SCHRAMM, Fernanda Santos. *Compliance nas contratações públicas*. 1. ed. Belo Horizonte: Fórum, 2019. p. 53.
[1189] SCHRAMM, Fernanda Santos. *Compliance nas contratações públicas*. 1. ed. Belo Horizonte: Fórum, 2019. p. 335.

Lei Geral de Licitações Públicas – ferem as diretrizes das normas gerais de licitações e contratações públicas no Brasil. Não há conflito com os princípios gerais das licitações do art. 37, XXI, da CF/88, tampouco com as normas gerais da antiga Lei Federal nº 8.666/1993 ou da nova Lei Federal nº 14.133/2021, haja vista se tratar de exigência que complementa tais diretrizes gerais de acordo com as peculiaridades de cada ente federativo que a regulamente em suas licitações.[1190]

Com o advento da Nova Lei de Licitações, há instituídas 4 (quatro) principais previsões expressas dos programas de integridade e *compliance*, como destacam Mosimann e Peixoto: (1) obrigatoriedade para contratações de grande vulto; (2) critério de desempate no julgamento de propostas; (3) atenuante em sanções administrativas; e (4) requisito para reabilitação de contratado perante à Administração Pública.[1191]

A primeira refere-se à obrigatoriedade em contratações de grande vulto. O art. 25, §4º, da Lei Federal nº 14.133/2021, prevê que:

> §4º Nas contratações de obras, serviços e fornecimentos de grande vulto, o edital deverá prever a obrigatoriedade de implantação de programa de integridade pelo licitante vencedor, no prazo de seis meses, contado da celebração do contrato, conforme regulamento que disporá sobre as medidas a serem adotadas, a forma de comprovação e as penalidades pelo seu descumprimento.[1192]

Na lei, o art. 6º, XXII, por sua vez, estabelece que contratos de obras, serviços e fornecimentos de grande vulto são "aqueles cujo valor estimado supera R$ 200 milhões",[1193] exigindo a implantação dos programas de integridade e *compliance* como verdadeira condição para a manutenção do contrato administrativo celebrado pelo licitante vencedor com a Administração Pública.[1194]

Não se trata, portanto, de condição prévia à participação, mas, sim, de verdadeira obrigação a ser concretizada após a assinatura do contrato, não havendo vedação na participação por interessados, possuindo ou não programas de *compliance*.[1195]

Verifica-se, assim, que a inovação normativa – exigência de efetiva implantação de programa de integridade e *compliance* em até 6 (seis) meses após a celebração do contrato –,

---

[1190] PIRONTI, Rodrigo; ZILIOTTO, Mirela Miró. *Compliance nas contratações públicas*: exigência e critérios normativos. 2. ed., rev., ampl. e atual. Belo Horizonte: Fórum, 2021. p. 65.

[1191] MOSIMANN, Ítalo Augusto; PEIXOTO, Bruno Teixeira. O *compliance* na nova Lei de Licitações. *Revista O Consultor Jurídico*, 21 maio 2021. Disponível em: https://www.conjur.com.br/2021-mai-21/opiniao-compliance-lei-licitacoes. Acesso em: 05 mar. 2022.

[1192] BRASIL. Presidência da República. *Lei nº 14.133, de 1º de abril de 2021*. Lei de Licitações e Contratos Administrativos. Brasília, DF, 2021. Disponível em: http://www.planalto.gov.br/ccivil_03/_ato2019-2022/2021/lei/L14133.htm. Acesso em: 04 mar. 2022.

[1193] BRASIL. Presidência da República. *Lei nº 14.133, de 1º de abril de 2021*. Lei de Licitações e Contratos Administrativos. Brasília, DF, 2021. Disponível em: http://www.planalto.gov.br/ccivil_03/_ato2019-2022/2021/lei/L14133.htm. Acesso em: 04 mar. 2022.

[1194] MOSIMANN, Ítalo Augusto; PEIXOTO, Bruno Teixeira. O *compliance* na nova Lei de Licitações. *Revista O Consultor Jurídico*, 21 maio 2021. Disponível em: https://www.conjur.com.br/2021-mai-21/opiniao-compliance-lei-licitacoes. Acesso em: 05 mar. 2022.

[1195] MOSIMANN, Ítalo Augusto; PEIXOTO, Bruno Teixeira. O *compliance* na nova Lei de Licitações. *Revista O Consultor Jurídico*, 21 maio 2021. Disponível em: https://www.conjur.com.br/2021-mai-21/opiniao-compliance-lei-licitacoes. Acesso em: 05 mar. 2022.

de viés nitidamente contratual,[1196] não inviabiliza a participação de organizações que ainda não estruturaram programas de integridade.[1197]

A segunda previsão dos programas de integridade e *compliance* na Lei Federal nº 14.133/2021 trata-se de sua aplicação como critério de desempate no julgamento de propostas dos licitantes interessados. Nos termos do art. 60 da Lei Federal nº 14.133/2021, um dos critérios de desempate entre duas ou mais propostas será o "desenvolvimento pelo licitante de programa de integridade, conforme orientações dos órgãos de controle".[1198]

Trata-se de disposição que visa fomentar o interesse e o compromisso das organizações no combate à fraude e a estruturação de políticas de integridade no âmbito das contratações públicas no país.[1199] Como aponta Schramm, é clara evidência da importância que o legislador atribuiu aos mecanismos de controle interno e à necessidade de reforço de valores e padrões éticos nos contratos públicos no Brasil.[1200]

Como terceira aplicação, tem-se a incidência como atenuante em sanções administrativas. A nova Lei Geral de Licitações Públicas e Contratos Administrativos, art. 156, §1º, V, também prevê que na aplicação das sanções serão consideradas "a implantação ou o aperfeiçoamento de programa de integridade, conforme normas e orientações dos órgãos de controle".[1201]

Considerando-se que a sanção de pessoas jurídicas por infrações administrativas é lastreada no *jus puniendi estatal*[1202] – e, por consequência, na culpabilidade do agente mediante aferição da responsabilidade subjetiva –, os programas de integridade e *compliance*, quando efetivamente estruturados, consolidam-se como instrumentos capazes de atenuar, ou ao menos influenciar, na comprovação do dever geral de cuidado e diligência por parte da empresa que responde ao processo sancionatório.[1203]

[1196] PIRONTI, Rodrigo. Exigência de *compliance* nas contratações com o Poder Público é constitucional. *Revista O Consultor Jurídico*, 03 dez. 2018. Disponível em: https://www.conjur.com.br/2018-dez-03/pironti-constitucional-exigir-compliance-contratacoes-publicas. Acesso em: 06 mar. 2022.

[1197] MOSIMANN, Ítalo Augusto; PEIXOTO, Bruno Teixeira. O *compliance* na nova Lei de Licitações. *Revista O Consultor Jurídico*, 21 maio 2021. Disponível em: https://www.conjur.com.br/2021-mai-21/opiniao-compliance-lei-licitacoes. Acesso em: 05 mar. 2022.

[1198] BRASIL. Presidência da República. *Lei nº 14.133, de 1º de abril de 2021*. Lei de Licitações e Contratos Administrativos. Brasília, DF, 2021. Disponível em: http://www.planalto.gov.br/ccivil_03/_ato2019-2022/2021/lei/L14133.htm. Acesso em: 04 mar. 2022.

[1199] MOSIMANN, Ítalo Augusto; PEIXOTO, Bruno Teixeira. O *compliance* na nova Lei de Licitações. *Revista O Consultor Jurídico*, 21 maio 2021. Disponível em: https://www.conjur.com.br/2021-mai-21/opiniao-compliance-lei-licitacoes. Acesso em: 05 mar. 2022.

[1200] SCHRAMM, Fernanda Santos. A Exigência de Programa de *compliance* para as Empresas que Contratam com a Administração Pública: o que determinam as leis do Rio de Janeiro e do Distrito Federal. *Revista Direito do Estado*, 2018. Disponível em: http://www.direitodoestado.com.br/colunistas/fernanda-schramm/a-exigencia-de-programa-de-compliance-para-as-empresas-que-contratam-com-a-administracao-publica-o-que-determinam-as-leis-do-rio-de-janeiro-e-do-distrito-federal. Acesso em: 06 mar. 2022.

[1201] BRASIL. Presidência da República. *Lei nº 14.133, de 1º de abril de 2021*. Lei de Licitações e Contratos Administrativos. Brasília, DF, 2021. Disponível em: http://www.planalto.gov.br/ccivil_03/_ato2019-2022/2021/lei/L14133.htm. Acesso em: 04 mar. 2022.

[1202] OSÓRIO, Fábio Medina. Conceito de sanção administrativa: novos paradigmas. *Jota*, 29 out. 2020. Disponível em: https://www.jota.info/opiniao-e-analise/colunas/direito-administrativo-sancionador/sancao-administrativa-novos-paradigmas-29102020. Acesso em: 06 mar. 2022.

[1203] MOSIMANN, Ítalo Augusto; PEIXOTO, Bruno Teixeira. O *compliance* na nova Lei de Licitações. *Revista O Consultor Jurídico*, 21 maio 2021. Disponível em: https://www.conjur.com.br/2021-mai-21/opiniao-compliance-lei-licitacoes. Acesso em: 05 mar. 2022.

A quarta e última aplicação dos programas de integridade e *compliance* segundo a Nova Lei Geral de Licitações está relacionada à reabilitação para contratar novamente com a Administração. A nova lei passou a prever que a implantação/aperfeiçoamento de programas de integridade e *compliance* servirá como requisito à reabilitação do interessado para contratar novamente com o ente público sancionador.[1204]

Nesse sentido, conforme o art. 163, parágrafo único, da Lei Federal nº 14.133/2021, "a sanção pelas infrações previstas nos incisos VIII e XII do caput do artigo 155 exigirá, como condição de reabilitação do licitante ou contratado, a implantação ou aperfeiçoamento de programa de integridade pelo responsável".[1205]

Portanto, na hipótese de sancionamento administrativo prévio em razão da apresentação de "declaração ou documentação falsa exigida para o certame ou [por] prestar declaração falsa durante a licitação ou a execução do contrato"[1206] ou pela prática de "ato lesivo previsto no artigo 5º da Lei nº 12.846, de 1º de agosto de 2013 [Lei Anticorrupção]",[1207] indispensável será a implantação efetiva de um programa de integridade e *compliance* pelo interessado, sem o qual permanecerá impedido de participar de licitações públicas no âmbito da Administração Pública sancionadora.[1208]

Em resumo, em sua principal aplicação nas licitações, a implementação de um programa de integridade e *compliance* será exigida na fase de assinatura do contrato com o licitante vencedor do certame, o qual terá, como visto, o prazo de 6 (seis) meses – ainda que discutível em sua extensão e suficiência – para comprovar sua implantação.

No âmbito dos entes federativos que regulamentaram tal medida, cita-se o exemplo do Rio de Janeiro, o qual exige a implementação às empresas que celebrarem contrato, consórcio, convênio, concessão ou parceria público-privada com a Administração Pública direta, indireta e fundacional do Estado, cujos limites em valor sejam superiores ao da modalidade de licitação por concorrência, sendo R$ 1.500.000,00 (um milhão e quinhentos mil reais) para obras e serviços de engenharia e R$ 650.000,00 (seiscentos e cinquenta mil reais) para compras e serviços, ainda que em pregão eletrônico, e o prazo do contrato seja igual ou superior a 180 (cento e oitenta) dias.[1209]

Além de obrigação contratual, os programas de integridade e *compliance*, como visto, são agora um critério de desempate de propostas, atenuante em sanções

---

[1204] MOSIMANN, Ítalo Augusto; PEIXOTO, Bruno Teixeira. O *compliance* na nova Lei de Licitações. *Revista O Consultor Jurídico*, 21 maio 2021. Disponível em: https://www.conjur.com.br/2021-mai-21/opiniao-compliance-lei-licitacoes. Acesso em: 05 mar. 2022.

[1205] BRASIL. Presidência da República. *Lei nº 14.133, de 1º de abril de 2021*. Lei de Licitações e Contratos Administrativos. Brasília, DF, 2021. Disponível em: http://www.planalto.gov.br/ccivil_03/_ato2019-2022/2021/lei/L14133.htm. Acesso em: 04 mar. 2022.

[1206] BRASIL. Presidência da República. *Lei nº 14.133, de 1º de abril de 2021*. Lei de Licitações e Contratos Administrativos. Brasília, DF, 2021. Disponível em: http://www.planalto.gov.br/ccivil_03/_ato2019-2022/2021/lei/L14133.htm. Acesso em: 04 mar. 2022.

[1207] BRASIL. Presidência da República. *Lei nº 14.133, de 1º de abril de 2021*. Lei de Licitações e Contratos Administrativos. Brasília, DF, 2021. Disponível em: http://www.planalto.gov.br/ccivil_03/_ato2019-2022/2021/lei/L14133.htm. Acesso em: 04 mar. 2022.

[1208] MOSIMANN, Ítalo Augusto; PEIXOTO, Bruno Teixeira. O *compliance* na nova Lei de Licitações. *Revista O Consultor Jurídico*, 21 maio 2021. Disponível em: https://www.conjur.com.br/2021-mai-21/opiniao-compliance-lei-licitacoes. Acesso em: 05 mar. 2022.

[1209] RIO DE JANEIRO. Poder Executivo. *Lei nº 7.753, de 17 de outubro de 2017*. Dispõe sobre a instituição do programa de integridade nas empresas que contratarem com a Administração Pública do Estado do Rio de Janeiro e dá outras providências. Rio de Janeiro, 2017. Disponível em: https://gov-rj.jusbrasil.com.br/legislacao/511266335/lei-7753-17-rio-de-janeiro-rj. Acesso em: 05 mar. 2022.

administrativas e condição de reabilitação de licitante, realçando função preventiva e de fomento a boas práticas do *compliance* no ambiente regulatório.

Nada obstante referida inovação normativa, haveria empecilhos fáticos que ainda não estariam resolvidos em relação à exigência de mecanismos de *compliance* nas contratações públicas, advertem Pinho e Castella, como na segurança jurídica, conforme art. 30 da Lei Introdução às Normas do Direito Brasileiro (Nova LINDB).[1210]

Ainda, seria preciso a definição, em cada ente federativo, quanto aos procedimentos de preceitos basilares para a correta avaliação dos programas de integridade e *compliance* por parte das empresas contratadas pelo Poder Público brasileiro, sob pena da violação aos preceitos de confiança e da segurança jurídica.[1211]

A despeito disso, garantem Pironti e Ziliotto, exigências ligadas à integridade pública são bem-vindas e, como se percebe, não padecem de vícios de constitucionalidade, uma vez que foram editadas de acordo com os parâmetros disciplinados em normas gerais, notadamente, a Lei Geral de Licitações e Contratos Administrativos, inclusive em consonância com a Lei das Estatais. Não há que se falar em inconstitucionalidade formal, tampouco material, haja vista se referir à obrigação contratual do licitante vencedor e não um requisito de habilitação para participar das licitações, inexistindo afronta ao previsto no art. 37, XXI, da CF/88.[1212]

Exigir a implementação de programas de integridade e *compliance* como condição nas relações contratuais com o Poder Público configura uma oportunidade de garantia da maior qualidade e eficiência às contratações administrativas no país.[1213]

Não se pode olvidar que o incentivo à mudança de determinado padrão comportamental será um importante instrumento de autoconhecimento e aculturamento para uma realidade da integridade pública, o que poderá – e espera-se – gerar aumento de confiança nos certames públicos, atraindo empresas qualificadas e idôneas.[1214]

Como este trabalho baseia-se na análise dos programas de integridade e *compliance* sob o enfoque e no âmbito do processo administrativo de licenciamento ambiental e, mais amplamente, na área do Direito Ambiental e da tutela administrativa ambiental, constata-se até aqui que, com o seu avanço nas licitações públicas, o instituto do *compliance* confirma suas potenciais e oportunas aplicações preventivas e de monitoramento e controle em procedimentos de interesse público e essenciais para desenvolvimento nacional sustentável, como no caso dos licenciamentos.

Logo, os programas de integridade e *compliance* passam atualmente por uma consolidação no Direito Público, conforme se destacou nos tópicos anteriores, afirmando

---

[1210] PINHO, Clóvis Alberto Bertolini de; CASTELLA, Gabriel Morettini e. Contratação pública e programas de compliance: mais uma formalidade ou efetividade? *In*: DAL POZZO, Augusto Neves; MARTINS, Ricardo Marcondes (Coord.). *Aspectos controvertidos do compliance na Administração Pública*. 1. ed. Belo Horizonte: Fórum, 2020. p. 115.

[1211] PINHO, Clóvis Alberto Bertolini de; CASTELLA, Gabriel Morettini e. Contratação pública e programas de compliance: mais uma formalidade ou efetividade? *In*: DAL POZZO, Augusto Neves; MARTINS, Ricardo Marcondes (Coord.). *Aspectos controvertidos do compliance na Administração Pública*. 1. ed. Belo Horizonte: Fórum, 2020. p. 115.

[1212] PIRONTI, Rodrigo; ZILIOTTO, Mirela Miró. *Compliance nas contratações públicas*: exigência e critérios normativos. 2. ed., rev., ampl. e atual. Belo Horizonte: Fórum, 2021. p. 339.

[1213] PIRONTI, Rodrigo; ZILIOTTO, Mirela Miró. *Compliance nas contratações públicas*: exigência e critérios normativos. 2. ed., rev., ampl. e atual. Belo Horizonte: Fórum, 2021. p. 339.

[1214] PIRONTI, Rodrigo; ZILIOTTO, Mirela Miró. *Compliance nas contratações públicas*: exigência e critérios normativos. 2. ed., rev., ampl. e atual. Belo Horizonte: Fórum, 2021. p. 229.

seu escopo de prevenir, detectar e reparar atos ilícitos, infrações e danos à Administração Pública no universo das licitações e de contratos administrativos no Brasil.

3.3.5 Programas de integridade do MMA, IBAMA e ICMBio

Como último tópico a tratar da difusão dos programas de integridade e *compliance* na Administração Pública federal – fato que consolida o instituto do *compliance* na área do Direito Público e da gestão dos órgãos e entidades estatais –, cabe falar das iniciativas de integridade do Ministério do Meio Ambiente (MMA), do IBAMA e do ICMBio, que confirmam a perspectiva de estratégias regulatórias de integridade e *compliance* para a regulação ambiental no Brasil.

Em paralelo à geração de recomendações do TCU,[1215] uma série de iniciativas de integridade foi publicada tanto no âmbito do MMA quanto do IBAMA e também do ICMBio, pelas quais foram instituídas políticas, programas e mecanismos relacionados à integridade e *compliance* anticorrupção e fraude no contexto de atuação dos mencionados órgãos e entidades federais de regulação de meio ambiente.

Quanto ao Ministério do Meio Ambiente (MMA), observando as previsões do Decreto Federal nº 9.203/2017, a Portaria nº 400, de 22 de outubro de 2018, instituiu o "Programa de Integridade do Ministério do Meio Ambiente", o qual, segundo o art. 2º, I, da referida Portaria, está conceituado como:

> Art. 2º Para os fins desta Portaria, entende-se por:
> I – Programa de Integridade do Ministério do Meio Ambiente: conjunto estruturado de diretrizes e objetivos voltados para a prevenção, detecção, punição e remediação de fraudes e atos de corrupção, recebimento e/ou oferta de propina, desvio de verbas, abuso de poder e/ou influência, nepotismo, conflito de interesses, uso indevido e/ou vazamento de informação sigilosa e práticas antiéticas.[1216]

Dentro do rol de objetivos do Programa do MMA, o art. 4º, I a VI, estabeleceu desde "criar uma cultura de integridade" (I) até "estabelecer os mecanismos de monitoramento e controle para que, na hipótese de desvio ou quebra de integridade, a instituição atue de maneira a identificar, responsabilizar e corrigir tal falha de maneira célere e eficaz" (VI). Definiu-se inclusive unidade de apoio à integridade, instâncias de integridade, além de dispor, no art. 18 da Portaria, que se aplicam, "no que couber, os dispositivos da Lei nº 12.846, de 1º de agosto de 2013, e do Decreto nº 8.420, de 18 de março de 2015",[1217] incidindo a regulação anticorrupção na atuação do órgão.

[1215] No tópico de nº "3.4.2" do Segundo capítulo deste trabalho, foram evidenciadas as recomendações do TCU, especialmente voltadas para gestão de integridade, que incluíram indicações à estrutura do IBAMA, entre outros.

[1216] BRASIL. Ministério do Meio Ambiente. *Portaria nº 400, de 22 de outubro de 2018*. Institui o Programa de Integridade do Ministério do Meio Ambiente e dá outras providências. Brasília, DF, 2018. Disponível em: https://www.in.gov.br/materia/-/asset_publisher/Kujrw0TZC2Mb/content/id/48742520/do1-2018-11-06-portaria-n-400-de-22-de-outubro-de-2018-48742333. Acesso em: 05 mar. 2022.

[1217] BRASIL. Ministério do Meio Ambiente. *Portaria nº 400, de 22 de outubro de 2018*. Institui o Programa de Integridade do Ministério do Meio Ambiente e dá outras providências. Brasília, DF, 2018. Disponível em: https://www.in.gov.br/materia/-/asset_publisher/Kujrw0TZC2Mb/content/id/48742520/do1-2018-11-06-portaria-n-400-de-22-de-outubro-de-2018-48742333. Acesso em: 05 mar. 2022.

Posteriormente foi a vez do IBAMA, com a Portaria nº 2.433, de 3 de julho de 2019, que instituiu o "Programa de Integridade do Instituto Brasileiro do Meio Ambiente e dos Recursos Naturais Renováveis", dividido em 5 (cinco) pilares principais, quais sejam: (1) ambiente de integridade; (2) gestão de riscos; (3) procedimentos de integridade; (4) comunicação; e (5) monitoramento.[1218]

Conforme o Programa do IBAMA, haveria elementos em cada pilar, como a exemplo do "1.1 Apoio da Alta Administração", da "1.2 Estrutura de governança, integridade, riscos e controles internos", do "1.5 Código de Conduta", da "1.6 Ouvidoria", das "1.8 Políticas e normativos internos", da "2. Gestão de riscos", das "3.3 Medidas de controle disciplinar", da "4. Comunicação" e do "5. Monitoramento". A implantação do Programa abrangeria a criação de um Plano de Integridade, com aplicação de "Matriz do Plano de Integridade do Ibama", apuração de "Riscos Prioritários" e criação de "Unidades de Coordenação do Plano de Integridade".[1219]

A versão inicial de 2019 fixou a revisão anual do Programa de Integridade, segundo a página oficial do IBAMA na internet,[1220] há disponível nova versão atualizada da iniciativa da entidade ambiental federal.

Em relação ao ICMBio, com a Portaria nº 923, de 08 de setembro de 2020, instituiu-se "o Programa de Integridade (Integra+) no âmbito do Instituto Chico Mendes de Conservação da Biodiversidade", o qual, segundo o art. 2º, II, da Portaria, está conceituado com "conjunto estruturado de medidas institucionais voltadas para a prevenção, detecção, punição e remediação de práticas de corrupção, fraudes, irregularidades e desvios éticos e de conduta".[1221]

Pelo art. 3º da Portaria, as diretrizes do seu Programa de Integridade são: (1) comprometimento da alta administração; (2) colaboração entre as instâncias internas de integridade e demais unidades organizacionais do Instituto; (3) análise, avaliação e gestão dos riscos associados ao tema da integridade; (4) monitoramento dos atributos do Plano de Integridade; e (5) disseminação da integridade a todos os servidores do ICMBio.[1222]

Embora representem programas com recentes desenvolvimento e implantação, são iniciativas que indicam um despertar institucional para a necessária estruturação de governança e *compliance* na atuação regulatória ambiental no Brasil, a qual carece, como visto, de políticas e normas de melhoria da gestão pública ambiental.

[1218] INSTITUTO BRASILEIRO DO MEIO AMBIENTE E DOS RECURSOS NATURAIS RENOVÁVEIS – IBAMA. *Programa de Integridade*. 1ª revisão. Brasília, DF, 2019. Disponível em: https://www.gov.br/ibama/pt-br/centrais-de-conteudo/2019-ibama-programa-de-integridade-pdf. Acesso em: 05 mar. 2022.

[1219] INSTITUTO BRASILEIRO DO MEIO AMBIENTE E DOS RECURSOS NATURAIS RENOVÁVEIS – IBAMA. *Programa de Integridade*. 1ª revisão. Brasília, DF, 2019. p. 5-6. Disponível em: https://www.gov.br/ibama/pt-br/centrais-de-conteudo/2019-ibama-programa-de-integridade-pdf. Acesso em: 05 mar. 2022.

[1220] Informação disponível em: https://www.gov.br/ibama/pt-br/acesso-a-informacao/acoes-e-programas/programa-de-integridade. Acesso em: 07 maio. 2023.

[1221] INSTITUTO CHICO MENDES DE CONSERVAÇÃO DA BIODIVERSIDADE – ICMBio. *Portaria nº 923, de 08 de setembro de 2020*. Institui o Programa de Integridade – Integra+ no âmbito do Instituto Chico Mendes de Conservação da Biodiversidade – ICMBio. Brasília, DF, 2020. Disponível em: https://www.icmbio.gov.br/portal/images/stories/portarias/portaria_923_8set2020.pdf. Acesso em: 10 mar. 2022.

[1222] INSTITUTO CHICO MENDES DE CONSERVAÇÃO DA BIODIVERSIDADE – ICMBio. *Portaria nº 923, de 08 de setembro de 2020*. Institui o Programa de Integridade – Integra+ no âmbito do Instituto Chico Mendes de Conservação da Biodiversidade – ICMBio. Brasília, DF, 2020. Disponível em: https://www.icmbio.gov.br/portal/images/stories/portarias/portaria_923_8set2020.pdf. Acesso em: 10 mar. 2022.

São passos importantes em sede institucional e normativa no cenário nacional, pois, como já foi salientado nos capítulos anteriores, estudos, relatórios e auditorias de órgãos públicos de controle interno e externo, além de publicações realizadas por instituições especializadas, vêm alertando para a fragilidade crescente da atuação dos principais órgãos ambientais brasileiros. Especialmente diante de problemas como corrupção e fraude, bem como falta de transparência, de monitoramento e de controle contínuos sobre os atos e processos administrativos ligados à área ambiental.

Em todo o setor público nacional iniciativas de integridade e *compliance* vêm se expandindo, inclusive com programas de integridade no âmbito do CNMP (Conselho Nacional do Ministério Público),[1223] do CNJ (Conselho Nacional de Justiça)[1224] e, mais recentemente, do Supremo Tribunal Federal (STF),[1225] fatos que consolidam o tema nas três esferas da República.

Trata-se, portanto, de iniciativas de integridade e *compliance* em órgãos e entidades ambientais federais que não apenas se voltam à prevenção e ao monitoramento e controle de irregularidades, desvios e corrupção, como também corroboram a importância da atuação preventiva e com foco na melhoria e na efetividade da tutela administrativa ambiental, em busca de maior transparência, ética e compromisso institucional em face desses desafios regulatórios prejudiciais à defesa do meio ambiente no Brasil.

3.4 Evolução do *compliance* na perspectiva da regulação ambiental

A conformidade ou *compliance*, vista como a ação ou estado de estar em conformidade com os padrões e regulamentos normativos, externos ou internos, que incidam sobre as atividades exercidas por uma organização pública ou privada, detém especial relação e influência sobre a regulação em matéria de meio ambiente.

Desde as décadas de 1970 e 1980, pegando-se o modelo de regulação ambiental dos Estados Unidos –inspiração para países como o Brasil –, políticas e normas de proteção ambiental e de gestão de atividades econômicas poluidoras foram ligadas, de algum modo, ao que se denomina de *"environmental compliance"* ou a conformidade ambiental, sobretudo quanto à estrutura de atividades econômicas e à forma de mitigação e reparação dos reflexos ambientais negativos causados por setores mais poluentes e complexos, como industrial, de geração de energia, entre outros.

Sinal dessa antiga relação está nas normas da *United States Environmental Protection Agency* (EPA),[1226] a agência ambiental norte-americana, cujas principais normas lançam

---

[1223] CONSELHO NACIONAL DO MINISTÉRIO PÚBLICO – CNMP. *Portaria nº 120, de 13 de agosto de 2019*. Institui o Programa de Integridade do Conselho Nacional do Ministério Público. Brasília: CNMP, 2019. Disponível em: https://www.cnmp.mp.br/portal/images/Portarias_Presidencia_nova_versao/2019/2019.Portaria-CNMP-PRESI.120.2019---Institui-o-Programa-de-Integridade-do-Conselho-Nacional-do-Ministrio-Pblico.pdf. Acesso em: 25 abr. 2022.

[1224] CONSELHO NACIONAL DE JUSTIÇA – CNJ. *Resolução nº 410, de 23 de agosto de 2021*. Dispõe sobre normas gerais e diretrizes para a instituição de sistemas de integridade no âmbito do Poder Judiciário. Brasília: CNJ, 2021. Disponível em: https://atos.cnj.jus.br/atos/detalhar/4073. Acesso em: 25 abr. 2022.

[1225] SUPREMO TRIBUNAL FEDERAL. *Resolução nº 757, de 15 de dezembro de 2021*. Institui o Programa de Integridade, dispõe sobre o Comitê de Gestão da Integridade (CGI-STF) e aprova o Plano de Integridade do Supremo Tribunal Federal. Brasília: STF, 2021. Disponível em: https://www.stf.jus.br/arquivo/norma/resolucao757-2021.pdf. Acesso em: 25 abr. 2022.

[1226] Alguns exemplos de normas executadas pela EPA e baseadas no desempenho de *compliance* ambiental são o

mão da difusão de padrões de emissão poluente ou de efluentes, além de padrões tecnológicos, conhecidos como *standards* de qualidade ambiental, aos quais estariam sujeitas as atividades poluidoras. Esses padrões da EPA de alguma forma abordaram ao longo do tempo estratégias regulatórias diretas (de comando e controle estatal) em conjunto com indiretas (de desempenho e incentivos).

No Brasil, apesar das previsões da Política Nacional do Meio Ambiente (Lei Federal nº 6.938/1981), permanece a atuação regulatória ambiental pelo paradigma de comando e controle, dependente da eficácia do poder de polícia administrativa, sem estratégias de incentivo e participação, como foi destacado nos capítulos anteriores.

Contudo, na linha de Fiorino, após o transcurso de gerações de regulação ambiental, cada vez mais está se verificando como necessária uma abordagem para além da convencional, não pautada apenas por regras de comando e controle dissuasivo, agregando-a a um conjunto de instrumentos, políticas e estratégias que incluam incentivos econômicos e exijam, por exemplo, padrões ligados a informações sobre desempenho ambiental de atores regulados.[1227]

Com o surgimento de problemas ambientais sistêmicos, complexos em suas causas e efeitos, a implementação da regulação ambiental passou a depender de estratégias que não sejam assentadas em comando e controle rígido e unilateral do Estado. A rigor, passam a ser exigidas estratégias que sejam capazes de induzir e de modificar efetivamente os comportamentos das organizações reguladas que mais degradem o meio ambiente e impeçam o fomento ao desenvolvimento sustentável.[1228]

Na lição de Figueiredo Dias, especialistas e iniciativas no tema da regulação ambiental realçam perspectivas de substituir e/ou complementar as formas tradicionais de regulação por um recurso crescente a instrumentos de mercado e a formas de autorregulação regulada. São formas que traduzem uma nova abordagem baseada em mecanismos econômicos e de desempenho, na colaboração, participação, concertação e partilha de informação e não na imposição unilateral de regras pelo Estado.[1229]

Nesse sentido, diante da evolução das primeiras gerações de regulação ambiental da década de 1970 até tempos recentes, a tutela ambiental estatal ampliou a estrutura institucional para execução, aplicação e fiscalização das políticas e normas ambientais. Isso gerou, aponta Figueiredo Dias, constante atenção para os excessivos custos e rigidez, poucos incentivos a índices de desempenho e performance de governança e gestão ambiental de regulados, além de excessiva centralização.[1230]

Desse modo, o Direito Ambiental para o Século XXI necessariamente deve ser tributário de todas as estratégias regulatórias viáveis, sem prescindir de instrumentos de comando e controle, mas abrindo a porta para abordagens mais flexíveis e reveladoras

---

Clean Air Act (CAA) ou Lei do Ar Limpo e o *Clean Water Act* (CWA) ou Lei da Água Limpa, ambos com regras específicas voltadas ao monitoramento contínuo da eficácia dos programas de controle de qualidade do ar e de recursos hídricos nas organizações privadas reguladas.

[1227] FIORINO, Daniel J. *The New Environmental Regulation*. Massachussetts: MIT, 2006. p. 13-14, tradução livre.

[1228] FIORINO, Daniel J. *The New Environmental Regulation*. Massachussetts: MIT, 2006. p. 14. tradução livre.

[1229] FIGUEIREDO DIAS, José Eduardo. Que estratégia para o Direito Ambiental norte-americano do século XXI: o "cacete" ou a "cenoura"? BFDUC – *Boletim da Faculdade de Direito da Universidade de Coimbra*, p. 291 e ss. Coimbra: 2001. p. 312. Disponível em: https://eg.uc.pt/handle/10316/2500. Acesso em: 10 mar. 2022.

[1230] FIGUEIREDO DIAS, José Eduardo. Que estratégia para o Direito Ambiental norte-americano do século XXI: o "cacete" ou a "cenoura"? BFDUC – *Boletim da Faculdade de Direito da Universidade de Coimbra*, p. 291 e ss. Coimbra: 2001. p. 360. Disponível em: https://eg.uc.pt/handle/10316/2500. Acesso em: 10 mar. 2022.

de uma maior confiança no funcionamento dos setores econômicos e nos destinatários das regulamentações ambientais, designadamente nas empresas, através de uma conjugação de mecanismos para o desenvolvimento sustentável.[1231]

Dentro desse contexto, como já restou delineado nos tópicos anteriores, o instituto do *compliance* e a sua aplicação por meio de programas de *compliance* nas organizações públicas ou privadas passam a representar especiais formas de estratégia regulatória de autorregulação regulada. Uma estratégia com a qual se privilegia a prevenção, o monitoramento e o controle contínuo do desempenho e da conformidade técnica e normativa ambiental por parte dos sujeitos regulados, medida a ser desenvolvida com base em parâmetros e diretrizes gerais previamente definidos e posteriormente aferidos pelo *framework* regulatório estatal.

É dizer, com a evolução dos programas de *compliance* no universo da regulação ambiental, o conjunto de políticas e normas de proteção ambiental e de gestão dos impactos causados pelas atividades econômicas poluidoras passa a contar também – para além da tutela ambiental estatal – com um instrumento de autorregulação potencialmente capaz de fomentar e buscar com mais efetividade a mensuração da implementação (*enforcement*) dos padrões de qualidade e desempenho ambiental.

Não por acaso o manual *"Principles of Environmental Enforcement"* da EPA exalta a regulação ambiental como a atuação do Estado sob critérios e procedimentos para permitir e/ou licenciar atividades na sociedade, voltada a promover *enforcement* (implementação) e *compliance* (conformidade) ambiental dos regulados com as políticas e normas ambientais.[1232] Para o manual da EPA, a melhoria da conformidade ambiental deve ser um objetivo de toda a atuação regulatória ambiental.

Trata-se de uma perspectiva necessária, em especial para a regulação ambiental brasileira, cuja estrutura normativa, fiscalizatória e de implementação legal permanece dependente do padrão de comando e controle, ainda fortemente vinculado e dependente da eficácia – limitada – do poder de polícia administrativa ambiental, paradigma que, como já se viu, não vem obtendo êxito em maior proteção do meio ambiente e tampouco em mais ampliado fomento a um desenvolvimento nacional sustentável.

É justamente na limitação da regulação de comando e controle que se fazem necessárias nova formas de atuação para prevenção a infrações e ilicítios ambientais, fortalecendo o protagonismo dos programas de *compliance* na área ambiental.[1233]

Em um cenário de crescente falta de implementação das políticas e normas ambientais, causada, em grande parte, pela ausência de estratégias sistêmicas de regulação, a perspectiva do instituto do *compliance* e de seus programas de aplicação representa estrutura importante para a área da regulação ambiental e, por evidente, induz reflexões sobre o seu papel na própria efetividade do Direito Ambiental.

[1231] FIGUEIREDO DIAS, José Eduardo. Que estratégia para o Direito Ambiental norte-americano do século XXI: o "cacete" ou a "cenoura"? BFDUC – *Boletim da Faculdade de Direito da Universidade de Coimbra*. Coimbra: 2001. p. 362. Disponível em: https://eg.uc.pt/handle/10316/2500. Acesso em: 10 mar. 2022.

[1232] UNITED STATES ENVIRONMENTAL PROTECTION AGENCY – EPA. *Principles of Environmental Enforcement*. Office of Enforcement. 1992.p. 2. tradução livre. Disponível em: https://nepis.epa.gov/Exe/ZyPDF.cgi/500003C8.PDF?Dockey=500003C8.PDF. Acesso em: 12 out. 2021.

[1233] PEIXOTO, Bruno Teixeira; BORGES, Luiz Fernando Rossetti; CODONHO, Maria Leonor Paes Cavalcanti Ferreira. *Compliance* ambiental: da sua origem às novas perspectivas jurídicas de proteção do meio ambiente. *Revista de Direito Ambiental*, São Paulo, ano 26, v. 101, p. 55-83, jan./mar. 2021. p. 63.

3.4.1 O papel do *compliance* para a efetividade do Direito Ambiental

Sob a perspectiva da regulação ambiental, o instituto do *compliance*, assim como no âmbito anticorrupção e fraude, representa, em uma organização pública ou privada, um conjunto de deveres juridicamente relevantes, além de conter regras técnicas e éticas incidentes no determinado setor em que esteja inserida, que devam ser cumpridos por toda a estrutura, colaboradores e atividades da organização.[1234]

A evolução do *compliance* no cenário internacional o consagrou como mecanismo de gestão e controle de irregularidades, infrações e atos ilícitos em áreas do Direito Concorrencial, Penal Econômico e Criminal, além do Direito Administrativo Sancionador, com destaque para as políticas e iniciativas de combate à corrupção e à fraude, leitura que, inclusive, está se consolidando no Brasil.

No entanto, a atual conjuntura encontrada em matéria de desenvolvimento sustentável e de proteção do meio ambiente, solapada por desastres socioambientais e ecológicos, somados à crescente fragilização da tutela ambiental estatal, passou a exigir com urgência novas estratégias regulatórias que fomentem à conformidade ambiental.

Exige-se, hoje, no Brasil em especial, mecanismos regulatórios que compreendam e regulem minimamente os sintomas cruciais para a explosão da inefetividade das políticas e normas ambientais, como com a falta de implementação, influenciada por desafios como a corrupção, a fraude, falta de transparência e de controle contínuo sobre a dinâmica dos atos e processos administrativos ambientais.

E um desses potenciais mecanismos regulatórios voltados ao fomento da conformidade são os programas de *compliance*, haja vista suas funções primordiais de prevenção, detecção e remediação a atos de irregularidades, infrações e danos ao erário.

Na linha de Peixoto e Medeiros, constata-se a necessidade de os programas de *compliance* receberem reflexão político-jurídica mais aprofundada do que aquela que acompanhou o adesismo desse instrumento nos últimos anos. O mundo jurídico precisa desvendar a função que o *compliance* pode ter na estrutura político-jurídica e econômica, superando o mister exclusivo de combate à corrupção e à fraude.[1235]

O programa de *compliance*, sob a lente do Direito Ambiental, traz perspectiva que rompe os aportes racionais microeconômicos comumente projetados na forma jurídica do *compliance*. Vistos dessa maneira, os programas de *compliance* podem cumprir função maior do que simples conotação de eficiência e transparência. Neles, está igualmente inserta função atrelada à ordem social e econômica constitucional e aos seus objetivos correlatos – de política econômica estrutural.[1236]

A economia política ligada à forma jurídica do *compliance* deve ser desmistificada em suas dimensões histórica, dogmática, de eficácia institucional e de imaginação

---

[1234] SARAIVA, Renata Machado. *Criminal compliance como instrumento de tutela ambiental*: a propósito da responsabilidade penal das empresas. 1. ed. São Paulo: LiberArs, 2018. p. 120-122.
[1235] PEIXOTO, Bruno Teixeira; MEDEIROS, José Augusto. Exigir *compliance* ambiental da Vale é questão de Direito Econômico. *Jota*, 22 dez. 2019. Disponível em: https://www.jota.info/opiniao-e-analise/artigos/exigir-compliance-ambiental-da-vale-e-questao-de-direito-economico-22122019. Acesso em: 12 mar. 2022.
[1236] PEIXOTO, Bruno Teixeira; MEDEIROS, José Augusto. Exigir *compliance* ambiental da Vale é questão de Direito Econômico. *Jota*, 22 dez. 2019. Disponível em: https://www.jota.info/opiniao-e-analise/artigos/exigir-compliance-ambiental-da-vale-e-questao-de-direito-economico-22122019. Acesso em: 12 mar. 2022.

social.[1237] Os programas de *compliance*, para além de contribuírem com a prevenção, apuração e reparação de atos de corrupção e de fraude, podem ensejar mecanismo regulatório para diversas pautas de interesse público, como proteção do meio ambiente e a concretização de uma Ordem Econômica com defesa do meio ambiente.

Em busca da perspectiva e do papel que podem exercer para a efetividade do Direito Ambiental, é possível pontuar que os programas de *compliance* se compartimentaram em duas fases iniciais. Uma primeira, vinculada à aproximação internacional das regras de conformidade (*compliance*), na qual os programas não necessariamente detinham estruturação voltada para a eficiência, mas eram de aplicação restrita de organizações que precisavam seguir protocolos internacionais.[1238]

Na segunda fase, classificada por Medeiros e Peixoto como "institucional" e "procedimental", a reconfiguração das instituições brasileiras tornou possível o fortalecimento das bases dos programas por meio de legislações e orientações específicas,[1239] a exemplo da regulamentação de *compliance* anticorrupção no país.

A despeito dos avanços sentidos neste último estágio, seu quadro contextual não evitou uma onda adesista de programas de *compliance*. Como efeito prático, muitos programas permaneceram banhados na lógica da eficiência de processos organizacionais ou como mecanismos estritamente vinculados à anticorrupção.[1240]

Não raras vezes, esta última se consolidou como a *"raison d'être"* para verdadeira explosão de especialistas e publicações sobre o assunto. Em alguns casos, o combate à corrupção se tornou uma ferramenta cega, prejudicando inclusive aquilo que queria proteger. Um olhar mais atento e prospectivo torna possível notar o sobrevir de uma terceira fase dos programas. Esse fenômeno estaria ocorrendo não apenas no Brasil, mas em nível mundial, e seria principalmente impulsionado pelos efeitos das crises econômica e ambiental. Trata-se de um momento em que se abre a possibilidade de construir uma crítica capaz de desvelar funções outras ao referido instituto, a ponto de alçá-lo ao viés constitucional,[1241] especialmente em tempos de agenda ESG.

Esse novo estágio seria gerador de reflexões em favor da aplicação do *compliance* em ramos específicos da conformidade, como, por exemplo, da regulação ambiental e da ordem econômica. Na sua fase substancial, os programas de *compliance*, articulados como ferramenta de organização do processo econômico capitalista, deteriam capacidade de empreender uma ressignificação *"avant la lettre"* acerca de sua funcionalidade. A reinterpretação substancial do *compliance* – aqui sob a lente do Direito Ambiental –

[1237] PEIXOTO, Bruno Teixeira; MEDEIROS, José Augusto. Exigir *compliance* ambiental da Vale é questão de Direito Econômico. *Jota*, 22 dez. 2019. Disponível em: https://www.jota.info/opiniao-e-analise/artigos/exigir-compliance-ambiental-da-vale-e-questao-de-direito-economico-22122019. Acesso em: 12 mar. 2022.

[1238] MEDEIROS, José Augusto; PEIXOTO, Bruno Teixeira. A função ambiental do *compliance* na reestruturação econômica mundial. *Jota*, 03 out. 2020. Disponível em: https://www.jota.info/opiniao-e-analise/artigos/a-funcao-ambiental-do-compliance-na-reestruturacao-economica-mundial-03102020. Acesso em: 12 mar. 2022.

[1239] MEDEIROS, José Augusto; PEIXOTO, Bruno Teixeira. A função ambiental do *compliance* na reestruturação econômica mundial. *Jota*, 03 out. 2020. Disponível em: https://www.jota.info/opiniao-e-analise/artigos/a-funcao-ambiental-do-compliance-na-reestruturacao-economica-mundial-03102020. Acesso em: 12 mar. 2022.

[1240] MEDEIROS, José Augusto; PEIXOTO, Bruno Teixeira. A função ambiental do *compliance* na reestruturação econômica mundial. *Jota*, 03 out. 2020. Disponível em: https://www.jota.info/opiniao-e-analise/artigos/a-funcao-ambiental-do-compliance-na-reestruturacao-economica-mundial-03102020. Acesso em: 12 mar. 2022.

[1241] MEDEIROS, José Augusto; PEIXOTO, Bruno Teixeira. A função ambiental do *compliance* na reestruturação econômica mundial. *Jota*, 03 out. 2020. Disponível em: https://www.jota.info/opiniao-e-analise/artigos/a-funcao-ambiental-do-compliance-na-reestruturacao-economica-mundial-03102020. Acesso em: 12 mar. 2022.

desenha, portanto, um novo caminho para a exigência e a eficácia dos programas, em que a sua função ambiental define a sustentação das atividades econômicas, significando, inclusive, vetor para a consecução material do desenvolvimento sustentável.[1242]

Não se pode esquecer de que o mundo alcançou considerável consenso quanto à responsabilidade humana na modificação do meio ambiente, sendo que, para amenizar ou tentar reverter o que já fora destruído é que foram elaborados pactos internacionais e legislações ambientais diretivas para a proteção ambiental e a consecução de um desenvolvimento sustentável.[1243]

Com a crescente falta de implementação dessas políticas e normas ambientais, destaca Castro, o instituto do *compliance* é meio viável à melhoria da proteção dos recursos ambientais, pois introduziria pressupostos éticos no agir empresarial e das organizações públicas. Com difusão na área financeira, o *compliance* ambiental reforçaria o agir de forma preventiva e também fiscalizadora, controlando ações ambientais no domínio da empresa, tudo para maior prevenção ambiental.[1244]

Da mesma forma, incumbiria ainda às políticas e programas de *compliance* ambiental implementar o desempenho das ações com finalidade de exercer o controle ambiental, com prevenção de multas, processos administrativos acerca do descumprimento de normas ambientais e ainda a instauração de processos criminais e cíveis em face da empresa ou organização e de seus representantes.[1245]

Como sabido, essa perspectiva tem, entre as suas principais causas, a disseminação e progressiva consolidação da consciência ambiental da sociedade e instituições, que vêm repercutindo na política, economia e mundo empresarial, cujo paradigma se pauta, cada vez mais, pela variável ambiental e ecológica na tomada de decisões,[1246] paradigma que impulsiona a agenda ESG no mundo e agora no Brasil.

Para Pereira e Rodrigues, a esfera pública, o mercado, constituído por fornecedores e consumidores, e a sociedade vêm exigindo a referida conformidade ou *compliance* ambiental de organizações públicas, e, com ainda mais ênfase, das empresas privadas com maiores impactos ambientais,[1247] reforçando a responsabilidade ESG.

Dessa maneira, o *compliance* na perspectiva ambiental representaria a postura organizacional direcionada à adequação em relação às normas que disciplinam a proteção e gestão dos impactos ao meio ambiente, não se resumindo apenas em cumprir

---

[1242] MEDEIROS, José Augusto; PEIXOTO, Bruno Teixeira. A função ambiental do *compliance* na reestruturação econômica mundial. *Jota*, 03 out. 2020. Disponível em: https://www.jota.info/opiniao-e-analise/artigos/a-funcao-ambiental-do-compliance-na-reestruturacao-economica-mundial-03102020. Acesso em: 12 mar. 2022.

[1243] DE CASTRO, Francielly Podanoschi. Compliance ambiental plenificado através do agir comunicativo. In: TIOSSO, Alana *et al.* (Orgs.). *Coletânea Temas Contemporâneos de Direito Ambiental e Urbanístico*: Direito Processual Ambiental. Londrina, PR: Troth, 2021. p. 95.

[1244] DE CASTRO, Francielly Podanoschi. Compliance ambiental plenificado através do agir comunicativo. In: TIOSSO, Alana *et al.* (Orgs.). *Coletânea Temas Contemporâneos de Direito Ambiental e Urbanístico*: Direito Processual Ambiental. Londrina, PR: Troth, 2021. p. 99.

[1245] DE CASTRO, Francielly Podanoschi. Compliance ambiental plenificado através do agir comunicativo. In: TIOSSO, Alana *et al.* (Orgs.). *Coletânea Temas Contemporâneos de Direito Ambiental e Urbanístico*: Direito Processual Ambiental. Londrina, PR: Troth, 2021. p. 99.

[1246] PEREIRA, Flávio de Leão Bastos; RODRIGUES, Rodrigo Bordalo. *Compliance em Direitos humanos, diversidade e ambiental*. Coleção de Compliance, v. VI. 1. ed. São Paulo: Thomson Reuters Brasil, 2021. p. 358.

[1247] PEREIRA, Flávio de Leão Bastos; RODRIGUES, Rodrigo Bordalo. *Compliance em Direitos humanos, diversidade e ambiental*. Coleção de Compliance, v. VI. 1. ed. São Paulo: Thomson Reuters Brasil, 2021. p. 358.

a legislação ambiental vigente. Para além disso, buscaria incorporar um paradigma assentado em uma mentalidade pró-ambiente, privilegiando, ainda, as práticas constantes de prevenção de impactos, identificação de problemas e reação a incidentes, potencializando, portanto, a verdadeira ética ambiental nas organizações.[1248]

Considerando-se os princípios estruturantes que regem o Direito Ambiental, entre esses o princípio da prevenção, da precaução e do poluidor-pagador, Trennepohl salienta que há uma evidente interface entre o *compliance* e a gestão de riscos e danos ambientais, reafirmando-se, desse modo, como uma ferramenta alinhada com o desenvolvimento sustentável[1249] além de padrões e diretrizes da pauta ESG.

Com essa leitura, é possível perceber que o *compliance* está intrinsecamente ligado ao importante princípio da prevenção no Direito Ambiental, porquanto se baseia em um agir em conformidade, por um novo agir implementado através de métodos de revisão de procedimentos e condutas, de mudanças em hábitos da empresa ou organização, com a conscientização de sempre se evitar danos ao ambiente.[1250]

Para Soares e Venturini, convencionou-se chamar de *compliance* ambiental o programa de conformidade (*compliance*) que se destina a prevenir, detectar ou mesmo sanar desvios, fraudes e irregularidades relativos a atuações consideradas como impactantes ao meio ambiente sadio e ecologicamente equilibrado.[1251]

Ao adotar um programa de *compliance* ambiental, uma organização incorpora princípios e normas ambientais (inclusive os entendimentos sumulados e de precedentes das Cortes) em suas boas práticas empresariais. Não é demais lembrar que, entre os princípios ambientais, o da precaução também respalda o desenho e a execução de um programa de *compliance*, por se tratar de um princípio que valoriza a prudência e a vigilância em detrimento do enfoque da tolerância e da certeza científica.[1252]

As normas de responsabilização e a tônica do seu *enforcement* pelas autoridades de controle e Poder Judiciário têm conduzido as empresas a buscarem formas de autorregulação ou de adesão voluntária na temática socioambiental, elaborando diretrizes de um caminho de respeito aos direitos vinculados à sustentabilidade.[1253]

Na lição de Saraiva, no âmbito do Direito Ambiental, há três principais razões para o avanço do *compliance* na perspectiva da proteção jurídica do meio ambiente e do

---

[1248] PEREIRA, Flávio de Leão Bastos; RODRIGUES, Rodrigo Bordalo. *Compliance em Direitos humanos, diversidade e ambiental*. Coleção de Compliance, v. VI. 1. ed. São Paulo: Thomson Reuters Brasil, 2021. p. 358.

[1249] TRENNEPOHL, Natascha. Incentivos ao *compliance* ambiental: a caminho da sustentabilidade. *In*: TRENNEPOHL, Terence; TRENNEPOHL, Natascha (Coord.). *Compliance no Direito Ambiental*. Coleção *compliance*; vol. 2. São Paulo: Thomson Reuters Brasil, 2020. p. 32.

[1250] DE CASTRO, Francielly Podanoschi. Compliance ambiental plenificado através do agir comunicativo. *In*: TIOSSO, Alana *et al.* (Orgs.). *Coletânea Temas Contemporâneos de Direito Ambiental e Urbanístico*: Direito Processual Ambiental. Londrina, PR: Troth, 2021. p. 101.

[1251] SOARES, Inês Virgínia Prado; VENTURINI, Otávio. *Compliance* ambiental: um horizonte muito além do combate à corrupção. *Revista O Consultor Jurídico*, 13 fev. 2022. Disponível em: https://www.conjur.com.br/2022-fev-13/publico-pragmatico-compliance-ambiental-horizonte-alem-combate-corrupcao. Acesso em: 05 mar. 2022.

[1252] SOARES, Inês Virgínia Prado; VENTURINI, Otávio. *Compliance* ambiental: um horizonte muito além do combate à corrupção. *Revista O Consultor Jurídico*, 13 fev. 2022. Disponível em: https://www.conjur.com.br/2022-fev-13/publico-pragmatico-compliance-ambiental-horizonte-alem-combate-corrupcao. Acesso em: 05 mar. 2022.

[1253] SOARES, Inês Virgínia Prado; VENTURINI, Otávio. *Compliance* ambiental: um horizonte muito além do combate à corrupção. *Revista O Consultor Jurídico*, 13 fev. 2022. Disponível em: https://www.conjur.com.br/2022-fev-13/publico-pragmatico-compliance-ambiental-horizonte-alem-combate-corrupcao. Acesso em: 05 mar. 2022.

cumprimento de políticas e normas ambientais: (i) a afirmação da responsabilidade social das empresas e a inter-relacionada técnica de gestão denominada *corporate governance*; (ii) o avanço do fenômeno da autorregulação especialmente na sua faceta regulada (autorregulação regulada), e o conjunto de suas repercussões no Direito Administrativo, Direito Penal e Direito Ambiental; e (iii) as características peculiares das normas ambientais e penais-ambientais, imbricadas pelo conceito de risco e assombradas pela dinâmica do desenvolvimento científico e tecnológico em sua regulação e controle.[1254]

Nesse sentido, os instrumentos de governança organizacional, como os programas de *compliance*, em razão da crescente exigência de responsabilidade social de empresas e organizações, adentram o campo da conformidade com padrões e normas ambientais, confirmando a pressão da sociedade pela proteção de bens jurídicos relevantes e de interesse coletivo, como o meio ambiente ecologicamente equilibrado.[1255]

Da mesma forma que os programas de integridade e *compliance* no Direito Administrativo, a abordagem de uma autorregulação regulada também se relaciona com a perspectiva do *compliance* na área ambiental. Conforme destaca Saraiva, o mundo dos instrumentos de tutela ambiental, assim, é cada vez mais um mundo com necessária atuação privada, de autorregulação, de cooperação entre o setor público e o privado, no qual o Estado é um dos sujeitos entre vários que compartilham do poder regulatório.[1256]

Em relação à terceira razão para a perspectiva dos programas de *compliance* na área do Direito Ambiental, Saraiva aponta para o déficit legislativo em normas regulatórias e penais de cunho ambiental. As normas ambientais se destinam à proteção de múltiplos interesses, coletivos e individuais, em que risco e perigo são conceitos inerentes às questões ambientais, fatores que são incompatíveis com pretensa uniformização de condutas e de situações. A proteção ambiental trata de especialização constante, continuada e de dinâmica análise de riscos, em que muitas vezes as normas são constantemente ultrapassadas, quando não descumpridas.[1257]

Dessa forma, dada a falta de implementação de políticas e normas ambientais, os programas de *compliance* na perspectiva do Direito Ambiental surgem como alternativa de superação da descredibilização das normas ambientais, resultante de um descompasso entre a explosão de leis e a necessária conscientização verde.[1258]

Conforme se destacou nos capítulos anteriores, o déficit de implementação das normas ambientais tem relação intrínseca com fatores estruturais e regulatórios, sendo que os primeiros diriam respeito à falta de meios e ao despreparo de instrumentos eleitos, ao passo que os segundos se ligam ao agravamento de desafios como corrupção, fraude, falta de transparência, de participação e de incentivos.

[1254] SARAIVA, Renata Machado. *Criminal compliance como instrumento de tutela ambiental*: a propósito da responsabilidade penal das empresas. 1. ed. São Paulo: LiberArs, 2018. p. 122.

[1255] SARAIVA, Renata Machado. *Criminal compliance como instrumento de tutela ambiental*: a propósito da responsabilidade penal das empresas. 1. ed. São Paulo: LiberArs, 2018. p. 127.

[1256] SARAIVA, Renata Machado. *Criminal compliance como instrumento de tutela ambiental*: a propósito da responsabilidade penal das empresas. 1. ed. São Paulo: LiberArs, 2018. p. 137.

[1257] SARAIVA, Renata Machado. *Criminal compliance como instrumento de tutela ambiental*: a propósito da responsabilidade penal das empresas. 1. ed. São Paulo: LiberArs, 2018. p. 140-141.

[1258] SARAIVA, Renata Machado. *Criminal compliance como instrumento de tutela ambiental*: a propósito da responsabilidade penal das empresas. 1. ed. São Paulo: LiberArs, 2018. p. 144.

Como descreve Sands, o instrumento apropriado para o cumprimento de regras ambientais no futuro não será baseado em sanções, e, sim, em medidas preventivas que sejam capazes de identificar a raiz do problema de descumprimento destas regras.[1259]

Segundo Roriz, de uma forma mais simples, significa que os infratores ambientais recebem as multas, mas não as pagam. Isso retrata que a forma de atuação sancionatória dos entes reguladores brasileiros não provocou o resultado desejado de constranger as infrações praticadas, ou ainda, de conformar o comportamento das organizações reguladas. Verifica-se, portanto, um possível esgotamento da estratégia de comando e controle, ensejando que as entidades adotem outras abordagens para incrementar os seus resultados,[1260] como programas de *compliance* na área ambiental.

Como aponta Margulis, seria pertinente a realização de uma mistura flexível de instrumentos regulatórios. Uma aplicação combinada de instrumentos – a abordagem "*carrot and stick*" – deve ser tentada. Os padrões estritos (*stick*) devem ser acompanhados não só da capacidade institucional para acompanhar o desempenho e a obediência a eles, mas por incentivos para que os próprios regulados exerçam o controle (*carrot*). Qualquer tipo de instrumento deve ser flexível, a fim de poder ajustar-se às condições locais, inclusive às condições ambientais, à capacidade das indústrias para controlar suas emissões, e à extensão dos problemas e seus efeitos sobre os indivíduos e os ecossistemas. Além disso, é preciso muita transparência. As empresas e os demais interessados tendem a obedecer mais aos instrumentos quando compreendem como eles foram escolhidos ou participaram do processo de tomada de decisão.[1261]

A atuação regulatória ambiental do Estado sozinha não detém condições seguras – isso em razão de fatores já demonstrados nos capítulos 1 e 2 deste trabalho – de deter e mitigar em tempo e modo oportunos os efeitos deletérios das questões ambientais atuais, sendo indispensável uma atuação conjunta com a coletividade e os próprios agentes e empresas privadas na empreitada da tutela ecológica.[1262]

A proteção ambiental é um dever constitucional abarcado pelo texto do art. 225 da CF/88, bem como possui a premissa do interesse das presentes e futuras gerações humanas em sua efetiva concretização, devendo Estado, sociedade e empresas agirem sob responsabilidade compartilhada, sob pena do agravamento dos problemas causados. Em paralelo, essa proteção ambiental ainda figura como princípio da ordem econômica constitucional (art. 170, IV, CF/88), diretriz obrigatória das atividades econômicas.

Assim, novos movimentos como o *compliance* geram a imposição pela mudança na formulação de instrumentos de tutela e proteção ambiental, com o surgimento de

---

[1259] SAND, Peter H. Institutional-Building to Assist Compliance with International Environmental Law: Perspectives. *Heidelberg Journal of International Law*, Heidelberg, n. 56/3, p. 775, march 20-22, 1996. tradução livre.

[1260] RORIZ, Fernando Marques Cardoso. CGU além do Comando e Controle: Uma comparação com a Regulação Responsiva. *Journal of Law and Regulation*, [S. l.], v. 7, n. 1, p. 9, 2021. Disponível em: https://periodicos.unb.br/index.php/rdsr/article/view/37918. Acesso em: 06 nov. 2021.

[1261] MARGULIS, Sérgio. *A regulamentação ambiental*: instrumentos e implementação. Environmental regulation: tools and implementation. Brasília: Instituto de Pesquisa Econômica Aplicada (Ipea), 1997. p. 32. Disponível em: http://repositorio.ipea.gov.br/handle/11058/1932. Acesso em: 05 nov. 2021.

[1262] SARAIVA, Renata Machado. *Criminal compliance como instrumento de tutela ambiental*: a propósito da responsabilidade penal das empresas. 1. ed. São Paulo: LiberArs, 2018. p. 145.

novos mecanismos nos quais a participação dos agentes privados regulados tenha maior peso e relevância na regulação ambiental, como é o caso dos programas de *compliance*.[1263]

Na lição de Reis, Pedroza e Morais, o instituto do *compliance* significa estar em conformidade, as organizações públicas ou privadas que buscam implementar políticas e medidas de *compliance* precisam conhecer as normas aplicáveis às suas atividades e depois avaliar ao atendimento efetivo destas normas.[1264]

Por essa perspectiva, o *compliance* aplicado à área ambiental possui sinergia e contribui amplamente para que as organizações se adequem positivamente à conformidade com as questões ambientais contemporâneas.[1265] Esses programas podem manifestar expressa atuação da coletividade – no caso, agentes privados e atividades econômicas degradadoras – em cumprir com o dever fundamental de proteção ao meio ambiente ecologicamente equilibrado (art. 225, CF/88).

Nesse sentido, pode-se inferir que o *compliance* ambiental está na condição de estar em conformidade com as normas ambientais, sendo que, em se tratando de questões ambientais, em especial no caso de ocorrência de desastres ambientais, a adoção ágil de ações que visem mitigar ou pôr fim aos danos se torna essencial. Afinal, mais do que trabalhar na remediação, deve-se atuar na prevenção, e a implementação do *compliance* ambiental pode ser uma maneira efetiva de prevenção.[1266]

Desse modo, um programa de *compliance* com viés ambiental representa importante instrumento que poderá ser adotado a fim de não só atender políticas e normas ambientais, como também – e sobretudo – conhecer e prevenir acidentes ou incidentes ambientais,[1267] tornando-se instrumento estratégico para o Direito Ambiental.

Como aponta Trennepohl, o programa de *compliance* se traduz em ferramenta para a identificação de riscos e que auxilia na gestão organizacional, alinhando-se com princípios ambientais da prevenção, por meio da identificação de riscos e da adoção de medidas de melhoria, além de estar conciliado com princípios da participação, da responsabilidade e do desenvolvimento sustentável.[1268]

Para Kokke e Andrade, o dever do *compliance* ambiental não advém de uma preocupação apenas jurídica de manter um empreendimento em conformidade para com a norma. Também está ligado à necessidade de conformidade junto à expectativa social, a padrões de atuação econômica no mercado e a uma cultura positiva de operações negociais em sociedade. Todos esses fatores são relevantes para releitura do *compliance* em face do Direito Ambiental,[1269] sobretudo em tempos de agenda ESG.

[1263] SARAIVA, Renata Machado. *Criminal compliance como instrumento de tutela ambiental*: a propósito da responsabilidade penal das empresas. 1. ed. São Paulo: LiberArs, 2018. p. 146.
[1264] REIS, Danielle Fernandes; PEDROZA, Deivison Cavalcante; MORAIS, Raquel Filgueiras Varoni. *Auditoria de conformidade legal*: compliance ambiental na prática. 1. ed. Rio de Janeiro: Lumen Juris, 2018. p. 1.
[1265] REIS, Danielle Fernandes; PEDROZA, Deivison Cavalcante; MORAIS, Raquel Filgueiras Varoni. *Auditoria de conformidade legal*: compliance ambiental na prática. 1. ed. Rio de Janeiro: Lumen Juris, 2018. p. 1.
[1266] REIS, Danielle Fernandes; PEDROZA, Deivison Cavalcante; MORAIS, Raquel Filgueiras Varoni. *Auditoria de conformidade legal*: compliance ambiental na prática. 1. ed. Rio de Janeiro: Lumen Juris, 2018. p. 86-87.
[1267] REIS, Danielle Fernandes; PEDROZA, Deivison Cavalcante; MORAIS, Raquel Filgueiras Varoni. *Auditoria de conformidade legal*: compliance ambiental na prática. 1. ed. Rio de Janeiro: Lumen Juris, 2018. p. 90.
[1268] TRENNEPOHL, Natascha. Incentivos ao *compliance* ambiental: a caminho da sustentabilidade. *In*: TRENNEPOHL, Terence; TRENNEPOHL, Natascha (Coord.). *Compliance no Direito Ambiental*. Coleção compliance; vol. 2. São Paulo: Thomson Reuters Brasil, 2020. p. 37.
[1269] KOKKE, Marcelo; ANDRADE, Renato Campos. Papel do compliance na eficácia regulatória ambiental. *In*: TRENNEPOHL, Terence; TRENNEPOHL, Natascha (Coord.). *Compliance no Direito Ambiental*. Coleção compliance; vol. 2, São Paulo: Thomson Reuters Brasil, 2020. p. 203.

Se o *compliance* surge da percepção de limitações de fiscalização efetiva contra atos de corrupção, progressivamente o instituto se expande e passa a significar uma autorregulação responsável de atividades e de empreendimentos com impactos socioambientais.[1270] Cuida-se de especial perspectiva para a aplicação do Direito Ambiental: programas de *compliance* como incremento da regulação ambiental.

A atuação tradicional da Administração Pública ambiental, na atuação agressiva e autoritária – avessa ao fomento e à indução de condutas à coletividade – deve ser revista, pois não será deste modo que organizações deverão implementar medidas além destes parâmetros mínimos, de forma que demonstrem – aí, então, voluntariamente – um esforço extra, um comprometimento maior com a proteção ambiental.[1271]

Como afirma Saraiva, contar com medidas de controle e de prevenção de riscos ambientais poderá ser uma medida voluntária ou uma obrigação legal, na linha de uma verdadeira redefinição das fronteiras entre o público e o privado, assumindo-se um cenário de responsabilidades compartilhadas,[1272] como exige o art. 225 da CF/88.

Além da pressão social, o setor empresarial tem razões jurídicas para levar a sério o imperativo de *ser* e de *parecer* mais sustentável, exalta Aragão. Muito além de uma "simples sustentabilidade" para os negócios, um programa de *compliance* com viés ambiental deve reunir elementos de monitoramento e controle contínuos em face de potenciais e concretas lesões ao meio ambiente, sob pena de não ser considerado pelas autoridades públicas,[1273] inclusive, sendo deslegitimado aos olhos da agenda ESG.

Com efeito, surge verdadeira imposição para se refletir sobre uma nova estratégia empresarial em que a proteção ambiental deixa de ser apenas uma ambição e um direito fundamental dos cidadãos, mas um objetivo do qual estão constitucionalmente incumbidos os Poderes Públicos e a sociedade. Dada a emergência do *compliance* ambiental, as empresas querem agora lucros limpos e verdes,[1274] especialmente em tempos de pauta ESG nos mercados.

Na linha de Kokke e Andrade, o *compliance* aplicado à regulação ambiental possui especial atenção guiada às normas ambientais de controle e monitoramento da gestão dos riscos e impactos à qualidade do meio ambiente. O desenvolvimento de mecanismos e procedimentos de sua implementação proporcionam ganhos mútuos para todos os atores sociais, tanto em termos de segurança jurídica quanto em termos de segurança ecológica e de desenvolvimento sustentável.[1275]

Não obstante sua relevância e potencialidade, o papel do *compliance* na eficácia regulatória ambiental demandará recortes e desenvolvimentos próprios de adaptação

---

[1270] KOKKE, Marcelo; ANDRADE, Renato Campos. Papel do compliance na eficácia regulatória ambiental. *In*: TRENNEPOHL, Terence; TRENNEPOHL, Natascha (Coord.). *Compliance no Direito Ambiental*. Coleção compliance; vol. 2, São Paulo: Thomson Reuters Brasil, 2020. p. 203.

[1271] SARAIVA, Renata Machado. *Criminal compliance como instrumento de tutela ambiental*: a propósito da responsabilidade penal das empresas. 1. ed. São Paulo: LiberArs, 2018. p. 66.

[1272] SARAIVA, Renata Machado. *Criminal compliance como instrumento de tutela ambiental*: a propósito da responsabilidade penal das empresas. 1. ed. São Paulo: LiberArs, 2018. p. 127.

[1273] ARAGÃO, Alexandra *et al*. *Compliance e Sustentabilidade*: perspectivas brasileira e portuguesa. Coimbra: Instituto Jurídico da Faculdade de Direito da Universidade de Coimbra, 2020. p. 25.

[1274] ARAGÃO, Alexandra *et al*. *Compliance e Sustentabilidade*: perspectivas brasileira e portuguesa. Coimbra: Instituto Jurídico da Faculdade de Direito da Universidade de Coimbra, 2020. p. 32.

[1275] KOKKE, Marcelo; ANDRADE, Renato Campos. Papel do compliance na eficácia regulatória ambiental. *In*: TRENNEPOHL, Terence; TRENNEPOHL, Natascha (Coord.). *Compliance no Direito Ambiental*. Coleção compliance; vol. 2, São Paulo: Thomson Reuters Brasil, 2020. p. 212-213.

e aprofundamento na sistemática de governança em diálogo favorável à construção de mecanismos e práticas operacionais que coordenem expectativas públicas e privadas quanto ao objeto e objetivos almejados pelos programas.[1276]

Conforme Prata, a atual estrutura de responsabilidade empresarial no Brasil não sabe prevenir efetivamente a criminalidade empresarial e ambiental, em parte por não compreender o agir corporativo e seus motivadores, sua estrutura e seus padrões de vitimização, consequentemente não sabendo estabelecer políticas regulatórias e de *law enforcement* capazes de promover *compliance* empresarial genuíno.[1277]

Mesmo com a evolução do *compliance* no combate à corrupção, ainda faltam mecanismos para garantir o *compliance* das empresas com os acordos firmados com as vítimas e o Poder Público no âmbito extrajudicial, assim como métricas e avaliações acerca de seus resultados,[1278] fatores que exigem uma reanálise estrutural e efetiva para o sucesso da implementação da exigência dos programas de *compliance* ambiental.

Como sinalizam Grau Neto, Azevedo e Marques, dada sua potencialidade na área ambiental, os instrumentos de *compliance* precisam ser estudados a partir da visão sobre como desenvolver e normatizar regras de *compliance* que, pela aplicabilidade específica do Direito Ambiental, contribuam para a mitigação de riscos e prevenção de acidentes ambientais e de forma geral de descumprimentos às normas ambientais.[1279]

De todo modo, o *compliance* no Direito Ambiental, de fato, veio para ficar, sendo certa a necessidade da instituição dos programas de *compliance* que visem à prevenção, identificação e à solução de problemas e potenciais riscos a infrações e danos ambientais envolvidos nas atividades econômicas que mais impactem o meio ambiente, o que certamente trará benefícios organizacionais, jurídicos e econômicos àqueles que tenham se adequado, incrementando efetivamente o ambiente regulatório de meio ambiente na atualidade, impulsionando, ainda, a agenda ESG no Brasil.

3.4.2 *Compliance* ambiental para a ONU e a OCDE

Importantes referenciais internacionais afirmam a perspectiva do *compliance* para a área ambiental e de desenvolvimento sustentável. A ONU e a OCDE possuem publicações cujas conclusões apontam para a necessidade de estratégias regulatórias ligadas à melhoria de conformidade (*compliance*) e de implementação (*enforcement*) do conjunto de políticas e normas de proteção do meio ambiente.

Em 2019, o Programa das Nações Unidas para o Meio Ambiente (PNUMA), lançou o documento "*Environmental Rule of Law: First Global Report*", com o qual alertou que, apesar do aumento de políticas, normas e órgãos públicos ambientais ao redor do

---

[1276] KOKKE, Marcelo; ANDRADE, Renato Campos. Papel do compliance na eficácia regulatória ambiental. *In*: TRENNEPOHL, Terence; TRENNEPOHL, Natascha (Coord.). *Compliance no Direito Ambiental*. Coleção compliance; vol. 2, São Paulo: Thomson Reuters Brasil, 2020. p. 212-213.
[1277] PRATA, Daniela Arantes. *Criminalidade corporativa e vitimização ambiental*: análise do Caso Samarco. São Paulo: LiberArs, 2019. p. 226.
[1278] PRATA, Daniela Arantes. *Criminalidade corporativa e vitimização ambiental*: análise do Caso Samarco. São Paulo: LiberArs, 2019. p. 231.
[1279] GRAU NETO, Werner; AZEVEDO, Andreia Bonzo Araújo; MARQUES, Mateus da Costa. Compliance ambiental: conceitos, perspectivas e aplicação no Direito ambiental. *In*: TRENNEPOHL, Terence; TRENNEPOHL, Natascha (Coords.). *Compliance no Direito ambiental*. 1. ed. São Paulo: Thomson Reuters Brasil, 2020. p. 225.

mundo, remanesce lacuna entre essas estruturas e a efetiva implementação das políticas e normas ambientais, especialmente em países em desenvolvimento.[1280]

Dentre as causas, o PNUMA cita grandes vulnerabilidades como a falta de cooperação e estrutura entre órgãos para a fiscalização e aplicação das políticas e normas ambientais, agravada pela falta de transparência e participação da sociedade, fraca capacidade institucional, limitado acesso à informação, influência da corrupção e sufocamento do engajamento civil. O efeito seria a fraca cultura de conformidade (*compliance*) com as políticas e leis ambientais por instituições e organizações.[1281]

No conjunto de recomendações do PNUMA, destaca-se a necessidade de aplicação e desenvolvimento de medidas e mecanismos que fomentem uma cultura de *compliance* ambiental com as políticas e normas, buscando incentivos para a conformidade, o bom desempenho da gestão ambiental e a maior capacidade de implementação (*enforcement*) das leis de meio ambiente.[1282]

Segundo o PNUMA, para o incremento do *enforcement* ambiental, apenas regulações voluntárias não bastariam, sendo preciso medidas vinculantes ligadas a estruturas de governança e de gestão ambiental – procedimentos e obrigações legais – para reforçar o cumprimento legal necessário a um Estado de Direito Ambiental.[1283]

As tomadas de decisão pelas instituições públicas ambientais, conforme o PNUMA, para maior implementação das políticas e normas de meio ambiente, necessitaria de mecanismos capazes de gerar mais transparência, acesso à informação, engajamento civil e aplicação e cumprimento das leis ambientais, tudo buscando uma cultura de conformidade (*compliance*) ambiental, firmando raízes claras e fortes para prevenção e punição de corrupção e fraude em torno da regulação ambiental.[1284]

Nesse sentido, para o PNUMA, um horizonte de um Estado de Direito protetor do meio ambiente e conectado a um desenvolvimento sustentável deve abarcar uma regulação ambiental que considere: (a) coleta, gestão e uso de informações ambientais; (b) a conformidade (*compliance*) de licenciamentos, licenças e concessões; (c) critérios para implementação da legislação ambiental (com participação de atores regulados no controle e reporte de seus impactos ambientais); (d) fiscalização estruturada pelo número de violações e infrações, processos administrativos/civis/criminais instaurados; (e) auditorias ambientais e mecanismos de revisão institucional; (f) prevenção e combate

---

[1280] PROGRAMA DAS NAÇÕES UNIDAS PARA O MEIO AMBIENTE – PNUMA. *Environmental Rule of Law*: First Global Report. Nairobi, Kenya, 2019. Disponível em: https://www.unep.org/resources/assessment/environmental-rule-law-first-global-report. Acesso em: 10 nov. 2021.

[1281] PROGRAMA DAS NAÇÕES UNIDAS PARA O MEIO AMBIENTE – PNUMA. *Environmental Rule of Law*: First Global Report. Nairobi, Kenya, 2019. p. 33. tradução livre. Disponível em: https://www.unep.org/resources/assessment/environmental-rule-law-first-global-report. Acesso em: 10 nov. 2021.

[1282] PROGRAMA DAS NAÇÕES UNIDAS PARA O MEIO AMBIENTE – PNUMA. *Environmental Rule of Law*: First Global Report. Nairobi, Kenya, 2019. p. 35. Disponível em: https://www.unep.org/resources/assessment/environmental-rule-law-first-global-report. Acesso em: 10 nov. 2021.

[1283] PROGRAMA DAS NAÇÕES UNIDAS PARA O MEIO AMBIENTE – PNUMA. *Environmental Rule of Law*: First Global Report. Nairobi, Kenya, 2019. p. 65. Disponível em: https://www.unep.org/resources/assessment/environmental-rule-law-first-global-report. Acesso em: 10 nov. 2021.

[1284] PROGRAMA DAS NAÇÕES UNIDAS PARA O MEIO AMBIENTE – PNUMA. *Environmental Rule of Law*: First Global Report. Nairobi, Kenya, 2019. p. 67. Disponível em: https://www.unep.org/resources/assessment/environmental-rule-law-first-global-report. Acesso em: 10 nov. 2021.

à corrupção; e (g) mecanismos para transparência, revisão independente e supervisão da implementação e da conformidade (*compliance*) com leis ambientais; entre outros.[1285]

Em resumo, o relatório do PNUMA confirma ser preciso incrementar a implementação do Direito Ambiental, especialmente através do fomento a estratégias e mecanismos voltados à criação de uma cultura de *compliance* ambiental, com a qual as atividades reguladas e a sociedade civil fortaleçam expressamente o respeito a um Estado de Direito Ambiental, em que as políticas e normas de meio ambiente sejam cumpridas e o bom desempenho de gestão ambiental seja reconhecido e privilegiado.

No âmbito da Organização para Cooperação e Desenvolvimento Econômico (OCDE), **há** relatórios a respeito de melhorias na regulação ambiental em nível mundial, um deles é o documento *"Ensuring Environmental Compliance: Trends and Good Practices"*. No estudo, a OCDE destacou que, apesar do relativo progresso nas últimas décadas, há evidências crescentes de que os muitos países, sobretudo os integrantes da OCDE, não estão no caminho certo para alcançar alguns de seus principais objetivos ambientais. Para a OCDE, atingir as metas ambientais costuma ser difícil justamente devido à conformidade (*compliance*) insuficiente com os requisitos regulamentares.[1286]

Por essa razão, a organização indica ser necessário o desenvolvimento de mecanismos de conformidade (*compliance*) legal na área ambiental:

> O número crescente e a variedade de requisitos ambientais legais aumentam o campo de monitoramento de *compliance* e tornam necessária a sua priorização. A diminuição de recursos das autoridades ambientais está levando à necessidade de "fazer mais com menos", aumentando a eficiência da garantia de *compliance* ambiental. À medida que a estrutura regulatória se torna mais complexa, há também uma pressão crescente para reduzir a carga administrativo-regulatória sobre a comunidade regulada, parte da qual é possível distribuir por requisitos de monitoramento de *compliance*.[1287]

Em 2011, a OCDE publicou o *"Environmental Enforcement in Decentralised Governance Systems: Toward a Nationwide Level Playing Field"* tratando das perspectivas para uma governança ambiental descentralizada e que garante a conformidade com a lei ambiental.

Com o documento, a OCDE indicou que a revisão dos instrumentos regulatórios e fiscalizatórios da conformidade ou *compliance* com a legislação ambiental precisam promover o gerenciamento, o monitoramento e a efetiva aplicação da lei ambiental.[1288]

[1285] PROGRAMA DAS NAÇÕES UNIDAS PARA O MEIO AMBIENTE – PNUMA. *Environmental Rule of Law*: First Global Report. Nairobi, Kenya, 2019. p. 235-236. Disponível em: https://www.unep.org/resources/assessment/environmental-rule-law-first-global-report. Acesso em: 10 nov. 2021.

[1286] ORGANIZAÇÃO PARA A COOPERAÇÃO E O DESENVOLVIMENTO ECONÔMICO – OCDE. *Ensuring Environmental Compliance*: Trends and Good Practices. Paris, 2009. Disponível em: https://www.oecd.org/env/tools-evaluation/ensuringenvironmentalcompliancetrendsandgoodpractices.htm. Acesso em: 22 mar. 2022.

[1287] ORGANIZAÇÃO PARA A COOPERAÇÃO E O DESENVOLVIMENTO ECONÔMICO – OCDE. *Ensuring Environmental Compliance*: Trends and Good Practices. Paris, 2009. p. 65. tradução livre. Disponível em: https://www.oecd.org/env/tools-evaluation/ensuringenvironmentalcompliancetrendsandgoodpractices.htm. Acesso em: 22 mar. 2022.

[1288] ORGANIZAÇÃO PARA A COOPERAÇÃO E O DESENVOLVIMENTO ECONÔMICO – OCDE. *Environmental Enforcement in Decentralised Governance Systems*: Toward a Nationwide Level Playing Field. Paris, 2011. p. 3. tradução livre. Disponível em: https://www.oecd-ilibrary.org/docserver/5kgb1m60qtq6-en.pdf?expires=1648642628&id=id&accname=guest&checksum=73E63FD04AF8E175D22E1DB8311F7D7F. Acesso em: 24 mar. 2022.

Na publicação, a organização afirma que há diretrizes programáticas para a robustez da regulação e fiscalização ambiental, como o direcionamento do monitoramento de conformidade (*compliance*), representando uma estratégia para a detecção de não conformidades ambientais, a seleção de instrumentos de execução e a dimensão e objetivo das penalidades pecuniárias pelo descumprimento legal.[1289] Desenvolver uma abordagem coerente e consistente para essas questões, em diferentes nações e jurisdições, indica a OCDE, é um grande desafio em termos de política de garantia de *compliance* (e seu vigor) assim como a escolha de ferramentas específicas.[1290]

A OCDE assim conclui ser preciso usar de metodologias consistentes para que as penalidades monetárias removam o incontroverso benefício econômico dos regulados em casos de não conformidade ambiental em prejuízo dos regulados que cumprem a lei, fator crucial para o ambiente regulatório e para a comunidade regulada.[1291] Para tanto, são essenciais as avaliações de desempenho regulares e sistemáticas, por meio de instrumentos úteis para a consistência da implementação e aplicação da legislação ambiental,[1292] como a exemplo das políticas e programas de *compliance* ambiental.

A garantida de *compliance* com as leis ambientais, segundo a OCDE, consubstancia-se na aplicação dos requisitos regulamentares e abrange todos os instrumentos (promoção de conformidade, monitoramento e fiscalização) destinados a influenciar o comportamento de entidades reguladas na garantia da conformidade.[1293]

A consistência da regulação e da fiscalização ambiental em todas as jurisdições, aponta a OCDE, deve abarcar os elementos como a detecção de não conformidades (*non-compliance*), a equidade na resposta da aplicação da lei, a imposição de penalidades para infrações semelhantes, bem como a maneira como os dados de aplicação da lei ambiental são mensurados. É preciso implementar planos de monitoramento e inspeções para a garantia da conformidade (*compliance*) ambiental,[1294] e as ações de fiscalização

---

[1289] ORGANIZAÇÃO PARA A COOPERAÇÃO E O DESENVOLVIMENTO ECONÔMICO – OCDE. *Environmental Enforcement in Decentralised Governance Systems*: Toward a Nationwide Level Playing Field. Paris, 2011. p. 7. tradução livre. Disponível em: https://www.oecd-ilibrary.org/docserver/5kgb1m60qtq6-en.pdf?expires=1648642628&id=id&accname=guest&checksum=73E63FD04AF8E175D22E1DB8311F7D7F. Acesso em: 24 mar. 2022.

[1290] ORGANIZAÇÃO PARA A COOPERAÇÃO E O DESENVOLVIMENTO ECONÔMICO – OCDE. *Environmental Enforcement in Decentralised Governance Systems*: Toward a Nationwide Level Playing Field. Paris, 2011. p. 8. tradução livre. Disponível em: https://www.oecd-ilibrary.org/docserver/5kgb1m60qtq6-en.pdf?expires=1648642628&id=id&accname=guest&checksum=73E63FD04AF8E175D22E1DB8311F7D7F. Acesso em: 24 mar. 2022.

[1291] ORGANIZAÇÃO PARA A COOPERAÇÃO E O DESENVOLVIMENTO ECONÔMICO – OCDE. *Environmental Enforcement in Decentralised Governance Systems*: Toward a Nationwide Level Playing Field. Paris, 2011. p. 8. tradução livre. Disponível em: https://www.oecd-ilibrary.org/docserver/5kgb1m60qtq6-en.pdf?expires=1648642628&id=id&accname=guest&checksum=73E63FD04AF8E175D22E1DB8311F7D7F. Acesso em: 24 mar. 2022.

[1292] ORGANIZAÇÃO PARA A COOPERAÇÃO E O DESENVOLVIMENTO ECONÔMICO – OCDE. *Environmental Enforcement in Decentralised Governance Systems*: Toward a Nationwide Level Playing Field. Paris, 2011. p. 8. tradução livre. Disponível em: https://www.oecd-ilibrary.org/docserver/5kgb1m60qtq6-en.pdf?expires=1648642628&id=id&accname=guest&checksum=73E63FD04AF8E175D22E1DB8311F7D7F. Acesso em: 24 mar. 2022.

[1293] ORGANIZAÇÃO PARA A COOPERAÇÃO E O DESENVOLVIMENTO ECONÔMICO – OCDE. *Environmental Enforcement in Decentralised Governance Systems*: Toward a Nationwide Level Playing Field. Paris, 2011. p. 9. tradução livre. Disponível em: https://www.oecd-ilibrary.org/docserver/5kgb1m60qtq6-en.pdf?expires=1648642628&id=id&accname=guest&checksum=73E63FD04AF8E175D22E1DB8311F7D7F. Acesso em: 24 mar. 2022.

[1294] ORGANIZAÇÃO PARA A COOPERAÇÃO E O DESENVOLVIMENTO ECONÔMICO – OCDE. *Environmental Enforcement in Decentralised Governance Systems*: Toward a Nationwide Level Playing Field. Paris, 2011.

ambiental devem considerar a proporcionalidade, a eficácia e os custos das medidas coercitivas, bem como a capacidade de controlar a sua execução.[1295]

Como visto, a ONU, por meio do relatório do PNUMA, e a OCDE, através dos estudos acerca da melhoria regulatória em matéria ambiental, afirmam a importância do instituto do *compliance* ambiental e da articulação de estratégias e mecanismos baseados no fomento da conformidade (*compliance*) ambiental para a efetividade das políticas e normas ambientais e de desenvolvimento sustentável.

3.4.3 *Compliance* ambiental para a União Europeia e a Internacional Network for Environmental Compliance and Enforcement – INECE

No âmbito europeu, a Comissão Europeia publicou estudo denominado de *"Development of Assessment Framework on Environmental Governance in the EU Member States"* ou "Desenvolvimento de um Quadro de Avaliação em Governança Ambiental nos Estados Membros da União Europeia", indicando a má governança ambiental o problema de causa-raiz das fraquezas de implementação legal.[1296]

Para a Comissão Europeia, a governança ambiental tem suas dimensões basilares na transparência, na participação pública, no acesso à justiça, na eficácia e na eficiência, e, especialmente, na garantia de conformidade (*compliance*).[1297]

Quanto à conformidade (*compliance*) ambiental, o relatório apontou abordagens significativamente diferentes no fornecimento de informações para empresas sobre como cumprir as obrigações ambientais, com informações de não conformidade e também de boas práticas raramente disponibilizadas e avaliadas pelos órgãos.[1298]

As inspeções ambientais ainda permanecem pouco implementadas sobre as atividades econômicas, sendo que os problemas de conformidade ambiental nem sempre podem ser evitados, mas, com monitoramento, as respostas poderão ser constatadas.[1299]

---

p. 18-19. tradução livre. Disponível em: https://www.oecd-ilibrary.org/docserver/5kgb1m60qtq6-en.pdf?expires=1648642628&id=id&accname=guest&checksum=73E63FD04AF8E175D22E1DB8311F7D7F. Acesso em: 24 mar. 2022.

[1295] ORGANIZAÇÃO PARA A COOPERAÇÃO E O DESENVOLVIMENTO ECONÔMICO – OCDE. *Environmental Enforcement in Decentralised Governance Systems*: Toward a Nationwide Level Playing Field. Paris, 2011. p. 36. tradução livre. Disponível em: https://www.oecd-ilibrary.org/docserver/5kgb1m60qtq6-en.pdf?expires=1648642628&id=id&accname=guest&checksum=73E63FD04AF8E175D22E1DB8311F7D7F. Acesso em: 24 mar. 2022.

[1296] EUROPEAN COMMISSION – EC. *Development of Assessment Framework on Environmental Governance in the EU Member States*. Bruxelas, 2019. p 7. tradução livre. Disponível em: https://ec.europa.eu/environment/environmental_governance/pdf/development_assessment_framework_environmental_governance.pdf. Acesso em: 24 mar. 2022.

[1297] EUROPEAN COMMISSION – EC. *Development of Assessment Framework on Environmental Governance in the EU Member States*. Bruxelas, 2019. p 8. tradução livre. Disponível em: https://ec.europa.eu/environment/environmental_governance/pdf/development_assessment_framework_environmental_governance.pdf. Acesso em: 24 mar. 2022.

[1298] EUROPEAN COMMISSION – EC. *Development of Assessment Framework on Environmental Governance in the EU Member States*. Bruxelas, 2019. p 9. tradução livre. Disponível em: https://ec.europa.eu/environment/environmental_governance/pdf/development_assessment_framework_environmental_governance.pdf. Acesso em: 24 mar. 2022.

[1299] EUROPEAN COMMISSION – EC. *Development of Assessment Framework on Environmental Governance in the EU Member States*. Bruxelas, 2019. p 87. tradução livre. Disponível em: https://ec.europa.eu/environment/

A conclusão elaborada apontou que uma abordagem de maior governança ambiental aumenta a probabilidade de implementação da legislação ambiental pela comunidade regulada, alertando que a implementação das leis não se concentra nos objetivos positivos por trás somente das obrigações legais, havendo pouco ou nenhum monitoramento dos impactos pela regulação de proteção ambiental.[1300]

Por essas razões, a União Europeia tem desenvolvido um programa de trabalho para melhorar conformidade ambiental e governança, coordenado pela Comissão Europeia. Nele há indicada uma série de diretrizes visando explorar, apoiar e fortalecer ainda mais os mecanismos e métodos para otimizar a utilização informada de dados de automonitoramento na garantia da conformidade ambiental pelas autoridades dos Estados-membros, com a melhoria contínua dos índices de desempenho ambiental da regulação.[1301]

Por meio de relatório da Comissão Europeia, a União Europeia destaca que a regulação ambiental para o combate efetivo e preventivo a infrações e crimes ambientais deve se basear em uma série de atividades complementares dentro de uma cadeia de garantia de conformidade (*compliance*). Desde a vigilância da violação, detecção e investigação até à aplicação de reparações e sanções, a eficácia das atividades de fiscalização depende de toda a cadeia de garantia de conformidade (*compliance*),[1302] abordagem essencial para as cadeias de valor mundial.

Cabe ainda referir sobre a pioneira iniciativa do *Eco-Management and Audit Scheme* (EMAS) ou Sistema Comunitário de Ecogestão e Auditoria, instituído pela Diretiva Europeia nº 1836, de julho de 1993, com duas posteriores atualizações pelas Diretivas nº 761/2001 (EMAS II) e nº 1221/2009 (EMAS III), bem como pelo Regulamento nº 1505/2017, e, mais recentemente, pelo Regulamento nº 2026/2018.[1303]

Aberto para a inscrição voluntária das empresas e organizações privadas desde 1995, o sistema EMAS foi integrado às disposições da norma técnica ISO 14.001, de Sistemas de Gestão Ambiental. O objetivo da iniciativa europeia é a estruturação de reporte das empresas acerca de seus desempenhos de gestão dos impactos ambientais e de sua conformidade (*compliance*) com as normas de meio ambiente.[1304]

Com o EMAS, as empresas e organizações sujeitas às regulações europeias de meio ambiente poderão desenvolver e aplicar indicadores para sua gestão ambiental

---

environmental_governance/pdf/development_assessment_framework_environmental_governance.pdf. Acesso em: 24 mar. 2022.

[1300] EUROPEAN COMMISSION – EC. *Development of Assessment Framework on Environmental Governance in the EU Member States*. Bruxelas, 2019. p 129. tradução livre. Disponível em: https://ec.europa.eu/environment/environmental_governance/pdf/development_assessment_framework_environmental_governance.pdf. Acesso em: 24 mar. 2022.

[1301] EUROPEAN COMMISSION – EC. *Development of Assessment Framework on Environmental Governance in the EU Member States*. Bruxelas, 2019. p 4-5. tradução livre. Disponível em: https://ec.europa.eu/environment/environmental_governance/pdf/development_assessment_framework_environmental_governance.pdf. Acesso em: 24 mar. 2022.

[1302] EUROPEAN COMMISSION – EC. *Environmental Compliance Assurance – Good Practice Document*: Combating environmental crime: Waste and wildlife. 2020b. Disponível em: https://environment.ec.europa.eu/law-and-governance/compliance-assurance_en Acesso em: 22 mar. 2022.

[1303] EUROPEAN UNION – EU. *Eco-Management and Audit Scheme*. Bruxelas, 2022. Disponível em: https://ec.europa.eu/environment/emas/index_en.htm. Acesso em: 22 mar. 2022.

[1304] EUROPEAN UNION – EU. *Eco-Management and Audit Scheme*. Bruxelas, 2022. Disponível em: https://ec.europa.eu/environment/emas/index_en.htm. Acesso em: 22 mar. 2022.

e reportar e sujeitar estes relatos a auditorias ambientais de desempenho executadas por autoridades regulatórias europeias, tudo para a melhoria de *compliance* ambiental.

Dentre os benefícios tanto para a empresa quanto para a própria conformidade (*compliance*) ambiental, o sistema EMAS proporcionaria: (i) a melhoria contínua do desempenho ambiental com verificação; (ii) maiores credibilidade, transparência e reputação; (iii) melhor gerenciamento de riscos e oportunidades ambientais; (iv) acesso facilitado a contratos públicos europeus e redução de multas relacionadas à legislação ambiental europeia; (v) garantia de maior conformidade (*compliance*) com a legislação ambiental; (vi) maior capacitação e motivação de colaboradores e agentes pelo desempenho ambiental avançado da gestão, entre outros.[1305]

Segundo as informações do EMAS, a Agência Federal de Compras Públicas da Áustria concede condições prioritárias às organizações com a certificação em licitações, assim como na França, em que as organizações registradas no EMAS ficam isentas de algumas inspeções ambientais, como assim o fazem a Espanha e a Polônia, sob a condição da declaração de *compliance* legal ambiental pelo sistema de eco-auditorias.[1306]

Trata-se de importante perspectiva que a União Europeia concede aos incentivos ligados à gestão de *compliance* ambiental, tornando-a estratégia regulatória estatal especial para a melhoria da regulação de meio ambiente no âmbito europeu.

Cabe ainda citar a *International Network for Environmental Compliance and Enforcement* (INECE), organização voltada ao estudo e ao fomento de políticas e instrumentos de *compliance* ambiental em nível mundial. A INECE há muito já destaca que apenas ter leis ambientais em vigor não é suficiente para lidar com os complexos problemas atuais, sendo necessário que os governos encontrem maneiras de garantir que os regulados atendam às leis ambientais e seus regulamentos de implementação.[1307]

São necessárias estratégias regulatórias bem-sucedidas que encorajem e obriguem a mudanças comportamentais dentro da comunidade regulada, sendo cruciais para o atingimento de maior conformidade e *compliance* ambiental.[1308]

Segundo a INECE, para uma nova geração de conformidade (*compliance*) com a lei ambiental, é preciso objetivar o estímulo a uma nova onda de inovação nas resoluções dos problemas ambientais, com ferramentas avançadas e abordagens eficazes para fortalecer o bom desempenho ambiental, questões-chave para a implementação bem-sucedida das leis ambientais em um ambiente regulatório eficaz e eficiente.[1309]

[1305] EUROPEAN UNION – EU. *Eco-Management and Audit Scheme*. Bruxelas, 2022. Disponível em: https://ec.europa.eu/environment/emas/index_en.htm. Acesso em: 22 mar. 2022.

[1306] EUROPEAN UNION – EU. *EMAS: Legal Compliance*. Bruxelas, 2022b. Disponível em: https://ec.europa.eu/environment/emas/emas_for_you/premium_benefits_through_emas/legal_compliance_en.htm. Acesso em: 22 mar. 2022.

[1307] INTERNATIONAL NETWORK FOR ENVIRONMENTAL COMPLIANCE AND ENFORCEMENT – INECE. *Principles of Environmental Compliance and Enforcement Handbook*. Washington D.C., 2009. p. 3. tradução livre. Disponível em: http://themisnetwork.rec.org/uploads/documents/Tools/inece_principles_handbook_eng.pdf. Acesso em: 29 nov. 2022.

[1308] INTERNATIONAL NETWORK FOR ENVIRONMENTAL COMPLIANCE AND ENFORCEMENT – INECE. *Principles of Environmental Compliance and Enforcement Handbook*. Washington D.C., 2009. p. 3. tradução livre. Disponível em: http://themisnetwork.rec.org/uploads/documents/Tools/inece_principles_handbook_eng.pdf. Acesso em: 29 nov. 2022.

[1309] INTERNATIONAL NETWORK FOR ENVIRONMENTAL COMPLIANCE AND ENFORCEMENT – INECE. *Special Report on Next Generation Compliance*. Washington, D.C. 2015. p. 4. Disponível em: http://inece.org/topics/next-gen-compliance/. Acesso em: 24 mar. 2022.

Dessa forma, o cumprimento da lei em matéria ambiental exige projetos regulatórios mais inteligentes, com mecanismos que motivem a boa gestão por programas de *compliance* e de gestão ambiental relacionados aos membros da comunidade regulada, objetivando a elevação do nível de conformidade com a lei ambiental.[1310]

Todos esses referenciais afirmam, portanto, a importância que programas ligados ao *compliance* ambiental possuem para o avanço nas estratégias regulatórias ambientais, agregando maior implementação ao Direito Ambiental na atualidade.

3.5 Perspectivas para autorregulação regulada ambiental

Dada a evolução do instituto do *compliance* na perspectiva do Direito Ambiental, passa-se a cogitar a sua abordagem como meio potencial de fomento à estratégia de autorregulação regulada ambiental. Isso se daria com foco de incrementar a implementação das políticas e normas de proteção do meio ambiente, por meio de iniciativas exigidas dos atores regulados e a serem avaliadas pelo Estado.

É a linha de Darnaculleta i Gardella, de que sistemas de autorregulação regulada levariam ao maior número possível de empresas a promover a sua própria implementação das exigências ambientais. Seria um "controle do controle", com o qual se pretenda aumentar a confiança e a legitimidade no comportamento e desempenho ambiental das empresas que efetiva e sistematicamente se autorregulem.[1311]

Diferentemente de desregulação ambiental, Darnaculleta i Gardella salienta que referida perspectiva aponta para uma nova e mais cooperativa distribuição de responsabilidades, entres os Poderes Públicos e particulares, de proteção do meio ambiente.[1312] Trata-se de um dever exigido pelo texto literal do art. 225 da CF/88.

Ao se pensar sobre uma abordagem de autorregulação regulada – em que as diretrizes e parâmetros mínimos são definidos pela autoridade estatal – seria possível melhorar os resultados da própria política pública ambiental. Essa melhoria pode atingir seu grau máximo se for internalizada a ética da responsabilidade por empresas, segundo a qual todos aqueles sujeitos que realizem atividades que geram riscos ambientais significativos devam levar em consideração as consequências de suas ações.[1313]

As autoridades públicas devem envolver as empresas na proteção do meio ambiente através do uso de técnicas persuasivas ou de incentivo/promoção, que se somam às técnicas tradicionais de polícia administrativa, repressiva e preventiva. O aumento

---

[1310] INTERNATIONAL NETWORK FOR ENVIRONMENTAL COMPLIANCE AND ENFORCEMENT – INECE. *Special Report on Next Generation Compliance*. Washington, D.C. 2015. p. 54. tradução livre. Disponível em: http://inece.org/topics/next-gen-compliance/. Acesso em: 24 mar. 2022.

[1311] DARNACULLETA I GARDELLA, Maria Mercé. Autorregulación regulada y medio ambiente. El sistema comunitario de ecogestión y auditoria ambiental. *In*: PARDO, José Esteve *et al*. *Derecho del Medio Ambiente y Administración Local*. 1 ed. Barcelona: Fundación Demoracia y Gobierno Local, 2006. p. 326, tradução livre.

[1312] DARNACULLETA I GARDELLA, Maria Mercé. Autorregulación regulada y medio ambiente. El sistema comunitario de ecogestión y auditoria ambiental. *In*: PARDO, José Esteve *et al*. *Derecho del Medio Ambiente y Administración Local*. 1 ed. Barcelona: Fundación Demoracia y Gobierno Local, 2006. p. 326-327. tradução livre.

[1313] DARNACULLETA I GARDELLA, Maria Mercé. Autorregulación regulada y medio ambiente. El sistema comunitario de ecogestión y auditoria ambiental. *In*: PARDO, José Esteve *et al*. *Derecho del Medio Ambiente y Administración Local*. 1 ed. Barcelona: Fundación Demoracia y Gobierno Local, 2006. p. 335.

da eficácia da atividade de promoção e incentivo nesta área é diretamente proporcional à consolidação da responsabilidade social corporativa.[1314]

Para Saraiva, é perda de tempo não haver esforços institucionais e normativos para o uso de programas de *compliance* na regulação ambiental, sendo mais uma peça no leque complexo de instrumentos jurídicos de proteção do meio ambiente.[1315]

Isso porque não apenas é escasso o rol de alternativas efetivas, como também já é amplo o rol de estratégias regulatórias reconhecidamente falhas na área ambiental – a exemplo do uso tradicional e rígido do comando e controle estatal –, sobretudo porque, em se tratando de tutela ambiental, o tempo corre contra a humanidade.[1316]

Os programas de *compliance*, aplicados à gestão ambiental de atividades econômicas com *significativos* impactos, expressariam evidente abordagem dessa autorregulação regulada ambiental. Isso porque, se exigidos e implementados nessas atividades poluentes, após verificados por autoridades, reforçariam a implementação das políticas e normas de meio ambiente e, ao mesmo passo, privilegiariam as empresas com efetivos sistemas de gestão e governança dos impactos ambientais.

3.5.1 Custos e benefícios da estratégia regulatória de autorregulação regulada

Ao se investigar uma estratégia regulatória baseada na abordagem de autorregulação regulada, questionam-se suas vantagens e desvantagens, especialmente quanto à melhoria do nível de proteção legal do meio ambiente e em relação a um ambiente de efetivo fomento a um desenvolvimento nacional sustentável.

Segundo Saddy, as vantagens com a estratégia da autorregulação regulada – para esta análise expressada pelos programas de *compliance* – podem ser a eficácia e a eficiência que esta forma de regulação pode trazer. Por ser realizada pelos próprios agentes, a autorregulação possui a vantagem do conhecimento técnico que muitas vezes a Administração Pública não possui, o que lhe confere produção de normas com maior eficácia e eficiência. A *expertise*, por conseguinte, tende a assegurar uma regulação melhor, gerando maior adesão e receptividade pelo público-alvo quando comparada às normas emanadas pelo regulador estatal.[1317]

Em outro aspecto, a autonomia em participar de um sistema autorregulatório traz mais eficiência do que com o comando e controle imperativo estatal. Afinal, com participação efetiva na elaboração, os regulados se sentem criadores e moralmente compelidos a cumprir as normas criadas. Seriam, portanto, normas com maior legitimidade.[1318]

[1314] DARNACULLETA I GARDELLA, Maria Mercé. Autorregulación regulada y medio ambiente. El sistema comunitario de ecogestión y auditoria ambiental. *In*: PARDO, José Esteve et al. *Derecho del Medio Ambiente y Administración Local*. 1 ed. Barcelona: Fundación Demoracia y Gobierno Local, 2006. p. 336.

[1315] SARAIVA, Renata Machado. *Criminal compliance como instrumento de tutela ambiental*: a propósito da responsabilidade penal das empresas. 1. ed. São Paulo: LiberArs, 2018. p. 177.

[1316] SARAIVA, Renata Machado. *Criminal compliance como instrumento de tutela ambiental*: a propósito da responsabilidade penal das empresas. 1. ed. São Paulo: LiberArs, 2018. p. 177.

[1317] SADDY, André. Vantagens e desvantagens da autorregulação privada. *Direito do Estado*, n. 333, 2017. Disponível em: http://www.direitodoestado.com.br/colunistas/andre-saddy/vantagens-e-desvantagens-da-autorregulacao-privada. Acesso em: 22 mar. 2022.

[1318] SADDY, André. Vantagens e desvantagens da autorregulação privada. *Direito do Estado*, n. 333, 2017. Disponível em: http://www.direitodoestado.com.br/colunistas/andre-saddy/vantagens-e-desvantagens-da-autorregulacao-privada. Acesso em: 22 mar. 2022.

A autorregulação regulada pode estimular a competição entre bens e serviços ofertados, podendo existir um incremento na concorrência entre os agentes econômicos e o efetivo compartilhamento e respeito do nome dos agentes com o intuito de tutelar e proteger efetivamente consumidores e usuários.[1319]

Em suma, a autorregulação pode atribuir também maior transparência, incrementar o nível de garantia de cumprimento e de comportamento dentro de um setor ou segmento econômico, além da própria interação entre os partícipes da atividade.[1320]

De outro lado, talvez a principal desvantagem da autorregulação regulada, cita Saddy, seria a compatibilidade da intenção de lucro que os agentes possuem com o desempenho da atividade regulatória isenta de conflito de interesses, além do propósito de buscar os interesses públicos e a autorregulação de qualidade. A ideia de se autobeneficiar estará presente na autorregulação privada, e tal prática poderá se transformar em falha de mercado que terá, ao final, de ser remediada pela regulação.[1321]

A autorregulação pode se exteriorizar como declarações gerais de conduta, com nenhuma indicação de como serão implementadas. Pode, também, abordar temas não tão extensos e de pouco impacto, além de limitar as pessoas abrangidas pelo instrumento. Também pode figurar como uma desvantagem a falta de monitoramento independente para garantir a aplicação dos instrumentos de autorregulação.[1322]

Além disso, pode a autorregulação adquirir uma vertente repressora, pois quem a elabora, aprova e subscreve ou adere a ela pode reforçar o poder de direção ou sanção. É comum, do mesmo modo, que determinada região tenha maior aceitação de uma conduta que outras e uma mesma empresa ou profissional use códigos distintos para diferentes regiões, o que significaria deturpações dessas diferenças.[1323]

De qualquer modo, aponta Binenbojm, em sociedades tecnológicas cada vez mais complexas, não há como o aparato do Estado ainda se arrogar o dom da onisciência. Mesmo exercida por autoridades especializadas, o hiato informacional compromete a eficácia da regulação estatal e estimula a inflação regulatória, muitas vezes desnecessária e contraproducente, no afã de sanar as próprias deficiências.[1324]

Por isso, o Direito Administrativo atual tem buscado conciliar as formas privadas de autorregulação com as exigências publicísticas de participação, transparência e

---

[1319] SADDY, André. Vantagens e desvantagens da autorregulação privada. *Direito do Estado*, n. 333, 2017. Disponível em: http://www.direitodoestado.com.br/colunistas/andre-saddy/vantagens-e-desvantagens-da-autorregulacao-privada. Acesso em: 22 mar. 2022.

[1320] SADDY, André. Vantagens e desvantagens da autorregulação privada. *Direito do Estado*, n. 333, 2017. Disponível em: http://www.direitodoestado.com.br/colunistas/andre-saddy/vantagens-e-desvantagens-da-autorregulacao-privada. Acesso em: 22 mar. 2022.

[1321] SADDY, André. Vantagens e desvantagens da autorregulação privada. *Direito do Estado*, n. 333, 2017. Disponível em: http://www.direitodoestado.com.br/colunistas/andre-saddy/vantagens-e-desvantagens-da-autorregulacao-privada. Acesso em: 22 mar. 2022.

[1322] SADDY, André. Vantagens e desvantagens da autorregulação privada. *Direito do Estado*, n. 333, 2017. Disponível em: http://www.direitodoestado.com.br/colunistas/andre-saddy/vantagens-e-desvantagens-da-autorregulacao-privada. Acesso em: 22 mar. 2022.

[1323] SADDY, André. Vantagens e desvantagens da autorregulação privada. *Direito do Estado*, n. 333, 2017. Disponível em: http://www.direitodoestado.com.br/colunistas/andre-saddy/vantagens-e-desvantagens-da-autorregulacao-privada. Acesso em: 22 mar. 2022.

[1324] BINENBOJM, Gustavo. *Poder de polícia, ordenação, regulação*: transformações político-jurídicas, econômicas e institucionais do Direito administrativo ordenador. Prefácio de Luís Roberto Barroso; Apresentação de Carlos Ari Sundfeld. 1. ed. Belo Horizonte: Fórum, 2016. p. 300.

accountability, próprias da regulação estatal, produzindo arranjos institucionais híbridos, como a autorregulação regulada,[1325] aplicados, neste caso, ao Direito Ambiental.

Nada obstante, na lição de Ribeiro e Kruglianskas, é preciso superar a regulação ambiental tradicional (Alto grau de burocracia e controle sobre entes e poder coercitivo sempre aplicado a cada aspecto do comportamento), para uma nova regulação ambiental (Integração das questões ambientais no planejamento de longo prazo) e, além da regulação, o uso de estratégias baseadas em informação, incentivos e parcerias.[1326]

Como reflexo das limitações em lidar com as complexidades dos problemas ambientais, propõe-se refundar a ideia de controle burocrático como abordagem dominante em favor de um modelo de governança sociopolítica que seja baseado na aplicação de leis reflexivas, que privilegiem a responsabilidade compartilhada e que promovam arranjos institucionais democráticos e propensos ao diálogo.[1327]

Essas inciativas, por sua vez, devem considerar os seguintes objetivos: (a) reconhecer os limites do governo sozinho realizar todo o processo de compreensão e solução dos problemas; (b) descentralizar as decisões; (c) criar meios para participação da população na tomada de decisão; (d) distribuir poderes e responsabilidades entre os atores; e (e) criar um ambiente de aprendizagem social e construção contínua das políticas.[1328]

Para Suárez, faz-se necessário um modelo de intervenção estatal diferenciado, no qual a Administração aceita, fomenta e encontra sua eficiência em instrumentos avançados de regulação, controle e incentivo, pois o Direito Ambiental vigente ainda demonstra limitações e desafios não enfrentados por tal disciplina.[1329]

O bem jurídico do ambiente é de inevitável diversificação e intensificação para uma atividade administrativa regulatória apenas incumbida ao Estado, ensejando momento de desenvolver novas formas de regulação que permitam à Administração Pública, em última análise, cumprir a função principal atribuída a ela nas sociedades democráticas: salvaguardar o interesse geral e o desenvolvimento sustentável.[1330]

Para que a atuação regulatória ambiental do Estado controle a poluição e os impactos negativos causados ao ambiente, há muitos e conhecidos caminhos, como a aplicação de comandos legais e a autuação de infrações – como é o modelo tradicional –,

---

[1325] BINENBOJM, Gustavo. *Poder de polícia, ordenação, regulação*: transformações político-jurídicas, econômicas e institucionais do Direito administrativo ordenador. Prefácio de Luís Roberto Barroso; Apresentação de Carlos Ari Sundfeld. 1. ed. Belo Horizonte: Fórum, 2016. p. 301.

[1326] RIBEIRO, Flávio de Miranda; KRUGLIANSKAS, Isak. Aspectos críticos da transição para um modelo de regulação ambiental voltado à sustentabilidade: proposta taxonômica. Gerais, *Rev. Interinst. Psicol.*, v. 4, n. spe, p. 126, Juiz de fora, dez. 2011. Disponível em: http://pepsic.bvsalud.org/scielo.php?script=sci_arttext&pid=S1983-82202011000300003&lng=pt&nrm=iso. Acesso em: 22 mar. 2022.

[1327] RIBEIRO, Flávio de Miranda; KRUGLIANSKAS, Isak. Aspectos críticos da transição para um modelo de regulação ambiental voltado à sustentabilidade: proposta taxonômica. Gerais, *Rev. Interinst. Psicol.*, v. 4, n. spe, p. 127, Juiz de fora, dez. 2011. Disponível em: http://pepsic.bvsalud.org/scielo.php?script=sci_arttext&pid=S1983-82202011000300003&lng=pt&nrm=iso. Acesso em: 22 mar. 2022.

[1328] RIBEIRO, Flávio de Miranda; KRUGLIANSKAS, Isak. Aspectos críticos da transição para um modelo de regulação ambiental voltado à sustentabilidade: proposta taxonômica. Gerais, *Rev. Interinst. Psicol.*, v. 4, n. spe, p. 128, Juiz de fora, dez. 2011. Disponível em: http://pepsic.bvsalud.org/scielo.php?script=sci_arttext&pid=S1983-82202011000300003&lng=pt&nrm=iso. Acesso em: 22 mar. 2022.

[1329] SUÁREZ, Juan José Rastrollo. Contratación pública y *Compliance* Ambiental. *In*: ORTEGA, Ricardo Rivero *et al*. *Innovación en las normas ambientales*. 1. ed. Madrid: Tirant Lo Blanch, 2019. p. 12. tradução livre.

[1330] SUÁREZ, Juan José Rastrollo. Contratación pública y *Compliance* Ambiental. *In*: ORTEGA, Ricardo Rivero *et al*. *Innovación en las normas ambientales*. 1. ed. Madrid: Tirant Lo Blanch, 2019. p. 12. tradução livre.

mas também haveria a alternativa de supervisionar o controle e a autorregulação de organizações, exigindo informações e meios comprovados de desempenho.[1331]

O modelo de autorregulação regulada, por meio de programas de *compliance* em face das atividades mais impactantes ao meio ambiente, pode responder às questões mais frágeis do modelo tradicional de comando e controle. Essas questões, para Baldwin, Cave e Lodge seriam a inflexibilidade, o custo de administração e de manutenção, tendência às capturas, os inacessíveis requisitos de informação, desestímulo à inovação e ao desempenho para além do cumprimento legal, entre outros.[1332]

Com a autorregulação regulada, os atores regulados, ao mesmo tempo que estarão sujeitos à maior transparência, prestação de contas e compartilhamento de estruturas e controles próprios, poderão elevar o conhecimento técnico de seus controles internos, cientes de que tais melhorias terão algum efeito público reconhecido em caso de eventual descumprimento ou intervenção estatal, elevando o nível de conformidade voluntária em relação a imposições externas e unilaterais.[1333]

É assim que a adoção de programas de *compliance* se mostra uma das principais hipóteses de aplicação da autorregulação no âmbito do controle e gestão de riscos das empresas.[1334] As perspectivas geradas por uma estratégia de autorregulação regulada para a área ambiental são potencializadas, portanto, com o desenvolvimento de políticas e programas de *compliance*, mecanismos com os quais o Estado poderá incrementar as atuais formas de fomentar e mensurar a implementação do Direito Ambiental.

3.5.2 A permanência da regulação estatal e o efeito de uma regulação responsiva

Com a abordagem de autorregulação regulada, amplia-se a participação da sociedade no cumprimento do dever de proteção ambiental, uma vez que referida estratégia tende a aproximar as empresas e organizações privadas da responsabilidade compartilhada pela gestão e governança dos impactos, riscos e danos ambientais.

O Estado não renunciará ou transferirá à sociedade seu poder legal e regulatório, tampouco estará indiferente a essa realidade. Resolutamente, o Estado assumirá seu papel de garantidor final da ordem pública,[1335] pois é instância final de atribuição de efeitos públicos aos programas de *compliance* desenvolvidos pela comunidade regulada.

Para Ayres e Braithwaite, a complexidade social aponta a necessidade do desenvolvimento da chamada Regulação Responsiva, por um ambiente regulatório fundado em constante diálogo entre regulador e regulados, para alcançar efetividade da regulação mediante regras que incentivem o regulado a, voluntariamente, cumpri-las.[1336]

[1331] BALDWIN, Robert; CAVE, Martin; LODGE, Martin. *Understanding Regulation*: Theory, Strategy, and Practice. Second Edition, Revised, New York: Oxford University Press, 2013. p. 137. tradução livre.

[1332] BALDWIN, Robert; CAVE, Martin; LODGE, Martin. *Understanding Regulation*: Theory, Strategy, and Practice. Second Edition, Revised, New York: Oxford University Press, 2013. p. 140-141. tradução livre.

[1333] BALDWIN, Robert; CAVE, Martin; LODGE, Martin. *Understanding Regulation*: Theory, Strategy, and Practice. Second Edition, Revised, New York: Oxford University Press, 2013. p. 144.

[1334] SARAIVA, Renata Machado. *Criminal compliance como instrumento de tutela ambiental*: a propósito da responsabilidade penal das empresas. 1. ed. São Paulo: LiberArs, 2018. p. 135.

[1335] DARNACULLETA I GARDELLA, Maria Mercé. *Autorregulación y Derecho Público*: La autorregulación regulada. 1. ed. Madrid: Marcial Pons, 2005. p. 650-651.

[1336] BRAITHWAITE, John; AYRES, Ian. *Responsive Regulation*: transcending the deregulation debate. Oxford: Oxford University Press, 1992. p. 104-105. tradução livre.

Nessa linha, é pertinente, cada vez mais, a *"enforced self-regulation"* ou autorregulação regulada/forçada, em que o Estado institua obrigações a setores objeto de regulação especial, para que as organizações privadas implementem regras voltadas às contingências de cada atividade econômica, com a atuação estatal incidente sobre a atividade autorregulatória dos regulados, objetivando a garantia da submissão desta aos fins públicos desejados e fixados pelas leis.[1337]

As propostas de novas teorias regulatórias não são, a bem da verdade, de mero relaxamento regulatório, mas de maior inteligência regulatória, ponderada entre regulação e espaços de autonomia do regulado, observando que a atuação regulatória poderá obedecer a interesses sociais em uma atuação viva e dinâmica.[1338]

São proposições para uma regulação ambiental sem a solidão dos meios imperativos de comando e controle do Estado e a demasiada desregulação dos regulados. Os programas de *compliance*, então, estariam alocados na Regulação Responsiva, em que o pressuposto está no espaço de interação e influência recíproca entre regulação estatal e privada, onde estariam as melhores oportunidades de construção de alternativas de desenho regulatório à então discussão polarizada entre regular e desregular.[1339]

Assim, no contexto de fomento a uma regulação ambiental dinâmica e capaz de implementar os objetivos traçados nas leis ambientais, pode-se pensar nos potenciais benefícios de abordagens regulatórias como a Regulação Responsiva, pautada por três pressupostos: (1º) responsiva à estrutura de indústria/setor regulado, cada setor regulado exige graus e formas regulatórias específicas; (2º) responsiva às motivações que importam aos atores regulados, por objetivos que guiam as ações da empresa; e (3º) responsiva ao comportamento dos regulados, à procura de evidências de que o regulado esteja efetivando a regulação privada, com graus distintos de intervenção estatal.[1340]

Na autorregulação regulada, a organização regulada terá de implementar um departamento de *compliance*, sobre o qual o Estado atuará para: (a) ratificar as regras de conduta da empresa que satisfaçam as políticas públicas; (b) garantir que o departamento detenha independência na estrutura hierárquica societária; (c) realizar averiguação contínua da atuação deste grupo na finalidade de detecção de violações às normas; e (e) abrir ou instaurar processos contra subversões à atuação do grupo de *compliance*.[1341]

Assim, o instrumento dos programas de *compliance* funciona como mecanismo de autorregulação regulada, com a regulação exercida, inicialmente, pelos agentes regulados em suas estruturas, e que deve ser inspirada e avaliada por uma camada regulatória do próprio Estado,[1342] o qual permanece na ordenação das diretrizes.

[1337] BRAITHWAITE, John; AYRES, Ian. *Responsive Regulation*: transcending the deregulation debate. Oxford: Oxford University Press, 1992. p. 105. tradução livre.

[1338] ARANHA, Márcio Iorio. *Manual de Direito Regulatório*: fundamentos de Direito Regulatório. 5. ed., rev., ampl. Londres: Laccademia Publishing, 2019. p. 76.

[1339] ARANHA, Márcio Iorio. *Manual de Direito Regulatório*: fundamentos de Direito Regulatório. 5. ed., rev., ampl. Londres: Laccademia Publishing, 2019. p. 115.

[1340] BRAITHWAITE, John; AYRES, Ian. *Responsive Regulation*: transcending the deregulation debate. Oxford: Oxford University Press, 1992. p. 4. tradução livre.

[1341] ARANHA, Márcio Iorio. *Manual de Direito Regulatório*: fundamentos de Direito Regulatório. 5. ed., rev., ampl. Londres: Laccademia Publishing, 2019. p. 167-168.

[1342] DAL POZZO, Augusto Neves. Aspectos concernentes ao compliance e a questão da autorregulação regulada. In: DAL POZZO, Augusto Neves; MARTINS, Ricardo Marcondes. *Aspectos controvertidos do compliance na Administração Pública*. 1. ed. Belo Horizonte: Fórum, 2020. p. 27.

Em resumo, no cenário de agravamento de questões como a corrupção, a fraude e a falta de transparência e incentivo na implementação das políticas e normas ambientais, crucial será a abertura ao fomento de estratégias como a de autorregulação regulada, expressão de uma Regulação Responsiva, sobretudo com a exigência e desenvolvimento de programas de *compliance* na área do Direito Ambiental.

3.5.3 O movimento da agenda ESG e os reflexos para a regulação ambiental

Por fim, neste capítulo cujos tópicos anteriores abordaram a evolução do instituto do *compliance* e a sua perspectiva no Direito Ambiental, é inevitável exaltar ainda a influência do recente movimento de gestão e governança da agenda ESG, acrônimo de fatores e aspectos *"Environmental, Social and Governance"*, tendência no Brasil e no mundo.

A onda da agenda ESG (*Environmental, Social and Governance*), acrônimo em inglês para os fatores Ambiental, Social e Governança (ASG), trata-se de crescente e notória realidade regulatória no cenário brasileiro e mundial, cujos efeitos forçam os setores público e privado a se adaptarem e instituírem estruturas, mecanismos e regulamentações que possam imprimir adesão e concretização a tais valores.

O irrompimento da agenda ESG tem como registro principal o ano de 2004, com o relatório *"Who Cares Wins"*, do Pacto Global da ONU e do Banco Mundial. Neste relatório, a estratégia ou padrão ESG estaria conceituada, de modo amplo e geral, como "a integração e incorporação dos aspectos ambientais, sociais e de governança na gestão e nas tomadas de decisão, assim como para aferição e critérios em investimentos sustentáveis e favoráveis a todas as partes interessadas".[1343]

A pauta ESG vem resgatando a responsabilidade social, ambiental e de governança nas empresas e grandes corporações. Isso porque a gestão dos impactos sociais, ambientais e econômicos das empresas é cada vez mais valorizada e exigida no setor financeiro e por acionistas, consumidores e autoridades reguladoras.[1344]

Segundo o Instituto Brasileiro de Governança Corporativa (IBGC), o termo ESG não é um conceito em si, mas um acrônimo que expressa os critérios ambientais, sociais e de governança para avaliar o avanço das organizações em direção à sustentabilidade. A consciência de que o alcance de um futuro sustentável, envolvendo os principais desafios da humanidade, só será possível com o comprometimento de todos os agentes, inclusive do setor produtivo, demanda uma agenda ESG que indique práticas e ações para viabilizar a integração dos aspectos socioambientais na tomada de decisão das organizações.[1345] E mecanismos e programas de *compliance* são essenciais neste tema.

Como destaca Voltolini, nunca as questões ambientais, sociais e de governança deixaram de ser importantes – nem poderia ser diferente, dada a grave circunstância

---

[1343] ORGANIZAÇÃO DAS NAÇÕES UNIDAS – ONU. *The Global Compact. Who Cares Wins*: Connecting Financial Markets to a Changing World. Dez. 2004. p. 22. tradução livre. Disponível em: https://www.unepfi.org/fileadmin/events/2004/stocks/who_cares_wins_global_compact_2004.pdf. Acesso em: 25 jul. 2022.

[1344] NASCIMENTO, Juliana Oliveira. Do cisne negro ao cisne verde: o capitalismo de *stakeholder* e a governança corporativa ESG no mundo dos negócios. *In*: TRENNEPOHL, Terence; TRENNEPOHL, Natascha (Coord.). *Compliance no Direito Ambiental*. (Coleção Compliance, vol. 2). São Paulo: Thomson Reuters Brasil, 2020. p. 382-383.

[1345] INSTITUTO BRASILEIRO DE GOVERNANÇA CORPORATIVA – IBGC. *Boas Práticas para uma Agenda ESG nas organizações*. São Paulo: IBGC, 2022. p. 9.

de aumento das emissões de gases de efeito estufa e de esgotamento dos recursos naturais. A agenda ESG, então, vem realçar o fato de que empresas que usam recursos naturais com equilíbrio, que impedem a corrupção, que promovem direitos humanos e que geram valor para todos os *stakeholders* representam melhores investimentos. ESG passou a ser sinônimo de investimento seguro e responsável.[1346]

Nessa perspectiva de redefinições sobre a governança e a gestão de organizações públicas ou privadas, os programas de integridade e *compliance* detêm o potencial de servirem como instrumento de prevenção, detecção e correção de irregularidades e violações em matéria socioambiental, também passam a poder aliar os objetivos e ações de gestão, monitoramento e fomento dos padrões e diretrizes ESG.

Toda a iniciativa que em uma organização ou empresa seja identificada como ESG (*Environmental, Social and Governance*), ou seja, que previna, controle e mitigue os impactos ambientais (resíduos sólidos, eficiência energética, emissões poluentes, conformidade técnica e legal ambiental, entre outros), sociais (políticas internas para agentes internos e parceiros, conformidade com normas trabalhistas, consumeristas e proteção de minorias) e de governança (política de governança anticorrupção e fraude, gestão de cargos e salários, conformidade e integridade com legislação societária, empresarial e tributária, entre outros), deverá remeter e ter sua concepção e execução alinhadas à função social da empresa (art. 170, III, CF/88), agregada à proteção ao meio ambiente em seu teor (art. 170, VI, CF/88), inclusive, também à proteção e defesa do consumidor (art. 170, V, CF/88), valorizando a justiça social e a dignidade humana.

Nesse sentido, variados são os reflexos desse movimento ESG na estrutura regulatória em matéria ambiental, pois, como afirma Yoshida, há forte inclinação do mercado em direcionar os investimentos para empresas que prestigiam e incorporam os princípios ESG, ainda carentes de melhor parametrização: a preocupação com o meio ambiente, o bem-estar social e a boa governança corporativa.[1347]

Dentre as diversas métricas e padrões internacionais relacionados à gestão e à governança ESG, a estruturação dos programas de integridade e *compliance* passa a ser peça fundamental, como se vê em modelos de regulação do tema no Brasil, como o Índice de Sustentabilidade Empresarial (ISEB3) da bolsa de valores B3 S.A. (Brasil, Bolsa, Balcão), no qual, entre as exigências de reporte das empresas, estão questões socioambientais e também de governança corporativa e *compliance* empresarial.[1348]

A exploração dos padrões ESG tem, na figura dos sistemas e programas de integridade e *compliance*, um instrumento propulsor e concretizador, capaz de proporcionar a estrutura mínima necessária para que os fatores ambientais, sociais e de governança sejam mensurados, geridos e aperfeiçoados, em especial quando exigidos, fomentados ou recomendados em grandes licenciamentos ambientais.

[1346] VOLTOLINI, Ricardo. *Vamos falar de ESG?* provocações de um pioneiro em sustentabilidade empresarial. 1. ed. Belo Horizonte: Voo, 2021. p. 16-17.

[1347] YOSHIDA, Consuelo Yatsuda Moromizato. Construção da cultura da sustentabilidade à luz dos ODS e dos Princípios ESG. In: YOSHIDA, Consuelo Yatsuda Moromizato; VIANNA, Marcelo Drugg Barreto; KISHI, Sandra Akemi Shimada (Coord.). *Finanças Sustentáveis*: ESG, compliance, gestão de riscos e ODS. 1. ed. Belo Horizonte: ABRAMPA, 2021. p. 43.

[1348] BRASIL. BOLSA, BALCÃO – B3 S.A. *O que é o ISE B3*. São Paulo, 2022. Disponível em: http://iseb3.com.br/o-que-e-o-ise. Acesso em: 24 mar. 2022.

Outra dimensão dos reflexos do movimento ESG para a regulação ambiental e que realça a importância das políticas e programas de *compliance* são as resoluções do Banco Central do Brasil (BACEN). Dentre essas, a Resolução do Conselho Monetário Nacional (CMN) nº 4.945, de 2021, que instituiu a exigência em face de instituições financeiras autorizadas a operarem no país de uma Política de Responsabilidade Socioambiental e Climática (PRSAC), cuja estrutura deve abarcar medidas para identificar, monitorar e avaliar os impactos e riscos socioambientais e climáticos, inclusive ligados à conformidade com as políticas e normas ambientais.[1349]

Apesar dessa influência que a pauta ESG exerce e continuará exercendo sobre a estrutura regulatória, voluntária ou compulsória, muitas são as discussões acerca da efetividade e uniformidade dos padrões e métricas de gestão e reporte dos impactos ambientais, sociais e de governança nas organizações públicas ou privadas.

A difusão dos padrões de gestão organizacional ESG (*Environmental, Social and Governance*) está em ascensão no Brasil e no mundo, disseminando o tema do *compliance* nas organizações públicas e no setor privado, com destaque para as empresas de capital aberto. Com o avanço do tema, surgem reflexões e críticas direcionadas à multiplicidade de métricas, padrões, índices e, mais especificamente, sobre os instrumentos regulatórios, compulsórios ou voluntários, destinados à governança organizacional.[1350]

Muito embora a efetividade dos padrões ESG demande consenso sobre a aplicação e estruturação das diretrizes, notadamente acerca do seu caráter vinculativo, aparentemente isso não basta. Para afastar absurdos, as orientações regulatórias ESG precisam minimamente avançar em termos de criação e exigência de mecanismos que realmente provoquem a alteração comportamental dos agentes econômicos.[1351]

A pauta ESG possui grande importância em suas três dimensões, mas a ambiental inevitavelmente traz questões complexas. Isso se intensifica na área ambiental em que são maioria as decisões sob a esfera da precaução e de incerteza, naturalmente mais difíceis,[1352] especialmente em um futuro distópico e tecnológico como o que se apresenta nos próximos anos, com riscos ocultos e potenciais.[1353]

Analisando-se a perspectiva de aplicação dos programas de integridade e *compliance* no Direito Ambiental, é indiscutível a sua pertinência para áreas mais sensíveis da regulação de meio ambiente no Brasil, dentre elas a que envolve processos administrativos de licenciamentos ambientais de grandes atividades e projetos.

No âmbito das atividades econômicas efetivas ou potencialmente poluidoras ou capazes, sob qualquer forma, de causarem degradação do meio ambiente, especialmente

---

[1349] BRASIL. Presidência da República. *Resolução CMN nº 4.945, de 15 de setembro de 2021*. Brasília, DF, 2021. Disponível em: https://www.in.gov.br/en/web/dou/-/resolucao-cmn-n-4.945-de-15-de-setembro-de-2021-345117266. Acesso em: 24 mar. 2022.

[1350] PEIXOTO, Bruno Teixeira; MEDEIROS, José Augusto. Sense e nonsense sobre *compliance* ESG. *Jota*, 15 mar. 2021. Disponível em: https://www.jota.info/opiniao-e-analise/artigos/sense-e-nonsense-sobre-compliance-esg-15032021. Acesso em: 11 jul. 2022.

[1351] PEIXOTO, Bruno Teixeira; MEDEIROS, José Augusto. Sense e nonsense sobre *compliance* ESG. *Jota*, 15 mar. 2021. Disponível em: https://www.jota.info/opiniao-e-analise/artigos/sense-e-nonsense-sobre-compliance-esg-15032021. Acesso em: 11 jul. 2022.

[1352] AYALA, Patrick de Araújo. *Direito ambiental na sociedade de risco*. Rio de Janeiro: Forense Universitária, [s.d.].

[1353] Neste sentido, ver: ELKINGTON, John. *Green Swans*: The Coming Boom in Regenerative Capitalism. New York: Fast Company Press, 2020; GATES, Bill. *Como evitar um desastre climático*: As soluções que temos e as inovações necessárias. Tradução: Cássio Arantes Leite. 1 ed. São Paulo: Cia das Letras, 2021.

quando presentes EIA/RIMA, a exigência e fomento de programas de integridade e *compliance* pautado por padrões ESG são fundamentais não só para a prevenção a danos, como também para o próprio monitoramento e controle da atividade licenciada.[1354]

É por meio do licenciamento ambiental que os programas de integridade e *compliance* preenchem papel fundamental, tanto para a proteção ambiental quanto para a observação das garantias do particular em participar e obter uma decisão mais acertada e ponderada, gerindo seus riscos de sanções eventualmente aplicadas pelo Poder Público. Em situações de infrações, esses programas são importantes instrumentos para detectar e sanar desvios, fraudes, irregularidades e atos ilícitos praticados contra bens ambientais, donde se sobreleva o seu papel de mecanimos autorregulatório.[1355]

Dadas todas essas perspectivas, evidente a potencialidade e pertinência que o instituto do *compliance* possui no âmbito da regulação de meio ambiente no Brasil, inclusive, para o incremento da efetividade do próprio Direito Ambiental.

Nessa mesma análise, os reflexos da agenda ESG contemporânea de gestão e governança dos impactos ambientais, sociais e de governança representam um importante impulso para o fomento do desenvolvimento e da implantação de políticas e programas de integridade e *compliance*, pautados por padrões e diretrizes ESG, em organizações públicas ou privadas, especialmente as que causem significativos impactos ao meio ambiente e à sociedade, submetidas ao processo de licenciamento ambiental.

3.6 Síntese do capítulo

Como síntese do que foi abordado neste capítulo, vinculada aos objetivos nele definidos, são constatadas as seguintes conclusões:

(i) especialmente a partir dos grandes episódios de corrupção e fraude no Brasil e no mundo, como também em razão do interesse da sociedade por melhores práticas de governança pública e privada, nunca se falou tanto de *compliance* e de sua articulação em organizações públicas ou privadas, em que programas de integridade e *compliance* se consolidam como forma de regulação de empresas e setores econômicos complexos e ainda na atuação dos órgãos e entidades da Administração Pública;

(ii) o instituto do *compliance*, oriundo da língua inglesa "*to comply*", relaciona-se com o sinônimo da ação e/ou estado de *estar em conformidade* ou *de acordo com* algum padrão técnico ou normativo, e os programas de *compliance*, voltados à sua aplicação em uma organização pública ou privada, vinculam-se ao conjunto de planos, políticas, medidas, mecanismos, ferramentas, códigos, diretrizes, entre outras iniciativas, com o objetivo de um desempenho organizacional ético e sob estrito cumprimento legal;

[1354] PEIXOTO, Bruno Teixeira. *Compliance* ESG no licenciamento ambiental. *Jota*, 13 maio 2021. Disponível em: https://www.jota.info/opiniao-e-analise/artigos/compliance-esg-no-licenciamento-ambiental-13052021#:~:text=Ap%C3%B3s%20mais%20de%2017%20anos,do%20%C2%A7%201%C2%BA%20do%20art. Acesso em: 24 mar. 2022.

[1355] KOKKE, Marcelo; ANDRADE, Renato Campos. Papel do compliance na eficácia regulatória ambiental. In: TRENNEPOHL, Terence; TRENNEPOHL, Natascha (Coord.). *Compliance no Direito Ambiental*. Coleção compliance; vol. 2, São Paulo: Thomson Reuters Brasil, 2020. p. 210.

(iii) a integridade, vista como o alinhamento ético, interno ou externo, de uma organização e de seus agentes no exercício de suas atividades, está também vinculada ao *compliance*, haja vista não bastar estar em conformidade ou em *compliance*, devendo toda organização pública ou privada pautar sua atuação na honestidade e retidão, o que se expressa também pelos programas de integridade e *compliance*;

(iv) em torno dos programas de integridade e *compliance*, há termos como governança (modo como a organização toma decisões e aloca recursos de modo estratégico), *accountability* (prestação de contas com responsabilidade de gestores), *enforcerment* (implementação legal), *deterrence* (efeito dissuasório) e auditoria (mecanismo de geração de evidências nos controles internos), que devem ser compreendidos para a exata leitura dos programas de integridade e *compliance*;

(v) em nível internacional, a integridade e o *compliance* são exaltados por referências da ONU, OCDE, OEA, Transparência Internacional, Banco Mundial, entre outros, com destaque para a regulação anticorrupção e fraude, a seara das relações comerciais internacionais e a proteção da concorrência em mercados, tendo na *Foreign Corrupt Practices Act* (FCPA) dos Estados Unidos e no *United Kingdom Bribery Act* (UKBA), do Reino Unido, marcos do *compliance* na responsabilização por atos de corrupção e fraude e também de seus agentes, inspirando países como no Brasil;

(vi) no cenário brasileiro, a integridade e o *compliance* e os programas para sua aplicação foram introduzidos no Direito nacional com o advento da Lei Federal nº 12.846/2013 (Lei Anticorrupção brasileira) e o Decreto Federal nº 11.129/2022, o qual dispõe do conceito legal e dos elementos mínimos que devem constar da estrutura de um efetivo programa de integridade e *compliance* no Direito Público brasileiro;

(vii) como principais funções atribuídas aos programas de integridade e *compliance* estão a prevenção, detecção, apuração e reparação das irregularidades, desvios éticos e de conduta, infrações e atos lesivos praticados contra a Administração Pública nacional ou estrangeira, à luz do que prevê o art. 5º da Lei Federal nº 12.846/2013, programas que devem ser levados em consideração como atenuante em sanções administrativas, conforme art. 7º, VIII, da referida Lei Anticorrupção brasileira;

(viii) quanto aos elementos mínimos de um programa de integridade e *compliance* no Brasil, os incisos do art. 57, do Decreto nº 11.129/2022, preveem 15 (quinze) parâmetros estruturais não exaustivos, que vão desde o apoio da alta administração da organização, passando por padrões de conduta e códigos de ética para agentes internos e externos, gestão e avaliação periódica de riscos, treinamentos, registros contábeis, procedimentos preventivos contra fraudes e ilícitos nas relações com o Poder Público, instâncias internas autônomas, canais de denúncia com proteção a denunciantes de boa-fé e ações para remediação de irregularidades, diligências prévias em contratações, terceiros e em fusões e aquisições, monitoramento contínuo;

(ix) as políticas e programas de integridade e *compliance* também possuem expressão pela Lei Federal nº 13.303/2016 (Lei das Estatais), obrigatórios no estatuto jurídico das empresas estatais, sociedades de economia mista e suas subsidiárias, bem como pela regulamentação no âmbito da Administração Pública Federal, com o Decreto Federal nº 9.203/2017 e demais regulamentos da Controladoria-Geral da União (CGU), além da recente Nova Lei Geral de Licitações Públicas (Lei Federal nº 14.133/2021), a qual passou a prever referidos programas como exigência em licitações de grande vulto, critério de desempate, atenuante de sanções administrativas e na reabilitação de licitantes;

(ix) os programas de integridade e *compliance*, pela importância de suas funções e elementos de prevenção e controle contínuo de irregularidades, corrupção e fraudes, consolidam-se ainda em órgãos e entidades ambientais federais, como Ministério do Meio Ambiente (MMA), IBAMA e ICMBio, que recentemente publicaram políticas e programas de integridade e *compliance* no âmbito de suas atuações;

(x) com o avanço dos programas de integridade e *compliance* na área do Direito Público, haveria o irrompimento do Direito da Conformidade, conjunto de princípios e regras jurídicas para a gestão e reparação da desconformidade em empresas e instituições públicas, reforçando a perspectiva de autorregulação regulada, em especial, no Direito Administrativo sancionador, assim como no Direito Penal Econômico e Criminal;

(xi) sob a perspectiva da regulação de meio ambiente e, propriamente, da aplicação do Direito Ambiental, o instituto do *compliance* e os programas de sua instrumentalização detêm especial influência para as políticas e normas ambientais, haja vista representarem importantes mecanismos para o fomento da conformidade ou *compliance* ambiental ligado às atividades econômicas mais impactantes e poluidoras;

(xii) como se demonstrou, para além da função ligada à corrupção e à fraude, os programas de *compliance* alcançam fins de interesse social e coletivo, numa leitura constitucional, como a defesa do meio ambiente, na expressão do dever fundamental de proteção ambiental imputado não apenas ao Estado (regulação), mas também à coletividade, no caso, aos agentes privados e pessoas jurídicas (autorregulação) detentoras de atividades econômicas com significativos impactos e degradações;

(xiii) na perspectiva de autorregulação regulada – em que os regulados desempenham controles próprios das atividades aos quais o Estado atribuiria efeitos públicos – os programas de *compliance* na área do Direito Ambiental seriam um conjunto de medidas e controles das organizações públicas ou privadas, voltado à prevenção, detecção, apuração e reparação contra infrações, irregularidades, ilícitos e danos ambientais, com o objetivo de alcançar a conformidade ou *compliance* ambiental; e

(xiv) sem afastar a presença da regulação estatal, e com o foco em uma Regulação Responsiva – em que reguladores e regulados firmam relação recíproca e cooperativa –, os programas de *compliance* na perspectiva ambiental, como se destacou, reforçariam a estruturação dos ideais almejados pelo recente movimento de gestão e governança ESG (*Environmental, Social and Governance*), contribuindo, de alguma forma, para o incremento dos meios de implementação da regulação de meio ambiente.

Definidas as funções principais e os elementos mínimos dos programas de integridade e *compliance*, assim como delineada a perspectiva desses programas na área específica do Direito Ambiental, o próximo e último capítulo buscará examinar e responder se é possível e como se poderá implementar e fomentar a exigência dos aludidos programas no bojo dos processos administrativos de licenciamento ambiental de atividades econômicas com *significativos* impactos ou degradações ao meio ambiente.

CAPÍTULO 4

EXIGIBILIDADE DOS PROGRAMAS DE *COMPLIANCE* NO LICENCIAMENTO AMBIENTAL BRASILEIRO

Com os capítulos anteriores, cujas conclusões apontaram a necessidade de melhores estratégias regulatórias de cumprimento das políticas e normas de proteção do meio ambiente e de desenvolvimento nacional sustentável, este quarto e último capítulo objetiva analisar os programas de *compliance* como mecanismos de monitoramento e controle exigíveis no âmbito dos processos administrativos de licenciamento ambiental.

A problemática central que exige a análise deriva da crescente falta de implementação das políticas e normas ambientais e na limitação da regulação administrativa ambiental do Estado. Limitações sobretudo no monitoramento e controle contínuo dos impactos e de toda sorte de irregularidades associadas à aprovação, avaliação e à execução de licenciamentos ambientais de atividades, obras ou empreendimentos com *significativos* impactos e degradações no Brasil.

Nesse sentido, primeiramente serão delimitadas aquelas atividades econômicas, obras ou empreendimentos, públicos ou privados, que estariam abarcados ou que pressuporiam condições para a exigência da implantação e implementação dos programas de *compliance* pelos seus agentes, titulares ou responsáves.

Na sequência, serão avaliadas as formas de inserção da exigência dos programas de *compliance* em fases e elementos do processo administrativo de licenciamento ambiental. Como na fase prévia, em estudos ambientais e condicionantes das licenças, assim como nas fases de instalação e de operação, ligadas ao monitoramento e controle das licenças e, mais propriamente, da conformidade do exercício das atividades econômicas, obras ou empreendimentos com *significativos* impactos ambientais.

Além disso, serão investigadas as premissas constitucionais e legais em relação à exigência dos programas de *compliance* no licenciamento, a fim de verificar se referida medida integraria o poder discricionário dos órgãos e autoridades públicas ambientais ou se dependeria de previsão normativa por eventual norma regulamentadora.

Com o fim de se exaltar mínima estruturação desses programas de *compliance* aplicados ao licenciamento, serão destacados os referenciais nacionais e internacionais vigentes, como as normas técnicas ABNT NBR ISO 14.001, ISO 37.001 e ISO 37.301, as

Resoluções do CONAMA e do BACEN ligadas à temática, além dos parâmetros da CGU e, por fim, as previsões de exigências de sustentabilidade da Nova Lei Geral de Licitações Públicas e os padrões da agenda ESG compatíveis com a iniciativa.

Ademais, será ponderada a necessária prevenção contra programas de *compliance* "de gaveta" ou "de papel", dados como incipientes e inefetivos, assim como em face da prática chamada de *"greenwashing"*, com a intenção de se estabelecer o que minimamente merece constar dos programas de *compliance* no licenciamento.

O capítulo ainda tratará das iniciativas legislativas federais do Projeto de Lei nº 5.442/2019, para regulamentação de Programas de Conformidade Ambiental, e do Projeto de Lei nº 2.159/2021, ligado a Lei Geral do Licenciamento Ambiental, verificando se suas disposições abarcariam ou não a exigência de *compliance* no licenciamento.

Ao final, com os olhos em casos concretos, serão analisados os contextos do desastre ocorrido com o rompimento da barragem de minério em Brumadinho/MG e o escândalo internacional *"Dieselgate"*, ligado à fraude na regulação de emissões poluentes, para fixar perspectivas acerca do tema a partir desses casos paradigmáticos.

4.1 A exigência dos programas de *compliance* no licenciamento ambiental de atividades potencialmente poluidoras ou causadoras de significativa degradação ao meio ambiente

Com a previsão constitucional de um dever fundamental de proteção ao meio ambiente, segundo o *caput* do art. 225 da CF/88, imputado ao Estado e à coletividade, o licenciamento ambiental, por seus elementos, mecanismos e objetivos já delineados no segundo capítulo, agrega a tarefa e função de regular, autorizar e controlar atividades humanas que mais impactem a natureza, com vistas a um desenvolvimento nacional sustentável, observando o interesse das presentes e futuras gerações.

Isso porque, conforme o mesmo art. 225, §1º, incisos IV e V da CF/88, para a efetividade dessa proteção, é obrigação constitucional do Estado exigir, "na forma da lei, para instalação de obra ou atividade potencialmente causadora de *significativa* degradação do meio ambiente, estudo prévio de impacto ambiental, a que se dará publicidade",[1356] bem como controlar "a produção, a comercialização e o emprego de técnicas, métodos e substâncias que comportem risco para a vida, a qualidade de vida e o meio ambiente",[1357] deveres executados pelo licenciamento ambiental brasileiro.

A despeito desses deveres, conforme os capítulos anteriores, não apenas as políticas e normas ambientais vêm carecendo de implementação, como também – e sobretudo – os processos administrativos de licenciamento enfrentam cada vez mais problemas no monitoramento e controle contínuo da conformidade legal ambiental de atividades, obras ou empreendimentos de significativos impactos e degradações.

[1356] BRASIL. Presidência da República. *Constituição da República Federativa do Brasil de 1988*. Brasília, DF: Presidência da República, 1988. Disponível em: http://www.planalto.gov.br/ccivil_03/constituicao/constituicaocompilado.htm. Acesso em: 19 out. 2021.

[1357] BRASIL. Presidência da República. *Constituição da República Federativa do Brasil de 1988*. Brasília, DF: Presidência da República, 1988. Disponível em: http://www.planalto.gov.br/ccivil_03/constituicao/constituicaocompilado.htm. Acesso em: 19 out. 2021.

Não bastasse isso, no Brasil, em sede de atuação administrativa ambiental, inúmeras são as evidências – levantadas nos capítulos anteriores – de que o modelo de comando e controle regulatório, calcado no alcance limitado do poder de polícia administrativa, não vem encontrando êxito em garantir e promover integridade, transparência, acesso à informação, impessoalidade, publicidade e eficiência, entre outras diretrizes, na condução dos atos e dos processos administrativos ambientais.

Essas limitações advêm de riscos de práticas de atos de corrupção, fraude e improbidade administrativa ambiental, condições que, além de causarem e potencializarem infrações, ilícitos e danos socioambientais, também violam diretamente a boa e íntegra governança ligada ao meio ambiente ecologicamente equilibrado.

Se no licenciamento ambiental, para se evitar a utilização dos recursos ambientais com prejuízos à natureza e à sociedade, o intuito maior é fazer com que o controle ambiental das atividades efetiva e potencialmente poluidoras ocorra dentro dos critérios técnicos e legais exigidos,[1358] as exigências, requisitos e mecanismos ligados a este importante meio de controle devem estar alinhados à busca da melhoria contínua da gestão e da governança por todos os atores envolvidos, especialmente pelos órgãos licenciadores e pelos próprios empreendedores licenciados.

Por sua abrangência e efetividade, o processo administrativo de licenciamento ambiental seria o melhor exemplo de mecanismo de proteção ambiental.[1359] Sendo assim, qualquer ato ímprobo ou irregular no licenciamento, além de afetar a Administração Pública ambiental, também lesará o meio ambiente, uma vez que uma licença ambiental concedida de modo indevido é ameaça frontal a direitos da coletividade.[1360]

Para além dos sistêmicos impactos socioambientais que via de regra estão ligados à instalação, operação e encerramento de obras, empreendimentos ou atividades econômicas de grande porte e *significativo* potencial poluidor, vem se constatando, conforme relatórios de instituições especializadas e de órgãos de controle interno e externo, que nos licenciamentos dessas atividades haveria grandes riscos de corrupção, fraude, conflito de interesses, entre outras ilicitudes e irregularidades.

Além disso, carece-se de transparência, acesso à informação, participação e monitoramento e controle contínuo ligados a infrações, irregularidades, atos ilícitos e, mais especificamente, sobre as causalidades para danos gerados tanto à natureza como às comunidades humanas direta ou indiretamente afetadas.

Dessa forma, a atuação regulatória em nível administrativo, levada a efeito pela Administração Pública ambiental, permanece aquém de concretizar os objetivos constitucionais ligados ao gozo de um meio ambiente equilibrado e de uma Ordem Econômica com efetiva defesa social e ambiental (art. 225 e art. 170, VI, da CF/88).

Por essas razões que é necessária a investigação sobre melhores estratégias regulatórias e mecanismos de prevenção e controle nos grandes licenciamentos ambientais no Brasil, perspectiva que justificou a realização desta pesquisa.

Como aponta Leite, segue incontroversa a necessidade de o Estado se organizar e facilitar o acesso aos canais de participação, gestão e decisão dos problemas e dos impactos oriundos da irresponsabilidade no controle de processos econômicos de

---

[1358] FARIAS, Talden. *Licenciamento Ambiental*: aspectos teóricos e práticos. 7. ed. Belo Horizonte: Fórum, 2019. p. 28.
[1359] FARIAS, Talden. *Licenciamento Ambiental*: aspectos teóricos e práticos. 7. ed. Belo Horizonte: Fórum, 2019. p. 185.
[1360] FARIAS, Talden. *Licenciamento Ambiental*: aspectos teóricos e práticos. 7. ed. Belo Horizonte: Fórum, 2019. p. 185.

exploração inconsequente dos recursos naturais.[1361] E no regime da CF/88 claro é o tratamento dado ao ambiente como bem de interesse comum da coletividade, cuja proteção depende da responsabilidade compartilhada entre o Estado e a coletividade.[1362]

Por melhores que sejam os mecanismos hoje existentes de prevenção e precaução do Estado, ainda assim ocorrem danos ambientais, não havendo razões para não se utilizar de outras formas de controle ambiental.[1363] Isso porque, apesar do aparato normativo viável, o Estado não vem implementando as tarefas de proteção ambiental, sendo exemplo típico desse déficit quando, concedidos os licenciamentos, não se prossegue a execução dos atos de monitoramento e fiscalização ambiental, em um procedimento contínuo e necessário à preservação ambiental.[1364]

Trata-se de um contexto de insegurança política, economia e de bem-estar social e ambiental, além da fragilização das instituições ambientais e da falência do almejado desenvolvimento nacional, o que induz à crítica por melhores estratégias regulatórias e mecanismos de implementação e controle da regulação ambiental.

Dito isso, é no processo administrativo de licenciamento ambiental, segundo art. 10, da Lei Federal nº 6.938/1981, ligado à "construção, instalação, ampliação e funcionamento de estabelecimentos e atividades utilizadores de recursos ambientais, efetiva ou potencialmente poluidores ou capazes, sob qualquer forma, de causar degradação ambiental",[1365] que se mostra pertinente o exame sobre requisitos favoráveis ao incremento da prevenção e do controle contínuo da conformidade legal ambiental das atividades econômicas mais prejudiciais à qualidade e à integridade do meio ambiente.

Dado que o Direito Ambiental possui significativa função conformadora dentro da Ordem Econômica no Brasil, não há dúvidas de que o licenciamento é o principal instrumento de atuação estatal para a proteção do meio ambiente,[1366] nele se justificando a melhoria contínua de elementos e mecanismos.

Cabe falar que a Lei Federal nº 6.938/1981, no seu art. 9º, além de fixar a avaliação prévia de impacto ambiental (AIA) (inciso III) e o licenciamento ambiental (inciso IV) como instrumentos da Política Nacional do Meio Ambiente (PNMA), o inciso XIII define ainda "instrumentos econômicos, como concessão florestal, servidão ambiental, seguro ambiental *e outros*".[1367] Essa disposição pressupõe a não exaustividade do rol de mecanismos de proteção ambiental, possibilitando novos instrumentos ou até a aplicação diferenciada dos já existentes, com o fito da melhoria regulatória ambiental.

[1361] LEITE, José Rubens Morato. Sociedade de risco e Estado. *In*: CANOTILHO, José Joaquim Gomes; LEITE, José Rubens Morato (Orgs.). *Direito constitucional ambiental brasileiro*. 6. ed. São Paulo: Saraiva, 2015. p. 134.

[1362] LEITE, José Rubens Morato. Sociedade de risco e Estado. *In*: CANOTILHO, José Joaquim Gomes; LEITE, José Rubens Morato (Orgs.). *Direito constitucional ambiental brasileiro*. 6. ed. São Paulo: Saraiva, 2015. p. 142.

[1363] LEITE, José Rubens Morato. Sociedade de risco e Estado. *In*: CANOTILHO, José Joaquim Gomes; LEITE, José Rubens Morato (Orgs.). *Direito constitucional ambiental brasileiro*. 6. ed. São Paulo: Saraiva, 2015. p. 186.

[1364] LEITE, José Rubens Morato. Sociedade de risco e Estado. *In*: CANOTILHO, José Joaquim Gomes; LEITE, José Rubens Morato (Orgs.). *Direito constitucional ambiental brasileiro*. 6. ed. São Paulo: Saraiva, 2015. p. 185.

[1365] BRASIL. Presidência da República. *Lei nº 6.938, de 31 de agosto de 1981*. Dispõe sobre a Política Nacional do Meio Ambiente, seus fins e mecanismos de formulação e aplicação, e dá outras providências. Brasília, 1981. Disponível em: http://www.planalto.gov.br/ccivil_03/leis/l6938.htm. Acesso em: 10 out. 2021.

[1366] VOLOTÃO, Romilson de Almeida. *Direito regulatório, governança e licenciamento ambiental*: Soluções para o aperfeiçoamento do licenciamento ambiental brasileiro. 1. ed. Curitiba: Juruá, 2016. p. 48.

[1367] BRASIL. Presidência da República. *Lei nº 6.938, de 31 de agosto de 1981*. Dispõe sobre a Política Nacional do Meio Ambiente, seus fins e mecanismos de formulação e aplicação, e dá outras providências. Brasília, 1981. Disponível em: http://www.planalto.gov.br/ccivil_03/leis/l6938.htm. Acesso em: 10 out. 2021.

Como assinalam Kokke e Andrade, a abertura para fixação de exigências vinculadas ao exercício do *compliance* ambiental, como em termos de referência ligados a licenciamentos ambientais de atividades ou empreendimentos, prescindiria, inclusive, de lei específica ou mesmo de maior delimitação em decreto. Trata-se de uma abertura abarcada pela Lei Federal nº 6.938/81, art. 9º, o qual detém caráter extensivo para *"outros"* instrumentos que se agreguem para fins de implementação da PNMA.[1368]

Para Cohen, o licenciamento é uma das principais ferramentas disponíveis a setores econômicos importantes, como da infraestrutura, industrial e construção civil para a criação de programas de gestão, conformidade e governança em matéria ambiental.[1369]

Não só necessária e urgente como também possível e amparada pela PNMA a realização de uma análise prospectiva por melhores mecanismos e abordagens regulatórias, como a exemplo da exigência de programas de *compliance* aplicados à área ambiental. Isso para permitir avanços na atuação estatal de proteção do meio ambiente e de gestão, monitoramento e controle sobre os licenciamentos ambientais de obras, atividades e empreendimentos com *significativa* degradação à natureza.

No entanto, observando-se os princípios da proporcionalidade e da razoabilidade, além dos preceitos da proibição do excesso e da proteção ambiental deficiente ou insuficiente, não seria todo e qualquer empreendimento, obra ou atividade, como aponta Pracucho, que precisaria passar pelo licenciamento ambiental,[1370] tampouco por exigências mais específicas como a exemplo da eventual implantação ou implementação de um programa de integridade e *compliance*.

É natural que as atividades econômicas sujeitas ao licenciamento, como já se destacou no segundo capítulo, variem em termos de atividade-fim, localização, porte, dinâmica, dimensão e complexidade. Uma única forma de licenciamento para todos os empreendimentos não constituiria meio idôneo a garantir adequada proteção ambiental e ao mesmo passo fomentar o desenvolvimento social e econômico sustentável.[1371]

Como sabido, independentemente do licenciamento, todas as atividades humanas que de algum modo prejudiquem o meio ambiente devem estar sujeitas ao controle dos órgãos ambientais, sob o poder de polícia administrativa e com a autuação e responsabilização civil, criminal ou administrativa de eventuais ilícitos cometidos.

Nada obstante, como já se ressaltou, é por via do licenciamento que a Administração impõe condições e limites, de modo prévio e/ou concomitante, para o exercício das atividades econômicas potencial ou efetivamente poluidoras.[1372]

Por isso, o art. 3º da Res. nº 237/1997 do CONAMA obriga a todos os órgãos públicos ambientais do país a exigirem, dos empreendimentos e atividades consideradas

---

[1368] KOKKE, Marcelo; ANDRADE, Renato Campos. Papel do compliance na eficácia regulatória ambiental. In: TRENNEPOHL, Terence; TRENNEPOHL, Natascha (Coord.). *Compliance no Direito Ambiental*. Coleção compliance; vol. 2, São Paulo: Thomson Reuters Brasil, 2020. p. 212.

[1369] COHEN, Rafael Aizenstein. Impactos do compliance no licenciamento ambiental e na governança corporativa. In: TRENNEPOHL, Terence; TRENNEPOHL, Natascha (Org.). *Compliance no Direito Ambiental*. (Coleção Compliance; vol. 2). 1. ed. São Paulo: Thomson Reuters Brasil, 2020. p. 272.

[1370] PRACUCHO, Davi Marcucci. *Licenciamento ambiental no direito brasileiro*: Aspectos legais e doutrinários, conflituosidade e ordem constitucional. 1. ed. Rio de Janeiro: Lumen Juris, 2018. p. 55.

[1371] PRACUCHO, Davi Marcucci. *Licenciamento ambiental no direito brasileiro*: Aspectos legais e doutrinários, conflituosidade e ordem constitucional. 1. ed. Rio de Janeiro: Lumen Juris, 2018. p. 65.

[1372] FARIAS, Talden. *Licenciamento Ambiental*: aspectos teóricos e práticos. 7. ed. Belo Horizonte: Fórum, 2019. p. 21.

efetiva ou potencialmente causadoras de *significativa* degradação do meio ambiente, o Estudo Prévio de Impacto Ambiental (EIA) e respectivo Relatório de Impacto sobre o Meio Ambiente (RIMA), ao qual se dará publicidade, garantida a realização de audiências públicas, quando couber, de acordo com a regulamentação.[1373]

As referidas atividades efetiva ou potencialmente causadoras de *significativa* degradação estão descritas, de forma exemplificativa, no "Anexo 1" da Res. nº 237/1997 do CONAMA, tais como: Extração e tratamento de minerais; Indústria de produtos minerais não metálicos; Indústria metalúrgica; Indústria mecânica; Indústria de material elétrico, eletrônico e comunicações; Indústria de material de transporte; Indústria de madeira; Indústria de papel e celulose; Indústria de borracha; Indústria de couros e peles; Indústria química; Indústria têxtil, de vestuário, calçados e artefatos de tecidos; Indústria de produtos alimentares e bebidas; Indústria de fumo; Indústrias diversas; Obras civis; Serviços de utilidade; Transporte, terminais e depósitos; Turismo; Atividades diversas; Atividades agropecuárias; e Uso de recursos naturais.[1374]

Esse seria o rol não exaustivo, em nível federal, das atividades que pressupõem impactos ambientais definidos como *significativos* ou de maior complexidade e magnitude, contra as quais deverão ser exigidos, via de regra, a execução de estudos ambientais prévios e de maior rigor (EIA/RIMA) e a sujeição ao licenciamento ambiental com maior estruturação e condicionamentos, sem o prejuízo da análise e da definição complementar por Estados, Distrito Federal e Municípios.

É um rol exemplificativo de atividades, obras e empreendimentos para os quais, salienta Krell, presumiria-se que seu potencial impacto seja *significativo*, de modo que o órgão competente, com sua análise discricionária e técnica, poderá determinar a realização de estudos prévios de impacto ambiental (EIA/RIMA) a qualquer obra ou atividade, sob condição de decisão fundamentada e com motivos claros.[1375]

De modo geral, afrma Farias, a lei não especifica parâmetros de padrões de qualidade ambiental, ficando isso a cargo dos órgãos e dos conselhos de meio ambiente dos entes federativos. Durante o licenciamento, o órgão competente deverá averiguar se o projeto apresentado para a atividade que pretende instalar está de fato adequado aos padrões de qualidade ambiental definidos pelos órgãos e respectivos conselhos.[1376]

Exaltando essa competência dos órgãos ambientais brasileiros de definir e analisar a exigibilidade e critérios do licenciamento, a Res. nº 237/1997 do CONAMA, no parágrafo único do art. 3º, diz que o órgão ambiental competente, "verificando que a atividade ou empreendimento não é potencialmente causador de *significativa* degradação do meio ambiente, definirá os estudos ambientais pertinentes ao licenciamento".[1377]

[1373] BRASIL. Conselho Nacional do Meio Ambiente – CONAMA. *Resolução CONAMA nº 237, de 19 de dezembro de 1997*. Brasília, DF, 1997. Disponível em: https://www.icmbio.gov.br/cecav/images/download/CONAMA%20 237_191297.pdf. Acesso em: 19 dez. 2021.

[1374] BRASIL. Conselho Nacional do Meio Ambiente – CONAMA. *Resolução CONAMA nº 237, de 19 de dezembro de 1997*. Brasília, DF, 1997. Disponível em: https://www.icmbio.gov.br/cecav/images/download/CONAMA%20 237_191297.pdf. Acesso em: 19 dez. 2021.

[1375] KRELL, Andreas J. *Discricionariedade administrativa e proteção ambiental*: o controle dos conceitos jurídicos indeterminados e a competência dos órgãos ambientais, um estudo comparativo. 1. ed. Porto Alegre: Livraria do Advogado Editora, 2004. p. 120.

[1376] FARIAS, Talden. *Licenciamento Ambiental*: aspectos teóricos e práticos. 7. ed. Belo Horizonte: Fórum, 2019. p. 37-38.

[1377] BRASIL. Conselho Nacional do Meio Ambiente – CONAMA. *Resolução CONAMA nº 237, de 19 de dezembro de 1997*. Brasília, DF, 1997. Disponível em: https://www.icmbio.gov.br/cecav/images/download/CONAMA%20 237_191297.pdf. Acesso em: 19 dez. 2021.

Essa é a linha do art. 24 da CF/88 que instituiu a competência legislativa concorrente, em que os Estados, o Distrito Federal e os Municípios podem editar sua própria legislação no que diz respeito ao licenciamento e aos demais instrumentos da PNMA, respeitados os limites de competência de cada ente político.[1378]

Assim, a Res. nº 237/1997 do CONAMA, no §2º, do art. 2º, ainda prevê que "caberá ao órgão ambiental competente definir os critérios de exigibilidade, o detalhamento e a complementação do Anexo 1, levando em consideração as especificidades, os riscos ambientais, o porte e outras características da atividade".[1379]

Como sabido, a Lei Complementar Federal nº 140/2011 estabelece rol de competências licenciatórias da União Federal (art. 7º, XIV), dos Estados (art. 8º, XIV e XV), dos Municípios (art. 9º, XIV) e do Distrito Federal (art. 10). No âmbito do IBAMA, o Decreto Federal nº 8.437/2015 estabeleceu critérios e tipos de atividades e de empreendimentos sujeitos ao licenciamento ambiental da entidade ambiental federal.

No plano estadual, cita-se o Conselho Estadual do Meio Ambiente de Santa Catarina (CONSEMA), o qual, pela Res. nº 98/2017, art. 1º, dispõe:

> Art. 1º Esta resolução estabelece procedimentos para licenciamento ambiental, define os estudos ambientais, considerados os critérios de porte, potencial poluidor e natureza da atividade ou empreendimento, e aprova a listagem das atividades sujeitas ao licenciamento ambiental no Estado de Santa Catarina.[1380]

Pela mesma resolução, estão definidos os principais critérios para enquadramento de licenciamento ambiental em Santa Catarina:

> Art. 2º Para fins desta resolução adotam-se as seguintes definições:
> (...)
> VIII – Atividade Licenciável: é a atividade desenvolvida por pessoa física ou jurídica que, para concepção ou operação, necessita de licenciamento ambiental, conforme a listagem do Anexo VI desta Resolução;
> (...)
> XXX – Porte do Empreendimento: define o tamanho do empreendimento e a abrangência do seu potencial poluidor em pequeno (P), médio (M) ou grande (G);
> XXXI – Potencial Poluidor: o potencial poluidor da atividade é considerado pequeno (P), médio (M) ou grande (G) em função das características intrínsecas da atividade conforme Anexo VI desta Resolução. O potencial poluidor é estabelecido sobre as variáveis ambientais ar, água e solo.[1381]

[1378] FARIAS, Talden. *Licenciamento Ambiental*: aspectos teóricos e práticos. 7. ed. Belo Horizonte: Fórum, 2019. p. 38.
[1379] BRASIL. Conselho Nacional do Meio Ambiente – CONAMA. *Resolução CONAMA nº 237, de 19 de dezembro de 1997*. Brasília, DF, 1997. Disponível em: https://www.icmbio.gov.br/cecav/images/download/CONAMA%20237_191297.pdf. Acesso em: 19 dez. 2021.
[1380] SANTA CATARINA. Conselho Estadual do Meio Ambiente de Santa Catarina – CONSEMA. *Resolução CONSEMA nº 98, de 5 de maio de 2017*. Florianópolis, SC, 2017. Disponível em: https://www.sde.sc.gov.br/index.php/biblioteca/consema/legislacao/resolucoes/654--56/file. Acesso em: 30 mar. 2022.
[1381] SANTA CATARINA. Conselho Estadual do Meio Ambiente de Santa Catarina – CONSEMA. *Resolução CONSEMA nº 98, de 5 de maio de 2017*. Florianópolis, SC, 2017. Disponível em: https://www.sde.sc.gov.br/index.php/biblioteca/consema/legislacao/resolucoes/654--56/file. Acesso em: 30 mar. 2022.

Segundo a resolução, pelo art. 9º há três modalidades de licenciamento: (I) Licenciamento Trifásico, por meio de Licença Ambiental Prévia (LAP), Licença Ambiental de Instalação (LAI) e Licença Ambiental de Operação (LAO); (II) Licenciamento Simplificado, por meio de Autorização Ambiental (AuA); (III) Licenciamento por Adesão e Compromisso (LAC).[1382] A incidência das modalidades dependerá da natureza, características e fases da atividade, obra ou empreendimento, que se expressam, especialmente, através do porte, potencial poluidor e da natureza da atividade-fim exercida. Análise a qual incumbirá, em regra, ao Instituto do Meio Ambiente de Santa Catarina (IMA/SC), devendo se observar, em todo os casos, as previsões da Lei Complementar Federal nº 140/2011.

Para as atividades, obras ou empreendimentos com *significativos* impactos ambientais, cuja complexidade pressuponha maior rigor de controle estatal, serão exigidos o Estudo Prévio de Impacto Ambiental (EIA) e o Relatório de Impactos sobre o Meio Ambiente (RIMA), conforme o art. 21, III, da Res. nº 98/2017 do CONSEMA.

Essas atividades econômicas com *significativos* impactos estão listadas no "Anexo VI" da referida Resolução do CONSEMA. Dentre algumas delas, destacam-se: (i) Extração de minerais (Atividade nº 00.10.00 – Lavra a céu aberto com desmonte por explosivo com grande porte de produção anual superior ou igual a 120.000 metros cúbicos); (ii) Indústria metalúrgica (Atividade nº 11.00.01 – Siderurgia e elaboração de produtos siderúrgicos com redução de minérios com grande porte de área útil superior ou igual a 1 hectare); (iii) Construção civil (Atividade nº 33.12.00 – Implantação, duplicação ou pavimentação de rodovias, exceto as vicinais ou sobre vias urbanas consolidadas, com grande porte sob comprimento igual ou superior a 100 km); (iv) Serviços de infraestrutura (Atividade nº 34.11.05 – Produção de energia termoelétrica a partir de gás natural com grande porte de potência instalada superior ou igual a 100 megawatts);[1383] entre outras atividades com grande porte e alto potencial poluidor parametrizados.

É em face dessas atividades, obras ou empreendimentos, dotados de *significativos* impactos, que incidirão aprofundados estudos, como o Estudo Prévio de Impacto Ambiental (EIA) e o Relatório de Impactos ao Meio Ambiente (RIMA), além da modalidade trifásica de licenciamento. Isso as sujeitará às Licenças Ambientais Prévia (LAP), de Instalação (LAI) e de Operação (LAO), procedimento que implica maiores rigor e acompanhamento pelo órgão competente, pressupondo, portanto, complexidade e relevância na atividade econômica exercida, no porte e no potencial poluidor.

Deve-se ter em mente que na Lei Federal nº 6.938/1981 o meio ambiente detém ampla conceituação, a qual, segundo o art. 3º, I, define-se como "o conjunto de condições, leis, influências e interações de ordem física, química e biológica, que permite, abriga e rege a vida em todas as suas formas".[1384] A proteção legal conferida a esse bem jurídico transcende, pois, a variável estritamente ambiental ou ecológica.

[1382] SANTA CATARINA. Conselho Estadual do Meio Ambiente de Santa Catarina – CONSEMA. *Resolução CONSEMA nº 98, de 5 de maio de 2017*. Florianópolis, SC, 2017. Disponível em: https://www.sde.sc.gov.br/index.php/biblioteca/consema/legislacao/resolucoes/654--56/file. Acesso em: 30 mar. 2022.

[1383] SANTA CATARINA. Conselho Estadual do Meio Ambiente de Santa Catarina – CONSEMA. *Resolução CONSEMA nº 98, de 5 de maio de 2017*. Florianópolis, SC, 2017. Disponível em: https://www.sde.sc.gov.br/index.php/biblioteca/consema/legislacao/resolucoes/654--56/file. Acesso em: 30 mar. 2022.

[1384] BRASIL. Presidência da República. *Decreto nº 99.274, de 06 de junho de 1990*. Regulamenta a Lei nº 6.902, de 27 de abril de 1981, e a Lei nº 6.938, de 31 de agosto de 1981, que dispõem, respectivamente, sobre a criação de Estações Ecológicas e Áreas de Proteção Ambiental e sobre a Política Nacional do Meio Ambiente, e dá outras providências. Brasília, DF, 1990. Disponível em: http://www.planalto.gov.br/ccivil_03/decreto/antigos/D99274compilado.htm. Acesso em: 19 dez. 2021.

A própria CF/88 fez questão de atribuir ao meio ambiente a significação mais ampla possível, na medida em que o inseriu no rol dos Direitos Sociais e como princípio da Ordem Econômica.[1385] Com mesma amplitude é o conceito de poluição, pelo art. 3º, III, da PNMA, abarcando impactos que "criem condições adversas às atividades sociais e econômicas",[1386] entre outras perspectivas para além das questões ambientais.

Assim, a previsão legal do bem jurídico do meio ambiente e das degradações que lhe violem a qualidade e a integridade evidencia também uma consideração aos elementos econômicos, estéticos, sanitários e sociais, e não apenas naturais.[1387]

Com isso, o licenciamento ambiental deverá observar, da melhor e mais efetiva forma possível, o controle e a gestão dos impactos sociais, econômicos e humanos gerados e não apenas quanto às degradações ambientais diretas que as atividades ou empreendimentos causem ou possam causar ao meio ambiente. Essa ampliada dimensão de impacto ambiental está prevista no art. 1º, da Res. nº 001/1986, do CONAMA:

> Art. 1º – Para efeito desta Resolução, considera-se impacto ambiental qualquer alteração das propriedades físicas, químicas e biológicas do meio ambiente, causada por qualquer forma de matéria ou energia resultante das atividades humanas que, direta ou indiretamente, afetam:
> I – a saúde, a segurança e o bem-estar da população;
> II – as atividades sociais e econômicas;
> III – a biota;
> IV – as condições estéticas e sanitárias do meio ambiente;
> V – a qualidade dos recursos ambientais.[1388]

Desse modo, sejam quais forem seus enquadramentos – e não apenas quanto às atividades de *significativos* impactos –, a previsão legal de meio ambiente, poluição, degradação e impacto ambiental abrange os reflexos diretos e indiretos das atividades licenciáveis, atribuindo aos estudos e às demais exigências do licenciamento caráter sistêmico e não adstrito aos aspectos propriamente naturais, ecológicos e ambientais.

Significa dizer que, para as atividades, obras ou empreendimentos dotados de *significativos* impactos e degradações, os estudos ambientais cabíveis (EIA/RIMA), as licenças e o próprio licenciamento deverão ser analisados e considerarem, no controle e mitigação, os reflexos não apenas ambientais (biota, flora, fauna e recursos naturais) mas também – e sobretudo – aspectos sociais, econômicos e estruturais, a serem igualmente abrangidos pelos planos, políticas e programas de monitoramento e controle contínuo.

[1385] FARIAS, Talden. *Licenciamento Ambiental*: aspectos teóricos e práticos. 7. ed. Belo Horizonte: Fórum, 2019. p. 51.

[1386] Art. 3º – Para os fins previstos nesta Lei, entende-se por: (...)
III – poluição, a degradação da qualidade ambiental resultante de atividades que direta ou indiretamente:
a) prejudiquem a saúde, a segurança e o bem-estar da população;
b) criem condições adversas às atividades sociais e econômicas;
c) afetem desfavoravelmente a biota;
d) afetem as condições estéticas ou sanitárias do meio ambiente;
e) lancem matérias ou energia em desacordo com os padrões ambientais estabelecidos (BRASIL. Presidência da República. *Lei nº 6.938, de 31 de agosto de 1981*. Dispõe sobre a Política Nacional do Meio Ambiente, seus fins e mecanismos de formulação e aplicação, e dá outras providências. Brasília, 1981. Disponível em: http://www.planalto.gov.br/ccivil_03/leis/l6938.htm. Acesso em: 10 out. 2021).

[1387] FARIAS, Talden. *Licenciamento Ambiental*: aspectos teóricos e práticos. 7. ed. Belo Horizonte: Fórum, 2019. p. 37.

[1388] BRASIL. Conselho Nacional do Meio Ambiente. *Resolução nº 1, de 23 de janeiro de 1986*. Dispõe sobre critérios básicos e diretrizes gerais para a avaliação de impacto ambiental. Brasília, 1986.

Isso não afasta a necessidade de gestão da publicidade, transparência, governança, integridade e conformidade legal ambiental e, ainda, da proteção aos demais direitos e garantias da coletividade, dependentes da regularidade e lisura dos atos e processos administrativos ambientais executados pela Administração Pública.

De toda forma, as exigências do licenciamento, a exemplo das condicionantes e mitigantes em licenças, deverão sempre ter relação direta e proporcional com os impactos adversos do objeto da obra ou empreendimento. Elas devem ser razoáveis,[1389] exigindo-se relação aproximada entre a medida e o impacto gerado.

Não se deve empregar o licenciamento – em quaisquer de suas modalidades – para equacionar problemas sem nexo de causalidade minimamente proporcional com a atividade. As condicionantes nas licenças não podem ser utilizadas para delegar ou terceirizar a função pública, embora se admitam colaborações, ressalva Bim.[1390]

Toda medida exigida no licenciamento, especialmente naquele ligado à aprovação, autorização, instalação e operação de atividade com *significativos* impactos e que exija EIA/RIMA, precisará prevenir, atacar, monitorar e controlar, sobretudo diante de complexa estrutura, porte e potencial poluidor, os impactos ambientais, humanos, sociais, econômicos e de gestão e governança, diretos e indiretos, causados ou potencializados pela atividade, obra ou empreendimento licenciado.

A potencialidade de um impacto ligado a uma atividade, obra ou empreendimento depende, via de regra, das características técnicas do seu projeto – como porte e área ocupada – e da vulnerabilidade ou da importância dos recursos ambientais e das comunidades que poderão ser afetadas, e ao final, da localização do projeto. Esse teor de *significância* dos impactos, para Sánchez, ainda se vincularia largamente à capacidade gerencial da organização ou empresa responsável pelo projeto.[1391]

Em muitas jurisdições pelo mundo, o estudo prévio de impacto ambiental (EIA) não é limitado às repercussões físicas e ecológicas dos projetos licenciados, mas inclui também seus efeitos econômicos, sociais e culturais, haja vista que as repercussões negativas de um projeto podem ir além de suas consequências ecológicas.[1392]

Trata-se de uma tendência de se estenderem exigências para programas socioambientais e de gestão e responsabilidade social corporativa como condicionantes de licenças, diretrizes requeridas em geral por financiadores e entidades financeiras, ou ainda em decisões ou acordos em processos ou inquéritos, a exemplo de Termos de Ajustamento de Conduta (TAC) firmados entre autoridades públicas e licenciados.[1393]

Toda poluição se vincula à introdução no meio ambiente de qualquer forma de matéria ou energia que possa afetar negativamente o homem ou outros organismos.[1394]

Assim, licenciar atividades com *significativos* impactos ambientais não pode prescindir da análise e estudo para a gestão e governança do controle dos impactos, diretos e

---

[1389] BIM, Eduardo Fortunato. *Licenciamento Ambiental*. 4. ed. Belo Horizonte: Fórum, 2019. p. 243.
[1390] BIM, Eduardo Fortunato. *Licenciamento Ambiental*. 4. ed. Belo Horizonte: Fórum, 2019. p. 264.
[1391] SÁNCHEZ, Luis Enrique. *Avaliação de Impacto Ambiental*: conceitos e métodos. 3. ed., atual. e aprimorada. São Paulo: Oficina de Textos, 2020. p. 92.
[1392] SÁNCHEZ, Luis Enrique. *Avaliação de Impacto Ambiental*: conceitos e métodos. 3. ed., atual. e aprimorada. São Paulo: Oficina de Textos, 2020. p. 20.
[1393] SÁNCHEZ, Luis Enrique. *Avaliação de Impacto Ambiental*: conceitos e métodos. 3. ed., atual. e aprimorada. São Paulo: Oficina de Textos, 2020. p. 321.
[1394] SÁNCHEZ, Luis Enrique. *Avaliação de Impacto Ambiental*: conceitos e métodos. 3. ed., atual. e aprimorada. São Paulo: Oficina de Textos, 2020. p. 26.

indiretos, que sejam capazes de causar poluição *significativa*, o que não necessariamente estará relacionado com aspectos apenas ambientais e ecológicos.

Inclusive, a degragação ambiental, para Sánchez, se ligaria a qualquer alteração adversa dos processos, funções ou componentes ambientais, ou à alteração adversa da qualidade do ambiente, o que, registre-se, poderá estar ligado ou não à atividade ou ação humana.[1395] Já o impacto ambiental, assinala Sánchez, se relacionaria com a alteração da qualidade ambiental resultante da modificação de processos naturais ou sociais provocada por ação humana. O impacto ambiental será negativo com a alteração adversa e positivo com melhora do ambiente, mas de qualquer modo sua causa estará ligada e será resultado de uma ação ou atividade humana.[1396]

Para Farias, o impacto ambiental seria qualquer interferência positiva ou negativa causada pelo ser humano na qualidade do meio ambiente, seja o meio ambiente natural, artificial, cultural ou do trabalho, de maneira que as alterações de ordem econômica e social também estão abrangidas por aquele conceito.[1397] Nesse rol, por certo, integram medidas de proteção do interesse público como prevenção e combate à corrupção e à fraude, além da transparência, publicidade, acesso à informação e participação no licenciamento ambiental, pautas inclusive difundidas pela agenda ESG.

Diante disso, o licenciamento ambiental de atividades, obras ou empreendimentos com *significativos* impactos ambientais, desde o estudo prévio de impacto ambiental (EIA), diagnóstico ambiental, até a fixação das exigências do projeto e das licenças prévia, de instalação e de operação, abarcando também o seu monitoramento e controle, deve ser acompanhado da implantação de medidas visando evitar, reduzir, corrigir ou compensar os impactos ambientais negativos e potencializar os positivos.[1398] E as medidas de integridade e *compliance*, portanto, também deverão de algum modo integrar referido rol de controles exigidos da atividade.

São medidas importantes nos licenciamentos trifásicos. Para Niebuhr, os estudos mais detidos e a modalidade mais complexa de licenciamento ambiental (trifásica) faria sentido para os casos em que a natureza, características e peculiaridades da atividade/empreendimento demandam controle específico em cada uma das etapas (prévia, de instalação e operação) de desenvolvimento do empreendimento.[1399]

Nessas modalidades de licenciamento, as medidas de gestão e governança com intensidade tornam-se complexas e rigorosas, em razão da falta de meios e de capacidade regulatória do Estado, do avanço dos riscos de práticas de corrupção e fraude, em relação ao monitoramento e controle e, mais detidamente, na efetiva conformidade com padrões, políticas e normas ambientais incidentes.

Esse é um contexto sensível nos licenciamentos de grandes obras e empreendimentos com *significativos* impactos socioambientais, nos quais se constatam, segundo estudos de órgãos públicos de controle e de instituições especializadas, maiores riscos

---

[1395] SÁNCHEZ, Luis Enrique. *Avaliação de Impacto Ambiental*: conceitos e métodos. 3. ed., atual. e aprimorada. São Paulo: Oficina de Textos, 2020. p. 30-32.

[1396] SÁNCHEZ, Luis Enrique. *Avaliação de Impacto Ambiental*: conceitos e métodos. 3. ed., atual. e aprimorada. São Paulo: Oficina de Textos, 2020. p. 30-32.

[1397] FARIAS, Talden. *Licenciamento Ambiental*: aspectos teóricos e práticos. 7. ed. Belo Horizonte: Fórum, 2019. p. 53.

[1398] SÁNCHEZ, Luis Enrique. *Avaliação de Impacto Ambiental*: conceitos e métodos. 3. ed., atual. e aprimorada. São Paulo: Oficina de Textos, 2020. p. 78.

[1399] NIEBUHR, Pedro. *Processo administrativo ambiental*. 3. ed. rev., ampl. e atual. Belo Horizonte: Fórum, 2021a. p. 188.

para a prática de atos de corrupção e fraude. Além do cometimento de infrações e ilícitos ambientais correlacionados ou agravados pela falta de controle, transparência, publicidade, acesso à informação e participação.

Nesse sentido, para a própria efetividade da medida, o exame das perspectivas de se exigir programas de *compliance* em licenciamento ambiental deve ser considerado no âmbito das atividades, obras ou empreendimentos de *significativos* impactos. São nessas atividades – com natureza, características e fases relevantes – que em princípio as iniciativas de integridade e *compliance* se justificam com maior aplicabilidade.

Logo, para o contexto desta obra, e observando (i) a proporcionalidade e razoabilidade a que os estudos e exigências do licenciamento ambiental se submetem; (ii) a intrínseca complexidade de estrutura, porte e potencial poluidor adjacente a essas atividades; e (iii) a pluralidade de impactos ambientais, humanos, sociais, econômicos e de gestão e governança, diretos ou indiretos; que se considera mais conveniente e oportunamente aplicável a exigência da implantação ou implementação dos programas de *compliance* nos licenciamentos ambientais das atividades econômicas, obras ou empreendimentos com *significativos* impactos e degradações ambientais.

Referida delimitação justifica-se para os fins específicos desta análise, não obstando sua extensão para outras modalidades simplificadas de licenciamento ou em face de atividades, obras ou empreendimentos com impactos ambientais de menor dimensão ou magnitude. Como sabido, os órgãos ambientais detêm competência discricionária e técnica para apreciarem as exigências e medidas mais pertinentes.

Definidas essas considerações prévias e delimitado de modo exemplificativo o rol prioritário daquelas atividades econômicas, obras ou empreendimentos sujeitos à exigência da implantação de medidas de integridade e *compliance*, os próximos tópicos abordarão de modo resumido as perspectivas de tal requisito no âmbito dos estudos ambientais, das condicionantes das licenças ambientais e das fases do licenciamento.

4.1.1 Nos estudos ambientais do licenciamento

Para analisar as perspectivas da exigência de programas de *compliance* nos licenciamentos de atividades com *significativos* impactos, é preciso verificar sua compatibilidade com os estudos, fases e requisitos do processo de licenciamento.

Os estudos ambientais, conforme já se destacou no segundo capítulo, são requisitos a serem apresentados ao órgão licenciador acompanhados dos projetos e demais documentos pertinentes. O órgão ambiental, por sua vez, analisará esses estudos e realizará vistorias que julgar necessárias, solicitando, se for o caso, complementações, para, somente após isso, não sendo caso de audiência pública, emitir o parecer técnico conclusivo, além de proferir, se exigido, um parecer jurídico, deferindo ou indeferindo a licença ambiental postulada pelo empreendedor.[1400]

Esses estudos ambientais, como a Avaliação de Impactos Ambientais (AIA) ligada a um projeto de atividade com impactos significativos, têm funções como: (a) subsidiar a decisão do órgão ambiental; (b) auxiliar na concepção e planejamento do projeto a

---

[1400] TRENNEPOHL, Curt; TRENNEPOHL, Terence. *Licenciamento Ambiental*. 8. ed., rev., atual. e ampl., São Paulo: Thomson Reuters Brasil, 2020. p. 81.

ser licenciado; (c) fomentar a negociação social do projeto; e (d) instrumentalizar o planejamento da gestão ambiental da atividade ou empreendimento.[1401]

Segundo o art. 1º, III, da Res. nº 237/1997 do CONAMA, constata-se:

> III – Estudos Ambientais: são todos e quaisquer estudos relativos aos aspectos ambientais relacionados à localização, instalação, operação e ampliação de uma atividade ou empreendimento, apresentado como subsídio para a análise da licença requerida, tais como: relatório ambiental, plano e projeto de controle ambiental, relatório ambiental preliminar, diagnóstico ambiental, plano de manejo, plano de recuperação de área degradada e análise preliminar de risco.[1402]

A partir dessas conceituações, cogitar a inserção de medidas e programas de conformidade ou *compliance*, dadas as suas funções e elementos de controle, de monitoramento e de apuração sobre eventuais não conformidades, demonstra peculiar integração com os Estudos Ambientais (EA), tanto na Avaliação de Impacto Ambiental (AIA) quanto no Estudo Prévio de Impacto Ambiental (EIA) e Relatório de Impactos ao Meio Ambiente (RIMA) e demais medidas prévias a serem registradas nos Termos de Referência (TR) dos processos administrativos de licenciamento de empreendimentos, obras ou atividades com *significativos* impactos.

Como este trabalho está considerando a aplicação da exigência dos programas de *compliance* para os licenciamentos de atividades econômicas com *significativos* impactos, torna-se obrigatório discorrer a respeito da sua possível compatibilidade com os estudos prévios de EIA/RIMA, ponto a ser abordado no próximo tópico.

4.1.1.1 Como elemento do Estudo Prévio de Impacto Ambiental (EIA) e do Relatório de Impacto ao Meio Ambiente (RIMA)

Conforme a previsão do art. 225, IV, da CF/88, o Poder Público, representado pelos órgãos ambientais competentes, deverá "exigir, na forma da lei, para instalação de obra ou atividade potencialmente causadora de *significativa* degradação do meio ambiente, estudo prévio de impacto ambiental, a que se dará publicidade",[1403] medida aplicável nos processos administrativos de licenciamento ambiental.

Os estudos do EIA/RIMA apenas são exigidos para atividades potencial ou efetivamente causadoras de *significativa* degradação ambiental, sendo que, se o impacto ambiental não for significativo, serão aplicados estudos de menor complexidade, à luz do que prevê o parágrafo único, do art. 3º da Res. nº 237/1997/CONAMA.[1404]

Os requisitos abarcados pelo Estudo Prévio de Impacto Ambiental (EIA), o art. 5º da Res. nº 001/1986 do CONAMA, entre outras especiais previsões, destaca a

---

[1401] SÁNCHEZ, Luis Enrique. *Avaliação de Impacto Ambiental*: conceitos e métodos. 3. ed., atual. e aprimorada. São Paulo: Oficina de Textos, 2020. p. 71.

[1402] BRASIL. Conselho Nacional do Meio Ambiente – CONAMA. *Resolução CONAMA nº 237, de 19 de dezembro de 1997*. Brasília, DF, 1997. Disponível em: https://www.icmbio.gov.br/cecav/images/download/CONAMA%20237_191297.pdf. Acesso em: 19 dez. 2021.

[1403] BRASIL. Presidência da República. *Constituição da República Federativa do Brasil de 1988*. Brasília, DF: Presidência da República, 1988. Disponível em: http://www.planalto.gov.br/ccivil_03/constituicao/constituicaocompilado.htm. Acesso em: 19 out. 2021.

[1404] FARIAS, Talden. *Licenciamento Ambiental*: aspectos teóricos e práticos. 7. ed. Belo Horizonte: Fórum, 2019. p. 70.

obrigatoriedade de medidas para "identificar e avaliar sistematicamente os impactos ambientais gerados nas fases de implantação e operação da atividade" (art. 5º, II).[1405]

Em busca da compatibilização da exigência de implantação e desenvolvimento de programas de *compliance* como elemento do EIA, é possível vislumbrar sua potencial aplicação na linha do que expõe o Inciso II, do referido art. 5º, pois são tarefas que poderão estar alinhadas com a estruturação de melhoria contínua de gestão ambiental, objetivo que pode ser integrado aos programas de *compliance*.

Além disso, ao se observar o parágrafo único do art. 5º, há expressa possibilidade concedida aos órgãos licenciadores de apresentarem exigências de *compliance*, haja vista a faculdade de fixarem "*diretrizes adicionais* que, pelas peculiaridades do projeto e características ambientais da área, forem julgadas necessárias".

Em paralelo, ainda nos elementos e funções do EIA, no art. 6º da mesma Res. nº 001/1986 do CONAMA, em suas diretrizes está descrita a "elaboração do programa de acompanhamento e monitoramento dos impactos positivos e negativos, indicando os fatores e parâmetros a serem considerados" (art. 6º, IV).[1406] Essas previsões normativas das diretrizes do EIA, notadamente na função de *monitoramento e acompanhamento*, poderão ser compatibilizadas com a estrutura mínima e os objetivos gerais dos

---

[1405] Art. 5º O estudo de impacto ambiental, além de atender à legislação, em especial os princípios e objetivos expressos na Lei de Política Nacional do Meio Ambiente, obedecerá às seguintes diretrizes gerais:
I – Contemplar todas as alternativas tecnológicas e de localização do projeto, confrontando-as com a hipótese de não execução do projeto;
II – Identificar e avaliar sistematicamente os impactos ambientais gerados nas fases de implantação e operação da atividade;
III – Definir os limites da área geográfica a ser direta ou indiretamente afetada pelos impactos, denominada área de influência do projeto, considerando, em todos os casos, a bacia hidrográfica na qual se localiza;
IV – Considerar os planos e programas governamentais, propostos e em implantação na área de influência do projeto, e sua compatibilidade.
Parágrafo único. Ao determinar a execução do estudo de impacto ambiental, o órgão estadual competente, ou a SEMA ou, quando couber, o Município, fixará as diretrizes adicionais que, pelas peculiaridades do projeto e características ambientais da área, forem julgadas necessárias, inclusive os prazos para conclusão e análise dos estudos (BRASIL. Conselho Nacional do Meio Ambiente. *Resolução nº 1, de 23 de janeiro de 1986*. Dispõe sobre critérios básicos e diretrizes gerais para a avaliação de impacto ambiental. Brasília, 1986).

[1406] Art. 6º O estudo de impacto ambiental desenvolverá, no mínimo, as seguintes atividades técnicas:
I – Diagnóstico ambiental da área de influência do projeto completa descrição e análise dos recursos ambientais e suas interações, tal como existem, de modo a caracterizar a situação ambiental da área, antes da implantação do projeto, considerando:
a) o meio físico – o subsolo, as águas, o ar e o clima, destacando os recursos minerais, a topografia, os tipos e aptidões do solo, os corpos d'água, o regime hidrológico, as correntes marinhas, as correntes atmosféricas;
b) o meio biológico e os ecossistemas naturais - a fauna e a flora, destacando as espécies indicadoras da qualidade ambiental, de valor científico e econômico, raras e ameaçadas de extinção e as áreas de preservação permanente;
c) o meio sócio-econômico – o uso e ocupação do solo, os usos da água e a sócio-economia, destacando os sítios e monumentos arqueológicos, históricos e culturais da comunidade, as relações de dependência entre a sociedade local, os recursos ambientais e a potencial utilização futura desses recursos.
II – Análise dos impactos ambientais do projeto e de suas alternativas, através de identificação, previsão da magnitude e interpretação da importância dos prováveis impactos relevantes, discriminando: os impactos positivos e negativos (benéficos e adversos), diretos e indiretos, imediatos e a médio e longo prazos, temporários e permanentes; seu grau de reversibilidade; suas propriedades cumulativas e sinérgicas; a distribuição dos ônus e benefícios sociais.
III – Definição das medidas mitigadoras dos impactos negativos, entre elas os equipamentos de controle e sistemas de tratamento de despejos, avaliando a eficiência de cada uma delas.
IV – Elaboração do programa de acompanhamento e monitoramento dos impactos positivos e negativos, indicando os fatores e parâmetros a serem considerados (BRASIL. Conselho Nacional do Meio Ambiente. *Resolução nº 1, de 23 de janeiro de 1986*. Dispõe sobre critérios básicos e diretrizes gerais para a avaliação de impacto ambiental. Brasília, 1986).

programas de *compliance*, agregando elementos para o controle da gestão ambiental da atividade a ser licenciada.

Tendo em vista o parágrafo único do mencionado art. 6º, faculta-se a determinação de *"instruções adicionais* que se fizerem necessárias pelas peculiaridades do projeto".[1407] Isso permite, sob obrigatória e fundamentada motivação, que os órgãos ambientais competentes recomendem ou exijam os programas de *compliance* como um dos elementos para monitoramento, controle e mitigação de impactos no EIA do respectivo projeto de atividade, obra ou empreendimento a ser licenciado.

Em relação aos elementos do Relatório de Impactos ao Meio Ambiente (RIMA), cuja incidência, via de regra, também ocorre em face de atividades, obras empreendimentos com *significativos* impactos, o art. 9º da Res. nº 001/1986 do CONAMA prevê, dentre outros requisitos, o "programa de acompanhamento e monitoramento dos impactos" (art. 9º, VII).[1408]

Nas funções esperadas desses programas de acompanhamento e monitoramento dos impactos também poderão abarcar potenciais diretrizes de programa de *compliance* para o monitoramento e controle contínuo da conformidade legal ambiental da atividade, obra ou empreendimento de *significativo* impacto a ser licenciado.

Destaca-se que os órgãos ambientais competentes, da mesma forma ocorrida com o EIA, a partir do art. 10 da Res. nº 001/1986/CONAMA poderão recomendar ou exigir *descrições complementares* ligadas a eventual programa de *compliance* integrante do RIMA ligado ao projeto analisado, uma vez que têm a obrigatoriedade de se manifestarem conclusivamente acerca do relatório produzido pelo agente ou empreendedor.

Se o licenciamento significa base estrutural para a gestão ambiental das empresas e demais atividades capazes de causar impacto ambiental,[1409] caberá aos Estudos Ambientais (EA), como o Estudo Prévio de Impacto Ambiental (EIA) e o Relatório de

---

[1407] Art. 6º (...) Parágrafo único. Ao determinar a execução do estudo de impacto ambiental, o órgão estadual competente, ou a SEMA ou, quando couber, o Município fornecerá as instruções adicionais que se fizerem necessárias, pelas peculiaridades do projeto e características ambientais da área (BRASIL. Conselho Nacional do Meio Ambiente. *Resolução nº 1, de 23 de janeiro de 1986*. Dispõe sobre critérios básicos e diretrizes gerais para a avaliação de impacto ambiental. Brasília, 1986).

[1408] Art. 9º O relatório de impacto ambiental – RIMA refletirá as conclusões do estudo de impacto ambiental e conterá, no mínimo:
I – Os objetivos e justificativas do projeto, sua relação e compatibilidade com as políticas setoriais, planos e programas governamentais;
II – A descrição do projeto e suas alternativas tecnológicas e locacionais, especificando para cada um deles, nas fases de construção e operação a área de influência, as matérias primas, e mão-de-obra, as fontes de energia, os processos e técnicas operacionais, os prováveis efluentes, emissões, resíduos e perdas de energia, os empregos diretos e indiretos a serem gerados;
III – A síntese dos resultados dos estudos de diagnósticos ambiental da área de influência do projeto;
IV – A descrição dos prováveis impactos ambientais da implantação e operação da atividade, considerando o projeto, suas alternativas, os horizontes de tempo de incidência dos impactos e indicando os métodos, técnicas e critérios adotados para sua identificação, quantificação e interpretação;
V – A caracterização da qualidade ambiental futura da área de influência, comparando as diferentes situações da adoção do projeto e suas alternativas, bem como com a hipótese de sua não realização;
VI – A descrição do efeito esperado das medidas mitigadoras previstas em relação aos impactos negativos, mencionando aqueles que não puderem ser evitados, e o grau de alteração esperado;
VII – O programa de acompanhamento e monitoramento dos impactos;
VIII – Recomendação quanto à alternativa mais favorável (conclusões e comentários de ordem geral) (BRASIL. Conselho Nacional do Meio Ambiente. *Resolução nº 1, de 23 de janeiro de 1986*. Dispõe sobre critérios básicos e diretrizes gerais para a avaliação de impacto ambiental. Brasília, 1986).

[1409] FARIAS, Talden. *Licenciamento Ambiental*: aspectos teóricos e práticos. 7. ed. Belo Horizonte: Fórum, 2019. p. 29.

Impactos ao Meio Ambiente (RIMA), abarcarem também aspectos de gestão e governança, através do monitoramento e controle contínuo da conformidade (*compliance*) legal ambiental e da prevenção e gestão dos riscos ligados a práticas de corrupção e fraude, bem como sobre transparência, publicidade, acesso à informação e participação, tarefas potencializadas com o desenvolvimento de programas de integridade e *compliance* no controle das atividades com significativos impactos ambientais.

4.1.1.2 Como elemento do Plano de Gestão Ambiental (PGA), do Plano de Controle e Monitoramento Ambiental (PCA) e do Projeto Básico Ambiental (PBA)

Além dos estudos aprofundados do EIA e do RIMA, no licenciamento de atividades, obras ou empreendimentos com *significativos* impactos ambientais também deverão ser exigidas medidas, como a exemplo dos Planos de Controle Ambiental (PCA), Planos de Gestão Ambiental (PGA) e de Projeto Básico Ambiental (PBA).

Para Sánchez, o Plano de Gestão Ambiental (PGA) refere-se a um conjunto de medidas para prevenir, atenuar ou compensar impactos adversos e riscos ambientais e valorizar os impactos positivos. As medidas mitigadoras podem ser agrupadas em programas e o conjunto de programas constitui o Plano de Gestão Ambiental.[1410]

Tanto o PGA quanto os demais planos devem constar EIA dos projetos com *significativos* impactos ambientais,[1411] de modo que, no Brasil, há distintas previsões ligadas a esses planos, como o Plano de Controle Ambiental (PCA), previsto pelas Resoluções nº 09/1990 e nº 10/1990 do CONAMA, e o Projeto Básico Ambiental (PBA), pela Resolução nº 06/1987 também do CONAMA.

Dentro desses planos, há diferentes funções a serem fixadas, como: (a) mitigação decorrente da Avaliação de Impactos Ambientais (AIA) realizada sobre o projeto e formalizada como condicionante do licenciamento ou requisitos de instituições financeiras; (b) implementação de Sistema de Gestão Ambiental (SGA) pela ABNT NBR ISO 14.001/2015; (c) ações voluntárias de gestão da responsabilidade social corporativa ou de adesão a códigos de conduta organizacional; (d) medidas de negociação e participação das comunidades locais e partes interessadas no projeto licenciado; e (e) decisões ou medidas exigidas por autoridades em Termos de Ajustamento de Conduta (TAC).[1412]

Nos Planos de Controle Ambiental (PCA), voltados ao monitoramento e ao controle da eficácia da mitigação, prevenção e compensação dos impactos e da execução da gestão ligada aos diferentes aspectos do projeto da atividade a ser licenciada, o objetivo maior é garantir o nível de proteção ambiental pretendido no EIA do empreendimento.

Cumpre salientar que o monitoramento e o controle desenvolvidos pela atividade licenciada devem ser compatíveis com os impactos previstos, inclusive, essas medidas não devem se restringir a parâmetros físicos e biológicos. Pelo contrário, o monitoramento

---

[1410] SÁNCHEZ, Luis Enrique. *Avaliação de Impacto Ambiental*: conceitos e métodos. 3. ed., atual. e aprimorada. São Paulo: Oficina de Textos, 2020. p. 321.
[1411] SÁNCHEZ, Luis Enrique. *Avaliação de Impacto Ambiental*: conceitos e métodos. 3. ed., atual. e aprimorada. São Paulo: Oficina de Textos, 2020. p. 321.
[1412] SÁNCHEZ, Luis Enrique. *Avaliação de Impacto Ambiental*: conceitos e métodos. 3. ed., atual. e aprimorada. São Paulo: Oficina de Textos, 2020. p. 321.

e o controle devem incluir indicadores de impactos sociais e econômicos,[1413] medida que não poderá prescindir, como visto, de iniciativas que primem pela gestão e governança da integridade e da conformidade legal (*compliance*) ligadas à atividade, obra ou empreendimento causador de *significativos* impactos.

Isso porque uma das principais falhas dos programas e planos de gestão ambiental está na atenção exclusiva às medidas de ordem física em detrimento de controles operacionais e gerenciais ligados ao projeto da atividade, obra ou empreendimento licenciado. Deve-se ter em mente que a gestão ambiental está ligada ao conjunto de medidas de ordem técnica e gerencial que visem assegurar que o projeto licenciado seja implantado, operado e desativado em conformidade [*compliance*] com a legislação ambiental e outros requisitos relevantes, a fim de minimizar os riscos ambientais e os impactos adversos, maximizando os efeitos benéficos.[1414]

Considerando-se que impacto ambiental é toda a alteração da qualidade ambiental provocada por ação ou atividade humana, e que um impacto ambiental indireto seria decorrente de um impacto direto gerado pelo projeto ou atividade humana ou por ações de terceiros facilitadas pela presença do empreendimento (impacto induzido),[1415] os estudos e exigências do licenciamento devem controlar não apenas variáveis ambientais, como também ligadas à gestão e à governança dos grandes empreendimentos, cuida-se de perspectiva que corrobora os valores da agenda ESG.

Dentre essas variáveis estão riscos de atos de corrupção, fraude, conflito de interesses, improbidade administrativa, infrações e demais ilícitos contra a lisura e a conformidade legal, causando violações ao interesse público e à Administração Pública ambiental. Essas circunstâncias, quando ligadas às atividades, obras ou empreendimentos com *significativos* impactos socioambientais, além de violarem regras jurídicas e preceitos legais, detêm ainda o potencial sistêmico de causarem e agravarem as eventuais degradações e danos ambientais no licenciamento ambiental.

Sem planos para o monitoramento, não poderá haver qualquer controle contínuo da qualidade ambiental da atividade ou empreendimento,[1416] sem se perder de vista que esse monitoramento não deverá ser desproporcional ao que se almeja controlar.[1417] Por isso, reitera-se, uma vez mais, a perspectiva da exigência de programas de *compliance* em face das atividades econômicas de grande porte e dotadas de *significativos* impactos.

Por essas perspectivas é que a exigência de implantação de programas de integridade e *compliance* em licenciamentos de grande porte e com *significativos* impactos socioambientais mostra-se pertinente, especialmente como elemento das medidas fixadas no Plano de Gestão Ambiental (PGA), no Plano de Controle Ambiental (PCA) e no Projeto Básico Ambiental (PBA), instrumentos de monitoramento e controle da conformidade da atividade econômica a ser licenciada.

[1413] SÁNCHEZ, Luis Enrique. *Avaliação de Impacto Ambiental*: conceitos e métodos. 3. ed., atual. e aprimorada. São Paulo: Oficina de Textos, 2020. p. 341.

[1414] SÁNCHEZ, Luis Enrique. *Avaliação de Impacto Ambiental*: conceitos e métodos. 3. ed., atual. e aprimorada. São Paulo: Oficina de Textos, 2020. p. 451.

[1415] SÁNCHEZ, Luis Enrique. *Avaliação de Impacto Ambiental*: conceitos e métodos. 3. ed., atual. e aprimorada. São Paulo: Oficina de Textos, 2020. p. 451.

[1416] BIM, Eduardo Fortunato. *Licenciamento Ambiental*. 4. ed. Belo Horizonte: Fórum, 2019. p. 243.

[1417] BIM, Eduardo Fortunato. *Licenciamento Ambiental*. 4. ed. Belo Horizonte: Fórum, 2019. p. 244.

Segundo Cohen, desenvolver parâmetros e critérios de aferição de *compliance* ambiental a partir dos licenciamentos não beneficiaria exclusivamente a governança das empresas licenciadas, mas também aumentaria, de forma transparente, a segurança jurídica de todo o processo administrativo, ao permitir uma fiscalização mais apurada, tanto pelos órgãos licenciadores quanto pelos órgãos de controle, ou mesmo pelas comunidades interessadas e afetadas pelo empreendimento.[1418]

A introdução das medidas e programas de *compliance* no licenciamento agregaria função de critério de desempenho em matéria ambiental e também em padrões e diretrizes da agenda ESG contemporânea. Objetivos de acompanhamento exigidos do empreendedor no licenciamento podem trazer maior clareza e previsibilidade de obrigações, oferecer maior segurança jurídica a todos os interessados e balizar a conduta da empresa ou organização titular da atividade ou empreendimento licenciado.[1419]

Para além da fase preliminar do licenciamento, voltada ao planejamento do empreendimento, à aprovação de localização, concepção, viabilidade ambiental e de requisitos básicos,[1420] parte-se para a concessão das licenças ambientais, em cujas condicionantes as medidas de *compliance* poderão desempenhar papel crucial.

4.1.2 Nas condicionantes das licenças ambientais requeridas

Conforme os capítulos anteriores, o Direito Ambiental enfrenta uma falta de implementação de suas normas, especialmente quando o assunto é a eficácia do processo de licenciamento de atividades com *significativos* impactos socioambientais.

Nesse contexto, a principal função do licenciamento – de proteção do meio ambiente em sintonia com um desenvolvimento social e econômico sustentável – permanece aquém de seu escopo de regular e controlar, de modo efetivo e sistêmico, os riscos, impactos e degradações ambientais causados à natureza e à sociedade.

Essa limitação se deve, entre outros fatores, à intrínseca característica de incerteza e continuidade envolta às questões ambientais, dinamicidade inerente a todo o processo de licenciamento, cuja meta maior é não perder o gerenciamento dos impactos ambientais, com vistas à manutenção da viabilidade da atividade ou empreendimento.[1421]

Por essas peculiaridades é que em todo licenciamento a emissão das licenças (Prévia, de Instalação ou de Operação) não cessará a avaliação dos programas e planos ambientais e da execução da obra, atividade ou empreendimento de um modo geral.[1422]

É importante reiterar o papel das licenças ambientais, que se difere do licenciamento ambiental, uma vez que as licenças representam o ato administrativo que concederá o direito ao exercício da atividade econômica, obra ou empreendimento.[1423]

[1418] COHEN, Rafael Aizenstein. Impactos do compliance no licenciamento ambiental e na governança corporativa. *In*: TRENNEPOHL; Terence; TRENNEPOHL, Natascha (Org.). *Compliance no Direito Ambiental*. (Coleção Compliance; vol. 2). 1. ed. São Paulo: Thomson Reuters Brasil, 2020. p. 274.

[1419] COHEN, Rafael Aizenstein. Impactos do compliance no licenciamento ambiental e na governança corporativa. *In*: TRENNEPOHL; Terence; TRENNEPOHL, Natascha (Org.). *Compliance no Direito Ambiental*. (Coleção Compliance; vol. 2). 1. ed. São Paulo: Thomson Reuters Brasil, 2020. p. 274.

[1420] FARIAS, Talden. *Licenciamento Ambiental*: aspectos teóricos e práticos. 7. ed. Belo Horizonte: Fórum, 2019. p. 66.

[1421] BIM, Eduardo Fortunato. *Licenciamento Ambiental*. 4. ed. Belo Horizonte: Fórum, 2019. p. 44.

[1422] BIM, Eduardo Fortunato. *Licenciamento Ambiental*. 4. ed. Belo Horizonte: Fórum, 2019. p. 45.

[1423] FARIAS, Talden. *Licenciamento Ambiental*: aspectos teóricos e práticos. 7. ed. Belo Horizonte: Fórum, 2019. p. 27.

Com as licenças, a regra é a concessão, por parte do órgão competente, de uma outorga com prazo de validade para a realização das atividades humanas que possam gerar impactos ambientais, sob a condição de que sejam cumpridas determinadas regras, condições e medidas de controle ambiental pelo agente licenciado.[1424]

Na lição de José Afonso da Silva, as licenças ambientais são atos administrativos de controle preventivo de atividades de particulares no exercício de seus direitos, entre esses, o da exploração ou uso de bem ambiental, cujo gozo depende do cumprimento de requisitos legalmente estabelecidos para a proteção ambiental, condicionando o particular à obtenção da competente licença da autoridade pública ambiental.[1425]

Nessa linha, o conteúdo e os demais requisitos de concessão das licenças ambientais – definidos como condicionantes – representarão exigência que deve ser vista como definidora do nível de conformidade ou *compliance* ambiental da atividade.

Ademais, se o licenciamento representa o *locus* de definição das medidas de prevenção, e, conforme o caso, das ações de mitigação, reparação, compensação, controle ou acompanhamento dos impactos adversos,[1426] imprescindíveis se tornam as licenças concedidas e as condicionantes nelas definidas e exigidas.

O conjunto de direcionamentos, condições, restrições ou medidas de controle que devam, em cada caso, constar das licenças ambientais, é identificado tanto pela legislação quanto pela doutrina como condicionantes.[1427] Dentre elas, destacam-se as medidas de controle ambiental, que possuem o objetivo de evitar a ocorrência de impactos negativos ao meio ambiente, executadas em geral por meio de iniciativas e de ações que tenham esse potencial preventivo e de controle continuado.[1428]

Para Milaré, as condicionantes ambientais impostas em uma etapa ou fase do licenciamento vinculam o deferimento das próximas licenças ao cumprimento daquelas obrigações anteriormente fixadas. Para que seja deferida a licença ambiental de instalação (LAI), as condicionantes da licença ambiental prévia (LAP) já devem ter sido cumpridas e, para o deferimento da licença ambiental de operação (LAO), necessário será o prévio atendimento das condicionantes tanto da LAI quanto da LAP.[1429]

O descumprimento ou inobservância das obrigações das concidicionantes ambientais das licenças é infração administrativa ambiental, conforme o art. 66, do Decreto Federal nº 6.514/2008.[1430] Tal regra corrobora a importância da exigência de mecanismos de monitoramento e controle para o cumprimento de todo o conjunto das eventuais condicionantes fixadas nas licenças expedidas.

[1424] FARIAS, Talden. *Licenciamento Ambiental*: aspectos teóricos e práticos. 7. ed. Belo Horizonte: Fórum, 2019. p. 27.
[1425] SILVA, José Afonso da. *Direito ambiental constitucional*. 10. ed. atual. São Paulo: Malheiros, 2013. p. 193.
[1426] PRACUCHO, Davi Marcucci. *Licenciamento ambiental no direito brasileiro*: Aspectos legais e doutrinários, conflituosidade e ordem constitucional. 1. ed. Rio de Janeiro: Lumen Juris, 2018. p. 129.
[1427] PRACUCHO, Davi Marcucci. *Licenciamento ambiental no direito brasileiro*: Aspectos legais e doutrinários, conflituosidade e ordem constitucional. 1. ed. Rio de Janeiro: Lumen Juris, 2018. p. 112.
[1428] MILARÉ, Édis. *Direito do ambiente*. 12. ed., rev., atual. e ampl. São Paulo: Thomson Reuters Brasil, 2020. p. 785-786.
[1429] MILARÉ, Édis. *Direito do ambiente*. 12. ed., rev., atual. e ampl. São Paulo: Thomson Reuters Brasil, 2020. p. 795-796.
[1430] Art. 66. Construir, reformar, ampliar, instalar ou fazer funcionar estabelecimentos, atividades, obras ou serviços utilizadores de recursos ambientais, considerados efetiva ou potencialmente poluidores, sem licença ou autorização dos órgãos ambientais competentes, em desacordo com a licença obtida ou contrariando as normas legais e regulamentos pertinentes: Multa de R$500,00 (quinhentos reais) a R$10.000.000,00 (dez milhões de reais). (BRASIL. Presidência da República. *Decreto nº 6.514, de 22 de julho de 2008*. Dispõe sobre as infrações e sanções administrativas ao meio ambiente, estabelece o processo administrativo federal para apuração destas infrações, e dá outras providências. Brasília, DF, 2008. Disponível em: http://www.planalto.gov.br/ccivil_03/_ato2007-2010/2008/decreto/d6514.htm. Acesso em: 15 maio 2022).

Dessa forma, por sua própria concepção, mostra-se oportuno o presente exame da articulação entre as condicionantes de licenças ambientais com o desenvolvimento de planos e programas de integridade e *compliance* no âmbito dos licenciamentos de grandes obras e empreendimentos com *significativos* impactos.

Isso porque crescentes são os riscos de infrações e danos ambientais correlacionados, em algum grau, à falta de fiscalização, monitoramento e controle vinculados a programas de gestão e de fomento da prevenção, controle e combate à corrupção, fraude, conflito de interesses, improbidade administrativa e demais atos lesivos à Administração Pública ambiental e, ao fim e ao cabo, prejudiciais ao interesse da coletividade na efetiva proteção do meio ambiente no licenciamento.

Tratando-se das condicionantes em licenças, o atendimento aos seus requisitos necessita cada vez mais de instrumentos de governança e conformidade (*compliance*), pois esses são meios que vão além da faceta de comando e controle, abarcando a promoção de medidas preventivas, voltadas ao desenvolvimento e acompanhamento do cumprimento, por toda a empresa ou organização, dos padrões normativos e técnicos exigidos por lei ou ainda voluntariamente estabelecidos.[1431]

É sobre essa compatibilidade existente entre a exigência da implantação dos programas de *compliance* e as funções das condicionantes de cada um dos tipos de licenças ambientais que os próximos tópicos tratarão.

4.1.2.1 Na licença ambiental prévia

Como se destacou no segundo capítulo, a licença ambiental prévia (LAP) é uma das mais importantes licenças concedidas no bojo de um processo administrativo de licenciamento, especialmente para atividades com *significativos* impactos ambientais.

Conforme o art. 8º, da Res. nº 237/1997 do CONAMA, a licença ambiental prévia (LAP), concedida na fase preliminar do planejamento do empreendimento, é a licença que aprovará "sua localização e concepção, atestando a viabilidade ambiental e estabelecendo os requisitos básicos e condicionantes a serem atendidos nas próximas fases de sua implementação".[1432]

Na mesma Resolução, o art. 18 fixa a sua validade de no mínimo o prazo "estabelecido pelo cronograma de elaboração dos planos, programas e projetos relativos ao empreendimento ou atividade, não podendo ser superior a 5 (cinco) anos".[1433]

Essa vinculação da validade da LAP ao conteúdo dos planos, programas e projetos fixados ao projeto licenciado confirma a importância das medidas de controle e monitoramento da gestão ambiental da atividade. Iniciativas com que os programas de integridade e *compliance* poderão ser compatibilizados e definidos em conjunto como elemento voltado à melhoria contínua da gestão e governança do empreendimento.

[1431] COHEN, Rafael Aizenstein. Impactos do compliance no licenciamento ambiental e na governança corporativa. In: TRENNEPOHL; Terence; TRENNEPOHL, Natascha (Org.). *Compliance no Direito Ambiental*. (Coleção Compliance; vol. 2). 1. ed. São Paulo: Thomson Reuters Brasil, 2020. p. 271-272.

[1432] BRASIL. Conselho Nacional do Meio Ambiente – CONAMA. *Resolução CONAMA nº 237, de 19 de dezembro de 1997*. Brasília, DF, 1997. Disponível em: https://www.icmbio.gov.br/cecav/images/download/CONAMA%20237_191297.pdf. Acesso em: 19 dez. 2021.

[1433] BRASIL. Conselho Nacional do Meio Ambiente – CONAMA. *Resolução CONAMA nº 237, de 19 de dezembro de 1997*. Brasília, DF, 1997. Disponível em: https://www.icmbio.gov.br/cecav/images/download/CONAMA%20237_191297.pdf. Acesso em: 19 dez. 2021.

Conforme a maior parte da legislação brasileira, tanto federal quanto dos Estados e Municípios, a LAP deve ser concedida na fase preliminar do projeto, para aprovar sua localização e concepção, atestando a viabilidade ambiental e estabelecendo os requisitos básicos e condicionantes a serem atendidas nas fases seguintes de sua implantação,[1434] momento crucial para as diretrizes de controle exigidas no licenciamento.Em outras palavras, o que se aprova com a concessão da licença ambiental prévia (LAP) é um projeto conceitual a ser detalhado na fase de obtenção da licença ambiental de instalação (LAI), conforme as condicionantes estabelecidas na própria LAP.[1435]

Recorde-se que os programas de integridade e *compliance* consistem, sinteticamente, no desenvolvimento e criação de políticas, processos e procedimentos que direcionem a forma de agir dos gestores, colaboradores e partes interessadas (fornecedores, terceirizados, parceiros de negócios, entre outros).[1436] Tais iniciativas são um potencial elemento dos planos e programas de monitoramento e controle de gestão ambiental que via de regra constem da LAP, especialmente em atividades e empreendimentos com grande porte e *significativos* impactos socioambientais.

Como as condicionantes das licenças, à luz do art. 1º, II, da Res. nº 237/1997 do CONAMA, ligam-se às "condições, restrições e medidas de controle ambiental que deverão ser obedecidas pelo empreendedor, pessoa física ou jurídica, para localizar, instalar, ampliar e operar empreendimentos ou atividades",[1437] tornar a exigência da implantação e do desenvolvimento de programas de integridade e *compliance* um dos elementos para a concessão da LAP poderá representar efetivo reforço instrumental na prevenção e no controle contínuo da conformidade legal das atividades licenciadas.

Para além do incremento no monitoramento e controle da gestão e governança da atividade, os programas de integridade e *compliance*, estabelecidos como condicionante para concessão da LAP, poderão abarcar funções importantes paras as posteriores fases de instalação e de operação da atividade econômica.

Nas etapas de instalação e de operação do licenciamento, maior é a incidência de riscos de corrupção e fraude e demais infrações e atos lesivos à Administração Pública. Nessas fases, a fiscalização e o acompanhamento por parte das autoridades e dos órgãos são por natureza mais intensas e necessárias, dado o fato de a implantação e o efetivo exercício da atividade já terem sido iniciados pelo empreendedor.

Em síntese, considerando-se que as condicionantes da licença ambiental prévia (LAP) objetivam reunir, dentre outros requisitos, os planos, programas e controles de gestão ambiental necessários à instalação e à operação da atividade, os programas de integridade e *compliance*, por suas estruturas e funções de prevenção e de controle da conformidade legal e proteção ao interesse público, passam a representar, portanto, potencial elemento a integrar o rol de condicionantes constantes da LAP.

[1434] ANTUNES, Paulo de Bessa. *Direito ambiental*. 20. ed. São Paulo: Atlas, 2019. p. 87-88.
[1435] ANTUNES, Paulo de Bessa. *Direito ambiental*. 20. ed. São Paulo: Atlas, 2019. p. 88.
[1436] PIRONTI, Rodrigo; ZILIOTTO, Mirela Miró. *Compliance nas contratações públicas*: exigência e critérios normativos. 2. ed., rev., ampl. e atual. Belo Horizonte: Fórum, 2021. p. 265.
[1437] BRASIL. Conselho Nacional do Meio Ambiente – CONAMA. *Resolução CONAMA nº 237, de 19 de dezembro de 1997*. Brasília, DF, 1997. Disponível em: https://www.icmbio.gov.br/cecav/images/download/CONAMA%20237_191297.pdf. Acesso em: 19 dez. 2021.

4.1.2.2 Na licença ambiental de instalação

Após concedida a licença ambiental prévia (LAP), o empreendimento, obra ou atividade potencialmente poluidora e com *significativos* impactos ambientais necessitará da expedição da licença ambiental de instalação (LAI), a qual, em síntese, permitirá a concreta instalação, condicionada aos planos e medidas de controle, do projeto autorizado e aprovado nas etapas prévias anteriores, definidas e validadas pelo órgão.

Nos termos do art. 8º, da Res. nº 237/1997 do CONAMA, a licença ambiental de instalação (LAI) objetiva autorizar "a instalação do empreendimento ou atividade de acordo com as especificações constantes dos planos, programas e projetos aprovados, incluindo as medidas de controle ambiental e demais condicionantes",[1438] requisitos esses que "constituem motivo determinante"[1439] para a concessão da LAI.

Diferentemente da licença ambiental prévia (LAP), a licença ambiental de instalação (LAI) permitirá, quando expedida em favor do interessado, o início das obras e medidas para viabilização da atividade ou empreendimento, condição que exige, como regra, a execução dos planos, medidas e programas de controle ambiental fixados.

Como salienta Antunes, o requerimento da licença ambiental de instalação (LAI) deverá vir acompanhado da comprovação do atendimento das condicionantes da LAP, do relatório de detalhamento dos programas ambientais, e outras informações, quando couber. Inclusive, nos casos que couber, a LAI somente será expedida após a comprovação da Declaração de Utilidade Pública do empreendimento.[1440]

É nesta segunda fase do licenciamento ambiental trifásico que se elabora o Projeto Executivo, o qual é uma reestruturação do projeto original prévio, com mais detalhes e em que são prescritas condições técnicas capazes de compatibilizar a instalação da atividade econômica com a proteção do meio ambiente.[1441]

Tendo em vista que o processo administrativo de licenciamento, entre suas funções maiores, procura fazer com que as atividades econômicas poluidoras cumpram com sua função social, notadamente de mínima proteção do meio ambiente e qualidade de vida,[1442] as medidas de monitoramento, controle e gestão ambiental exigidas na LAI mostram-se de suma importância. Sem o seu atendimento, as atividades não poderão ser instaladas, tampouco funcionarem ou continuarem funcionando se não estiverem em conformidade (*compliance*) com as condicionantes ou sem o devido licenciamento.

A viabilidade ambiental da obra ou empreendimento é condicionada ao atendimento das medidas mitigadoras e dos programas e planos de gestão ambiental, de modo que todas as condicionantes ligadas ao acompanhamento, monitoramento e controle da conformidade técnica ou legal terão papel crucial para a verificação de *compliance* com o conjunto de diretrizes de todo o licenciamento.

[1438] BRASIL. Conselho Nacional do Meio Ambiente – CONAMA. *Resolução CONAMA nº 237, de 19 de dezembro de 1997*. Brasília, DF, 1997. Disponível em: https://www.icmbio.gov.br/cecav/images/download/CONAMA%20237_191297.pdf. Acesso em: 19 dez. 2021.

[1439] BRASIL. Conselho Nacional do Meio Ambiente – CONAMA. *Resolução CONAMA nº 237, de 19 de dezembro de 1997*. Brasília, DF, 1997. Disponível em: https://www.icmbio.gov.br/cecav/images/download/CONAMA%20237_191297.pdf. Acesso em: 19 dez. 2021.

[1440] ANTUNES, Paulo de Bessa. *Direito ambiental*. 20. ed. São Paulo: Atlas, 2019. p. 87-88.

[1441] FARIAS, Talden. *Licenciamento Ambiental*: aspectos teóricos e práticos. 7. ed. Belo Horizonte: Fórum, 2019. p. 74.

[1442] FARIAS, Talden. *Licenciamento Ambiental*: aspectos teóricos e práticos. 7. ed. Belo Horizonte: Fórum, 2019. p. 189.

Se na fase de concessão da licença ambiental de instalação (LAI) são iniciadas as obras e instalações aprovadas pelo EIA/RIMA e validadas pela licença ambiental prévia (LAP), o conjunto de condicionantes ligadas ao monitoramento e controle da gestão ambiental de riscos, impactos e degradações passam a representar elementos especiais para o exercício da atividade econômica e a proteção ambiental.

Os planos e programas ambientais de gestão do empreendimento, se acompanhados, verificados e, em casos especiais, auditados por autoridade pública ou por entidade certificadora, poderão permitir a necessária avaliação sobre o cumprimento ou não das condicionantes da licença ambiental de instalação (LAI) expedida.[1443]

Para além disso, se os planos e programas de gestão e controle ambiental, fixados como condicionantes da LAI, possibilitam a verificação sobre a manutenção da licença em favor do empreendimento, da mesma forma contribuem para o exame da conformidade legal ambiental da atividade licenciada. É a gestão ambiental, na lição de Sánchez, que abarca o conjunto de medidas para que o empreendimento seja implantado em conformidade [*compliance*] com a legislação ambiental e demais requisitos.[1444]

Nesse sentido, não se vislumbram incompatibilidades ou impedimentos para se cogitar a inserção da implantação e desenvolvimento de programas de *compliance* no rol das condicionantes para a concessão da licença ambiental de instalação (LAI). Isso em razão da própria macrofunção desempenhada pelos programas de *compliance*, qual seja, da melhoria contínua da gestão e da governança das empresas e organizações, notadamente para prevenir, apurar e reparar desconformidades, infrações e atos ilícitos.

Dados os complexos impactos causados por obras ou empreendimentos com *significativas* degradações, ou ainda por eles agravados ou potencializados indiretamente pela estrutura da atividade desempenhada, os programas de integridade e *compliance*, se aplicados no rol de condicionantes da LAI, poderão contribuir com a prevenção e o controle continuado sobre a legalidade, transparência, publicidade e a integridade dos licenciamentos e, ainda, com a proteção contra atos lesivos à Administração Pública ambiental e aos interesses difusos e coletivos de proteção ao meio ambiente, exaltando, por fim, os valores e objetivos da agenda ESG.

Cumpre salientar que a avaliação acerca do atendimento das condicionantes ambientais não pode ser baseada em atos procedimentais estanques, mas sim em uma análise concreta que não poderá prescindir do exame sobre a compatibilidade da gestão e monitoramento ambiental do projeto licenciado.[1445]

Com efeito, os órgãos ambientais expedem a autorização ao apreciar o conteúdo e a forma das condicionantes e o estado de seu atendimento pela atividade licenciada. É o que estabelece o art. 19 da Res. nº 237/1997 do CONAMA:

> Art. 19 – O órgão ambiental competente, mediante decisão motivada, poderá modificar os condicionantes e as medidas de controle e adequação, suspender ou cancelar uma licença expedida, quando ocorrer:

[1443] SÁNCHEZ, Luis Enrique. *Avaliação de Impacto Ambiental*: conceitos e métodos. 3. ed., atual. e aprimorada. São Paulo: Oficina de Textos, 2020. p. 445.

[1444] SÁNCHEZ, Luis Enrique. *Avaliação de Impacto Ambiental*: conceitos e métodos. 3. ed., atual. e aprimorada. São Paulo: Oficina de Textos, 2020. p. 451.

[1445] BIM, Eduardo Fortunato. *Licenciamento Ambiental*. 4. ed. Belo Horizonte: Fórum, 2019. p. 249.

I – Violação ou inadequação de quaisquer condicionantes ou normas legais;
II – Omissão ou falsa descrição de informações relevantes que subsidiaram a expedição da licença.
III – superveniência de graves riscos ambientais e de saúde.[1446]

Quanto à possibilidade legal dos órgãos ambientais exigirem das atividades econômicas, obras ou empreendimentos com *significativos* impactos e degradações a implantação de programas de integridade e *compliance*, isso diante dos riscos de corrupção, fraude e demais atos lesivos à Admininstração Pública ambiental e ao interesse coletivo, reitera-se que são os órgãos e entidades públicas ambientais os atores competentes para o estabelecimento das condicionantes nas licenças ambientais, competência a qual é exercida com base no seu poder discricionário.[1447]

A decisão acerca das condicionantes ambientais eventualmente exigidas ou apreciadas faz parte da natureza do processo decisório dos licenciamentos, não dependendo, afirma Bim, de previsões infralegais ou regulamentares, porque decorrente da lei (Lei Federal nº 6.938/1981, art. 10 c/c LC nº 140/2011, art. 13).[1448]

Inclusive, é oportuno dar destaque ao que prevê o §3º, do art. 12, da já mencionada Res. nº 237/1997 do CONAMA, o qual preconiza um importante dever incumbido aos órgãos ambientais brasileiros e pouco explorado no país:

> Art. 12 – O órgão ambiental competente definirá, se necessário, procedimentos específicos para as licenças ambientais, observadas a natureza, características e peculiaridades da atividade ou empreendimento e, ainda, a compatibilização do processo de licenciamento com as etapas de planejamento, implantação e operação.
> (...)
> §3º Deverão ser estabelecidos critérios para agilizar e simplificar os procedimentos de licenciamento ambiental das atividades e empreendimentos que implementem planos e programas voluntários de gestão ambiental, visando a melhoria contínua e o aprimoramento do desempenho ambiental.[1449]

Dessa forma, clara é a possibilidade – prevista em norma – de que os órgãos competentes pelos licenciamentos, a fim de agilizarem e simplificarem procedimentos, passem a considerar os planos e programas voluntários de gestão ambiental efetivamente implementados pelas atividades, obras ou empreendimentos licenciados como forma de fomentar a gestão da melhoria contínua e do aprimoramento do desempenho ambiental.

Trata-se de uma previsão que demonstra expressa compatibilidade com a perspectiva de serem exigidos programas de integridade e *compliance* como um dos elementos constantes do rol de condicionantes para as licenças. Até mesmo, como visto, na forma de incentivo para obtenção de maior eficiência e simplificação de atos e procedimentos

---

[1446] BRASIL. Conselho Nacional do Meio Ambiente – CONAMA. *Resolução CONAMA nº 237, de 19 de dezembro de 1997*. Brasília, DF, 1997. Disponível em: https://www.icmbio.gov.br/cecav/images/download/CONAMA%20 237_191297.pdf. Acesso em: 19 dez. 2021.
[1447] BIM, Eduardo Fortunato. *Licenciamento Ambiental*. 4. ed. Belo Horizonte: Fórum, 2019. p. 244.
[1448] BIM, Eduardo Fortunato. *Licenciamento Ambiental*. 4. ed. Belo Horizonte: Fórum, 2019. p. 244.
[1449] BRASIL. Conselho Nacional do Meio Ambiente – CONAMA. *Resolução CONAMA nº 237, de 19 de dezembro de 1997*. Brasília, DF, 1997. Disponível em: https://www.icmbio.gov.br/cecav/images/download/CONAMA%20 237_191297.pdf. Acesso em: 19 dez. 2021.

no âmbito dos licenciamentos, questão crucial em se tratando de licenciamentos trifásicos no Brasil.

4.1.2.3 Na licença ambiental de operação

Concluída a segunda fase do licenciamento de atividade econômica potencialmente poluidora e com *significativos* impactos e degradações ambientais, passa-se à terceira fase voltada à concreta operação do projeto licenciado, etapa na qual deve ser exigida a licença ambiental de operação (LAO).

Conforme o art. 8º, III, da Res. nº 237/1997 do CONAMA, a licença ambiental de operação (LAO) "autoriza a operação da atividade ou empreendimento, após a verificação do efetivo cumprimento do que consta das licenças anteriores, com as medidas de controle ambiental e condicionantes determinados para a operação".[1450]

Assim como na fase prévia de estudos ambientais e na instalação do projeto, novamente as medidas de monitoramento e controle ambiental desempenham função primordial no conjunto de condicionantes para a concessão da licença. Neste caso, da licença ambiental de operação (LAO), corroborando-se o papel dos programas de *compliance* no escopo do controle dos grandes licenciamentos ambientais.

Segundo Antunes, a licença ambiental de operação (LAO) constituir-se-á em direito do empreendedor licenciado, desde que tenham sido implantados, concreta e mensuravelmente, os projetos, planos e programas previstos no Plano de Monitoramento e Controle Ambiental (PCA) e que os mesmos estejam tendo desempenho satisfatório,[1451] diga-se, satisfatório na proteção ambiental e, de algum modo, na consideração aos demais aspectos sociais, econômicos e de gestão e governança ligados ao empreendimento, valores difundidos pela agenda ESG.

Nesse sentido, segundo Farias, a LAO representa o ato administrativo conclusivo pelo qual o órgão licenciador autoriza o início efetivo das atividades econômicas, isso posteriormente à verificação do concreto cumprimento do que consta das licenças ambientais prévia (LAP) e de instalação (LAI).[1452] Essa autorização dependerá, ainda, da avaliação dos sistemas de controle e monitoramento propostos pelo empreendedor, além da observação das disposições legais e regulamentares aplicáveis.[1453]

Em resumo, a LAO deverá apontar as medidas de controle e os padrões de qualidade ambiental que delimitarão o concreto funcionamento da atividade econômica, obra ou empreendimento licenciado, especificando as condicionantes as quais precisarão ser observadas, sob pena da suspensão ou cancelamento da respectiva licença.[1454]

Ao se pensar sobre a compatibilidade dos programas de integridade e *compliance*, considerados como elemento das condicionantes para as licenças ambientais prévia (LAP) e de instalação (LAI), é possível vislumbrar a sua aplicação pelo agente licenciado

---

[1450] BRASIL. Conselho Nacional do Meio Ambiente – CONAMA. *Resolução CONAMA nº 237, de 19 de dezembro de 1997*. Brasília, DF, 1997. Disponível em: https://www.icmbio.gov.br/cecav/images/download/CONAMA%20237_191297.pdf. Acesso em: 19 dez. 2021.

[1451] ANTUNES, Paulo de Bessa. *Direito ambiental*. 20. ed. São Paulo: Atlas, 2019. p. 343.

[1452] FARIAS, Talden. *Licenciamento Ambiental*: aspectos teóricos e práticos. 7. ed. Belo Horizonte: Fórum, 2019. p. 75.

[1453] FARIAS, Talden. *Licenciamento Ambiental*: aspectos teóricos e práticos. 7. ed. Belo Horizonte: Fórum, 2019. p. 75.

[1454] FARIAS, Talden. *Licenciamento Ambiental*: aspectos teóricos e práticos. 7. ed. Belo Horizonte: Fórum, 2019. p. 76.

também nesta fase da licença ambiental de operação (LAO), expressados na forma de um dos mecanismos fixados para o monitoramento e o controle da conformidade (*compliance*) legal ambiental da gestão e da governança do empreendimento.

No âmbito do controle sobre a operação e o exercício das atividades licenciadas, o benefício dos programas de *compliance* poderá ser constatado na qualidade da proteção ao meio ambiente, cogitando-se a mitigação de contingências, seja pelo simples resultado do maior controle dos processos, seja pela possibilidade de se estruturar, após o eventual cometimento de ilegalidades e danos, meios de correção da ilegalidade, permitindo a construção conjunta de melhores práticas e soluções para os passivos ambientais.[1455]

Como destaca Carvalho, um constante escrutínio da regularidade de atos administrativos, tais como licenças ambientais, outorgas ou autorizações, bem como a análise de decisões de ampliação de operações, métodos dessa operação, análise de impacto de alterações legislativas na atividade empresarial exercida, controles periódicos documentados dos possíveis impactos ambientais da atividade, entre outras práticas, encontram-se abrangidos pela função de *compliance*.[1456]

Além de beneficiar a tutela do meio ambiente, sob a perspectiva do Direito Ambiental, os programas de integridade e *compliance*, se desenvolvidos no rol de condicionantes da licença ambiental de operação (LAO), ainda poderão contribuir para maior efetividade das normas ambientais, efeito que o tradicional sistema de comando e controle não vem atingindo na atualidade.

Essa perspectiva de melhoria no controle da integridade em atos e processos na regulação de meio ambiente é corroborada pela Transparência Internacional Brasil e pela WWF Brasil, para as quais os riscos de corrupção, fraude e demais ilegalidades em licenciamentos de grandes obras, notadamente as de infraestrutura em biomas sensíveis como o Amazônico, vêm sendo agravados em função do cenário atual de enfraquecimento das instituições e das políticas ambientais e de combate à corrupção.[1457]

A melhor forma de prevenir a corrupção é por meio do fortalecimento institucional e da implementação de reformas e boas práticas de integridade, transparência e *accountability*. São elementos também essenciais para que o planejamento e a execução de obras de infraestrutura licenciadas ocorram à luz do interesse público, levando em consideração, igualmente, as pretensões de se garantir os direitos sociais das populações locais, proteger o meio ambiente e promover o desenvolvimento econômico.[1458]

Com esse horizonte, a exigência do desenvolvimento de programas de integridade e *compliance*, como elemento integrante das condicionantes para as licenças, sobretudo na licença ambiental de operação (LAO), especialmente para as atividades, obras e empreendimentos com *significativos* impactos socioambientais, é medida que se

---

[1455] GRAU NETO, Werner; AZEVEDO, Andreia Bonzo Araújo; MARQUES, Mateus da Costa. Compliance ambiental: conceitos, perspectivas e aplicação no Direito ambiental. *In*: TRENNEPOHL, Terence; TRENNEPOHL, Natascha (Coords.). *Compliance no Direito ambiental*. 1. ed. São Paulo: Thomson Reuters Brasil, 2020. p. 228.

[1456] CARVALHO, André Castro; PANOCHIA, Patrícia; CAPP, Ricardo T. *Gestão de risco e compliance*. 1. ed. Série Universitária. São Paulo: Editora Senac, 2020. p. 71.

[1457] TRANSPARÊNCIA INTERNACIONAL BRASIL – TIBR. *Novas Medidas Contra a Corrupção e sua Relevância para Temas Socioambientais*. São Paulo, ago. 2021a. p. 5. Disponível em: https://comunidade.transparenciainternacional.org.br/novas-medidas-e-temas-socioambientais. Acesso em: 31 out. 2021.

[1458] TRANSPARÊNCIA INTERNACIONAL BRASIL – TIBR. *Novas Medidas Contra a Corrupção e sua Relevância para Temas Socioambientais*. São Paulo, ago. 2021a. p. 6. Disponível em: https://comunidade.transparenciainternacional.org.br/novas-medidas-e-temas-socioambientais. Acesso em: 31 out. 2021.

apresenta compatível com os objetivos do licenciamento, incrementando o controle da conformidade legal ambiental ligada à gestão e governança das atividades licenciadas, exaltando, ainda, as diretrizes e propósitos da atual agenda ESG.

4.1.2.4 Na licença ambiental por adesão e compromisso

Para além do licenciamento ambiental trifásico, o qual, como visto, denota maior complexidade de requisitos e fases, há ainda modalidades mais simplificadas, como a chamada licença ambiental por adesão ou compromisso (LAC).

Pautada pela ideia de substituir a instrução técnica que normalmente é feita pelo órgão competente, a LAC é realizada por uma espécie de instrução privada. No lugar de as avaliações ambientais produzidas pelos particulares serem conferidas e validadas por técnicos dos órgãos ambientais, os profissionais contratados pelo titular da pretensão fazem os levantamentos necessários e atestam, sob responsabilidade profissional própria, o cumprimento da legislação ambiental pertinente.[1459]

Nesse sentido, afirma Niebuhr, com o licenciamento por adesão e compromisso, a declaração ou certificação emitida pelo particular substituirá os pareceres técnicos de análise dos estudos ambientais e subsidiará a emissão, usualmente automatizada e por meio eletrônico, da licença ambiental postulada.[1460]

O licenciamento por adesão e compromisso, por suas evidentes limitações, não deve ser admitido para toda e qualquer atividade, como para as atividades econômicas potencialmente poluidoras e com significativa degradação ambiental, tampouco para aquelas outras cujos instrumentos de avaliação se submetam à participação popular.[1461]

A concessão da LAC, adverte Niebuhr, tem sua prudência justificada para as atividades/empreendimentos sobre os quais o órgão ambiental já detenha evidente domínio satisfatório acerca dos possíveis efeitos no ambiente, geralmente relacionadas às atividades de baixo impacto ambiental.[1462]

Trata-se de previsão do §1º, do art. 12, da Res. nº 237/1997 do CONAMA, segundo o qual o órgão ambiental poderá estabelecer "procedimentos simplificados para as atividades e empreendimentos de pequeno potencial de impacto ambiental, que deverão ser aprovados pelos respectivos Conselhos de Meio Ambiente".[1463]

Embora não se relacione às atividades com *significativos* impactos ambientais, as licenças ambientais por adesão e compromisso (LAC) poderão ter suas exigências potencializadas à medida em que sejam a ela agregados os programas de integridade e *compliance,* devidamente implementados pelos agentes licenciados.

Isso porque, no conjunto de medidas e planos de controle ambiental das atividades enquadradas na concessão da LAC, os programas de *compliance* poderão servir de estrutura sob a qual as medidas de gestão ambiental da atividade sejam reunidas e

---

[1459] NIEBUHR, Pedro. *Processo administrativo ambiental*. 3. ed. rev., ampl. e atual. Belo Horizonte: Fórum, 2021a. p. 192.
[1460] NIEBUHR, Pedro. *Processo administrativo ambiental*. 3. ed. rev., ampl. e atual. Belo Horizonte: Fórum, 2021a. p. 192.
[1461] NIEBUHR, Pedro. *Processo administrativo ambiental*. 3. ed. rev., ampl. e atual. Belo Horizonte: Fórum, 2021a. p. 193.
[1462] NIEBUHR, Pedro. *Processo administrativo ambiental*. 3. ed. rev., ampl. e atual. Belo Horizonte: Fórum, 2021a. p. 195.
[1463] BRASIL. Conselho Nacional do Meio Ambiente – CONAMA. *Resolução CONAMA nº 237, de 19 de dezembro de 1997*. Brasília, DF, 1997. Disponível em: https://www.icmbio.gov.br/cecav/images/download/CONAMA%20237_191297.pdf. Acesso em: 19 dez. 2021.

delimitadas, agregando a elas meios de prevenção e controle de riscos para corrupção, fraude e demais atos lesivos à Administração Pública ambiental.

Os desafios regulatórios da corrupção, fraude, improbidade administrativa ambiental, falta de transparência, acesso à informação, publicidade, entre outros, não estão exclusivamente adstritos aos licenciamentos ambientais das atividades, obras ou empreendimentos de grande porte e com significativos impactos e degradações.

Grandes danos ambientais, como se sabe, poderão ter suas causas diretas ou indiretas ligadas a empreendimentos, obras ou atividades econômicas de indeterminados portes ou dimensões, dada a complexidade adjacente às questões ambientais.

Toda e qualquer modalidade de licenciamento no Brasil, reitera Farias, estará sujeito aos princípios da Administração Pública, além dos princípios do Direito Ambiental, por evidente. Isso implica dizer que no licenciamento ambiental devem ser observados princípios como o da indisponibilidade do interesse público, da finalidade administrativa, da impessoalidade e da moralidade pública, entre outros.[1464]

Desse modo, torna-se possível cogitar, dentro do rol de exigências mínimas ligados à concessão da licença ambiental por adesão e compromisso (LAC), mesmo que para atividades de baixo impacto ambiental, a implantação ou desenvolvimento de programa de integridade e *compliance*, requisito a ser, por evidente, interpretado pela ótica da razoabilidade e proporcionalidade com os efetivos impactos, porte e a natureza da atividade a ser licenciada pela LAC.

4.1.2.5 Na licença ambiental corretiva

Diferentemente da função principal de prevenção desempenhada por todo licenciamento, haveria ainda sua aplicação em uma vertente corretiva e reparadora de eventuais irregularidades constatadas durante as atividades econômicas licenciadas.

Trata-se da licença ambiental de operação corretiva (LOC), destinada a englobar, se possível, os três tipos de licença ambiental existentes (Prévia, de Instalação e de Operação), visto que as exigências, que deveriam ter sido feitas ao tempo da licença ambiental prévia (LAP) e da licença ambiental de instalação (LAI), deverão ser supridas pelo agente licenciado e titular da atividade, obra ou empreendimento.[1465]

Para viabilizar a adequação da obra, atividade ou empreendimento licenciado, a LOC pode se dar quando a atividade se encontrar nas seguintes fases: (i) está em instalação, (ii) está instalada e (iii) está operando (ainda que parcialmente). Apesar de não ser a regra, o licenciamento corretivo deve ocorrer se a adequação for possível – o que, decerto, não exime a apuração da responsabilidade criminal e administrativa.[1466]

O instituto tem um papel relevante a cumprir trazendo para a regularidade ambiental aquelas atividades à margem do controle ambiental. Para Farias, estão sujeitas a ele não apenas as atividades que deveriam ter se licenciadas e não o fizeram, mas também aquelas cujo licenciamento só passou a ser exigido depois, pois até então

---

[1464] FARIAS, Talden. *Licenciamento Ambiental*: aspectos teóricos e práticos. 7. ed. Belo Horizonte: Fórum, 2019. p. 139.
[1465] FARIAS, Talden. *Licenciamento Ambiental*: aspectos teóricos e práticos. 7. ed. Belo Horizonte: Fórum, 2019. p. 77.
[1466] FARIAS, Talden. Licenciamento corretivo tem papel necessário na administração pública. *Revista O Consultor Jurídico*, 20 maio 2017. Disponível em: https://www.conjur.com.br/2017-mai-20/licenciamento-corretivo-papel-necessario-administracao-publica. Acesso em: 25 abr. 2022.

o órgão ambiental não considerava a atividade poluidora. Em função disso, nem sempre o mecanismo está relacionado a uma irregularidade, podendo estar atrelado a uma mudança de concepção por parte da Administração Pública ou da legislação ambiental.[1467]

A regularização é de iniciativa do empreendedor e não do órgão ambiental, a quem compete apenas analisar a viabilidade do pleito, apontando as normas e os padrões de qualidade ambiental a serem seguidos. Por conseguinte, o órgão ambiental não pode deixar de aplicar as sanções administrativas cabíveis à atividade irregular e de regularizar a atividade caso haja possibilidade e a intenção sejam demonstradas pelo interessado.[1468]

Com esse contexto de melhoria do controle sobre o exercício de determinada atividade econômica irregular ou desprovida das condicionantes, a inserção da exigência de implementação de programas de integridade e *compliance* poderá exercer papel para agregar formas de subsidiar, tanto para o órgão quanto para o particular, o monitoramento e o controle acerca da conformidade legal da obra ou empreendimento sujeito à LOC.

Isso ocorreria devido às funções de prevenção, apuração e controle contínuo contra fraudes, irregularidades e atos lesivos à Administração Pública ambiental que os programas de integridade e *compliance*, se efetivamente desenvolvidos e avaliados, podem acrescentar à gestão e à governança das atividades econômicas impactantes.

4.1.2.6 Na renovação de prazo das licenças ambientais

No Brasil, um dos mais discutidos entraves à eficiência dos licenciamentos ambientais são a gestão e o cumprimento dos prazos legais de vigência das licenças, assim como dos prazos em geral a serem observados pelos órgãos e pelos licenciados.

Conforme o art. 14 da Lei Complementar Federal nº 140/2011, "os órgãos licenciadores devem observar os prazos estabelecidos para tramitação dos processos de licenciamento",[1469] sendo que o §4º do mesmo artigo ainda prevê:

> §4º A renovação de licenças ambientais deve ser requerida com antecedência mínima de 120 (cento e vinte) dias da expiração de seu prazo de validade, fixado na respectiva licença, ficando este automaticamente prorrogado até a manifestação definitiva do órgão ambiental competente.[1470]

[1467] FARIAS, Talden. Licenciamento corretivo tem papel necessário na administração pública. *Revista O Consultor Jurídico*, 20 maio 2017. Disponível em: https://www.conjur.com.br/2017-mai-20/licenciamento-corretivo-papel-necessario-administracao-publica. Acesso em: 25 abr. 2022.

[1468] FARIAS, Talden. Licenciamento corretivo tem papel necessário na administração pública. *Revista O Consultor Jurídico*, 20 maio 2017. Disponível em: https://www.conjur.com.br/2017-mai-20/licenciamento-corretivo-papel-necessario-administracao-publica. Acesso em: 25 abr. 2022.

[1469] BRASIL. Presidência da República. *Lei Complementar nº 140, de 08 de dezembro de 2011*. Fixa normas, nos termos dos incisos III, VI e VII do caput e do parágrafo único do art. 23 da Constituição Federal, para a cooperação entre a União, os Estados, o Distrito Federal e os Municípios nas ações administrativas decorrentes do exercício da competência comum relativas à proteção das paisagens naturais notáveis, à proteção do meio ambiente, ao combate à poluição em qualquer de suas formas e à preservação das florestas, da fauna e da flora; e altera a Lei nº 6.938, de 31 de agosto de 1981. Brasília, DF, 2011. Disponível em: http://www.planalto.gov.br/ccivil_03/leis/lcp/lcp140.htm. Acesso em: 19 dez. 2011.

[1470] BRASIL. Presidência da República. *Lei Complementar nº 140, de 08 de dezembro de 2011*. Fixa normas, nos termos dos incisos III, VI e VII do caput e do parágrafo único do art. 23 da Constituição Federal, para a cooperação

Por isso, todo o requerimento de licenças ambientais (Prévia, de Instalação ou de Operação) deverá atender ao requisito do §4º, do art. 14 da LC nº 140/2011, qual seja, ser protocolizado com a antecedência mínima de 120 (cento e vinte) dias do término do prazo de vigência da respectiva licença ambiental.

No que diz respeito aos prazos os quais os órgãos licenciadores devem observar, o art. 14 da Res. nº 237/1997 do CONAMA fixa o seguinte:

> Art. 14 – O órgão ambiental competente poderá estabelecer prazos de análise diferenciados para cada modalidade de licença (LP, LI e LO), em função das peculiaridades da atividade ou empreendimento, bem como para a formulação de exigências complementares, desde que observado o prazo máximo de 6 (seis) meses a contar do ato de protocolar o requerimento até seu deferimento ou indeferimento, ressalvados os casos em que houver EIA/RIMA e/ou audiência pública, quando o prazo será de até 12 (doze) meses.
> §1º – A contagem do prazo previsto no caput deste artigo será suspensa durante a elaboração dos estudos ambientais complementares ou preparação de esclarecimentos pelo empreendedor.
> §2º – Os prazos estipulados no caput poderão ser alterados, desde que justificados e com a concordância do empreendedor e do órgão ambiental competente.[1471]

Assim, os órgãos ambientais licenciadores, como regra, terão o prazo de 6 (seis) meses para apreciarem os pedidos de concessão de licenças, sendo que, para licenciamentos com EIA/RIMA ou audiência pública – significativos impactos e degradações – o prazo passa para 12 (doze) meses, sem o prejuízo da definição de prazos diferenciados para casos com peculiaridades e exigências complementares.

No entanto, referidos prazos referem-se às análises de concessão de licenças e não aos pedidos de renovação apresentados, de modo que não há definição em norma geral federal do prazo de apreciação das renovações a ser cumprido pelos órgãos, o que causa, em variadas vezes, morosidade e atrasos em renovações de licenciamentos.

É dentro dessa perspectiva de necessária definição e dinamicidade de prazos que a eventual exigência de programas de integridade e *compliance*, efetivamente aplicados e validados, poderá exercer um papel de fomento e incentivo aos agentes licenciados.

Isso porque, a partir do §3º do art. 12 da Res. nº 237/1997 do CONAMA, há possibilidade de os órgãos ambientais fixarem critérios de simplificação e agilização de procedimentos de licenciamento, se as atividades licenciáveis implementarem planos e programas voluntários de gestão ambiental, buscando melhoria contínua e aprimoramento no desempenho ambiental. É o que justamente os programas de *compliance* aplicados à área ambiental poderão proporcionar, ao menos a partir de seus elementos mínimos.

Como aponta Sánchez, todo e qualquer plano ou programa de gestão ambiental necessita estar sustentado na melhoria contínua, expressada na prática de gestão cíclica

---

entre a União, os Estados, o Distrito Federal e os Municípios nas ações administrativas decorrentes do exercício da competência comum relativas à proteção das paisagens naturais notáveis, à proteção do meio ambiente, ao combate à poluição em qualquer de suas formas e à preservação das florestas, da fauna e da flora; e altera a Lei nº 6.938, de 31 de agosto de 1981. Brasília, DF, 2011. Disponível em: http://www.planalto.gov.br/ccivil_03/leis/lcp140.htm. Acesso em: 19 dez. 2021.

[1471] BRASIL. Conselho Nacional do Meio Ambiente – CONAMA. *Resolução CONAMA nº 237, de 19 de dezembro de 1997*. Brasília, DF, 1997. Disponível em: https://www.icmbio.gov.br/cecav/images/download/CONAMA%20237_191297.pdf. Acesso em: 19 dez. 2021.

do "PDCA", de *"Plan"* (agir), *"Do"* (executar), *"Check"* (checar) e *"Act"* (corrigir), buscando a melhoria do desempenho ambiental da atividade ou projeto.[1472]

A mesma perspectiva de melhoria contínua, baseada no PDCA, é também parte da estruturação mínima dos programas de *compliance*, como destaca a recente norma ABNT NBR ISO 37.301/2021,[1473] relativa aos Sistemas de Gestão de *Compliance*, e pela ABNT NBR ISO 14.001/2015,[1474] ligada aos Sistemas de Gestão Ambiental.

Existem, assim, comprovadas compatibilidades das estruturas dos programas de *compliance* com os requisitos para programas e planos de gestão ambiental, o que permite aos órgãos licenciadores lançarem mão de referidos *standards* técnicos para a exigência dos programas de *compliance* em face das atividades sujeitas aos licenciamentos.

Esses incentivos podem articular simplificação e agilização ambiental que, segundo Daudt D´Oliveira, estariam ligadas aos chamados *"nudges"* verdes, indutores de comportamento regulatório favorável ou observador da proteção ambiental, além de agregar na performance e desempenho da atividade econômica.[1475]

Conforme o art. 18, §3º, da Res. nº 237/1997 do CONAMA, permite-se que, na renovação da licença ambiental de operação (LAO), o órgão ambiental poderá, mediante decisão motivada, aumentar ou diminuir o seu prazo de validade, após justamente uma avaliação do desempenho ambiental da atividade no período de vigência anterior.[1476]

Na linha de Jaccoud, haveria possibilidade de fixar a priorização da análise de processos administrativos de licenciamento ambiental, do aumento de prazo de validade e/ou dilação dos prazos de renovação de licenças ambientais para as empresas e organizações que adotarem programas efetivos de *compliance* ambiental, programas voluntários de melhoria ou outras medidas que comprovadamente permitam o atingimento de resultados mais rigorosos do que por meio dos padrões e critérios fixados pela legislação ambiental vigente.[1477]

Para Jaccoud, é preciso focar a aplicação de medidas de incentivo regulatório – como os programas de *compliance* na área ambiental – como instrumento cooperativo e indutor de boas práticas. Do contrário, serão meios que, na prática, replicarão a lógica de comando e controle, recompensando pelo desempenho e não focado na punição.[1478]

Como exemplo de medida incentivadora de boas práticas, Jaccoud cita o Decreto Estadual nº 46.890/2019, do estado do Rio de Janeiro, que estabeleceu controles regulatórios no licenciamento estadual baseados nos riscos e no aumento da responsabilidade

---

[1472] SÁNCHEZ, Luis Enrique. *Avaliação de Impacto Ambiental*: conceitos e métodos. 3. ed., atual. e aprimorada. São Paulo: Oficina de Textos, 2020. p. 443.

[1473] ASSOCIAÇÃO BRASILEIRA DE NORMAS TÉCNICAS – ABNT. *ABNT NBR ISO 37.301:21:* Sistemas de gestão de compliance: Diretrizes. Rio de Janeiro: ABNT, 2021.

[1474] ASSOCIAÇÃO BRASILEIRA DE NORMAS TÉCNICAS – ABNT. *ABNT NBR ISO 14.001:15:* Sistemas de gestão ambiental: Requisitos. Rio de Janeiro: ABNT, 2015.

[1475] DAUDT D'OLIVEIRA, Rafael Lima. *A simplificação no direito administrativo e ambiental* (de acordo com a lei n. 13.874/2019 – "Lei da Liberdade Econômica"). 1. ed. Rio de Janeiro: Lumen Juris, 2020. p. 147.

[1476] DAUDT D'OLIVEIRA, Rafael Lima. *A simplificação no direito administrativo e ambiental* (de acordo com a lei n. 13.874/2019 – "Lei da Liberdade Econômica"). 1. ed. Rio de Janeiro: Lumen Juris, 2020. p. 162.

[1477] JACCOUD, Cristiane. Perspectivas para regulação do compliance ambiental no Brasil: análise do Projeto de Lei n. 5.442/2019. In: TRENNEPOHL; Terence; TRENNEPOHL, Natascha (Org). *Compliance no Direito Ambiental*. 1. ed. São Paulo: Thomson Reuters Brasil, 2020. p. 244-245.

[1478] JACCOUD, Cristiane. Perspectivas para regulação do compliance ambiental no Brasil: análise do Projeto de Lei n. 5.442/2019. In: TRENNEPOHL; Terence; TRENNEPOHL, Natascha (Org). *Compliance no Direito Ambiental*. 1. ed. São Paulo: Thomson Reuters Brasil, 2020. p. 244-245.

do empreendedor. O decreto fixou parâmetro para prazos diferenciados de licenças ambientais, condicionado à implementação de medidas voluntárias de ações de sustentabilidade que comprovadamente gerem desempenhos melhores do que os previstos pela legislação ambiental ou que se liguem às evidências de auditorias ambientais realizadas pelo órgão ambiental estadual.[1479]

Em síntese, constata-se a possibilidade – mesmo que sujeita à validação de Conselhos de Meio Ambiente competentes – de os órgãos ambientais licenciadores estabelecerem critérios de incentivo à priorização e à dinamicidade nas análises de renovação das licenças requeridas, agilização que poderá estar condicionada à comprovação da eventual implementação ou da existência de programas de integridade e *compliance* na perspectiva ambiental nas atividades licenciáveis.

4.1.2.7 Na revisibilidade das licenças ambientais

Por fim, outra perspectiva com potenciais aplicações para a inserção da exigência dos programas de integridade e *compliance* nos licenciamentos está no âmbito da revogação, anulação ou cassação das licenças ambientais em atividades, obras ou empreendimentos com comprovadas irregularidades ou desconformidades.

Nos termos do art. 19, I, da Res. nº 237/1997 do CONAMA, há fixado:

> Art. 19 – O órgão ambiental competente, mediante decisão motivada, poderá modificar as condicionantes e as medidas de controle e adequação, suspender ou cancelar uma licença expedida, quando ocorrer:
> I – Violação ou inadequação de quaisquer condicionantes ou normas legais.
> II – Omissão ou falsa descrição de informações relevantes que subsidiaram a expedição da licença.
> III – superveniência de graves riscos ambientais e de saúde.[1480]

Desse modo, aos órgãos licenciadores caberá proceder à avaliação motivada dos eventuais descumprimentos por parte das atividades licenciadas, para tomar as medidas que entenderem necessárias, como: manutenção, modificação das condicionantes ou das medidas de controle, suspensão ou cancelamento da respectiva licença ambiental.[1481]

Há posicionamentos de que a invalidação do acessório (condicionante ambiental) não deverá alcançar o principal (licença ambiental), de modo que a nulidade de condicionantes não acarretaria a do processo administrativo de licenciamento.[1482]

Nada obstante, na lição de Erthal, as licenças estarão sujeitas à: (i) suspensão; (ii) modificação; (iii) cassação; (iv) invalidação; e (v) revogação. Não apenas o licenciamento, mas sobretudo as formas de revisibilidade das licenças expedidas expressariam

---

[1479] JACCOUD, Cristiane. Perspectivas para regulação do compliance ambiental no Brasil: análise do Projeto de Lei n. 5.442/2019. In: TRENNEPOHL; Terence; TRENNEPOHL, Natascha (Org). *Compliance no Direito Ambiental*. 1. ed. São Paulo: Thomson Reuters Brasil, 2020. p. 246.
[1480] BRASIL. Conselho Nacional do Meio Ambiente – CONAMA. *Resolução CONAMA nº 237, de 19 de dezembro de 1997*. Brasília, DF, 1997. Disponível em: https://www.icmbio.gov.br/cecav/images/download/CONAMA%20237_191297.pdf. Acesso em: 19 dez. 2021.
[1481] BIM, Eduardo Fortunato. *Licenciamento Ambiental*. 4. ed. Belo Horizonte: Fórum, 2019. p. 267.
[1482] BIM, Eduardo Fortunato. *Licenciamento Ambiental*. 4. ed. Belo Horizonte: Fórum, 2019. p. 265.

importante meio de concretização das normas jurídicas ambientais, notadamente diante da insuficiência do modelo de comando e controle para a regulação de meio ambiente.[1483]

Conforme Erthal, referidas tarefas de revisibilidade são emanadas do poder de polícia administrativa ambiental, bem como do dever de anular os atos administrativos eivados de vícios de legalidade e de revogá-los por razões de conveniência e oportunidade (art. 53, Lei Federal nº 9.784/1999 c/c Súmula nº 473/STF).[1484]

A suspensão de uma licença ambiental caracteriza-se pela provisoriedade, uma vez que se trata de uma ação do órgão competente diante de uma circunstância excepcional e transitória, deixando, após a sua resolução, de produzir efeitos. Essa suspensão poderá ser cautelar, aponta Erthal, medida que dependerá de atos posteriores pelo órgão.[1485]

Quanto à modificação das licenças, ela deve ocorrer quando o órgão competente constata a necessidade de adequação da licença e de seus requisitos à determinada situação verificada, ocorrendo quando, por exemplo, exige-se readaptação de condicionantes ambientais ou de enquadramento face a uma alteração normativa.[1486]

No que diz respeito à cassação de licenças ambientais, é a resposta jurídica pelo órgão ambiental competente à determinada hipótese em que o licenciado não obedeceu aos termos e exigências da licença, sobretudo acerca das suas condicionantes. Inclusive, trata-se também de uma infração ou ato ilícito, conforme art. 72, §8º, II, da Lei Federal nº 9.605/1998 e art. 20, II, do Decreto Federal nº 6.514/2008.[1487]

A invalidação de uma licença ocorrerá quando couber a sua revisão em razão de vício formal ou material no licenciamento, declarando-se a nulidade da decisão de sua concessão e, por evidente, da própria licença, exceto se possível a sua convalidação.[1488]

Por fim, a última forma de revisibilidade de uma licença ambiental, conforme Erthal, trata-se da revogação, que é a forma mais controversa e complexa, uma vez que se relaciona ao um desfazimento discricionário – por conveniência e oportunidade do órgão competente – de um ato administrativo, havendo a reavaliação do mérito.[1489]

Dada a revisibilidade das licenças ambientais, tal medida, especialmente nos casos de irregularidades e descumprimentos dos requisitos e condicionantes da licença, deteria potencial compatibilidade com a inserção da exigência de programas de integridade e *compliance* em face das atividades e empreendimentos licenciados.

Isso porque, tendo em vista a função preventiva e de controle contínuo sobre a gestão e a governança de empresas, sem contar ainda sua aplicação na própria Administração Pública, os programas de integridade e *compliance* poderiam ser alocados como medida obrigatória às atividades, obras ou empreendimentos que incorressem nas hipóteses expressas dos Incisos I (descumprimento de condicionantes), II (omissão ou falsidade de informações), do art. 19 da Res. nº 237/1997 do CONAMA.

[1483] ERTHAL, Thiago Serpa. *Revisibilidade das licenças ambientais*. Rio de Janeiro: Lumen Juris, 2015. p. 157.
[1484] ERTHAL, Thiago Serpa. *Revisibilidade das licenças ambientais*. Rio de Janeiro: Lumen Juris, 2015. p. 159.
[1485] ERTHAL, Thiago Serpa. *Revisibilidade das licenças ambientais*. Rio de Janeiro: Lumen Juris, 2015. p. 159-160.
[1486] ERTHAL, Thiago Serpa. *Revisibilidade das licenças ambientais*. Rio de Janeiro: Lumen Juris, 2015. p. 160.
[1487] ERTHAL, Thiago Serpa. *Revisibilidade das licenças ambientais*. Rio de Janeiro: Lumen Juris, 2015. p. 160.
[1488] ERTHAL, Thiago Serpa. *Revisibilidade das licenças ambientais*. Rio de Janeiro: Lumen Juris, 2015. p. 160.
[1489] ERTHAL, Thiago Serpa. *Revisibilidade das licenças ambientais*. Rio de Janeiro: Lumen Juris, 2015. p. 160-161.

Reitera-se, como destacado no terceiro capítulo, que a implementação dos programas de integridade e *compliance*, se efetivos e avaliados, permitiria identificar e, com antecedência, tomar medidas objetivas contra os riscos de violação a bens jurídicos para, então, determinar mecanismos de controle e de reação a irregularidades e ilícitos.[1490] Essas irregularidades estariam, como visto, ligadas ao exercício da atividade sob descumprimento de condicionantes ou com a omissão ou falseamento de informações ligadas à expedição de licenças (art. 19, I e II, Res. 237/1997/CONAMA).

Se o pano de fundo dos instrumentos de *compliance* se assemelha aos princípios que regem a Administração Pública (a exemplo da transparência, moralidade, legalidade e publicidade),[1491] e se a conformidade das atividades para com as condicionantes e a integridade das informações dependem de efetivos meios de monitoramento e controle de gestão e governança, oportunos se mostram, portanto, os programas de integridade e *compliance* no âmbito de revisões, anulações e revogações de licenças ambientais.

Nesse caminhar, haveria formas concretas para a exigência da implantação, desenvolvimento ou aperfeiçoamento de programas de integridade e *compliance* em face de agentes licenciados que incorram em irregularidades e infrações ensejadoras da revisibilidade da licença ambiental expedida.

Um exemplo de exploração dessa exigência são as obrigações instituídas em Termos de Ajustamento de Conduta (TAC), eventualmente instaurados por órgãos ambientais competentes ou pelo Ministério Público. Como lembram Saavedra, Sarlet e Fensterseifer, o TAC seria um dos mais importantes instrumentos de resolução de conflitos coletivos ambientais, celebrados tanto de forma extrajudicial quanto por meio de ações civis públicas, quando nesse caso passam por homologação judicial.[1492]

A própria conceituação já conectaria o TAC com o instituto do *compliance* na área ambiental. Segundo Saavedra, Sarlet e Fernsterseifer, tais termos, extra ou judicialmente firmados, buscam adequar comportamentos e práticas – a exemplo de empresas e corporações –, oportunizando a adoção de medidas para evitar judicialização e agravamento de conflitos ambientais, além de agregar nas apurações e investigações.[1493]

Conforme Kokke e Andrade, a teia de proteção gerada com instrumentos de *compliance* e o seu papel em face da regulação ambiental são superiores ao seu reflexo interno perante a atividade ou empreendimento. O instituto do *compliance* e seus instrumentos seriam expressões de um filtro de autocontenção e repulsa à autoameaça que o próprio empreendimento representa para si, além de externar alicerce de pilares mais estáveis na relação entre a existência da atividade privada e a sociedade.[1494]

[1490] SARAIVA, Renata Machado. *Criminal compliance como instrumento de tutela ambiental*: a propósito da responsabilidade penal das empresas. 1. ed. São Paulo: LiberArs, 2018. p. 30.

[1491] SARAIVA, Renata Machado. *Criminal compliance como instrumento de tutela ambiental*: a propósito da responsabilidade penal das empresas. 1. ed. São Paulo: LiberArs, 2018. p. 38.

[1492] SAAVEDRA, Giovani; SARLET, Ingo Wolfgang; FENSTERSEIFER, Tiago. *Compliance*, investigações corporativas e dever dos entes públicos de cooperação e priorização da resolução extrajudicial dos conflitos ecológicos. *In*: TRENNEPOHL; Terence; TRENNEPOHL, Natascha (Org.). *Compliance no Direito Ambiental*. 1. ed. São Paulo: Thomson Reuters Brasil, 2020. p. 183.

[1493] SAAVEDRA, Giovani; SARLET, Ingo Wolfgang; FENSTERSEIFER, Tiago. *Compliance*, investigações corporativas e dever dos entes públicos de cooperação e priorização da resolução extrajudicial dos conflitos ecológicos. *In*: TRENNEPOHL; Terence; TRENNEPOHL, Natascha (Org.). *Compliance no Direito Ambiental*. 1. ed. São Paulo: Thomson Reuters Brasil, 2020. p. 197.

[1494] KOKKE, Marcelo; ANDRADE, Renato Campos. Papel do compliance na eficácia regulatória ambiental. *In*: TRENNEPOHL, Terence; TRENNEPOHL, Natascha (Coord.). *Compliance no Direito Ambiental*. Coleção compliance; vol. 2, São Paulo: Thomson Reuters Brasil, 2020. p. 206.

É uma medida importante no Brasil, em que há uma clara e evidente ausência dos institutos de boa governança nos processos de licenciamento ambiental, proporcionando riscos e ocorrências de atos corruptos, como troca de favores, propinas, "apadrinhamentos" e privilégios indevidos na aprovação, instalação e execução de empreendimentos que possam causar danos ao meio ambiente.[1495]

Considerando-se eventual necessidade de uma atividade, obra ou empreendimento, cuja licença ambiental expedida venha a ser objeto de revisibilidade – suspensa, modificada, cassada, revogada ou invalidada –, a exigência de implantação de programas de integridade e *compliance* ambiental pode representar elemento importante tanto para a cooperação e manutenção da atividade econômica como também – e sobretudo – para a efetividade do controle e reparação da irregularidade ou desconformidade havida no âmbito do licenciamento ambiental.

E para a análise concreta da compatibilidade dessa exigência, é importante verificar o fundamento legal a partir do qual os órgãos ambientais poderão lançar mão dessa medida no contexto dos licenciamentos, questão a ser tratada no próximo tópico.

4.2 Exigência de *compliance* em licenciamento: exercício da competência discricionária do órgão ambiental ou necessidade de previsão em lei?

Considerada a análise até aqui, existem de fato formas compatíveis e em sintonia com leis e resoluções em matéria ambiental e de licenciamento para que os órgãos ambientais competentes exijam, motivada e fundamentalmente, a eventual implantação ou o aperfeiçoamento de programas de integridade e *compliance* na perspectiva ambiental, isso em face das atividades econômicas, obras ou empreendimentos potencialmente poluidores e com *significativos* impactos e degradações.

No entanto, para os fins buscados nesta obra, torna-se pertinente tecer breves apontamentos acerca dos pressupostos jurídicos que permitem aos órgãos e entidades ambientais competentes lançarem mão dessa exigência em licenciamentos ambientais de grandes e complexas atividades econômicas e empreendimentos.

4.2.1 Discricionariedade técnica e administrativa do órgão ambiental licenciador

No Brasil, a Administração Pública ambiental, representada pelos órgãos e entidades competentes de atuação, desempenha suas atribuições legais através de atos administrativos, baseados no exercício do poder de polícia administrativa estatal.

Como assevera Milaré, o processo administrativo de licenciamento ambiental é uma ação típica e indelegável do Poder Executivo na gestão do meio ambiente, por meio da qual a Administração Pública procura exercer o devido controle sobre as atividades que causem impacto ambiental,[1496] controle esse vinculado à lei, mas também com significativa discricionariedade administrativa e técnica por parte dos órgãos.

[1495] OLIVEIRA, Warley Ribeiro. *A corrupção nos processos administrativos de licenciamento ambiental*. Dissertação (Mestrado) – Escola Superior Dom Helder Câmara, Belo Horizonte, 2018. p. 64.
[1496] MILARÉ, Édis. *Direito do ambiente*. 12. ed., rev., atual. e ampl. São Paulo: Thomson Reuters Brasil, 2020. p. 482.

Cuida-se de estrita atuação da Administração Pública sob o amparo do poder de polícia administrativa ambiental, com fulcro no art. 23, VI, da CF/88, que preconiza ser "competência comum da União, dos Estados, do Distrito Federal e dos Municípios proteger o meio ambiente e combater a poluição em qualquer de suas formas".[1497]

Por se tratar de exercício do poder de polícia administrativa, a respeito dele, assinala Bandeira de Mello, cabe tomá-lo em sentido amplo ou mais restrito. Em sentido amplo, representa o conjunto de medidas do Estado, tanto atos do Poder Legislativo quanto do Poder Executivo, que delimita a esfera jurídica da liberdade e da propriedade dos cidadãos em função dos interesses coletivos. No mais restrito sentido, abarca, dentro desse escopo, somente atos do Poder Executivo (regulamentos, autorizações, licenças etc.), correspondendo à noção de polícia administrativa,[1498] caso dos processos de licenciamento ambientais e de suas exigências.

A finalidade da atuação estatal sob a ótica do licenciamento ambiental – como processo administrativo de controle prévio – não se resume a mecanismos de comando e controle em face dos administrados, mas sim a criar um ambiente institucional que estimule condutas cooperativas, construindo-se uma solução acertada, cooperativa, dialógica e consensual para melhor informar a Administração, elucidar pré-compreensões e viabilizar uma melhor decisão administrativa.[1499]

Nesses casos, existe uma maior e melhor preparação técnica do órgão administrativo competente para realizar juízos prospectivos de caráter técnico, especialmente na área do meio ambiente, que costumam ser adotados na base de um conhecimento ou uma perícia técnica que se presumem próprios da Administração.[1500]

As complexas questões ambientais intrincadas no licenciamento, bem como nos estudos prévios de impacto ambiental e demais análises prévias, geralmente trazem conceitos vagos, sendo sua concretização tão difícil na reconstrução da decisão administrativa, que o seu controle chega aos limites funcionais do Judiciário.[1501]

Essa discricionariedade pela Administração Pública ambiental representa uma abertura normativa, quando a lei confere à autoridade pública ou administrador uma margem de liberdade para constituir o Direito no caso concreto.[1502] Trata-se da discricionariedade administrativa, o espaço decisório do administrador público para eleger, segundo critérios de razoabilidade e proporcionalidade, um, dentre pelo menos dois comportamentos cabíveis, perante cada caso concreto.[1503]

[1497] BRASIL. Presidência da República. *Constituição da República Federativa do Brasil de 1988*. Brasília, DF: Presidência da República, 1988. Disponível em: http://www.planalto.gov.br/ccivil_03/constituicao/constituicaocompilado.htm. Acesso em: 19 out. 2021.

[1498] BANDEIRA DE MELLO, Celso Antônio. *Curso de direito administrativo*. 25. ed. São Paulo: Malheiros, 2008. p. 280-281.

[1499] NIEBUHR, Pedro. *Processo administrativo ambiental*. 3. ed. rev., ampl. e atual. Belo Horizonte: Fórum, 2021a. p. 196.

[1500] KRELL, Andreas J. *Discricionariedade administrativa e proteção ambiental*: o controle dos conceitos jurídicos indeterminados e a competência dos órgãos ambientais, um estudo comparativo. 1. ed. Porto Alegre: Livraria do Advogado Editora, 2004. p. 107.

[1501] KRELL, Andreas J. *Discricionariedade administrativa e proteção ambiental*: o controle dos conceitos jurídicos indeterminados e a competência dos órgãos ambientais, um estudo comparativo. 1. ed. Porto Alegre: Livraria do Advogado Editora, 2004. p. 108.

[1502] KRELL, Andreas J. *Discricionariedade administrativa e proteção ambiental*: o controle dos conceitos jurídicos indeterminados e a competência dos órgãos ambientais, um estudo comparativo. 1. ed. Porto Alegre: Livraria do Advogado Editora, 2004. p. 18.

[1503] BANDEIRA DE MELLO, Celso Antônio. *Discricionariedade e controle judicial*. 2. ed. São Paulo: Malheiros, 2010. p. 48.

No caso dos licenciamentos, inclusive para a maioria das questões ambientais a serem apreciadas e dependentes de decisão pública, haverá ainda a discricionariedade técnica. Para Loubet, a discricionariedade técnica é a margem decisória a ser tomada pela Administração Pública nos casos de conceitos jurídicos indeterminados de origem técnico-científica, que objetiva a adoção da melhor solução possível e com maior eficiência ambiental.[1504]

Os conceitos jurídicos indeterminados seriam termos em que as normas jurídicas remetem a um conceito, sem concretizar, porém, a hipótese das quais tratam, sendo considerados vagos e imprecisos, aplicados em casos os quais o legislador não pode ou não quer, previamente, exemplificar ou qualificar as possibilidades fáticas concretas,[1505] como a exemplo dos termos de utilidade, qualidade, equilíbrio e proteção ambiental.

Dito isso, nos processos de licenciamento ambiental, cuja competência segundo o art. 23, VI, da CF/88 e as previsões da LC nº 140/2011 é expressa e comum entre todos os entes federativos, como regra devem ser emanados os atos administrativos das licenças ambientais, isso para que o órgão ambiental manifeste a aprovação ou não da viabilidade prévia, da instalação e da operação concreta das atividades impactantes.

Conforme Mosimann, a própria Res. nº 237/1997 do CONAMA corrobora para essa discricionariedade que permeia o licenciamento como um todo, pois outorgou certa margem de avaliação subjetiva aos órgãos, como no caso da definição dos Estudos Ambientais (EA) necessários aos licenciamentos de atividades com significativas degradações (art. 3º), na concepção de procedimentos específicos para concessão de licenças (art. 12) ou na fixação dos prazos de cada licença (art. 18).[1506]

Observada através da função que exerce dentro de um licenciamento, toda a licença ambiental deve ser entendida, segundo Niebuhr, como uma técnica a serviço da conciliação entre proteção ambiental e direitos individuais. Com ela se atribuiria margem de discricionariedade ao órgão ambiental para definir soluções técnicas, determinar alternativas e adaptações em projetos e estipular, de modo excepcional, parâmetros de operabilidade para a atividade econômica, obra ou empreendimento no caso concreto.[1507]

Ao órgão ou entidade pública responsável pelo licenciamento ambiental compete apreciar os estudos ambientais, as licenças e todo o conjunto de elementos do licenciamento, inclusive para estabelecer as condicionantes ambientais, sendo tal competência exercida justamente por meio do instituto da discricionariedade.[1508]

Ademais, essa decisão a respeito das condicionantes integrantes das licenças faz parte da natureza do processo decisório do licenciamento, tarefa que não dependerá de previsões infralegais ou regulamentares, uma vez que é decorrente de texto de lei (Lei Federal nº 6.938/1981, art. 10 c/c LC nº 140/2011, art. 13).[1509]

[1504] LOUBET, Luciano Furtado. *Licenciamento ambiental*: a obrigatoriedade da adoção das Melhores Técnicas Disponíveis (MTD). Belo Horizonte: Del Rey, 2014. p. 229.

[1505] LOUBET, Luciano Furtado. *Licenciamento ambiental*: a obrigatoriedade da adoção das Melhores Técnicas Disponíveis (MTD). Belo Horizonte: Del Rey, 2014. p. 175.

[1506] MOSIMANN, Ítalo Augusto. DANTAS, Marcelo Buzaglo; JACOBSEN, Gilson (Orgs.). *Segurança jurídica e os limites da intervenção judicial no licenciamento ambiental*. Coleção Direito, Meio Ambiente e Sustentabilidade. Vol. 2. 1. ed. Florianópolis: Habitus, 2020. p. 92.

[1507] MOSIMANN, Ítalo Augusto. DANTAS, Marcelo Buzaglo; JACOBSEN, Gilson (Orgs.). *Segurança jurídica e os limites da intervenção judicial no licenciamento ambiental*. Coleção Direito, Meio Ambiente e Sustentabilidade. Vol. 2. 1. ed. Florianópolis: Habitus, 2020. p. 178.

[1508] BIM, Eduardo Fortunato. *Licenciamento Ambiental*. 4. ed. Belo Horizonte: Fórum, 2019. p. 243.

[1509] BIM, Eduardo Fortunato. *Licenciamento Ambiental*. 4. ed. Belo Horizonte: Fórum, 2019. p. 243.

Apresenta-se, assim, a possibilidade, independentemente de lei, da obrigação de implantação e manutenção de programas de *compliance* com viés ambiental nas empresas em decorrência de sua estipulação pelos órgãos licenciadores, na forma de condicionante ou de controle ambiental de licenças e autorizações, medidas tais que se inserem no âmbito de discricionariedade do órgão licenciador competente.[1510]

Com essas perspectivas, presentes as premissas jurídicas para que, com base em sua apreciação técnica e administrativa – discricionariedade decisória –, os órgãos ambientais licenciadores possam, de forma motivada e fundamentada, lançar mão, propondo ou fixando em termo, da exigência ligada a iniciativas e programas de integridade e *compliance* nos licenciamentos ambientais.

Não bastasse isso, como já mencionado nos tópicos anteriores, as definições legais relacionadas ao estudo prévio de impactos ambientais (EIA), ao relatório de impactos sobre meio ambiente (RIMA), às condicionantes das licenças ambientais e aos planos e programas para monitoramento e controle da gestão ambiental são compatíveis com as funções e a estrutura dos programas de integridade e *compliance*, condições que abrem espaço, portanto, para os órgãos ambientais exigirem referidas medidas no âmbito dos licenciamentos ambientais no Brasil.

4.2.2 Proporcionalidade das condicionantes no licenciamento ambiental

Embora integre, como visto, o círculo discricionário de decisão dos órgãos e entidades ambientais, a eventual exigência da implantação, desenvolvimento ou aperfeiçoamento de programas de integridade e *compliance* no licenciamento necessita observar diretrizes legais mínimas, proporcionais e razoáveis, sob pena da geração de efeitos deletérios e indesejados, atingindo fins contrários a que se destina.

Como ressalva Bim, ainda que existam múltiplas e necessárias exigências, elas devem se relacionar com o empreendimento ou atividade econômica, não devendo ser utilizado o licenciamento ambiental para equacionar problemas ambientais sem nexo de causalidade minimamente proporcional com o empreendimento ou atividade.[1511]

Para Farias e Rios Paula, um dos problemas mais recorrentes no licenciamento, bem como nos requerimentos dos demais atos administrativos ambientais, tem sido a excessiva subjetividade na fixação de condicionantes, o que permite exigências desproporcionais e tratamentos diferenciados para situações semelhantes.[1512]

Não são raras as vezes em que os órgãos ambientais fazem exigências que não guardam qualquer relação com o objeto do processo sob análise, o que gera insegurança jurídica para os empreendedores. Para Rios Paula e Farias, não faz sentido exigir medidas compensatórias não relacionadas aos impactos ambientais causados pela atividade poluidora, pois é preciso configurar a existência do nexo de causalidade.[1513]

[1510] NIEBUHR, Pedro de Menezes; SCHARMM, Fernanda Santos. O que esperar do *compliance* sob a perspectiva ambiental? *Revista Interesse Público – IP*, Belo Horizonte, ano 22, n. 123, p. 53-71, set./out. 2020.

[1511] BIM, Eduardo Fortunato. *Licenciamento Ambiental*. 4. ed. Belo Horizonte: Fórum, 2019. p. 66.

[1512] RIOS PAULA, Frederico; FARIAS, Talden. Parâmetros jurídicos para fixação de condicionantes ambientais. *Revista O Consultor Jurídico*, 23 abril 2022. Disponível em: https://www.conjur.com.br/2022-abr-23/ambiente-juridico-parametros-juridicos-fixacao-condicionantes-ambientais. Acesso em: 05 maio 2022.

[1513] RIOS PAULA, Frederico; FARIAS, Talden. Parâmetros jurídicos para fixação de condicionantes ambientais. *Revista O Consultor Jurídico*, 23 abril 2022. Disponível em: https://www.conjur.com.br/2022-abr-23/ambiente-juridico-parametros-juridicos-fixacao-condicionantes-ambientais. Acesso em: 05 maio 2022.

Nesse sentido, é importante a Orientação Jurídica Normativa (OJN) nº 33/2022, publicada pela Advocacia-Geral da União (AGU), através da Procuradoria Federal Especializada junto ao ICMBio. Segundo a orientação, são importantes as limitações à Administração Pública previstas na Lei de Liberdade Econômica (Lei Federal nº 13.874/2019), como a impossibilidade de exigência de medidas mitigatórias ou compensatórias abusivas, descabidas ou desproporcionais em matéria ambiental.[1514]

Conforme Rios Paula e Farias, a referida OJN assevera também que sejam considerados os impactos cumulativos e sinérgicos, os quais derivam, em geral, de impactos ambientais causados pela mera operação da atividade licenciada, abrindo a possibilidade de fixação de condicionantes ambientais mais amplas em caso de acordo ou termos de compromissos de ajustamentos de condutas resultantes de ilicitude, preservando os deveres anexos ao princípio do poluidor-pagador.[1515]

É com essa perspectiva ampliativa, abarcada pelas condicionantes ambientais, sobretudo para impactos sinérgicos, cumulativos e indiretos em licenciamento, e pela discricionariedade administrativa e técnica reservada aos órgãos e entidades ambientais, que se pode considerar possível a inserção de exigências de programas de integridade e *compliance* no rol de requisitos e elementos das licenças ambientais de atividades, obras ou empreendimentos com significativos impactos e degradações.

Contudo, alerta Niebuhr, proporcionalidade e máxima proteção ambiental não são excludentes, ao contrário, complementam-se. Cabe lançar mão do princípio da proporcionalidade com vistas a otimizar a proteção ambiental, socorrendo-se aos subcritérios do princípio – adequação, necessidade e proporcionalidade *stricto sensu*. Esse critério prestigia a proibição do excesso e a proteção deficiente.[1516]

Com a proibição do excesso na atuação do órgão competente, busca-se impedir a criação infindável de exigências para que seja anuída a atividade econômica, obra ou empreendimento a ser licenciado. Na proibição da proteção deficiente, o papel é priorizar a necessidade de atuação em casos graves para evitar a degradação ambiental,[1517] caso específico das medidas de monitoramento e controle ambiental.

Essas balizas devem orientar uma conveniente e oportuna inserção da exigência de implementação de programas de integridade e *compliance* por órgãos ambientais nos licenciamentos, para: (i) manter esses programas de integridade e *compliance* como mecanismos e instrumentos agregadores às funções de monitoramento, avaliação, controle e comunicação do desempenho ligado a gestão de riscos e impactos e à conformidade legal ambiental da atividade ou empreendimento licenciado; e (ii) estar proporcional e razoavelmente fundamentada e motivada em uma relação causal, direta ou indireta, com as características, a natureza, o porte, o potencial poluidor, os riscos ou os impactos intrínsecos à atividade ou empreendimento a ser licenciado.

Com essa perspectiva é que serão delineadas nos próximos tópicos as mínimas premissas e os padrões de estrutura e de conteúdo dos programas de integridade e

---

[1514] BRASIL. Advocacia-Geral da União. *Orientação Jurídica Normativa nº 33, de 14 de abril de 2022*. Brasília, 2022. Disponível em: https://www.gov.br/ibama/pt-br/acesso-a-informacao/institucional/orientacoes-juridicas-normativas. Acesso em: 05 de maio 2022.

[1515] RIOS PAULA, Frederico; FARIAS, Talden. Parâmetros jurídicos para fixação de condicionantes ambientais. *Revista O Consultor Jurídico*, 23 abril 2022. Disponível em: https://www.conjur.com.br/2022-abr-23/ambiente-juridico-parametros-juridicos-fixacao-condicionantes-ambientais. Acesso em: 05 maio 2022.

[1516] NIEBUHR, Pedro. *Processo administrativo ambiental*. 3. ed. rev., ampl. e atual. Belo Horizonte: Fórum, 2021a. p. 143.

[1517] NIEBUHR, Pedro. *Processo administrativo ambiental*. 3. ed. rev., ampl. e atual. Belo Horizonte: Fórum, 2021a. p. 144.

compliance aplicados à área ambiental e a serem exigidos nos licenciamentos de grandes atividades, sem prejuízo da máxima de que não há estruturas prontas para esses programas, devendo cada organização desenvolvê-los observando a sua realidade.

4.3 Necessária prevenção contra *compliances* "de gaveta" e *"greenwashing"*

Com a expansão da responsabilidade corporativa, expressada pela tendência dos programas de integridade e *compliance* e também pela explosão das práticas de gestão e governança ESG (*Environmental, Social and Governance*), a exigência e o rigor ligados aos resultados concretos e efetivos dessas iniciativas e estruturas passaram a estar mais evidentes no contexto empresarial, regulatório e na sociedade como um todo.

As empresas, organizações e entidades públicas vêm convivendo com maior controle social sobre as medidas e práticas de integridade e *compliance* e de impactos ESG que eventualmente sejam tanto desenvolvidas quanto divulgadas e aplicadas.

Esse enrijecimento do controle social da efetividade e dos resultados das políticas e iniciativas divulgadas por empresas e pelo setor público, sobretudo em relação às práticas de responsabilidade socioambiental, deve-se, entre outros fatores, à expansão de uma prática reconhecida como *"greenwashing"* ou lavagem e maquiagem verde.

Segundo Méo, trata-se de fenômeno representado pela prática sub-reptícia de empresas e prestadores de serviços ao informarem ou comercializarem produtos ou serviços ditos como sustentáveis ou não prejudiciais ao meio ambiente, mas que, na verdade, omitem que tais atividades geram impactos ambientais e sociais negativos, por meio de informações vagas e dúbias ou desprovidas de fundamento ou evidenciação.[1518]

Com mais incidência no Direito do Consumidor, a prática de *"greenwashing"* ocorreria tanto na apresentação de produtos ou de serviços quanto na sua rotulagem e publicidade. Em ambos os casos, haveria o uso constante de selos enganosos, como por uma autodeclaração ambiental da própria empresa ou por certificador independente.[1519]

É importante frisar que não apenas as empresas e corporações privadas que forneçam produtos e serviços, como também ONGs e o próprio setor público poderão estar envolvidos, direta ou indiretamente, com a lavagem ou maquiagem verde em face de iniciativas, políticas e programas de responsabilidade socioambiental e de *compliance* ESG.

Nesse sentido, a prática do *"greenwashing"*, como problema no sistema jurídico brasileiro, exige prevenção e reparação à luz de premissas legais, como da tutela do consumidor, do dever coletivo de proteção ao meio ambiente, da boa-fé e função social da propriedade e da empresa, todas garantias pela Constituição Federal de 1988 e demais disposições infraconstitucionais vigentes.[1520]

Para tanto, fundamentais são as estratégias regulatórias voltadas a exigir de empresas e organizações, que gerem impactos socioambientais negativos, o desenvolvimento

---

[1518] MÉO, Letícia Caroline. *Greenwashing e direito do consumidor*: como prevenir (ou reprimir) o marketing ambiental ilícito. 1. ed. São Paulo: Thomson Reuters Brasil, 2019. p. 21.

[1519] MÉO, Letícia Caroline. *Greenwashing e direito do consumidor*: como prevenir (ou reprimir) o marketing ambiental ilícito. 1. ed. São Paulo: Thomson Reuters Brasil, 2019. p. 339.

[1520] MÉO, Letícia Caroline. *Greenwashing e direito do consumidor*: como prevenir (ou reprimir) o marketing ambiental ilícito. 1. ed. São Paulo: Thomson Reuters Brasil, 2019. p. 339.

e a aplicação de políticas, planos e programas ligados à melhoria da gestão da comunicação e da divulgação verídica e efetiva das informações e do desempenho socioambiental da sua atividade, estrutura, produto e serviços.

Não bastasse essa complexa questão, na gestão e governança empresarial e também no setor público, a prevenção e o combate à corrupção e à fraude por anos no Brasil se relacionaram com iniciativas e programas de integridade e *compliance* intitulados como "de gaveta", pois sem substancial e efetivo conteúdo, tampouco forma.

Antes da Lei Federal nº 12.846/2013 (Lei Anticorrupção brasileira) e do Decreto Federal nº 8.420/2015, inexistia regulamentação específica desses mecanismos. Como afirma Warde, não havendo incentivo legal e estruturação, as condutas que o incentivo pretenda fomentar são inexistentes ou se resumem em formalidades inúteis. Daí os programas de integridade e *compliance* "de papel" ou "para inglês ver".[1521]

Na mesma linha do "*greenwashing*", os programas de *compliance* "de gaveta" ou "de fachada" seriam aquelas iniciativas, políticas, planos ou programas de integridade e *compliance* que, embora desprovidos de elementos, evidências e resultados de sua implantação, seriam apresentados ou divulgados por empresas, organizações ou até entidades públicas como efetivos ou em conformidade com as boas práticas.

No entanto, somente em anos recentes que no Brasil o cenário para esses programas de integridade e *compliance* "de gaveta" foi se tornando complexo e com maior rigor de estrutura, conteúdo, forma e aplicação. Isso se deve ao fato do advento de ampla regulamentação em nível federal e mais recentemente em âmbito estadual, passando-se a exigir não apenas a verificação ou a certificação independente, como também elementos mínimos voltados à avaliação e à efetividade desses programas.

Nada obstante essa evolução de critérios normativos para os programas de integridade e *compliance*, permanecerá a necessidade de estratégias e abordagens regulatórias preventivas contra a famigerada difusão de programas "de gaveta" ou "de fachada", o mesmo valendo para a área da regulação ambiental, cuja prática de "*greenwashing*" em gestão ambiental e agenda ESG cresce no Brasil e no mundo.

E como este trabalho concentra-se nos programas de integridade e *compliance* aplicados às exigências de licenciamentos, essencial que se busquem parâmetros mínimos ligados à avaliação de estrutura, conteúdo, forma e aplicação desses programas no âmbito das atividades econômicas potencialmente poluidoras ou causadoras de significativos impactos e degradações à natureza e à sociedade.

4.3.1 Elementos mínimos de um programa de *compliance* no licenciamento

No terceiro capítulo desta obra, destacou-se a inexistência de receitas ou modelos prontos para que toda e qualquer empresa ou organização faça uso na busca de implantar um efetivo programa de integridade e *compliance*. A bem da verdade, essa conclusão é ainda mais incidente na área ambiental, cuja complexidade de riscos e violações remete a um conjunto incerto e indeterminável de consequências.

[1521] WARDE, Walfrido. *O espetáculo da corrupção*: como um sistema corrupto e o modo de combatê-lo estão destruindo o país. 1. ed. Rio de Janeiro: LeYa, 2018. p. 50.

Com a intenção de delimitar quais estruturas, diretrizes e elementos que minimamente devam constar em um programa de integridade e *compliance* para a área ambiental, serão estendidos, nos pontos oportunos aos fins desta análise, os parâmetros legais já aplicados na regulação de *compliance* anticorrupção e fraude no Brasil.

No entanto, essas diretrizes devem ter escopo nas funções de prevenir, apurar, controlar e reparar: (i) desconformidades com os padrões ambientais; (ii) infrações ambientais administrativas e criminais; e (iii) atos lesivos e danosos à Administração Pública ambiental ou contrários às normas jurídicas de proteção do meio ambiente.

Na lição de Saraiva, são requisitos ou diretrizes mínimas para o estabelecimento de um programa de integridade e *compliance* na área ambiental: (a) gestão de riscos com ênfase em atividades, obras ou empreendimentos potencialmente poluidores ou com *significativos* impactos ambientais; (b) políticas, padrões e códigos de conduta de gestão ambiental; (c) procedimentos e sistemas de sanções internas; (d) mecanismos de comunicação e informação da atividade da organização; (e) métodos de capacitação, institucionalização e treinamento sobre o programa; (f) verificação e ecoauditorias, internas ou independentes; e por fim (g) meios de controle e aprimoramento do programa, com vistas às melhores técnicas disponíveis.[1522]

Apesar da necessidade de padrões mínimos, as empresas e organizações, sobretudo as possuidoras de atividades econômicas significativamente impactantes e sujeitas ao licenciamento mais rigoroso, devem implementar medidas de integridade e *compliance* ambiental para além de parâmetros técnicos e normativos mínimos, de forma a demonstrarem – aí, então, voluntariamente – um esforço extra, um comprometimento ainda maior com a gestão e a proteção ambiental, ocasião em que seriam beneficiadas pelos seus programas de *compliance* na área ambiental.[1523]

A despeito disso, para que surtem efeitos regulatórios e jurídicos, a efetividade dos programas de integridade e *compliance* na área ambiental dependerá do cumprimento de requisitos básicos, fixados em lei ou regulamento, ou delineados por entidade regulatória e adaptados para cada atividade econômica, empresa e organização.[1524]

O primeiro elemento mínimo está situado na gestão e avaliação de riscos na empresa ou organização. Dentro da gestão e avaliação de riscos, a empresa deverá desenvolver a identificação, a avaliação, a análise e o tratamento dos riscos socioambientais prioritários no exercício da atividade, recomendando-se a observância das diretrizes da norma ABNT NBR ISO 31.000/2018,[1525] relativa à Gestão de Riscos.

Por meio da gestão e avaliação de riscos em um programa de integridade e *compliance* na área ambiental, deve-se permitir a destinação racional dos recursos disponíveis na empresa à prevenção daqueles eventos ou circunstâncias mais prováveis e cujos danos e consequências sejam de maior relevância, na busca do controle da maior quantidade de riscos que sejam causados por suas atividades.[1526]

[1522] SARAIVA, Renata Machado. *Criminal compliance como instrumento de tutela ambiental*: a propósito da responsabilidade penal das empresas. 1. ed. São Paulo: LiberArs, 2018. p. 20.
[1523] SARAIVA, Renata Machado. *Criminal compliance como instrumento de tutela ambiental*: a propósito da responsabilidade penal das empresas. 1. ed. São Paulo: LiberArs, 2018. p. 73-74.
[1524] SARAIVA, Renata Machado. *Criminal compliance como instrumento de tutela ambiental*: a propósito da responsabilidade penal das empresas. 1. ed. São Paulo: LiberArs, 2018. p. 74.
[1525] ASSOCIAÇÃO BRASILEIRA DE NORMAS TÉCNICAS – ABNT. *ABNT NBR ISO 31.000:2018*: Gestão de riscos: Diretrizes. Rio de Janeiro: ABNT, 2018.
[1526] SARAIVA, Renata Machado. *Criminal compliance como instrumento de tutela ambiental*: a propósito da responsabilidade penal das empresas. 1. ed. São Paulo: LiberArs, 2018. p. 81.

O segundo elemento mínimo refere-se às políticas, padrões e códigos de conduta de gestão ambiental. Dentre esses, os códigos de conduta serão instrumentos que devem conter padrões e normas procedimentais que regulamentem o como, o quando e o que deve ser feito quando agentes da empresa se envolvam, direta ou indiretamente, com fatos potencialmente ilícitos e danosos e que resultem em prejuízo ao desempenho ambiental da empresa, ou causem ato lesivo à Administração ou à qualidade ambiental.[1527]

Nesse sentido, nos códigos de conduta de gestão ambiental devem constar os valores e princípios fundamentais à política de gestão ambiental da organização. Para além dos requisitos legais, é importante que sejam elencadas bases de conduta para a ética ambiental, orientando práticas diárias em toda estrutura. Nos códigos de conduta, ainda devem constar itens como práticas anticorrupção e fraude, relacionadas às atividades e impactos da empresa, bem como práticas de cumprimento de padrões e normas ambientais.[1528]

Outro elemento mínimo para programas de integridade e *compliance* na área ambiental refere-se aos sistemas de apuração e sanções internas, ligadas à proteção e gestão ambiental. É preciso que dentro do programa sejam implementados mecanismos de apuração, de controle e de sanção contra descumprimentos das normas da empresa e as previstas em diplomas legais e regulamentadores.[1529]

No sistema de investigação interna, devem constar ainda informações de canais de comunicação e denúncia interna e externa, com medidas para a proteção e o sigilo aos denunciantes de boa-fé. São elementos que corroboram para a necessária independência e autonomia dos setores internos responsáveis pela gestão e aplicação dos programas de integridade e *compliance* com escopo na área ambiental.[1530]

Em relação aos métodos de capacitação, institucionalização e treinamento sobre o programa, essencial são os comitês ou agentes *"compliance officers"* ou agentes de *compliance*. Serão responsáveis pela formação e capacitação dos colaboradores, diretores e parceiros da empresa ou organização nos padrões de conduta e de gestão e ética ambiental e de cumprimento das políticas, padrões e normas ambientais, assim como sobre as formas de difusão e de aprimoramento desses padrões.[1531]

Dentro dos elementos mínimos, ainda estão incluídas as verificações, certificações e ecoauditorias, internas ou por instituição independente externa. São revisões periódicas, sistematizadas, documentadas e objetivas sobre as operações, atividades, riscos e impactos ambientais ligados à empresa ou organização.[1532]

Por fim, o último elemento exemplificativo mínimo da estrutura de um programa de integridade e *compliance* delineado com o escopo na área ambiental está ligado ao

---

[1527] SARAIVA, Renata Machado. *Criminal compliance como instrumento de tutela ambiental*: a propósito da responsabilidade penal das empresas. 1. ed. São Paulo: LiberArs, 2018. p. 85.

[1528] SARAIVA, Renata Machado. *Criminal compliance como instrumento de tutela ambiental*: a propósito da responsabilidade penal das empresas. 1. ed. São Paulo: LiberArs, 2018. p. 88.

[1529] SARAIVA, Renata Machado. *Criminal compliance como instrumento de tutela ambiental*: a propósito da responsabilidade penal das empresas. 1. ed. São Paulo: LiberArs, 2018. p. 90.

[1530] SARAIVA, Renata Machado. *Criminal compliance como instrumento de tutela ambiental*: a propósito da responsabilidade penal das empresas. 1. ed. São Paulo: LiberArs, 2018. p. 98-99.

[1531] SARAIVA, Renata Machado. *Criminal compliance como instrumento de tutela ambiental*: a propósito da responsabilidade penal das empresas. 1. ed. São Paulo: LiberArs, 2018. p. 111-112.

[1532] SARAIVA, Renata Machado. *Criminal compliance como instrumento de tutela ambiental*: a propósito da responsabilidade penal das empresas. 1. ed. São Paulo: LiberArs, 2018. p. 113.

sistema de manutenção e de aprimoramento periódico do programa, em especial, para a busca da melhor tecnologia disponível.[1533]

A conceituação de Melhor Técnica Disponível (MTD) reflete-se, no contexto de um programa de *compliance* com viés ambiental, pelo conjunto de práticas e métodos dinâmicos e efetivos de prevenção e controle ambiental, situado na fase avançada de desenvolvimento das atividades e de suas formas de exploração e uso de recursos naturais. As melhores técnicas de gestão e prevenção ambiental estariam periodicamente avaliadas dentro das ações de monitoramento do programa de *compliance*, fomentando a ética organizacional e o cumprimento legal ambiental de modo contínuo.[1534]

Dados seus elementos mínimos, não apenas especiais para o setor privado, programas de integridade e *compliance* aplicados no escopo da área ambiental poderiam ainda ser desenvolvidos nos órgãos e entidades da Administração Pública ambiental.[1535]

Diante dos inúmeros escândalos ligados ao setor público com atos de corrupção e malversação do erário e da coisa pública – inclusive em atos e procedimentos ambientais como o licenciamento –, a gestão de órgãos públicos ambientais poderia ser aprimorada com o uso de mecanismos de integridade e *compliance*, sistematizando a integridade e a ética em suas atividades e no fomento de boas práticas com patrimônio público,[1536] sendo, inclusive, uma maneira de fomentar a agenda ESG na pauta pública.

Em complemento a esses elementos mínimos, não devem ser olvidados os parâmetros do art. 57, do Decreto Federal nº 11.129/2022, que, pelos seus 15 (quinze) incisos, exige os principais pilares: (a) comprometimento da alta direção; (b) padrões e código de conduta para colaboradores e agentes externos; (c) treinamentos e capacitação; (d) gestão e análise periódica de riscos para adaptações; (e) medidas disciplinares e procedimentos para prevenção de fraudes e ilícitos em contratações e relacionamentos com setor público; (f) instância interna responsável e autônoma; (g) canais de denúncia e comunicação, com proteção aos denunciantes de boa-fé; (h) diligências prévias nas contratações, compras e sobre terceiros; e (i) monitoramento contínuo para aperfeiçoamento das funções de prevenção, detecção e reparação de atos lesivos à Administração Pública nacional e estrangeira.[1537]

Em resumo, todo e qualquer programa de integridade e *compliance* com escopo na área ambiental – e exigido em licenciamentos – deverá observar minimamente o conjunto de elementos acima descritos e estar estruturado para as funções específicas de prevenir, detectar, controlar e remediar: (i) atos em desconformidade com os padrões técnicos e normativos ambientais; (ii) infrações administrativas e criminais ambientais; e (iii) atos ilícitos e danosos à Administração Pública ambiental e à proteção do meio ambiente ecologicamente equilibrado.

[1533] SARAIVA, Renata Machado. *Criminal compliance como instrumento de tutela ambiental*: a propósito da responsabilidade penal das empresas. 1. ed. São Paulo: LiberArs, 2018. p. 118.

[1534] SARAIVA, Renata Machado. *Criminal compliance como instrumento de tutela ambiental*: a propósito da responsabilidade penal das empresas. 1. ed. São Paulo: LiberArs, 2018. p. 120.

[1535] Conforme destacado no terceiro capítulo, o IBAMA, o MMA e o ICMBio já possuem programas de integridade e *compliance* em desenvolvimento e execução no âmbito federal.

[1536] SARAIVA, Renata Machado. *Criminal compliance como instrumento de tutela ambiental*: a propósito da responsabilidade penal das empresas. 1. ed. São Paulo: LiberArs, 2018. p. 37.

[1537] BRASIL. Presidência da República. *Decreto nº 11.129, de 11 de julho de 2022*. Regulamenta a Lei nº 12.846, de 1º de agosto de 2013, que dispõe sobre a responsabilização administrativa e civil de pessoas jurídicas pela prática de atos contra a Administração Pública, nacional ou estrangeira. Brasília, DF, 2022. Disponível em: http://www.planalto.gov.br/ccivil_03/_Ato2019-2022/2022/Decreto/D11129.htm. Acesso em: 20 de jul. 2022.

4.3.2 Aplicação das normas ABNT NBR ISO 14001 (Sistemas de Gestão Ambiental), ISO 37301 (Sistemas de Gestão de *Compliance*) e ISO 37001 (Sistemas de Gestão Antissuborno) e ABNT PR 2030 ESG

Para além das previsões normativas – como os requisitos do art. 57 do Decreto Federal nº 11.129/2022 –, existem referenciais nacionais e internacionais que, mesmo voluntários, poderão servir de balizas para a implementação da exigência de programas de integridade e *compliance* na perspectiva dos licenciamentos ambientais.

Dentro do universo de normas e boas práticas reconhecidas em nível nacional e internacional, amplamente recomendadas são as normas e padrões técnicos produzidos pela *International Organization for Standardization* (ISO) ou Organização Internacional para Padronização, ONG internacional com 167 membros de instituições de padronização nacionais, como a Associação Brasileira de Normas Técnicas (ABNT).

Segundo a ISO, são atualmente 24.309 normas técnicas internacionais que abarcam quase todos os aspectos de tecnologia e fabricação, sendo 807 comitês e subcomitês técnicos internacionais para tratar do desenvolvimento dos padrões.[1538]

Como referenciais a serem utilizados como parâmetro mínimo aos programas de *compliance* aplicados na área ambiental, importantes são as normas ABNT NBR ISO 14.001/2015, relativa aos Sistemas de Gestão Ambiental (SGA) e requisitos com orientações para uso, na sua terceira edição em vigência desde 2015. Assim como a norma ABNT NBR ISO 37.001/2017, dos Sistemas de Gestão Antissuborno e a recente ISO 37.301/2021, dos Sistemas de Gestão de *Compliance* (SGC), atualizada em 2021, a qual substituiu a antiga ISO 19.600/2018.

Trata-se de normas aplicáveis a qualquer empresa ou organização, pública ou privada, de grande, médio ou pequeno porte, orientando e dispondo sobre requisitos específicos de *compliance*, gestão antissuborno e de gestão ambiental, os quais podem ser, conjunta ou separadamente, sujeitos à verificação e à certificação auditáveis.

Ao lado de outras normas de gestão ambiental mundiais, como a BS 7750 da *British Standard Institution* (BSI), o *Eco Management and Audit Scheme* (EMAS) da Comunidade Europeia e as normas da *Canadian Standard Association* (CSA), a série da ISO 14.001 é uma norma técnica voluntária e orientadora para criação e implantação de um Sistema de Gestão Ambiental (SGA), com ampla aderência pelo mundo.[1539]

Como consta da ISO 14.001/2015, as expectativas da sociedade em relação ao desenvolvimento sustentável e à responsabilização de prestar contas (*accountability*) têm evoluído com a legislação cada vez mais rigorosa. As organizações públicas ou privadas passam a adotar uma abordagem sistêmica na gestão ambiental, com a implementação de Sistemas de Gestão Ambiental (SGA) que visam contribuir com a sustentabilidade.[1540]

Entre os objetivos do SGA, a ISO 14.001/2015 destaca a proteção ambiental com prevenção e mitigação dos impactos adversos, o auxílio à organização no atendimento

---

[1538] INTERNATIONAL ORGANIZATION FOR STANDARDIZATION – ISO. *About us*. Suíça. 2022. Disponível em: https://www.iso.org/about-us.html. Acesso em: 20 maio 2022.

[1539] ERBE, Margarete Casagrande Lass. *Sistemas de Gestão Ambiental*. Instituto Federal de Educação, Ciência e Tecnologia do Paraná – IFPR: Curitiba, 2012. p. 13.

[1540] ASSOCIAÇÃO BRASILEIRA DE NORMAS TÉCNICAS – ABNT. *ABNT NBR ISO 14.001:15*: Sistemas de gestão ambiental: Requisitos. Rio de Janeiro: ABNT, 2015. p. 2.

aos requisitos legais, o aumento do desempenho ambiental e a comunicação de informações ambientais para as partes interessadas.[1541]

Conforme Sánchez, o SGA representaria o conjunto de compromissos, procedimentos, documentos e recursos humanos para planejar, implementar, controlar e melhorar as ações de uma organização com vistas a cumprir com suas obrigações e compromissos de natureza ambiental. É utilizado para gerenciar aspectos ambientais, cumprir com os requisitos legais e outras exigências e também para abordar riscos, segundo as recomendações da ABNT NBR ISO 14.001/2015.[1542]

Dentro do escopo exigido, a organização, pública ou privada, deverá perseguir: (a) o aumento do desempenho ambiental; (b) o atendimento dos requisitos legais e outras exigências; e (c) o alcance dos objetivos ambientais do SGA e da própria organização.[1543]

Observando as lições de Sánchez, um programa de *compliance* a ser alinhado a um Sistema de Gestão Ambiental (SGA) focaria no monitoramento ambiental para detecção de não conformidades com relação às boas práticas ambientais ou aos procedimentos a serem executados pela atividade, obra ou empreendimento objeto de licenciamento: (a) condicionantes das licenças; (b) o desempenho de atendimento das condicionantes; (c) as não conformidades e os autos de infração recebidos e gerados; (d) a documentação exigida e encaminhada para órgãos; (e) cronogramas (monitoramento, implementação das medidas mitigadoras de impactos), entre outras diretrizes.[1544]

Com o mesmo foco das estruturas de programas de integridade e *compliance*, a ISO 14.001/2015 fixa seus elementos mínimos para a definição e avaliação de um Sistema de Gestão Ambiental (SGA): (a) Liderança (Comprometimento da Alta Direção com o desempenho e a conformidade com requisitos legais ambientais); (b) Planejamento (Abordagem de riscos e plano de ações para gerenciamento de riscos e oportunidades ambientais); (c) Apoio (Definição de recursos, responsáveis e treinamentos); (d) Operação (Implementação de critérios e meios de controle operacional e sobre o nível de cumprimento dos objetivos do SGA e de seus requisitos); (e) Avaliação de Desempenho (Plano para monitorar, medir, analisar e avaliar o desempenho ambiental da organização e sobre a conformidade legal); (f) Auditoria Interna (Verificação interna quanto ao cumprimento dos requisitos fixados pela própria organização e pela ISO 14.001/2015); e (g) Melhoria (Definição de medidas para reação e reparação de não conformidades, para controle e correção, objetivando a melhoria contínua do desempenho ambiental).[1545]

De modo similar ao que ocorre com os programas de integridade e *compliance*, aplicação das diretrizes da ISO 14.001 também se realiza a partir de um ciclo de melhoria contínua "PDCA", em que: (i) "P" é planejar o estabelecimento de objetivos e das medidas para alcance dos mesmos; (ii) "D" se voltaria para a a execução do que foi

---

[1541] ASSOCIAÇÃO BRASILEIRA DE NORMAS TÉCNICAS – ABNT. *ABNT NBR ISO 14.001:15:* Sistemas de gestão ambiental: Requisitos. Rio de Janeiro: ABNT, 2015. p. 2.

[1542] SÁNCHEZ, Luis Enrique. *Avaliação de Impacto Ambiental*: conceitos e métodos. 3. ed., atual. e aprimorada. São Paulo: Oficina de Textos, 2020. p. 454.

[1543] ASSOCIAÇÃO BRASILEIRA DE NORMAS TÉCNICAS – ABNT. *ABNT NBR ISO 14.001:15:* Sistemas de gestão ambiental: Requisitos. Rio de Janeiro: ABNT, 2015. p. 13.

[1544] SÁNCHEZ, Luis Enrique. *Avaliação de Impacto Ambiental*: conceitos e métodos. 3. ed., atual. e aprimorada. São Paulo: Oficina de Textos, 2020. p. 436.

[1545] ASSOCIAÇÃO BRASILEIRA DE NORMAS TÉCNICAS – ABNT. *ABNT NBR ISO 14.001:15:* Sistemas de gestão ambiental: Requisitos. Rio de Janeiro: ABNT, 2015. p. 8-19.

planejado, conforme plano de ações; (iii) "C" se dirigiria ao monitoramento e medição dos processos e ações em conformidade com a política ambiental e requisitos legais exigidos à organização; e (iv) "A" se ligaria à implementação de ações necessárias à melhoria contínua do desempenho da gestão ambiental das atividades da organização.[1546]

Em relação à norma ABNT NBR ISO 37.301/2021 para Sistemas de Gestão de *Compliance* (SGC), há estruturas similares e que em muito se harmonizam com os parâmetros técnicos exigidos pela ISO 14.001/2015. O que se torna, portanto, oportuno para a perspectiva de programas de *compliance* na área ambiental, desenvolvidos nos licenciamentos ambientais de significativos impactos ao meio ambiente.

Conforme prevê a ISO 37.301/2021, um SGC eficaz e em toda a estrutura organizacional permite a uma organização, pública ou privada, demonstrar o seu comprometimento em cumprir com leis pertinentes, requisitos regulatórios, códigos setoriais da indústria e normas organizacionais, como também normas de boa governança, melhores práticas aceitas para ética e expectativas da comunidade.[1547]

Nesse sentido, para a ISO 37.301/2021, qualquer plano, programa ou iniciativa baseada em um Sistema de Gestão de *Compliance* (SGC) deverá considerar as seguintes definições: (a) Conformidade e não conformidade: atendimento ou desatendimento de um requisito obrigatório ou implícito; (b) *Compliance*: atendimento a todas as obrigações de *compliance* (requisitos obrigatórios e voluntários a serem cumpridos pela organização); (c) Funções de *compliance*: pessoa ou grupo de pessoas com responsabilidade e autoridade para operação do Sistema de Gestão de *Compliance*; (d) Riscos de *compliance*: probabilidade da ocorrência e as consequências do estar em não conformidade (não *compliance*) para a operação do SGC; entre outras definições.[1548]

Quanto aos elementos mínimos de um Sistema de Gestão de *Compliance* (SGC), a ISO 37.301 aponta os seguintes: (a) Liderança e comprometimento da alta direção (demonstração de que a alta direção assegura a busca pelos objetivos de *compliance* fixados e a independência dos responsáveis pela função de *compliance* na organização); (b) Planejamento (definição de ações para avaliação e gestão dos riscos de *compliance* e para treinamentos e capacitação); (c) Operação (execução de planos e medidas de monitoramento e controle dos riscos de *compliance*, bem como instância e procedimentos de prevenção e reparação de não conformidades; (d) Avaliação de desempenho (avaliação e controle do desempenho de *compliance* na organização e na visão de partes interessadas); e (e) Melhoria (ações e verificações para melhoria contínua, para a adequação e análise do desempenho), entre outros elementos.[1549]

A terceira norma técnica com potencial função orientativa para os programas de integridade e *compliance* a serem desenvolvidos nos licenciamentos ambientais é a ABNT NBR ISO 37.001/2017, dos Sistemas de Gestão Antissuborno. Assim como a corrupção e a fraude, para a ISO 37.001 os atos e condutas ligadas ao suborno causam

---

[1546] ERBE, Margarete Casagrande Lass. *Sistemas de Gestão Ambiental*. Instituto Federal de Educação, Ciência e Tecnologia do Paraná – IFPR: Curitiba, 2012. p. 35-36.

[1547] ASSOCIAÇÃO BRASILEIRA DE NORMAS TÉCNICAS – ABNT. *ABNT NBR ISO 37.301:21*: Sistemas de gestão de compliance: Diretrizes. Rio de Janeiro: ABNT, 2021. p. 2.

[1548] ASSOCIAÇÃO BRASILEIRA DE NORMAS TÉCNICAS – ABNT. *ABNT NBR ISO 37.301:21*: Sistemas de gestão de compliance: Diretrizes. Rio de Janeiro: ABNT, 2021. p. 7-12.

[1549] ASSOCIAÇÃO BRASILEIRA DE NORMAS TÉCNICAS – ABNT. *ABNT NBR ISO 37.301:21*: Sistemas de gestão de compliance: Diretrizes. Rio de Janeiro: ABNT, 2021. p. 13-28.

sérias preocupações sociais, morais, econômicas e políticas, debilitam a boa governança, dificultam o desenvolvimento e distorcem a competição de mercado.[1550]

Com a mesma estruturação de elementos da ISO 37.301, a ISO 37.001 diferencia-se quanto ao foco na gestão antissuborno, aplicando-se tanto para organizações públicas quanto privadas. Para a ISO 37.001, o suborno estaria ligado à oferta, promessa, doação, aceitação ou solicitação de uma vantagem indevida de qualquer valor (financeiro ou não), direta ou indiretamente, e independente de localização, em contrariedade/violação às leis aplicáveis, e como recompensa para uma pessoa que aja ou deixe de agir quanto a obrigações legais.[1551] Ainda no escopo da ISO 37.001, está prevista entre os seus objetivos a gestão preventiva ao conflito de interesses, o qual estaria representado pela situação a qual os negócios, finanças, famílias, interesses políticos ou pessoais possam interferir no julgamento e decisões de pessoas no exercício das suas obrigações.[1552]

Dentre os mecanismos da ISO 37.001 está o procedimento de *"due diligence"* ou diligências prévias, cuja função está no processo para aprofundar a avaliação da natureza e extensão dos riscos de suborno, auxiliando as organizações públicas ou privadas a tomarem decisões em relação a transações, projetos, atividades, parceiros de negócio e de pessoal específico.[1553] O sistema de gestão antissuborno deve conter, portanto, medidas concebidas para identificar e avaliar o risco de subornos, bem como prevenir, detectar e responder ao atos e condutas ocorridos em relação ao suborno.[1554]

Dada a necessidade de prevenção e combate a práticas de *"greenwashing"* e de programas de integridade e *compliance* "de gaveta" ou "para inglês ver", toda e qualquer estratégia regulatória de autorregulação regulada, como no caso das iniciativas obrigatórias ou voluntárias de *compliance*, deve estar orientada e estruturada por parâmetros e referenciais robustos e reconhecidos pelas melhores práticas.

Por essas razões, são importantes as normas ABNT NBR ISO 14.001/2015, ISO 37.001/2017 e ISO 37.301/2021, pois poderão ser aplicadas pelos órgãos ambientais, em conjunto ou isoladamente, para uma estruturação de definições ligadas aos programas de integridade e *compliance* aplicados à área ambiental e eventualmente exigidos no bojo de licenciamentos ambientais de grandes atividades, obras e empreendimentos.

Quanto aos diversos *frameworks* e *standards* da agenda ESG que podem ser alinhados com os programas de integridade e *compliance,* destacam-se os seguintes: (i) as normas e padrões da *Global Reporting Initiative* (GRI) para relato e reporte, com tópicos especiais de ordem econômica (GRI 200), ambiental (GRI 300) e social (GRI 400); (ii) as normas ABNT ISO 14.001/2015, de Sistemas de Gestão Ambiental (SGA), ISO 26.000/2010, de Responsabilidade Social Corporativa, ISO 31.000/2018, de Gestão de Riscos, ISO 37.000/2021, de Governança de Organizações e a ISO 37.301/2021, de Sistemas de Gestão

---

[1550] ASSOCIAÇÃO BRASILEIRA DE NORMAS TÉCNICAS – ABNT. *ABNT NBR ISO 37.001:17*: Sistemas de gestão antissuborno: Requisitos. Rio de Janeiro: ABNT, 2017. p. 1.

[1551] ASSOCIAÇÃO BRASILEIRA DE NORMAS TÉCNICAS – ABNT. *ABNT NBR ISO 37.001:17*: Sistemas de gestão antissuborno: Requisitos. Rio de Janeiro: ABNT, 2017. p. 2.

[1552] ASSOCIAÇÃO BRASILEIRA DE NORMAS TÉCNICAS – ABNT. *ABNT NBR ISO 37.001:17*: Sistemas de gestão antissuborno: Requisitos. Rio de Janeiro: ABNT, 2017. p. 7.

[1553] ASSOCIAÇÃO BRASILEIRA DE NORMAS TÉCNICAS – ABNT. *ABNT NBR ISO 37.001:17*: Sistemas de gestão antissuborno: Requisitos. Rio de Janeiro: ABNT, 2017. p. 7.

[1554] ASSOCIAÇÃO BRASILEIRA DE NORMAS TÉCNICAS – ABNT. *ABNT NBR ISO 37.001:17*: Sistemas de gestão antissuborno: Requisitos. Rio de Janeiro: ABNT, 2017. p. 7-8.

de *Compliance*; (iii) os 17 Objetivos de Desenvolvimento Sustentável (ODS), da ONU; e (iv) os 77 padrões para relato integrado do *Sustainability Accounting Standards Board* (SASB), entre outras diretrizes.

Para o desenvolvimento e execução de um programa de *compliance* com viés em padrões ESG, o primeiro passo para todo e qualquer tipo de instituição é estabelecer o seu contexto em face dos diferentes fatores ambientais, sociais e de governança. Segundo as boas práticas no tema, um instrumento estratégico a ser utilizado é a Matriz de Materialidade ESG, para mapear as questões ambientais, sociais e de governança prioritárias para a organização e na visão de todos os seus *stakeholders*.

O segundo passo para um plano ou programa de *compliance* pautado por padrões ESG, após aplicada a Matriz de Materialidade e definidos os temas ESG e os impactos prioritários pela organização, deve-se fixar e avaliar objetivos e metas relacionados a cada um dos respectivos temas ambientais, sociais e de governança priorizados, metas que deverão ser replicadas em padrões e indicadores para avaliar o desempenho.

Delineadas as políticas, objetivos e metas ligados aos tópicos ESG prioritários da organização, o terceiro passo deve estar relacionado ao conjunto de medidas de concretização dos referidos *targets* fixados, ou seja, neste momento a organização ou empresa deve coordenar a construção de um plano de ação e monitoramento, cujos resultados sejam posteriormente mensurados e analisados.

Dentre as diversas boas práticas e métricas ESG, os 17 Objetivos de Desenvolvimento Sustentável (ODS), da ONU, representam um referencial importante em nível nacional e internacional, cujas 169 metas poderão ser alinhadas com as políticas e metas ESG planejadas e desenvolvidas pela organização, pública ou privada, reforçando a Agenda 2030 Global para o desenvolvimento sustentável.

O quarto passo, após um período mínimo de execução das políticas e ações para monitoramento, mitigação e controle dos riscos e impactos nos tópicos ESG prioritários na organização – as boas práticas indicam um prazo médio de 12 (doze) meses. Trata-se da geração das evidências de desempenho e eficácia que devem ser comunicadas e reunidas em relatos ou reportes sistêmicos em nome da organização ou empresa.

Uma das boas práticas de relato ESG são os Relatórios de Sustentabilidade, baseados nas normas da *Global Reporting Initiative* (GRI), organização mundial sem fins lucrativos. Com esses relatórios, as organizações podem relatar e comunicar, de forma padronizada e fundamentada, o seu desempenho em seus impactos ambientais, sociais, econômicos e de governança. Encerrado o ciclo de execução das políticas, as instituições devem torná-lo medida permanente, promovendo a sustentabilidade como cultura das atividades, caso contrário, aumenta-se a chance de incorrer em *"greenwashing"*.

Pensando sobre a temática abordada nesta obra, cumpre destacar que o licenciamento ambiental exige dos licenciados relatórios de desempenho do empreendimento ou atividade. Porém, as informações são prestadas sem a constituição de sistema público, padronizado e avançado de informações.[1555]

[1555] LAENDER, Vinícius; FONSECA, Alberto. A viabilidade jurídica da elaboração de relatório de sustentabilidade local como subsídio para um sistema público de informações sobre meio ambiente. *Revista de Direito Ambiental*, v. 89, ano 23, p. 17-34. São Paulo: Revista dos Tribunais, jan./mar. 2018.

Para Laender e Fonseca, a *Global Reporting Initiative* (GRI) é uma metodologia difundida mundialmente, com os Relatórios de Sustentabilidade, que tem o propósito de parametrizar o desempenho social, econômico e ambiental de uma organização.[1556]

Os Relatórios de Sustentabilidade da GRI são uma das boas práticas mais utilizadas ao redor do mundo, sendo um grande referencial para a agenda ESG. Trata-se de diretriz que, se desenvolvida no âmbito dos licenciamentos ambientais de grandes e significativos impactos socioambientais, poderá representar importante ferramenta para padronizar informações acerca do desempenho de governança e gestão organizacional da atividade, obra ou empreendimento sob licenciamento.[1557]

Por fim, cabe destacar a recente Norma ABNT PR 2030 ESG, publicada pela Associação Brasileira de Normas Técnicas (ABNT) como uma prática recomendada a todo tipo de organização no Brasil. Nela, há uma conjunção articulada de orientações, conceitos e etapas essenciais para que uma estratégia ESG seja efetivada de modo técnico e robusto em uma organização pública ou privada, de qualquer porte e atividade.

Isso posto, o próximo tópico abordará a respeito dos requisitos pela Controladoria-Geral da União (CGU), na linha dos parâmetros do art. 57 do Decreto Federal nº 11.129/2022, relativos aos programas de integridade e *compliance* instituídos pela Lei Anticorrupção brasileira (Lei Federal nº 12.846/2013), os quais poderão nortear a apreciação das práticas de integridade e *compliance* com escopo na área ambiental.

4.3.3 Elementos de avaliação pela Controladoria-Geral da União – CGU

Após a publicação da Lei Federal nº 12.846/2013, que inaugurou no Brasil a aplicação de programas de integridade e *compliance* no Direito Público, muito se discutiu quanto à criação de uma forma de avaliação e de verificação em relação à efetividade de tais programas apresentados por empresas e organizações.

No mesmo ano em que foi publicado o Decreto Federal nº 8.420/2015, o qual regulamentou a Lei Anticorrupção brasileira, a CGU publicou a Portaria nº 909, de 07 de abril de 2015, com o intuito de dispor sobre a avaliação de programas de integridade e *compliance* de pessoas jurídicas em nível federal.

Segundo o art. 1º da Portaria, serão avaliados os programas de integridade e *compliance* das pessoas jurídicas para fins da aplicação do disposto no inciso V do art. 18 e no inciso IV do art. 37 do Decreto Federal nº 8.420/2015, relacionados à aplicação e cálculo de valores de multa sancionatória nos Processos Administrativos de Responsabilização (PAR) da Lei Federal nº 12.846/2013.[1558]

[1556] LAENDER, Vinícius; FONSECA, Alberto. A viabilidade jurídica da elaboração de relatório de sustentabilidade local como subsídio para um sistema público de informações sobre meio ambiente. *Revista de Direito Ambiental*, v. 89, ano 23, p. 18. São Paulo: Revista dos Tribunais, jan./mar. 2018.

[1557] LAENDER, Vinícius; FONSECA, Alberto. A viabilidade jurídica da elaboração de relatório de sustentabilidade local como subsídio para um sistema público de informações sobre meio ambiente. *Revista de Direito Ambiental*, v. 89, ano 23, p. 28. São Paulo: Revista dos Tribunais, jan./mar. 2018.

[1558] BRASIL. Controladoria-Geral da União. *Portaria nº 909, de 07 de abril de 2015*. Dispõe sobre a avaliação de programas de integridade de pessoas jurídicas. Brasília: 2015. Disponível em: https://repositorio.cgu.gov.br/bitstream/1/34001/8/Portaria909_2015.PDF. Acesso em: 25 de maio 2022.

Conforme o art. 2º da Portaria, para que o programa de integridade e *compliance* da pessoa jurídica seja avaliado, dois tipos de relatórios devem ser apresentados: (a) Relatório de Perfil; e (b) Relatório de Conformidade do Programa.[1559]

No Relatório de Perfil, a pessoa jurídica deverá: (a) indicar setores que atua no mercado nacional e internacional; (b) apresentar a estrutura organizacional de cargos, funções e competências (conselhos, diretorias, departamentos); (c) indicar quantidade de colaboradores; (d) especificar o relacionamento com a Administração Pública nacional ou estrangeira, detalhando: (d.1) às autorizações, licenças e permissões públicas em suas atividades; (d.2) à quantidade e aos valores de contratos com entidades e órgãos públicos nos três anos anteriores e a participação desses no faturamento anual da pessoa jurídica; e (d.3) à frequência e relevância de agentes intermediários, procuradores e consultores com interação com setor público; (e) descrever as participações societárias de controladores, coligados ou consorciados; e (f) informar a sua qualificação/porte.[1560]

Os itens exigidos pelo relatório de perfil poderão ser aplicados às pessoas jurídicas titulares das atividades sob licenciamento ambiental pelos órgãos competentes.

Com o Relatório de Conformidade do Programa, a pessoa jurídica deverá:

I – informar a estrutura do programa de integridade, com:

a) indicação de quais parâmetros previstos nos incisos do caput do art. 42 do Decreto nº 8.420, de 2015, foram implementados;

b) descrição de como os parâmetros previstos na alínea "a" deste inciso foram implementados;

c) explicação da importância da implementação de cada um dos parâmetros previstos na alínea a deste inciso, frente às especificidades da pessoa jurídica, para a mitigação de risco de ocorrência de atos lesivos constantes do art. 5º da Lei nº 12.846, de 1º de agosto de 2013;

II – demonstrar o funcionamento do programa de integridade na rotina da pessoa jurídica, com histórico de dados, estatísticas e casos concretos; e

III – demonstrar a atuação do programa de integridade na prevenção, detecção e remediação do ato lesivo objeto da apuração.[1561]

Como visto, para a efetividade dos programas de integridade e *compliance* apresentados pelas pessoas jurídicas sancionadas em Processos Administrativos de Responsabilização (PAR) da Lei Federal nº 12.846/2013, a CGU exige um rol de elementos que buscam a prevenção contra práticas incipientes ou inefetivas que eventualmente sejam defendidas e divulgadas por empresas e organizações.

Não bastará a conformidade do programa de integridade e *compliance* com os parâmetros do art. 42 do Decreto Federal nº 8.420/2015 (atual art. 57 do Decreto nº 11.129/2022). Ao contrário, a Portaria da CGU requisita elementos comprobatórios da

---

[1559] BRASIL. Controladoria-Geral da União. *Portaria nº 909, de 07 de abril de 2015*. Dispõe sobre a avaliação de programas de integridade de pessoas jurídicas. Brasília: 2015. Disponível em: https://repositorio.cgu.gov.br/bitstream/1/34001/8/Portaria909_2015.PDF. Acesso em: 25 de maio 2022.

[1560] BRASIL. Controladoria-Geral da União. *Portaria nº 909, de 07 de abril de 2015*. Dispõe sobre a avaliação de programas de integridade de pessoas jurídicas. Brasília: 2015. Disponível em: https://repositorio.cgu.gov.br/bitstream/1/34001/8/Portaria909_2015.PDF. Acesso em: 25 de maio 2022.

[1561] BRASIL. Controladoria-Geral da União. *Portaria nº 909, de 07 de abril de 2015*. Dispõe sobre a avaliação de programas de integridade de pessoas jurídicas. Brasília: 2015. Disponível em: https://repositorio.cgu.gov.br/bitstream/1/34001/8/Portaria909_2015.PDF. Acesso em: 25 de maio 2022.

aplicação e da implementação do programa no âmbito da estrutura e do exercício das atividades desempenhadas pela empresa ou organização. Cumpre ainda destacar os §§1º e 2º do art. 4º da Portaria da CGU, que dispõem o seguinte:

> §1º A pessoa jurídica deverá comprovar suas alegações, devendo zelar pela completude, clareza e organização das informações prestadas.
> §2º A comprovação pode abranger documentos oficiais, correios eletrônicos, cartas, declarações, correspondências, memorandos, atas de reunião, relatórios, manuais, imagens capturadas da tela de computador, gravações audiovisuais e sonoras, fotografias, ordens de compra, notas fiscais, registros contábeis ou outros documentos, preferencialmente em meio digital.[1562]

Assim, a CGU deixa claro o objetivo de prevenir e combater os programas de integridade e *compliance* "de gaveta" ou "de papel". Isso porque no art. 5º, §2º, da mesma Portaria nº 909/2015, o programa de integridade e *compliance* meramente formal, e que se mostre absolutamente ineficaz para mitigar o risco de ocorrência de atos lesivos da Lei nº 12.846/2013, não será considerado para fins de atenuantes.[1563]

Embora esses parâmetros da CGU sejam voltados às pessoas jurídicas responsabilizadas por infrações à Lei Federal nº 12.846/2013, eles representam um concreto referencial com que os órgãos ambientais poderão fazer uso e aplicar na forma de avaliação e verificação da efetividade de programas de integridade e *compliance* eventualmente apresentados nos processos de licenciamento ambiental.

Sem o prejuízo das adaptações, a Portaria nº 909/2015 da CGU ainda se torna importante orientativo para concepção, desenvolvimento e abordagem de uma estratégia regulatória destinada a exigir programas efetivos de integridade e *compliance* das empresas e organizações titulares de atividades licenciadas, com o escopo de prevenir, controlar e reparar violações com padrões e normas do Direito Ambiental vigente.

4.4 Regulamentos vigentes

Como já exposto, a perspectiva desenvolvida por esta obra está ligada ao exame das formas e das possibilidades de serem exigidos, desenvolvidos e adaptados programas de integridade e *compliance* com o viés de prevenção, apuração e remediação das irregularidades e violações aos padrões e normas de Direito Ambiental, notadamente em licenciamentos de atividades com significativas degradações.

Para a consecução desse objetivo, além das previsões legais e referenciais ligadas ao tema da integridade e *compliance*, devem ser também citadas, de forma sistêmica e integrativa, as normas e regulamentos que já estão em vigor e que se relacionam e contribuem de algum modo com a temática até aqui explorada.

[1562] BRASIL. Controladoria-Geral da União. *Portaria nº 909, de 07 de abril de 2015*. Dispõe sobre a avaliação de programas de integridade de pessoas jurídicas. Brasília: 2015. Disponível em: https://repositorio.cgu.gov.br/bitstream/1/34001/8/Portaria909_2015.PDF. Acesso em: 25 de maio 2022.
[1563] BRASIL. Controladoria-Geral da União. *Portaria nº 909, de 07 de abril de 2015*. Dispõe sobre a avaliação de programas de integridade de pessoas jurídicas. Brasília: 2015. Disponível em: https://repositorio.cgu.gov.br/bitstream/1/34001/8/Portaria909_2015.PDF. Acesso em: 25 de maio 2022.

Desde resoluções do CONAMA, passando pela Nova Lei Geral de Licitações Públicas, até chegar às novas normas do BACEN, existem normativos com funções correlacionadas que podem agregar conceitos e aplicações favoráveis à implementação dos programas de integridade e *compliance* em licenciamentos ambientais.

4.4.1 *Compliance*, Planos de Controle Ambiental e Auditorias Ambientais – Resoluções do CONAMA

Conforme o segundo capítulo, entre os diferentes instrumentos de monitoramento e controle da gestão ambiental em licenciamentos está o Plano de Controle Ambiental (PCA), regulamentado pelas Resoluções nº 009/1990 e 010/1990 do CONAMA, destinadas à mineração. O art. 5º da Res. nº 009/90/CONAMA prevê:

> Art. 5º – A Licença de Instalação deverá ser requerida ao órgão meio ambiental competente, ocasião em que o empreendedor deverá apresentar o Plano de Controle Ambiental - PCA, que conterá os projetos executivos de minimização dos impactos ambientais avaliados na fase da LP, acompanhado dos demais documentos necessários.
> §1º – O órgão ambiental competente, após a análise do PCA do empreendimento e documentação pertinente, decidirá sobre concessão da LI.
> §2º – O órgão ambiental competente, após a aprovação do PCA do empreendimento, concederá a Licença de Instalação.[1564]

Desse modo, conforme a resolução, a apresentação de um Plano de Controle Ambiental (PCA) é uma condição sem a qual não haverá a concessão da respectiva licença ambiental de instalação (LAI) em favor da atividade, obra ou empreendimento analisado. Inclusive, pelo §1º, do art. 7º da mesma resolução, a posterior licença ambiental de operação (LAO) também dependerá da comprovação de implementação das diretrizes fixadas no PCA apresentado pelo empreendedor.[1565]

O Plano de Controle Ambiental (PCA), segundo o art. 5º da Res. nº 009/1990 do CONAMA, busca reunir os projetos e medidas de minimização dos impactos da atividade ou empreendimento, a partir dele deverão ser compiladas todas as medidas para o acompanhamento, monitoramento e controle da gestão ambiental da atividade, facilitando a supervisão, a fiscalização e a posterior auditoria ambiental necessária.[1566]

Se as medidas e planos voltados ao controle e à gestão dos impactos ambientais do empreendimento não estiverem claras e se os compromissos assumidos pelo titular das atividades licenciadas [minerárias ou não] não forem definidos com objetividade, então a verificação pelos órgãos e autoridades ambientais será difícil quando não impossível.[1567]

[1564] BRASIL. Conselho Nacional do Meio Ambiente – CONAMA. *Resolução CONAMA nº 009, de 06 de dezembro de 1990*. Brasília, DF. 1990. Disponível em: http://www.ibama.gov.br/sophia/cnia/legislacao/MMA/RE0009-061290.PDF. Acesso em: 18 dez. 2021.

[1565] BRASIL. Conselho Nacional do Meio Ambiente – CONAMA. *Resolução CONAMA nº 009, de 06 de dezembro de 1990*. Brasília, DF. 1990. Disponível em: http://www.ibama.gov.br/sophia/cnia/legislacao/MMA/RE0009-061290.PDF. Acesso em: 18 dez. 2021.

[1566] SÁNCHEZ, Luis Enrique. *Avaliação de Impacto Ambiental*: conceitos e métodos. 3. ed., atual. e aprimorada. São Paulo: Oficina de Textos, 2020. p. 445.

[1567] SÁNCHEZ, Luis Enrique. *Avaliação de Impacto Ambiental*: conceitos e métodos. 3. ed., atual. e aprimorada. São Paulo: Oficina de Textos, 2020. p. 445.

Para agregar elementos de gestão e governança que, dentro dos Planos de Controle Ambiental (PCA), as exigências ligadas à implantação e desenvolvimento de programas de integridade e *compliance* com escopo ambiental poderão trazer incremento e eficiência tanto à atividade ou empreendimento quanto à fiscalização por autoridades ambientais regulatórias e demais comunidades humanas afetadas.

Assim como ocorre com os programas de integridade e *compliance* anticorrupção e fraude, as verificações internas e as auditorias públicas ou por entidades credenciadas são também um importante mecanismo que deve ser considerado para a implementação efetiva desses programas em licenciamentos ambientais.

As auditorias ambientais são regulamentadas no Brasil, em nível federal, através da Resolução nº 306/2002, atualizada pela Resolução nº 381/2006, do CONAMA, que dispõe sobre os requisitos mínimos e o termo de referência para a realização de auditorias ambientais no setor das atividades de petróleo, gás natural e seus derivados.

Segundo a resolução, nos seus objetivos os resultados da auditoria ambiental devem ser motivadores de melhoria contínua do sistema de gestão,[1568] corroborando para a aplicação das auditorias ambientais em medidas para o desempenho da gestão, cujo desenvolvimento integra também as funções dos programas de *compliance*.

Conforme a resolução, a auditoria ambiental é um instrumento que permite avaliar o grau de implementação e a eficiência dos planos e programas no controle da poluição ambiental, sendo que o setor da indústria de petróleo, gás natural e seus derivados deve aprimorar sua cultura de controle e conhecimento dos aspectos ambientais de suas atividades, dispondo, para tanto, de sistemas de gestão e controle ambiental.[1569]

A publicação da Res. nº 306/2002 pelo CONAMA objetivou regulamentar a previsão do art. 9º,[1570] da Lei Federal nº 9.966/2000, que trata da obrigatoriedade da realização de auditorias ambientais independentes, como prevenção, controle e fiscalização da poluição causada por lançamento de óleo e outras substâncias em águas.

Na linha da Res. nº 306/2002 do CONAMA, o art. 1º preconiza:

> Art. 1º Estabelecer os requisitos mínimos e o termo de referência para realização de auditorias ambientais, objetivando avaliar os sistemas de gestão e controle ambiental nos portos organizados e instalações portuárias, plataformas e suas instalações de apoio e refinarias, tendo em vista o cumprimento da legislação vigente e do licenciamento ambiental.[1571]

[1568] BRASIL, Conselho Nacional do Meio Ambiente – CONAMA. *Resolução nº 306, de 05 de julho de 2002*. Estabelece requisitos mínimos e o termo de referência para realização de auditorias ambientais. Brasília, DF. 2002. Disponível em: <http://www2.mma.gov.br/port/conama/legiabre.cfm?codlegi=306> Acesso em: 25 de maio 2022.

[1569] BRASIL. Conselho Nacional do Meio Ambiente – CONAMA. *Resolução nº 306, de 05 de julho de 2002*. Estabelece requisitos mínimos e o termo de referência para realização de auditorias ambientais. Brasília, DF. 2002.

[1570] Art. 9ª As entidades exploradoras de portos organizados e instalações portuárias e os proprietários ou operadores de plataformas e suas instalações de apoio deverão realizar auditorias ambientais bienais, independentes, com o objetivo de avaliar os sistemas de gestão e controle ambiental em suas unidades. (BRASIL. Presidência da República. *Lei Federal nº 9.966, de 28 de abril de 2000*. Brasília, DF. 2000. Disponível em: https://legislacao.presidencia.gov.br/atos/?tipo=LEI&numero=9966&ano=2000&ato=e13o3Yq1kMNpWTdb. Acesso em: 25 maio 2022).

[1571] BRASIL. Conselho Nacional do Meio Ambiente – CONAMA. *Resolução nº 306, de 05 de julho de 2002*. Estabelece requisitos mínimos e o termo de referência para realização de auditorias ambientais. Brasília, DF. 2002.

Com esse fim, o art. 3º do regulamento menciona que "as auditorias ambientais devem ser independentes e realizadas de acordo com escopo, metodologias e procedimentos sistemáticos e documentados, constantes do Anexo II da Resolução",[1572] procedimento o qual deverá ser gerenciado por profissionais credenciados pelo MMA.

Nesse sentido, o art. 4º da resolução fixa que as auditorias ambientais devem envolver análise das evidências objetivas que permitam determinar se a instalação do empreendedor auditado "atende aos critérios estabelecidos na resolução, na legislação ambiental vigente e no licenciamento ambiental do empreendimento ou atividade exercida".[1573] Pelo parágrafo único do mesmo art. 4º há previsão de que as constatações de não conformidade devem ser documentadas de forma clara e comprovadas por evidências objetivas de auditoria e deverão ser objeto de um plano de ação.[1574]

O plano de ação mencionado pela resolução é previsto pelo art. 6º, o qual será "de responsabilidade dos empreendedores auditados e deverá contemplar as ações corretivas para as não conformidades apontadas pelo relatório de auditoria".[1575] No art. 7º da Res. nº 306/2002, define-se a periodicidade desse plano e também a possibilidade de os órgãos ambientais lançarem exigências adicionais, abrindo-se espaço, por exemplo, para complementação para medidas de integridade e *compliance*:

> Art. 7º O relatório de auditoria ambiental e o plano de ação deverão ser apresentados, a cada dois anos, ao órgão ambiental competente, para incorporação ao processo de licenciamento ambiental da instalação auditada.
>
> Parágrafo único. O órgão ambiental competente poderá fixar diretrizes adicionais que, pelas peculiaridades da atividade e características ambientais da área, forem julgadas necessárias.[1576]

Entre as definições constantes do "Anexo I" da Res. nº 306/2002/CONAMA, constam: (a) Auditoria ambiental: processo sistemático e documentado de verificação, executado para obter e avaliar, de forma objetiva, evidências que determinem se as atividades, eventos, sistemas de gestão e condições ambientais especificados ou as informações relacionadas a estes estão em conformidade com os critérios de auditoria estabelecidos na Resolução, e para comunicar os resultados; (b) Critérios de auditoria: políticas, práticas, procedimentos ou requisitos em relação aos quais o auditor compara as evidências coletadas sobre o objeto da auditoria, entendendo-se que os requisitos incluem a legislação ambiental e o desempenho ambiental; e (c) Desempenho ambiental: resultados mensuráveis de gestão ambiental relativos ao controle de uma instalação sobre aspectos ambientais, com base na sua política, seus objetivos e metas ambientais.[1577]

[1572] BRASIL. Conselho Nacional do Meio Ambiente – CONAMA. *Resolução nº 306, de 05 de julho de 2002*. Estabelece requisitos mínimos e o termo de referência para realização de auditorias ambientais. Brasília, DF. 2002.

[1573] BRASIL. Conselho Nacional do Meio Ambiente – CONAMA. *Resolução nº 306, de 05 de julho de 2002*. Estabelece requisitos mínimos e o termo de referência para realização de auditorias ambientais. Brasília, DF. 2002.

[1574] BRASIL. Conselho Nacional do Meio Ambiente – CONAMA. *Resolução nº 306, de 05 de julho de 2002*. Estabelece requisitos mínimos e o termo de referência para realização de auditorias ambientais. Brasília, DF. 2002.

[1575] BRASIL. Conselho Nacional do Meio Ambiente – CONAMA. *Resolução nº 306, de 05 de julho de 2002*. Estabelece requisitos mínimos e o termo de referência para realização de auditorias ambientais. Brasília, DF. 2002.

[1576] BRASIL. Conselho Nacional do Meio Ambiente – CONAMA. *Resolução nº 306, de 05 de julho de 2002*. Estabelece requisitos mínimos e o termo de referência para realização de auditorias ambientais. Brasília, DF. 2002.

[1577] BRASIL. Conselho Nacional do Meio Ambiente – CONAMA. *Resolução nº 306, de 05 de julho de 2002*. Estabelece requisitos mínimos e o termo de referência para realização de auditorias ambientais. Brasília, DF. 2002.

Ademais, segundo o "Anexo II" da mesma resolução, estão estipulados requisitos mínimos para as auditorias ambientais, como por exemplo:

1.1 – Quanto ao cumprimento da legislação ambiental aplicável, a auditoria envolverá, entre outros:

I – a identificação da legislação ambiental federal, estadual e municipal, bem como das normas ambientais vigentes aplicáveis à instalação da organização auditada;

II – a verificação da conformidade da instalação da organização auditada com as leis e normas ambientais vigentes;

III – a identificação da existência e validade das licenças ambientais;

IV – a verificação do cumprimento das condições estabelecidas nas licenças ambientais;

V – a identificação da existência dos acordos e compromissos, tais como termos de compromisso ambiental e/ou termos de ajustamento de conduta ambiental e eventuais planos de ação definidos nesta Resolução; e

VI – a verificação do cumprimento das obrigações assumidas no que se refere ao inciso V.

1.2 – Quanto à avaliação do desempenho da gestão ambiental, a auditoria envolverá, entre outros:

I – a verificação da existência de uma política ambiental documentada, implementada, mantida e difundida a todas as pessoas que estejam trabalhando na instalação auditada, incluindo funcionários de empresas terceirizadas;

II – a verificação da adequabilidade da política ambiental com relação à natureza, escala e impactos ambientais da instalação auditada, e quanto ao comprometimento da mesma com a prevenção da poluição, com a melhoria contínua e com o atendimento da legislação ambiental aplicável;

III – a verificação da existência e implementação de procedimento que propiciem a identificação e o acesso à legislação ambiental e outros requisitos aplicáveis; (...).[1578]

Na lição de Machado, a auditoria ambiental seria o procedimento de exame e avaliação periódica ou ocasional do comportamento de uma empresa ou organização em relação ao meio ambiente. São medidas amplamente exigidas em nível internacional por entidades financeiras, sendo que as auditorias ambientais poderão ser públicas ou privadas, há décadas prevista na Diretiva nº 1836/1993 da Comunidade Europeia.[1579]

Para a efetiva implementação da regulação ambiental, alerta Machado, novos mecanismos de controle ambiental estão sendo concebidos e introduzidos nas legislações.[1580] E a auditoria ambiental, ao lado dos sistemas de gestão ambiental e dos programas de integridade e *compliance* na área ambiental são exemplos destas novas estratégias regulatórias para o fomento da cultura de cumprimento legal ambiental.

Dadas as funções e objetivos das auditorias ambientais, não se vislumbram incompatibilidades para a sua aplicação também para os programas de integridade e *compliance* a serem delineados e exigidos em licenciamentos ambientais de atividades, obras ou empreendimentos com significativos impactos. As auditorias ambientais

---

[1578] BRASIL. Conselho Nacional do Meio Ambiente – CONAMA. *Resolução nº 306, de 05 de julho de 2002*. Estabelece requisitos mínimos e o termo de referência para realização de auditorias ambientais. Brasília, DF. 2002.

[1579] MACHADO, Paulo Affonso Leme. *Direito ambiental brasileiro*. 25. ed., rev., ampl. e atual. São Paulo: Malheiros, 2017. p. 364-365.

[1580] MACHADO, Paulo Affonso Leme. *Direito ambiental brasileiro*. 25. ed., rev., ampl. e atual. São Paulo: Malheiros, 2017. p. 366.

poderão servir de elemento para que o órgão licenciador competente defina balizas e extraia as evidências concretas de efetividade desses programas.

Outro exemplo é a Lei Estadual nº 14.675/2009 (Código Ambiental catarinense), na qual o art. 7º, XI, prevê, como instrumento da Política Estadual do Meio Ambiente, as auditorias ambientais, estruturadas da seguinte forma:

> Art. 97. O órgão ambiental licenciador pode exigir, mediante recomendação constante em parecer técnico, a qualquer tempo, auditoria ambiental de atividades ou empreendimentos licenciáveis mediante Estudo Prévio de Impacto Ambiental – EIA, sem prejuízo de outras exigências legais.
> Art. 98. A finalidade das auditorias ambientais deve se restringir à avaliação da implementação dos programas ambientais, de controle, compensação e monitoramento ambiental, bem como das condicionantes técnicas das licenças, não substituindo a fiscalização ambiental pelo órgão licenciador.
> Art. 99. As atividades que possuem sistema de gestão ambiental certificada por entidades credenciadas pelo Sistema Brasileiro de Certificação Ambiental, poderão utilizar esta certificação para o atendimento à exigência disposta no art. 97 desta Lei, desde que o escopo da auditoria e seu relatório incluam a avaliação dos Programas Ambientais e dos condicionantes das licenças emitidas.[1581]

Dessa maneira, há diretrizes em nível federal e estadual, voltadas à realização de auditorias ambientais destinadas à verificação do desempenho da gestão ambiental em atividades econômicas com significativos impactos ambientais, mecanismos que poderão ser também estendidos à avaliação e verificação de programas de integridade e *compliance* com escopo na área ambiental e em grandes licenciamentos.

4.4.2 *Compliance* no Direito Ambiental pela Nova Lei Geral de Licitações

Na Nova Lei Geral de Licitações Públicas (Lei Federal nº 14.133/2021), o desenvolvimento nacional sustentável é princípio expresso constante do art. 5º do novo regramento, assim como os programas de integridade e *compliance* são consolidados pelo §4º, do art. 25, como exigência para contratações públicas de grande vulto.

No contexto de programas de integridade e *compliance* com escopo na área ambiental e em licenciamentos, a Nova Lei de Licitações, em seu art. 144, positivou hipótese para que o desempenho das contratações esteja vinculado a critérios de sustentabilidade ambiental, a serem fixados no edital licitatório ou no contrato administrativo firmado com os contratados. Pelo art. 144, há fixado o seguinte:

> Art. 144. Na contratação de obras, fornecimentos e serviços, inclusive de engenharia, poderá ser estabelecida remuneração variável vinculada ao desempenho do contratado, com base em metas, padrões de qualidade, critérios de sustentabilidade ambiental e prazos de entrega definidos no edital de licitação e no contrato.[1582]

[1581] SANTA CATARINA. Assembleia Legislativa – ALESC. *Lei nº 14.675, de 13 de abril de 2009*. Institui o Código Estadual do Meio Ambiente e estabelece outras providências. Florianópolis, SC, 2009. Disponível em: http://leis.alesc.sc.gov.br/html/2009/14675_2009_lei_c.html. Acesso em: 25 maio 2022.

[1582] BRASIL. Presidência da República. *Lei nº 14.133, de 1º de abril de 2021*. Lei de Licitações e Contratos Administrativos. Brasília, DF, 2021. Disponível em: http://www.planalto.gov.br/ccivil_03/_ato2019-2022/2021/lei/L14133.htm. Acesso em: 04 mar. 2022.

Apesar de que tal previsão ainda dependa de regulamentação dos critérios de sustentabilidade ambiental, trata-se de uma perspectiva com a qual os demais entes federativos no país desenvolvam e utilizem das licitações públicas como um meio de regulação em matéria ambiental, sustentabilidade e agenda ESG.

Para tanto, uma alternativa para a implementação das políticas e normas de Direito Ambiental pode estar atrelada ao desenvolvimento e aplicação da exigência de programas de integridade e *compliance* também com o escopo dedicado à área ambiental, notadamente nas contratações públicas que se relacionem com grandes obras, atividades ou empreendimentos potencialmente causadores de *significativa* degradação.

Como expõem Pironti e Ziliotto, além das medidas de integridade e combate à corrupção, nas contratações públicas, deve-se observar, também, a dimensão sociopolítica, ambiental, econômica, e, especialmente, a dimensão ética, que se conecta com as demais e permite um verdadeiro desenvolvimento sustentável.[1583]

Para Carvalho, as licitações movimentam na economia contemporânea quantidade expressiva de recursos, razão pela qual medidas voltadas e estruturadas para melhoria da finalidade pública das contratações detêm a capacidade de influenciar o funcionamento dos mercados de que a Administração Pública participe.[1584]

Considerando a sua função de atividade regulatória (art. 174, CF/88), o Estado deve observar o uso de seu poder de compra e contratação como mecanismo regulatório, de fomento ou promotor de valores consagrados pela Constituição,[1585] dentre os quais, como visto, a defesa ambiental na Ordem Econômica é exemplo evidente.

Não apenas para a economicidade e a proposta mais vantajosa à Administração Pública, a licitação pública pode também ser utilizada como mecanismo de promoção de boas práticas de gestão, políticas públicas ou para consecução de valores constitucionais,[1586] especialmente quanto aos ligados à proteção do meio ambiente.

Por essas razões, a exigência de critérios de sustentabilidade – prevista pelo art. 144 da Lei Federal nº 14.133/2021 (Nova Lei Geral de Licitações Públicas), abre potencial espaço para abarcar os programas de integridade e *compliance* com escopo na área ambiental e em licenciamentos ambientais, assentados na importante função regulatória existente por meio das licitações públicas e fomentado para o fim maior de avançar o nível de implementação do quadro de políticas e normas ambientais.

[1583] PIRONTI, Rodrigo; ZILIOTTO, Mirela Miró. *Compliance nas contratações públicas*: exigência e critérios normativos. 2. ed., rev., ampl. e atual. Belo Horizonte: Fórum, 2021. p. 48.

[1584] CARVALHO, Victor Aguiar de. A função regulatória da licitação como instrumento de promoção da concorrência e de outras finalidades públicas. *In:* ARAGÃO, Alexandre Santos de; PEREIRA, Anna Carolina Migueis; LISBOA, Letícia Lobato Anicet (Coords.). *Regulação e Infraestrutura*. 1. ed. Belo Horizonte: Fórum, 2018. p. 625.

[1585] CARVALHO, Victor Aguiar de. A função regulatória da licitação como instrumento de promoção da concorrência e de outras finalidades públicas. *In:* ARAGÃO, Alexandre Santos de; PEREIRA, Anna Carolina Migueis; LISBOA, Letícia Lobato Anicet (Coords.). *Regulação e Infraestrutura*. 1. ed. Belo Horizonte: Fórum, 2018. p. 626.

[1586] CARVALHO, Victor Aguiar de. A função regulatória da licitação como instrumento de promoção da concorrência e de outras finalidades públicas. *In:* ARAGÃO, Alexandre Santos de; PEREIRA, Anna Carolina Migueis; LISBOA, Letícia Lobato Anicet (Coords.). *Regulação e Infraestrutura*. 1. ed. Belo Horizonte: Fórum, 2018. p. 626.

4.4.3 *Compliance* no Direito Ambiental pela regulação financeira do BACEN

Sobre regulamentos em vigor, cabe destaque para a regulação desempenhada pelo Banco Central do Brasil (BACEN), na qual a temática do *compliance* com viés ambiental está presente há mais tempo no cenário brasileiro.

Desde o ano de 2014, todas as instituições financeiras, autorizadas a operar no Brasil pelo BACEN, estavam sujeitas à Resolução nº 4.327, de 25 de abril de 2014, a qual passou a exigir uma Política de Responsabilidade Socioambiental (PRSA).

Com base nessa resolução, as entidades e instituições financeiras, públicas ou privadas, passaram a ter de obedecer à implantação de uma estrutura de governança interna da PRSA. Essa estrutura, segundo o art. 3º, §1º, da Res. 4.327/2014, deveria dar condições para a seguintes iniciativas nos bancos e entidades financeiras:

> Art. 3º As instituições mencionadas no art. 1º devem manter estrutura de governança compatível com o seu porte, a natureza do seu negócio, a complexidade de serviços e produtos oferecidos, bem como com as atividades, processos e sistemas adotados, para assegurar o cumprimento das diretrizes e dos objetivos da PRSA.
> §1º A estrutura de governança mencionada no caput deve prover condições para o exercício das seguintes atividades:
> I – implementar as ações no âmbito da PRSA;
> II – monitorar o cumprimento das ações estabelecidas na PRSA;
> III – avaliar a efetividade das ações implementadas;
> IV – verificar a adequação do gerenciamento do risco socioambiental estabelecido na PRSA; e
> V – identificar eventuais deficiências na implementação das ações.[1587]

Em paralelo, entidades financeiras no Brasil, pelo art. 6º da Res. nº 4.327/2014, deveriam ainda gerenciar seus riscos socioambientais com os seguintes elementos:

> Art. 6º O gerenciamento do risco socioambiental das instituições mencionadas no art. 1º deve considerar:
> I – sistemas, rotinas e procedimentos que possibilitem identificar, classificar, avaliar, monitorar, mitigar e controlar o risco socioambiental presente nas atividades e nas operações da instituição;
> II – registro de dados referentes às perdas efetivas em função de danos socioambientais, pelo período mínimo de cinco anos, incluindo valores, tipo, localização e setor econômico objeto da operação;
> III – avaliação prévia dos potenciais impactos socioambientais negativos de novas modalidades de produtos e serviços, inclusive em relação ao risco de reputação; e

---

[1587] BANCO CENTRAL DO BRASIL – BACEN. *Resolução nº 4.327, de 25 de abril de 2014*. Dispõe sobre as diretrizes que devem ser observadas no estabelecimento e na implementação da Política de Responsabilidade Socioambiental pelas instituições financeiras e demais instituições autorizadas a funcionar pelo Banco Central do Brasil. Brasília: BACEN, 2014. Disponível em: https://www.bcb.gov.br/pre/normativos/res/2014/pdf/res_4327_v1_O.pdf. Acesso em: 25 de maio 2022.

IV – procedimentos para adequação do gerenciamento do risco socioambiental às mudanças legais, regulamentares e de mercado.[1588]

Considerando essas definições, é possível constatar que referida estrutura de Política de Responsabilidade Socioambiental (PRSA) em face dos bancos e instituições financeiras no Brasil está alinhada com estruturas e funções de programas de integridade e *compliance* e com as diretrizes de Sistemas de Gestão Ambiental (SGA) da ISO 14.001/2015, servindo, ainda, de parâmetro da gestão de impactos ESG.[1589]

É preciso destacar, conforme o art. 2º dessa Res. nº 4.327/2014, que o BACEN deixa claro tal exigência de governança e gestão de riscos socioambientais tanto para as próprias operações do banco ou entidade financeira quanto para toda a gama de clientes e partes interessadas nos seus produtos e serviços financeiros e creditícios oferecidos.

Essa exigência caminha em direção ao que prevê o art. 12, *caput* e parágrafo único, da Lei Federal nº 6.938/1981, da Política Nacional do Meio Ambiente (PNMA):

> Art. 12 – As entidades e órgãos de financiamento e incentivos governamentais condicionarão a aprovação de projetos habilitados a esses benefícios ao licenciamento, na forma desta Lei, e ao cumprimento das normas, dos critérios e dos padrões expedidos pelo CONAMA.
>
> Parágrafo único – As entidades e órgãos referidos no " caput " deste artigo deverão fazer constar dos projetos a realização de obras e aquisição de equipamentos destinados ao controle de degradação ambiental e à melhoria da qualidade do meio ambiente.[1590]

Nesse sentido, a regulação exercida pelo BACEN, através da Res. nº 4.327/2014 (PRSA), nada mais representa do que a aplicação de instrumento de expressa regulação ambiental por parte de bancos e entidades financeiras na concessão de serviços ou produtos financeiros e creditícios. Exigência que, como se denota, está diretamente ligada ao universo dos programas de integridade e *compliance* com escopo na área ambiental e aplicados em grandes licenciamentos ambientais.

Em 2021, o BACEN publicou novas resoluções, com o fim de incrementar os espectros social, ambiental e também climático das obrigações impostas aos bancos e demais instituições financeiras no Brasil. A própria Resolução nº 4.327/2014 foi atualizada pela Resolução nº 4.945, de 2021, a qual passou a prever a Política de Responsabilidade Social, Ambiental e Climática (PRSAC), mantendo a estrutura quanto à gestão e governança dos riscos socioambientais, acrescentando riscos climáticos.[1591]

[1588] BANCO CENTRAL DO BRASIL – BACEN. *Resolução nº 4.327, de 25 de abril de 2014.* Dispõe sobre as diretrizes que devem ser observadas no estabelecimento e na implementação da Política de Responsabilidade Socioambiental pelas instituições financeiras e demais instituições autorizadas a funcionar pelo Banco Central do Brasil. Brasília: BACEN, 2014. Disponível em: https://www.bcb.gov.br/pre/normativos/res/2014/pdf/res_4327_v1_O.pdf. Acesso em: 25 de maio 2022.

[1589] A pauta *Environmental, Social and Governance* (ESG) está no terceiro capítulo deste trabalho.

[1590] BRASIL. Presidência da República. *Lei nº 6.938, de 31 de agosto de 1981.* Dispõe sobre a Política Nacional do Meio Ambiente, seus fins e mecanismos de formulação e aplicação, e dá outras providências. Brasília, 1981. Disponível em: http://www.planalto.gov.br/ccivil_03/leis/l6938.htm. Acesso em: 10 out. 2021.

[1591] BRASIL. Presidência da República. *Resolução CMN nº 4.945, de 15 de setembro de 2021.* Brasília, DF, 2021. Disponível em: https://www.in.gov.br/en/web/dou/-/resolucao-cmn-n-4.945-de-15-de-setembro-de-2021-345117266. Acesso em: 24 mar. 2022.

As instituições financeiras, bancos e financiadores em geral, tanto públicos quanto privados, também poderão ser considerados agentes poluidores indiretos, na linha do que preconiza o art. 3º, IV, da Lei Federal nº 6.938/1981 (PNMA), uma vez que poluidor poderá ser "a pessoa física ou jurídica, de direito público ou privado, responsável, direta ou indiretamente, por atividade causadora de degradação ambiental".[1592]

Essas previsões e diretrizes exaltam o papel – dever fiduciário – que os bancos e entidades financeiras exercem na implementação das políticas e normas de Direito Ambiental, em suas operações e seus serviços. Assim como confirmam a possibilidade de que, na concessão, apreciação e gestão de financiamentos ou serviços creditícios em favor de atividades econômicas, obras ou empreendimentos, com significativos impactos e degradações, sejam fixadas, portanto, exigências ligadas a iniciativas ou programas de integridade e *compliance* com escopo na área ambiental.

4.5 Perspectivas do *compliance* no Projeto de Lei geral do licenciamento ambiental

O segundo capítulo desta obra tratou do processo administrativo de licenciamento ambiental brasileiro, de suas previsões legais, técnicas e doutrinárias, sendo na mesma etapa também levantados os mais importantes e complexos desafios pelos quais esse importante instrumento de regulação ambiental passa no Brasil.

Como principal mecanismo da Política Nacional do Meio Ambiente (PNMA), previsto na Lei Federal nº 6.938/1981, a pressão exercida sobre o licenciamento ambiental aumenta diuturnamente, sendo lugar de resoluções de questões ambientais, sociais e estatais, recaindo sobre ele inúmeras expectativas da sociedade.[1593]

As expectativas da sociedade sobre o licenciamento são significativas, entre outras razões, porque, em nível federal, há décadas tramitam iniciativas legislativas no Congresso Nacional com o objetivo de regulamentar o mecanismo, para uniformizar os conceitos, os procedimentos e os objetivos em norma geral.

Apesar do art. 225, §1º, IV, da CF/88, prever a exigência de EIA/RIMA pelo Poder Público e dos arts. 9º e 10 da Lei Federal nº 6.938/1981 o preverem nos instrumentos da PNMA, o licenciamento ambiental ainda não possui norma geral federal regulamentando suas definições, modalidades e conceitos, sendo tal lacuna suprida pelo exercício de competência legislativa concorrente dos entes federativos.

Entre as iniciativas legislativas, cita-se a Proposta de Emenda à Constituição (PEC) nº 65/2012, o Projeto de Lei do Senado nº 654/2015, a proposta de alteração das Resoluções CONAMA nº 001/1986 e nº 237/1997 (Processo MMA nº 02000.001845/2015-32), o Projeto de Lei da Câmara dos Deputados nº 3729/2004, o qual foi concluído na Câmara, tramitando agora no Senado Federal sob o PL nº 2159/2021, pelo qual está definida a seguinte proposta:

[1592] BRASIL. Presidência da República. *Lei nº 6.938, de 31 de agosto de 1981*. Dispõe sobre a Política Nacional do Meio Ambiente, seus fins e mecanismos de formulação e aplicação, e dá outras providências. Brasília, 1981. Disponível em: http://www.planalto.gov.br/ccivil_03/leis/l6938.htm. Acesso em: 10 out. 2021.

[1593] BIM, Eduardo Fortunato. *Licenciamento Ambiental*. 4. ed. Belo Horizonte: Fórum, 2019. p. 23.

Art. 1º Esta Lei, denominada Lei Geral do Licenciamento Ambiental, estabelece normas gerais para o licenciamento de atividade ou de empreendimento utilizador de recursos ambientais, efetiva ou potencialmente poluidor ou capaz, sob qualquer forma, de causar degradação do meio ambiente, previsto no art. 10 da Lei nº 6.938, de 31 de agosto de 1981.
§1º As disposições desta Lei aplicam-se ao licenciamento ambiental realizado perante os órgãos e entidades da União, dos Estados, do Distrito Federal e dos Municípios integrantes do Sistema Nacional do Meio Ambiente (Sisnama), observadas as atribuições estabelecidas na Lei Complementar nº 140, de 8 de dezembro de 2011 (…).[1594]

No referido PL 2159/2021, estão definidos os seguintes conceitos:

Art. 3º Para os efeitos desta Lei, entende-se por:
I – licenciamento ambiental: processo administrativo destinado a licenciar atividade ou empreendimento utilizador de recursos ambientais, efetiva ou potencialmente poluidor ou capaz, sob qualquer forma, de causar degradação do meio ambiente; (…)
XXV – licença ambiental: ato administrativo por meio do qual a autoridade licenciadora, consideradas as disposições legais e regulamentares e as normas técnicas aplicáveis ao caso, atesta a viabilidade da instalação, da ampliação e da operação de atividade ou de empreendimento sujeito a licenciamento ambiental e estabelece as condicionantes ambientais cabíveis; (…).[1595]

Ainda no art. 3º, o PL propõe a conceituação de outros instrumentos importantes para a efetividade do licenciamento, como tipologia da atividade ou do empreendimento (inciso XXXII), a natureza da atividade ou do empreendimento (inciso XXXIII), o porte (inciso XXXIV) e o potencial poluidor (inciso XXXV). Foram também definidos:

(…)
XX – Plano Básico Ambiental (PBA): estudo apresentado, na fase de Licença de Instalação (LI), à autoridade licenciadora nos casos sujeitos à elaboração de EIA, que compreende o detalhamento dos programas, dos projetos e das ações de prevenção, mitigação, controle, monitoramento e compensação dos impactos ambientais negativos decorrentes da instalação e operação da atividade ou do empreendimento;
XXI – Plano de Controle Ambiental (PCA): estudo apresentado à autoridade licenciadora nas hipóteses previstas nesta Lei, que compreende o detalhamento dos programas, dos projetos e das ações de mitigação, controle, monitoramento e compensação dos impactos ambientais negativos;

[1594] SENADO FEDERAL. *Projeto de Lei Federal nº 2159, de 2021* (nº 3.729/2004, na Câmara dos Deputados. Dispõe sobre o licenciamento ambiental; regulamenta o inciso IV do §1º do art. 225 da Constituição Federal; altera as Leis nºs 9.605, de 12 de fevereiro de 1998, e 9.985, de 18 de julho de 2000; revoga dispositivo da Lei nº 7.661, de 16 de maio de 1988; e dá outras providências. Brasília, DF. 2021. Disponível em: https://legis.senado.leg.br/sdleg-getter/documento?dm=8979282&ts=1652907886100&disposition=inline. Acesso em: 28 maio 2022.
[1595] SENADO FEDERAL. *Projeto de Lei Federal nº 2159, de 2021* (nº 3.729/2004, na Câmara dos Deputados. Dispõe sobre o licenciamento ambiental; regulamenta o inciso IV do §1º do art. 225 da Constituição Federal; altera as Leis nºs 9.605, de 12 de fevereiro de 1998, e 9.985, de 18 de julho de 2000; revoga dispositivo da Lei nº 7.661, de 16 de maio de 1988; e dá outras providências. Brasília, DF. 2021. Disponível em: https://legis.senado.leg.br/sdleg-getter/documento?dm=8979282&ts=1652907886100&disposition=inline. Acesso em: 28 maio 2022.

XXII – Relatório de Controle Ambiental (RCA): estudo exigido nas hipóteses previstas nesta Lei, que contém dados e informações da atividade ou do empreendimento e do local em que se insere, identificação dos impactos ambientais e proposição de medidas mitigadoras, de controle e de monitoramento ambiental; (...).[1596]

Como visto, a iniciativa do PL nº 2159/2021 busca regulamentar conceituações importantes para a exigência, a execução e o controle dos licenciamentos, embora possua tópicos cuja controvérsia reúne grandes discussões na sociedade.

Considerando os objetivos desta obra, os quais estão ligados à análise dos programas de integridade e *compliance* com escopo na área ambiental e aplicados aos licenciamentos de grandes atividades, há no PL nº 2159/2021 previsões que são pertinentes para a perspectiva do tema do *compliance* e de melhores estratégias regulatórias ambientais baseadas na abordagem de autorregulação regulada.

Uma dessas propostas que poderá abarcar o desenvolvimento e a exigência de medidas de autorregulação, como programas de *compliance* em face dos agentes licenciados, está no art. 14 do PL nº 2159/2021, pelo qual há descrito:

> Art. 14. Caso sejam adotadas, pelo empreendedor, novas tecnologias, programas voluntários de gestão ambiental ou outras medidas que comprovadamente permitam alcançar resultados mais rigorosos do que os padrões e os critérios estabelecidos pela legislação ambiental, a autoridade licenciadora pode, mediante decisão motivada, estabelecer condições especiais no processo de licenciamento ambiental, incluídas:
> I – priorização das análises, com a finalidade de reduzir prazos;
> II – dilação de prazos de renovação da LO, da LI/LO ou da LAU em até 100% (cem por cento); ou
> III – outras condições cabíveis, a critério da autoridade licenciadora.[1597]

Trata-se de uma proposta que muito se relaciona com a previsão do §3º, do art. 12, da Resolução nº 237/1997 do CONAMA,[1598] já destacada nos tópicos anteriores. A essência de tal abordagem está no incentivo da implementação de programas de gestão ambiental ou outras medidas pelos próprios agentes responsáveis pelas atividades econômicas, obras ou empreendimentos licenciados, que, de forma comprovada alcancem desempenho e conformidade ambiental superior à requisitada pelos padrões e normas de proteção e demais exigências da legislação de meio ambiente.

[1596] SENADO FEDERAL. *Projeto de Lei Federal nº 2159, de 2021* (nº 3.729/2004, na Câmara dos Deputados. Dispõe sobre o licenciamento ambiental; regulamenta o inciso IV do §1º do art. 225 da Constituição Federal; altera as Leis nºs 9.605, de 12 de fevereiro de 1998, e 9.985, de 18 de julho de 2000; revoga dispositivo da Lei nº 7.661, de 16 de maio de 1988; e dá outras providências. Brasília, DF. 2021. p. 9. Disponível em: https://legis.senado.leg.br/sdleg-getter/documento?dm=8979282&ts=1652907886100&disposition=inline. Acesso em: 28 maio 2022.

[1597] SENADO FEDERAL. *Projeto de Lei Federal nº 2159, de 2021* (nº 3.729/2004, na Câmara dos Deputados. Dispõe sobre o licenciamento ambiental; regulamenta o inciso IV do §1º do art. 225 da Constituição Federal; altera as Leis nºs 9.605, de 12 de fevereiro de 1998, e 9.985, de 18 de julho de 2000; revoga dispositivo da Lei nº 7.661, de 16 de maio de 1988; e dá outras providências. Brasília, DF. 2021. p. 22. Disponível em: https://legis.senado.leg.br/sdleg-getter/documento?dm=8979282&ts=1652907886100&disposition=inline. Acesso em: 28 maio 2022.

[1598] "Art. 12 (...) §3º – Deverão ser estabelecidos critérios para agilizar e simplificar os procedimentos e licenciamento ambiental das atividades e empreendimentos que implementem planos e programas voluntários de gestão ambiental, visando a melhoria contínua e o aprimoramento do desempenho ambiental" (BRASIL. Conselho Nacional do Meio Ambiente – CONAMA. *Resolução CONAMA nº 237, de 19 de dezembro de 1997*. Brasília, DF, 1997. Disponível em: https://www.icmbio.gov.br/cecav/images/download/CONAMA%20237_191297.pdf. Acesso em: 19 dez. 2021).

Trata-se de medidas de *"nudges"* verdes, estratégias para melhoria do nível de conformidade ou *compliance* dos atores licenciados com as políticas e normas de regulação ambiental, sendo, por outro lado, concedidas contrapartidas em questões cruciais no licenciamento, como priorização de análises e concessão de prazos.[1599]

Para Jaccoud, essa seria a mais oportuna aplicação do requisito de implantação de programas de *compliance* na área ambiental, justamente por ser critério mais objetivo e mensurável ao dia a dia da realidade ambiental das empresas e organizações.[1600]

Dentro do que propõe o art. 14, o inciso III fixa *"outras condições cabíveis, a critério da autoridade licenciadora"*.[1601] Cuida-se de evidente abertura que possibilita os órgãos e autoridades ambientais competentes pelos licenciamentos lançarem mão de eventual exigência de desenvolvimento, implantação ou aperfeiçoamento de programas de integridade e *compliance* delineados com escopo na área ambiental e integrados aos requisitos previstos no licenciamento ambiental daquelas atividades ou empreendimentos com significativos impactos e degradações ao meio ambiente.

Na hipótese de serem fixadas e exigidas pelos órgãos ambientais licenciadores medidas de integridade e *compliance*, não apenas questões de padrões e normas ambientais poderão ser objeto dessas iniciativas, como também poderão ser fomentadas e desenvolvidas estratégias para a prevenção, controle e reparação de atos de corrupção, fraude e demais atos lesivos à Administração Pública ambiental e que se relacionem com as fases e etapas de um licenciamento ambiental de grandes atividades.

A despeito dessa proposta do art. 14 do PL nº 2159/2021, por evidente que os órgãos ambientais licenciadores deverão observar devida fundamentação e motivação técnica e jurídica para a iniciativa. Os órgãos deverão estar balizados pela proporcionalidade e razoabilidade da característica, da natureza, do porte e do potencial poluidor da obra, atividade ou empreendimento, em face do qual objetive requisitar a implantação de um programa de integridade e *compliance* com escopo na área ambiental.

Para além dessas diretrizes, importante também considerarem os parâmetros técnicos ou normativos consolidados e as melhores práticas nacionais e internacionais, como ABNT NBR ISO 14.001/2015, ISO 37.001/2017 e ISO 37.301/2021, e também, como orientativo, os elementos do art. 57 do Decreto Federal nº 11.129/2022 e, quanto à avaliação dos programas, as diretrizes da Portaria nº 909/2015 da CGU.

Com o desenvolvimento de exigências de iniciativas de melhoria de gestão, como os programas de integridade e *compliance*, o modelo de regulação ambiental brasileiro poderá ser alinhado com as mais recentes recomendações da Transparência Internacional, OCDE, ONU, INECE e União Europeia em matéria de *compliance* e estratégias regulatórias para o Direito Ambiental e o desenvolvimento sustentável.

[1599] DAUDT D'OLIVEIRA, Rafael Lima. *A simplificação no direito administrativo e ambiental* (de acordo com a lei n. 13.874/2019 – "Lei da Liberdade Econômica"). 1. ed. Rio de Janeiro: Lumen Juris, 2020. p. 78.

[1600] JACCOUD, Cristiane. Perspectivas para regulação do compliance ambiental no Brasil: análise do Projeto de Lei n. 5.442/2019. *In*: TRENNEPOHL; Terence; TRENNEPOHL, Natascha (Org). *Compliance no Direito Ambiental*. 1. ed. São Paulo: Thomson Reuters Brasil, 2020. p. 245.

[1601] SENADO FEDERAL. *Projeto de Lei Federal nº 2159, de 2021* (nº 3.729/2004, na Câmara dos Deputados. Dispõe sobre o licenciamento ambiental; regulamenta o inciso IV do §1º do art. 225 da Constituição Federal; altera as Leis nºs 9.605, de 12 de fevereiro de 1998, e 9.985, de 18 de julho de 2000; revoga dispositivo da Lei nº 7.661, de 16 de maio de 1988; e dá outras providências. Brasília, DF. 2021. p. 22. Disponível em: https://legis.senado.leg.br/sdleg-getter/documento?dm=8979282&ts=1652907886100&disposition=inline. Acesso em: 28 maio 2022.

Não bastassem esses alinhamentos de regulação, a tendência atual de gestão e governança *Environmental, Social and Governance* (ESG) é outra perspectiva que se mostra oportuna de ser explorada nos grandes licenciamentos.

No contexto das atividades econômicas efetivas ou potencialmente poluidoras ou capazes, sob qualquer forma, de causarem *significativa* degradação do meio ambiente, casos de EIA/RIMA, a exigência da implementação de um efetivo programa de *compliance* pautado por padrões ESG torna-se fundamental não só para a prevenção a danos, como também para o próprio monitoramento do empreendimento licenciado.[1602]

Ao fim e ao cabo, o PL nº 2159/2021 da Lei Geral do Licenciamento Ambiental, em seu art. 14, traz potenciais elementos para estratégias regulatórias de autorregulação regulada, como por meio da exigência de programas de integridade e *compliance* com escopo na área ambiental e integrados aos licenciamentos ambientais das atividades econômicas, obras ou empreendimentos com significativos impactos ambientais.

Na Câmara dos Deputados, há outra iniciativa legislativa que se relaciona diretamente com a introdução dos programas de integridade e *compliance* na regulação ambiental, caso do PL nº 5.442/2019, que será delineado no próximo tópico.

4.6 Programas de conformidade ambiental do Projeto de Lei nº 5.442/2019

Iniciativa legislativa pertinente para esta análise e que tramita no Congresso Nacional é o Projeto de Lei Federal nº 5.442/2019, buscando regulamentar os programas de conformidade ou *compliance* ambiental no Brasil. Nos termos dos arts. 1º e 2º da proposta do referido PL, há fixadas as seguintes diretrizes:

> Art. 1º. Esta lei regulamenta os programas de conformidade ambiental no âmbito das pessoas jurídicas que explorem atividade econômica potencialmente lesiva ao meio ambiente. Parágrafo único. É obrigatória a implementação de programa de conformidade ambiental no âmbito das empresas públicas e das sociedades de economia mista enquadradas na hipótese prevista no caput.
> Art. 2º. Para os fins desta Lei, programa de conformidade ambiental consiste, no âmbito de uma pessoa jurídica, no conjunto de mecanismos e procedimentos internos de conformidade, auditoria e incentivo à denúncia de irregularidades e na aplicação efetiva de códigos de conduta, políticas e diretrizes com objetivo de detectar, prevenir e sanar irregularidades e atos ilícitos lesivos ao meio ambiente.[1603]

Como visto, referido PL replica a conceituação dos programas de integridade estipulados pelo Decreto Federal nº 8.420/2015 [atualizado pelo Decreto Federal nº 11.129/2022], o qual regulamentou a Lei Federal nº 12.846/2013 (Lei Anticorrupção

---

[1602] PEIXOTO, Bruno Teixeira. *Compliance* ESG no licenciamento ambiental. *Jota*, 13 maio 2021. Disponível em: https://www.jota.info/opiniao-e-analise/artigos/compliance-esg-no-licenciamento-ambiental-13052021#:~:text=Ap%C3%B3s%20mais%20de%2017%20anos,do%20%C2%A7%201%C2%BA%20do%20art. Acesso em: 24 mar. 2022.

[1603] CÂMARA DOS DEPUTADOS. *Projeto de Lei nº 5.442, de 2019*. Regulamenta os programas de conformidade ambiental e dá outras disposições. Brasília, DF. 2019. Disponível em: https://www.camara.leg.br/proposicoesWeb/prop_mostrarintegra;jsessionid=node015fyflx1q8ptx1azj5uhic9zn610804427.node0?codteor=1818737&filename=PL+5442/2019. Acesso em: 28 maio 2022.

brasileira), adaptando-a com a inserção específica do escopo de "detectar, prevenir e sanar irregularidades e atos ilícitos lesivos ao meio ambiente".[1604]

Embora não detalhe a forma da obrigatoriedade, o PL sugere a implantação compulsória dos programas de conformidade ou *compliance* ambiental em face das empresas estatais e sociedades de economia mista, sem também descrever quais setores econômicos específicos estariam sujeitos à mesma obrigatoriedade.

Para fomentar as empresas e organização a desenvolverem os programas, o PL propõe em seu art. 3º que "a imposição das sanções penais e administrativas previstas na legislação ambiental em vigor, deverá levar em conta a existência de programa de conformidade ambiental efetivo no âmbito da pessoa jurídica punida".[1605]

No mesmo sentido, os arts. 4º e 5º do PL propõem: (i) a vedação de subvenções econômicas, de financiamentos públicos, de incentivos fiscais e de doações para as pessoas jurídicas que não detenham programa de conformidade ou *compliance* ambiental efetivo e (ii) a proibição a todos os Entes Federativos de contratarem com pessoa jurídica desprovida de um programa de *compliance* ambiental efetivo.

A segunda vedação de contratação estatal, seria incidente quando: "I – obra e serviço cujo valor do contrato seja superior a R$ 10.000.000,00 (dez milhões de reais); II – concessão e permissão de serviço público cujo valor do contrato seja superior a R$ 10.000.000,00 (dez milhões de reais); e III – parceria público-privada".[1606]

São condições que restringiriam o acesso desses benefícios àquelas pessoas jurídicas que possuam programa de *compliance* ambiental efetivo. Os estímulos ou "*nudges*" verdes, neste caso, seriam restritivos e proibitivos ao invés de benéficos, aponta Jaccoud, o que poderá afetar a adesão da iniciativa.[1607] Para Daudt D'Oliveira, os estímulos ou "*nudges*" verdes são importantes indutores de condutas protetoras do ambiente e com desempenho ambiental e para a organização (relação ganha-ganha), por isso a preferência pelo estímulo de benefício do que por restrições.[1608]

Quanto aos elementos mínimos dos referidos programas de conformidade ou *compliance* ambiental, o PL dispõe, no art. 6º, os seguintes:

Art. 6º. A avaliação da efetividade do programa de conformidade ambiental deverá observar as seguintes diretrizes:

[1604] CÂMARA DOS DEPUTADOS. *Projeto de Lei nº 5.442, de 2019*. Regulamenta os programas de conformidade ambiental e dá outras disposições. Brasília, DF. 2019. Disponível em: https://www.camara.leg.br/proposicoesWeb/prop_mostrarintegra;jsessionid=node015fyflx1q8ptx1azj5uhic9zn610804427.node0?codteor=1818737&filename=PL+5442/2019. Acesso em: 28 maio 2022.

[1605] CÂMARA DOS DEPUTADOS. *Projeto de Lei nº 5.442, de 2019*. Regulamenta os programas de conformidade ambiental e dá outras disposições. Brasília, DF. 2019. p. 2. Disponível em: https://www.camara.leg.br/proposicoesWeb/prop_mostrarintegra;jsessionid=node015fyflx1q8ptx1azj5uhic9zn610804427.node0?codteor=1818737&filename=PL+5442/2019. Acesso em: 28 maio 2022.

[1606] CÂMARA DOS DEPUTADOS. *Projeto de Lei nº 5.442, de 2019*. Regulamenta os programas de conformidade ambiental e dá outras disposições. Brasília, DF. 2019. p. 2. Disponível em: https://www.camara.leg.br/proposicoesWeb/prop_mostrarintegra;jsessionid=node015fyflx1q8ptx1azj5uhic9zn610804427.node0?codteor=1818737&filename=PL+5442/2019. Acesso em: 28 maio 2022.

[1607] JACCOUD, Cristiane. Perspectivas para regulação do compliance ambiental no Brasil: análise do Projeto de Lei n. 5.442/2019. *In*: TRENNEPOHL; Terence; TRENNEPOHL, Natascha (Org). *Compliance no Direito Ambiental*. 1. ed. São Paulo: Thomson Reuters Brasil, 2020. p. 247.

[1608] DAUDT D'OLIVEIRA, Rafael Lima. *A simplificação no direito administrativo e ambiental* (de acordo com a lei n. 13.874/2019 – "Lei da Liberdade Econômica"). 1. ed. Rio de Janeiro: Lumen Juris, 2020. p. 147.

I – comprometimento da alta direção da pessoa jurídica, incluídos os conselhos, evidenciado pelo apoio visível e inequívoco ao programa;

II – padrões de conduta, código de ética, políticas e procedimentos de conformidade, aplicáveis a todos os empregados e administradores independentemente de cargo ou função exercidos;

III – treinamentos periódicos sobre o programa de conformidade;

IV – análise periódica de riscos para realizar adaptações necessárias ao programa de integridade;

V – independência, estrutura e autoridade da instância interna responsável pela aplicação do programa de conformidade e fiscalização de seu cumprimento;

VI – canais de denúncia de irregularidade, abertos e amplamente divulgados a funcionários e terceiros, e de mecanismos destinados à proteção de denunciantes de boa-fé;

VII – medidas disciplinares em caso de violação do programa de conformidade;

VIII – procedimentos que assegurem a pronta interrupção de irregularidades ou infrações detectadas e a tempestiva remediação dos danos gerados;

IX – monitoramento contínuo do programa de conformidade visando seu aperfeiçoamento na prevenção, detecção e combate à ocorrência dos atos lesivos previstos na Lei nº 9.605, de 12 de fevereiro de 1998.[1609]

Observando-se os parâmetros, verifica-se que foram aplicados os elementos do art. 57, do Decreto Federal nº 11.129/2022, ligados aos programas de integridade e *compliance* anticorrupção e fraude, com adaptações para área do Direito Ambiental.

Para a avaliação dos aludidos programas, o PL propõe o seguinte:

§1º Na avaliação dos parâmetros de que trata este artigo, serão considerados o porte e especificidades da pessoa jurídica, tais como:

I – a quantidade de funcionários, empregados e colaboradores;

II – a complexidade da hierarquia interna e a quantidade de departamentos, diretorias ou setores;

III – a utilização de agentes intermediários como consultores ou representantes comerciais;

IV – o setor do mercado em que atua;

V – a quantidade e a localização das pessoas jurídicas que integram o grupo econômico; e

VI – o fato de ser qualificada como microempresa ou empresa de pequeno porte.

§2º O programa de conformidade deve ser estruturado, aplicado e atualizado de acordo com as características e riscos atuais das atividades de cada pessoa jurídica, a qual, por sua vez, deve garantir o constante aprimoramento e adaptação do referido programa, visando garantir sua efetividade.

§3º As diretrizes de que trata o caput serão objeto de regulamentação pelo Conselho Nacional do Meio Ambiente – CONAMA.[1610]

[1609] CÂMARA DOS DEPUTADOS. *Projeto de Lei nº 5.442, de 2019*. Regulamenta os programas de conformidade ambiental e dá outras disposições. Brasília, DF. 2019. p. 2-3. Disponível em: https://www.camara.leg.br/proposicoesWeb/prop_mostrarintegra;jsessionid=node015fyflx1q8ptx1azj5uhic9zn610804427.node0?codteor=1818737&filename=PL+5442/2019. Acesso em: 28 maio 2022.

[1610] CÂMARA DOS DEPUTADOS. *Projeto de Lei nº 5.442, de 2019*. Regulamenta os programas de conformidade ambiental e dá outras disposições. Brasília, DF. 2019. p. 3-4. Disponível em: https://www.camara.leg.br/proposicoesWeb/prop_mostrarintegra;jsessionid=node015fyflx1q8ptx1azj5uhic9zn610804427.node0?codteor=1818737&filename=PL+5442/2019. Acesso em: 28 maio 2022.

Conforme o §3º, do art. 6º, caberá ao CONAMA a regulamentação do PL, destacando-se a sugestão de tratamento diferenciado a micro e pequenas empresas. No que se refere à realização dessa avaliação, o PL em seu art. 7º propõe:

> Art. 7º. A avaliação da efetividade dos programas de conformidade ambiental será complementar entre os setores público e privado, a qual contará com duas etapas:
> I – avaliação e fiscalização periódica por autoridade certificadora independente credenciada;
> II – fiscalização da avaliação tratada pelo inciso I, a qual ocorrerá apenas em duas hipóteses:
> a) denúncia fundamentada de violação à legislação ambiental ou ao programa de conformidade;
> b) fiscalização por sorteio público, que levará em consideração critérios de risco e de magnitude do empreendimento.
> §1º Em caso de dano ambiental causado por omissão no dever de avaliação e fiscalização do programa de conformidade, a autoridade certificadora independente responderá solidariamente pelos prejuízos.[1611]

Assim, a avaliação da efetividade e a fiscalização desses programas seriam efetuadas de forma complementar entre setor público e privado. Não só por autoridade certificadora independente e credenciada, mas também pelo órgão público. Fixa-se uma forma de responsabilização solidária da certificadora independente, em casos de danos ambientais por omissão ao dever de fiscalização e avaliação. Solidariedade que, para Jaccoud, estaria abarcada pelos arts. 3º, IV, e 14, §1º, da Lei Federal nº 6.938/1981.[1612]

Conquanto a importância da proposta do PL nº 5.442/2019, pertinente a ressalva de Jaccoud, de que a iniciativa poderia ter incorporado benefícios mais objetivos e mensuráveis à realidade de grandes atividades econômicas e empresas no país. Como a priorização em licenciamentos e a facilitação de prazos de licenças ambientais, a exemplo do art. 14 do PL nº 2159/2021, da Lei Geral do Licenciamento, e também do Decreto Estadual nº 46.890/2019, publicado pelo estado do Rio de Janeiro.[1613]

No mesmo sentido, Trennepohl destaca diversas formas de incentivar a implementação de programas de *compliance* ambiental, como a inclusão na forma de um dos critérios para contratação (ou desempate) em obras de grande porte em licitações, ou colocar os programas como um meio para mitigação de riscos, com reflexo em valores de compensação ambiental, formas que podem desempenhar papel especial de fomento.[1614]

Conforme Pereira, o Direito Ambiental brasileiro, por todo o seu conjunto de leis e regulamentos esparsos, poderia estar mais alinhado a uma regulação que priorizasse

---

[1611] CÂMARA DOS DEPUTADOS. *Projeto de Lei nº 5.442, de 2019*. Regulamenta os programas de conformidade ambiental e dá outras disposições. Brasília, DF. 2019. p. 4. Disponível em: https://www.camara.leg.br/proposicoesWeb/prop_mostrarintegra;jsessionid=node015fyflx1q8ptx1azj5uhic9zn610804427.node0?codteor=1818737&filename=PL+5442/2019. Acesso em: 28 maio 2022.

[1612] JACCOUD, Cristiane. Perspectivas para regulação do compliance ambiental no Brasil: análise do Projeto de Lei n. 5.442/2019. In: TRENNEPOHL; Terence; TRENNEPOHL, Natascha (Org). *Compliance no Direito Ambiental*. 1. ed. São Paulo: Thomson Reuters Brasil, 2020. p. 241.

[1613] JACCOUD, Cristiane. Perspectivas para regulação do compliance ambiental no Brasil: análise do Projeto de Lei n. 5.442/2019. In: TRENNEPOHL; Terence; TRENNEPOHL, Natascha (Org). *Compliance no Direito Ambiental*. 1. ed. São Paulo: Thomson Reuters Brasil, 2020. p. 247.

[1614] TRENNEPOHL, Natascha. Incentivos ao *compliance* ambiental: a caminho da sustentabilidade. In: TRENNEPOHL, Terence; TRENNEPOHL, Natascha (Coord.). *Compliance no Direito Ambiental*. Coleção *compliance*; vol. 2. São Paulo: Thomson Reuters Brasil, 2020. p. 41.

instrumentos de fomento aos de comando e controle tradicional, os quais, sozinhos, não têm servido a promover a mudança pretendida pela legislação ambiental brasileira.[1615]

Consideradas suas proposições, independentemente das adaptações e ajustes que se façam necessários, o Projeto de Lei Federal nº 5.442/2019 propõe-se a regulamentar programas de *compliance* ambiental e impulsionar sua incorporação pelas empresas e organizações, tendo como viés a função preventiva do mecanismo (nos riscos passíveis de minimização e controle), por via de boas práticas internas.[1616]

Com efeito, a estratégia regulatória pautada por programas de *compliance* ambiental exaltaria o tratamento diferenciado dos agentes regulados para a prevenção e o combate antecipado de infrações e violações. Isso implica gestão favorecida e simplificada para as empresas e organizações que possuam boas práticas ambientais.[1617]

Essa importância estrutural do tema de integridade e *compliance* na área ambiental no Brasil, inclusive, está nas justificativas no texto do PL nº 5442/2019, havendo menção a casos concretos em que o instituto do *compliance*, de algum modo, estaria relacionado à causalidade de grandes danos socioambientais, como no caso da tragédia com o rompimento da barragem de minério em Brumadinho, Minas Gerais.

Os próximos tópicos tratarão de dois grandes casos concretos na perspectiva dos programas de integridade e *compliance* com escopo na área ambiental e em licenciamentos, episódios em que as funções e as estruturas de *compliance* estariam ligadas à causalidade de ilícitos e danos ao meio ambiente.

4.7 *Compliance* no caso Brumadinho

Um dos maiores desastres socioambientais do Brasil e do mundo, o rompimento da barragem de rejeitos de mineração no Município de Brumadinho, Minas Gerais, além de causar mais de duas centenas de vítimas humanas fatais, danos estruturais ao meio ambiente e ampliados prejuízos socioeconômicos para a região, possui ainda uma relação peculiar com o tema do *compliance* visto pelas lentes da regulação ambiental.

Em 25 de janeiro de 2019, 12 horas e 28 minutos, o maciço da barragem "B1" rompeu-se na Mina do Córrego do Feijão, no Complexo Minerário do Paraopeba, administrado pela mineradora Vale S.A., em Brumadinho, Minas Gerais.[1618]

Com o rompimento, os rejeitos de mineração tóxicos foram lançados para fora da estrutura em alta velocidade e explodiram em ondas sequenciais a cada obstáculo, com cerca de 12 milhões de metros cúbicos de rejeitos. Nos 16 segundos seguintes, um tsunami de lama equivalente a 4.200 piscinas olímpicas, de 50 metros de comprimento

---

[1615] PEREIRA, Luciana Vianna. Política Nacional do Meio Ambiente, regulação responsiva e ESG. In: MILARÉ, Édis. *Quarenta anos da Lei da Política Nacional do Meio Ambiente*: reminiscências, realidade e perspectivas. 1. ed. Belo Horizonte: Editora D'Plácido, 2021. p. 1048.

[1616] JACCOUD, Cristiane. Perspectivas para regulação do compliance ambiental no Brasil: análise do Projeto de Lei n. 5.442/2019. In: TRENNEPOHL; Terence; TRENNEPOHL, Natascha (Org). *Compliance no Direito Ambiental*. 1. ed. São Paulo: Thomson Reuters Brasil, 2020. p. 247.

[1617] DAUDT D'OLIVEIRA, Rafael Lima. *A simplificação no direito administrativo e ambiental* (de acordo com a lei n. 13.874/2019 – "Lei da Liberdade Econômica"). 1. ed. Rio de Janeiro: Lumen Juris, 2020. p. 12.

[1618] RAGAZZI, Lucas; ROCHA, Murilo. *Brumadinho*: a engenharia de um crime. Belo Horizonte: Editora Letramento, 2019. p. 15-16.

e 2 metros de profundidade,[1619] arrastou casas, vegetação, construções e tudo o que havia pela frente, em região com notáveis paisagens naturais e patrimônios históricos.

Diferentemente de 2015, em Mariana, e contra qualquer lógica, abaixo da barragem "B1" em Brumadinho havia diversas instalações da Vale, centro administrativo, escritórios, refeitório com capacidade para 90 pessoas, sendo que na hora do rompimento havia cerca de 300 pessoas nas instalações. Nenhum sinal de alerta foi disparado.[1620] Em números divulgados em 03 de maio de 2022, são 270 mortes humanas causadas, com apenas 265 identificadas, incluindo 5 ainda desaparecidas mais de três anos depois.[1621]

O rompimento anda causou a deterioração de 269 hectares, área equivalente a 269 campos de futebol – em boa parte da zona de inundação com remanescentes de vegetação nativa. Para além de todo o rastro de destruição, possível a contaminação do solo ao longo do tempo, devido aos rejeitos de mineração serem tóxicos. Se for considerado que os mais de 10 milhões de metros cúbicos de rejeitos lançados se somaram a cerca de 600 mil metros cúbicos de água, o desastre permanece em curso.[1622]

A barragem "B1" era uma das principais estruturas do complexo, mesmo tendo se transformado nos últimos anos em "lixão" inativo, pois não recebia mais rejeitos de minério de ferro desde o ano de 2016. A proposta apresentada pela Vale aos órgãos públicos de Minas Gerais era "descomissionar" a barragem, na busca de esvaziar a barragem e executar novas escavações para novos garimpos.[1623]

Segundo Arbex, a meta da multinacional era ampliar, a partir de 2019, a capacidade da Mina da Jangada e de Feijão de 10,6 milhões para 17 milhões de toneladas de minério de ferro ao ano. Para tanto, no fim de 2018 a empresa já havia obtido, na Câmara de Atividades Minerárias do Conselho de Política Ambiental de Minas Gerais, o deferimento de licença única de continuidade das operações por mais dez anos.[1624]

Por evidências oficiais, acredita-se que a Vale tinha ciência, meses antes, de que a fuga de alguma pessoa era impossível em um raio de dois quilômetros da barragem, sendo uma tragédia anunciada. O risco de rompimento, verificado no Plano de Ação de Emergência Para Barragens de Mineração (PAEBM), e o cálculo de vítimas teria sido mensurado em 200, sendo que a barragem dava sinais de instabilidade desde 2017.[1625]

Obrigatória em empreendimentos dessa natureza, a simulação de catástrofe feita pela Vale foi de uma precisão assustadora. Só não serviu para incentivá-la a retirar o

---

[1619] RAGAZZI, Lucas; ROCHA, Murilo. *Brumadinho*: a engenharia de um crime. Belo Horizonte: Editora Letramento, 2019. p. 23-24.

[1620] RAGAZZI, Lucas; ROCHA, Murilo. *Brumadinho*: a engenharia de um crime. Belo Horizonte: Editora Letramento, 2019. p. 23-24.

[1621] CAETANO, Carolina; MANSUR, Rafaela. Brumadinho: Polícia Civil identifica ossada encontrada por bombeiros; agora são 5 desaparecidos. PORTAL G1, 2022. Disponível em: https://g1.globo.com/mg/minas-gerais/noticia/2022/05/03/brumadinho-policia-civil-identifica-ossada-encontrada-por-bombeiros-agora-sao-5-desaparecidos.ghtml. Acesso em: 25 maio 2022.

[1622] ARBEX, Daniela. *Arrastados*: Os bastidores do rompimento da barragem de Brumadinho, o maior desastre humanitário do Brasil. Rio de Janeiro: Editora Intrínseca, 2022. p. 268.

[1623] RAGAZZI, Lucas; ROCHA, Murilo. *Brumadinho*: a engenharia de um crime. Belo Horizonte: Editora Letramento, 2019. p. 23-24.

[1624] ARBEX, Daniela. *Arrastados*: Os bastidores do rompimento da barragem de Brumadinho, o maior desastre humanitário do Brasil. Rio de Janeiro: Editora Intrínseca, 2022. p. 25-26.

[1625] ARBEX, Daniela. *Arrastados*: Os bastidores do rompimento da barragem de Brumadinho, o maior desastre humanitário do Brasil. Rio de Janeiro: Editora Intrínseca, 2022. p. 20-21.

setor administrativo da rota do tsunami. Entre os operários e a barragem, havia duas torres com sirenes que deveriam soar em emergência, mas ficaram em silêncio.[1626]

Nos complexos antecedentes da tragédia, destaca-se que houve produção de "Declaração de Estabilidade da Barragem 1", emitida pela empresa alemã *Tüv Süd*, em 1º de setembro de 2018. Após o colapso do reservatório, perdura intensa dúvida sobre a veracidade das informações contidas naquele documento.[1627] A *Tüv Süd* foi a responsável pela emissão do último laudo de estabilidade da Barragem 1 da Mina do Córrego do Feijão, isto é, menos de cinco meses antes do colapso de sua estrutura.[1628]

Na sua atuação, a empresa contratada pela Vale em 2018 teria sofrido pressões da multinacional. Se a Vale não conseguisse a declaração de estabilidade da barragem "B1", as atividades da mina teriam de ser paralisadas, uma opção que parecia não fazer parte dos planos da mineradora.[1629] Pelas investigações pós-rompimento com cinco promotores, três delegados da Polícia Civil e dez policiais militares, além de um geólogo e outros especialistas, o fator de segurança da "B1" estava abaixo do mínimo aceitável e o laudo de estabilidade fora emitido mesmo assim, afastando hipótese de acidente.[1630]

Outra questão que inspirou desconfiança na própria certificação da gestão foi a existência de um potencial conflito de interesses. A empresa *Tüv Süd*, que realizava a auditoria externa das barragens da Vale, também era contratada para fazer a consultoria interna da gestão de segurança dos reservatórios da mineradora.[1631]

Ainda com base nas investigações, descobriu-se que em junho de 2018, sete meses antes do colapso, teria circulado entre empregados da multinacional uma planilha denominada "Top 10 – Probabilidade", constando um *ranking* de dez barragens da empresa em situação de risco acima do aceitável. A barragem "B1" em Brumadinho ocupava a oitava posição, com probabilidade de rompimento por erosão interna.[1632]

De novembro de 2017 até o fatídico 25 de janeiro de 2019, a barragem teria dado sinais de alerta. Todos, porém, teriam sido tratados apenas em âmbito interno. Os acionistas da mineradora, o Poder Público e a sociedade não teriam tido o devido acesso às informações sobre os riscos reais relacionados à barragem "B1" em Brumadinho.[1633]

Após um ano de investigações, o Ministério Público de Minas Gerais concluiu, em 21 de janeiro de 2020, que o rompimento da barragem "B1" ocorreu "pelo modo de falha liquefação". Ofereceu-se denúncia por homicídio qualificado contra funcionários e gerentes da Vale. O caso, após decisão do STJ, está com a denúncia sob análise da

---

[1626] ARBEX, Daniela. *Arrastados*: Os bastidores do rompimento da barragem de Brumadinho, o maior desastre humanitário do Brasil. Rio de Janeiro: Editora Intrínseca, 2022. p. 57-58.

[1627] ARBEX, Daniela. *Arrastados*: Os bastidores do rompimento da barragem de Brumadinho, o maior desastre humanitário do Brasil. Rio de Janeiro: Editora Intrínseca, 2022. p. 154.

[1628] ARBEX, Daniela. *Arrastados*: Os bastidores do rompimento da barragem de Brumadinho, o maior desastre humanitário do Brasil. Rio de Janeiro: Editora Intrínseca, 2022. p. 241.

[1629] ARBEX, Daniela. *Arrastados*: Os bastidores do rompimento da barragem de Brumadinho, o maior desastre humanitário do Brasil. Rio de Janeiro: Editora Intrínseca, 2022. p. 244.

[1630] ARBEX, Daniela. *Arrastados*: Os bastidores do rompimento da barragem de Brumadinho, o maior desastre humanitário do Brasil. Rio de Janeiro: Editora Intrínseca, 2022. p. 244-245.

[1631] ARBEX, Daniela. *Arrastados*: Os bastidores do rompimento da barragem de Brumadinho, o maior desastre humanitário do Brasil. Rio de Janeiro: Editora Intrínseca, 2022. p. 250.

[1632] ARBEX, Daniela. *Arrastados*: Os bastidores do rompimento da barragem de Brumadinho, o maior desastre humanitário do Brasil. Rio de Janeiro: Editora Intrínseca, 2022. p. 250.

[1633] ARBEX, Daniela. *Arrastados*: Os bastidores do rompimento da barragem de Brumadinho, o maior desastre humanitário do Brasil. Rio de Janeiro: Editora Intrínseca, 2022. p. 253.

9ª Vara Federal de Minas Gerais. Além disso, a *Tüv Süd* responde a processo na Alemanha movido pela Prefeitura de Brumadinho e por parentes de engenheira ligada à Vale.[1634]

No dia 26 de novembro de 2021, o relatório de 204 páginas sobre a investigação – um resumo das 25 mil páginas do inquérito – foi lançado pela Polícia Federal no sistema da Justiça Federal. O inquérito manteve o indiciamento por homicídio duplamente qualificado das 16 pessoas já denunciadas pelo Ministério Público mineiro e ainda incluiu outros três agentes, um diretor da Vale e dois engenheiros da geotecnia.[1635]

Para a Polícia Federal, a empresa contratada para ações nas vésperas do rompimento não foi informada, em momento algum, dos riscos de fazer uma perfuração na seção de maior altura da barragem, a mais perigosa por ter menor fator de segurança em nível de 1,09, bem abaixo do mínimo aceitável internacionalmente de 1,30.[1636]

Segundo a PF, a Vale teria feito três declarações de estabilidade falsas da barragem "B1" – duas perante a Agência Nacional de Mineração (ANM) e uma perante a Fundação Estadual do Meio Ambiente de Minas Gerais. A empresa também teria ciência de que as sirenes nunca estiveram operantes – embora o alerta sonoro seja exigido por lei desde 2010 –, e que a lama chegaria à área administrativa em menos de um minuto.[1637]

Não bastasse essa condução controversa da Vale em relação às certificações da estabilidade da barragem "B1", a aprovação do licenciamento ambiental da exploração minerária na Mina do Córrego do Feijão foi marcada por questões polêmicas.

Um dos questionamentos foi a categorização do projeto da Vale de expansão das atividades e produção na mina em "classe 4", de médio impacto ambiental, e não na "classe 6", de grande porte e potencial poluidor. A redução possibilitou a concessão de uma licença ambiental concomitante, abarcando em um ato único licenças de instalação e operação em favor de um complexo minerário com incertas condições de execução.[1638]

Embora em vigor desde 2010, a Política Nacional de Segurança de Barragens (Lei Federal nº 12.334/2010) é quimera legislativa, afirmam Ragazzi e Rocha, que citam relatório do TCU, o qual concluiu que, após o rompimento de Mariana em 2015, 64% (144) das estruturas de barragens no Brasil não foram inspecionadas uma única vez.[1639]

Novamente a baixa capacidade dos órgãos públicos (estaduais e federais) de fiscalizar e autuar de forma efetiva na mineração. E no caso de Brumadinho, as evidências das investigações indicariam que auditorias externas, contratadas para inspecionar e validar (ou não) as barragens, teriam mantido contratos com a Vale com fins diversos, e sofrido com pressão para atestar estruturas, sob pena de desligamentos forçados.[1640]

[1634] ARBEX, Daniela. *Arrastados*: Os bastidores do rompimento da barragem de Brumadinho, o maior desastre humanitário do Brasil. Rio de Janeiro: Editora Intrínseca, 2022. p. 258.

[1635] ARBEX, Daniela. *Arrastados*: Os bastidores do rompimento da barragem de Brumadinho, o maior desastre humanitário do Brasil. Rio de Janeiro: Editora Intrínseca, 2022. p. 260.

[1636] ARBEX, Daniela. *Arrastados*: Os bastidores do rompimento da barragem de Brumadinho, o maior desastre humanitário do Brasil. Rio de Janeiro: Editora Intrínseca, 2022. p. 260.

[1637] ARBEX, Daniela. *Arrastados*: Os bastidores do rompimento da barragem de Brumadinho, o maior desastre humanitário do Brasil. Rio de Janeiro: Editora Intrínseca, 2022. p. 260-261.

[1638] RAGAZZI, Lucas; ROCHA, Murilo. *Brumadinho*: a engenharia de um crime. Belo Horizonte: Editora Letramento, 2019. p. 137.

[1639] RAGAZZI, Lucas; ROCHA, Murilo. *Brumadinho*: a engenharia de um crime. Belo Horizonte: Editora Letramento, 2019. p. 189.

[1640] RAGAZZI, Lucas; ROCHA, Murilo. *Brumadinho*: a engenharia de um crime. Belo Horizonte: Editora Letramento, 2019. p. 190-191.

Entre as supostas condutas indevidas na gestão e governança de riscos em barragens pela Vale, inevitável a inter-relação com a necessidade de articulação de medidas de integridade e *compliance*, notadamente com objetivo de prevenção e controle sobre as atividades minerárias e seus riscos e impactos ambientais, estruturais e humanos.

Na Câmara dos Deputados, relatório final da Comissão Parlamentar de Inquérito (CPI), instaurada para investigar a tragédia de Brumadinho, apontou o seguinte:

> Da análise das provas colhidas por esta Comissão, não restam dúvidas de que o crime de Brumadinho foi ocasionado pela omissão daqueles que, no exercício de suas atribuições profissionais, tinham conhecimento da condição de instabilidade da barragem B1 e, conquanto pudessem, não adotaram quaisquer providências para tentar evitar a perda de vidas e os danos ao meio ambiente.[1641]

Em relação ao tema do *compliance*, tanto para a gestão corporativa quanto às obrigações legais de regulação minerária, o relatório da CPI da Câmara asseverou:

> A inverossimilhança da alegação, por parte da diretora responsável, de desconhecimento da relação espúria mantida com a Vale evidencia que a TÜV SÜD ocultou o fato de que vinha atuando em desacordo com as regras básicas de *compliance*, certamente consubstanciadas em seu código de ética e de conduta.[1642]

No Senado Federal, em outro relatório final de CPI, a incidência de programas de *compliance* também foi objeto de recomendações expressas:

> Assim, é pertinente que medidas e mecanismos de controle e *compliance* (conformidade) sejam tomadas para aumentar a confiabilidade acerca da completude, veracidade e qualidade das informações prestadas pelos empreendedores. Uma possível forma de mitigar esse problema seria a seleção periódica e aleatória de algumas estruturas para terem seus registros inspecionados em detalhes, o que aumentaria a expectativa de controle por parte dos empreendedores privados. (…)
> A hipótese do defeito de organização da empresa se refere à falta de coordenação de incentivos de diretores, gerentes e funcionários que privilegiassem o controle do risco e o cumprimento da lei. Um sistema de governança e *compliance* falhos teve papel relevante para o desenrolar da causalidade que levou ao rompimento da barragem. (…)
> Além disso, a Vale não contava com um sistema de governança e *compliance* apto a coordenar os incentivos de diretores, gerentes e funcionários para o controle do risco e o cumprimento da lei, o que se mostrou relevante para o desenrolar da causalidade que levou ao rompimento da barragem.[1643]

[1641] CÂMARA DOS DEPUTADOS. *Comissão Parlamentar de Inquérito* – Rompimento da Barragem de Brumadinho. Brasília, DF, out. 2019. Disponível em: https://www.camara.leg.br/internet/comissoes/cpi/cpibruma/Relatorio-Final.pdf. Acesso em: 28 maio 2022.

[1642] CÂMARA DOS DEPUTADOS. *Comissão Parlamentar de Inquérito* – Rompimento da Barragem de Brumadinho. Brasília, DF, out. 2019. p. 560. Disponível em: https://www.camara.leg.br/internet/comissoes/cpi/cpibruma/RelatorioFinal.pdf. Acesso em: 28 maio 2022.

[1643] SENADO FEDERAL. *Comissão Parlamentar de Inquérito – CPI de Brumadinho e outras barragens*. Brasília, DF, jul. 2019. Disponível em: https://legis.senado.leg.br/sdleg-getter/documento/download/acbe1dc8-5656-419e-9ff5-9fcae27730e7. Acesso em: 28 maio 2022.

Como apontam Bandeira, Garbaccio e Silva, o programa de *compliance*, embora tenha o cerne principal nos atos de corrupção, expandiu-se com o tempo para abarcar o tratamento de diversas áreas de atuação. Na esfera ambiental, mostra-se um instrumento adequado ao controle de conformidade de normas e à garantia de cumprimento das normas éticas e de integridade que regem uma empresa ou organização.[1644]

O programa de *compliance*, em sua vertente ambiental, deve existir para garantir o mapeamento de toda a normativa aplicável às atividades da empresa, mas não só isso, deve ainda monitorar o cumprimento dessas leis, avaliar e prevenir os riscos inerentes às operações, evitar danos ao meio ambiente e afastar a prática de condutas escusas.[1645]

Cumpre dizer que a simples imposição de cumprimentos de normas e a vedação de práticas de corrupção não bastarão para garantir eficácia e, sobretudo, o sucesso do programa na área ambiental. É preciso compreender o cenário em que se insere a empresa ou organização, para, então, garantir a implantação de um sistema de *compliance* eficiente e eficaz, que não só combata práticas de corrupção, mas que, também, garanta a prevenção de danos ambientais e o cumprimento de normas aplicáveis à atividade econômica que impacte a natureza.[1646]

Dessa forma, e considerando todas as evidências delineadas por investigações e documentos oficiais mencionados, resta claro concluir que uma área de *compliance* competente e bem estruturada poderia ter contribuído para evitar a perda das centenas de vidas e de todos os demais danos havidos com a tragédia em Brumadinho.[1647]

A busca pela integridade e a propagação da cultura da conformidade legal, ou *compliance*, traduz o anseio pela instrumentalização das práxis preventivas necessárias para um novo paradigma frente aos recentes desastres socioambientais resultantes dos efeitos das decisões tomadas e pouco ou nada controladas.[1648]

Assim, face ao avanço da irresponsabilidade organizada e de uma estrutural política de invisibilidade dos riscos das decisões sob a regulação ambiental, os programas de *compliance* ambiental adquirem vital importância,[1649] tanto públicos quanto privados.

[1644] BANDEIRA, Gonçalo Nicolau Cerqueira Sopas de Mello; GARBACCIO, Grace Ladeira; SILVA, Clarissa Pires da. Compliance e abordagem ambiental: uma análise da importância do compliance à luz do desastre em Brumadinho. *Revista Jurídica Unicuritiba*, Curitiba, [S.l.], v. 5, n. 67, p. 116-135, out. 2021. Disponível em: http://revista.unicuritiba.edu.br/index.php/RevJur/article/view/5110. Acesso em: 05 jun. 2022.

[1645] BANDEIRA, Gonçalo Nicolau Cerqueira Sopas de Mello; GARBACCIO, Grace Ladeira; SILVA, Clarissa Pires da. Compliance e abordagem ambiental: uma análise da importância do compliance à luz do desastre em Brumadinho. *Revista Jurídica Unicuritiba*, Curitiba, [S.l.], v. 5, n. 67, p. 123, out. 2021. Disponível em: http://revista.unicuritiba.edu.br/index.php/RevJur/article/view/5110. Acesso em: 05 jun. 2022.

[1646] BANDEIRA, Gonçalo Nicolau Cerqueira Sopas de Mello; GARBACCIO, Grace Ladeira; SILVA, Clarissa Pires da. Compliance e abordagem ambiental: uma análise da importância do compliance à luz do desastre em Brumadinho. *Revista Jurídica Unicuritiba*, Curitiba, [S.l.], v. 5, n. 67, p. 126, out. 2021. Disponível em: http://revista.unicuritiba.edu.br/index.php/RevJur/article/view/5110. Acesso em: 05 jun. 2022.

[1647] BANDEIRA, Gonçalo Nicolau Cerqueira Sopas de Mello; GARBACCIO, Grace Ladeira; SILVA, Clarissa Pires da. Compliance e abordagem ambiental: uma análise da importância do compliance à luz do desastre em Brumadinho. *Revista Jurídica Unicuritiba*, Curitiba, [S.l.], v. 5, n. 67, p. 134, out. 2021. Disponível em: http://revista.unicuritiba.edu.br/index.php/RevJur/article/view/5110. Acesso em: 05 jun. 2022.

[1648] PEIXOTO, Bruno Teixeira. *Compliance*, licenciamento ambiental e a irresponsabilidade organizada no contexto da tragédia de Brumadinho. In: NUSDEO, Ana Maria de Oliveira. *30 Anos da Constituição Ecológica*: Desafios para a Governança Ambiental. Série Prêmio José Bonifácio de Andrada e Silva, Vol. 4. São Paulo: Inst. O direito por um Planeta Verde, 2019. p. 59.

[1649] PEIXOTO, Bruno Teixeira. *Compliance*, licenciamento ambiental e a irresponsabilidade organizada no contexto da tragédia de Brumadinho. In: NUSDEO, Ana Maria de Oliveira. *30 Anos da Constituição Ecológica*: Desafios para a Governança Ambiental. Série Prêmio José Bonifácio de Andrada e Silva, Vol. 4. São Paulo: Inst. O direito por um Planeta Verde, 2019. p. 59-60.

Na área pública, como já dito nesta obra, a aplicação dos programas poderia incrementar a atuação da Administração Pública ambiental, face as controversas relações entre agentes públicos e a regulação sobre grandes obras e empreendimentos.

Diante das graves consequências das decisões públicas e privadas tomadas na área ambiental, frequentemente vulneráveis a interferências, a efetiva implementação da prevenção de riscos ambientais torna-se diretamente ligada ao cumprimento prévio das normas e regulamentos ligados às atividades que impactam severamente os recursos naturais, potencialmente geradoras de desastres, como Brumadinho. Afinal, quem delimita o risco de uma atividade potencialmente causadora de danos ambientais e humanos? E por que razão riscos são ignorados, como em Mariana e Brumadinho?[1650]

Para além da tragédia em Brumadinho, a relação do *compliance* ambiental ainda incide sobre a atuação da Vale em fundos de investimento internacionais,[1651] em ação popular ajuizada exigindo-lhe efetivo *compliance* ambiental para aquisição de outra mineradora,[1652] e, mais recentemente, em paradigmática ação judicial movida pela agência reguladora United States Securities and Exchange Commission (SEC), quanto a supostas fraudes em relatórios ESG e dados de segurança da barragem em Brumadinho, o que teria violado leis norte-americanas de proteção ao mercado financeiro.[1653]

Por todas essas considerações, constata-se uma vez mais a importância do desenvolvimento e da implementação de programas de integridade e *compliance* com escopo voltado à regulação ambiental e aos requisitos de licenciamentos ambientais das atividades econômicas, obras e empreendimentos com *significativas* degradações, como no caso da barragem que se rompeu em Brumadinho, causador de uma das maiores tragédias socioambientais registradas no Brasil e no mundo.

4.8 *Compliance* no caso Dieselgate

O segundo grande caso concreto que reúne especiais perspectivas a serem consideradas no tema do *compliance* na área ambiental é o escândalo mundial conhecido como "*Dieselgate*". O caso envolveu a construtora mundial de automóveis Volkswagen S.A., cujos contornos fáticos e jurídicos confirmam a importância dos programas de *compliance* sob o viés da regulação ambiental em nível nacional e internacional.

Descoberto em 2015 por inspeções da *Environmental Protection Agency* (EPA), a agência ambiental dos Estados Unidos, o caso denominado de "*Dieselgate*" permanece causando implicações em diversos países e ambiente regulatórios até dias atuais, inclusive com outras montadoras de atuação global e efeitos no Brasil.

[1650] PEIXOTO, Bruno Teixeira. *Compliance*, licenciamento ambiental e a irresponsabilidade organizada no contexto da tragédia de Brumadinho. *In:* NUSDEO, Ana Maria de Oliveira. *30 Anos da Constituição Ecológica*: Desafios para a Governança Ambiental. Série Prêmio José Bonifácio de Andrada e Silva, Vol. 4. São Paulo: Inst. O direito por um Planeta Verde, 2019. p. 60.

[1651] Fundo norueguês veta aporte em Vale e Eletrobras por Brumadinho e Belo Monte. *CNN BRASIL*, 13 maio 2020. Disponível em: https://www.cnnbrasil.com.br/business/fundo-noruegues-veta-aporte-em-vale-e-eletrobras-por-brumadinho-e-belo-monte/. Acesso em: 29 maio 2022.

[1652] Vale só pode comprar mineradora se apresentar plano de compliance ambiental. *CONJUR – Revista O Consultor Jurídico*, 19 dezembro 2021. Disponível em: https://www.conjur.com.br/2021-dez-19/vale-comprar-mineradora-apresentar-plano-compliance. Acesso em: 29 maio 2022.

[1653] UNITED STATES SECURITIES AND EXCHANGE COMMISSION – SEC. *SEC Charges Brazilian Mining Company with Misleading Investors about Safety Prior to Deadly Dam Collapse*. 2022. Disponível em: https://www.sec.gov/news/press-release/2022-72. Acesso em: 25 maio 2022.

Em setembro de 2015, a EPA autuou a Volkswagen em razão de violação à lei norte-americana chamada *"Clean Air Act"* (CAA) ou Lei Federal do Ar Limpo, a qual se consubstanciava na programação fraudulenta intencional nos motores de veículos a diesel com a função de turboalimentação de injeção direta ou na sigla em inglês "TDI".[1654]

A programação fraudulenta buscava identificar a ocasião em que os veículos eram submetidos a inspeções, momento em que controlavam suas emissões poluentes de Óxido de Nitrogênio ou "NOx", um dos gases de efeito estufa na atmosfera.[1655]

Com o sistema desenvolvido pela montadora, os veículos com a injeção "TDI" apenas cumpriam o nível de emissão exigido pelos padrões regulatórios norte-americanos quando submetidos aos testes de autoridade públicas ambientais. Fora dessas circunstâncias, os mesmos veículos, graças ao sistema introduzido pela fabricante alemã, emitiam irregularmente cerca de 40 vezes mais gases de NOx para a atmosfera.[1656]

Segundo os números divulgados à época, a Volkswagen teria implantado este *software* fraudulento em cerca de 11 milhões de carros em todo o mundo, incluindo cerca de 500.000 nos Estados Unidos, nos anos de modelo 2009 a 2015.[1657]

Mesmo com toda a repercussão negativa mundial, somente em 2017 a Volkswagen firmou acordo com o Departamento de Justiça norte-americano, o *United States Department of Justice* (U.S. DOJ), declarando-se culpada pela fraude, anuindo pagar cerca de US$ 4,3 bilhões de dólares em penalidades criminais e civis, sendo 6 executivos e funcionários indiciados por fraudar em testes de emissões nos EUA.[1658]

Além disso, a montadora também foi acusada de obstrução de justiça por destruir documentos relacionados ao esquema e de outro crime de importação desses carros para os EUA por meio de declarações falsas sobre limites de emissões dos veículos.[1659]

Conforme as informações do U.S. DOJ, a Volkswagen, desde 2006, projetou internamente por seus engenheiros um novo motor a diesel que atendesse aos padrões de emissões poluentes exigidos pela regulação ambiental dos EUA. Constatando-se a impossibilidade de cumprir com os novos padrões regulatórios, a montadora decidiu fazer uso de uma função de *software* para burlar os testes de emissões da EPA.[1660]

[1654] JUNG, Jae C.; SHARON, Elizabeth. The Volkswagen emissions scandal and its aftermath. *Global Business and Organizational Excellence*, 38 (4): 6-15. May/June 2019. Disponível em: https://onlinelibrary.wiley.com/doi/10.1002/joe.21930. Acesso em: 29 maio 2022.

[1655] JUNG, Jae C.; SHARON, Elizabeth. The Volkswagen emissions scandal and its aftermath. *Global Business and Organizational Excellence*, 38 (4): 6-15. p. 10. tradução livre. May/June 2019. Disponível em: https://onlinelibrary.wiley.com/doi/10.1002/joe.21930. Acesso em: 29 maio 2022.

[1656] JUNG, Jae C.; SHARON, Elizabeth. The Volkswagen emissions scandal and its aftermath. *Global Business and Organizational Excellence*, 38 (4): 6-15. p. 11. tradução livre. May/June 2019. Disponível em: https://onlinelibrary.wiley.com/doi/10.1002/joe.21930. Acesso em: 29 maio 2022.

[1657] JORDANS, Frank. *EPA*: Volkswagen Thwarted Pollution Regulations For 7 Years. CBS Detroit. Associated Press, 2015. Disponível em: https://detroit.cbslocal.com/2015/09/21/epa-volkswagon-thwarted-pollution-regulations-for-7-years/. Acesso em: 29 de maio 2022.

[1658] UNITED STATES DEPARTMENT OF JUSTICE – DOJ. *Volkswagen AG Agrees to Plead Guilty and Pay $4.3 Billion in Criminal and Civil Penalties; Six Volkswagen Executives and Employees are Indicted in Connection with Conspiracy to Cheat U.S. Emissions Tests*. Washington, D.C., 2017. Disponível em: https://www.justice.gov/opa/pr/volkswagen-ag-agrees-plead-guilty-and-pay-43-billion-criminal-and-civil-penalties-six. Acesso em: 28 maio 2022.

[1659] UNITED STATES DEPARTMENT OF JUSTICE – DOJ. *Volkswagen AG Agrees to Plead Guilty and Pay $4.3 Billion in Criminal and Civil Penalties; Six Volkswagen Executives and Employees are Indicted in Connection with Conspiracy to Cheat U.S. Emissions Tests*. Washington, D.C., 2017. Disponível em: https://www.justice.gov/opa/pr/volkswagen-ag-agrees-plead-guilty-and-pay-43-billion-criminal-and-civil-penalties-six. Acesso em: 28 maio 2022.

[1660] UNITED STATES DEPARTMENT OF JUSTICE – DOJ. *Volkswagen AG Agrees to Plead Guilty and Pay $4.3 Billion in Criminal and Civil Penalties; Six Volkswagen Executives and Employees are Indicted in Connection with Conspiracy to Cheat U.S. Emissions Tests*. Washington, D.C., 2017. Disponível em: https://www.justice.gov/opa/pr/volkswagen-ag-agrees-plead-guilty-and-pay-43-billion-criminal-and-civil-penalties-six. Acesso em: 28 maio 2022.

Segundo as autoridades dos EUA, em 2014, o grupo de engenheiros e executivos da montadora falsamente apresentou aos reguladores dos EUA e clientes que as atualizações do *software* destinavam-se a melhorar os problemas de durabilidade e emissões nos veículos quando, de fato, seriam usados para desativar mais rapidamente o controle de emissões quando o veículo não estivesse passando por testes oficiais.[1661]

A descoberta da fraude ocorreu a partir de estudos realizados pela Universidade norte-americana de *West Virginia*, nos quais havia discrepâncias substanciais nas emissões de NOx de veículos "TDI" quando testados na estrada, em comparação com quando estavam passando por testes de ciclo de condução padrão da EPA.[1662]

Além das condenações no Judiciário dos EUA, o caso *"Dieselgate"* avançou em inúmeras partes do mundo, especialmente na Europa. O escândalo deu origem à primeira *"class action"* ou ação coletiva da história do Judiciário alemão.[1663] O emblemático caso repercute não apenas nas bases do Direito Penal Econômico e Regulatório quanto à responsabilização de pessoas jurídicas, mas sobretudo traz reflexões sobre *compliance* para a área ambiental, dado seu papel nas organizações que impactam o meio ambiente.[1664]

Trata-se de caso divisor de águas para a doutrina dos *"compliance programs"* pelo mundo, sendo considerado por especialistas um dos *"biggest cases of corporate fraud"* indicativos da necessidade do *compliance* nas grandes organizações.[1665]

Assim, a relação entre o caso *"Dieselgate"* e a necessária aplicação de iniciativas e programas de *compliance* efetivos, sobretudo executados com escopo na regulação ambiental, torna-se evidente e sintomática para o desenrolar do escândalo fraudulento.

Isso porque o ex-CEO da empresa alemã conheceu dos trâmites internos da fraude pelo menos um ano antes da eclosão das investigações, e, mesmo de posse dos relatórios irregulares, nada fez. Ao depor no Congresso dos Estados Unidos, teria sido criticado pela quebra da confiança pública gerada à Volkswagen.[1666]

Não bastasse isso, talvez o ponto fulcral do caso esteja no fato de que o *compliance officer*, ou chefe de *compliance* da montadora, tenha sido preso nos EUA.[1667] Justamente a

---

[1661] UNITED STATES DEPARTMENT OF JUSTICE – DOJ. *Volkswagen AG Agrees to Plead Guilty and Pay $4.3 Billion in Criminal and Civil Penalties; Six Volkswagen Executives and Employees are Indicted in Connection with Conspiracy to Cheat U.S. Emissions Tests*. Washington, D.C., 2017. Disponível em: https://www.justice.gov/opa/pr/volkswagen-ag-agrees-plead-guilty-and-pay-43-billion-criminal-and-civil-penalties-six. Acesso em: 28 maio 2022.

[1662] UNITED STATES DEPARTMENT OF JUSTICE – DOJ. *Volkswagen AG Agrees to Plead Guilty and Pay $4.3 Billion in Criminal and Civil Penalties; Six Volkswagen Executives and Employees are Indicted in Connection with Conspiracy to Cheat U.S. Emissions Tests*. Washington, D.C., 2017. Disponível em: https://www.justice.gov/opa/pr/volkswagen-ag-agrees-plead-guilty-and-pay-43-billion-criminal-and-civil-penalties-six. Acesso em: 28 maio 2022.

[1663] Volkswagen começa a ser julgada no caso 'dieselgate' em ação com mais de 450 mil pessoas. *Portal Independente*, 30 set. 2019. Disponível em: https://independente.com.br/volkswagen-comeca-a-ser-julgada-no-caso-dieselgate-em-acao-com-mais-de-450-mil-pessoas/. Acesso em: 29 maio 2022.

[1664] PEIXOTO, Bruno Teixeira. Dieselgate: marco para o *compliance* ambiental. *Jota*, 24 out. 2019. Disponível em: https://www.jota.info/opiniao-e-analise/artigos/dieselgate-marco-para-o-compliance-ambiental-24102019. Acesso em: 29 maio 2022.

[1665] PEIXOTO, Bruno Teixeira. Dieselgate: marco para o *compliance* ambiental. *Jota*, 24 out. 2019. Disponível em: https://www.jota.info/opiniao-e-analise/artigos/dieselgate-marco-para-o-compliance-ambiental-24102019. Acesso em: 29 maio 2022.

[1666] Presidente da VW nos EUA diz que soube de fraude em setembro 2015. *PORTAL G1*, 08 out. 2015. Disponível em: http://g1.globo.com/carros/noticia/2015/10/presidente-da-vw-nos-eua-diz-que-soube-da-fraude-em-setembro.html. Acesso em: 29 maio 2022.

[1667] Presidente da VW nos EUA diz que soube de fraude em setembro 2015. *PORTAL G1*, 08 out. 2015. Disponível em: http://g1.globo.com/carros/noticia/2015/10/presidente-da-vw-nos-eua-diz-que-soube-da-fraude-em-setembro.html. Acesso em: 29 maio 2022.

autoridade do departamento de conformidade (*compliance*) da Volkswagen nos Estados Unidos entre os anos de 2012 e 2015. A falta – ou a desvirtuação – do *compliance* ambiental na montadora foi a peça-chave para o esquema.[1668]

A própria Federação Internacional do Automóvel (FIA), em estudo exclusivo sobre o *"Dieselgate"*, afirmou que, dentre os desafios para prevenir novas fraudes similares, essenciais são estratégias regulatórias avançadas sobre as capturas da regulação por esquemas ilegais nas corporações, exigindo níveis mais aprofundados de *compliance* e controle de informações e padrões ambientais em setores industriais.[1669]

A repercussão estende-se ao Judiciário brasileiro, haja vista a condenação pela Justiça do Rio de Janeiro, imputando à fabricante alemã o pagamento de R$ 10 mil reais por danos morais a aproximadamente 17 mil proprietários de veículos de modelo Amarok.[1670] No acórdão da 9ª Câmara Cível do TJRJ, o relator destacou: "Automóveis com vício oculto, *software* projetado para fraudar a aferição relativa a gases tóxicos emitidos pela combustão do diesel. Caso '*dieselgate*', assim denominado o ilícito".[1671]

Ainda sobre o caso, em 2020, o Ministério Público Federal (MPF) ajuizou uma Ação Civil Pública em face da Volkswagen do Brasil Indústria de Veículos Automotores Ltda., buscando, com base no 14, §1º, da Lei Federal nº 6.938/1981, a condenação da empresa a pagar indenização por danos morais coletivos pela fraude no controle de emissões de NOx, demanda em tramitação na Justiça Federal de São Paulo.

Todo esse quadro implica indiscutível revisão de institutos fundamentais dos Direitos Administrativo e Ambiental. É imperativa a ressignificação das funções estatais de comando e controle e de fomento ao cumprimento de regras, leis e padrões de proteção ao meio ambiente, para rechaçar o *compliance* "de fachada" e a prática de "*greenwashing*", como no caso *"Dieselgate"*, que se mostra, por toda repercussão, um marco para a exigência de programas de integridade e *compliance* na área ambiental.[1672]

O escândalo é nítido caso de "*greenwashing*". A fraude nas emissões estava relacionada, como visto, à estratégia da montadora de anunciar veículos "mais eficientes" em emissões de diesel. O caso ainda evidencia a importância de serem desenvolvidas exigências por efetivos programas de *compliance* ambiental sobre grandes atividades econômicas sujeitas a autorizações e licenças dos órgãos de regulação ambiental.

[1668] PEIXOTO, Bruno Teixeira. Dieselgate: marco para o *compliance* ambiental. *Jota*, 24 out. 2019. Disponível em: https://www.jota.info/opiniao-e-analise/artigos/dieselgate-marco-para-o-compliance-ambiental-24102019. Acesso em: 29 maio 2022.

[1669] FIA FOUNDATION. Can we prevent another dieselgate? *FIA foundation research series, paper 8*. London: FIA Foundation, 2017. p. 16. tradução livre. Disponível em: https://www.fiafoundation.org/media/418769/dieselgate-lr-spreads.pdf. Acesso em: 29 maio 2022.

[1670] Justiça condena Volks a pagar R$ 1 milhão por dano moral coletivo. *Associação dos Magistrados do Estado do Rio de Janeiro – AMAERJ*, 05 jun. 2019. Disponível em: http://amaerj.org.br/noticias/justica-determina-que-volkswagen-pague-r-1-milhao-por-dano-moral-coletivo/. Acesso em: 29 maio 2022.

[1671] RIO DE JANEIRO. TJRJ. *Ação Civil Pública nº 0412318-20.2015.8.19.0001*. Rel. Adolpho Andrade Mello, 9ª Câmara Cível, julgado em 28.05.2019. Rio de Janeiro, 2019. Disponível em: https://www.migalhas.com.br/arquivos/2019/6/art20190605-05.pdf. Acesso em: 29 maio 2022.

[1672] PEIXOTO, Bruno Teixeira. Dieselgate: marco para o *compliance* ambiental. *Jota*, 24 out. 2019. Disponível em: https://www.jota.info/opiniao-e-analise/artigos/dieselgate-marco-para-o-compliance-ambiental-24102019. Acesso em: 29 maio 2022.

4.9 Síntese do capítulo

Como conclusões extraídas deste quarto e último capítulo, e que abarcariam os objetivos nele fixados, destacam-se as seguintes:

(i) no cumprimento ao dever constitucional de proteção ao meio ambiente ecologicamente equilibrado, o Estado, por meio dos órgãos e entidades da Administração Pública ambiental, deverá exigir, das atividades econômicas, obras ou empreendimentos potencialmente poluidores e com *significativos* impactos e degradações, o competente licenciamento ambiental (art. 225, IV e V, CF/88; art. 10, Lei Federal nº 6.938/1981);

(ii) como desenvolvido no segundo e terceiro capítulos, nos casos em que exigidos EIA/RIMA em atividades ou empreendimentos com *significativos* impactos, o processo de licenciamento ambiental enfrenta complexos desafios, como a falta de efetivo monitoramento e controle da gestão das atividades licenciadas, em cujos fatores de agravamento estão a sujeição a práticas de corrupção e fraude, entre outras questões;

(iii) considerando-se a dimensão de estrutura organizacional, o grande porte econômico e o alto nível de potencial poluição, nas atividades, obras ou empreendimentos dotados de *significativos* impactos ambientais, sujeitos aos estudos de EIA/RIMA e à modalidade trifásica de licenciamento, a perspectiva para que se exija a implementação de programas de integridade e *compliance* torna-se fundamental, haja vista seu potencial de incrementar o monitoramento e o controle sobre a gestão dessas complexas atividades, bem como para prevenção e controle de irregularidades e atos de corrupção e fraude, improbidade administrativa, além de demais atos lesivos à Administração Pública ambiental e à proteção do meio ambiente;

(iv) a primeira perspectiva favorável à exigência de programas de integridade e *compliance* nos licenciamentos estaria em integrá-los aos dos Estudos Ambientais (EA), especialmente nas medidas de monitoramento e controle do Estudo Prévio de Impacto Ambiental (EIA), Relatório de Impactos sobre o Meio Ambiente (RIMA), e ainda nos Planos de Gestão, Controle e Monitoramento Ambiental (PCA), mecanismos que, por suas previsões normativas e funções, apresentam compatibilidades com o *compliance*;

(v) a segunda perspectiva que permitiria a exigência de programas de integridade e *compliance* em licenciamentos estaria em alocá-los no rol de condicionantes ambientais fixadas para a expedição das licenças ambientais prévia (LAP), de instalação (LAI) e de operação (LAO), com o fim maior de agregar meios de controle da gestão e da conformidade legal ambiental e técnica das atividades licenciadas;

(vi) ainda no contexto das licenças ambientais, a exigência de programas de integridade e *compliance* também teria pertinência e compatibilidade nos casos de licenças ambientais por adesão e compromisso (LAC), de licenças ambientais corretivas (LOC), na renovação de prazos das licenças e também nos casos de revisibilidade das licenças ambientais frente a atividades que incorram em irregularidades ou omissões;

(vii) demonstrou-se que, dada a competência prevista em lei (art. 10, Lei Federal nº 6.938/1981 e art. 13, Lei Complementar Federal nº 140/2011), os órgãos e entidades ambientais são a instância pública competente para o processo decisório do licenciamento ambiental, das licenças e de suas condicionantes, prerrogativa exercida através da sua discricionariedade administrativa e técnica, condições jurídicas que permitiriam o desenvolvimento da inserção de exigências de controle como os programas de integridade e *compliance* nos licenciamentos ambientais com significativas degradações;

(viii) embora respaldada por lei e pela discricionariedade dos órgãos licenciadores, o desenvolvimento da exigência de implementação de programas de integridade e *compliance* nos licenciamentos ambientais deve observar, além da fundamentação e motivação claras, a proporcionalidade e a razoabilidade com as características, porte, riscos e impactos ligados à atividade, obra ou empreendimento;

(ix) para a prevenção contra programas de integridade e *compliance* "de gaveta" ou "de papel" e o combate de práticas de "*greenwashing*", é necessário que a exigência desses programas nos licenciamentos ambientais considere referenciais nacionais e internacionais de boas práticas e parâmetros normativos, como os *standards* ABNT NBR ISO 14.001/2015, ISO 37.001/2017 e ISO 37.301/2021, bem como os elementos do art. 57, do Decreto Federal nº 11.129/2022, as diretrizes de avaliação da Portaria nº 909/2015 da CGU, e as recomendações de "*compliance programs*" do U.S. DOJ;

(x) todo programa de integridade e *compliance* com escopo na regulação ambiental e exigido nos licenciamentos deverá observar estrutura mínima, que atenda, pelo menos, expresso comprometimento da alta direção da organização, padrões, políticas e códigos de conduta de gestão ambiental, gestão e avaliação dos riscos ambientais e de conformidade legal ambiental, instância interna responsável e procedimentos de investigação e canais de denúncia, comunicação e treinamentos, monitoramento e controles internos e auditoria interna ou externa para geração de evidências;

(xi) entre os regulamentos em vigor que podem contribuir com o desenvolvimento dos programas de *compliance* nos licenciamentos, verificou-se que há Resoluções do CONAMA ligadas aos Planos de Controle Ambiental (PCA) e às Auditorias Ambientais com definições compatíveis com a perspectiva aqui trabalhada, igualmente em relação ao art. 144, da Nova Lei de Licitações Públicas (Lei Federal nº 14.133/2021), que permite critérios de sustentabilidade na remuneração de contratações públicas, bem como quanto às diretrizes da Resolução nº 4.945/2021, do BACEN, ligada à Política de Responsabilidade Social, Ambiental e Climática (PRSAC);

(xii) a perspectiva para a exigência nos licenciamentos da implantação de programas de integridade e *compliance* com escopo na área ambiental ainda estaria reforçada pelo Projeto de Lei nº 2159/2021, da Lei Geral do Licenciamento Ambiental, por seu art. 14, ligado às medidas de incentivo às atividades econômicas que implementem programas de gestão ambiental, e pelo Projeto de Lei Federal nº 5442/2019, com a regulamentação dos programas de conformidade ambiental, através da adaptação dos elementos dos programas de integridade e *compliance* anticorrupção e fraude para o contexto da regulação de meio ambiente;

(xiii) em casos concretos, constatou-se que os precedentes e a causalidade da tragédia do rompimento da barragem de rejeitos de minério em Brumadinho, em 2019, teriam relação direta com a potencial aplicação de programa de integridade e *compliance* com escopo na regulação ambiental, corroborando para a importância da medida para a prevenção contra grandes desastres socioambientais; e

(xiv) por fim, em um segundo caso concreto, o episódio mundial conhecido como *"dieselgate"*, ligado à fraude em padrões de emissões poluentes em veículos movidos a diesel de montadora global, a efetividade e o controle acerca de um programa de integridade e *compliance* na área da regulação ambiental representaram fator-chave para o desencadeamento dos atos fraudulentos e ilícitos perpetrados, confirmando, uma vez mais, o papel desses programas para maior implementação das normas ambientais.

CONSIDERAÇÕES FINAIS

Com o conjunto de exposições delineadas ao longo desta obra, buscou-se como objetivo geral e problemática central examinar e investigar de que forma e se seria possível desenvolver a exigência de implementação dos programas de integridade e *compliance*, sob a forma de mecanismos de monitoramento e controle ambiental, no âmbito dos processos administrativos de licenciamento no Direito Ambiental brasileiro.

O problema de pesquisa apresentado justificou-se na crescente falta de implementação das políticas e normas de proteção do meio ambiente e de desenvolvimento nacional sustentável, cujo agravamento no Brasil perpassa, dentre outros fatores, desafios regulatórios como prevenção à corrupção e à fraude, acesso à informação, transparência, participação e incentivos, especialmente no âmbito da atuação exercida pelos órgãos e entidades da Administração Pública ambiental.

Diante desses dilemas, esta obra ressaltou a necessidade de novos horizontes para uma governança e atuação regulatória avançadas, a fim de maiores níveis de cumprimento das políticas, normas e regulamentos ambientais, por meio de instrumentos regulatórios que privilegiem a prevenção, a precaução, a transparência, a integridade, o controle e o monitoramento contínuos dos riscos e impactos, diretos ou indiretos, das atividades econômicas, além da cooperação e da participação.

Constatou-se que essa necessidade está presente no bojo do processo administrativo de licenciamento ambiental, dada sua importância para o Direito Ambiental no Brasil e para as Ordens Econômica e Social constitucionais, instrumento crucial ao desenvolvimento nacional sustentável almejado pelo texto constitucional brasileiro para as presentes e futuras gerações (art. 225 c/c art. 170, CF/88).

Ainda sobre as justificativas para a análise, destacou-se o avanço público e notório da regulamentação no Brasil acerca do instituto do *compliance* e de sua instrumentalização por meio dos programas de integridade e *compliance*, presentes, cada vez mais, no ambiente da regulação estatal, sobretudo definidos com o escopo de controle preventivo de irregularidades, ilícitos e de infrações em processos e procedimentos públicos e contra atos lesivos à Administração e ao interesse público.

Como hipótese resolutiva, caminhou-se em direção à confirmação da seguinte premissa: Frente aos seus elementos, funções e aplicações primordiais, além de representarem meio para a prevenção, a detecção e a punição à fraude e à corrupção e demais irregularidades, os programas de integridade e *compliance* ainda incrementariam a gestão de riscos e a antecipação a condutas, atividades e atos lesivos ao meio ambiente, caso sejam exigidos e efetivamente implementados no âmbito dos licenciamentos ambientais de atividades, obras ou empreendimentos potencialmente poluidores e/ou com *significativos* impactos e degradações ao meio ambiente.

Considerou-se ainda que os programas de integridade e *compliance*, com escopo na regulação ambiental e exigidos nos grandes licenciamentos, expressariam uma estratégia regulatória de autorregulação regulada ambiental no Brasil, para a observação dos princípios da prevenção, da precaução e do poluidor-pagador, além do dever fundamental de proteção do meio ambiente, imputado não apenas ao Estado em sua atuação – regulação ambiental – (art. 174, CF/88), como também – e sobretudo – aos agentes privados e à coletividade – autorregulação ambiental – (art. 225, *caput*, CF/88).

Dessa forma, ao longo dos quatro capítulos apresentados, almejou-se atingir objetivos específicos que reforçariam a consecução do objetivo geral de apresentar formas e possibilidades para a inserção da exigência de implementação de programas de integridade e *compliance* entre os elementos de monitoramento e controle em licenciamentos ambientais de grandes atividades, obras ou empreendimentos.

Pelo primeiro capítulo, delimitaram-se a complexidade das questões ambientais na atualidade e o lugar do Direito e da função regulatória ambiental do Estado, sendo evidenciada a evolução político-jurídica internacional e constitucional do tema. Averiguou-se que, na Constituição de 1988, consagra-se um direito e também dever fundamental de proteção ao meio ambiente ecologicamente equilibrado ao qual se vinculam não apenas o Estado, mas também a coletividade e, sobretudo, os titulares das atividades econômicas que mais agridem a qualidade e a integridade do meio ambiente.

Ainda no capítulo inicial, verificou-se que as atividades econômicas e a livre iniciativa empresarial devem estar norteadas pela defesa do meio ambiente, princípio expresso da Ordem Econômica constitucional (art. 170, VI, CF/88), orientação indispensável à regulação ambiental estatal e ao desenvolvimento nacional sustentável.

Analisou-se acerca da deficiência na abordagem regulatória tradicional de comando e controle, centralizada e unilateral, bem como quanto à limitação adjacente ao poder de polícia administrativa ambiental face às complexidades das questões ambientais atuais e aos desafios à implementação das políticas e normas de meio ambiente, especialmente quando da fiscalização e do controle pela Administração Pública.

Dessa maneira, os objetivos do capítulo inicial restaram de algum modo atingidos, constatando-se que, embora a CF/88 determine o dever fundamental de proteção ambiental ao Estado e a todos agentes privados e à coletividade, permanece a falta de implementação das políticas e normas de meio ambiente e desenvolvimento sustentável, notadamente no que refere à regulação administrativa ambiental.

No segundo capítulo, como objetivos almejados e atingidos estiveram o estudo dos aspectos destacados do processo administrativo de licenciamento ambiental brasileiro no ordenamento, na doutrina e jurisprudência nacionais, seu conceito, modalidades e potencial função regulatória de proeminência da tutela administrativa ambiental.

Dada a complexidade das questões ambientais e a sua exigência por constante prevenção, controle e monitoramento antecipado de infrações, irregularidades e danos ao meio ambiente, no segundo capítulo evidenciou-se que a tutela administrativa ambiental, expressada pelos atos e processos administrativos em matéria ambiental, detém relevante proeminência, especialmente se comparada à tutela judicial, exaltando-se a importância da atuação regulatória administrativa do Estado antes da ocorrência de danos e ilícitos.

Ainda no segundo capítulo, foi possível notar que, na tutela administrativa ambiental, haveria notório protagonismo político, econômico, social e jurídico do processo administrativo de licenciamento ambiental, uma vez que se volta à autorização e ao controle do exercício de atividades econômicas, obras ou empreendimentos essenciais para o desenvolvimento social e econômico nacional.

Destacou-se a sua modalidade trifásica, com fase prévia, de instalação e de operação, na qual, como visto, além do maior rigor e complexidade, incidem com frequência questões regulatórias de corrupção, fraude, improbidade administrativa ambiental, irregularidades, infrações e atos ilícitos agravados pela precária atuação estatal e constante carência de monitoramento e controle continuado sobre a atividade licenciada.

Com as exposições apresentadas e objetivos alcançados, o segundo capítulo apontou para a necessidade de incrementar as funções de monitoramento e controle preventivo e continuado acerca da conformidade e cumprimento das políticas e normas ambientais incidentes sobre as atividades, obras e empreendimentos licenciados, havendo uma potencial função regulatória do licenciamento a ser explorada sobre o comportamento dos agentes e setores econômicos sujeitos a tal mecanismo.

Pelos estudos e relatórios de órgãos públicos de controle interno e externo, bem como por referenciais de instituições especializadas, sobre os processos administrativos de licenciamento ambiental, especialmente ligados a grandes obras, atividades e empreendimentos com *significativos* impactos e degradações, constantes são os riscos e práticas de corrupção, fraude, conflito de interesses, improbidade, falta de transparência, acesso à informação e participação dos atores afetados e interessados, corroborando para a necessidade de medidas e iniciativas ligadas à melhoria de conformidade e *compliance* ambiental, tanto por parte dos órgãos ambientais quanto pelos agentes licenciados.

Nessa linha, o terceiro capítulo buscou traçar perspectivas de mecanismos cuja aplicação alinhe-se com estratégias regulatórias de monitoramento e controle preventivo e contínuo acerca da conformidade, integridade e *compliance* ambiental em processos administrativos executados e de competência da Administração Pública ambiental.

No terceiro capítulo, observados seus objetivos, discorreu-se sobre a evolução do instituto do *compliance* e de sua instrumentalização em programas de integridade e *compliance* em nível nacional e internacional. Destacou-se que o estado ou a ação de estar em conformidade com os padrões e regras técnicas ou jurídicas incidentes sobre uma organização refere-se ao *compliance*, do verbo em inglês *"to comply"*.

Por outro lado, a instrumentalização e a aplicação do instituto, como processo ou procedimento, estariam expressadas pelos programas de integridade ou *compliance*, conjunto de medidas, planos e mecanismos para que a empresa ou organização atinja, de modo íntegro e ético, o mais alto nível de cumprimento ou conformidade e *compliance* quanto às obrigações técnicas ou legais incidentes sobre suas atividades desempenhadas.

Ainda no terceiro capítulo, foram examinados os referenciais internacionais que consagraram os programas de integridade e *compliance* na regulação de Direito Público. Difusão essa que vem consolidando-os como uma forma de estratégia de autorregulação regulada, em que esses programas representariam controles internos em organizações, sobre os quais seriam atribuídos, mediante padrões prévios, efeitos jurídicos públicos.

Especialmente na prevenção e no combate à corrupção e à fraude em pessoas jurídicas, esses programas seriam aplicados, em sua maioria, na dosimetria de punições por infrações cometidas no âmbito da empresa ou organização, por seus agentes ou por terceiros, como no Brasil, com a Lei Federal nº 12.846/2013, do Decreto Federal nº 11.129/2022 e através da Nova Lei de Licitações Públicas (Lei Federal nº 14.133/2021).

Com as perspectivas do terceiro capítulo, constatou-se recente movimento pela expansão dos programas de integridade e *compliance* para a regulação ambiental, sendo que, em diferentes ambientes regulatórios, organizações públicas ou privadas vêm destacando a importância dessas estratégias como forma de autorregulação regulada em matéria de meio ambiente, a exemplo da grande pauta ligada à gestão e à governança em impactos pelo acrônimo *Environmental, Social and Governance* (ESG).

Com o quarto e último capítulo, o objetivo do exame sobre as formas, possibilidades de desenvolvimento da exigência dos programas de integridade e *compliance* com escopo na área ambiental nos grandes licenciamentos ambientais restou atingido, dadas as compatibilidades e as premissas jurídicas para tanto, havendo um conjunto de regulamentos e normas vigentes que se relacionam, direta ou indiretamente, com as funções e aplicações dos referidos programas para a regulação ambiental.

Desenvolvida por meio do método de pesquisa dedutivo, concluiu-se que a hipótese principal restou confirmada. Isso porque, na análise a respeito das previsões constitucionais, infraconstitucionais e regulamentares ligadas ao tema do licenciamento, delineadas no último capítulo, a exemplo dos arts. 225, *caput*, e §1º, IV e V, e 170, VI, da CF/88; dos arts. 2º, III e VII, 3º, I, II e III, 9º, XIII, 10 e 12, da Lei Federal nº 6.938/1981; dos arts. 3º e 13, da Lei Complementar nº 140/2011; e das demais previsões das Resoluções nº 001/1986 e nº 237/1997 do CONAMA; existiriam condições, compatíveis e harmônicas com as funções e objetivos primordiais do processo administrativo de licenciamento ambiental, para a eventual exigência e fomento da implementação de programas de integridade e *compliance* como forma de mecanismo para o monitoramento e controle contínuos da conformidade técnica e legal ambiental das atividades licenciadas ou a serem submetidas ao referido instrumento.

A primeira perspectiva para a exigência de programas de integridade e *compliance* nos licenciamentos estaria em integrá-los aos Estudos Ambientais (EA), especialmente nas medidas de monitoramento e controle requeridas pelo Estudo Prévio de Impacto Ambiental (EIA), Relatório de Impactos sobre o Meio Ambiente (RIMA), e ainda nos Planos de Gestão, Controle e Monitoramento Ambiental (PCA), todos mecanismos que, por suas funções, apresentam compatibilidades com o *compliance*.

A segunda perspectiva, que permitiria a exigência de programas de integridade e *compliance* em licenciamentos, estaria em alocá-los no rol de condicionantes ambientais fixadas para a expedição das licenças ambientais prévia (LAP), de instalação (LAI) e de operação (LAO), com o fim maior de agregar meios de controle acerca da gestão e da conformidade (*compliance*) legal ambiental das atividades licenciadas.

Ainda no contexto das licenças, a exigência de programas de integridade e *compliance* também teria pertinência e compatibilidade nos casos de licenças ambientais por adesão e compromisso (LAC), de licenças ambientais corretivas (LOC), na renovação de prazos de vigência das respectivas licenças e também nos casos de revisibilidade das licenças ambientais frente a atividades que incorram em irregularidades ou omissões.

Nesse sentido, demonstrou-se que, dada a competência prevista em lei (art. 10, Lei Federal nº 6.938/1981 e art. 13, LC nº 140/2011), os órgãos e entidades ambientais seriam a instância pública competente para o processo decisório do licenciamento ambiental, das licenças e de suas condicionantes, prerrogativa exercida através da sua discricionariedade administrativa e técnica, condições jurídicas que autorizariam o desenvolvimento da inserção de exigências de controle como os programas de integridade e *compliance* nos licenciamentos com *significativas* degradações e impactos.

Embora respaldada por lei e pela discricionariedade dos órgãos licenciadores, o desenvolvimento da exigência de implementação de programas de integridade e *compliance* no âmbito dos licenciamentos ambientais, como visto, deverá observar, além da fundamentação e motivação claras, a proporcionalidade e a razoabilidade com as características, porte, riscos e impactos ligados à atividade, obra ou empreendimento.

Para a prevenção contra programa de *compliance* "de gaveta" e práticas de "*greenwashing*", defendeu-se que referenciais técnicos como normas ABNT NBR ISO sejam considerados pelos órgãos ambientais licenciadores, além dos parâmetros do art. 57, do Decreto Federal nº 11.129/2022 e, para a avaliações, a Portaria nº 909/2015 da CGU, sem prejuízo da aplicação de boas práticas internacionais e de padrões ESG.

Com o intuito de delimitar formas mínimas do mecanismo, todo e qualquer programa de integridade e *compliance* com escopo na regulação ambiental e a ser exigido nos licenciamentos deverá observar estrutura que atenda, ao menos: (i) expresso comprometimento da alta direção da organização; (ii) padrões, políticas e códigos de conduta de gestão ambiental; (iii) gestão e avaliação dos riscos ambientais e de conformidade legal ambiental; (iv) instância interna responsável; (v) procedimentos de investigação e para canais de denúncia, comunicação e treinamentos; (vi) monitoramento e controles internos contínuos; e (vii) auditoria interna ou externa para evidências.

Como forma de reforçar os argumentos para a exigência dos aludidos programas em licenciamentos ambientais, foram destacados regulamentos vigentes do CONAMA, ligados aos Planos de Controle Ambiental (PCA) e às Auditorias Ambientais, as Resoluções do BACEN, as previsões de sustentabilidade da Nova Lei de Licitações Públicas e ainda o Projeto de Lei Federal nº 5.442/2019 (Regulamentação dos Programas de Conformidade Ambiental) e o Projeto de Lei nº 2.159/2021 (Lei Geral do Licenciamento Ambiental), com atenção para a proposta de art. 14 deste último PL.

Por fim, ainda pelo quarto e último capítulo, dois grandes casos concretos foram levantados, com o fim de ilustrar a influência que um programa de integridade e *compliance* ligado à regulação ambiental, quando desarticulado ou sem efetividade, direta ou indiretamente pode levar à causalidade de tragédias, como com a barragem de mineração em Brumadinho/MG e com o escândalo mundial do "*Dieselgate*" em fraudes sobre regulação de emissões poluentes no Brasil e no mundo todo.

Por todas as perspectivas exploradas e defendidas ao longo desta obra, pode-se concluir que o desenvolvimento da exigência dos programas de integridade e *compliance*, com escopo na área ambiental e alocada nos processos administrativos de licenciamento ambiental das grandes atividades econômicas, obras ou empreendimentos, traduz-se em medida essencial, tanto para a difusão da agenda ESG como também, e especialmente, para o atingimento de maior implementação das políticas e normas de proteção do meio ambiente e fomento a um desenvolvimento nacional sustentável para as presentes e futuras gerações, como assim preconiza a Constituição Federal de 1988.

REFERÊNCIAS

ALEXY, Robert. *Teoria dos Direitos Fundamentais*. Tradução de Virgílio Afonso da Silva. São Paulo: Malheiros, 2008.

ALMEIDA, Luiz Eduardo de. Governança Corporativa. *In:* CARVALHO, André Castro; ALVIM, Tiago Cripa; BERTOCELLI, Rodrigo de Pinho (Coords.). *Manual de Compliance*. 1. ed. Rio de Janeiro: Forense, 2019.

AMADO GOMES, Carla. *Risco e modificação do acto autorizativo concretizador de deveres de protecção do ambiente*. Lisboa: Edição digital, 2012. p. 26. Disponível em: https://www.icjp.pt/sites/default/files/publicacoes/files/Risco&modifica%C3%A7%C3%A3o.pdf. Acesso em: 20 set. 2021.

AMADO GOMES, C.; SILVA, J. S.; CARMO, V. M. Opinião Consultiva 23/2017 da Corte Interamericana de Direitos Humanos e as inovações à tutela do meio ambiente no Direito Internacional. *Veredas do Direito*, Belo Horizonte, v. 17, n. 38, p. 11-39, maio/ago. 2020. Disponível em: lhttp://www.domhelder.edu.br/revista/index.php/veredas/article/view/1841. Acesso em: 14 out. 2021.

ANTUNES, Paulo de Bessa. *Direito ambiental*. 20. ed. São Paulo: Atlas, 2019.

ANTON, D. K. Treaty congestion in contemporary international environmental law. *ANU College of Law Research*, [s. l.], n. 12-05, 2012. Disponível em: https://papers.ssrn.com/sol3/papers.cfm?abstract_id=1988579. Acesso em: 08 set. 2021.

ARAGÃO, Alexandra; BENJAMIN, Antonio Herman; LEITE, José Rubens Morato (Coords.). *O princípio do poluidor pagador*: pedra angular da política comunitária do ambiente. 1. ed. São Paulo: Inst. O Direito por um Planeta Verde, 2014.

ARAGÃO, Alexandra. Direito constitucional do ambiente na União Europeia. *In:* CANOTILHO, José Joaquim Gomes; LEITE, José Rubens Morato (Orgs.). *Direito constitucional ambiental brasileiro*. 6. ed. São Paulo: Saraiva, 2015.

ARAGÃO, Alexandra *et al*. *Compliance e Sustentabilidade*: perspectivas brasileira e portuguesa. Coimbra: Instituto Jurídico da Faculdade de Direito da Universidade de Coimbra, 2020.

ARANHA, Márcio Iorio. *Manual de Direito Regulatório*: fundamentos de Direito Regulatório. 5. ed., rev., ampl. Londres: Laccademia Publishing, 2019.

ARBEX, Daniela. *Arrastados*: Os bastidores do rompimento da barragem de Brumadinho, o maior desastre humanitário do Brasil. Rio de Janeiro: Editora Intrínseca, 2022.

ARGENTINA, Ministerio de Justicia y Derechos Humanos. *Programa de Integridad*. Buenos Aires, 2020. Disponível em: https://www.argentina.gob.ar/justicia/derechofacil/leysimple/responsabilidad-penal-de-las-personas-juridicas#titulo-6. Acesso em: 29 jan. 2022.

ARTESE, Gustavo. Compliance digital: proteção de dados pessoais. *In:* CARVALHO, André Castro; ALVIM, Tiago Cripa; BERTOCELLI, Rodrigo de Pinho (Coords.). *Manual de Compliance*. 1. ed. Rio de Janeiro: Forense, 2019.

ASPER Y VALDÉS, Luciana. A cultura da integridade como alicerce da sustentabilidade socioeconômica no Brasil. *In:* ZENKNER, Marcelo; CASTRO, Rodrigo Pironti de (Coords.). *Compliance no setor público*. Belo Horizonte: Fórum, 2020.

ASSOCIAÇÃO BRASILEIRA DE NORMAS TÉCNICAS – ABNT. *ABNT NBR ISO 37.301:21:* Sistemas de gestão de compliance: Diretrizes. Rio de Janeiro: ABNT, 2021.

ASSOCIAÇÃO BRASILEIRA DE NORMAS TÉCNICAS – ABNT. *ABNT NBR ISO 37.001:17*: Sistemas de gestão antissuborno: Requisitos. Rio de Janeiro: ABNT, 2017.

ASSOCIAÇÃO BRASILEIRA DE NORMAS TÉCNICAS – ABNT. *ABNT NBR ISO 14.001:15*: Sistemas de gestão ambiental: Requisitos. Rio de Janeiro: ABNT, 2015.

ASSOCIAÇÃO BRASILEIRA DE NORMAS TÉCNICAS – ABNT. *ABNT NBR ISO 31.000:2018:* Gestão de riscos: Diretrizes. Rio de Janeiro: ABNT, 2018.

ASSOCIAÇÃO BRASILEIRA DE JORNALISMO INVESTIGATIVO – ABRAJI. *Ministério do Meio Ambiente*: Avaliação da transparência ativa. Dez. 2021. São Paulo, 2021. Disponível em: https://www.achadosepedidos.org.br/uploads/publicacoes/Analise_Transparencia_MMA.pdf. Acesso em: 16 dez. 2021.

ÁVILA, Humberto. *Teoria Geral dos Princípios*: da definição à aplicação dos princípios jurídicos. 4. ed. São Paulo: Malheiros, 2004.

AYALA, Patryck de Araújo. *Deveres de proteção e o Direito fundamental a ser protegido em face dos riscos de alimentos transgênicos*. 2009. 460f. Tese (Doutorado em Direito) – Universidade Federal de Santa Catarina (UFSC), Florianópolis, 2009. Disponível em: http://repositorio.ufsc.br/xmlui/handle/123456789/92998. Acesso em: 18 out. 2021.

AYALA, Patrick de Araújo. *Direito ambiental na sociedade de risco*. Rio de Janeiro: Forense Universitária, [s.d.].

BALDWIN, Robert; CAVE, Martin; LODGE, Martin. *Understanding Regulation*: Theory, Strategy, and Practice. Second Edition, Revised, New York: Oxford University Press, 2013.

BANCO CENTRAL DO BRASIL – BACEN. *Resolução nº 4.327, de 25 de abril de 2014*. Dispõe sobre as diretrizes que devem ser observadas no estabelecimento e na implementação da Política de Responsabilidade Socioambiental pelas instituições financeiras e demais instituições autorizadas a funcionar pelo Banco Central do Brasil. Brasília: BACEN, 2014. Disponível em: https://www.bcb.gov.br/pre/normativos/res/2014/pdf/res_4327_v1_O.pdf. Acesso em: 25 de maio 2022.

BANDEIRA DE MELLO, Celso Antônio. *Curso de direito administrativo*. 25. ed. São Paulo: Malheiros, 2008.

BANDEIRA DE MELLO, Celso Antônio. *Discricionariedade e controle judicial*. 2. ed. São Paulo: Malheiros, 2010.

BANDEIRA, Gonçalo Nicolau Cerqueira Sopas de Mello; GARBACCIO, Grace Ladeira; SILVA, Clarissa Pires da. Compliance e abordagem ambiental: uma análise da importância do compliance à luz do desastre em Brumadinho. *Revista Jurídica Unicuritiba*, Curitiba, [S.l.], v. 5, n. 67, p. 116-135, out. 2021. Disponível em: http://revista.unicuritiba.edu.br/index.php/RevJur/article/view/5110. Acesso em: 05 jun. 2022.

BANK FOR INTERNATIONAL SETTLEMENTS – BIS. *The Green Swan*: Central banking and financial stability in the age of climate change. 2020. Disponível em: https://www.bis.org/publ/othp31.pdf. Acesso em: 15 out. 2021.

BARBIERI, José Carlos. *Gestão ambiental empresarial*: conceitos, modelos e instrumentos. 2. ed., atual. e ampl. São Paulo: Saraiva, 2007.

BÁRCENA, Alicia *et al*. Estado de derecho, multilateralismo y prosperidad de las naciones. *In*: BÁRCENA, Alicia; TORRES, Valeria; ÁVILA, Lina Muñoz (Coords.). *El Acuerdo de Escazú sobre democracia ambiental y su relación con la Agenda 2030 para el Desarrollo Sostenible*. Comisión Económica para América Latina y el Caribe (CEPAL), Editorial Universidad del Rosario, Bogotá, 2021.

BASSO, Bruno Bartelle. Os programas de compliance enquanto mecanismos essenciais à efetivação da integridade pública: uma abordagem à luz a nova gestão pública (*new public management*). *In*: DAL POZZO, Augusto Neves; MARTINS, Ricardo Marcondes (Coords.). *Aspectos controvertidos do compliance na Administração Pública*. 1. ed. Belo Horizonte: Fórum, 2020.

BECK, Ulrich. *A metamorfose do mundo*: novos conceitos para uma nova realidade. Tradução de Maria Luiza X. de A. Borges. Revisão técnica de Maria Claudia Coelho. 1. ed. Rio de Janeiro: Zahar, 2018.

BELCHIOR, Germana. *Fundamentos epistemológicos do Direito Ambiental*. 1 ed. Rio de Janeiro: Lumen Juris, 2017.

BENJAMIN, Antônio Herman. Constitucionalização do ambiente e ecologização da Constituição brasileira. *In*: CANOTILHO, José Joaquim Gomes; LEITE, José Rubens Morato (Orgs.). *Direito constitucional ambiental brasileiro*. 6. ed. São Paulo: Saraiva, 2015.

BENJAMIN, Antonio Herman. O meio ambiente na Constituição Federal de 1988. *In*: PRADO, Inês Virgínia; SHIMADA, Sandra Akemi; SILVA, Solange Teles da (Orgs.) *Desafios do Direito ambiental no Século XXI*: Estudos em homenagem a Paulo Affonso Leme Machado. 1. ed. São Paulo: Malheiros, 2005.

BENJAMIN, Antonio Herman. O Estado teatral e a implementação do Direito ambiental. *In:* BENJAMIN, Antonio Herman (Coord.). *Direito, Água e Vida*. vol. I. São Paulo: Imprensa Oficial de São Paulo, 2003. Disponível em: http://bdjur.sjt.org.br. Acesso em: 20 out. 2021.

BERCOVICI, Gilberto. A constituição de 1988 e a função social da propriedade. *Revista de Direito Privado*, São Paulo, v. 2, n. 7, p. 69-8, jul./set. 2001.

BERCOVICI, Gilberto. O Ainda Indispensável Direito Econômico. *In*: BENEVIDES, Maria Victoria; BERCOVICI, Gilberto; MELO, Claudinei de (orgs.). *Direitos Humanos, Democracia e República:* Homenagem a Fábio Konder Comparato. São Paulo: Quartier Latin, 2009.

BERGAMINI, José Carlos Loitey. *Compliance na Administração Pública Direta*: aprimoramento da ética na gestão pública. 2021. 215f. Dissertação (Mestrado em Direito) – Universidade Federal de Santa Catarina, Florianópolis, 2021. Disponível em: https://repositorio.ufsc.br/handle/123456789/226921. Acesso em: 21 jan. 2022.

BERTOCCELLI, Rodrigo de Pinho. Compliance. *In*: CARVALHO, André Castro; ALVIM, Tiago Cripa; BERTOCELLI, Rodrigo de Pinho (Coords.). *Manual de Compliance*. 1. ed. Rio de Janeiro: Forense, 2019.

BEVIR, Mark. *Governance*: a very short introduction. Illustrated Edition. Oxford: OUP Oxford, 2012.

BIM, Eduardo Fortunato. *Licenciamento Ambiental*. 4. ed. Belo Horizonte: Fórum, 2019.

BIM, Eduardo Fortunato; FARIAS, Talden. Competência ambiental legislativa e administrativa. *Revista de informação legislativa*: RIL, v. 52, n. 208, p. 203-245, out./dez. 2015. Disponível em: https://www12.senado.leg.br/ril/edicoes/52/208/ril_v52_n208_p203. Acesso em: 20 dez. 2021.

BINENBOJM, Gustavo. *Poder de polícia, ordenação, regulação*: transformações político-jurídicas, econômicas e institucionais do Direito administrativo ordenador. Prefácio de Luís Roberto Barroso; Apresentação de Carlos Ari Sundfeld. 1. ed. Belo Horizonte: Fórum, 2016.

BITTENCOURT NETO, Eurico. Transformações do Estado e a Administração Pública no século XXI. *Revista de Investigações Constitucionais*, Curitiba, v. 4, n. 1, p. 207-225, jan./abr. 2017.

BLOK, Marcella. *Compliance e boa governança corporativa*. 3. ed. atual. Rio de Janeiro: Freitas Bastos, 2020.

BOBBIO, Norberto. *A era dos direitos*. Tradução de Carlos Nelson Coutinho. 7. reimp. Rio de Janeiro: Elsevier, 2004.

BOBBIO, Norberto. *Estado, Governo, Sociedade*: para uma teoria geral da política. 24. ed. São Paulo: Paz & Terra, 2017.

BOLÍVIA. *Constitución Política del Estado (CPE)* (7-Febrero-2009). Disponível em: https://www.oas.org/dil/esp/constitucion_bolivia.pdf. Acesso em: 20 out. 2021.

BOLSSEMANN, Klaus. *The Principle of Sustainability*: Transforming Law and Governance. Klaus Bosselmann, Farnham, Surrey, United Kingdom: Ashgate Publishing, 2008.

BRAITHWAITE, John; AYRES, Ian. *Responsive Regulation*: transcending the deregulation debate. Oxford: Oxford University Press, 1992.

BRASIL. Advocacia-Geral da União. *Orientação Jurídica Normativa nº 33, de 14 de abril de 2022*. Brasília, 2022. Disponível em: https://www.gov.br/ibama/pt-br/acesso-a-informacao/institucional/orientacoes-juridicas-normativas. Acesso em: 05 de maio 2022.

BRASIL. BOLSA, BALCÃO – B3 S.A. *O que é o ISE B3*. São Paulo, 2022. Disponível em: http://iseb3.com.br/o-que-e-o-ise. Acesso em: 24 mar. 2022.

BRASIL. Conselho Nacional de Justiça. *Justiça em números 2021*. Brasília: CNJ, 2021. Disponível em: https://www.cnj.jus.br/wp-content/uploads/2021/11/relatorio-justica-em-numeros2021-221121.pdf. Acesso em: 23 nov. 2021.

BRASIL. Conselho Nacional do Meio Ambiente. *Resolução nº 1, de 23 de janeiro de 1986*. Dispõe sobre critérios básicos e diretrizes gerais para a avaliação de impacto ambiental. Brasília, 1986.

BRASIL. Conselho Nacional do Meio Ambiente – CONAMA. *Resolução CONAMA nº 237, de 19 de dezembro de 1997*. Brasília, DF, 1997. Disponível em: https://www.icmbio.gov.br/cecav/images/download/CONAMA%20237_191297.pdf. Acesso em: 19 dez. 2021.

BRASIL. Conselho Nacional do Meio Ambiente – CONAMA. *Resolução CONAMA nº 1, de 23 de janeiro de 1986*. Diário Oficial da União, 17 de fevereiro de 1986, Brasília, DF, 1986.

BRASIL. Conselho Nacional do Meio Ambiente – CONAMA. *Resolução CONAMA nº 009, de 06 de dezembro de 1990*. Brasília, DF. 1990. Disponível em: http://www.ibama.gov.br/sophia/cnia/legislacao/MMA/RE0009-061290.PDF. Acesso em: 18 dez. 2021.

BRASIL. Conselho Nacional do Meio Ambiente – CONAMA. *Resolução nº 306, de 05 de julho de 2002.* Estabelece requisitos mínimos e o termo de referência para realização de auditorias ambientais. Brasília, DF. 2002.

BRASIL. Controladoria-Geral da União. *Instrução Normativa Conjunta nº 1, de 10 de maio de 2016.* Dispõe sobre controles internos, gestão de riscos e governança no âmbito do Poder Executivo federal. Brasília, DF, 2016. Disponível em: https://www.in.gov.br/materia/-/asset_publisher/Kujrw0TZC2Mb/content/id/21519355/do1-2016-05-11-instrucao-normativa-conjunta-n-1-de-10-de-maio-de-2016-21519197. Acesso em: 10 jan. 2022.

BRASIL. Controladoria-Geral da União. *Painel de Integridade Pública.* Atualização de 11 de março de 2022. Brasília, DF, 2022. Disponível em: https://www.gov.br/cgu/pt-br/centrais-de-conteudo/paineis/integridadepublica. Acesso em: 11 mar. 2022.

BRASIL. Controladoria-Geral da União. *Plano de Integridade CGU.* 2. ed. Brasília, DF, 2021. Disponível em: https://repositorio.cgu.gov.br/bitstream/1/65900/5/Plano_de_Integridade_CGU.pdf. Acesso em: 26 fev. 2022.

BRASIL. Controladoria-Geral da União. *Portaria nº 909, de 07 de abril de 2015.* Dispõe sobre a avaliação de programas de integridade de pessoas jurídicas. Brasília: 2015. Disponível em: https://repositorio.cgu.gov.br/bitstream/1/34001/8/Portaria909_2015.PDF. Acesso em: 25 de maio 2022.

BRASIL. Controladoria-Geral da União. *Programa de Integridade*: Diretrizes para Empresas Privadas. Brasília, DF, 2015. Disponível em: https://www.gov.br/cgu/pt-br/centrais-de-conteudo/publicacoes/integridade/arquivos/programa-de-integridade-diretrizes-para-empresas-privadas.pdf. Acesso em: 20 fev. 2022.

BRASIL. Controladoria-Geral da União. *Relatório de Avaliação. Instituto Brasileiro do Meio Ambiente e dos Recursos Naturais Renováveis – Ibama. Exercício 2019.* Brasília, 2020. Disponível em: https://eaud.cgu.gov.br/relatorios/download/886817. Acesso em: 17 dez. 2021.

BRASIL. Controladoria-Geral da União. *Relatório de Apuração. Instituto Brasileiro do Meio Ambiente e dos Recursos Naturais Renováveis – IBAMA. Exercício 2020.* Brasília, 2021. Disponível em: https://eaud.cgu.gov.br/relatorios/875381?colunaOrdenacao=dataPublicacao&direcaoOrdenacao=DESC&tamanhoPagina=15&offset=0&urlConfiguracao=875381&fixos=#lista. Acesso em: 17 dez. 2021.

BRASIL. Ministério de Justiça e Segurança Pública. *Polícia Federal deflagra operação contra desmatamento ilegal no interior do Pará.* 2020. Disponível em: https://www.gov.br/pf/pt-br/assuntos/noticias/2020/07-noticias-de-julho-de-2020/policia-federal-deflagra-operacao-contra-desmatamento-ilegal-no-interior-do-para. Acesso em: 02 nov. 2021.

BRASIL. Ministério do Meio Ambiente. *Instrução Normativa Conjunta MMA/IBAMA/ICMBio nº 1, de 12 de Abril de 2021.* Brasília, 2021. Disponível em: https://www.in.gov.br/en/web/dou/-/instrucao-normativa-conjunta-mma/ibama/icmbio-n-1-de-12-de-abril-de-2021-314019923. Acesso em: 22 out. 2021.

BRASIL. Ministério do Meio Ambiente. *Portaria nº 400, de 22 de outubro de 2018.* Institui o Programa de Integridade do Ministério do Meio Ambiente e dá outras providências. Brasília, DF, 2018. Disponível em: https://www.in.gov.br/materia/-/asset_publisher/Kujrw0TZC2Mb/content/id/48742520/do1-2018-11-06-portaria-n-400-de-22-de-outubro-de-2018-48742333. Acesso em: 05 mar. 2022.

BRASIL. Ministério Público Federal. Asociación Iberoamericana de Ministerios Públicos. Red Ibero Americana de Fiscales contra la Corrupción. *Lucha contra la corrupción*: buenas prácticas – Brasília: MPF, 2019. Disponível em: http://www.mpf.mp.br/atuacao-tematica/sci/dados-da-atuacao/publicacoes. Acesso em: 25 jan. 2022.

BRASIL. Ministério da Transparência e Controladoria-Geral da União. *Portaria nº 1.089, de 25 de abril de 2018.* Estabelece orientações para que os órgãos e as entidades da Administração Pública federal direta, autárquica e fundacional adotem procedimentos para a estruturação, a execução e o monitoramento de seus programas de integridade e dá outras providências. Brasília, DF, 2018. Disponível em: https://www.in.gov.br/web/guest/materia/-/asset_publisher/Kujrw0TZC2Mb/content/id/11984199/do1-2018-04-26-portaria-n-1-089-de-25-de-abril-de-2018-11984195. Acesso em: 25 fev. 2022.

BRASIL. Presidência da República. *Constituição da República Federativa do Brasil de 1988.* Brasília, DF: Presidência da República, 1988. Disponível em: http://www.planalto.gov.br/ccivil_03/constituicao/constituicaocompilado.htm. Acesso em: 19 out. 2021.

BRASIL. Presidência da República. *Decreto nº 6.514, de 22 de julho de 2008.* Dispõe sobre as infrações e sanções administrativas ao meio ambiente, estabelece o processo administrativo federal para apuração destas infrações, e dá outras providências. Brasília, DF, 2008. Disponível em: http://www.planalto.gov.br/ccivil_03/_ato2007-2010/2008/decreto/d6514.htm. Acesso em: 15 maio 2022.

BRASIL. Presidência da República. *Decreto nº 99.274, de 06 de junho de 1990*. Regulamenta a Lei nº 6.902, de 27 de abril de 1981, e a Lei nº 6.938, de 31 de agosto de 1981, que dispõem, respectivamente, sobre a criação de Estações Ecológicas e Áreas de Proteção Ambiental e sobre a Política Nacional do Meio Ambiente, e dá outras providências. Brasília, DF, 1990. Disponível em: http://www.planalto.gov.br/ccivil_03/decreto/antigos/D99274compilado.htm. Acesso em: 19 dez. 2021.

BRASIL. Presidência da República. *Decreto nº 9.203, de 22 de novembro de 2017*. Dispõe sobre a política de governança da administração pública federal direta, autárquica e fundacional. Brasília, DF, 2017. Disponível em: http://www.planalto.gov.br/ccivil_03/_Ato2015-2018/2017/Decreto/D9203.htm. Acesso em: 10 jan. 2022.

BRASIL. Presidência da República. *Decreto nº 11.129, de 11 de julho de 2022*. Regulamenta a Lei nº 12.846, de 1º de agosto de 2013, que dispõe sobre a responsabilização administrativa e civil de pessoas jurídicas pela prática de atos contra a Administração Pública, nacional ou estrangeira. Brasília, DF, 2022. Disponível em: http://www.planalto.gov.br/ccivil_03/_Ato2019-2022/2022/Decreto/D11129.htm. Acesso em: 20 de jul. 2022.

BRASIL. Presidência da República. *Lei nº 5.712, de 25 de outubro de 1966*. Dispõe sobre o Sistema Tributário Nacional e institui normas gerais de Direito tributário aplicáveis à União, Estados e Municípios. Brasília, 1966. Disponível em: http://www.planalto.gov.br/ccivil_03/leis/l5172compilado.htm. Acesso em: 03 nov. 2021.

BRASIL. Presidência da República. *Lei nº 6.938, de 31 de agosto de 1981*. Dispõe sobre a Política Nacional do Meio Ambiente, seus fins e mecanismos de formulação e aplicação, e dá outras providências. Brasília, 1981. Disponível em: http://www.planalto.gov.br/ccivil_03/leis/l6938.htm. Acesso em: 10 out. 2021.

BRASIL. Presidência da República. *Lei nº 9.433, de 08 de janeiro de 1997*. Institui a Política Nacional de Recursos Hídricos, cria o Sistema Nacional de Gerenciamento de Recursos Hídricos. Brasília, 1997.

BRASIL. Presidência da República. *Lei Federal nº 9.966, de 28 de abril de 2000*. Brasília, DF. 2000. Disponível em: https://legislacao.presidencia.gov.br/atos/?tipo=LEI&numero=9966&ano=2000&ato=e13o3Yq1kMNpWTdb. Acesso em: 25 maio 2022.

BRASIL. Presidência da República. *Lei nº 11.105, de 24 de março de 2005*. Regulamenta os incisos II, IV e V do §1º do art. 225 da Constituição Federal, estabelece normas de segurança e mecanismos de fiscalização de atividades que envolvam organismos geneticamente modificados – OGM e seus derivados, cria o Conselho Nacional de Biossegurança – CNBS, reestrutura a Comissão Técnica Nacional de Biossegurança – CTNBio, dispõe sobre a Política Nacional de Biossegurança – PNB. Brasília, 2005.

BRASIL. Presidência da República. *Lei nº 11.284, de 02 de março de 2006*. Dispõe sobre a gestão de florestas públicas para a produção sustentável; institui, na estrutura do Ministério do Meio Ambiente, o Serviço Florestal Brasileiro – SFB; cria o Fundo Nacional de Desenvolvimento Florestal – FNDF. Brasília, 2006.

BRASIL. Presidência da República. *Lei nº 11.516, de 28 de agosto de 2007*. Dispõe sobre a criação do Instituto Chico Mendes de Conservação da Biodiversidade – Instituto Chico Mendes. Brasília, 2007.

BRASIL. Presidência da República. *Lei nº 12.846, de 1º de agosto de 2013*. Dispõe sobre a responsabilização administrativa e civil de pessoas jurídicas pela prática de atos contra a Administração Pública, nacional ou estrangeira, e dá outras providências. Brasília, DF, 2013. Disponível em: http://www.planalto.gov.br/ccivil_03/_ato2011-2014/2013/lei/l12846.htm. Acesso em: 18 fev. 2022.

BRASIL. Presidência da República. *Lei nº 13.303, de 30 de junho de 2016*. Dispõe o estatuto jurídico da empresa pública, da sociedade de economia mista e de suas subsidiárias, no âmbito da União, dos Estados, do Distrito Federal e dos Municípios. Brasília, DF, 2016. Disponível em: https://legislacao.presidencia.gov.br/atos/?tipo=LEI&numero=13303&ano=2016&ato=264ETT650dZpWT936. Acesso em: 10 jan. 2022.

BRASIL. Presidência da República. *Lei nº 13.575, de 26 de dezembro de 2017*. Cria a Agência Nacional de Mineração (ANM); extingue o Departamento Nacional de Produção Mineral (DNPM). Brasília, 2017.

BRASIL. Presidência da República. *Lei nº 14.133, de 1º de abril de 2021*. Lei de Licitações e Contratos Administrativos. Brasília, DF, 2021. Disponível em: http://www.planalto.gov.br/ccivil_03/_ato2019-2022/2021/lei/L14133.htm. Acesso em: 04 mar. 2022.

BRASIL. Presidência da República. *Resolução CMN nº 4.945, de 15 de setembro de 2021*. Brasília, DF, 2021. Disponível em: https://www.in.gov.br/en/web/dou/-/resolucao-cmn-n-4.945-de-15-de-setembro-de-2021-345117266. Acesso em: 24 mar. 2022.

BRASIL. Presidência da República. *Lei nº 14.230, de 25 de outubro de 2021*. Altera a Lei nº 8.429, de 02 de junho de 1992, que dispõe sobre improbidade administrativa. Brasília, DF, 2021. Disponível em: http://www.planalto.gov.br/ccivil_03/_Ato2019-2022/2021/Lei/L14230.htm. Acesso em: 29 jan. 2022.

BRASIL. Presidência da República. *Lei Complementar nº 140, de 08 de dezembro de 2011*. Fixa normas, nos termos dos incisos III, VI e VII do caput e do parágrafo único do art. 23 da Constituição Federal, para a cooperação entre a União, os Estados, o Distrito Federal e os Municípios nas ações administrativas decorrentes do exercício da competência comum relativas à proteção das paisagens naturais notáveis, à proteção do meio ambiente, ao combate à poluição em qualquer de suas formas e à preservação das florestas, da fauna e da flora; e altera a Lei nº 6.938, de 31 de agosto de 1981. Brasília, DF, 2011. Disponível em: http://www.planalto.gov.br/ccivil_03/leis/lcp/lcp140.htm. Acesso em: 19 dez. 2021.

BRASIL. Presidência da República. *Portaria nº 750, de 20 de abril de 2016*. Institui o Programa de Integridade da Controladoria-Geral da União. Brasília, DF, 2016. Disponível em: https://www.in.gov.br/web/guest/materia/-/asset_publisher/Kujrw0TZC2Mb/content/id/21174312/do1-2016-04-25-portaria-n-750-de-20-de-abril-de-2016-21174239. Acesso em: 25 fev. 2022.

BRASIL. Superior Tribunal de Justiça. *Enunciado. Súmula nº 618*, Corte Especial, julgado em 24.10.2018, DJe 30.10.2018, Brasília, DF, 2018.

BRASIL. Superior Tribunal de Justiça. *Recurso Especial nº 1.388.405/ES*, Rel. Ministro Humberto Martins, Segunda Turma, julgado em 24.11.2015, Brasília, DF, 2015.

BRASIL. Superior Tribunal de Justiça. *Recurso Especial nº 1116964/PI*, Rel. Min. Mauro Campbell Marques, Segunda Turma, julgado em 15.03.2011, DJe 02.05.2011, Brasília, DF, 2011.

BRASIL. Superior Tribunal de Justiça. *Recurso Especial nº 1.730.114/SC*, Rel. Min. Ribeiro Dantas, Quinta Turma, julgado em 01.08.2018, Brasília, DF.

BRASIL. Supremo Tribunal Federal. *ADPF nº 747/DF*, rel. Min. Rosa Weber, julgado em 14.12.2021, publicado em 10.01.2022, Brasília, DF, 2022. Disponível em: http://portal.stf.jus.br/processos/downloadPeca.asp?id=15349336975&ext=.pdf. Acesso em: 05 fev. 2022.

BRASIL. Supremo Tribunal Federal. *Mandado de Segurança nº 22.164/SP*, Pleno, relator Ministro Celso de Mello, Brasília, julgado em 30.10.1995. Grifos originais. 1995. Disponível em: https://redir.stf.jus.br/paginadorpub/paginador.jsp?docTP=AC&docID=85691. Acesso em: 19 out. 2021.

BRASIL. Supremo Tribunal Federal. *ADI nº 4.903/DF*, Tribunal Pleno, Rel. Ministro Luiz Fux, julgado em 28.02.2018, Brasília, 2018.

BRASIL. Supremo Tribunal Federal. *Recurso Extraordinário nº 627.189/SP*, Rel. Min. Dias Toffoli, j. 08.06.2016, Brasília, 2016. Disponível em: https://redir.stf.jus.br/paginadorpub/paginador.jsp?docTP=TP&docID=12672680. Acesso em: 02 dez. 2021.

BRASIL. Tribunal de Contas da União. *Acórdão nº 729/2020*, Plenário, julgado em 01.04.2020, Brasília, DF, 2020.

BRASIL. Tribunal de Contas da União. *Acórdão TC nº 024.048/2018-67*. Auditoria Operacional no Licenciamento Ambiental Federal. Relator Min. Weder de Oliveira. Publicado em 27.05.2019, Brasília, DF, 2019. Disponível em: https://portal.tcu.gov.br/data/files/CA/C6/59/28/7AE4C6105B9484B6F18818A8/024.048-2018-6-%20Licenciamento%20ambiental.pdf. Acesso em: 07 jan. 2022.

BRASIL. Tribunal de Contas da União. *Acórdão TC nº 010.348/2018-2*. Relatório de Auditoria. Relatora Min. Ana Arraes. Grupo I. Classe V. Plenário. Data da Sessão: 14.11.2018. Brasília, DF, 2018. Disponível em: https://portal.tcu.gov.br/data/files/E3/F2/62/3D/DA0476101270AF66E18818A8/AA-010.348.2018-2-prevencao%20fraude%20e%20corrupcao%20na%20APF_acordao.pdf. Acesso em: 07 jan. 2022.

BRASIL. Tribunal de Contas da União. *Referencial de combate à fraude e corrupção*: aplicável a órgãos e entidades da Administração Pública / Tribunal de Contas da União. – Brasília: TCU, Coordenação-Geral de Controle Externo dos Serviços Essenciais ao Estado e das Regiões Sul e Centro-Oeste (Coestado), Secretaria de Métodos e Suporte ao Controle Externo (Semec), 2. ed. 2018.

BRASIL. Tribunal Regional Federal (1. Região). *Apelação Criminal nº 0005509-92.2015.4.01.3500*. Relator Des. Mônica Sifuentes, julgamento em 29.09.2020, publicado no e-DJF1 em 15.12.2020, Brasília, DF, 2020.

BRONZ, Deborah. *Nos bastidores do licenciamento ambiental*: uma etnografia das práticas empresariais em grandes empreendimentos. 1. ed. Rio de Janeiro: Contracapa, 2016.

BUGGE, Hans Christian. Twelve fundamental challenges in environmental law. *In*: VOIGT, Christina (ed.) *Rule of Law for Nature*. Cambridge: Cambridge University Press, 2013.

BUSTAMANTE, Maria Magalhães de. *Licenciamento como instrumento de regulação ambiental no Brasil*: análise crítica da proposta do novo marco regulatório. Dissertação (mestrado em Direito) – Escola de Direito do Rio de Janeiro da Fundação Getúlio Vargas, Rio de Janeiro, 2017.

CAETANO, Carolina; MANSUR, Rafaela. Brumadinho: Polícia Civil identifica ossada encontrada por bombeiros; agora são 5 desaparecidos. *PORTAL G1*, 2022. Disponível em: https://g1.globo.com/mg/minas-gerais/noticia/2022/05/03/brumadinho-policia-civil-identifica-ossada-encontrada-por-bombeiros-agora-sao-5-desaparecidos.ghtml. Acesso em: 25 maio 2022.

CAMARÃO, Tatiana. A contratação pública como instrumento de fomento à integridade e não à corrupção. *In*: ZENKNER, Marcelo; CASTRO, Rodrigo Pironti de (Coord.) *Compliance no setor público*. 1 ed. Belo Horizonte: Fórum, 2020.

CÂMARA DOS DEPUTADOS. *Comissão Parlamentar de Inquérito* – Rompimento da Barragem de Brumadinho. Brasília, DF, out. 2019. Disponível em: https://www.camara.leg.br/internet/comissoes/cpi/cpibruma/RelatorioFinal.pdf. Acesso em: 28 maio 2022.

CÂMARA DOS DEPUTADOS. *Projeto de Lei nº 5.442, de 2019*. Regulamenta os programas de conformidade ambiental e dá outras disposições. Brasília, DF. 2019. Disponível em: https://www.camara.leg.br/proposicoesWeb/prop_mostrarintegra;jsessionid=node015fyflx1q8ptx1azj5uhic9zn610804427.node0?codteor=1818737&filename=PL+5442/2019. Acesso em: 28 maio 2022.

CAMPOS, Patrícia Toledo de. Comentários à Lei nº 12.846/2013 – Lei anticorrupção. *Revista Digital de Direito Administrativo*, [S. l.], v. 2, n. 1, p. 160-185, 2014. Disponível em: https://www.revistas.usp.br/rdda/article/view/80943. Acesso em: 03 mar. 2022.

CANOTILHO, José Joaquim Gomes. Direito constitucional ambiental português: tentativa de compreensão 30 anos das gerações ambientais no Direito constitucional português. *In:* CANOTILHO, José Joaquim Gomes; LEITE, José Rubens Morato (Orgs.). *Direito constitucional ambiental brasileiro*. 6. ed. São Paulo: Saraiva, 2015.

CANOTILHO, José Joaquim Gomes. *Estudos sobre Direitos Fundamentais*. Coimbra: Coimbra Editora, 2004.

CANOTILHO, José Joaquim Gomes. *Constituição dirigente e vinculação do legislador*. 2. ed. Coimbra: Coimbra Editora, 2001.

CANOTILHO, José Joaquim Gomes. *Direito público do ambiente*. Coimbra: Faculdade de Direito de Coimbra, 1995.

CANOTILHO, José Joaquim Gomes. *Direito constitucional e teoria da constituição*. 7. ed. Coimbra: Almedina, 2003.

CAPRA, Fritjof; MATTEI, Ugo. *A revolução ecojurídica*: o Direito sistêmico em sintonia com a natureza e a comunidade. Tradução de Jeferson Luiz Camargo. 1. ed. São Paulo: Cultrix, 2018.

CAPPELI, Sílvia. Desformalização, Desjudicialização e Autorregulação: tendências no Direito ambiental? *Revista de Direito ambiental*, São Paulo, v. 63, p. 69-99, jul./set. 2011.

CAPPELLI, Sílvia; SILVA, N. Elementos centrais para a regulamentação federal do licenciamento. *Revista de Direito ambiental*, São Paulo, v. 82, p. 77-100, abr./jun. 2016.

CARNEIRO, Claudio; JÚNIOR, Milton de Castro Santos. *Compliance e boa governança*: pública e privada. 1. ed. Curitiba: Juruá, 2018.

CARNEIRO, Claudio; NEPOMUCENO, Augusto. A transparência e o sistema de gestão de compliance na Administração Pública. *In:* DAL POZZO, Augusto Neves; MARTINS, Ricardo Marcondes (Coords.). *Aspectos controvertidos do compliance na Administração Pública*. 1. ed. Belo Horizonte: Fórum, 2020.

CARSON, Rachel. *Primavera Silenciosa*. Tradução de Claudia Sant´Anna Martins. 1. ed. São Paulo: Gaia, 2010.

CARVALHO, Victor Aguiar de. A função regulatória da licitação como instrumento de promoção da concorrência e de outras finalidades públicas. *In:* ARAGÃO, Alexandre Santos de; PEREIRA, Anna Carolina Migueis; LISBOA, Letícia Lobato Anicet (Coords.). *Regulação e Infraestrutura*. 1. ed. Belo Horizonte: Fórum, 2018.

CARVALHO, Itamar; ALMEIDA, Bruno. Programas de compliance: foco no programa de integridade. *In:* CARVALHO, André Castro; ALVIM, Tiago Cripa; BERTOCELLI, Rodrigo de Pinho (Coords.). *Manual de Compliance*. 1. ed. Rio de Janeiro: Forense, 2019.

CARVALHO, André Castro; PANOCHIA, Patrícia; CAPP, Ricardo T. *Gestão de risco e compliance*. 1. ed. Série Universitária. São Paulo: Editora Senac, 2020.

CAVALIERI, Davi Valdetaro Gomes. Governança e Compliance como vetores de condução de uma nova Administração Pública. *In:* DAL POZZO, Augusto Neves; MARTINS, Ricardo Marcondes (Coords.). *Aspectos controvertidos do compliance na Administração Pública*. 1. ed. Belo Horizonte: Fórum, 2020.

CHACÓN, Mário Peña. The Road Toward the Effectiveness of Environmental Law. *Revista Sequência* (Florianópolis), n. 83, p. 87-95, dez. 2019. Disponível em: https://periodicos.ufsc.br/index.php/sequencia/article/view/2177-7055.2019v41n83p87. Acesso em: 18 set. 2021.

CHOMSKY, Noam; POLLIN, Robert. *Crise climática e o Green New Deal global*: a economia política para salvar o planeta. Tradução de Bruno Cobalchini Mattos. 1. ed. Rio de Janeiro: Roça Nova, 2020.

CHILE, Biblioteca del Congreso Nacional de Chile – BCN. *Ley 20393*. Establece la responsabilidad penal de las personas jurídicas en los delitos que indica. Santiago, 2020. Disponível em: https://www.bcn.cl/leychile/navegar?idNorma=1008668. Acesso em: 25 jan. 2022.

COIMBRA, Marcelo de Aguiar; MANZI, Vanessa Alessi. *Manual de Compliance:* Preservando a boa governança e a integridade das organizações. 1. ed. São Paulo: Atlas, 2010.

COHEN, Rafael Aizenstein. Impactos do compliance no licenciamento ambiental e na governança corporativa. *In:* TRENNEPOHL; Terence; TRENNEPOHL, Natascha (Org.). *Compliance no Direito Ambiental.* (Coleção Compliance; vol. 2). 1. ed. São Paulo: Thomson Reuters Brasil, 2020.

COMPARATO, Fábio Konder. Função social da propriedade dos bens de produção. *Revista de Direito Mercantil, Industrial, Econômico e Financeiro* 63/77, São Paulo: Revista dos Tribunais, jul/set. 1986.

COMPARATO, Fábio Konder. Estado, Empresa e Função Social. *Revista dos Tribunais*, Fascículo 1, Matéria Civil, Ano 85, v. 732, out. 1996.

CONSELHO NACIONAL DE JUSTIÇA – CNJ. *Resolução nº 410, de 23 de agosto de 2021*. Dispõe sobre normas gerais e diretrizes para a instituição de sistemas de integridade no âmbito do Poder Judiciário. Brasília: CNJ, 2021. Disponível em: https://atos.cnj.jus.br/atos/detalhar/4073. Acesso em: 25 abr. 2022.

CONSELHO NACIONAL DO MINISTÉRIO PÚBLICO – CNMP. *Portaria nº 120, de 13 de agosto de 2019*. Institui o Programa de Integridade do Conselho Nacional do Ministério Público. Brasília: CNMP, 2019. Disponível em: https://www.cnmp.mp.br/portal/images/Portarias_Presidencia_nova_versao/2019/2019.Portaria-CNMP-PRESI.120.2019---Institui-o-Programa-de-Integridade-do-Conselho-Nacional-do-Ministrio-Pblico.pdf. Acesso em: 25 abr. 2022.

CONSTANTINO, Carlos Ernani. *Delitos ecológicos*: a lei ambiental comentada artigo por artigo; aspectos penas e processuais penais. 3. ed. São Paulo: Lemos & Cruz, 2005.

COSTA, Marco Aurélio. Licenciamento ambiental: vilão ou mocinho? Como o Território pode contribuir para a superação de falsas dicotomias (à guisa de introdução). *In:* COSTA, Marco Aurélio; KLUG, Letícia Beccalli; PAULSEN, Sandra Silva (Org.). *Licenciamento ambiental e governança territorial*: registros e contribuições do seminário internacional. Rio de Janeiro: Ipea, 2017.

CORTE INTERNACIONAL DE JUSTIÇA – CIJ. *Gabčíkovo-Nagymaros Project (Hungary/Slovakia)*. 1997. Disponível em: https://www.icj-cij.org/en/case/92. Acesso em: 16 out. 2021.

CORTE INTERNACIONAL DE JUSTIÇA – CIJ. *Pulp Mills on the River Uruguay (Argentina v. Uruguay)*. 2010. Disponível em: https://www.icj-cij.org/en/case/135/judgments. Acesso em: 14 out. 2021.

CUNHA, Matheus Lourenço Rodrigues da. A utilização da gestão de riscos nos contratos públicos como instrumento de prevenção à corrupção. *In:* ZENKNER, Marcelo; CASTRO, Rodrigo Pironti Aguirre de (Coord.) *Compliance no setor público*. 1. ed. Belo Horizonte: Fórum, 2020.

CROLEY, Steven P., Theories of Regulation: Incorporating the Administrative Process. *Columbia Law Review*, New York, v. 98, n. 1, jan. 1998.

CRUTZEN, Paul Jour; STOERMER, Eugene F. The Anthropocene. *Global Change Newsletter*, n. 41, May, Stockholm, Sweden, 2000, p. 16-17. Tradução livre. Disponível em: https://inters.org/files/crutzenstoermer2000.pdf. Acesso em: 12 out. 2021.

DAL POZZO, Augusto Neves. Aspectos concernentes ao compliance e a questão da autorregulação regulada. *In:* DAL POZZO, Augusto Neves; MARTINS, Ricardo Marcondes. *Aspectos controvertidos do compliance na Administração Pública*. 1. ed. Belo Horizonte: Fórum, 2020.

DARNACULLETA I GARDELLA, Maria Mercé. *Autorregulación y Derecho Público*: La autorregulación regulada. 1. ed. Madrid: Marcial Pons, 2005.

DARNACULLETA I GARDELLA, Maria Mercé. Autorregulación regulada y medio ambiente. El sistema comunitario de ecogestión y auditoria ambiental. *In*: PARDO, José Esteve *et al*. *Derecho del Medio Ambiente y Administración Local*. 1 ed. Barcelona: Fundación Demoracia y Gobierno Local, 2006.

DAUDT D'OLIVEIRA, Rafael Lima. *A simplificação no direito administrativo e ambiental* (de acordo com a lei n. 13.874/2019 – "Lei da Liberdade Econômica"). 1. ed. Rio de Janeiro: Lumen Juris, 2020.

DE CASTRO, Francielly Podanoschi. Compliance ambiental plenificado através do agir comunicativo. *In*: TIOSSO, Alana *et al*. (Orgs.). *Coletânea Temas Contemporâneos de Direito Ambiental e Urbanístico*: Direito Processual Ambiental. Londrina, PR: Troth, 2021.

DERANI, Cristiane. *Direito ambiental econômico*. 3. ed. São Paulo: Saraiva, 2008.

DE MELO, Hildegardo Pedro Araújo. DE LIMA, Adilson Celestino. Da formalidade prescrita à cultura de integridade: escala de intensidade compliance como resposta às fraudes e riscos regulatórios no Brasil. *Revista Ambiente Contábil* – Universidade Federal do Rio Grande do Norte, v. 11, n. 1, 2018. Disponível em: https://periodicos.ufrn.br/ambiente/article/view/15404. Acesso em: 22 jan. 2022.

DEUTSCHER BUNDESTAG. *Lei Fundamental da República Federal da Alemanha*. Versão alemã de 23 de maio de 1949. Última atualização em 29 de setembro de 2020. Tradução de Aachen Assis Mendonça. Revisão jurídica de Bonn Urbano Carvelli. Berlim, 2020. Disponível em: https://www.btg-bestellservice.de/pdf/80208000.pdf. Acesso em: 16 out. 2021.

DIAMOND, Jared. *Reviravolta*: como indivíduos e nações bem-sucedidas se recuperam das crises. Tradução de Alessandra Bonrruquer. 1. ed. Rio de Janeiro: Record, 2019.

DIAMOND, Jared. *Colapso*: como as sociedades escolhem o fracasso ou o sucesso. Tradução de Alexandre Raposo. 5. ed. Rio de Janeiro: Record, 2007.

DICIONÁRIO ONLINE DE PORTUGUÊS – DICIO. *Significado de Corrupção*. 2021. Disponível em: https://www.dicio.com.br/corrupcao/. Acesso em: 18 dez. 2021.

DI PIETRO, Maria Sylvia Zanella. Omissões na Atividade Regulatória do Estado e Responsabilidade Civil das Agências Reguladoras. *In:* FREITAS, Juarez (Org.). *Responsabilidade Civil do Estado*. 1. ed. São Paulo: Malheiros, 2006.

DI PIETRO, Maria Sylvia Zanella. *Direito administrativo*. 32. ed., rev., atual. e ampl. Rio de Janeiro: Forense, 2019.

DILLON *et al*. *Corruption and The Environment*. A project for Transparency International. Columbia University: School of International & Public Affairs, 2006. Disponível em: http://mpaenvironment.ei.columbia.edu/files/2014/06/Transparency-International-final-report.pdf. Acesso em: 02 nov. 2021.

ECCLESTON, Charles H. *NEPA and Environmental Planning*: Tools, techniques and approuches por practitionres. New York: CRC Press, 2008.

ENTERRÍA, Eduardo García de; FERNÁNDEZ, Tomás-Ramón. *Curso de Direito administrativo*, 2. Revisão técnica de Carlos Ari Sundfeld. Tradução de José Alberto Froes Cal. 1. ed. São Paulo: Revista dos Tribunais, 2014.

EQUADOR. *Constitución de la República del Ecuador*. 2008. Disponível em: https://siteal.iiep.unesco.org/sites/default/files/sit_accion_files/siteal_ecuador_6002.pdf. Acesso em: 20 out. 2021.

ERTHAL, Thiago Serpa. *Revisibilidade das licenças ambientais*. Rio de Janeiro: Lumen Juris, 2015.

ERBE, Margarete Casagrande Lass. *Sistemas de Gestão Ambiental*. Instituto Federal de Educação, Ciência e Tecnologia do Paraná – IFPR: Curitiba, 2012.

ESPANHA. Ministerio de la Presidencia, Relaciones con las Cortes y Memoria Democrática. Agencia Estatal Boletín Oficial del Estado. *Código de Lucha contra el Fraude y la Corrupción*. Edición actualizada a 6 de octubre de 2021. Madrid, 2021. Disponível em: https://www.boe.es/biblioteca_juridica/codigos/codigo.php?id=322&modo=2&nota=0. Acesso em: 26 jan. 2022.

ESPANHA. Comisión Nacional de los Mercados y la Competencia. *Guía de Programas de Cumplimiento en Relación con la Defensa de la Competencia*. Madrid, 2020. Disponível em: https://www.cnmc.es/novedad/cnmc-guia-compliance-competencia-20200610. Acesso em: 25 jan. 2022.

EUROPEAN COMMISSION – EC. *What is the European Green Deal*. European Commission. 2020. Disponível em: https://eur-lex.europa.eu/legal-content/en/txt/?uri=celex%3a52020dc0021. Acesso em: 21 ago. 2021.

EUROPEAN COMMISSION – EC. *Development of Assessment Framework on Environmental Governance in the EU Member States*. Bruxelas, 2019. Disponível em: https://ec.europa.eu/environment/environmental_governance/pdf/development_assessment_framework_environmental_governance.pdf. Acesso em: 24 mar. 2022.

EUROPEAN COMMISSION – EC. *Environmental Compliance Assurance – Good Practice Document*: Combating environmental crime: Waste and wildlife. 2020b. Disponível em: https://environment.ec.europa.eu/law-and-governance/compliance-assurance_en. Acesso em: 22 mar. 2022.

EUROPEAN UNION – EU. *Eco-Management and Audit Scheme*. Bruxelas, 2022. Disponível em: https://ec.europa.eu/environment/emas/index_en.htm. Acesso em: 22 mar. 2022.

EUROPEAN UNION – EU. *EMAS: Legal Compliance*. Bruxelas, 2022b. Disponível em: https://ec.europa.eu/environment/emas/emas_for_you/premium_benefits_through_emas/legal_compliance_en.htm. Acesso em: 22 mar. 2022.

EUROPEAN UNION – EU. *General Data Protection Regulation – GDPR*. Bruxelas, 2016. Disponível em: https://gdpr-info.eu/. Acesso em: 30 jan. 2022.

FARIAS, Talden. *Licenciamento Ambiental*: aspectos teóricos e práticos. 7. ed. Belo Horizonte: Fórum, 2019.

FARIAS, Talden. Improbidade Administrativa e Direito Ambiental. *Revista O Consultor Jurídico*, 21 nov. 2020. Disponível em: https://www.conjur.com.br/2020-nov-21/ambiente-juridico-improbidade-administrativa-direito-ambiental. Acesso em: 29 jan. 2022.

FARIAS, Talden. Licenciamento corretivo tem papel necessário na administração pública. *Revista O Consultor Jurídico*, 20 maio 2017. Disponível em: https://www.conjur.com.br/2017-mai-20/licenciamento-corretivo-papel-necessario-administracao-publica. Acesso em: 25 abr. 2022.

FBI prende executivo da Volkswagen por acusação de fraude nos EUA. *PORTAL G1*, 09 jan. 2017. Disponível em: https://g1.globo.com/carros/noticia/2017/01/fbi-prende-executivo-da-volkswagen-por-acusacao-de-fraude-nos-eua.html. Acesso em: 29 maio 2022.

FERRAZ, Pedro da Cunha. A exigência de programa de compliance em licitações: um estudo sobre as finalidades licitatórias e a competência para legislar sobre licitação. *In:* DAL POZZO, Augusto das Neves; MARTINS, Ricardo Marcondes (Coords.). *Aspectos controvertidos do Compliance na administração pública*. 1. ed. Belo Horizonte: Fórum, 2020.

FERREIRA, Glaucia; BIANCHINI, Lucas. Responsabilidade dos Chief Compliance Officers. *In:* FRANCO, Isabel (Org.). *Guia Prático de Compliance*. 1. ed. Rio de Janeiro: Forense, 2020.

FIA FOUNDATION. Can we prevent another dieselgate? *FIA foundation research series, paper 8*. London: FIA Foundation, 2017. Disponível em: https://www.fiafoundation.org/media/418769/dieselgate-lr-spreads.pdf. Acesso em: 29 maio 2022.

FIORINO, Daniel J. *The New Environmental Regulation*. Massachussetts: MIT, 2006.

FIGUEIREDO, Guilherme José Purvin de. *Curso de Direito Ambiental*. 6. ed., rev., atual. e ampl. São Paulo: Revista dos Tribunais, 2013.

FIGUEIREDO DIAS, José Eduardo. Que estratégia para o Direito Ambiental norte-americano do século XXI: o "cacete" ou a "cenoura"? *BFDUC – Boletim da Faculdade de Direito da Universidade de Coimbra*, p. 291 e ss. Coimbra: 2001. Disponível em: https://eg.uc.pt/handle/10316/2500. Acesso em: 10 mar. 2022.

FOER, Jonathan Safran. *Nós somos o clima*: salvar o planeta começa no café da manhã. Tradução de Maíra Mendes Galvão. 1. ed. Rio de Janeiro: Rocco, 2020.

FORTINI, Cristiana; SCHRAMM, Fernanda Santos. Direito Premial e os incentivos à integridade na Administração Indireta. *In:* ZENKNER, Marcelo; CASTRO, Rodrigo Pironti de (Coords.). *Compliance no setor público*. 1. ed. Belo Horizonte: Fórum, 2020.

FRAZÃO, Ana. Desregulação e os riscos do vazio regulatório. *Jota*. 09 fev. 2022. Disponível em: https://www.jota.info/opiniao-e-analise/colunas/constituicao-empresa-e-mercado/desregulacao-e-os-riscos-do-vazio-regulatorio-09022022. Acesso em: 15 fev. 2022.

FREITAS, Daniel. *Compliance e políticas anticorrupção*. 1. ed. Curitiba: Contentus, 2020.

FREITAS, Juarez. *O controle dos Atos Administrativos e os Princípios Fundamentais*. 5. ed. São Paulo: Malheiros, 2013.

FREITAS, Juarez. Regulação de Estado, sustentabilidade e o Direito fundamental à boa administração pública. *Revista de Direito da Procuradoria Geral* (Edição Especial), Rio de Janeiro, 2012.

FREITAS, Juarez. Teoria da regulação administrativa sustentável. *Revista de Direito administrativo*, [S. l.], v. 270, p. 117-145, 2015. Disponível em: https://bibliotecadigital.fgv.br/ojs/index.php/rda/article/view/58739. Acesso em: 13 nov. 2021.

FREITAS, Juarez; MOREIRA, Rafael Martins Costa. Regulação Ambiental: Controle de Sustentabilidade. *Revista Jurídica (FURB)*, [S.l.], v. 24, n. 53, p. 8457, jul. 2020. Disponível em: https://proxy.furb.br/ojs/index.php/juridica/article/view/8457. Acesso em: 13 nov. 2021.

FREITAS, Juarez. Direito administrativo e o Estado sustentável. *Revista Direito à Sustentabilidade*, [S. l.], v. 1, n. 1, p. 7-19, 2014. Disponível em: https://e-revista.unioeste.br/index.php/direitoasustentabilidade/article/view/11042. Acesso em: 13 nov. 2021.

FREITAS, Vladimir Passos de. *Direito administrativo e meio ambiente*. 5. ed., rev. e atual. Curitiba: Juruá Editora, 2014.

Fundo norueguês veta aporte em Vale e Eletrobras por Brumadinho e Belo Monte. *CNN BRASIL*, 13 maio 2020. Disponível em: https://www.cnnbrasil.com.br/business/fundo-noruegues-veta-aporte-em-vale-e-eletrobras-por-brumadinho-e-belo-monte/. Acesso em: 29 maio 2022.

FURTADO, Celso. *O mito do desenvolvimento econômico*. 4. ed. São Paulo: Paz e Terra, 2005.

FLORÊNCIO FILHO, Marco Aurélio; ZANON, Patricie Barricelli. A efetividade das políticas públicas de *Criminal Compliance* para a prevenção da corrupção no Brasil. *In*: MESSA, Ana Flávia; ESTEVES, João Luiz Martins (Coord.). *Governança, compliance e corrupção*. São Paulo: Almedina, 2020.

GARCIA, Maria da Glória F. P. D. *O lugar do direito na protecção do ambiente*. 1. ed. Coimbra: Almedina, 2007.

GOIÁS. TJGO. *Apelação Cível nº 0046832-48.2011.8.09.0174*, relatora Elizabeth Maria da Silva, julgado em 03.09.2018, Goiânia, GO, 2018.

GRAU, Eros. *A ordem econômica na Constituição de 1988*: interpretação e crítica. 19. ed., rev. e atual. São Paulo: Malheiros, 2018.

GRAU, Eros Roberto. Proteção do meio ambiente (Caso do Parque do Povo). *Revista dos Tribunais*, n. 702, abr. 1984.

GRAU NETO, Werner; AZEVEDO, Andreia Bonzo Araújo; MARQUES, Mateus da Costa. Compliance ambiental: conceitos, perspectivas e aplicação no Direito ambiental. *In:* TRENNEPOHL, Terence; TRENNEPOHL, Natascha (Coords.). *Compliance no Direito ambiental*. 1. ed. São Paulo: Thomson Reuters Brasil, 2020.

GUERRA, Sérgio. *Discricionariedade, regulação e reflexividade*: uma Nova Teoria sobre Escolhas Administrativas. 3. ed., rev. e atual. Belo Horizonte: Fórum, 2015.

GUERRA, Sérgio. Função de Regulação e Sustentabilidade. *Revista Direito à Sustentabilidade* – UNIOESTE, v. 1, n. 1, 2014.

GUERRA, Sérgio. Pós-modernidade e Direito Administrativo: uma releitura obrigatória. *In*: GUERRA, Sérgio; FERREIRA JÚNIOR, Celso Rodrigues (Coords.). *Direito Administrativo*: estudos em homenagem ao professor Marcos Juruena Villela Souto. 1. ed. Belo Horizonte: Fórum, 2015.

GUETTA, Maurício. Propostas de reforma da legislação sobre licenciamento ambiental à luz da Constituição Federal. *In:* COSTA, Marco Aurélio; KLUG, Letícia Beccalli; PAULSEN, Sandra Silva (Orgs.). *Licenciamento ambiental e governança territorial*: registros e contribuições do seminário internacional. 1. ed. Rio de Janeiro: Ipea, 2017.

HACHEM, Daniel Wunder. *Tutela administrativa efetiva dos direitos fundamentais sociais*: por uma implementação espontânea, integral e igualitária. Tese (Doutorado) – Universidade Federal do Paraná, Curitiba, 2014.

HAFNER, Andrea Margrit. *O licenciamento ambiental no Brasil na prática*. 1. ed. Curitiba: Appris, 2017.

HAONAT, Ângela Issa. *O devido processo legal e o processo administrativo ambiental*: a (in)visibilidade do hipossuficiente ambiental. Tese (Doutorado) – Pontifícia Universidade Católica de São Paulo, São Paulo, 2011.

HESSE, Konrad. *A força normativa da Constituição*. Tradução de Gilmar Ferreira Mendes. 3. ed. Porto Alegre: Sergio Fabris Editor, 2004.

HOFMANN, Rose Mirian. Gargalos do Licenciamento Ambiental Federal no Brasil. *In:* COSTA, Marco Aurélio; KLUG, Letícia Beccalli; PAULSEN, Sandra Silva (Orgs.). *Licenciamento ambiental e governança territorial*: registros e contribuições do seminário internacional. Rio de Janeiro: Ipea, 2017.

INTERNATIONAL AUDITING AND ASSURANCE STANDARDS BOARD – IAASB. *International Standard on Auditing 240*, New York, 2009. Disponível em: https://www.ifac.org/system/files/downloads/a012-2010-iaasb-handbook-isa-240.pdf. Acesso em: 30 out. 2021.

INTERNATIONAL ENERGY AGENCY – IEA. *The World Energy Outlook (WEO)*. Paris, France, 2021. Disponível em: https://www.iea.org/reports/world-energy-outlook-2021. Acesso em: 14 out. 2021.

INTERNATIONAL NETWORK FOR ENVIRONMENTAL COMPLIANCE AND ENFORCEMENT – INECE. *Principles of Environmental Compliance and Enforcement Handbook*. Washington D.C., 2009. Disponível em: http://themisnetwork.rec.org/uploads/documents/Tools/inece_principles_handbook_eng.pdf. Acesso em: 29 nov. 2022.

INTERNATIONAL NETWORK FOR ENVIRONMENTAL COMPLIANCE AND ENFORCEMENT – INECE. *Special Report on Next Generation Compliance*. Washington, D.C. 2015. Disponível em: http://inece.org/topics/next-gen-compliance/. Acesso em: 24 mar. 2022.

INTERNATIONAL ORGANIZATION FOR STANDARDIZATION – ISO. *About us*. Suíça. 2022. Disponível em: https://www.iso.org/about-us.html. Acesso em: 20 maio 2022.

INTERNATIONAL UNION FOR CONSERVATION OF NATURE – IUCN. *World Declaration on the Environmental Rule of Law*. Rio de Janeiro. 2016. Disponível em: https://www.iucn.org/sites/dev/files/content/documents/english_world_declaration_on_the_environmental_rule_of_law_final.pdf. Acesso em: 31 out. 2021.

INTERGOVERNMENTAL PANEL ON CLIMATE CHANGE – IPCC. *Climate Change 2021*: The Physical Science Basis. Cambridge: Cambridge University Press, 2021. Disponível em: https://www.ipcc.ch/report/sixth-assessment-report-working-group-i/. Acesso em: 21 ago. 2021.

INSTITUTO BRASILEIRO DE GOVERNANÇA CORPORATIVA – IBGC. *Código das melhores práticas de governança corporativa*. 5. ed. Instituto Brasileiro de Governança Corporativa. São Paulo: IBGC, 2015.

INSTITUTO BRASILEIRO DE GOVERNANÇA CORPORATIVA – IBGC. *Compliance à luz da Governança Corporativa*. São Paulo: IBGC, 2017. Disponível em: https://ibdee.org/biblioteca/compliance-a-luz-da-governanca-corporativa/. Acesso em: 20 jan. 2022.

INSTITUTO BRASILEIRO DE GOVERNANÇA CORPORATIVA – IBGC. *Boas Práticas para uma Agenda ESG nas organizações*. São Paulo: IBGC, 2022.

INSTITUTO BRASILEIRO DO MEIO AMBIENTE E DOS RECURSOS NATURAIS RENOVÁVEIS – IBAMA. *Relatório de atividades 2019*: Licenciamento ambiental federal. Brasília, 2020. Disponível em: http://www.ibama.gov.br/phocadownload/licenciamento/relatorios/2019-ibama-relatorio-licenciamento.pdf. Acesso em: 02 dez. 2021.

INSTITUTO BRASILEIRO DO MEIO AMBIENTE E DOS RECURSOS NATURAIS RENOVÁVEIS – IBAMA. *Qual o custo de emissão das licenças e autorizações?* Brasília, 2021. Disponível em: http://www.ibama.gov.br/laf/sobre-o-licenciamento-ambiental-federal. Acesso em: 04 dez. 2021.

INSTITUTO BRASILEIRO DO MEIO AMBIENTE E DOS RECURSOS NATURAIS RENOVÁVEIS – IBAMA. *Manual de Licenciamento Ambiental Federal*: Aspectos gerais do licenciamento ambiental federal e regras específicas do setor de infraestrutura de transportes (rodovias e ferrovias). 1. ed. Brasília: 2020. Disponível em: https://www.gov.br/infraestrutura/pt-br/assuntos/sustentabilidade/arquivos-sustentabilidade/manual_laf-1308-web.pdf. Acesso em: 15 dez. 2021.

INSTITUTO BRASILEIRO DO MEIO AMBIENTE E DOS RECURSOS NATURAIS RENOVÁVEIS – IBAMA. *Programa de Integridade*. 1º revisão. Brasília, DF, 2019. Disponível em: https://www.gov.br/ibama/pt-br/centrais-de-conteudo/2019-ibama-programa-de-integridade-pdf. Acesso em: 05 mar. 2022.

INSTITUTO CHICO MENDES DE CONSERVAÇÃO DA BIODIVERSIDADE – ICMBio. *Portaria nº 923, de 08 de setembro de 2020*. Institui o Programa de Integridade – Integra+ no âmbito do Instituto Chico Mendes de Conservação da Biodiversidade – ICMBio. Brasília, DF, 2020. Disponível em: https://www.icmbio.gov.br/portal/images/stories/portarias/portaria_923_8set2020.pdf. Acesso em: 10 mar. 2022.

INSTITUTO DOS AUDITORES INTERNOS DO BRASIL – IIA BRASIL. *Modelo das três linhas do IIA 2020*: uma atualização das Três Linhas de Defesa. São Paulo, 2020. Disponível em: https://iiabrasil.org.br/korbilload/upl/editorHTML/uploadDireto/20200758glob-th-editorHTML-00000013-20082020141130.pdf. Acesso em: 19 jan. 2022.

INSTITUTO DO MEIO AMBIENTE DE SANTA CATARINA – IMA/SC. *Relatório de Requisições – Licenciamento*: De 01.11.2021 a 30.11.2021. Florianópolis, 2021. Disponível em: https://consultas.ima.sc.gov.br/relatorio. Acesso em: 04 dez. 2021.

JACCOUD, Cristiane. Perspectivas para regulação do compliance ambiental no Brasil: análise do Projeto de Lei n. 5.442/2019. *In:* TRENNEPOHL; Terence; TRENNEPOHL, Natascha (Org). *Compliance no Direito Ambiental*. 1. ed. São Paulo: Thomson Reuters Brasil, 2020.

JODAS, Natália. *Entre o Direito e a Economia*: pagamento por serviços ambientais no âmbito do projeto "Conservador de Águas". LEITE, José Rubens Morato; BENJAMIN, Antonio Herman (Coords.). 1. ed. São Paulo: Inst. O Direito por um Planeta Verde, 2016.

JONAS, Hans. *O princípio responsabilidade*: ensaio de uma ética para a civilização tecnológica. Tradução de Marijane Lisboa e Luiz Barros Montez. 2. ed. Rio de Janeiro: Contraponto, 2015.

JORDANS, Frank. *EPA*: Volkswagen Thwarted Pollution Regulations For 7 Years. CBS Detroit. Associated Press, 2015. Disponível em: https://detroit.cbslocal.com/2015/09/21/epa-volkswagon-thwarted-pollution-regulations-for-7-years/. Acesso em: 29 de maio 2022.

JUNG, Jae C.; SHARON, Elizabeth. The Volkswagen emissions scandal and its aftermath. *Global Business and Organizational Excellence*, 38 (4): 6-15. May/June 2019. Disponível em: https://onlinelibrary.wiley.com/doi/10.1002/joe.21930. Acesso em: 29 maio 2022.

Justiça condena Volks a pagar R$ 1 milhão por dano moral coletivo. *Associação dos Magistrados do Estado do Rio de Janeiro – AMAERJ*, 05 jun. 2019. Disponível em: http://amaerj.org.br/noticias/justica-determina-que-volkswagen-pague-r-1-milhao-por-dano-moral-coletivo/. Acesso em: 29 maio 2022.

KLEIN, Naomi. *On Fire*: The Burning Case for a Green New Deal. New York: Simon&Schuster, 2019.

KLUG, Letícia Beccalli. Uma agenda em revisão: o debate sobre as alterações no licenciamento ambiental brasileiro. *In:* COSTA, Marco Aurélio; KLUG, Letícia Beccalli; PAULSEN, Sandra Silva (Orgs.). *Licenciamento ambiental e governança territorial*: registros e contribuições do seminário internacional. Rio de Janeiro: Ipea, 2017.

KIZIMA, João Paulo Pagani. *Elaboração, gestão e avaliação de programas de compliance*. 1. ed. Curitiba: Contentus, 2020.

KOKKE, Marcelo; ANDRADE, Renato Campos. Papel do compliance na eficácia regulatória ambiental. *In:* TRENNEPOHL, Terence; TRENNEPOHL, Natascha (Coord.). *Compliance no Direito Ambiental*. Coleção compliance; vol. 2, São Paulo: Thomson Reuters Brasil, 2020.

KRELL, Andreas J. *Discricionariedade administrativa e proteção ambiental*: o controle dos conceitos jurídicos indeterminados e a competência dos órgãos ambientais, um estudo comparativo. 1. ed. Porto Alegre: Livraria do Advogado Editora, 2004.

LAENDER, Vinícius; FONSECA, Alberto. A viabilidade jurídica da elaboração de relatório de sustentabilidade local como subsídio para um sistema público de informações sobre meio ambiente. *Revista de Direito Ambiental*, v. 89, ano 23, p. 17-34. São Paulo: Revista dos Tribunais, jan./mar. 2018.

LAMBOY, Christian Karl de; RISEGATO, Giulia Pappalardo; COIMBRA, Marcelo de Aguiar. Introdução ao *Corporate Compliance*, Ética e Integridade. *In:* LAMBOY, Christian Karl de (Coord.). *Manual de Compliance*. 1. ed. São Paulo: Via Ética, 2018.

LATOUR, Bruno. *Onde aterrar?* Como se orientar politicamente no Antropoceno. Tradução de Marcela Vieira. Posfácio e revisão técnica de Alyne Costa. 1. ed. Rio de Janeiro: Bazar do Tempo, 2020.

LEITE, José Rubens Morato; AYALA, Patryck de Araújo. *Dano ambiental*. 8. ed. rev., atual. e reform. Rio de Janeiro: Forense Editora, 2020.

LEITE, José Rubens Morato. Sociedade de risco e Estado. *In*: CANOTILHO, José Joaquim Gomes; LEITE, José Rubens Morato (Orgs.). *Direito constitucional ambiental brasileiro*. 6. ed. São Paulo: Saraiva, 2015.

LEITE, José Rubens Morato; SILVEIRA, Paula Galbiatti. A ecologização do Estado de Direito: uma ruptura ao Direito Ambiental e ao Antropocentrismo vigentes. *In*: LEITE, José Rubens Morato (Coord.). *A ecologização do direito ambiental vigente*: rupturas necessárias. 2. ed. Rio de Janeiro: Lumen Juris, 2020.

LEITÃO, Alexandra. Corruption and the Environment. *Journal of Socialomics*, v. 5, n. 3, 2016. Disponível em: https://repositorio.ucp.pt/handle/10400.14/22510. Acesso em: 03 nov. 2021.

LEVITSKY, Steven; ZIBLATT, Daniel. *Como as democracias morrem*. Tradução de Renato Aguiar. Rio de Janeiro: Zahar, 2018.

LODGE, Martin; WEGRICH, Kai. O enraizamento da Regulação de Qualidade: Fazer as perguntas difíceis é a resposta. *In*: PROENÇA, Jadir Dias; COSTA, Patrícia Vieira da; MONTAGNER, Paula (Orgs.). *Desafios da Regulação no Brasil*. 1. ed. Brasília: ENAP, 2009. p. 16-35.

LOPES, Othon de Azevedo. *Fundamentos da regulação*. 1. ed. Rio de Janeiro: Processo, 2018.

LOUBET, Luciano Furtado. *Licenciamento ambiental*: a obrigatoriedade da adoção das Melhores Técnicas Disponíveis (MTD). Belo Horizonte: Del Rey, 2014.

LOURENÇO, Daniel Braga. *Qual o valor da Natureza?* Uma introdução à ética ambiental. 1. ed. São Paulo: Editora Elefante, 2019.

LOVEJOY, Thomas E.; NOBRE, Carlos. Amazon Tipping Point. *Science Advances*. 4, Washington, D.C., 2018. Disponível em: https://www.researchgate.net/deref/http%3A%2F%2Fadvances.sciencemag.org%2F. Acesso em: 14 out. 2021.

MACHADO, Paulo Affonso Leme. *Direito ambiental brasileiro*. 25. ed., rev., ampl. e atual. São Paulo: Malheiros, 2017.

MACHADO, Paulo Affonso Leme. Quarenta anos de vigência da Lei da Política Nacional do Meio Ambiente. *In*: MILARÉ, Édis (Coord.). *Quarenta anos da Lei da Política Nacional do Meio Ambiente*: reminiscências, realidade e perspectivas. 1. ed. Belo Horizonte: Editora D´Plácido, 2021.

MALUF, Sahid. *Teoria geral do Estado*. Atualizador Miguel Alfredo Malufe Neto. 34. ed. São Paulo: Saraiva, 2018.

MARCHESAN, Ana Maria Moreira. A reinvenção da natureza e da realidade: a fragmentação como prática nociva à proteção ambiental. *In*: LEITE, José Rubens Morato; BORATTI, Larissa Verri. *In*: CAVEDON-CAPDEVILLE, Fernanda Salles (Coords.). *Direito ambiental e geografia*. 1 ed. Rio de Janeiro: Lumen Juris, 2020.

MARGULIS, Sérgio. *A regulamentação ambiental*: instrumentos e implementação. Environmental regulation: tools and implementation. Brasília: Instituto de Pesquisa Econômica Aplicada (Ipea), 1997. Disponível em: http://repositorio.ipea.gov.br/handle/11058/1932. Acesso em: 05 nov. 2021.

MARQUES NETO, Floriano de Azevedo. *Regulação estatal e interesses públicos*. 1. ed. São Paulo: Malheiros, 2002.

MARQUES, Eric de Souza Santos. A Lei Anticorrupção: o compliance como parte fundamental do sistema normativo de combate à corrupção. *In*: ROCHA, Lilian Rose Lemos *et al* (Coord.). *Caderno de Pós-Graduação em Direito*: Compliance e relações governamentais. Brasília: UniCEUB – ICPD, 2019.

MARTINS, Ricardo Marcondes. *Compliance* e a responsabilidade de pessoas jurídicas. *In*: DAL POZZO, Augusto Neves; MARTINS, Ricardo Marcondes (Coord.). *Aspectos controvertidos do compliance na Administração Pública*. 1. ed. Belo Horizonte: Fórum, 2020.

MATEO, Ramón Martín. *Derecho ambiental*. Madrid: Institutos de Estudios de Administración Local, 1977.

MEADOWS, Donella H.; MEADOWS, Dennis L.; RANDERS, Jorgen; BEHRENS, William W. *The limites to Growth*: A report for the Club of Rome´s project on the predicament of mankind. New York: Universe Books, 1972. Disponível em: http://www.donellameadows.org/wp-content/userfiles/Limits-to-Growth-digital-scan-version.pdf. Acesso em: 12 out. 2021.

MEDAUAR, Odete. Regulação e Auto Regulação. *Revista de Direito administrativo*, [S. l.], v. 228, p. 123-128, 2002. Disponível em: https://bibliotecadigital.fgv.br/ojs/index.php/rda/article/view/46658. Acesso em: 10 out. 2021.

MEDAUAR, Odete. *Direito administrativo moderno*. 21. ed. Belo Horizonte: Fórum, 2018.

MEDEIROS, José Augusto; PEIXOTO, Bruno Teixeira. A função ambiental do *compliance* na reestruturação econômica mundial. *Jota*, 03 out. 2020. Disponível em: https://www.jota.info/opiniao-e-analise/artigos/a-funcao-ambiental-do-compliance-na-reestruturacao-economica-mundial-03102020. Acesso em: 12 mar. 2022.

MELO, Renan Emanuel Rocha. Da cláusula anticorrupção: breve análise de sua sistemática com a Foreign Corrupt Practices Act (FCPA) em contratos empresarias. *In:* ROCHA, Lilian Rose Lemos; MELO, Larissa; PINTO, Gabriel R. Rozendo (Coord.). *Cadernos de pós-graduação em direito*: Lei anticorrupção. Brasília: UniCEUB-ICPD, 2018.

MENDES, Francisco Schertel; CARVALHO, Vinícius Marques de. *Compliance*: concorrência e combate à corrupção. 1. ed. São Paulo: Trevisan Editora, 2017.

MESQUITA, Camila Bindilatti Carli de. Reflexões sobre a arquitetura jurídica dos programas de integridade pública. Afinal, são realmente necessários? *Journal of Law and Regulation*, [S. l.], v. 6, n. 1, p. 1-20, Brasília, 2020. Disponível em: https://periodicos.unb.br/index.php/rdsr/article/view/31231. Acesso em: 10 jan. 2022.

MÉO, Letícia Caroline. *Greenwashing e direito do consumidor*: como prevenir (ou reprimir) o marketing ambiental ilícito. 1. ed. São Paulo: Thomson Reuters Brasil, 2019.

MILARÉ, Édis. *Direito do ambiente*. 12. ed., rev., atual. e ampl. São Paulo: Thomson Reuters Brasil, 2020.

MILARÉ, Édis. *Reação jurídica à danosidade ambiental*: contribuição para o delineamento de um microssistema de responsabilidade. 2016. 380f. Tese (Doutorado em Direito) – Pontifícia Universidade Católica de São Paulo, São Paulo, 2016. Disponível em: https://repositorio.pucsp.br/jspui/handle/handle/18874. Acesso em: 12 out. 2021.

MILLER, Geoffrey Parsons. The compliance function: an overview. *In:* GORDON, Jeffrey N.; RINGE, Wolf-George. *The Oxford Handbook of Corporate Law and Governance*. Oxford: Oxford University Press, 2018.

MONTIBELLER, Gilberto Ristow. *O mito do desenvolvimento sustentável*: meio ambiente e custos sociais no moderno sistema produtor de mercadorias. 4. ed. atual., ver. e ampl. Curitiba: Brazil Publishing, 2021.

MOREIRA NETO, Diogo de Figueiredo Moreira. *Direito regulatório*: A alternativa participativa e flexível para a administração pública de relações setoriais complexas no Estado Democrático. 1. ed. Rio de Janeiro: Renovar, 2003.

MOREIRA, Egon Bockmann. *O direito administrativo contemporâneo e suas relações com a economia*. 1. ed. Curitiba: Editora EVG, 2016.

MOREIRA, Egon Bockmann. O processo administrativo no rol dos direitos e garantias fundamentais. *Revista Trimestral de Direito Público*, São Paulo, n. 43, p. 126-135, 2003.

MOREIRA, Egon Bockmann; GUZELA, Mariana Dall'agnol Canto Farella Peçanha. Anticorrupção e suborno no Brasil: melhores práticas anticorrupção. *In:* CARVALHO, André; BERTOCCELLI, Rodrigo de Pinho; ALVIM, Tiago Cripa; VENTURINI, Otávio (Coords.). *Manual de Compliance*. 1. ed. Rio de Janeiro: Forense, 2019.

MORIN, Edgar. *Introdução ao pensamento complexo*. Tradução de Eliane Lisboa. Porto Alegre: Sulina, 2005.

MOSIMANN, Ítalo Augusto. DANTAS, Marcelo Buzaglo; JACOBSEN, Gilson (Orgs.). *Segurança jurídica e os limites da intervenção judicial no licenciamento ambiental*. Coleção Direito, Meio Ambiente e Sustentabilidade. Vol. 2. 1. ed. Florianópolis: Habitus, 2020.

MOSIMANN, Ítalo Augusto; PEIXOTO, Bruno Teixeira. O *compliance* na nova Lei de Licitações. *Revista O Consultor Jurídico*, 21 maio 2021. Disponível em: https://www.conjur.com.br/2021-mai-21/opiniao-compliance-lei-licitacoes. Acesso em: 05 mar. 2022.

NABAIS, José Casalta. *O dever fundamental de pagar impostos*. 3. ed. Coimbra: Almedina, 2009.

NAÍM, Moisés. *O fim do poder*. Tradução de Luis Reyes Gil. 1. ed. São Paulo: LeYa, 2013.

NASCIMENTO, Juliana Oliveira. Do cisne negro ao cisne verde: o capitalismo de *stakeholder* e a governança corporativa ESG no mundo dos negócios. *In:* TRENNEPOHL, Terence; TRENNEPOHL, Natascha (Coord.). *Compliance no Direito Ambiental*. (Coleção Compliance, vol. 2). São Paulo: Thomson Reuters Brasil, 2020.

NIEBUHR, Pedro. *Processo administrativo ambiental*. 3. ed. rev., ampl. e atual. Belo Horizonte: Fórum, 2021a.

NIEBUHR, Pedro. Inversão do ônus da prova. *In:* NIEBUHR, Pedro; DANTAS, Marcelo Buzaglo (Orgs.). *Leading cases ambientais analisados pela doutrina*. 1. ed. Florianópolis: Habitus, 2021b.

NIEBUHR, Pedro; DALMARCO, Arthur Rodrigues; ASSIS, Luiz Eduardo Altenburg de. Regulação e Corrupção: o efeito dissuasor de arquiteturas regulatórias eficientes. *In:* CRISTÓVAM, José Sérgio da Silva; NIEBUHR, Pedro (Orgs.). *Combate preventivo à Corrupção no Brasil*: para além do modelo repressivo-punitivista. 1. ed. Florianópolis: Habitus, 2020.

NIEBUHR, Pedro de Menezes; SCHARMM, Fernanda Santos. O que esperar do *compliance* sob a perspectiva ambiental? *Revista Interesse Público – IP*, Belo Horizonte, ano 22, n. 123, p. 53-71, set./out. 2020.

NIETO MARTÍN, Adán. Regulatory Capitalism y cumplimiento normativo. *In:* ZAPATERO, Luis Arroyo; NIETO MARTÍN, Adán; (Coords.). *El Derecho Penal Económico en la era de la Compliance*. Valencia: Editorial Tirant lo Blanch, 2013.

NIETO MARTÍN, Adán. La Autorregulación Preventiva de la Empresa como Objeto de la Política Criminal. *Revista EMERJ*, Rio de Janeiro, v. 22, p. 9-31, maio/ago. 2020. Disponível em: https://www.emerj.tjrj.jus.br/revistaemerj_online/edicoes/revista_v22_n2/revista_v22_n2_9pdf. Acesso em: 18 fev. 2022.

NOHARA, Irene Patrícia. *Direito administrativo*. 9. ed. São Paulo: Atlas, 2019.

NOHARA, Irene Patrícia; PEREIRA, Flávio de Leão Bastos. Introjeção da disciplina legal de combate à corrupção no Brasil: inspiração e regime jurídico. *In:* MESSA, Ana Flávia; ESTEVES, João Luiz Martins (Coord.) *Governança, compliance e corrupção*. São Paulo: Almedina, 2020.

NOHARA, Irene Patrícia. O princípio da realidade da LINDB aplicado à exigência de *compliance* nos municípios brasileiros. *In:* ZENKNER, Marcelo; CASTRO, Rodrigo Pironti de (Coord.). *Compliance no setor público*. Belo Horizonte: Fórum, 2020.

NOVAK, William J. A Revisionist History of Regulatory Capture. *Preventing Regulatory Capture*: Special Interest Influence and How to Limit it. Edited by CARPENTE, Daniel; MOSS, David. Cambridge: Cambridge University Press, 2013.

NUSDEO, Ana Maria de Oliveira. Regulação econômica e proteção do meio ambiente. *In:* SHAPIRO, Mário Gomes (Coord.). *Direito econômico regulatório*. Série GV Law. 1. ed. São Paulo: Saraiva, 2010.

ORGANIZAÇÃO PARA A COOPERAÇÃO E O DESENVOLVIMENTO ECONÔMICO – OCDE. *Evaluating brazil's progress in implementing environmental performance review recommendations and promoting its alignment with OECD core acquis on the environment*. Paris, 2021. Disponível em: https://www.oecd.org/environment/country-reviews/Brazils-progress-in-implementing-Environmental-Performance-Review-recommendations-and-alignment-with-OECD-environment-acquis.pdf. Acesso em: 25 out. 2021.

ORGANIZAÇÃO PARA A COOPERAÇÃO E O DESENVOLVIMENTO ECONÔMICO – OCDE. *Recommendation of The Council of Public Integrity*. 2020. Disponível em: https://www.oecd.org/gov/ethics/OECD-Recommendation-Public-Integrity.pdf. Acesso em: 05 jan. 2022.

ORGANIZAÇÃO PARA A COOPERAÇÃO E O DESENVOLVIMENTO ECONÔMICO – OCDE. *OECD Convention on Combating Bribery of Foreign Public Officials in International Business Transactions and Related Instruments*. Paris, 1997. Disponível em: https://www.oecd.org/gov/ethics/2406452.pdf. Acesso em: 20 jan. 2022.

ORGANIZAÇÃO PARA A COOPERAÇÃO E O DESENVOLVIMENTO ECONÔMICO – OCDE. *Integridade Pública*: Recomendação do Conselho da OCDE sobre Integridade Pública. Paris, 2020. Disponível em: https://www.oecd.org/gov/ethics/integrity-recommendation-brazilian-portuguese.pdf. Acesso em: 29 jan. 2022.

ORGANIZAÇÃO PARA A COOPERAÇÃO E O DESENVOLVIMENTO ECONÔMICO – OCDE. *Anti-Corruption Ethics and Compliance Handbook for Business*. Paris, 2013. Disponível em: https://www.oecd.org/corruption/Anti-CorruptionEthicsComplianceHandbook.pdf. Acesso em: 29 jan. 2022.

ORGANIZAÇÃO PARA A COOPERAÇÃO E O DESENVOLVIMENTO ECONÔMICO – OCDE. *Ensuring Environmental Compliance*: Trends and Good Practices. Paris, 2009. Disponível em: https://www.oecd.org/env/tools-evaluation/ensuringenvironmentalcompliancetrendsandgoodpractices.htm. Acesso em: 22 mar. 2022.

ORGANIZAÇÃO PARA A COOPERAÇÃO E O DESENVOLVIMENTO ECONÔMICO – OCDE. *Environmental Enforcement in Decentralised Governance Systems*: Toward a Nationwide Level Playing Field. Paris, 2011. Disponível em: https://www.oecd-ilibrary.org/docserver/5kgb1m60qtq6-en.pdf?expires=1648642628&id=id&accname=guest&checksum=73E63FD04AF8E175D22E1DB8311F7D7F. Acesso em: 24 mar. 2022.

OLIVEIRA, Hugo Santos de. *Políticas ambientais sustentáveis de comando e controle e a eficácia dos instrumentos econômicos*. Frutal: Prospectiva, 2016.

OLIVEIRA, Warley Ribeiro. *A corrupção nos processos administrativos de licenciamento ambiental*. Dissertação (Mestrado) – Escola Superior Dom Helder Câmara, Belo Horizonte, 2018.

OLIVEIRA, José Roberto Pimenta; GROTTI, Dinorá Adelaide Musetti. Programas de integridade como fator de dosimetria na improbidade administrativa. In: DAL POZZO, Augusto das Nevez; MARTINS, Ricardo Marcondes (Coords.) *Aspectos controvertidos do Compliance na administração pública*. 1. ed. Belo Horizonte: Fórum, 2020.

ORGANIZAÇÃO DOS ESTADOS AMERICANOS – OEA. Corte Interamericana de Direitos Humanos. *Opinión Consultiva OC-23/2017*, de 15 de noviembre de 2017. Solicitada por la República de Colombia – Medio Ambiente y Derechos Humanos. Washington D.C., 2017. Disponível em: http://www.corteidh.or.cr/docs/opiniones/seriae_23_esp.pdf. Acesso em: 14 out. 2021.

ORGANIZAÇÃO DAS NAÇÕES UNIDAS – ONU. *Informe de la Conferencia de las Nacionaes Unidas sobre el Medio Humano*. 1972. Disponível em: https://www.un.org/ga/search/view_doc.asp?symbol=A/CONF.48/14/REV.1&Lang=S. Acesso em: 20 set. 2021.

ORGANIZAÇÃO DAS NAÇÕES UNIDAS – ONU. *Our Common Future*: Report of the World Commission on Environment and Development. Oxford: Oxford University Press, 1987. Disponível em: https://sustainabledevelopment.un.org/content/documents/5987our-common-future.pdf. Acesso em: 20 set. 2021.

ORGANIZAÇÃO DAS NAÇÕES UNIDAS – ONU. *Informe de la Conferencia de las Naciones Unidas sobre el Medio Ambiente y el Desarrollo*. Rio de Janeiro, 1992. Disponível em: https://undocs.org/es/A/CONF.151/26/Rev.1(vol.I). Acesso em: 20 set. 2021.

ORGANIZAÇÃO DAS NAÇÕES UNIDAS – ONU. *The Global Compact. Who Cares Wins*: Connecting Financial Markets to a Changing World. Dez. 2004.. tradução livre. Disponível em: https://www.unepfi.org/fileadmin/events/2004/stocks/who_cares_wins_global_compact_2004.pdf. Acesso em: 25 jul. 2022.

ORGANIZAÇÃO DAS NAÇÕES UNIDAS – ONU. *The Sustainable Development Goals*. Paris, 2015. Disponível em: https://www.un.org/sustainabledevelopment/. Acesso em: 21 set. 2021.

ORGANIZAÇÃO DAS NAÇÕES UNIDAS – ONU. Assembleia Geral. Conselho de Direitos Humanos. A/HRC/48/L.23/Rev.1. Nova York, 2021. Disponível em: https://undocs.org/es/a/hrc/48/l.23/rev.1. Acesso em: 16 out. 2021.

ORGANIZAÇÃO DAS NAÇÕES UNIDAS – ONU. *Objetivo de Desenvolvimento Sustentável 16*. Paris, 2015. Disponível em: https://brasil.un.org/pt-br/sdgs/16. Acesso em: 30 out. 2021.

ORGANIZAÇÃO DAS NAÇÕES UNIDAS – ONU. Pacto Global Rede Brasil. *10 Princípios*. São Paulo, 2022. Disponível em: https://www.pactoglobal.org.br/10-principios. Acesso em: 29 jan. 2022.

ORGANIZAÇÃO DAS NAÇÕES UNIDAS PARA EDUCAÇÃO, A CIÊNCIA E A CULTURA – UNESCO. *Intergovernmental Conference of Experts on the Scientific Basis for Rational Use and Conservation of the Resources of the Biosphere*. 1968. Disponível em: https://unesdoc.unesco.org/ark:/48223/pf0000017269. Acesso em: 20 set. 2021.

ORGANIZAÇÃO MUNDIAL DA SAÚDE – OMS. *COP26 special report on climate change and health*: the health argument for climate action: Geneva: World Health Organization; Genebra, Suíça, 2021. Disponível em: https://www.who.int/publications/i/item/cop26-special-report. Acesso em: 12 out. 2021.

OSÓRIO, Fábio Medina. Conceito de sanção administrativa: novos paradigmas. *Jota*, 29 out. 2020. Disponível em: https://www.jota.info/opiniao-e-analise/colunas/direito-administrativo-sancionador/sancao-administrativa-novos-paradigmas-29102020. Acesso em: 06 mar. 2022.

PACTO GLOBAL REDE BRASIL. *Guia de Avaliação de Risco de Corrupção*. Genebra, Suíça, 2013. Disponível em: https://materiais.pactoglobal.org.br/guia-risco-corrupcao. Acesso em: 29 jan. 2022.

PARDO, José Esteve. *Autorregulación*: Génesis y efectos. 1. ed. Barcelona: Editorial Aranzadi, 2002.

PARDO, José Esteve; LEITE, José Rubens Morato (Coord.). *O desconcerto do Leviatã*: política e Direito perante as incertezas da ciência. Tradução de Flávia França Dinnebier e Giorgia Sena Martins. São Paulo: Inst. O Direito por um Planeta Verde, 2015.

PEIXOTO, Bruno Teixeira; SOARES, Natanael Dantas. Corruption, Sustainable Development Goals and Ecological Rule of Law. In: LEITE, José Rubens Morato et al. *Innovations in the Ecological Rule of Law*. 1. ed. São Paulo: Inst. O Direito por um Planeta Verde, 2018.

PEIXOTO, Bruno Teixeira; MEDEIROS, José Augusto. Exigir *compliance* ambiental da Vale é questão de Direito Econômico. *Jota*, 22 dez. 2019. Disponível em: https://www.jota.info/opiniao-e-analise/artigos/exigir-compliance-ambiental-da-vale-e-questao-de-direito-economico-22122019. Acesso em: 12 mar. 2022.

PEIXOTO, Bruno Teixeira. *Compliance* ESG no licenciamento ambiental. *Jota*, 13 maio 2021. Disponível em: https://www.jota.info/opiniao-e-analise/artigos/compliance-esg-no-licenciamento-ambiental-13052021#:~:text=Ap%C3%B3s%20mais%20de%2017%20anos,do%20%C2%A7%201%C2%BA%20do%20 art. Acesso em: 24 mar. 2022.

PEIXOTO, Bruno Teixeira. *Compliance*, licenciamento ambiental e a irresponsabilidade organizada no contexto da tragédia de Brumadinho. *In:* NUSDEO, Ana Maria de Oliveira. *30 Anos da Constituição Ecológica*: Desafios para a Governança Ambiental. Série Prêmio José Bonifácio de Andrada e Silva, Vol. 4. São Paulo: Inst. O direito por um Planeta Verde, 2019.

PEIXOTO, Bruno Teixeira. Dieselgate: marco para o *compliance* ambiental. *Jota*, 24 out. 2019. Disponível em: https://www.jota.info/opiniao-e-analise/artigos/dieselgate-marco-para-o-compliance-ambiental-24102019. Acesso em: 29 maio 2022.

PEIXOTO, Bruno Teixeira; BORGES, Luiz Fernando Rossetti; CODONHO, Maria Leonor Paes Cavalcanti Ferreira. *Compliance* ambiental: da sua origem às novas perspectivas jurídicas de proteção do meio ambiente. *Revista de Direito Ambiental*, São Paulo, ano 26, v. 101, p. 55-83, jan./mar. 2021.

PEIXOTO, Bruno Teixeira; MEDEIROS, José Augusto. Sense e nonsense sobre *compliance* ESG. *Jota*, 15 mar. 2021. Disponível em: https://www.jota.info/opiniao-e-analise/artigos/sense-e-nonsense-sobre-compliance-esg-15032021. Acesso em: 11 jul. 2022.

PEREIRA, Flávio de Leão Bastos; RODRIGUES, Rodrigo Bordalo. *Compliance em Direitos humanos, diversidade e ambiental*. Coleção de Compliance, v. VI. 1. ed. São Paulo: Thomson Reuters Brasil, 2021.

PEREIRA, Luciana Vianna. Política Nacional do Meio Ambiente, regulação responsiva e ESG. *In:* MILARÉ, Édis. *Quarenta anos da Lei da Política Nacional do Meio Ambiente*: reminiscências, realidade e perspectivas. 1. ed. Belo Horizonte: Editora D´Plácido, 2021.

PETROBRÁS. *Estatuto Social do Petróleo Brasileiro S.A. – Petrobras*. Conforme aprovado na Assembleia Geral Extraordinária de 30 de novembro de 2020. Disponível em: https://api.mziq.com/mzfilemanager/v2/d/25fdf098-34f5-4608-b7fa-17d60b2de47d/31da34d0-1343-0014-c905-40108ec2c11e?origin=2. Acesso em: 25 fev. 2022.

PF investiga esquema de corrupção em liberação de licenças ambientais. *Agência Brasil*, 2020. Disponível em: https://agenciabrasil.ebc.com.br/geral/noticia/2020-10/pf-investiga-esquema-de-corrupcao-em-liberacao-de-licencas-ambientais. Acesso em: 07 jan. 2022.

PINHO, Clóvis Alberto Bertolini de; CASTELLA, Gabriel Morettini e. Contratação pública e programas de compliance: mais uma formalidade ou efetividade? *In:* DAL POZZO, Augusto Neves; MARTINS, Ricardo Marcondes (Coord.). *Aspectos controvertidos do compliance na Administração Pública*. 1. ed. Belo Horizonte: Fórum, 2020.

PIRONTI, Rodrigo; ZILIOTTO, Mirela Miró. *Compliance nas contratações públicas*: exigência e critérios normativos. 2. ed., rev., ampl. e atual. Belo Horizonte: Fórum, 2021.

PIRONTI, Rodrigo. Exigência de *compliance* nas contratações com o Poder Público é constitucional. *Revista O Consultor Jurídico*, 03 dez. 2018. Disponível em: https://www.conjur.com.br/2018-dez-03/pironti-constitucional-exigir-compliance-contratacoes-publicas. Acesso em: 06 mar. 2022.

PLACHA, Gabriel. *A Atividade Regulatória do Estado*. Curitiba, 2007. 254f. Dissertação (Mestrado em Direito Econômico e Social) – Centro de Ciências Jurídicas e Sociais, Pontifícia Universidade Católica do Paraná (PUC-PR), Curitiba, 2007.

PORTANOVA, Rogério Silva; MEDEIROS, José Augusto. As Agências Reguladoras. Entre o velho, o novo e o que se anuncia: do paradigma econômico ao paradigma ecosófico. *Revista de Direito Econômico e Socioambiental*, Curitiba, v. 6, n. 2, p. 156-183, jul./dez. 2015. Disponível em: https://periodicos.pucpr.br/direito economico/article/view/9780/14012. Acesso em: 20 set. 2021.

PORTUGAL. Assembleia da República. *Constituição da República Portuguesa* VII Revisão Constitucional [2005], Lisboa, 2005. Disponível em: https://www.parlamento.pt/Legislacao/Documents/constpt2005.pdf. Acesso em: 16 out. 2021.

PRACUCHO, Davi Marcucci. *Licenciamento ambiental no direito brasileiro*: Aspectos legais e doutrinários, conflituosidade e ordem constitucional. 1. ed. Rio de Janeiro: Lumen Juris, 2018.

PRATA, Daniela Arantes. *Criminalidade corporativa e vitimização ambiental*: análise do Caso Samarco. São Paulo: LiberArs, 2019.

Presidente da VW nos EUA diz que soube de fraude em setembro 2015. *PORTAL G1*, 08 out. 2015. Disponível em: http://g1.globo.com/carros/noticia/2015/10/presidente-da-vw-nos-eua-diz-que-soube-da-fraude-em-setembro.html. Acesso em: 29 maio 2022.

PRIEUR, Michel. *Droit de l´Environnement*. 6. ed. Paris: Dalloz, 2011.

PRIGOGINE, Ilya. *O fim das certezas*: tempo, caos e as leis da natureza. São Paulo: Edunesp, 1999.

PROGRAMA DAS NAÇÕES UNIDAS PARA O DESENVOLVIMENTO – PNUD. *A próxima fronteira*. O desenvolvimento humano e o Antropoceno. New York, 2020. Disponível em: http://hdr.undp.org/sites/default/files/hdr2020_pt.pdf. Acesso em: 20 out. 2021.

PROGRAMA DAS NAÇÕES UNIDAS PARA O MEIO AMBIENTE – PNUMA. *Global Climate Litigation Report*: 2020 status review. Nairóbi, 2020. Disponível em: https://wedocs.unep.org/bitstream/handle/20.500.11822/34818/GCLR.pdf?sequence=1&isAllowed=y. Acesso em: 15 out. 2021.

PROGRAMA DAS NAÇÕES UNIDAS PARA O MEIO AMBIENTE – PNUMA. *Environmental Rule of Law*: First Global Report. Nairobi, Kenya, 2019. Disponível em: https://www.unep.org/resources/assessment/environmental-rule-law-first-global-report. Acesso em: 10 nov. 2021.

QUEIRÓZ, Rodrigo de. Políticas de governança e de compliance objetivando mitigar os riscos das organizações. In: ROCHA, Lilian Rose Lemos *et al* (Coord.). *Caderno de Pós-Graduação em Direito*: Compliance e relações governamentais. Brasília: UniCEUB – ICPD, 2019.

RAGAZZI, Lucas; ROCHA, Murilo. *Brumadinho*: a engenharia de um crime. Belo Horizonte: Editora Letramento, 2019.

RECH, Talyz William. O compliance como ferramenta de combate à corrupção: uma visão a partir da Lei nº 12.846/13. *In*: CRISTÓVAM, José Sérgio da Silva; NIEBUHR, Pedro de Menezes (Coord.). *Combate preventivo à corrupção no Brasil*: para além do modelo repressivo-punitivista. 1. ed. Florianópolis: Habitus, 2020.

REIS, Danielle Fernandes; PEDROZA, Deivison Cavalcante; MORAIS, Raquel Filgueiras Varoni. *Auditoria de conformidade legal*: compliance ambiental na prática. 1. ed. Rio de Janeiro: Lumen Juris, 2018.

RIBEIRO, Flávio de Miranda. *Reforma da Regulação Ambiental*: características e estudos de caso do estado de São Paulo. Tese (doutorado em Ciências Ambientais). Programa de Pós-Graduação em Ciência Ambiental. Instituto de Eletrotécnica e Energia. Universidade de São Paulo (USP). São Paulo, 2012.

RIBEIRO, Flávio de Miranda; KRUGLIANSKAS, Isak. Aspectos críticos da transição para um modelo de regulação ambiental voltado à sustentabilidade: proposta taxonômica. Gerais, *Rev. Interinst. Psicol.*, v. 4, n. spe, p. 122-130, Juiz de fora, dez. 2011. Disponível em: http://pepsic.bvsalud.org/scielo.php?script=sci_arttext&pid=S1983-82202011000300003&lng=pt&nrm=iso. Acesso em: 22 mar. 2022.

RIFKIN, Jeremy. *The Green New Deal*: Why the fossil fuel civilization will collapse by 2028, and the bold economic plan to save life on Earth. New York: St. Martin´s Press, 2019.

RIO DE JANEIRO. Poder Executivo. *Lei nº 7.753, de 17 de outubro de 2017*. Dispõe sobre a instituição do programa de integridade nas empresas que contratarem com a Administração Pública do Estado do Rio de Janeiro e dá outras providencias. Rio de Janeiro, 2017. Disponível em: https://gov-rj.jusbrasil.com.br/legislacao/511266335/lei-7753-17-rio-de-janeiro-rj. Acesso em: 05 mar. 2022.

RIO DE JANEIRO. TJRJ. *Ação Civil Pública nº 0412318-20.2015.8.19.0001*. Rel. Adolpho Andrade Mello, 9ª Câmara Cível, julgado em 28.05.2019. Rio de Janeiro, 2019. Disponível em: https://www.migalhas.com.br/arquivos/2019/6/art20190605-05.pdf. Acesso em: 29 maio 2022.

RIO GRANDE DO SUL. TJRS. *Apelação Cível nº 70080690977*. Vigésima Primeira Câmara Cível, relator Armínio José Abreu Lima da Rosa, julgado em 27.03.2019, Porto Alegre, RS, 2019.

RIO GRANDE DO SUL. TJRS. *Apelação Crime, nº 70077317451*. Quarta Câmara Criminal, relator Rogerio Gesta Leal, julgado em 14.06.2018, Porto Alegre, RS, 2018.

RIOS PAULA, Frederico; FARIAS, Talden. Parâmetros jurídicos para fixação de condicionantes ambientais. *Revista O Consultor Jurídico*, 23 abril 2022. Disponível em: https://www.conjur.com.br/2022-abr-23/ambiente-juridico-parametros-juridicos-fixacao-condicionantes-ambientais. Acesso em: 05 maio 2022.

ROCHA, Leonel Severo; CARVALHO, Délton Winter de. Policontexturalidade e direito ambiental reflexivo. *Revista Sequência*, Florianópolis, n. 53, p. 9-28, dez. 2006. Disponível em: https://periodicos.ufsc.br/index.php/sequencia/article/view/15090/13745. Acesso em: 20 nov. 2021.

RODRIGUEZ, Caio Farah. Além de enfrentar a corrupção, Lava Jato impõe capitalismo a empresários. *Folha de SP*, 02 jul. 2017. Disponível em: https://www1.folha.uol.com.br/ilustrissima/2017/07/1897570-choque-de-legalidade-e-adequacao-do-capitalismo-sao-herancas-da-lava-jato.shtml. Acesso em: 20 fev. 2022.

RORIZ, Fernando Marques Cardoso. CGU além do Comando e Controle: Uma comparação com a Regulação Responsiva. *Journal of Law and Regulation*, [S. l.], v. 7, n. 1, p. 150-193, 2021. Disponível em: https://periodicos.unb.br/index.php/rdsr/article/view/37918. Acesso em: 06 nov. 2021.

SAAVEDRA, Giovani; SARLET, Ingo Wolfgang; FENSTERSEIFER, Tiago. *Compliance*, investigações corporativas e dever dos entes públicos de cooperação e priorização da resolução extrajudicial dos conflitos ecológicos. In: TRENNEPOHL; Terence; TRENNEPOHL, Natascha (Org.). *Compliance no Direito Ambiental*. 1. ed. São Paulo: Thomson Reuters Brasil, 2020.

SABIN CENTER FOR CLIMATE CHANGE LAW. *Climate change litigation*. 2021. Disponível em: http://climatecasechart.com/climate-change-litigation/about/. Acesso em: 16 out. 2021.

SADDY, André. Elementos e características essenciais da concepção de Regulação estatal. *Revista de la Escuela Jacobea de Posgrado*, México, n. 11, p. 1-33, diciembre 2016. Disponível em: https://dialnet.unirioja.es/servlet/articulo?codigo=6946388. Acesso em: 15 out. 2021.

SADDY, André. Vantagens e desvantagens da autorregulação privada. *Direito do Estado*, n. 333, 2017. Disponível em: http://www.direitodoestado.com.br/colunistas/andre-saddy/vantagens-e-desvantagens-da-autorregulacao-privada. Acesso em: 22 mar. 2022.

SALOMÃO FILHO, Calixto. *Regulação e Desenvolvimento*: novos temas. 1. ed. São Paulo: Malheiros, 2012.

SAMPAIO, Rômulo Silveira da Rocha. Regulação Ambiental. In: GUERRA, Sérgio (Coord.). *Regulação no Brasil*: uma visão multidisciplinar. 1. ed. Rio de Janeiro: Editora FGV, 2014.

SÁNCHEZ, Luis Enrique. *Avaliação de Impacto Ambiental*: conceitos e métodos. 3. ed., atual. e aprimorada. São Paulo: Oficina de Textos, 2020.

SAND, Peter H. Institutional-Building to Assist Compliance with International Environmental Law: Perspectives. *Heidelberg Journal of International Law*, Heidelberg, n. 56/3, p. 775, march 20-22, 1996.

SANDS, Philippe; PEEL, Jacqueline; FABRA, Adriana; MACKENZIE, Ruth. *Principles of International Environmental Law*. Third Edition. New York: Cambridge University Press, 2012.

SANT'ANA, Jéssica. *Menos de 2% dos órgãos públicos têm sistema de proteção contra corrupção, dizem TCU e CGU*. PORTAL G1, 08 dez. 2021. Disponível em: https://g1.globo.com/politica/noticia/2021/12/08/menos-de-2percent-dos-orgaos-publicos-tem-sistema-de-protecao-contra-corrupcao-dizem-tcu-e-cgu.ghtml. Acesso em: 09 dez. 2021.

SANTA CATARINA. Poder Executivo. *IMA emite mais de 5 mil licenciamentos ambientais no primeiro semestre*. Florianópolis, 2021. Disponível em: https://www.sc.gov.br/noticias/temas/meio-ambiente/ima-emite-mais-de-5-mil-licenciamentos-ambientais-no-primeiro-semestre. Acesso em: 05 dez. 2021.

SANTA CATARINA. Tribunal de Contas do Estado de Santa Catarina. *Acórdão RLA nº 17/00740641*. Relator Gerson dos Santos Sicca. Data da Sessão: 11.12.2019, Florianópolis, 2019. Disponível em: https://www.tcesc.tc.br/sites/default/files/Relat%C3%B3rio%20Fiscaliza%C3%A7%C3%A3o%20Ambiental_0.pdf#overlay-context=. Acesso em: 07 jan. 2022.

SANTA CATARINA. Conselho Estadual do Meio Ambiente de Santa Catarina – CONSEMA. *Resolução CONSEMA nº 98, de 5 de maio de 2017*. Florianópolis, SC, 2017. Disponível em: https://www.sde.sc.gov.br/index.php/biblioteca/consema/legislacao/resolucoes/654--56/file. Acesso em: 30 mar. 2022.

SANTA CATARINA. Assembleia Legislativa – ALESC. *Lei nº 14.675, de 13 de abril de 2009*. Institui o Código Estadual do Meio Ambiente e estabelece outras providências. Florianópolis, SC, 2009. Disponível em: http://leis.alesc.sc.gov.br/html/2009/14675_2009_lei_c.html. Acesso em: 25 maio 2022.

SARAIVA, Renata Machado. *Criminal compliance como instrumento de tutela ambiental*: a propósito da responsabilidade penal das empresas. 1. ed. São Paulo: LiberArs, 2018.

SARLET, Ingo; FENSTERSEIFER, Tiago. *Direito constitucional ecológico*: Constituição, direitos fundamentais e proteção da natureza. 7. ed. rev., atual. e ampl. São Paulo: Thomson Reuteurs Brasil, 2021.

SARLET, Ingo Wolfgang. *A eficácia dos direitos fundamentais*: uma teoria geral dos direitos fundamentais na perspectiva constitucional. 11. ed. rev. atual. Porto Alegre: Livraria do Advogado, 2012.

SCHLOTTFELDT, Shana. Autorregulação e corregulação: duas ferramentas no canivete do regulador. *Revista O Consultor Jurídico*, 11 jun. 2021. Disponível em: https://www.conjur.com.br/2021-jun-11/opiniao-autorregulacao-corregulacao-ferramentas-canivete-regulador#_edn1. Acesso em: 18 set. 2021.

SCHRAMM, Fernanda Santos. *Compliance nas contratações públicas*. 1. ed. Belo Horizonte: Fórum, 2019.

SCHRAMM, Fernanda Santos. A Exigência de Programa de *compliance* para as Empresas que Contratam com a Administração Pública: o que determinam as leis do Rio de Janeiro e do Distrito Federal. *Revista Direito do Estado*, 2018. Disponível em: http://www.direitodoestado.com.br/colunistas/fernanda-schramm/a-exigencia-de-programa-de-compliance-para-as-empresas-que-contratam-com-a-administracao-publica-o-que-determinam-as-leis-do-rio-de-janeiro-e-do-distrito-federal. Acesso em: 06 mar. 2022.

SENA, Giorgia; SOUZA, Luciane Cordeiro de. Responsabilidade Administrativa Ambiental: de patinho feio a cisne. *In:* SEABRA, Giovanni (Org.). *Terra-paisagens, solos, biodiversidade e os desafios para um bom viver*. 1. ed., vol. 1. Ituiutaba: Barlavento, 2015.

SENADO FEDERAL. *Projeto de Lei Federal nº 2159, de 2021* (nº 3.729/2004, na Câmara dos Deputados. Dispõe sobre o licenciamento ambiental; regulamenta o inciso IV do §1º do art. 225 da Constituição Federal; altera as Leis nºs 9.605, de 12 de fevereiro de 1998, e 9.985, de 18 de julho de 2000; revoga dispositivo da Lei nº 7.661, de 16 de maio de 1988; e dá outras providências. Brasília, DF. 2021. Disponível em: https://legis.senado.leg.br/sdleg-getter/documento?dm=8979282&ts=1652907886100&disposition=inline. Acesso em: 28 maio 2022.

SENADO FEDERAL. *Comissão Parlamentar de Inquérito – CPI de Brumadinho e outras barragens*. Brasília, DF, jul. 2019. Disponível em: https://legis.senado.leg.br/sdleg-getter/documento/download/acbe1dc8-5656-419e-9ff5-9fcae27730e7. Acesso em: 28 maio 2022.

SIEBER, Ulrich. Programas de *"compliance"* en el Derecho Penal de la Empresa: Una nueva concepción para controlar la criminalidad económica. *In:* ZAPATERO, Luis Arroyo; MARTÍN, Adán Nieto; (Coords.). *El Derecho Penal Económico en la era de la Compliance*. Valencia: Editorial Tirant lo Blanch, 2013.

SIMÃO, Valdir Moysés. *Compliance* na Administração Pública Direta: a perspectiva do cidadão. *In:* ZENKNER, Marcelo; CASTRO, Rodrigo Pironti de (Coords.) *Compliance no setor público*. 1. ed. Belo Horizonte: Fórum, 2020.

SILVA, José Afonso da. *Direito ambiental constitucional*. 10. ed. atual. São Paulo: Malheiros, 2013.

SILVEIRA, Paulo Burnier da; FERNANDES, Victor Oliveira. *Compliance* concorrencial. *In:* CARVALHO, André Castro; ALVIM, Tiago Cripa; BERTOCELLI, Rodrigo de Pinho (Coords.). *Manual de Compliance*. 1. ed. Rio de Janeiro: Forense, 2019.

SISTON, Felipe Rodrigues. *Accountability social*: casos do Banco Mundial e BNDES em perspectiva comparada. 2015. 134f. Dissertação (Mestrado em Política Internacional) – Universidade do Estado do Rio de Janeiro, Rio de Janeiro, 2015. Disponível em: https://www.bdtd.uerj.br:8443/handle/1/15613. Acesso em: 12 jan. 2022.

SOARES, Fábio Lopes (Coord.); STROBEL, Carolina; GOMES, Marcelo Borowski; PEDRO, Wagner Osti. *Compliance*: fundamentos e reflexões sobre integridade nas empresas. 1. ed. Rio de Janeiro: Lumen Juris, 2021.

SOARES, Inês Virgínia Prado; VENTURINI, Otávio. *Compliance* ambiental: um horizonte muito além do combate à corrupção. *Revista O Consultor Jurídico*, 13 fev. 2022. Disponível em: https://www.conjur.com.br/2022-fev-13/publico-pragmatico-compliance-ambiental-horizonte-alem-combate-corrupcao. Acesso em: 05 mar. 2022.

SOUTO, Marcos Juruena Villela. *Direito administrativo regulatório*. 2. ed. Rio de Janeiro: Lumen Juris, 2004.

SOUTO, Marcos Juruena Villela. Função Regulatória. *Revista Eletrônica de Direito Administrativo Econômico* (REDAE), Salvador, n. 13, fev./mar./abr. 2008. Disponível em: http://www.direitodoestado.com.br/redae.asp. Acesso em: 10 dez. 2021.

STAFFEN, Márcio Ricardo. Indicadores transnacionais de corrupção ambiental: a opacidade na transparência internacional. *Revista de Direito Internacional*, Brasília, v. 17, n. 2, p. 351-363, 2020. Disponível em: https://www.publicacoesacademicas.uniceub.br/rdi/article/view/6644/pdf. Acesso em: 25 nov. 2021.

SUÁREZ, Juan José Rastrollo. Contratación pública y *Compliance* Ambiental. *In:* ORTEGA, Ricardo Rivero *et al*. *Innovación en las normas ambientales*. 1. ed. Madrid: Tirant Lo Blanch, 2019.

SUNDFELD, Carlos Ari. *Fundamentos de Direito público*. 4. ed. São Paulo: Malheiros, 2009.

SUNSTEIN, Cass. *After the rigths revolution*: reconceiving the regulatory state. Cambridge: Harvard University Press, 1990.

SUPREMO TRIBUNAL FEDERAL. *Resolução nº 757, de 15 de dezembro de 2021.* Institui o Programa de Integridade, dispõe sobre o Comitê de Gestão da Integridade (CGI-STF) e aprova o Plano de Integridade do Supremo Tribunal Federal. Brasília: STF, 2021. Disponível em: https://www.stf.jus.br/arquivo/norma/resolucao757-2021.pdf. Acesso em: 25 abr. 2022.

TRENNEPOHL, Curt. Lei nº 6.938/1981. *In*: MILARÉ, Édis. (Coord.). *Quarenta anos da Lei da Política Nacional do Meio Ambiente*: reminiscências, realidade e perspectivas. 1. ed. Belo Horizonte: D´Plácido, 2021.

TRENNEPOHL, Curt; TRENNEPOHL, Terence. *Licenciamento Ambiental*. 8. ed., rev., atual. e ampl., São Paulo: Thomson Reuters Brasil, 2020.

TRENNEPOHL, Natascha. Incentivos ao *compliance* ambiental: a caminho da sustentabilidade. *In*: TRENNEPOHL, Terence; TRENNEPOHL, Natascha (Coord.). *Compliance no Direito Ambiental*. Coleção compliance; vol. 2. São Paulo: Thomson Reuters Brasil, 2020.

TRANSPARENCY INTERNATIONAL – TI. *Global Corruption Report*: Climate Change. 2011. Disponível em: https://www.transparency.org/en/publications/global-corruption-report-climate-change. Acesso em: 25 out. 2021.

TRANSPARENCY INTERNATIONAL – TI. *Global Anti-Bribery Guidance*. London, 2022, tradução livre. Disponível em: https://www.antibriberyguidance.org/. Acesso em: 29 jan. 2022.

TRANSPARENCY INTERNATIONAL – TI. *Corruption Perceptions Index*. 2021. Disponível em: https://www.transparency.org/en/cpi/2021/index/bra. Acesso em: 28 jan. 2022.

TRANSPARÊNCIA INTERNACIONAL BRASIL – TIBR. *Acordo de Escazú*: uma oportunidade de avanços na democracia ambiental e no combate à corrupção no Brasil. 2020. Disponível em: https://transparenciainternacional.org.br/acordo-de-escazu/. Acesso em: 10 nov. 2021.

TRANSPARÊNCIA INTERNACIONAL BRASIL – TIBR. *COP26*: Por que combater a corrupção importa para a agenda climática? São Paulo, 2022. Disponível em: https://transparenciainternacional.org.br/posts/cop-26-por-que-combater-a-corrupcao-importa-para-a-agenda-climatica/. Acesso em: 05 jan. 2022.

TRANSPARÊNCIA INTERNACIONAL BRASIL – TIBR. *Novas Medidas Contra a Corrupção e sua Relevância para Temas Socioambientais*. São Paulo, ago. 2021a. Disponível em: https://comunidade.transparenciainternacional.org.br/novas-medidas-e-temas-socioambientais. Acesso em: 31 out. 2021.

TRANSPARÊNCIA INTERNACIONAL BRASIL – TIBR. *Novas medidas contra a corrupção e sua relevância para temas socioambientais*. São Paulo, 2021b. Disponível em: https://comunidade.transparenciainternacional.org.br/novas-medidas-e-temas-socioambientais. Acesso em: 05 jan. 2022.

TRANSPARÊNCIA INTERNACIONAL BRASIL – TIBR. *Grandes Obras na Amazônia, Corrupção e Impactos Socioambientais*. São Paulo, 2021c. Disponível em: https://knowledgehub.transparency.org/assets/uploads/kproducts/WWF-e-TI-Grandes-obras-na-Amaz%C3%B4nia-corrup%C3%A7%C3%A3o-e-impactos-socioambientais.pdf. Acesso em: 05 jan. 2022.

TRANSPARÊNCIA INTERNACIONAL BRASIL – TIBR. *O que é a Corrupção?* 2021d. Disponível em: https://transparenciainternacional.org.br/quem-somos/perguntas-frequentes/. Acesso em: 30 out. 2021.

TRANSPARÊNCIA INTERNACIONAL BRASIL – TIBR. *Retrospectiva Brasil 2021*. São Paulo, jan. 2022. Disponível em: https://comunidade.transparenciainternacional.org.br/retrospectiva-brasil-2021. Acesso em: 29 jan. 2022.

UNITED KINGDOM. UK Public General Acts. *United Kingdom Bribery Act 2010*. London, 2010. Disponível em: https://www.legislation.gov.uk/ukpga/2010/23/contents. Acesso em: 28 jan. 2022.

UNITED KINGDOM. *The Bribery Act 2010*: Guidance about procedures which relevant commercial organisations can put into place to prevent persons associated with them from bribing. London: Ministry of Justice, 2010. Disponível em: https://www.justice.gov.uk/downloads/legislation/bribery-act-2010-guidance.pdf. Acesso em: 29 jan. 2022.

UNITED STATES SENTENCING COMMISSION. *Federal Sentencing Guidelines Manual*. Washington, D.C., 1992. Disponível em: https://www.ussc.gov/sites/default/files/pdf/guidelines-manual/1992/manual-pdf/1992_Guidelines_Manual_Full.pdf. Acesso em: 20 jan. 2022.

UNITED STATES DEPARTMENT OF JUSTICE – DOJ. *Evaluation of Corporate Compliance Programs*. Washington, D.C., 2020. Disponível em: https://www.justice.gov/criminal-fraud/page/file/937501/download. Acesso em: 20 jan. 2022.

UNITED STATES DEPARTMENT OF JUSTICE – DOJ. U.S. Securities Exchange Commission. *FCPA: A Resource Guide to the U.S. Foreign Corrupt Practices Act*. Second Edition. Washington, D.C., 2020. Disponível em: https://www.justice.gov/criminal-fraud/file/1292051/download. Acesso em: 29 jan. 2022.

UNITED STATES DEPARTMENT OF JUSTICE – DOJ. *Volkswagen AG Agrees to Plead Guilty and Pay $4.3 Billion in Criminal and Civil Penalties; Six Volkswagen Executives and Employees are Indicted in Connection with Conspiracy to Cheat U.S. Emissions Tests*. Washington, D.C., 2017. Disponível em: https://www.justice.gov/opa/pr/volkswagen-ag-agrees-plead-guilty-and-pay-43-billion-criminal-and-civil-penalties-six. Acesso em: 28 maio 2022.

UNITED STATES SECURITIES AND EXCHANGE COMMISSION – SEC. *SEC Charges Brazilian Mining Company with Misleading Investors about Safety Prior to Deadly Dam Collapse*. 2022. Disponível em: https://www.sec.gov/news/press-release/2022-72. Acesso em: 25 maio 2022.

UNITED NATIONS FRAMEWORK CONVENTION ON CLIMATE CHANGE - UNFCCC. *Kyoto Protocol to the United Nations Framework Convention on Climate Change.*,1998. Disponível em: https://unfccc.int/resource/docs/convkp/kpeng.pdf. Acesso em: 22 set. 2021.

UNITED NATIONS OFFICE ON DRUGS AND CRIME – UNODC. *Convenção das Nações Unidas contra a Corrupção*. Nova York. 2003. Disponível em: https://www.unodc.org/documents/lpo-brazil//Topics_corruption/Publicacoes/2007_UNCAC_Port.pdf. Acesso em: 28 out. 2021.

UNITED NATIONS OFFICE ON DRUGS AND CRIME – UNODC. *Documentos, publicações e ferramentas*. Nova York, 2022. Disponível em: https://www.unodc.org/lpo-brazil/pt/corrupcao/publicacoes.html. Acesso em: 29 jan. 2022.

UNITED NATIONS OFFICE ON DRUGS AND CRIME – UNODC. *An Anti-Corruption Ethics and Compliance Programme for Business*: A Practical Guide. Vienna, 2013. Disponível em: https://www.unodc.org/documents/corruption/Publications/2013/13-84498_Ebook.pdf Acesso em: 30 jan. 2022.

UNITED NATIONS ENVIRONMENT PROGRAMME – UNEP. *The Rise of Environmental Crime*: a growing threat to natural resources peace, development and security. A UNEP-INTERPOL Rapid Response Assessment. 2016. Disponível em: https://wedocs.unep.org/handle/20.500.11822/7662. Acesso em: 03 nov. 2021.

UNITED STATES ENVIRONMENTAL PROTECTION AGENCY – EPA. *Principles of Environmental Enforcement*. Office of Enforcement. 1992. Disponível em: https://nepis.epa.gov/Exe/ZyPDF.cgi/500003C8.PDF?Dockey=500003C8.PDF. Acesso em: 12 out. 2021.

URGENDA FOUNDATION. *The Urgenda Climate Case against The Dutch Government*. Netherlands, 2019. Disponível em: https://www.urgenda.nl/en/themas/climate-case/. Acesso em: 16 out. 2021.

URUGUAI. Centro de Información Oficial. *Ley nº 17060*. Ley Cristal. Funcionarios Publicos. Montevideo, 1998. Disponível em: https://www.impo.com.uy/bases/leyes/17060-1998/38?verreferencias=articulo. Acesso em: 28 jan. 2022.

Vale só pode comprar mineradora se apresentar plano de compliance ambiental. *CONJUR – Revista O Consultor Jurídico*, 19 dezembro 2021. Disponível em: https://www.conjur.com.br/2021-dez-19/vale-comprar-mineradora-apresentar-plano-compliance. Acesso em: 29 maio 2022.

VEIGA, José Eli da. *Desenvolvimento Sustentável*: o desafio do século XXI. 3. ed. Rio de Janeiro: Garamond, 2008.

VENTURINI, Otávio; MORELAND, André Castro Carvalho Allen. Aspectos gerais do *U.S. Foreign Corrupt Practices Act (FCPA)*. In: CARVALHO, André; BERTOCCELLI, Rodrigo de Pinho; ALVIM, Tiago Cripa; VENTURINI, Otávio (Coords.). *Manual de Compliance*. 1. ed. Rio de Janeiro: Forense, 2019.

VIANNA, Marcelo Drugg Barreto; KISHI, Sandra Akemi Shimada (Coord.). *Finanças Sustentáveis*: ESG, compliance, gestão de riscos e ODS. 1. ed. Belo Horizonte: ABRAMPA, 2021.

VIANNA, Marcelo Pontes. Integridade governamental e o necessário fortalecimento do controle interno. *In*: ZENKNER, Marcelo; CASTRO, Rodrigo Pironti Aguirre de (Coord.). *Compliance no setor público*. 1. ed. Belo Horizonte: Fórum, 2020.

Volkswagen começa a ser julgada no caso 'dieselgate' em ação com mais de 450 mil pessoas. *Portal Independente*, 30 set. 2019. Disponível em: https://independente.com.br/volkswagen-comeca-a-ser-julgada-no-caso-dieselgate-em-acao-com-mais-de-450-mil-pessoas/. Acesso em: 29 maio 2022.

VOLOTÃO, Romilson de Almeida. *Direito regulatório, governança e licenciamento ambiental*: Soluções para o aperfeiçoamento do licenciamento ambiental brasileiro. 1. ed. Curitiba: Juruá, 2016.

VOLTOLINI, Ricardo. *Vamos falar de ESG?* provocações de um pioneiro em sustentabilidade empresarial. 1. ed. Belo Horizonte: Voo, 2021.

WAINWRIGHT, Joel; MANN, Geoff. *Climate Leviathan*: a political theory of our planetary future. London: Verso Book, 2018.

WARDE, Walfrido. *O espetáculo da corrupção*: como um sistema corrupto e o modo de combatê-lo estão destruindo o país. 1. ed. Rio de Janeiro: LeYa, 2018.

WARDE, Walfrido; SIMÃO, Valdir Moysés. *Leniência*: elementos do Direito da Conformidade. 1. ed. São Paulo: Contra corrente, 2019.

WEDY, Gabriel. Estado socioambiental de direito: a Lei da Política Nacional do Meio Ambiente e os seus parâmetros regulatórios. *In*: MILARÉ, Édis. (Coord.). *Quarenta anos da Lei da Política Nacional do Meio Ambiente*: reminiscências, realidade e perspectivas. 1. ed. Belo Horizonte: D´Plácido, 2021.

WORLD BANK GROUP – WBG. *World Bank Group Integrity Compliance Guidelines*. Washington, D.C., 2010. Disponível em: https://thedocs.worldbank.org/en/doc/06476894a15cd4d6115605e0a8903f4c-0090012011/original/Summary-of-WBG-Integrity-Compliance-Guidelines.pdf. Acesso em: 29 jan. 2022.

YOSHIDA, Consuelo Yatsuda Moromizato. Construção da cultura da sustentabilidade à luz dos ODS e dos Princípios ESG. *In: YOSHIDA,* Consuelo Yatsuda Moromizato; VIANNA, Marcelo Drugg Barreto; KISHI, Sandra Akemi Shimada (Coord.). *Finanças Sustentáveis*: ESG, *compliance*, gestão de riscos e ODS. 1. ed. Belo Horizonte: ABRAMPA, 2021.

ZENKNER, Marcelo. *Integridade governamental e empresarial*: um espectro da repressão e da prevenção à corrupção no Brasil e em Portugal. 1. ed. Belo Horizonte: Fórum, 2019.

ZENKNER, Marcelo. Sistemas públicos de integridade: evolução e modernização da Administração Pública brasileira. *In:* ZENKNER, Marcelo; CASTRO, Rodrigo Pironti de (Coords.). *Compliance no setor público*. 1. ed. Belo Horizonte: Fórum, 2020.

ZIZEK, Slavoj. *Em defesa das causas perdidas*. Tradução de Maria Beatriz de Medina. 1. ed. São Paulo: Boitempo, 2011.

Esta obra foi composta em fonte Palatino Linotype, corpo 10
e impressa em papel Pólen Bold 70g (miolo) e Supremo 250g
(capa) pela Artes Gráficas Formato.